SCIENCES DE LA VIE ET DE LA TERRE

Coordonnateur :
Roland Calderon
I.A.-I.P.R.

Auteurs :
Françoise Armand
professeur à Paris
Marc Cantaloube
professeur à Luynes
Danièle Chalard
professeur à Paris
Louis-Marie Couteleau
professeur à Paris
Marc Fau
professeur à Orange
Nicole Le Tirant
professeur à Paris
Armand Le Viol
professeur à Brest
Stéphane Tirard
professeur à Paris

Conseiller scientifique :
Jean-Marc Lardeaux
Université Lyon 1

PROGRAMME 2001

1re S

Didier

Couverture : François Huertas
Conception maquette : François Lecardonnel
Mise en page : Catherine de Trégomain
Dessins : Catherine Darphin, Vincent Landrin, Bernard Sullerot
Photogravure : Euronumérique

ISBN 2-278-05049-4
Imprimé en France

Avant-propos

Les auteurs ont conçu ce manuel en se fixant des objectifs fondamentaux pour la formation des élèves :
— développer la pratique de la démarche scientifique ;
— construire le savoir scientifique de la classe de première S, en SVT, en s'appuyant sur des activités variées ;
— favoriser le travail personnel et développer l'autonomie de chaque élève.

Le manuel est composé de cinq parties correspondant au programme officiel.

Chaque chapitre est composé de trois parties :

• des **activités**, chacune structurée de manière à constituer un ensemble cohérent comprenant :
— une question qui pose le problème et engage l'élève dans une démarche d'investigation ;
— des documents qui servent de base à cette recherche ;
— un guide d'exploitation des documents qui oriente l'élève dans sa progression pour répondre au problème formulé en début d'activité.

• un **bilan des activités**, rassemblant, en fin de chapitre, les connaissances scientifiques construites, associées à un schéma de synthèse.

• des **exercices variés** permettant aux élèves de vérifier leurs connaissances et d'exercer les compétences méthodologiques acquises au cours des activités.

Le travail personnel et l'autonomie de l'élève sont développés en cours et plus particulièrement dans le cadre des travaux pratiques, à la faveur d'observations, de réalisations techniques, d'expérimentations, de rédactions de comptes-rendus d'expériences, etc. Les activités du manuel intégrées dans la progression du professeur contribueront à renforcer, chez l'élève, la compétence à fournir, un travail personnel et à s'engager dans des démarches autonomes de résolution de problèmes, seul ou en groupe.

Par ailleurs, un **cédérom** fourni avec le livre du professeur apportera une aide précieuse à la préparation des cours et des travaux pratiques.

Les auteurs

Les auteurs et les éditeurs remercient les enseignants et les chercheurs pour le prêt de leurs documents scientifiques.

Monsieur Christopher Henderson (INSERM, unité 382) — Monsieur Emmanuel Ball (Université Montpellier II) — Monsieur Jean-Claude Baron (INSERM) — Messieurs Daniel Bideau, Bertrand Sichler, Daniel Aslanian, Madame Suzanne Marques (laboratoire de Géosciences Marines, IFREMER) — Françoise Boudier (Université Montpellier II, Laboratoire de tectonophysique) — Madame Anny Cazenave (Ingénieur UMR 39 CNES-CNRS Toulouse) — Monsieur Bernard de Chaballier (IPG, Paris) — Monsieur J.-M Coulais (académie de Poitiers) et F. Tilquin (académie de Toulouse) — Monsieur Vincent Courtillot (IPG, Paris) — CNDP-CRDP Versailles — Madame Claire Doré (station de génétique et d'amélioration des plantes, INRA, Versailles) — Monsieur Goran Ekstrom (Université de Harward, USA) — Sylvie Fraitag (Hôpital Necker) — Patricia Gaspar (INSERM, unité 106) — Monsieur Gunnar H Kristinson (National Land Survey, Island) — Monsieur Marcel Lemoine (Directeur de Recherche honoraire au CNRS) — Monsieur Robin H Marchant (Université de Lausanne) — Monsieur Olivier Monier (professeur en classe BCPST au Lycée Janson-de-Sailly) — Monsieur Jean-Paul Montagner (IPG, Paris) — Monsieur Christian Nicollet (Université Blaise-Pascal, Clermont-Ferrand) — Monsieur Lelio Orci (Université de Genève) — Monsieur Jean-Claude Ruegg (IPG, Paris) — Monsieur J. Robert Thibault (Département des sciences du bois et de la Forêt, Université de Laval, Québec, CANADA) — Monsieur Michel Toupet — Monsieur Alain Trembleau (ENS rue d'Ulm, Paris) — Madame Danielle Velde (Université Paris VI Laboratoire de pétrographie).

Les auteurs et les éditeurs remercient Messieurs Marcel Cann et Christian Verger, pour leur aide dans la réalisation des travaux pratiques.

SOMMAIRE

Partie 1

Structure, composition et dynamique de la Terre

Partie 2

Du génotype au phénotype, relations avec l'environnement

Partie 3

La morphogénèse végétale et l'établissement du phénotype

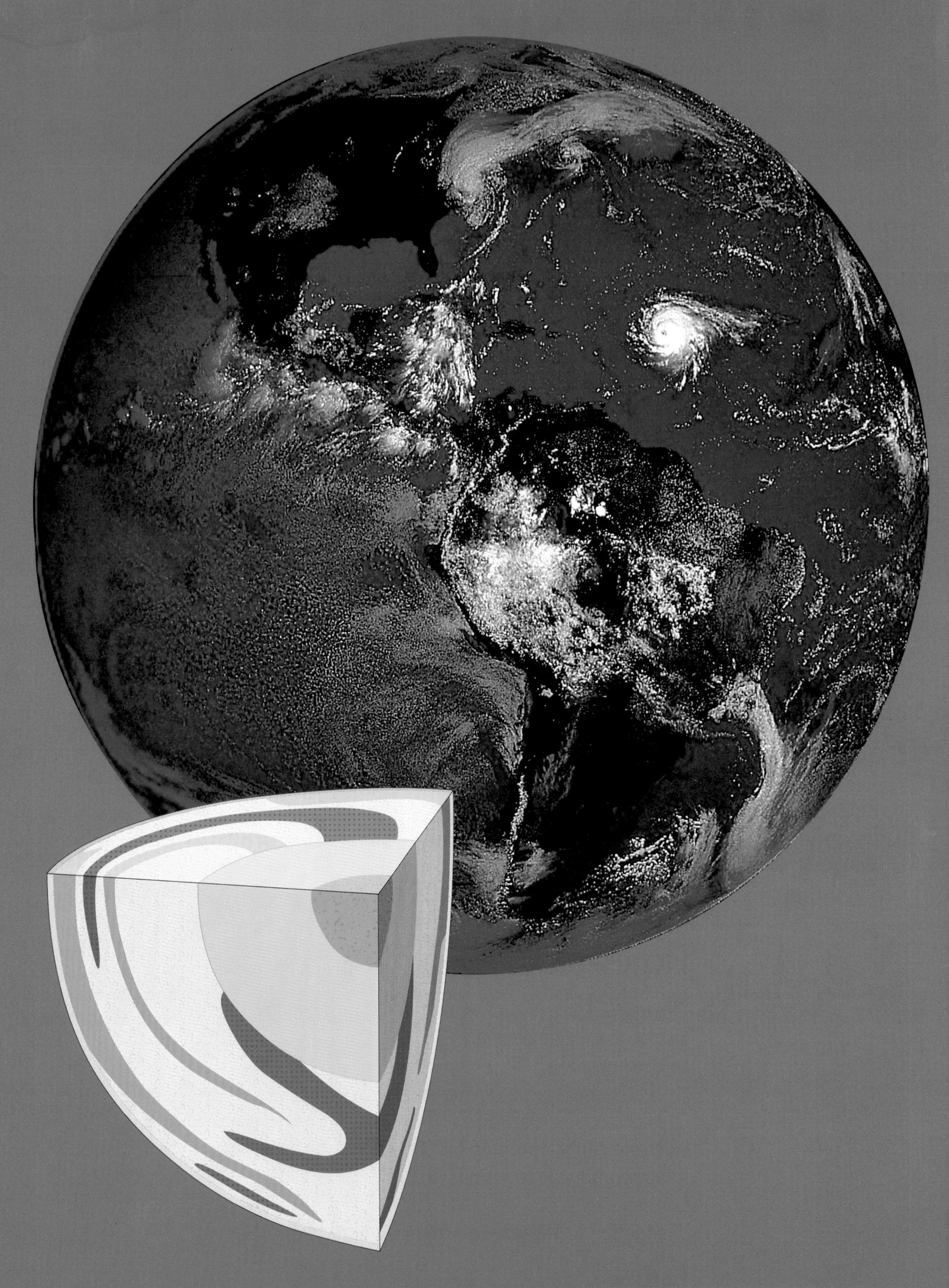

Tomographie et structure profonde du globe terrestre.

Chapitre 1

Structure et formation de la Terre

Au XVIIe siècle, Buffon présumait que l'intérieur de la Terre était homogène.
Au début du XIXe siècle, le modèle de la Terre est formé de deux couches : au centre le noyau, de densité élevée, entouré d'un manteau de silicates.
Vers le milieu du XIXe siècle, le modèle a trois couches : la croûte, le manteau et le noyau.
Depuis 1960, on cherche à atteindre la limite entre la croûte et le manteau, plusieurs forages ont été réalisés.
En 1996, le forage le plus profond dans la croûte continentale, réalisé en Bavière, atteint seulement 15 km.
Aujourd'hui, les techniques de la géophysique, dont la sismologie et la tomographie sismique, ont confirmé que la Terre n'est pas homogène et présente des propriétés physiques qui varient d'un point à un autre en profondeur, mais aussi latéralement.

- **Que révèle la propagation des ondes sismiques sur la structure profonde de la Terre ?**
- **Que révèle la propagation des ondes sismiques sur la structure superficielle de la Terre ?**
  - **la discontinuité entre la croûte et le manteau**
  - **la discontinuité entre la lithosphère et l'asthénosphère**
- **Quelles informations apportent les météorites sur l'origine et la différenciation de la Terre ?**

ACTIVITÉ

1 À l'écoute de la Terre

La connaissance de la propagation des ondes sismiques dans différents milieux, l'analyse des sismogrammes enregistrés dans les différentes stations sismiques du réseau mondial, le temps mis par les ondes pour y parvenir, ont permis de construire un modèle de la structure interne de la Terre.

▶ **Que révèle la propagation des ondes sismiques sur la structure profonde de la Terre ?**

VOCABULAIRE

Distance angulaire : angle formé par les rayons passant par l'épicentre et la station.

Épicentre : point à la surface situé à la verticale du foyer.

Foyer ou hypocentre : lieu de rupture des roches en profondeur où se produit le premier ébranlement.

Front d'onde : surface qui sépare les particules entrées en vibration de celles qui ne le sont pas.

Rai sismique : ligne perpendiculaire à la surface de propagation d'onde le long de laquelle se déplace l'énergie.

Train d'ondes : ensemble d'ondes qui se propagent.

Doc.1 Les sismogrammes enregistrent les mouvements du sol

▶ Lors d'un séisme, des **trains d'ondes** successifs provenant du **foyer**, se propagent à travers les matériaux constitutifs du globe terrestre. Deux types d'ondes sismiques sont émis.

- des **ondes de volume** qui se propagent en profondeur :
  - les ondes P, primaires, sont des ondes de compression et de dilatation ;
  - les ondes S, secondaires, sont des ondes de cisaillement.
- des **ondes de surface** qui s'atténuent en profondeur et se propagent au voisinage de la surface (ondes R, de Rayleigh et ondes L, de Love).

▶ L'enregistrement ou sismogramme montre l'arrivée des différentes ondes étalées dans le temps, selon la distance à laquelle est située la station par rapport à l'**épicentre**.

▶ La vitesse d'une onde sismique ne dépend que des propriétés mécaniques du milieu traversé. Les variations de vitesse des ondes permettent de mettre en évidence les caractéristiques des différents milieux constituant le globe terrestre.

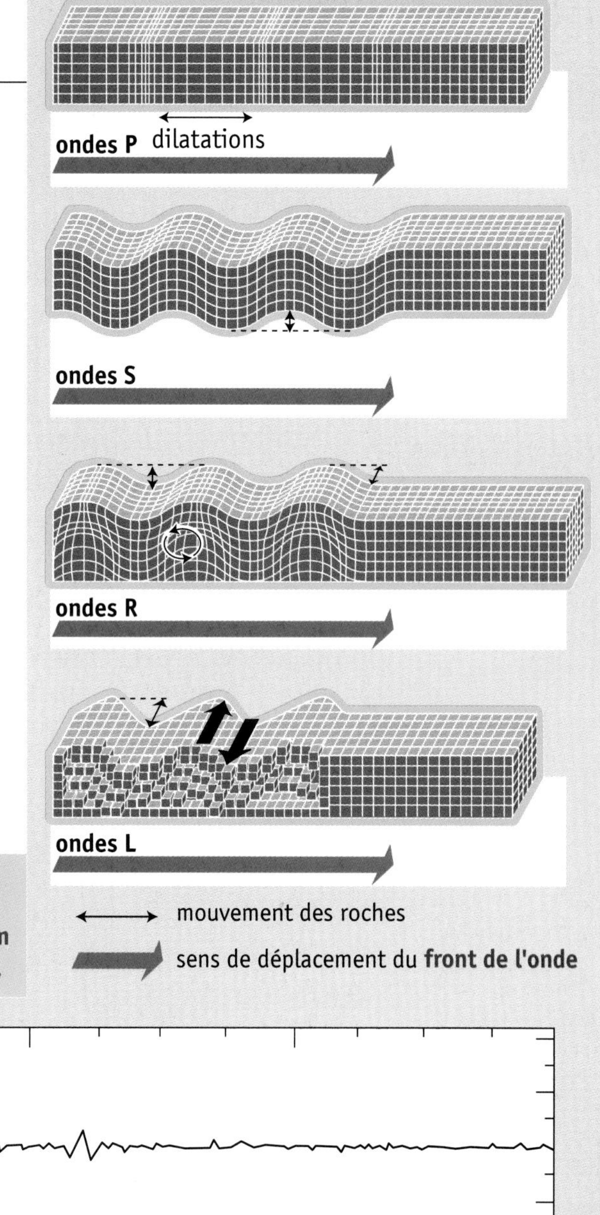

Enregistrement d'un séisme du Chili (juillet 1995) à la station de Camberra (Australie) à une distance de 12 300 km (réseau sismique mondial : GEOSCOPE).

amplitude (u.a.)
4
2
0
-2
-4
P
S
L
R
2
4
6
8
10
temps(10^3s)

Doc.2 Le trajet des rais sismiques à l'intérieur de la Terre (modèle)

Des observations

À partir du foyer, les ondes sismiques se propagent dans toutes les directions, vers la surface et vers la profondeur.
On constate que :
– les ondes P et S parviennent dans tous les points en surface situés à une **distance angulaire** inférieure à 105° (distance épicentrale de11 665 km) ;
– les ondes P ne sont pas enregistrées pour les stations situées entre 105° et 142° (distance épicentrale comprise entre 11 665 km et 15 775 km). Cette zone est appelée « **zone d'ombre** » ;
– les ondes S ne parviennent pas dans les stations situées à une distance épicentrale supérieure à 142 °.

a. Mise en évidence de la zone d'ombre.

Mise en évidence de la zone d'ombre (modèle)

À l'image d'un rai optique qui rencontre une surface séparant des milieux de densité et de propriétés élastiques différentes, un **rai sismique** (P ou S) subit des réflexions et des réfractions.

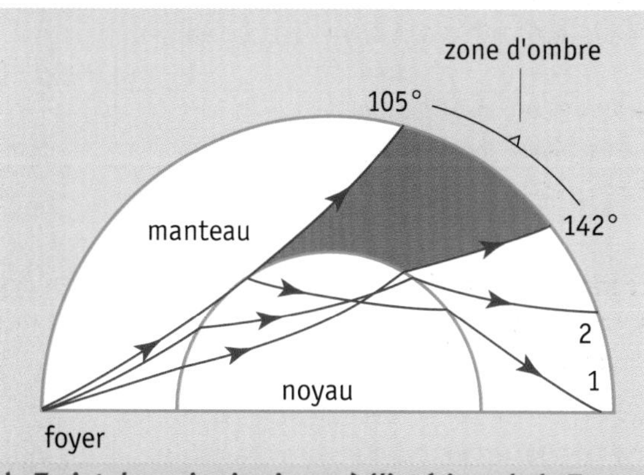

b. Trajet des rais sismiques à l'intérieur de la Terre.

La discordance entre le manteau et le noyau

- La zone d'ombre met en évidence la « **discontinuité de Gutenberg** » située à 2 900 km de profondeur qui sépare le manteau du noyau.
- Le rai sismique qui arrive à 105 ° est tangent à la surface du noyau.
- Le rai qui arrive sur la frontière manteau-noyau sous un angle d'incidence à peine plus grand, après réfraction pénètre dans le noyau, en ressort par réfraction et arrive en surface en un point situé à 183 ° (rai 1).
- Les rais incidents plus inclinés vers le centre de la Terre rebroussent chemin et le point d'émergence recule jusqu'à arriver à 142 ° (rai 2).
- Le noyau ne transmet pas les ondes transversales S. Cette propriété est celle des milieux liquides, on admet que le noyau externe se comporte comme un liquide.
- L'étude de nombreux sismogrammes et des modèles ont permis de déchiffrer la structure interne du globe terrestre.

PROTOCOLE

1. Mettre de l'empois d'amidon léger dans le petit cristallisoir central et de la fumée dans le grand à l'aide de bâtonnet d'encens.

2. Recouvrir par une plaque de verre.

Analogie avec les ondes P :

– les deux cristallisoirs représentent une coupe du globe terrestre ;

– la surface du 1er cristallisoir symbolise la surface de la Terre ;

– le petit cristallisoir symbolise le noyau ;

– l'espace enfumé symbolise le manteau (la fumée permet de visualiser le trajet lumineux).

3. On projette un rayon laser sur les deux cristallisoirs. Le rayon laser est assimilé au trajet des ondes P dont le comportement varie en fonction de l'indice du milieu traversé.

EXPLOITATION DES DOCUMENTS

1. Repérer sur le sismogramme (**Doc. 1**) les différents trains d'ondes P, S et L, puis **calculer** leur vitesse. **Repérer** et **noter** l'heure d'arrivée des ondes P et des ondes S et **calculer** le retard pris par les ondes S. Sachant que toutes les ondes ont été produites en même temps lors du séisme, **préciser** la signification de ce retard.

2. Justifier l'expression de : « zone d'ombre » (**Doc. 2**) et **indiquer** comment le modèle permet de mettre en évidence un caractère de la structure de la Terre.

ACTIVITÉ

1 (suite) À l'écoute de la Terre

► **Que révèle la propagation des ondes sismiques sur la structure profonde de la Terre ?**

VOCABULAIRE

Carte de tomographie : carte de la Terre établie à partir des données de la tomographie sismique.

Tomographie : technique qui permet de cartographier la structure interne de la Terre. Elle est basée sur la variation de la propagation des ondes sismiques par rapport à une vitesse moyenne que l'on peut mettre en relation avec des variations de température, de composition chimique et de structure. Voir Fiche-technique p. 342.

Doc.3 Un modèle sismologique de la Terre

Le modèle PREM (Preliminary Reference Earth Model) est le plus récent. Il s'appuie :
– sur des données sismiques, temps d'arrivée des ondes engendrées par de nombreux tremblements de Terre ;
– sur les propriétés physiques du globe terrestre : la masse volumique (ρ), la température, la pression en fonction de la profondeur.

profondeur km	Vp km/s	Vs km/s	ρ g/cm³	pression kbar
80	8,1	4,5	3,37	25
150	8,0	4,4	3,37	48
220	8,6	4,6	3,44	71
400	8,9	4,8	3,54	134
400	9,1	4,9	3,72	134
500	9,7	5,2	3,85	171
600	10,2	5,5	3,98	210
670	10,3	5,6	3,99	238
670	10,8	5,9	4,38	238
771	11,1	6,2	4,44	283
1 071	11,6	6,4	4,62	419
1 571	12,3	6,7	4,90	655
2 071	12,9	7,0	5,16	906
2 571	13,5	7,2	5,41	1 173
2 891	13,7	7,3	5,57	1 358
2 891	8,1	0	9,90	1 358
3 071	8,4	0	10,18	1 547
3 571	9,1	0	10,85	2 056
4 071	9,6	0	11,39	2 521
4 571	10,0	0	11,81	2 922
5 150	10,4	0	12,17	3 289
5 150	11,0	3,5	12,76	3 289
5 571	11,2	3,6	12,95	3 487
6 071	11,2	3,7	13,07	3 617
6 371	11,3	3,7	13,09	3 639

a. Vitesse des ondes sismiques P et S (Vp et Vs) pour différentes profondeurs et masse volumique (ρ).

zone superficielle	1 %
manteau	83 %
noyau liquide externe	15,3 %
noyau solide interne	0,7 %

b. Importance des différentes enveloppes du globe terrestre en % par rapport au volume de la Terre.

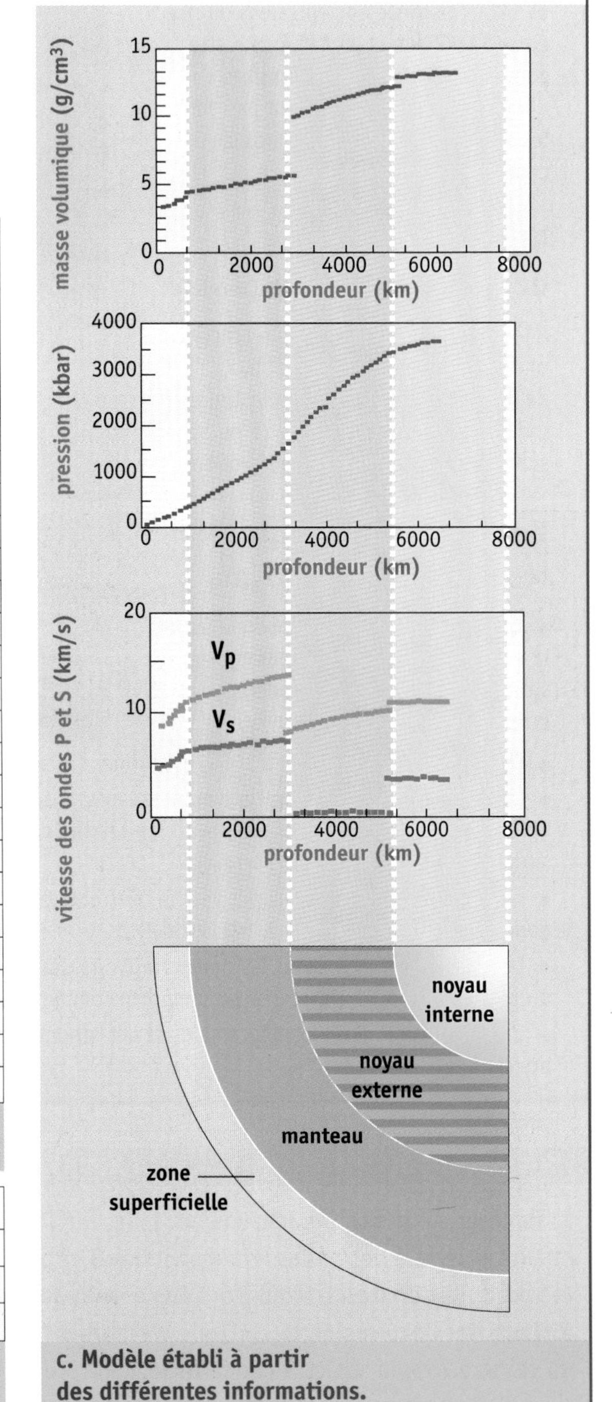

c. Modèle établi à partir des différentes informations.

Doc.4 Des variations latérales à l'intérieur du manteau

► Les cartes tomographiques montrent des variations latérales de vitesse de propagation des ondes sismiques. Elles sont interprétées comme des conséquences d'anomalies physiques dont des **variations latérales de température**. Sur la carte, les zones bleues correspondent à des vitesses rapides, elles sont assimilées à des régions froides et rigides. Les zones rouges correspondent à des vitesses lentes, elles sont assimilées à des régions chaudes et à des matériaux plus légers.

► Les **cartes de tomographie** sismique indiquent au niveau du manteau inférieur, entre 1300 et 2500 km de profondeur, deux anomalies lentes que l'on associe à des régions chaudes du manteau. L'une sous l'ouest du Pacifique, l'autre sous l'Afrique. Ces deux régions chaudes sont bordées par deux régions anormalement froides situées sous l'Asie, l'Océan Indien et l'Australie.

► Ces observations révèlent que le modèle de la structure interne de la Terre en couches concentriques (Doc. 3c) ne reflète pas précisément la réalité physique de cette structure.

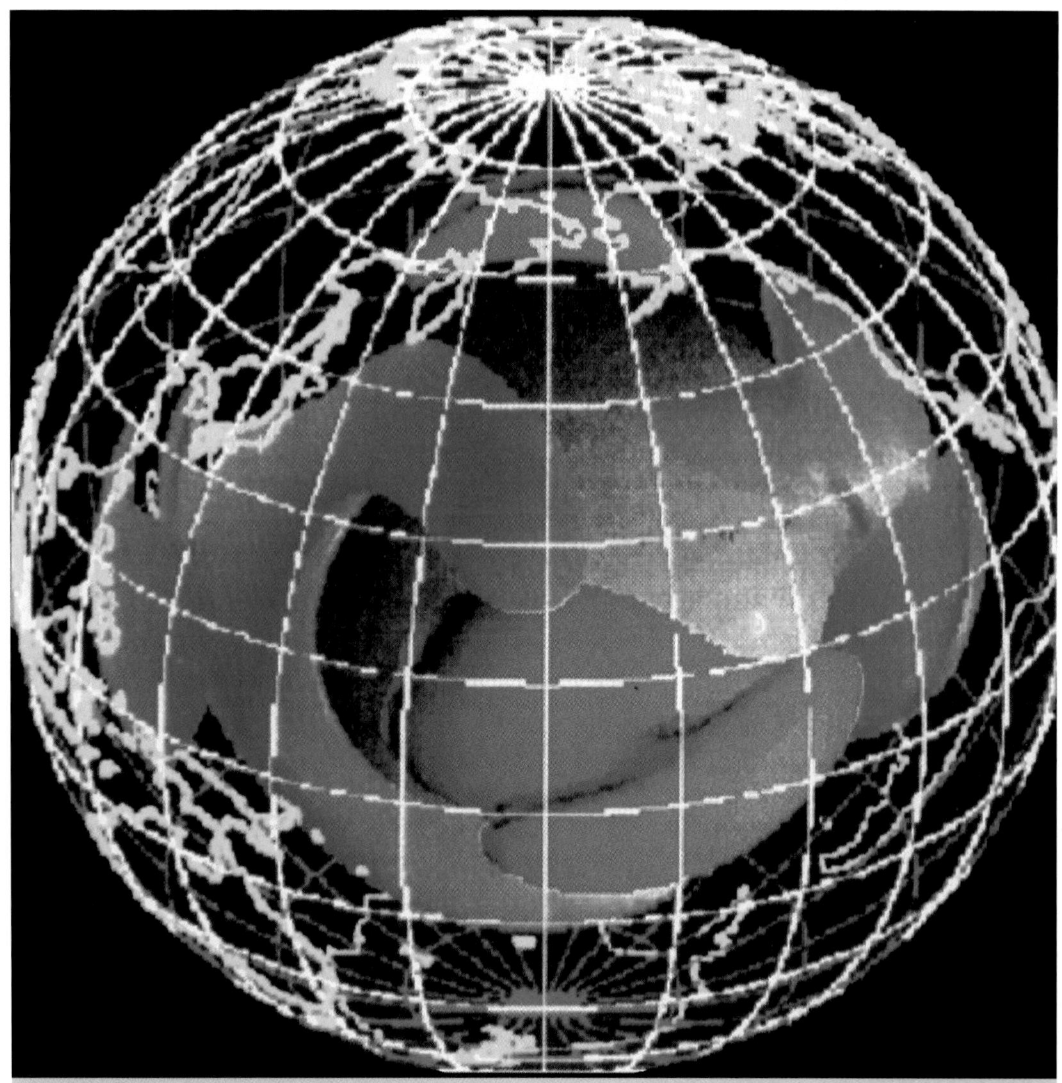

Tomographie sismique dans le manteau inférieur, entre 1 300 et 2 500 km de profondeur.

EXPLOITATION DES DOCUMENTS

3. **Mettre en relation** la vitesse des ondes P dans le manteau et le noyau avec la densité de ces deux milieux et **préciser** ce qu'elle montre (**Doc. 3**).
4. **Retrouver** les étapes qui ont conduit les géologues à élaborer le modèle sismologique actuel de la Terre (**Doc. 3**).
5. **Donner** la nouvelle information apportée par la découverte des zones chaudes et des zones froides et **préciser** en quoi la tomographie enrichit le modèle (**Doc. 4**).
6. **Répondre au problème posé** : « Que révèle la propagation des ondes sismiques sur la structure profonde de la Terre ? »

ACTIVITÉ

2 La discontinuité entre la croûte et le manteau

VOCABULAIRE

Surface de discontinuité : surface séparant deux milieux de caractéristiques physiques et/ou chimiques différentes.

L'étude des séismes enregistrés dans différentes stations a mis en évidence une discontinuité entre la croûte, partie superficielle du globe terrestre et le manteau supérieur. Cette étude a apporté des renseignements sur la profondeur et sur l'épaisseur de la croûte terrestre ainsi que sur la partie la plus externe du manteau.

► **Que révèle la propagation des ondes sismiques sur la structure superficielle de la Terre ?**

Doc.1 La discontinuité de Mohorovicic

► Suite au séisme du 8 octobre 1909 en Croatie, Andria Mohorovicic observa sur les sismogrammes enregistrés des ondes P puis des ondes S, puis de nouveau des ondes P et S. Il se pose alors le problème de la **cause de la répétition** des ondes P et S, parties en même temps du foyer sismique. Mohorovicic émet l'hypothèse que ces ondes ont emprunté deux chemins différents.
Après avoir calculé leur vitesse de propagation, il en déduit :
– que le premier train d'ondes a suivi un chemin direct, tandis que le second a été dévié ;
– qu'il existe en profondeur une discontinuité séparant deux milieux ayant des propriétés différentes.

► Cette discontinuité fut appelée **discontinuité de Mohorovicic** ou **Moho**, en l'honneur de son inventeur : elle sépare la croûte du manteau supérieur.
L'un des deux trains d'ondes s'est propagé en restant au-dessus de cette discontinuité, ce sont les **ondes Pg**, l'autre s'est réfracté. À partir d'une certaine distance, de l'ordre de 150 km, elles arrivent en premier, ce sont les **ondes Pn**. Elles sont enregistrées dans les stations situées à partir de 60 km de l'épicentre.
Le deuxième groupe a dû rencontrer un milieu de densité différente qui a augmenté sa vitesse de propagation.

► On assimile la propagation d'un train d'ondes sismiques à celle des rayons lumineux. On peut alors appliquer **la loi de Descartes** :

$$\frac{\text{sinus } i}{\text{sinus } r} = \frac{V_1}{V_2}$$

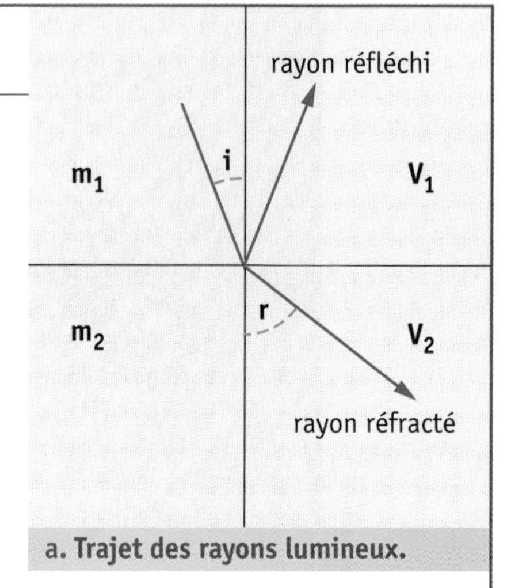

a. Trajet des rayons lumineux.

Il existe un angle incident i, tel que sinus i = V_1/V_2, pour lequel le rai sismique se propage le long de la discontinuité avant de ressortir dans le milieu m1 avec le même angle i.

L'onde correspondant à ce rai est appelée **onde conique**. Au-delà d'une distance épicentrale minimale qui dépend de la profondeur de la discontinuité et du rapport V_1/V_2, l'onde conique arrive avant l'onde directe à la station.

Connaissant les temps d'arrivée des ondes directes, réfléchies et coniques, on peut ainsi calculer les vitesses V_1, V_2 et la profondeur de la discontinuité.

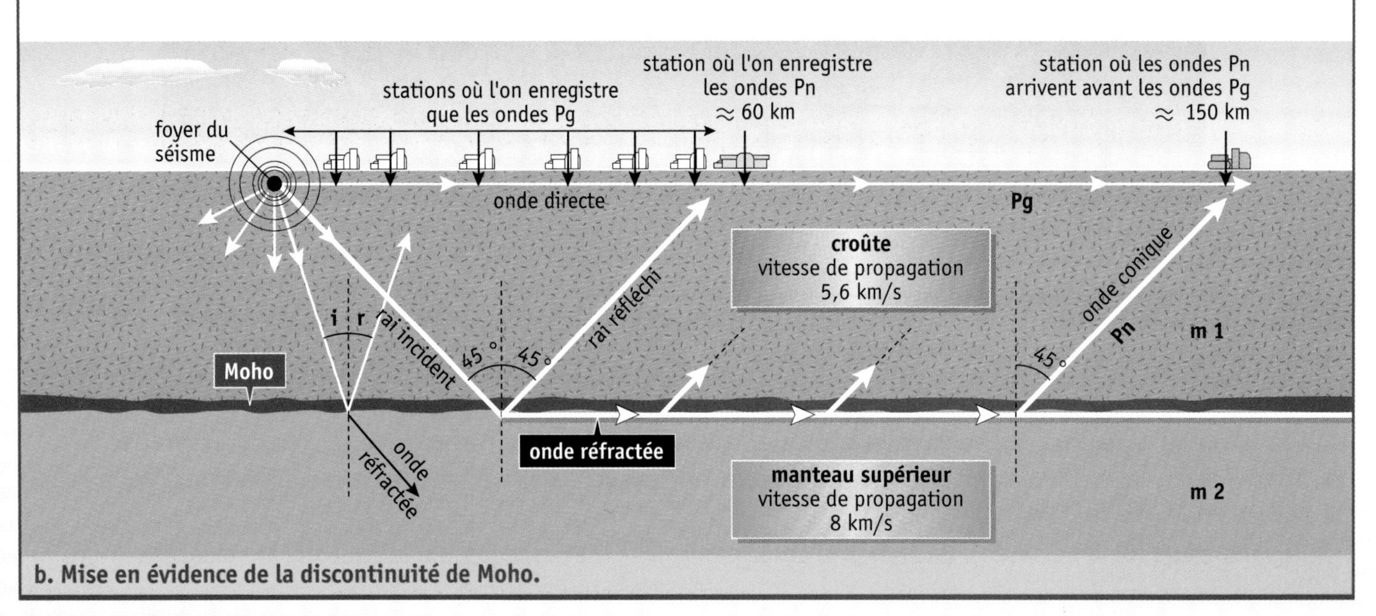

b. Mise en évidence de la discontinuité de Moho.

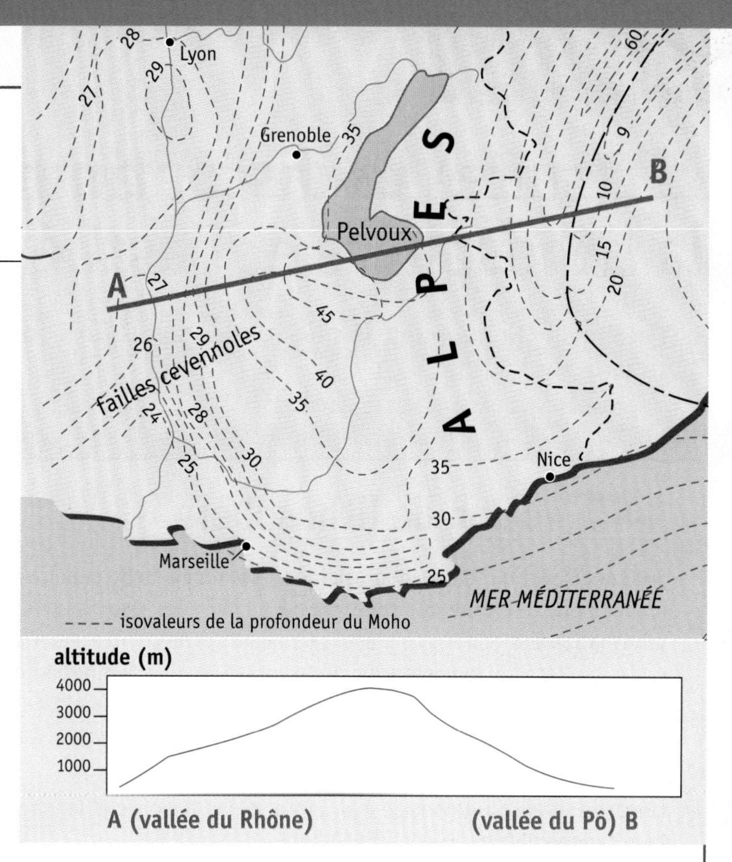

Doc.2 Apports de la sismique expérimentale à la connaissance de la croûte terrestre

► La discontinuité de Mohorovicic qui sépare la croûte du manteau a été mise en évidence sous les océans et sous les continents et des cartes topographiques du Moho ont été réalisées à l'échelle du globe.

► La limite du Moho sous les océans est établie à partir de deux méthodes sismiques expérimentales. Toutes deux consistent à déclencher des ondes par une explosion ou une implosion à l'arrière d'un bateau qui reçoit, grâce à une série d'hydrophones, les ondes réfléchies ou réfractées par les surfaces de discontinuité (voir Fiche-technique p. 341).

► Les limites des différentes unités lithologiques de la lithosphère océanique, leur épaisseur, leur densité ainsi que la profondeur de la discontinuité de Mohorovicic ont été déterminées essentiellement à partir des données sismiques.

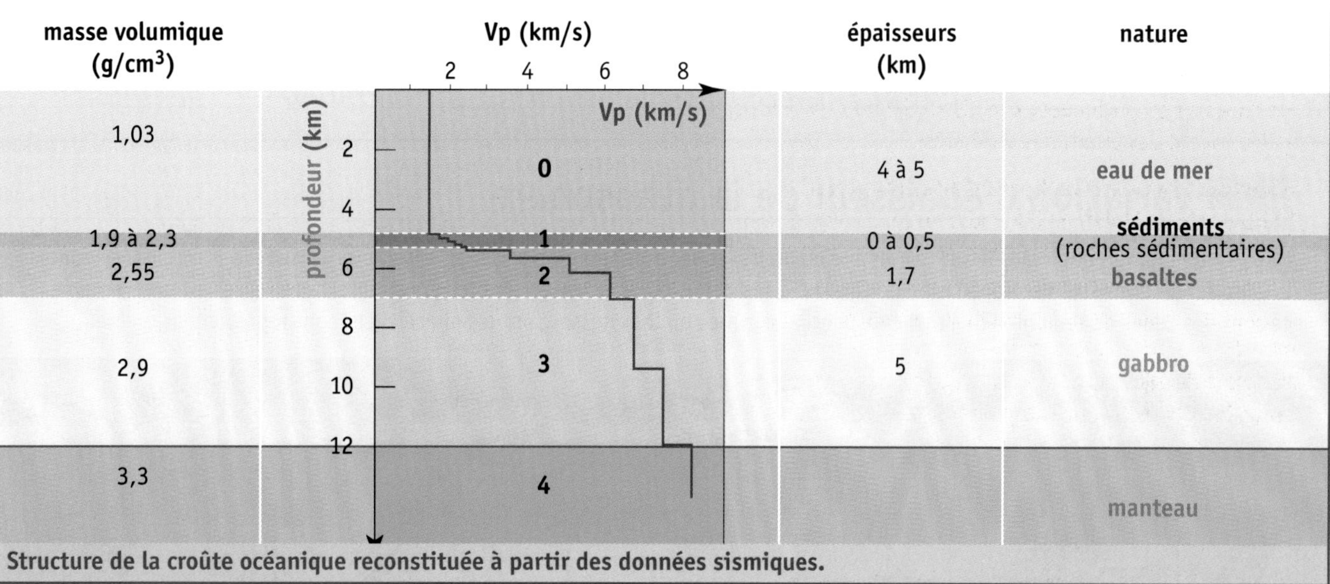

Structure de la croûte océanique reconstituée à partir des données sismiques.

EXPLOITATION DES DOCUMENTS

1. **Proposer** une explication à l'arrivée en premier des ondes coniques par rapport aux ondes directes ou aux ondes réfléchies dans les stations éloignées de l'épicentre d'un séisme (**Doc. 1**).
2. **Repérer** la profondeur du Moho dans la vallée du Rhône et dans les Alpes, le long de la coupe AB (**Doc. 2a**).
Après **avoir décalqué** le profil topographique selon la coupe AB, **réaliser** le profil de la localisation du Moho. Que peut-on en déduire ?
3. **Indiquer** la vitesse des ondes P au sommet de la croûte océanique et au sommet du manteau (**Doc. 2b**). Que peut-on en déduire ?
4. **Relever** l'épaisseur moyenne de la croûte océanique (**Doc. 2**). La **comparer** à celle de la croûte continentale, **en déduire** la profondeur du Moho sous les deux croûtes.
5. **Compléter**, à partir de l'ensemble des informations, le modèle de la structure de la Terre obtenu précédemment. **Réaliser** un schéma.

ACTIVITÉ

2 (suite) La discontinuité entre la lithosphère et l'asthénosphère

Que révèle la propagation des ondes sismiques sur la structure superficielle de la Terre ?

VOCABULAIRE

Lithosphère : zone externe marquée par une augmentation de la vitesse des ondes P et S. Elle se distingue de l'asthénosphère par des propriétés mécanique et thermique (elle est plus rigide et plus froide).

LVZ : zone de faible vitesse du manteau supérieur, située sous la lithosphère, moins rigide que celle-ci.

Doc.3 Notion de lithosphère

Sous la discontinuité de Mohorovicic, au sein du manteau supérieur, on distingue une **zone de faible vitesse** ou **LVZ** (*Low Velocity Zone*) de propagation des ondes sismiques. La diminution de la vitesse des ondes traduit une augmentation de température, une diminution de viscosité de la partie supérieure du manteau et un changement de comportement mécanique, cette couche étant plus déformable. La couche à faible vitesse correspond à l'**asthénosphère**.

La partie située au-dessus de la LVZ formée par la croûte et le manteau supérieur, constitue la **lithosphère**.

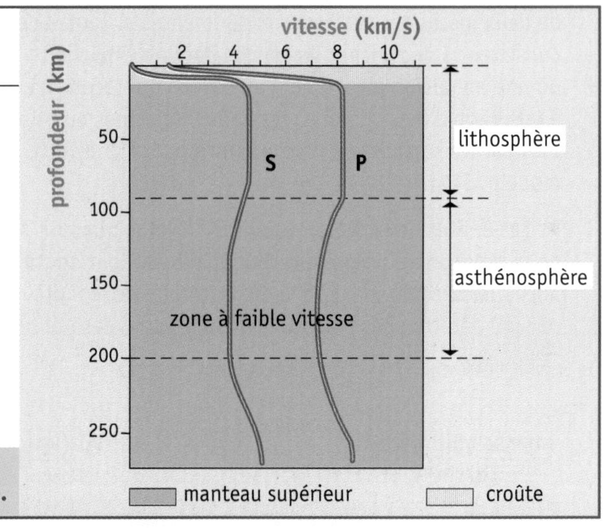

Variation de la vitesse des ondes sismiques dans les 300 premiers kilomètres de la Terre.

Doc.4 Variation d'épaisseur de la lithosphère

La carte tomographique réalisée sur l'ensemble du globe à une profondeur de 100 km, limite inférieure de la lithosphère, montre la variation des vitesses de propagation des ondes S. Les zones où les vitesses sont les plus faibles sont représentées en rouge, ce sont des zones de remontée de l'asthénosphère, les zones où les vitesses sont les plus élevées sont représentées en bleu.

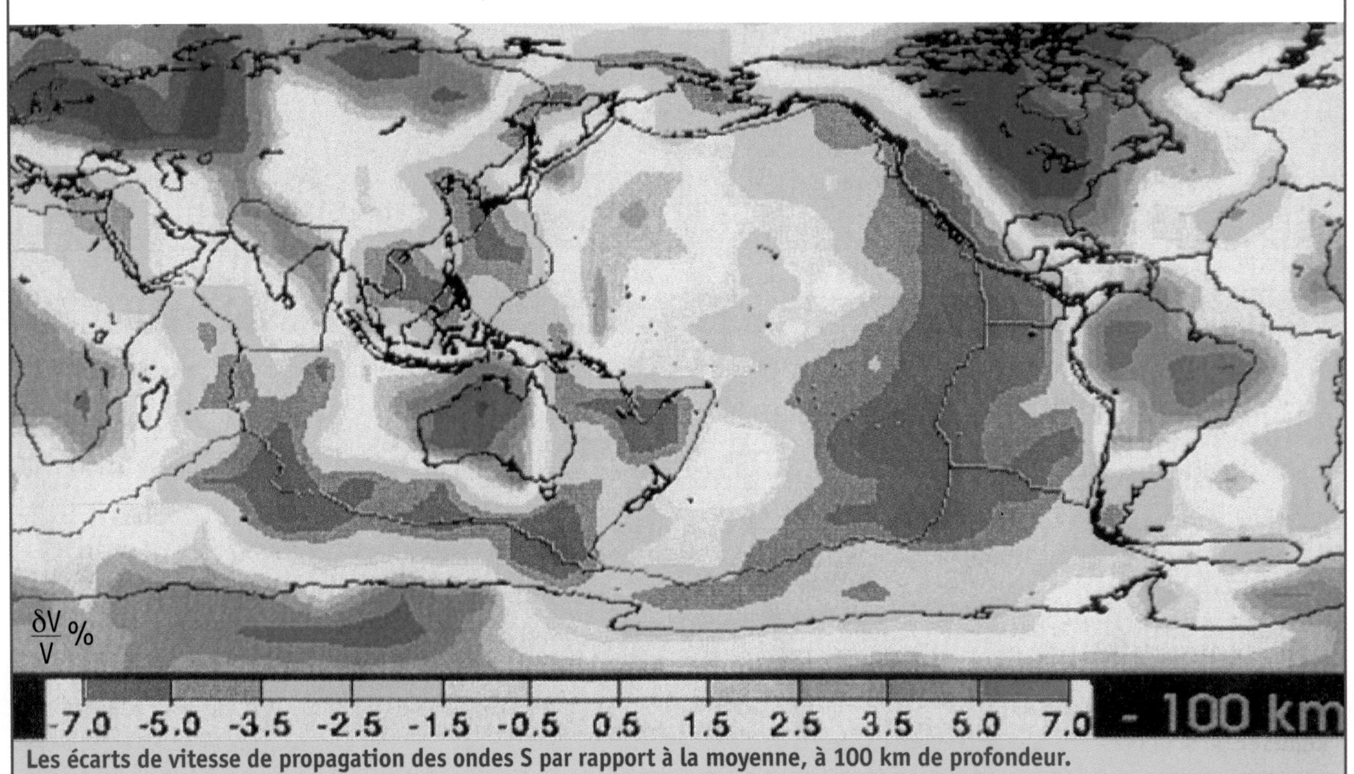

Les écarts de vitesse de propagation des ondes S par rapport à la moyenne, à 100 km de profondeur.

Doc.5 La lithosphère continentale

Cette carte tomographique, basée sur la vitesse des ondes P à une profondeur de 100 à 170 km, sous l'Europe de l'Ouest et la Méditerranée occidentale, est établie à partir des temps d'arrivée des ondes P dans plus de 900 stations sismiques. Les zones rapides, en bleu, correspondent à la lithosphère épaisse et les zones lentes, en orange, à la lithosphère mince. On relève une anomalie de vitesse rapide, au sud et au centre des Alpes et en mer Adriatique.

Cette échelle de couleurs couvre l'intervalle : + 1 % à − 1 %.

zones rapides — zones lentes

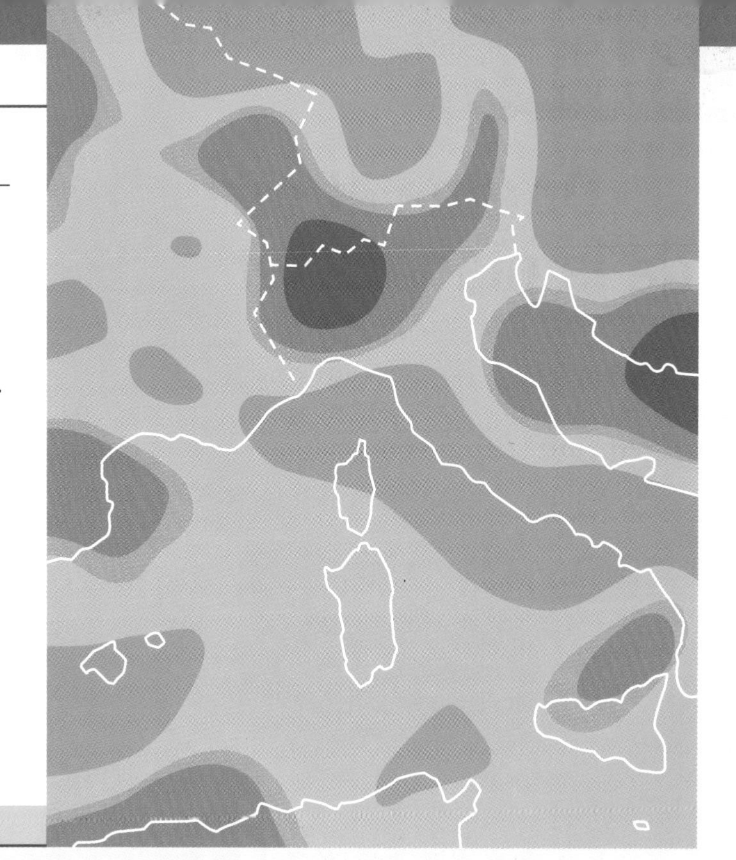

Carte de tomographie sismique sous l'Europe.

Doc.6 Le modèle de la partie supérieure de la Terre

Le modèle de la partie supérieure de la Terre a été établi à partir de la vitesse de propagation des ondes P et S.

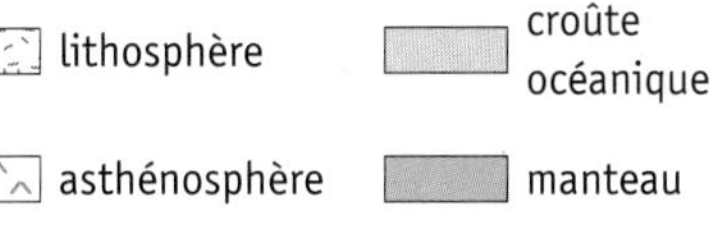

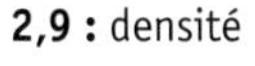

lithosphère — croûte océanique — asthénosphère — manteau — croûte continentale — **2,9 :** densité

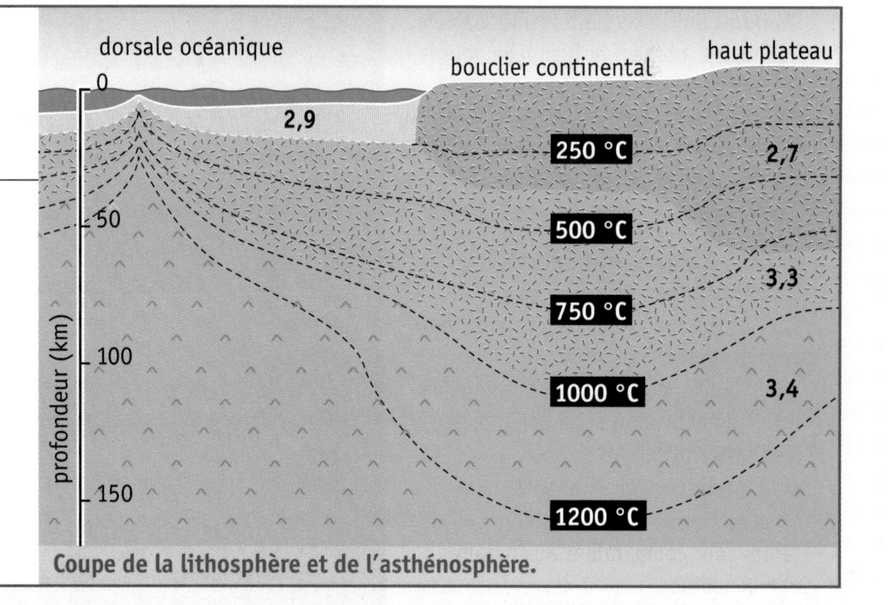

Coupe de la lithosphère et de l'asthénosphère.

EXPLOITATION DES DOCUMENTS

6. Pour **préciser** la notion de lithosphère formée de la croûte et d'une partie du manteau supérieur :

a. Noter la profondeur à laquelle se situe la discontinuité de Mohorovicic et **repérer** les vitesses des ondes P et S à l'entrée du manteau (**Doc.3**).

b. Déterminer l'épaisseur de la couche de la zone de faible vitesse sismique.

c. Donner les arguments qui permettent de dire que la lithosphère est séparée de l'asthénosphère par une discontinuité physique (**Doc.3**).

7. À partir des documents de cette double page, **proposer** les arguments qui permettent de justifier que :
- la lithosphère est une couche rigide dont l'épaisseur varie ;
- les zones où les vitesses des ondes sont plus faibles correspondent à une remontée de l'asthénosphère.

8. Montrer comment les données tomographiques ont permis de construire le modèle de la partie supérieure de la Terre.

9. Répondre au problème posé : « Que révèle la propagation des ondes sismiques sur la structure superficielle de la Terre ? »

ACTIVITÉ

3 Origine et différenciation de la planète Terre

La Terre et les planètes du système solaire se sont formées il y a 4,56 milliards d'années au sein de la voie Lactée. Les météorites, roches les plus anciennes du système solaire qui nous parviennent, apportent sur la Terre une source d'informations sur son origine et sur son évolution.

VOCABULAIRE

Accrétion : adjonction de matière provoquant une augmentation de la taille d'un corps.

Corps parent : objet de petite taille à l'origine des météorites.

Météorite : fragment de corps planétaire qui parvient sur la Terre.

▶ **Quelles informations apportent les météorites sur l'origine et la différenciation de la Terre ?**

Doc.1 Les météorites

Les météorites proviennent de la fragmentation de **corps parents**.
Il existe deux grands groupes de météorites.

▶ Les **météorites non différenciées** ou **chondrites**, les plus primitives, sont formées de petites sphères ou ***chondres*** qui se seraient formés dans la nébuleuse solaire, par fusion de poussières primitives, et sont englobées dans une matrice.
- chondrite à enstatite (Eagle, 1er octobre 1945) (a) ;
- lame mince montrant les chondres (b).

▶ Les **météorites différenciées** ne contiennent pas de chondres.
Elles proviennent d'objets, ***astéroïdes*** ou ***planétoïdes*** qui, tout comme la Terre, ont fondu et se sont différenciés. Leur fragmentation est à l'origine de météorites différentes.

- Les **achondrites**, formés de nombreuses pierres différentes dont certaines sont comparables aux basaltes et aux gabbros.
  - achondrite : eucrite crustale (Juvanas) (c) ;
  - achondrite : eucrite crustale (Bouvante, 30 août 1978) (d).
- Les **météorites de fer**, de forte densité.
  - météorite de fer (Tamentit) (f).
- Les **météorites mixtes** ou lithosidérites, qui comportent autant de métal que de silicates.
  - météorite mixte : pallasite (Otinapa) (e) ;

▶ Les chondrites sont beaucoup plus abondantes que les météorites différenciées.

Doc.2 Un scénario de la formation et de la différenciation de la Terre

► Un scénario rend compte actuellement de la formation des éléments du système solaire à partir de l'observation des météorites.

► À l'origine, des grains de poussière de la nébuleuse solaire primitive se sont agglomérés. Lors de collisions, ces petits objets ont formé par **accrétion** des objets plus grands, de la taille d'une centaine de mètres, appelés **planétoïdes.**

Sous l'effet de leur attraction gravitationnelle mutuelle, ces planétoïdes se sont précipités les uns contre les autres formant des embryons de planètes de la taille de quelques kilomètres ou d'une centaine de kilomètres.

Cette phase d'accrétion a été brève, quelques millions d'années environ. Les planétoïdes, dont le diamètre était supérieur à 100 km, contenaient assez de chaleur pour pouvoir fondre, puis se différencier en plusieurs couches concentriques de densités différentes.

Les matériaux les plus denses ont migré vers le centre formant le noyau, les matériaux les moins denses ont migré vers la surface du corps planétaire et sont à l'origine de la croûte et du manteau. La fragmentation de ces planétoïdes ou corps parents est à l'origine de la formation de météorites différentes.

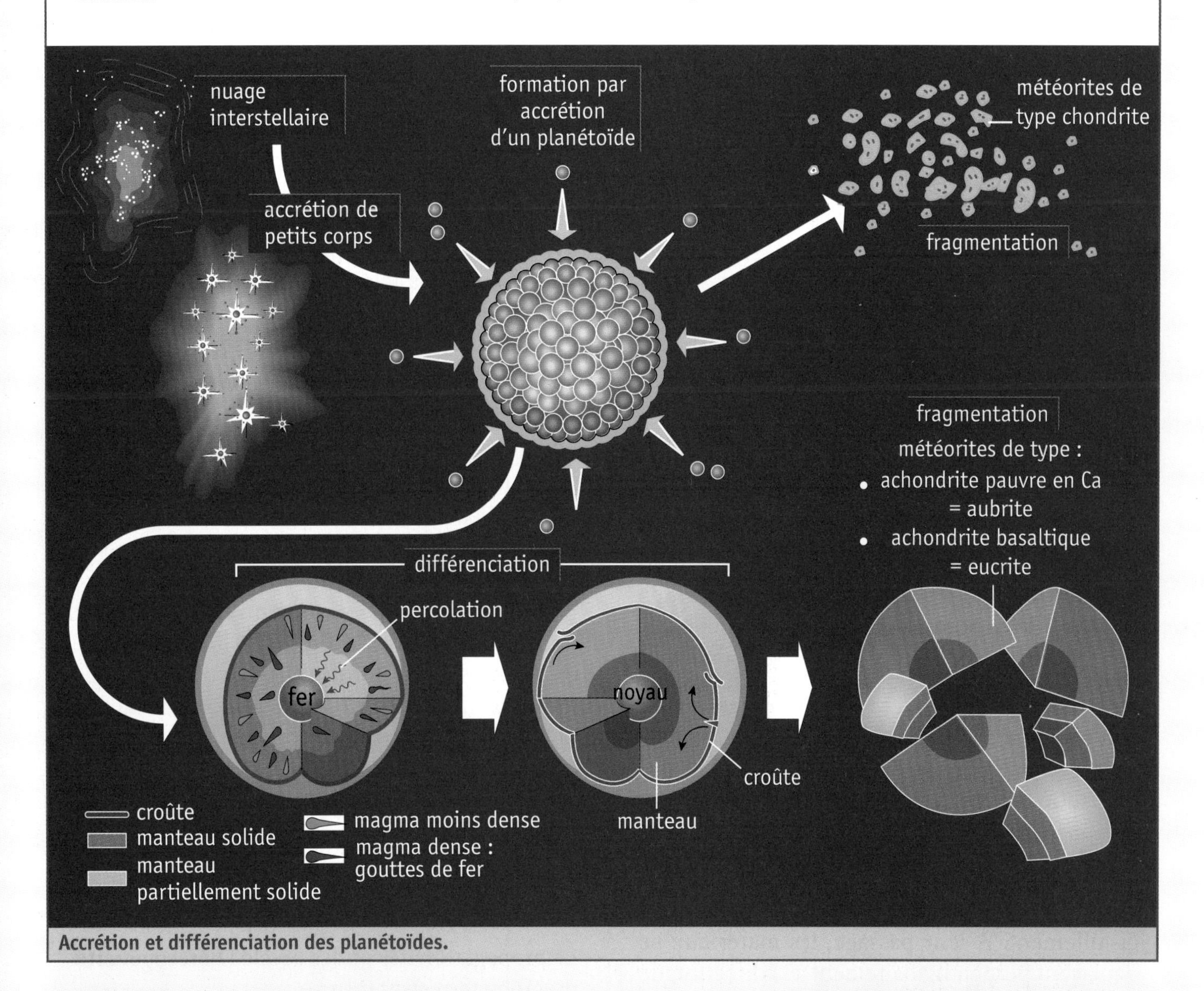

Accrétion et différenciation des planétoïdes.

EXPLOITATION DES DOCUMENTS

Pour **répondre au problème posé** : « Quelles informations apportent les météorites sur l'origine et la différenciation de la Terre ? », **mettre en relation :**

a. la nature des différentes météorites (**Doc. 1**) avec celles des différentes enveloppes d'un planétoïde (**Doc. 2**) ;

b. la structure d'un planétoïde avec celle de la Terre.

SYNTHÈSE

Structure et formation de la Terre

« L'auscultation du globe terrestre » au moyen des ondes sismiques, permet dans l'hypothèse d'une Terre sphérique de construire un modèle à plusieurs couches concentriques. La profondeur de ces couches est déterminée à partir des profils de vitesses sismiques et de densité. Les données utilisées proviennent du réseau sismique mondial (GEOSCOPE) dont les stations sont réparties à la surface de la Terre.

LES MOTS À CONNAÎTRE

Accrétion : adjonction de matière provoquant une augmentation de la taille d'un corps.

Météorites : fragment de corps planétaire qui parvient sur la Terre.

Lithosphère : zone externe marquée par une augmentation de la vitesse des ondes P et S. Elle se distingue de l'asthénosphère par des propriétés mécanique et thermique (elle est plus rigide et plus froide).

I À l'écoute de la Terre

Un séisme ou tremblement de terre est provoqué par un mouvement brutal de l'écorce terrestre libérant de l'énergie, au niveau du **foyer**.

- Les vibrations produites au niveau du foyer se propagent dans toutes les directions. Ce sont les **ondes sismiques**.
- Les enregistrements ou **sismogrammes** permettent de repérer différents types d'onde en fonction de leur temps d'arrivée aux stations situées à des distances plus ou moins éloignées de l'**épicentre**, zone située à la verticale du foyer.
- Les **ondes P**, premières, sont des **ondes de compression**. À leur passage, les matériaux subissent alternativement des compressions et des dilatations selon la direction de propagation. On les appelle encore des **ondes longitudinales**. Les premières arrivées sont les ondes les plus rapides.
- Les **ondes S**, secondes, sont des ondes de cisaillement. À leur passage, les matériaux se déplacent perpendiculairement à la direction de propagation. On les appelle encore des **ondes transversales**, elles ne se propagent pas dans les liquides.
- À partir des sismogrammes enregistrés dans différentes stations sismiques, on peut calculer avec précision les temps mis par les ondes pour arriver. Il est possible alors de calculer leur vitesse de propagation qui est de l'ordre du kilomètre seconde ($km \cdot s^{-1}$). Plus la distance à l'épicentre augmente, plus le retard à la réception augmente par rapport à l'instant du séisme.
- Les temps d'arrivée des ondes P et S varient avec la distance à l'épicentre. Leur vitesse augmente avec leur trajet en profondeur. Les variations de vitesse se produisent toujours à la même profondeur. On peut en déduire la **structure profonde en couches concentriques** : la Terre a une constitution hétérogène. Il est possible, dans une station donnée, de calculer le temps qui sépare les ondes P et S et de déterminer la distance qui les sépare à l'épicentre.
- À partir des temps d'arrivée des ondes dans différentes stations, il est possible de tracer des courbes de propagation des ondes P, S, L ou **courbes hodochrones**. L'ensemble de ces courbes est un **hodographe** (voir page 24).

La propagation des ondes révèle l'**hétérogénéité** du globe terrestre :
– à partir de 200 km et jusqu'à 2 900 km, la vitesse des ondes augmente régulièrement, le manteau inférieur est apparemment homogène ;
– à 2 900 km, la **discontinuité de Gutenberg** est mise en évidence par une **zone d'ombre**.

Elle marque la limite entre un milieu solide, le manteau et un milieu liquide, le noyau externe. À son niveau, les ondes S ne sont plus transmises, les ondes P ralentissent, leur vitesse chute de 14 km·s^{-1} à 8 km·s^{-1} ;
– à 5 150 km de profondeur, la **discontinuité de Lehman** marque la limite entre le noyau externe liquide et le noyau interne solide ou graine.

II Les discontinuités croûte-manteau et lithosphère-asthénosphère

L'hétérogénéité de la partie supérieure de la Terre est marquée par deux discontinuités.

• La première, la **discontinuité de Mohorovicic** ou **Moho**, délimite la croûte terrestre du manteau supérieur. Son épaisseur est faible sous les océans de l'ordre de 10 km, alors qu'elle est de 30 km en moyenne sous les continents.
Elle peut atteindre 80 km sous les chaînes de montagnes jeunes. La vitesse des ondes P et S atteint 8 km·s^{-1} à la base de la croûte.

• La seconde est une discontinuité thermique qui sépare la **lithosphère**, de comportement rigide, de l'**asthénosphère** sous-jacente, de comportement moins rigide, située entre 100 et 200 km de profondeur. La lithosphère, composée de la croûte et de la partie la plus externe du manteau supérieur, plus rigide, est caractérisée par une accélération des ondes P et S. L'asthénosphère est caractérisée par un ralentissement de la propagation des ondes P et S, appelée **zone de faible vitesse ou LVZ**, elle est plus déformable.
Il est alors possible de construire un modèle sismique de la structure interne de la Terre.

Le modèle de la Terre montre qu'elle est formée de **couches concentriques** aux propriétés physiques différentes, **séparées par des discontinuités**. En plus de l'**hétérogénéité en profondeur** de la Terre, la tomographie met en évidence des **hétérogénéités latérales** à l'intérieur des différentes enveloppes.

III Origine et différenciation de la planète Terre

La structure en couches concentriques de la Terre résulte de sa formation. La Terre s'est formée en même temps que les autres planètes et les planétoïdes du système solaire. Les météorites qui nous parviennent sur Terre sont des fragments issus de petites planètes, ou astéroïdes, concentrés entre l'orbite de Mars et de Jupiter. L'étude des météorites renseigne sur l'origine et les étapes de la formation de la Terre. On distingue :

• Les **météorites non différenciées ou chondrites**, ce sont les météorites les plus primitives formées, il y a 4,56 milliards d'années, par agglomération de poussières ou **accrétion**. Elles contiennent différents constituants agglomérés, dont des petites sphères appelées **chondres**, formées à température élevée par fusion de poussières primitives dans la nébuleuse présolaire. Elles sont issues de corps parents qui n'ont pas été modifiés depuis leur formation et qui se sont fragmentés.

• Les **météorites différenciées ou achondrites** qui ne contiennent pas de chondres. Les **achondrites** proviennent de la croûte, du manteau ou du noyau d'un astéroïde fragmenté. Lorsque les sources de chaleur interne sont suffisamment importantes, elles induisent la **fusion partielle du planétoïde**. Une **différenciation** se produit et les matériaux les moins denses produisent un magma qui migre vers la surface du planétoïde. Les matériaux les plus denses migrent vers le centre pour former le noyau. Les **météorites de fer** seraient des fragments du noyau, les **eucrites** seraient des fragments de la croûte, les **météorites mixtes** ou **lithosidérites** (dont les pallasites) seraient des fragments de la limite manteau – noyau du corps parent.
On envisage un même scénario pour la formation et la différenciation de la Terre en couches concentriques.

L'essentiel

L'étude de la propagation des ondes sismiques montre que la Terre est structurée en enveloppes concentriques de taille, de masse et de densité différentes. La croûte continentale et la croûte océanique sont séparées du manteau par une discontinuité chimique, le Moho. Dans le manteau supérieur, une discontinuité thermique sépare la lithosphère rigide de l'asthénosphère semi-rigide ou ductile. À 2 900 km de profondeur, la discontinuité chimique de Gutenberg sépare le manteau inférieur du noyau. À 5 150 km, la discontinuité de Lehmann sépare le noyau liquide et de la graine. La température, la pression et la densité varient avec la profondeur. La structure de la Terre en couches concentriques résulte de sa formation par accrétion de petits corps puis de sa différenciation lorsque la chaleur interne devient suffisante.

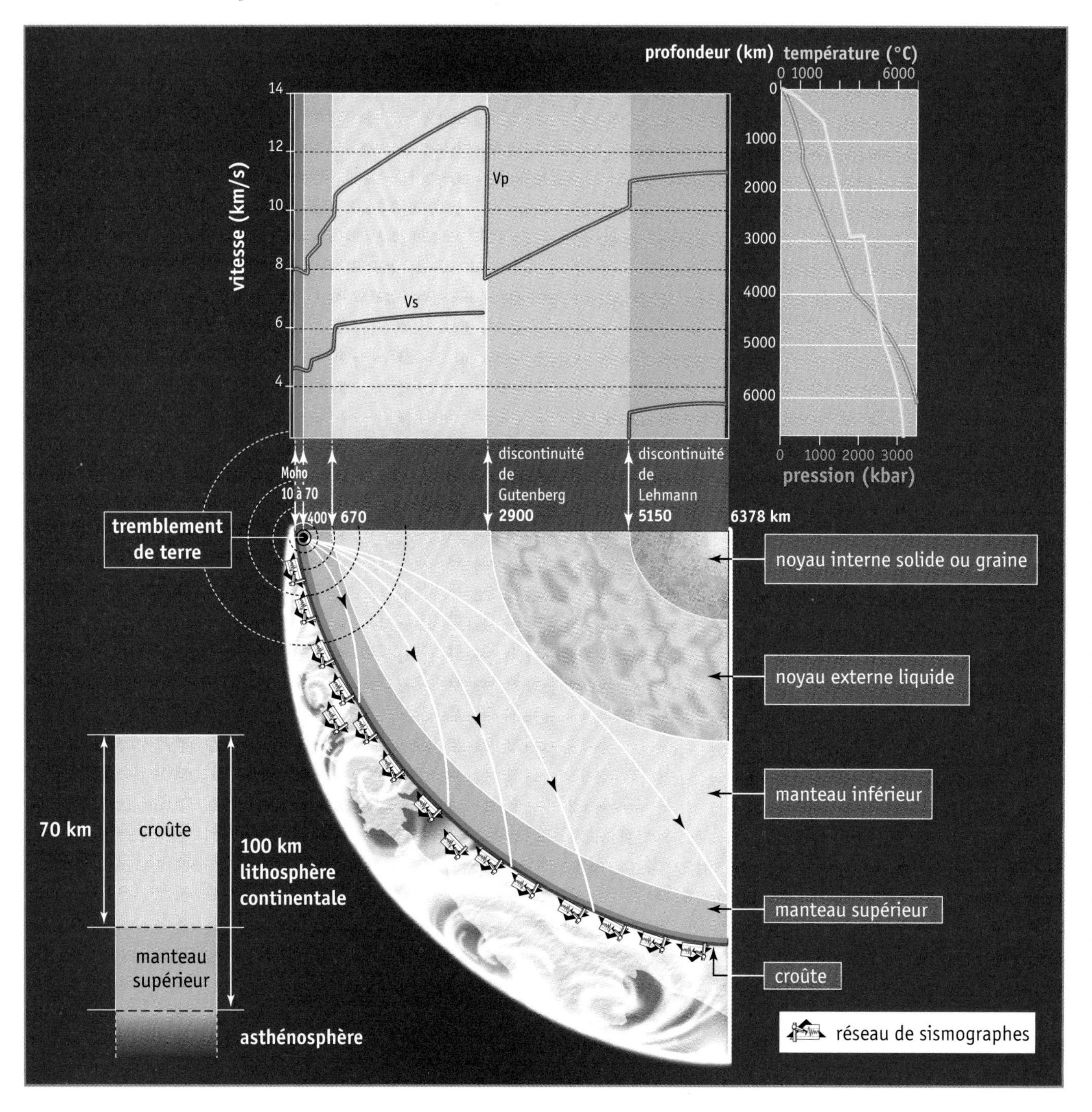

EXERCICES

VÉRIFIER SES CONNAISSANCES

EXERCICE 1 Définir en une phrase claire les mots et expressions suivants.

- ondes P, S, L
- rai sismique
- front d'onde
- réfraction d'un rai sismique
- discontinuité
- sismogramme

EXERCICE 2 Reconstituer une ou plusieurs phrases scientifiquement exacte(s) à partir des propositions suivantes.

1. Le manteau...

a. est limité à sa partie supérieure par la discontinuité de Gutenberg.
b. est limité à sa partie supérieure par la discontinuité de Mohorovicic.
c. est limité à sa partie inférieure par la discontinuité de Lehman.
d. présente des variations de densité.

2. Le noyau...

a. est la zone la plus profonde du globe terrestre.
b. est séparé du manteau par la discontinuité de Lehman.
c. est la zone la moins dense de la planète.
d. est plus dense que le manteau.
e. est entièrement liquide.

3. La structure de la Terre...

a. peut être déterminée à partir de la vitesse de propagation des ondes sismiques.
b. présente une hétérogénéité à l'intérieur d'une même enveloppe.
c. en couches concentriques est connue par des données directes.
d. en couches concentriques résulte de sa formation par accrétion de petits corps suivie d'une différenciation.

EXERCICE 3 Restituer ses connaissances en quelques phrases sur un sujet précis, en utilisant obligatoirement un ensemble de mots-clés.

sujets	mots-clés
a. hétérogénéité verticale de la Terre	couches concentriques, vitesse de propagation, discontinuités
b. structure en couches concentriques	météorites, différenciation, accrétion

EXERCICE GUIDÉ

Mise en évidence du MOHO

Énoncé On déclenche des ondes en faisant exploser une charge de dynamite enfouie à quelques dizaines de mètres de profondeur. Le tableau ci-contre donne les temps d'arrivée des ondes P dans six stations.

Stations de réception des ondes P	Distance entre la station et le lieu de l'explosion	Temps mis par les ondes P pour parvenir aux différentes stations (*2 séries d'ondes P)
A	20 km	3,6 s
B	30 km	5,3 s
C	40 km	*6,8 s puis 12,7 s
D	56 km	*9,5 s puis 14,6 s
E	280 km	*42,7 s puis 47,6 s
F	400 km	*57,7 s puis 72 s

1. Sur un graphe représentant le temps d'arrivée des ondes en fonction de la distance épicentrale $t = f(d)$ (d : distance épicentrale), **porter** les points correspondants au temps mis par l'onde P pour arriver dans les six stations.

2. À partir des temps mis par l'onde pour arriver aux stations A et B, **calculer** la vitesse de l'onde P.

3. À la station C, on enregistre deux trains d'ondes P. Sachant que ces ondes P se sont propagées dans un même milieu, **expliquer** l'origine de ces deux trains d'ondes. **Traduire** par un schéma le trajet des ondes.

4. On appelle : d_1 le point de la surface sur laquelle se réfléchissent les ondes P ; e la profondeur de cette surface ; O le foyer de séisme. **Calculer** la profondeur e de la surface de discontinuité.

5. À la station D, le même phénomène se produit. **Représenter** sur le schéma précédent les deux trains d'ondes arrivant à la station D et **calculer** la distance parcourue par le 2e train d'ondes.

6. a. Calculer le temps mis par les ondes directes pour arriver aux stations E et F. **Comparer** les valeurs trouvées à celles du tableau, que peut-on en déduire ? **b. Relier** sur le graphe les points correspondants aux temps d'arrivées des ondes P directes. **Indiquer** si les positions des points C, D, E et F sont en accord avec les résultats précédents.

Conseils pour la résolution

1. $t = f(d)$. L'axe des abscisses est celui des distances épicentrales et l'axe des ordonnées celui des temps mis par les ondes pour arriver aux différentes stations.

2. $V = d/t$.

3. Tenir compte du fait que les ondes P se sont propagées dans le même milieu, donc que leur vitesse ne varie pas.

4. Pour calculer la profondeur de la discontinuité utiliser le théorème de Pythagore : « Dans un triangle rectangle, le carré de l'hypoténuse est égale au carré des deux autres côtés ».

5. Même travail pour l'onde arrivant à la station D que pour celle arrivant à la station C.

6 a. Les ondes directes ont traversé le même milieu, donc ont la même vitesse. **b.** Penser à la loi de Descartes et utiliser ses connaissances pour répondre à la question.

APPLIQUER SES CONNAISSANCES

EXERCICE 4 Analyse des sismogrammes

Saisir des informations et utiliser des données chiffrées

Le séisme du Chili, le 30 juillet 1995, a été enregistré dans plusieurs stations du réseau GEOSCOPE situées à des distances croissantes de l'épicentre.

1. **Calculer** le temps mis par les ondes P pour arriver à la station KOG.

2. **Calculer** la distance de ces stations par rapport à l'épicentre, pour cela :

– **calculer**, à partir des sismogrammes, le temps qui sépare l'arrivée des ondes P de l'arrivée des ondes S dans chacune des stations;

– **utiliser** les tables de JEFFREYS-BULLEN (voir p. 25) qui vous donnent les temps d'arrivée des ondes S-P en fonction de la distance épicentrale Δ, donnée en degrés. Les distances épicentrales seront données en km sachant que 1 ° = 111 km.

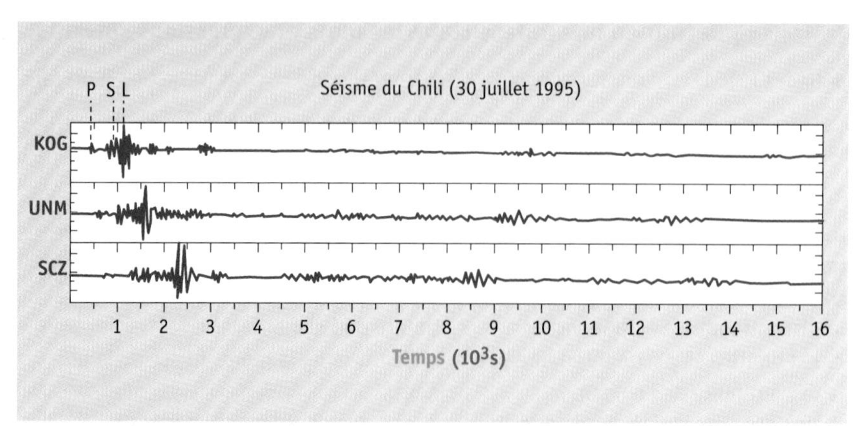

Enregistrements verticaux du séisme du Chili, 30 juillet 1995.

EXERCICE 5 Détermination de l'épicentre d'un séisme

Saisir des informations. Réaliser un graphique

Un séisme en mer de Ligure a été enregistré dans quatre stations. Les sismogrammes (**a**) sont placés de façon quelconque par rapport à l'épicentre. Le tableau ci-contre (**b**) donne le temps mis par les ondes P et S pour parvenir aux différentes stations.

Station	Temps d'arrivée
LRG	Pg 10 h 05 18,9
	Sg 10 h 05 34,6
FRF	Pg 10 h 05 15,7
	Sg 10 h 05 29,8
LMR	Pg 10 h 05 16,9
	Sg 10 h 05 31,4
CVF	Pg 10 h 05 11,6
	Sg 10 h 05 21,8

b. Temps de parcours des ondes P et S.

La lettre **g** indique que ces ondes ont circulé dans la partie superficielle de la croûte.

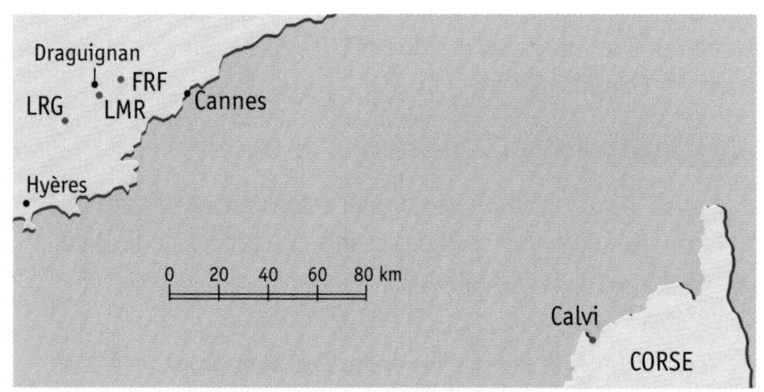

c. Stations où sont enregistrés les séismes.

Calvi	**CVF**	42° 34' 0" N	8° 52' 10" E
Forêt royale	**FRT**	43° 33' 38,5" N	6° 38' 48,4" E
La Mourre	**LMR**	43° 30' 2" N	6° 30' 33" E
Lorgues	**LRG**	43° 27' 17" N	6° 21' 37" E

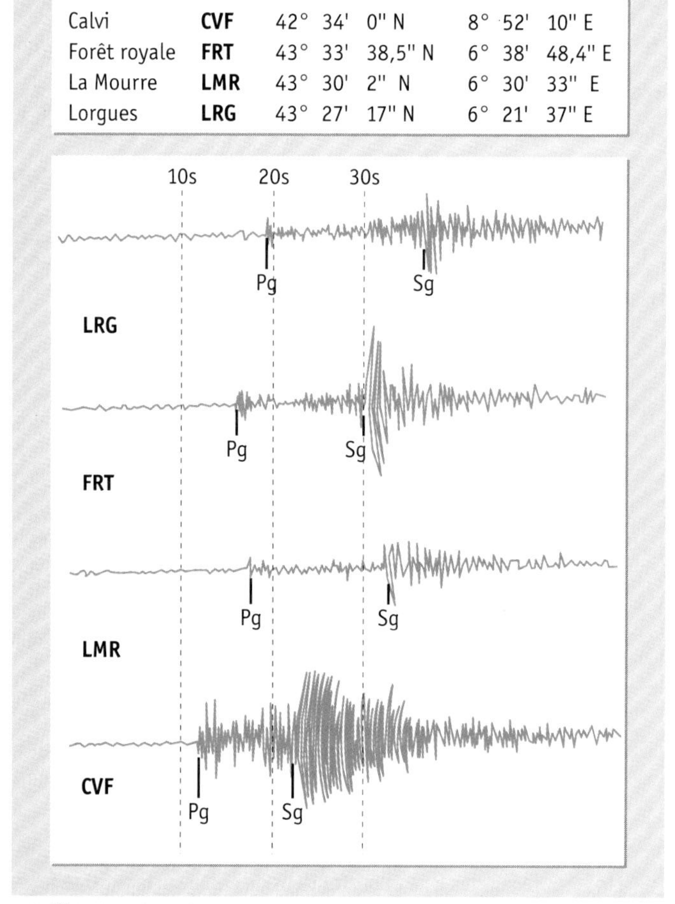

a. Sismogrammes.

1. À partir des informations des documents (**a**) et (**b**) **préciser** quelle est la station la plus proche du séisme. **Justifier** votre réponse.

2. La table de JEFFREYS-BULLEN (voir p.25) donne le temps d'arrivée des ondes P et S dans différentes stations, en fonction de leur distance épicentrale. Cette distance est donnée en degrés. 1 ° équivaut à 111 km à la surface de la Terre. Il est ainsi possible, sans connaître l'heure du séisme de déterminer la distance de l'épicentre pour n'importe quelle station. À l'aide de la table de JEFFREYS, **calculer** la distance épicentrale de chacune des stations. Vous donnerez la distance en degrés et en kilomètres.

3. À partir de la position des quatre stations (**c**), **déterminer** graphiquement l'emplacement de l'épicentre.

APPLIQUER SES CONNAISSANCES

EXERCICE 6 Des discontinuités superficielles

Utiliser des données dans un but explicatif

Des études sismiques réalisées dans les 700 premiers kilomètres de profondeur ont permis d'affiner le modèle de la structure de la Terre.

1. Noter la profondeur à laquelle on observe une variation brusque de la vitesse de propagation des ondes P et S et **préciser** ce que cette variation met en évidence.

2. À partir de 100 km de profondeur et jusqu'à 250 km, on enregistre un ralentissement de la propagation des ondes P et S. Cette zone est appelée LVZ (*Low Velocity zone*).

a. Sachant que les matériaux traversés entre 30 et 300 km de profondeur sont les mêmes, **identifier** les caractéristiques physiques qui sont ainsi mises en évidence.

b. Donner les noms de l'enveloppe caractérisée par le ralentissement des ondes P et S et de l'enveloppe sus-jacente.

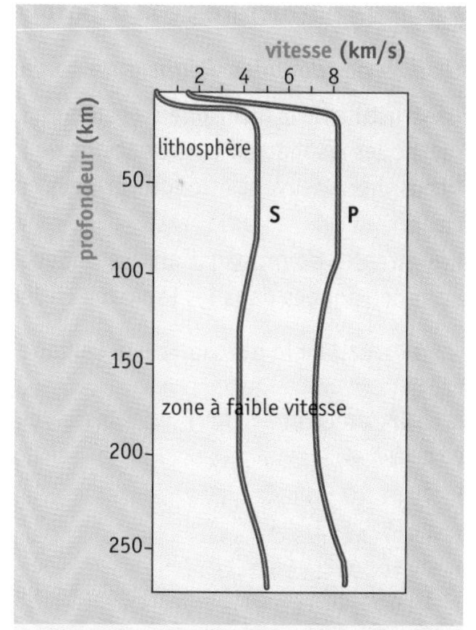

Variation de la vitesse des ondes sismiques P et S dans les 300 premiers kilomètres de profondeur.

EXERCICE 7 Des discontinuités profondes

Utiliser des données
les traduire par un schéma

Les graphiques, ci-dessous, donnent les variations de la vitesse de propagation des ondes sismiques P et S (**a**) et les variations de la densité de la Terre en fonction de la profondeur (**b**).

1. À partir de l'analyse des courbes représentant les variations de la vitesse de propagation des ondes P et S en fonction de la profondeur, **dégager** les informations apportées sur la structure interne du globe terrestre entre 700 et 6 371 km de profondeur.

2. Préciser si les informations apportées par les variations de la densité de la Terre en fonction de la profondeur (**b**) confortent les informations précédentes.

3. Réaliser un schéma du modèle de l'organisation interne de la Terre.

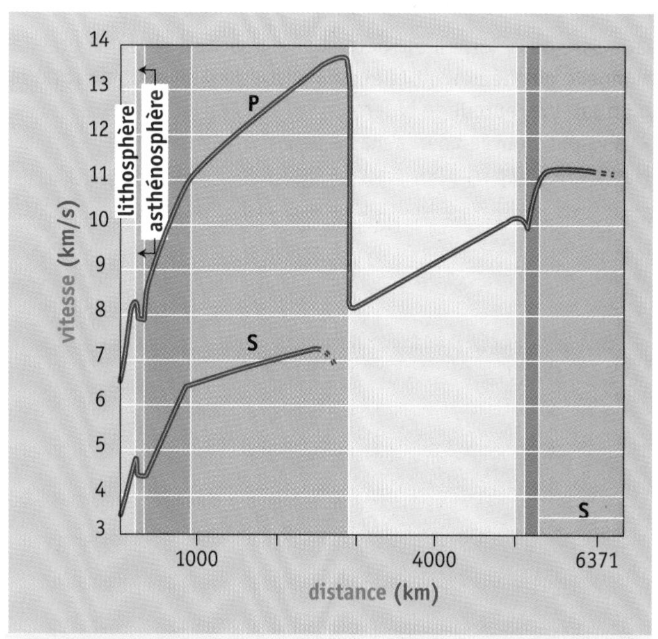

a. Variation de la vitesse des ondes sismiques P et S en fonction de la profondeur.

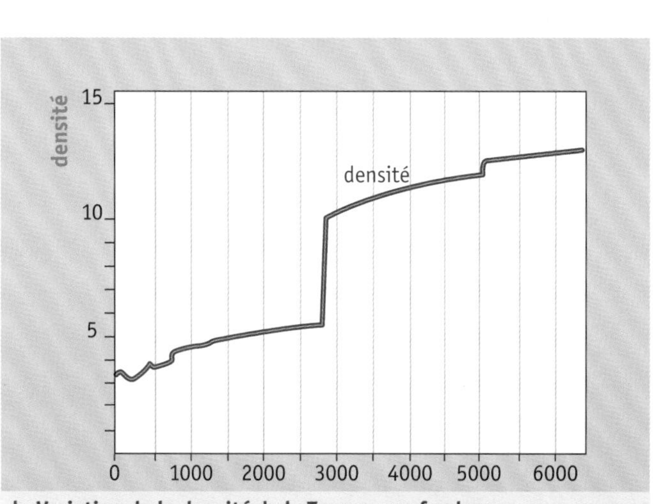

b. Variation de la densité de la Terre en profondeur.

APPLIQUER SES CONNAISSANCES

EXERCICE 8 Structure de la lithosphère continentale et de la lithosphère océanique

Utiliser des données. Réaliser un schéma

La structure de la lithosphère est déterminée essentiellement par des méthodes sismiques. Les variations de la vitesse des ondes dans la lithosphère peuvent être interprétées comme une sorte de stratification.

Les vitesses de propagation des ondes P à différentes profondeurs sont consignées dans les tableaux ci-dessous :

- Au niveau de la lithosphère océanique

Profondeur (en km)	Vitesse des ondes P (en km · s^{-1})
de 0 à -4,5	1,6
de -4,5 à -5,5	1,6 à 3,5
de -5,5 à -7	3,5 à 6,6
de -7 à -12	6,6 à 7,5
au delà de 12	7,5 à 8,2

- Au niveau de la lithosphère continentale

Profondeur (en km)	Vitesse des ondes P (en km · s^{-1})
de 0 à -20	5 à 6
de -20 à -30	6 à 6,4
au delà de -30	6,4 à 8,2

1. Construire le schéma structural des deux lithosphères, à partir des vitesses de propagation des ondes P.

2. Déterminer la profondeur de la discontinuité du Moho, pour cela **comparer** les vitesses des ondes P.

3. Donner l'épaisseur de la croûte continentale et de la croûte océanique.

4. Dégager les informations apportées par les données sismiques sur la structure et la nature de la croûte continentale et de la croûte océanique.

EXERCICE 9 La densité des différentes enveloppes de la Terre

Mettre en relation des données dans un but explicatif

La masse de la Terre a été déterminée à partir de la force gravitationnelle qu'elle produit et aussi à partir de la période de rotation d'un satellite autour de la Terre.

- La valeur trouvée pour la masse de la Terre est :
$M = 5,976 \cdot 10^{24}$ kg

- La densité des roches :
– de la croûte varie entre 2,3 et 2,9 kg · dm^{-3}
– du manteau supérieur est de 3,3 kg · dm^{-3}

1. Après **avoir calculé** le volume de la Terre que l'on assimilera à une sphère, **calculer** la densité de la Terre.

2. Comparer la densité de la Terre à celle de la croûte et du manteau puis **proposer** une hypothèse qui permettrait d'expliquer la différence observée.

ANNEXE 1

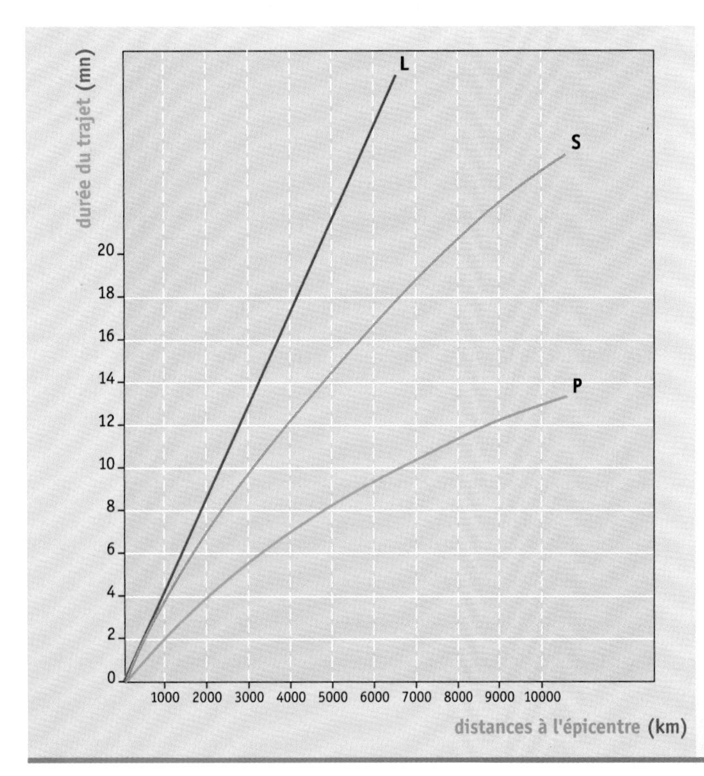

Les hodochrones ou courbes de propagation représentent les temps d'arrivée des différentes ondes sismiques P, S, L à la station où elles sont enregistrées, en fonction de la distance par rapport à l'épicentre.

L'ensemble de ces courbes est un hodographe.

Hodographe

ANNEXE 2

Tables JEFFREYS-BULLEN

S − P = temps d'arrivée en fonction de Δ ; Δ en degrés, M en minutes et S en secondes.

Δ	P		S − P		Δ	P		S − P		Δ	P		S − P	
	M	S	M	S		M	S	M	S		M	S	M	S
0,0		(5,4)		3,8	30,0	6	07,7	4	54,5	70,0	11	10,2	9	06,8
0,5		10,5		7,6	31,0	6	16,6	5	01,4	71,0	11	16,3	9	12,3
1,0		17,7		13,1	32,0	6	25,4	5	08,2	72,0	11	22,2	9	18,0
1,5		24,8		18,7	33,0	6	34,1	5	15,1	73,0	11	28,2	9	23,4
2,0		32,0		24,1	34,0	6	42,7	5	22,0	74,0	11	34,0	9	28,8
2,5		39,1		29,7	35,0	6	51,3	5	28,9	75,0	11	39,8	9	34,2
3,0		46,3		35,2	36,0	6	59,8	5	35,8	76,0	11	45,5	9	39,5
3,5		53,4		39,9	37,0	7	08,2	5	42,8	77,0	11	51,2	9	44,7
4,0	1	00,5		46,4	38,0	7	16,6	5	49,6	78,0	11	56,7	9	50,0
4,5	1	07,6		51,9	39,0	7	24,9	5	56,5	79,0	12	02,2	9	55,1
5,0	1	14,7		57,4	40,0	7	33,2	6	03,2	80,0	12	07,6	10	00,2
5,5	1	21,7	1	03,0	41,0	7	41,5	6	09,8	81,0	12	12,9	10	05,3
6,0	1	28,7	1	08,5	42,0	7	49,7	6	16,4	82,0	12	18,1	10	10,4
6,5	1	35,8	1	13,9	43,0	7	57,9	6	22,8	83,0	12	23,2	10	15,4
7,0	1	42,8	1	19,3	44,0	8	06,0	6	29,3	84,0	12	28,3	10	20,3
7,5	1	49,8	1	24,8	45,0	8	14,0	6	35,7	85,0	12	33,3	10	25,2
8,0	1	56,7	1	30,3	46,0	8	22,0	6	42,0	86,0	12	38,2	10	30,0
8,5	2	03,7	1	35,8	47,0	8	29,8	6	48,4	87,0	12	43,1	10	34,7
9,0	2	10,6	1	41,3	48,0	8	37,7	6	54,7	88,0	12	47,9	10	39,3
9,5	2	17,5	1	46,8	49,0	8	45,4	7	01,0	89,0	12	52,7	10	43,8
10,0	2	24,4	1	52,2	50,0	8	53,1	7	07,2	90,0	12	57,4	10	48,3
11,0	2	38,1	2	02,9	51,0	9	00,7	7	13,4	91,0	13	02,1	10	52,5
12,0	2	51,6	2	13,7	52,0	9	08,2	7	19,7	92,0	13	06,7	10	56,7
13,0	3	05,0	2	24,4	53,0	9	15,7	7	25,8	93,0	13	11,3	11	00,9
14,0	3	18,1	2	35,2	54,0	9	23,1	7	32,0	94,0	13	15,8	11	05,0
15,0	3	31,2	2	45,7	55,0	9	30,4	7	38,1	95,0	13	20,4	11	08,9
16,0	3	44,1	2	56,1	56,0	9	37,6	7	44,3	96,0	13	24,9	11	12,9
17,0	3	56,7	3	06,6	57,0	9	44,8	7	50,3	97,0	13	29,5	11	16,8
18,0	4	09,2	3	16,8	58,0	9	51,8	7	56,4	98,0	13	34,0	11	20,7
19,0	4	21,5	3	27,0	59,0	9	58,8	8	02,5	99,0	13	38,5	11	24,6
20,0	4	32,5	3	38,1	60,0	10	05,7	8	08,5	100,0	13	43,1	11	28,4
21,0	4	42,9	3	47,1	61,0	10	12,5	8	14,5	101,0	13	47,6	11	32,3
22,0	4	52,9	3	55,8	62,0	10	19,2	8	20,5	102,0	13	52,1	11	36,1
23,0	5	02,8	4	04,0	63,0	10	25,9	8	26,3	103,0	13	56,5	11	40,1
24,0	5	12,5	4	11,8	64,0	10	32,4	8	32,3	104,0	14	00,9	11	44,0
25,0	5	22,2	4	19,1	65,0	10	38,9	8	38,1	105,0	14	05,3	11	47,9
26,0	5	31,6	4	26,2	66,0	10	45,3	8	43,9					
27,0	5	40,8	4	33,4	67,0	10	51,6	8	49,7					
28,0	5	49,9	4	40,4	68,0	10	57,9	8	55,4					
29,0	5	58,8	4	47,5	69,0	11	04,1	9	01,1					

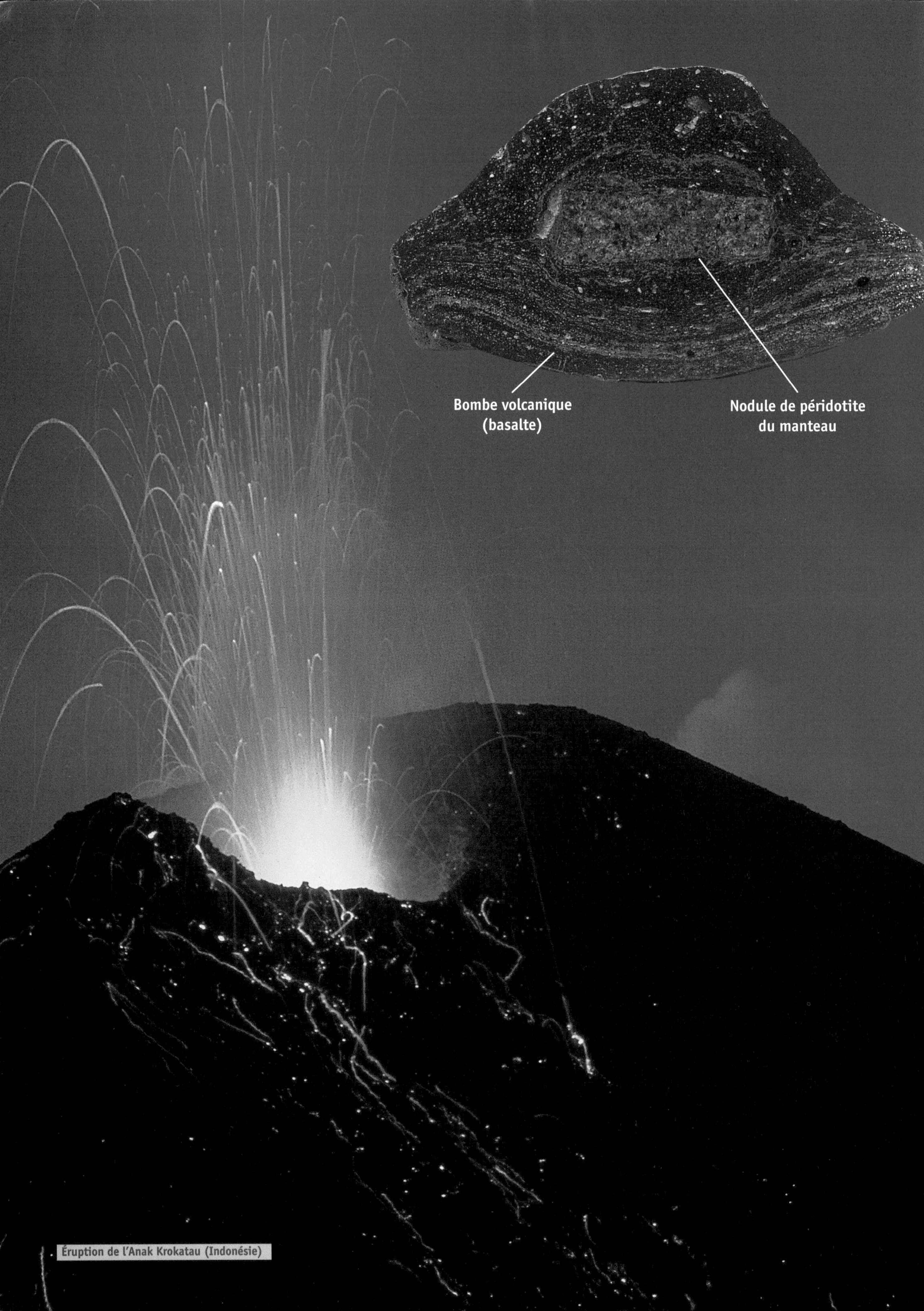

Éruption de l'Anak Krokatau (Indonésie)

Chapitre 2

La composition chimique de la Terre : des échantillons naturels aux matériaux inaccessibles

La sismologie permet de proposer un modèle de la Terre. Il est composé de grandes enveloppes concentriques dont on calcule la densité en fonction de la vitesse de propagation des ondes P et S qui les traversent.
Les caractéristiques sismologiques d'une roche située en profondeur dépendent de l'assemblage des minéraux qui la composent ainsi que de leur abondance relative.
La structure profonde de la Terre étant inaccessible à l'observation directe, des études en laboratoire permettent de reproduire expérimentalement, sur des assemblages de minéraux connus, les conditions de température et de pression qui règnent dans le manteau et le noyau.

- **Quelle est la composition minéralogique et chimique de la lithosphère continentale ?**
- **Quelle est la composition minéralogique et chimique de la lithosphère océanique ?**
- **Comment déterminer la composition minéralogique et chimique du manteau profond et du noyau ?**

ACTIVITÉ

1 La lithosphère continentale

La croûte continentale regroupe à la fois les terres émergées, soit 29 % de la surface du globe, mais aussi les plates-formes et les talus continentaux sous-marins, soit 45 % de la surface de la Terre. Les variations en surface reflètent des différences de la structure interne de la croûte continentale. L'observation directe de coupes naturelles formées par les versants de montagne et les vallées permet de connaître la structure de la lithosphère continentale. Il est possible de déterminer la composition chimique de la lithosphère continentale à partir de l'étude d'échantillons, prélevés en surface au cours de nombreux forages ou remontés par les volcans, et de la compléter par des informations apportées par la sismique.

VOCABULAIRE

Enclaves : fragments de roche arrachés et remontés en surface à la faveur d'éruptions volcaniques.

► **Quelle est la composition minéralogique et chimique de la lithosphère continentale ?**

Doc.1 Une croûte continentale variée

► À la surface de la Terre, la diversité des paysages reflète la variété de la nature des roches de la lithosphère continentale.

► Dans les montagnes jeunes, l'intense érosion des reliefs fait affleurer les roches en pics, en aiguilles, en falaises. La nature des roches (sédiments, laves, granites ou roches métamorphiques) et leur structure (plis, failles...) se lisent aisément dans les crêtes et sur le flanc des vallées.

► Dans les massifs anciens l'érosion a modelé le relief et a mis à nu des roches formées parfois à plusieurs dizaines de kilomètres de profondeur.

a. Aiguilles de Bavella, Corse.

b. Côte de granite rose à Ploumanach, Bretagne.

Doc.2 Des roches de nature variée

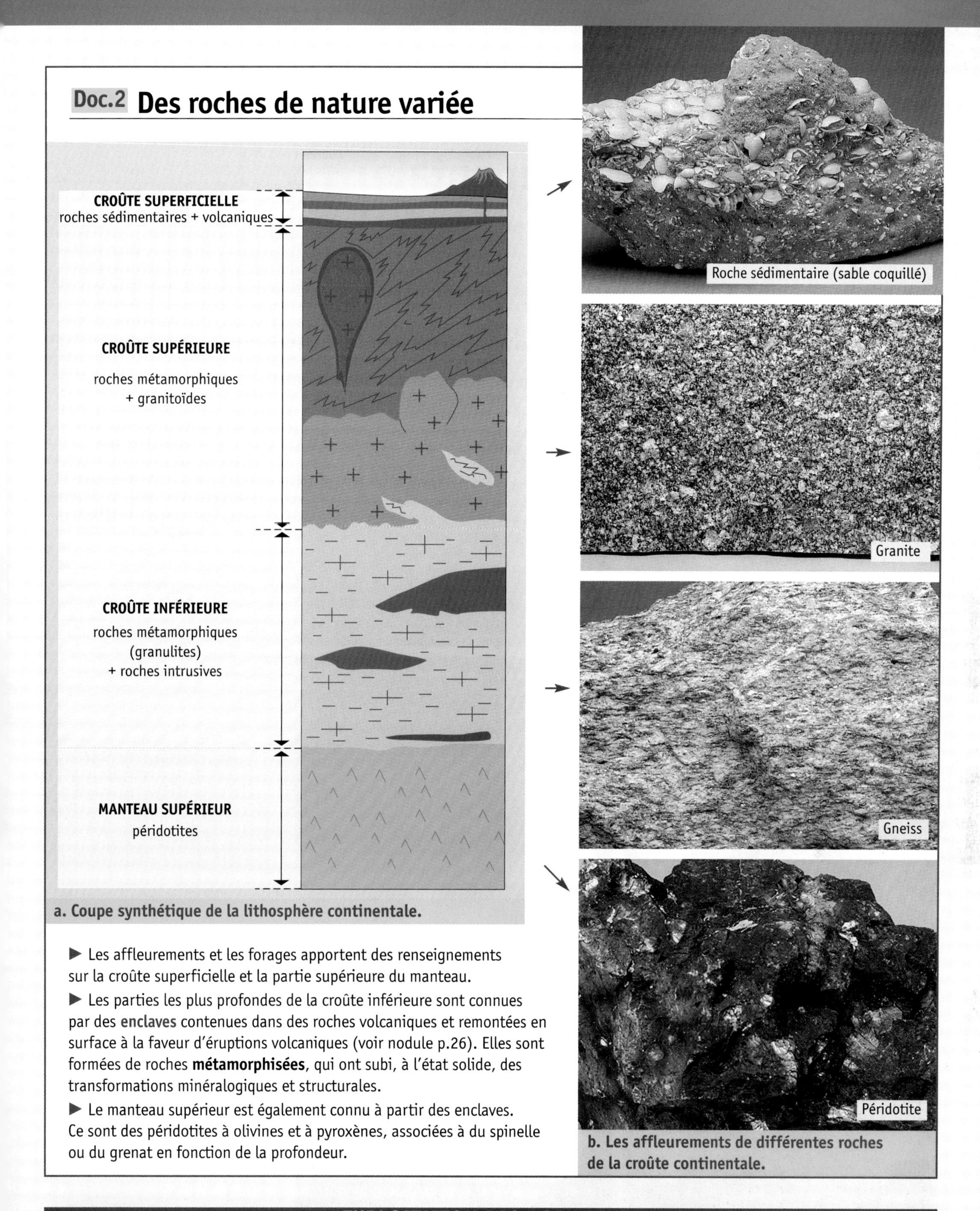

a. Coupe synthétique de la lithosphère continentale.

b. Les affleurements de différentes roches de la croûte continentale.

► Les affleurements et les forages apportent des renseignements sur la croûte superficielle et la partie supérieure du manteau.

► Les parties les plus profondes de la croûte inférieure sont connues par des **enclaves** contenues dans des roches volcaniques et remontées en surface à la faveur d'éruptions volcaniques (voir nodule p.26). Elles sont formées de roches **métamorphisées**, qui ont subi, à l'état solide, des transformations minéralogiques et structurales.

► Le manteau supérieur est également connu à partir des enclaves. Ce sont des péridotites à olivines et à pyroxènes, associées à du spinelle ou du grenat en fonction de la profondeur.

EXPLOITATION DES DOCUMENTS

1. **Décalquer** la coupe synthétique de la lithosphère continentale (**Doc. 2a**), puis **reporter** les noms des différentes unités lithologiques, **indiquer** la nature des roches de la croûte et du manteau et **tracer** la position de la discontinuité de Mohorovicic.

ACTIVITÉ

1 (suite) Les matériaux de la lithosphère continentale

▶ **Quelle est la composition minéralogique et chimique des matériaux de la lithosphère continentale ?**

VOCABULAIRE

Lumière naturelle : lumière blanche polarisée mais non analysée, lorsque l'analyseur n'est pas en place (voir Fiche-technique p. 344).

Lumière polarisée : lumière qui a traversé un polariseur et un analyseur, ce qui produit par soustraction à partir de la lumière blanche originelle une lumière polarisée (voir Fiche-technique p. 344).

Doc.3 Composition minéralogique des roches de la lithosphère continentale

En laboratoire, l'observation microscopique, en **lumière naturelle** (à gauche) et en **lumière polarisée** (à droite), permet de préciser la composition minéralogique des roches qui constituent la lithosphère continentale.

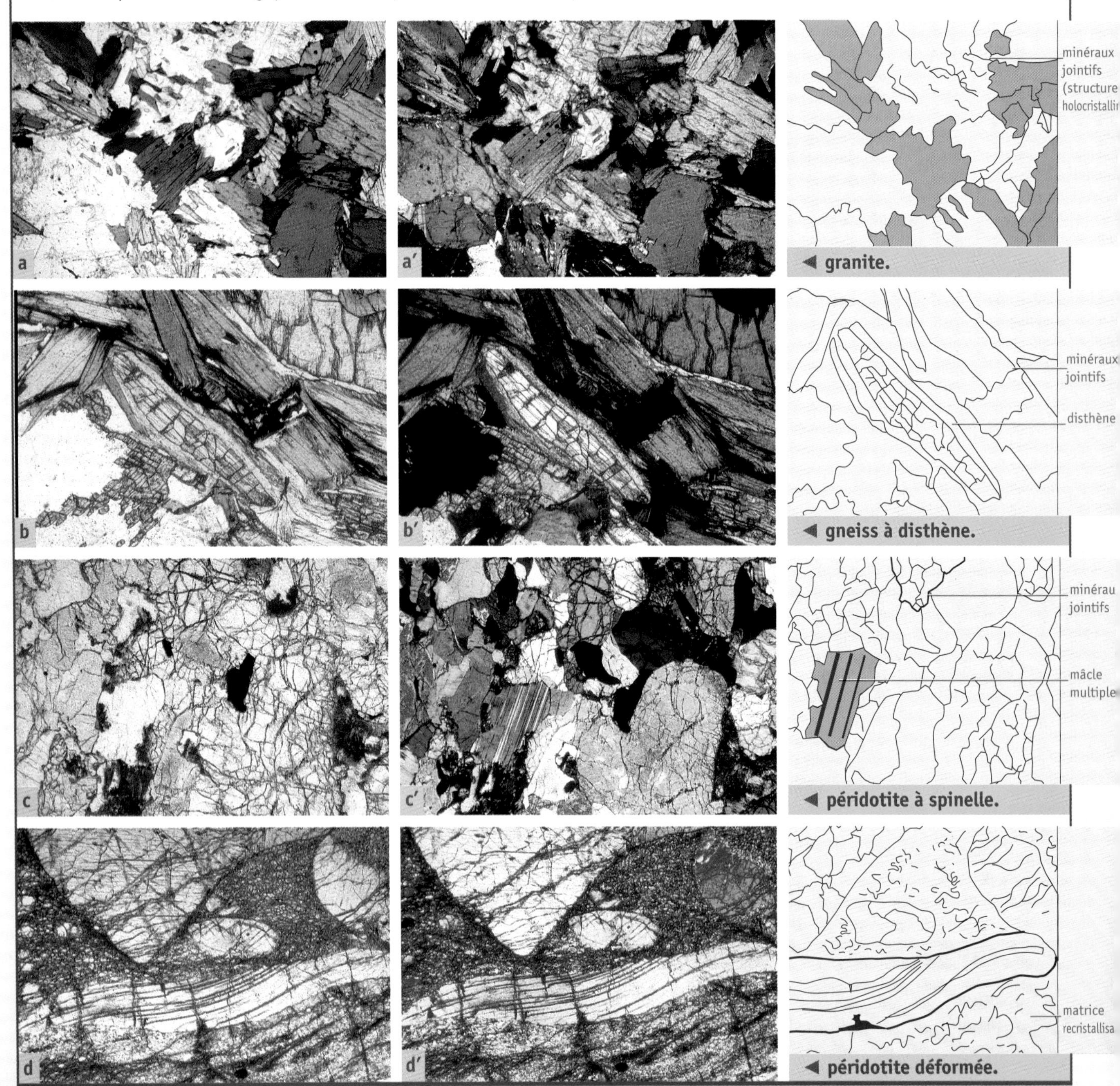

◀ granite.

◀ gneiss à disthène.

◀ péridotite à spinelle.

◀ péridotite déformée.

Doc.4 Composition chimique des roches de la lithosphère continentale

► La signature sismique d'une zone, sur un intervalle de profondeur, est celle d'un assemblage de minéraux, en proportions données, qui composent cette zone.

► Chaque minéral est caractérisé par une structure cristallographique et par une formule chimique qui peut être exprimée en masse d'oxydes.

Exemple : une mole du minéral orthose $KAlSi_3O_8$ contient : 1/2 mole de K_2O, 1/2 mole de Al_2O_3 et 3 moles de SiO_2, soit :
1/2 (2 × 39 + 1 6) = 47 g
1/2 (2 × 26 + 3 × 16) = 50 g
3 (28 + 2 × 16) = 180 g

► La composition chimique de l'assemblage de minéraux est la moyenne des compositions chimiques des minéraux qui constituent les roches. Elle est exprimée en **pourcentage de masse d'oxydes.**

► Les roches sédimentaires ne représentent qu'un faible pourcentage du volume de la Terre et peuvent, de ce fait, être négligées pour établir la composition chimique globale de la Terre.

	couches sédimentaires superficielles	croûte supérieure	croûte inférieure	manteau supérieur
SiO_2	49,9	63,9	58,2	42,5
TiO_2	0,7	0,6	0,9	0,2
Al_2O_3	13,0	15,2	15,5	3,6
Fe_2O_3 et FeO	5,8	4,9	7,6	7,1
MnO	0,1	0,1	0,2	0,1
MgO	3,1	2,2	3,9	35,7
CaO	11,6	4,0	6,0	2,8
Na_2O	1,6	3,0	3,1	0,3
K_2O	2,0	3,3	2,6	0,03
% masse des continents	7,1	45,1	47,8	

a. Estimation de la composition chimique des roches de la croûte continentale et du manteau supérieur (d'après Btaun et Musset).

quartz	SiO_2
feldspath potassique : orthose	$KAlSi_3O_8$
feldspaths calco-sodiques : plagioclases	$(Ca, Na)\ Al_{(1, 2)}\ Si_{(2, 3)}\ O_8$
micas noirs : biotite	$K(Fe, Mg)_3\ AlSi_3O_{10}\ (OH)_2$
micas blancs : muscovite	$KAl_3Si_3O_{10}\ (OH)_2$
amphiboles (hornblende)	$NaCa_2\ (Fe^{2+}, Mg)_4\ (Al, Fe^{3+})_5\ Al_2Si_6O_{22}(OH)_2$
andalousite, sillimanite, disthène	Al_2SiO_5
grenats	$(Fe, Mg)_3Al_2(SiO_4)_2$
olivines	$(Fe, Mg)_2SiO_4$
pyroxènes	$Ca(Fe, Mg)_2Si_2O_6$

b. Composition chimique des principaux minéraux des roches de la croûte continentale et du manteau supérieur.

EXPLOITATION DES DOCUMENTS

2. En vous aidant de la clé de détermination des minéraux page 46, **identifier** les minéraux qui composent les roches de la lithosphère continentale présentées dans le **Doc. 3**.

3. Relever dans le **Doc. 4a**, les éléments chimiques, présents en grande quantité, entrant dans la composition de la Terre.
– **comparer** le nombre trouvé à celui des éléments du tableau de Mendéleiev se trouvant p. 47 ;
– **noter** le nom des minéraux qui renferment ces éléments (**Doc. 4b**) ;
– **justifier** le terme d'éléments dits « majeurs » attribué aux éléments chimiques des roches de la lithosphère continentale.

4. Répondre au problème posé : « Quelle est la composition chimique et minéralogique de la lithosphère continentale ? »

Vous pourrez rassembler vos réponses sur une feuille double présentée comme ci-contre.
(a) coupe synthétique de la lithosphère continentale.
(b) composition minéralogique des roches des différentes unités lithologiques.
(c) composition chimique de la croûte et du manteau.

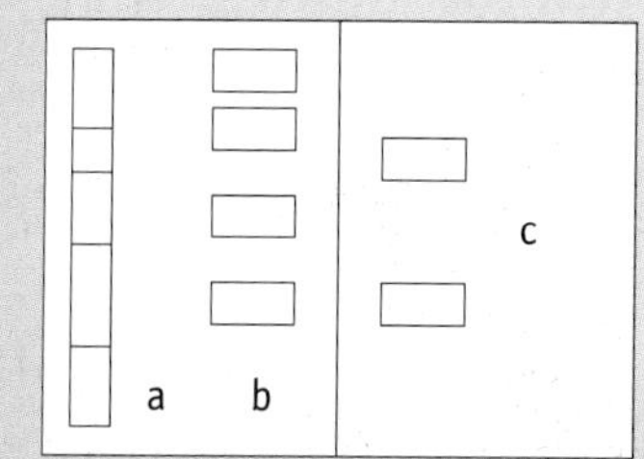

ACTIVITÉ

2 La lithosphère océanique

Située à 3 500 mètres de profondeur sous les océans, la surface de la lithosphère océanique a pu être observée directement à l'aide de submersibles pouvant descendre jusqu'à 11 000 mètres de profondeur. Des méthodes indirectes de sismique réflexion et réfraction ont permis d'en déterminer la structure en couches. Les matériaux qui les constituent ont pu être étudiés à partir de prélèvements lors des forages océaniques, ou à partir de complexes ophiolitiques, **écailles de la lithosphère** océanique **charriées** sur les continents lors de mouvements tectoniques.

VOCABULAIRE

Charriage : transport d'une nappe sur une distance importante (10 à 100 km). Le plan de rupture sur lequel se produit le déplacement est un « chevauchement ».

Écailles de la lithosphère océanique : nappes de lithosphère océanique chevauchant un autre ensemble.

▶ **Quelle est la composition minéralogique et chimique de la lithosphère océanique ?**

Doc.1 La lithosphère océanique

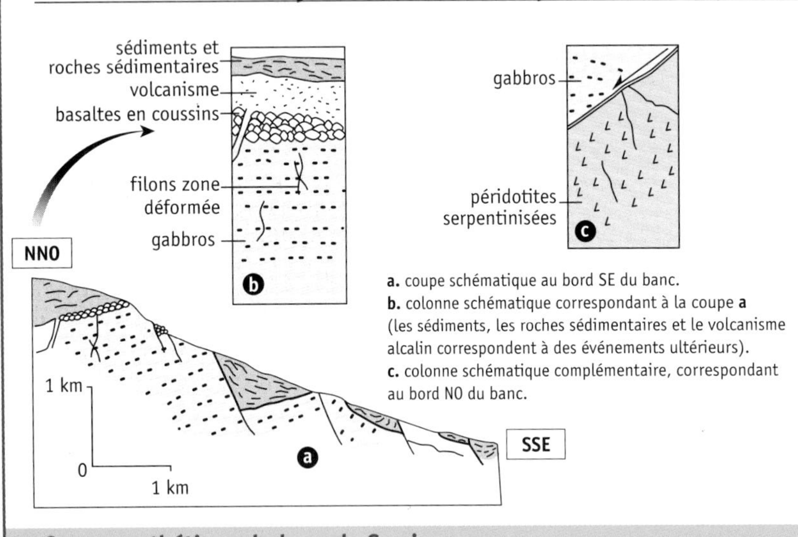

a. Coupe synthétique du banc de Gorringe.

b. Submersible en plongée.

▶ L'observation de la lithosphère océanique à partir d'un submersible n'est pas si simple. Hormis la profondeur, l'obscurité des fonds ne permet pas de voir au-delà de 30 mètres et de photographier le fond de l'océan. Au voisinage de la fracture Açores-Gibraltar, une coupe de la lithosphère océanique « le banc de Gorringe » a ainsi été reconstituée à partir d'observations faites à bord d'un submersible.

▶ Les **ophiolites**, dont l'épaisseur peut dépasser 10 km, sont plus facilement observables. On admet qu'elles représentent des portions de la lithosphère océanique incorporées à la croûte continentale.

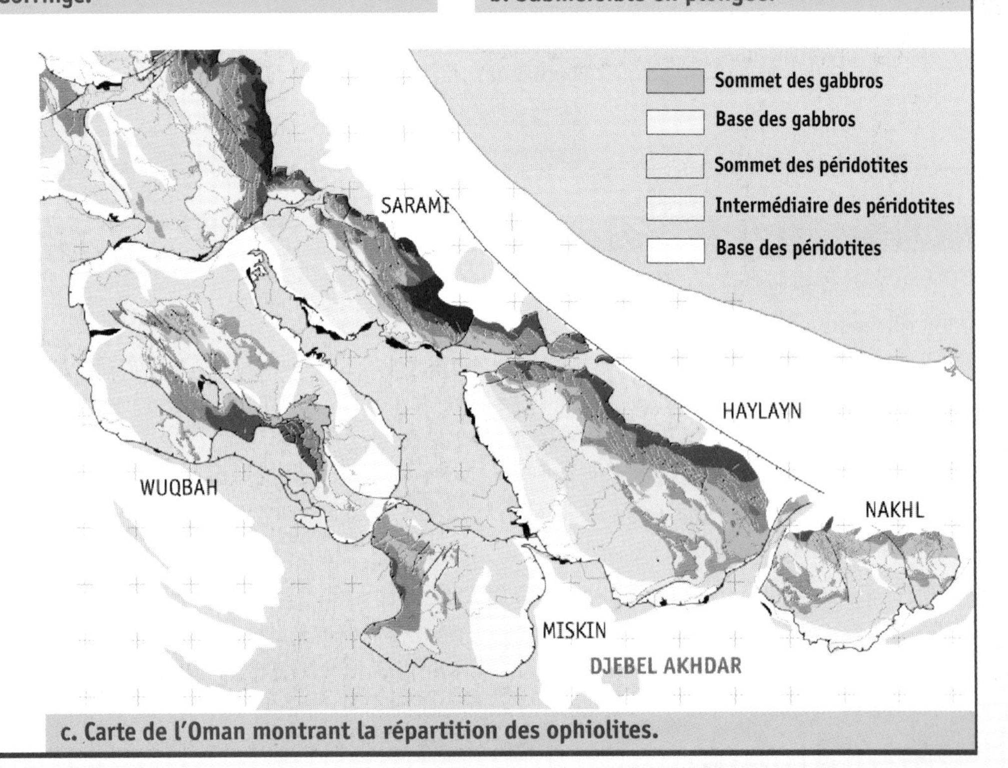

c. Carte de l'Oman montrant la répartition des ophiolites.

Doc.2 Les ophiolites : roches de nature variée

En Oman, les effets de la tectonique sur ces roches ont été suffisamment faibles pour conserver les relations existant entre les différentes roches des ophiolites.

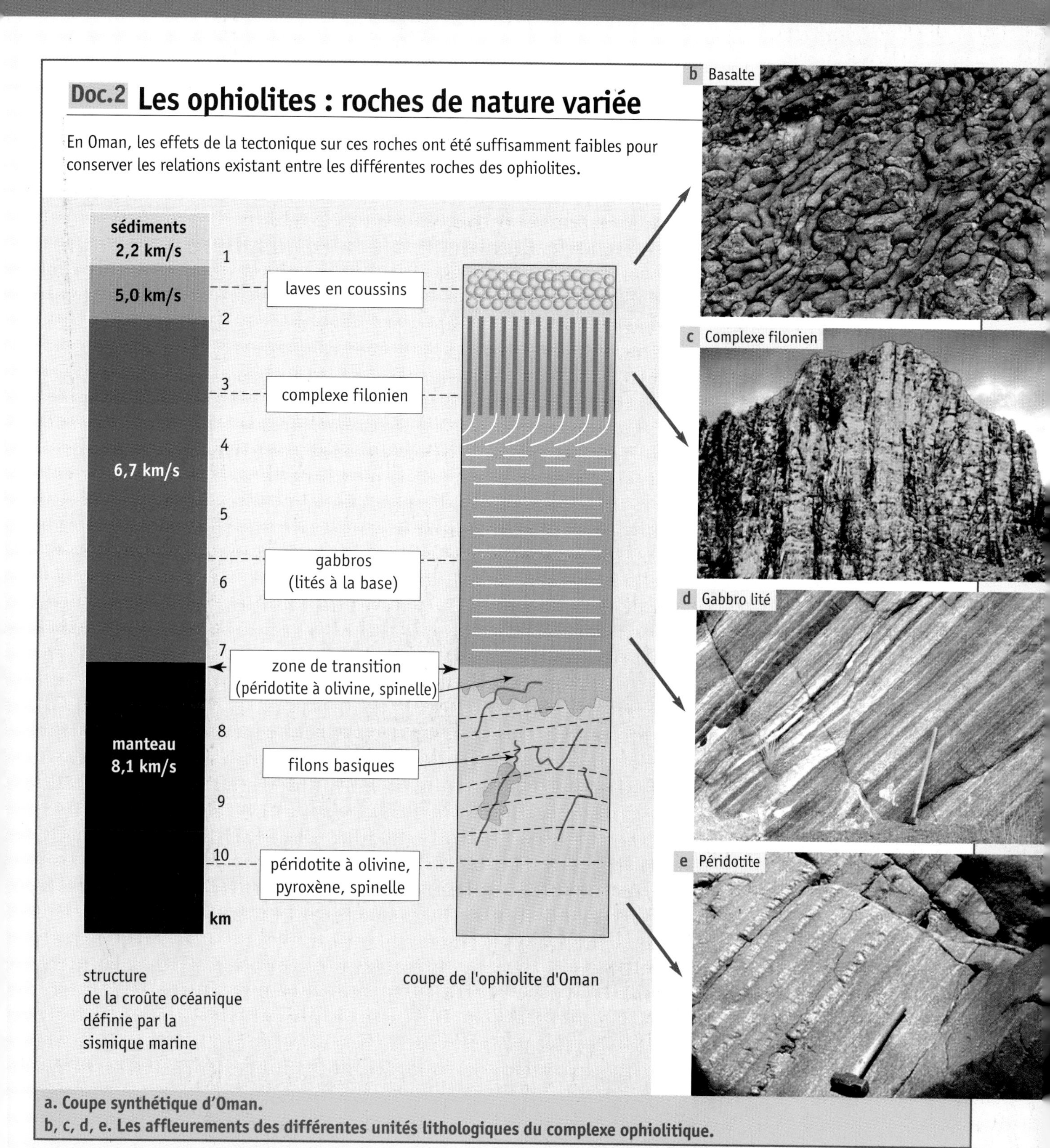

a. Coupe synthétique d'Oman.
b, c, d, e. Les affleurements des différentes unités lithologiques du complexe ophiolitique.

EXPLOITATION DES DOCUMENTS

1. **Donner** les arguments justifiant l'étude d'une nappe ophiolitique(**Doc. 1**).
2. **Décalquer** la coupe synthétique de la lithosphère océanique (**Doc. 2a**), puis **reporter** les noms des différentes roches la composant et **tracer** la position de la discontinuité de Mohorovicic.
3. **Comparer** les différentes unités lithologiques observées sur la coupe du banc de Gorringe et celles de la nappe ophiolitique d'Oman et **donner** les arguments qui ont permis de dire que les nappes ophiolitiques étaient de la lithosphère océanique charriée sur un continent (**Doc. 1** et **2**).

2 (suite) La lithosphère océanique

► Quelle est la composition minéralogique et chimique de la lithosphère océanique ?

Doc.3 Composition minéralogique des roches de la lithosphère océanique

La nature des minéraux des roches qui constituent les différentes unités de la lithosphère océanique est déterminée en laboratoire par l'observation au microscope, en lumière naturelle et en lumière polarisée. La composition minéralogique de ces roches est ainsi connue.

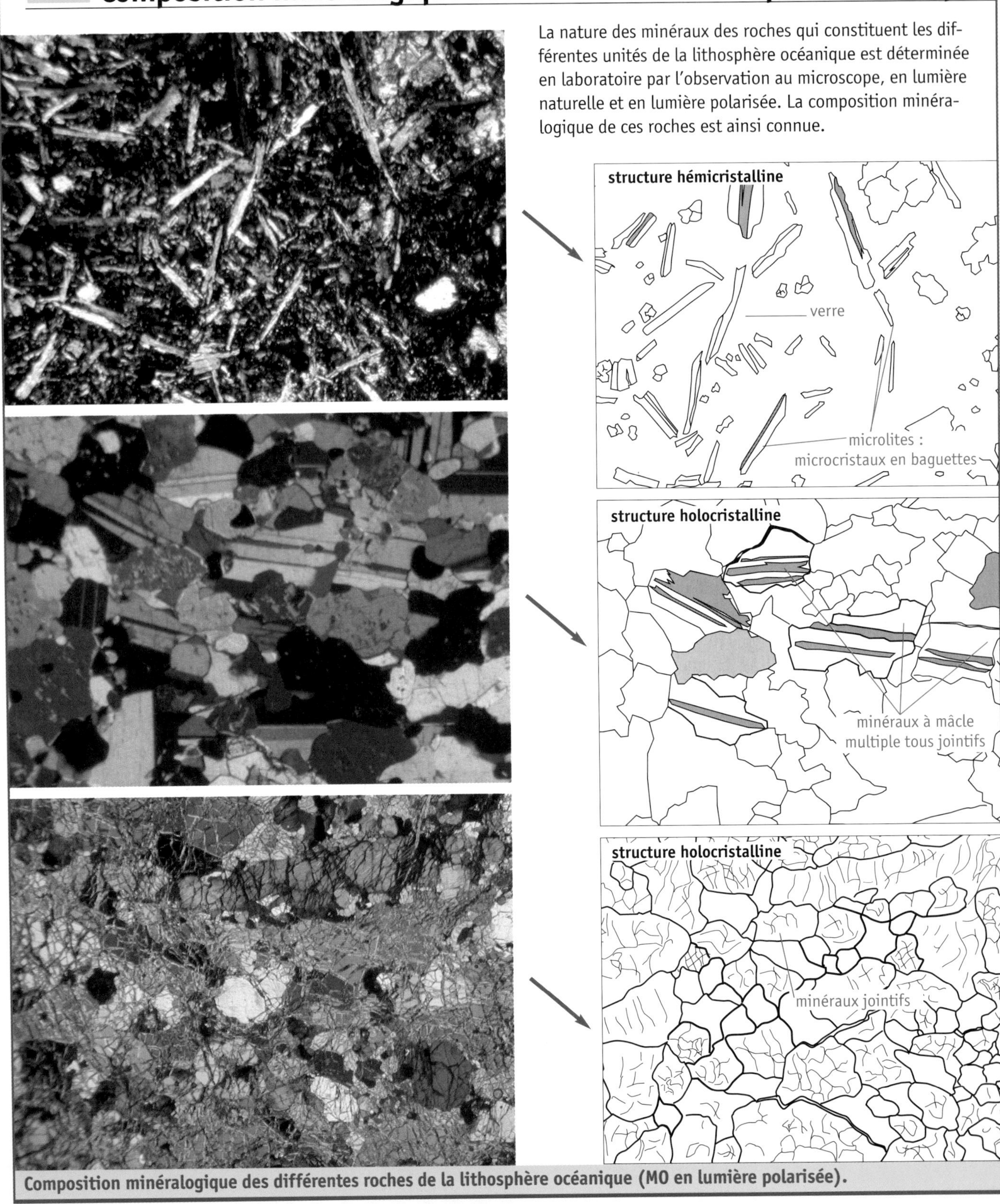

Composition minéralogique des différentes roches de la lithosphère océanique (MO en lumière polarisée).

Doc.4 Composition chimique des roches de la lithosphère océanique

▶ À partir des échantillons récoltés en surface et des forages, il est possible de déterminer la composition chimique des roches de la croûte océanique et du manteau supérieur.

▶ Chaque minéral est caractérisé par une stucture cristallographique et par une formule chimique qui peut être exprimée en masse d'oxydes.

▶ Pour établir la composition chimique d'une roche, assemblage de minéraux, on fait la moyenne des compositions chimiques des minéraux qui la constitue. Elle est exprimée en pourcentage de masse d'oxydes.
Exemple : une mole du minéral plagioclase (anorthite) contient : 1 mole de CaO, 1 mole de Al_2O_3 et 2 moles de SiO_2, soit :
40 + 16 = 56 g
2 × 26 + 3 × 16 = 100 g
2 (28 + 2 × 16) = 120 g

% masse d'oxydes	basalte océanique	gabbro	péridotite ophiolitique
SiO_2	47,1	49	42,3
TiO_2	2,3	1,9	0,1
Al_2O_3	14,2	14,2	0,5
FeO	11	7,3	7,1
MnO	0,2	0,2	0,1
MgO	12,7	7	49,6
CaO	9,9	9,4	0,1
K_2O	0,4	1,0	0,005
Na_2O	2,2	2,7	0,1

a. La composition chimique des roches de la lithosphère océanique.

olivines		$(Fe, Mg)_2SiO_4$
pyroxènes		$Ca(Fe, Mg)_2 Si_2O_6$
plagioclases	anorthite	$CaAl_2Si_2O_8$
	albite	$NaAlSi_3O_8$
amphibole (hornblende)		$NaCa_2(Mg, Fe^{2+})_4 (Al, Fe^{3+})_5 Al_2Si_6O_{22}(OH)_2$
magnétite		Fe_3O_4

b. Composition chimique des principaux minéraux des roches de la lithosphère océanique.

EXPLOITATION DES DOCUMENTS

4. À l'aide de la clé de détermination, page 46, **identifier** les minéraux, qui composent les roches de la lithosphère océanique, présentés dans le **Doc. 3**.

5. a. Relever dans le **Doc. 4a**, les éléments chimiques entrant dans la composition chimique de la Terre.

b. Comparer ce nombre à celui des éléments du tableau de Mendéleiev, p. 47.

c. Noter le nom des minéraux qui renferment ces éléments (**Doc. 4b**) et **justifier** le terme d'éléments dits « majeurs » qui leur est attribué.

6. Répondre au problème posé : « Quelle est la composition minéralogique et chimique de la lithosphère océanique ? »

Vous pourrez rassembler l'ensemble de vos réponses sur une feuille double présentée comme ci-contre.
(a) coupe synthétique de la lithosphère océanique.
(b) composition minéralogique des roches des différentes unités lithologiques.
(c) composition chimique de la croûte et du manteau.

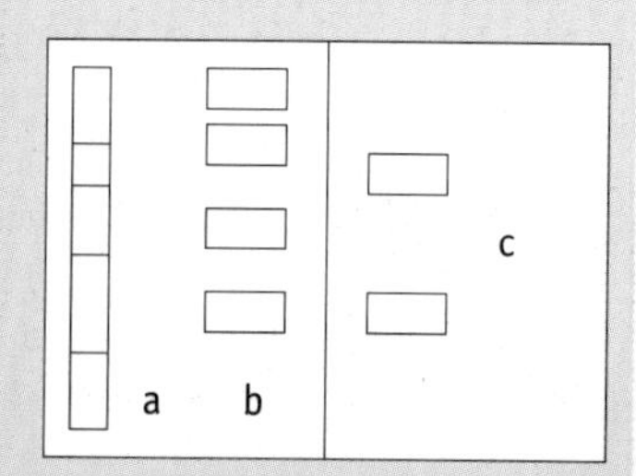

ACTIVITÉ

3 Composition chimique globale de la Terre

Les sismologues qui auscultent la Terre ont montré, dès la première moitié du XXe siècle, que notre planète est hétérogène et constituée d'enveloppes concentriques : croûte, manteau, noyau. Seuls les matériaux des croûtes continentale et océanique et du manteau supérieur sont directement accessibles à la surface de la Terre. Pour des profondeurs supérieures à 400 km, on utilise les données sismiques et des expériences à haute pression et à haute température pour construire des modèles minéralogiques et chimiques de la Terre. L'étude des météorites, fragments de planétoïdes qui se sont formés en même temps que les planètes du système solaire, permet de compléter ces modèles.

VOCABULAIRE

Cellule à enclume de diamant : voir Fiche-technique p. 343.

Phases : formes minéralogiques différentes obtenues à partir d'un minéral soumis à des pressions et températures différentes.

▶ **Comment déterminer la composition minéralogique et chimique du manteau profond ?**

Doc.1 La composition chimique du manteau et du noyau

Afin de retrouver la composition chimique des enveloppes profondes de la Terre, des expériences d'ondes de chocs sur des matériaux de densité connue ont été réalisées en laboratoire. La vitesse de propagation de ces ondes à l'intérieur des différents matériaux est mesurée. Ces vitesses sont ensuite comparées aux données sismologiques sur le manteau et le noyau.

Vitesse des ondes P (km/s)
grenat
olivine
pyroxène
amphibole
plagioclase
quartz
orthose
densité
Vp (km/s)
manteau
noyau
3 Li
11 Na
13 Al
24 Cr
26 Fe
27 Co
29 Cu
densité

Corrélation entre les vitesses sismiques et la densité de différents minéraux.

Doc.2 Le manteau chimiquement homogène

Sous le Moho, vers 10 km sous les océans, la vitesse des ondes P augmente plus ou moins régulièrement, de 8,1 km · s^{-1} elle atteint 13,7 km · s^{-1} à 2 900 km de profondeur, à la limite du noyau. La composition chimique des roches du manteau, riches en silicates de fer et de magnésium, reste la même sur tout cet intervalle de profondeur. On pose l'hypothèse que les minéraux présents dans le manteau inférieur sont les phases de haute pression des minéraux présents dans le manteau supérieur : olivine (Ol) 60 % en volume, pyroxènes (Px) 30 % et 10 % de plagioclase (Plg) ou spinelle (Sp) ou grenats (Grt).

a. Péridotite à olivine et plagioclase du manteau supérieur (LP).

Doc.2 Le manteau chimiquement homogène (suite)

b. Péridotite à spinelle (LP).

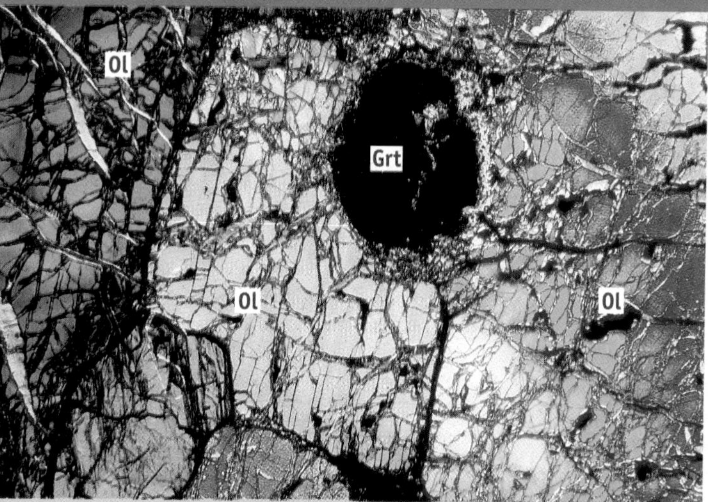

c. Péridotite à grenats (Lumière Polarisée).

En laboratoire :

— après avoir déterminé la composition chimique et la densité des différentes enveloppes, il faut déterminer les minéraux qui les composent ainsi que les proportions dans lesquelles ils se trouvent ;

— des mélanges de poudres de silicate de fer et de magnésium sont utilisés pour simuler le manteau. Ils sont comprimés et chauffés à l'aide d'une **cellule à enclume de diamant** pour reproduire les conditions de pression et de température qui règnent à l'intérieur du manteau ;

— les phases minérales produites sont identifiées.

À partir des résultats, il est possible de construire des modèles minéralogiques. L'assemblage des minéraux proposés pour une profondeur donnée doit être caractérisé par une densité et une vitesse de propagation des ondes sismiques compatibles avec les modèles sismiques de la Terre.

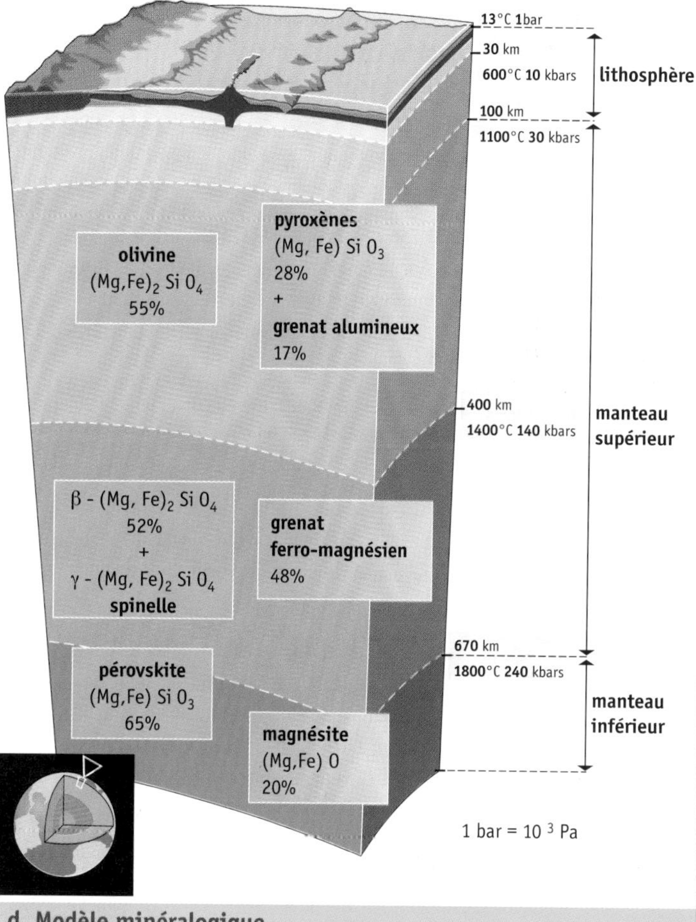

d. Modèle minéralogique.

EXPLOITATION DES DOCUMENTS

1. Afin de mettre en évidence que le manteau est homogène :

a. Nommer les minéraux ferro-magnésiens que l'on trouve à différentes profondeurs du manteau (**Doc. 1** et **2**).

b. Sachant que ces minéraux sont formés à partir des mêmes éléments atomiques, **proposer** une hypothèse explicative de l'influence de la pression et de la température sur la structure atomique des minéraux, afin d'expliquer l'augmentation de la densité des minéraux avec la profondeur.

c. Relever les profondeurs pour lesquelles il y a un changement de phase minéralogique (**Doc. 2**).

d. À partir de vos réponses, **préciser** pourquoi le manteau est considéré comme homogène.

2. Comparer la structure du modèle de la Terre établi à partir des données sismiques à celui du modèle minéralogique et **mettre** en relation les différentes limites à l'intérieur du manteau.

ACTIVITÉ

3 (suite) Composition chimique globale de la Terre

▶ **Comment déterminer la composition minéralogique et chimique du noyau ?**

VOCABULAIRE

Lithosidérites : météorites mixtes formées de pierre et de fer, fragment provenant de la limite manteau-noyau du planétoïde parent.

Doc.3 Apport des météorites à la connaissance du noyau

▶ **L'augmentation de la densité** vers le centre de la Terre est attribuée à l'existence d'un noyau en fer. Ceci va dans le sens de l'existence du champ magnétique terrestre créé par le noyau externe liquide, conducteur de l'électricité. Ceci est en accord avec l'existence de météorites de fer qui sont les noyaux de planétoïdes brisés.

▶ La densité calculée du noyau est **inférieure à celle du fer.** Il faut admettre que le noyau n'est pas du fer pur.

Si on observe la composition des météorites différenciées, on constate que les météorites riches en fer renferment toutes du nickel, environ 4 % en masse et des éléments légers. Ces éléments contribuent à diminuer la densité et la température de fusion du fer pur.

Dans le noyau, leur nature n'est pas encore connue, elle dépend des processus d'accrétion de la Terre et de la formation du noyau.

▶ La présence d'**éléments en solution** dans le fer du noyau a pour conséquence, lors de la solidification de la graine, la diminution de la température de solidification de l'alliage par rapport au fer pur.

Pour cristalliser, la graine doit être **appauvrie** en éléments légers. Ces éléments seraient rejetés dans le liquide résiduel allant enrichir le noyau liquide. Aussi pense-t-on que la graine est du fer presque pur, solide. Elle est formée de cristaux à des pressions supérieures à 3 000 000 atmosphères (3 mégabars) et à une température voisine de 5 000 °C.

a. Météorite de fer trouvée à Henbury.

b. Météorite de fer trouvée à Staunton (USA).

Doc.4 Apport des météorites à la connaissance de la limite manteau-noyau

Les météorites mixtes ou **lithosidérites** sont les plus rares. Elles ne représentent que 1 % des chutes.
Les pallasites sont des lithosidérites formées de cumulats de cristaux d'olivine envahis par un liquide métallique (de fer et de nickel) et des sulfures. Elles étaient situées à la limite entre le manteau et le noyau du corps parent.

Météorite mixte : pallasite, trouvée à Imalac (tranche polie).

Doc.5 La composition chimique des enveloppes de la Terre et celle des météorites

	composition globale de la Terre	météorite non différenciée	météorites différenciées			croûte océanique	manteau	noyau
		chondrite	riche en calcium (eucrite)	pauvre en calcium	de fer	basalte		
SiO_2	33,42	10,4 → 20,4	49,2 → 49,7	50,8 → 52,9		47,1	49,52	
Al_2O_3	2,41	0,77 → 1,44	12,3 → 13,3	0,60 → 4,27		14,2	3,56	
TiO_2	0,107	0,03 → 0,10	0,25 → 0,98	0,06 → 0,26		2,3	0,159	
FeO	4,81	18,6 → 33,15	17,3 → 18,7	16,3 → 18,6		11	7,14	
MnO	0,078	0,12 → 0,26	0,51 → 0,58	0,52 → 0,61		0,2	0,115	
MgO	24,09	9,60 → 15,01	6,6 → 7,7	20,9 → 25,8		12,7	35,68	
Cr_2O_3	0,277		0,30 → 0,34	0,69 → 1,02			0,412	
Na_2O	01,97	0,38 → 0,75	0,37 → 0,62	0,04 → 0,13		2,2	0,292	
K_2O	0,019	0,03 → 0,10	0,02 → 0,06	0,001 → 0,008		0,4	0,028	
CaO	1,90	0,96 → 1,57	10,4 → 11	0,73 → 3,83		9,9	2,82	
CoO	0,008	0,05 → 0,09					0,012	
NiO	0,164	1,1 → 1,83					0,244	
total	67,50					99,8	100,0	
Fe	24,199				88,7 → 93,5			74,45
Ni	1,474				6,1 → 17,1			4,53
Co	0,068				0,36 → 0,74			0,21
O	6,766							20,81
total	100,00				100,00			100,00

Composition chimique globale de la Terre, de la croûte, du manteau, du noyau et composition des météorites.

EXPLOITATION DES DOCUMENTS

3. **Donner**, à partir des informations des **Doc. 1** et **3**, les arguments qui permettent de déterminer la composition chimique probable du noyau.

4. **Comparer** la composition chimique de la Terre à celle des différentes météorites (**Doc. 5**). **Préciser** celles qui se rapprochent le plus de celle du noyau. Ce résultat est-il en accord avec les mécanismes de différenciation de la planète. **Donner** les arguments qui permettent de déterminer la composition chimique probable du noyau (**Doc. 1** et **3**).

5. **Répondre au problème posé** : « Comment déterminer la composition minéralogique et chimique du manteau profond et du noyau ? »

SYNTHÈSE

La composition chimique de la Terre : des échantillons naturels aux matériaux inaccessibles

L'étude de la vitesse des ondes sismiques a permis de découvrir l'hétérogénéité de la Terre en profondeur. Les discontinuités mises ainsi en évidence sont liées à des différences de composition chimique et/ou de densité. Si la croûte continentale est en partie observable à la surface de la Terre, il n'en est pas de même des autres enveloppes dont les études expérimentales en laboratoire ont permis de connaître la composition minéralogique et chimique des enveloppes profondes.

LES MOTS À CONNAÎTRE

Basalte : roche volcanique issue de la fusion partielle de la péridotite du manteau. Il est constitué de plagioclases, de pyroxènes et souvent d'olivine.

Feldspaths : minéraux les plus abondants de la croûte, silicates peu denses, riches en silicium et en aluminium. On distingue les plagioclases contenant du calcium et du sodium, et les feldspaths alcalins riches en sodium et en potassium.

Gabbro : roche issue de la cristallisation lente, en profondeur, d'un magma issu de la fusion de la péridotite du manteau.

Olivine : principal constituant des péridotites du manteau supérieur.

Péridotite : roche du manteau supérieur. Elle contient essentiellement de l'olivine, associée soit à du spinelle, soit à des pyroxènes, soit à du grenat ou à du plagioclase, selon sa provenance en profondeur.

Spinelle : oxyde de fer, de magnésium et d'aluminium présent dans les péridotites jusqu'à 75 km de profondeur. Ne pas confondre avec la transformation en phase spinelle que subit l'olivine à partir de 400 km de profondeur.

I La lithosphère continentale

A Structure de la lithosphère continentale

La structure de la lithosphère continentale est établie à partir d'observations directes et des méthodes indirectes de la sismique basées sur les propriétés des roches. Ces travaux ont mis en évidence une hétérogénéité dans la lithosphère continentale :
– **la croûte superficielle** formée de roches sédimentaires d'une épaisseur de 2 km environ ;
– **la croûte supérieure** d'une vingtaine de kilomètres d'épaisseur ;
– **la croûte inférieure** de 10 à 15 kilomètres d'épaisseur marquée à la base par la discontinuité de Mohorovicic ;
– **le manteau superficiel** à la base de la croûte.

B Nature de la lithosphère continentale

• **La croûte superficielle**, connue par les affleurements et les forages est formée de roches sédimentaires détritiques, bio-détritiques ou bio-chimiques (grès, sable, argile, calcaire...) déposées sur les plates-formes ou dans des bassins sédimentaires. Des roches volcaniques peuvent les recouper, ce sont essentiellement des basaltes et des andésites.

• **La croûte supérieure** est composée d'anciennes roches sédimentaires ou volcaniques qui ont été déformées ou métamorphisées et de roches magmatiques (granite) qui ont cristallisé en profondeur.
En profondeur la pression et la température augmentent, elles sont à l'origine de transfor-

mations à l'état solide des minéraux des roches. La nature de ces minéraux dépend du domaine pression et température dans lequel ils se sont formés.
Si les pressions et températures sont suffisantes, les roches fondent et sont à l'origine d'un **magma**. L'intrusion de magma dans les roches sus-jacentes forme des massifs de type granite.

Les principaux minéraux du granite sont : le quartz, l'orthose (feldspath potassique), les plagioclases (feldspaths calco-sodiques). Ces minéraux sont associés à des minéraux secondaires tels que des micas et des amphiboles.

- **La croûte inférieure**, située à 15-20 kilomètres de profondeur dont la connaissance résulte de l'étude **d'enclaves**, roches profondes remontées à la surface lors des éruptions volcaniques. Ce sont des roches métamorphiques denses et appauvries en eau constituées de grenat, sillimanite, disthène, quartz, pyroxène, plagioclases… Ces roches peuvent être amenées en surface par le jeu combiné de mouvements tectoniques et de l'érosion.

- **Le manteau superficiel**, séparé de la croûte par la discontinuité de Mohorovicic est également connu par des enclaves ramenées en surface. Il est formé d'une péridotite à olivine, pyroxène et à spinelle pour des profondeurs allant jusqu'à 80 km ou d'une péridotite à grenat pour des profondeurs supérieures à 80 km.

La chimie de la lithosphère continentale peut être décrite par une dizaine d'éléments qualifiés de majeurs : Si, O, Mg, Fe, Ca, Na, K, Al.

Les principaux minéraux de la croûte continentale qui hébergent ces éléments sont : le quartz (12%) pour la silice, les feldspaths (51%) pour les silicates d'alumine de calcium, de sodium et de potassium, les micas (15%), les amphiboles (5%) et les pyroxènes pour les silicates d'alumine de fer et de magnésium.

Les principaux minéraux du manteau sont des olivines et des pyroxènes auxquels s'ajoutent les spinelles et les grenats.

II La lithosphère océanique

Formée de la croûte océanique et de la partie la plus externe du manteau supérieur, elle est connue par l'observation de panneaux lithosphériques dégagés à la faveur de fractures ou d'écailles de la lithosphère océanique charriées sur les continents, les **ophiolites**.
Les échantillons de la croûte supérieure ramenés par forages ou par dragage près des failles, sont des basaltes. Ils peuvent être observés en place à proximité des dorsales où ils ne sont pas recouverts de sédiments. L'observation du banc de Gorringe ou des ophiolites montre, sous des **basaltes** en forme de coussins, une couche formée de **filons verticaux de basaltes**. Les basaltes sont des roches sombres composées de cristaux d'olivine, de pyroxène et de microlites de plagioclases noyés dans du verre.
Ces basaltes sont moyennement riches en SiO_2 et pauvres en alcalin Na_2O, K_2O.
Sous ce complexe filonien, on observe des **gabbros**, roches entièrement cristallisées, formées de cristaux blancs de plagioclases et de minéraux sombres des pyroxènes.
Sous les gabbros, la **péridotite** du manteau, composée d'olivine et de pyroxène.
Les minéraux de la lithosphère océanique sont essentiellement des olivines, des pyroxènes pour les minéraux colorés et des feldspaths plagioclases pour les minéraux blancs. Les éléments chimiques contenu dans ses minéraux sont encore : Si, O, Mg, Fe, Ca, Na, K, Al.

Basalte, lame mince observée au microscope polarisant.

III Le manteau profond et le noyau

Les matériaux du manteau inférieur et du noyau ne sont pas observables à la surface de la Terre. De plus, au-delà de 200 à 250 km de profondeur, il est impossible d'obtenir des échantillons du manteau. La connaissance de leur composition minéralogique et chimique est établie expérimentalement. Il faut porter des mélanges de minéraux dont les quantités sont très faibles (de l'ordre du millième de millimètre cube) aux pressions et températures qui existent en profondeur. On utilise pour cela des **cellules à enclume de diamant** chauffées par un laser.

A Le manteau profond

On pose comme hypothèse que les minéraux constitutifs du manteau profond sont les phases de hautes pressions des minéraux du manteau supérieur. Des expériences d'ondes de choc sont réalisées sur des poudres de minéraux connus. Les vitesses sismiques obtenues par ces expériences à hautes pressions sont compatibles avec les données sismologiques. Elles mettent ainsi en évidence **deux discontinuités à l'intérieur du manteau** : l'une à 400 km et l'autre à 670 km séparant le manteau supérieur du manteau inférieur.
Ces discontinuités sont dues à des transitions de phases des minéraux :

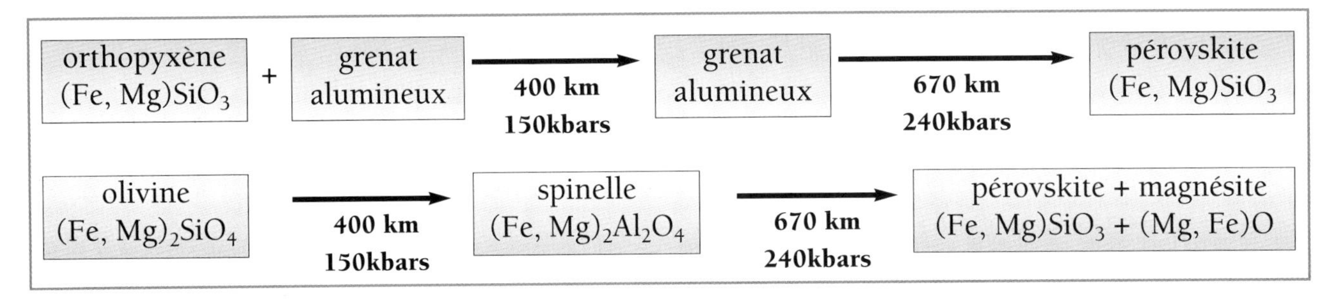

Collecte de météorites en Antarctique.

Les olivines et les pyroxènes, silicates ferromagnésiens du manteau supérieur se transforment en pérovskite, silicate ferromagnésien stable aux pressions du manteau inférieur. L'olivine et la pérovskite sont probablement les minéraux les plus importants de la Terre.

B Le noyau

Les données sur le noyau sont essentiellement expérimentales. La corrélation entre les vitesses sismiques obtenues par des ondes de choc sur des minéraux de densité différente, comparée aux données sismiques sur le noyau a permis d'établir qu'il était en fer. Cette donnée est en accord avec l'existence de météorites de fer provenant de corps parents différenciés. Toutefois, le noyau n'est pas en fer pur, la densité d'un noyau liquide de fer pur serait trop élevée. La connaissance des météorites de fer impose la présence de nickel, 4 % environ de la masse, et d'éléments légers à l'intérieur du noyau.

L'essentiel

Les matériaux de la croûte et du manteau supérieur sont formés de minéraux et/ou de verre. Leur composition chimique déterminée à partir de roches représentatives est exprimée en pourcentage massique d'éléments chimiques. Elle montre qu'ils sont constitués d'un nombre limité d'éléments dits « majeurs » : Si, O, Mg, Fe, Ca, Na, Al. Les principaux minéraux qui hébergent ces éléments sont : les olivines qui représentent plus de 50 % des minéraux de la Terre, les pyroxènes, les grenats, les feldspaths, les amphiboles, les micas, les quartz et les carbonates. Dans le manteau, un minéral sur deux est une olivine. Les matériaux du manteau profond et du noyau, bien qu'inaccessibles, sont déterminés à partir d'observations physiques, de raisonnements et de modèles qui tiennent compte de la formation de la Terre et permettent de préciser leur composition chimique.

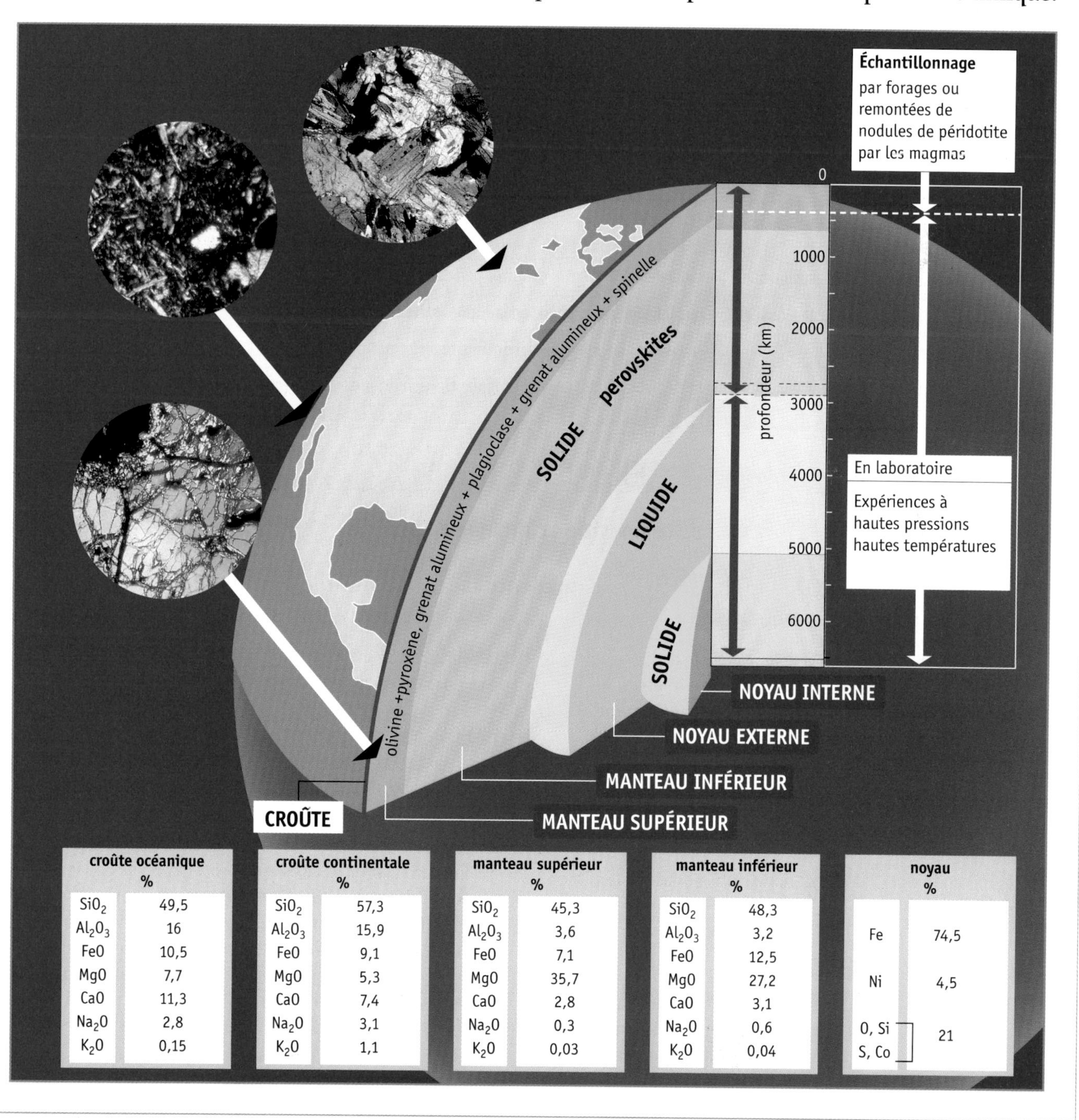

croûte océanique	%
SiO_2	49,5
Al_2O_3	16
FeO	10,5
MgO	7,7
CaO	11,3
Na_2O	2,8
K_2O	0,15

croûte continentale	%
SiO_2	57,3
Al_2O_3	15,9
FeO	9,1
MgO	5,3
CaO	7,4
Na_2O	3,1
K_2O	1,1

manteau supérieur	%
SiO_2	45,3
Al_2O_3	3,6
FeO	7,1
MgO	35,7
CaO	2,8
Na_2O	0,3
K_2O	0,03

manteau inférieur	%
SiO_2	48,3
Al_2O_3	3,2
FeO	12,5
MgO	27,2
CaO	3,1
Na_2O	0,6
K_2O	0,04

noyau	%
Fe	74,5
Ni	4,5
O, Si, S, Co	21

EXERCICES

VÉRIFIER SES CONNAISSANCES

EXERCICE 1 Définir en une phrase claire les mots ou expressions suivantes.

- enclave
- basalte
- affleurement
- gabbro
- roche métamorphique
- péridotite
- complexe ophiolitique

EXERCICE 2 Reconstituer une ou plusieurs phrases scientifiquement exacte(s) à partir des propositions suivantes.

1. La composition chimique de la lithosphère continentale...

a. est donnée directement par l'observation des roches qui la composent.
b. par l'analyse chimique des roches qui la composent.
c. est estimée à partir de nombreux échantillons de différente nature qui la composent, elle tient compte des proportions dans lesquelles ils sont répandus.
d. est connue avec précision.

2. Les modèles minéralogiques du manteau...

a. sont établis à partir des enclaves remontées lors des éruptions volcaniques.
b. tiennent compte de la composition globale de la Terre et de celle des météorites de types chondrites.
c. doivent avoir, pour une profondeur donnée, une densité et des vitesses sismiques compatibles avec celles des modèles sismologiques.
d. ont été établis à partir d'une hypothèse : « Le manteau est chimiquement homogène ».

3. La composition minéralogique de la lithosphère océanique...

a. est connue directement par l'observation des roches qui la composent.
b. est connue avec certitude à partir des ophiolites.
c. est la même quelle que soit la région où on l'observe.
d. est connue à partir des données sismiques.

EXERCICE 3 Restituer ses connaissances en quelques phrases sur un sujet précis, en utilisant obligatoirement un ensemble de mots-clés.

sujets	mots-clés
a. matériaux de la lithosphère continentale	croûte continentale, granite, péridotite
b. matériaux de la lithosphère océanique	ophiolites, lithosphère océanique, surface de la Terre
c. composition chimique du manteau	transition de phases, discontinuité sismique, minéraux
d. composition chimique du noyau	météorite de fer, noyau, composition chimique

EXERCICE GUIDÉ

La composition chimique de la Terre

Énoncé Le tableau (Doc. 5 de l'activité 3) présente la composition chimique des enveloppes de la Terre et celle des météorites.

1. **Comparer** la composition chimique globale de la Terre et celle de ses enveloppes avec celles des différentes météorites.
Préciser les enveloppes de la Terre qui se rapprochent le plus des différentes météorites.
Justifier votre réponse.

2. Ce résultat est-il en accord avec :
– les variations de la vitesse de propagation des ondes P et S en profondeur ;
– les mécanismes de différenciation des météorites et de la Terre ?
Justifier votre réponse.

Conseils pour la résolution

1. Regarder les pourcentages des différents oxydes entrant dans la composition chimique globale de la Terre et rechercher parmi les différentes météorites proposées, celle qui a une composition chimique la plus proche.
Recommencer le même travail avec les différentes enveloppes de la Terre et les autres météorites.
Noter, sous forme de tableau dans la colonne de gauche, le nom des différentes enveloppes de la Terre, ainsi que « composition globale » et dans la colonne de droite le nom des météorites qui ont une composition la plus proche.

2. Dans le chapitre 1, vous avez vu que la Terre après s'être formée, s'est différenciée en enveloppes concentriques.
— Mettre en relation la vitesse de propagation des ondes P et S et la composition chimique des différentes enveloppes pour expliquer les variations de vitesses observées.
— La composition chimique globale de la Terre est celle obtenue à partir de la composition de l'ensemble des enveloppes. La comparaison des différentes analyses à celles des météorites non différenciées et différenciées permet de faire intervenir le mécanisme de différenciation de la Terre dans la différence de composition chimique des enveloppes.

APPLIQUER SES CONNAISSANCES

EXERCICE 4 Apports des basaltes et des météorites à la structure différenciée de la Terre et des planétoïdes

Mettre en relation des données dans un but explicatif

a. Lame mince de l'eucrite de Juvinas, météorite différenciée vue en lumière polarisée.

En lumière polarisée
– les feldspaths, silicates d'alumine de calcium et de sodium se présentent, en baguettes blanches, grises ou noires.
– les pyroxènes, silicates de magnésium de fer et de calcium sont des cristaux colorés.
– ces minéraux sont englobés dans du verre, plaques noires.

b. Lame mince d'un basalte de la croûte océanique.

1. **Décrire** la lame de météorite (eucrite) et du basalte terrestre.

2. Sachant que les basaltes terrestres sont formés à partir d'un magma qui s'épanche à la surface de la Terre et qu'ils ont une composition chimique proche de celle des eucrites,
a. À quel niveau trouverait-on les eucrites dans un astéroïde différencié ?
b. Que peut-on dire de la densité des magmas produits à partir de la fusion des silicates par rapport à la densité des magmas à l'origine du noyau ? **Justifier.**
c. Votre réponse est-elle en accord avec la position des basaltes sur Terre ou à celle des eucrites sur un astéroïde différencié ?

EXERCICE 5 La différenciation des planètes

Saisir des données.
Utiliser ses connaissances dans un but explicatif

La différenciation est un processus qui transforme un matériau de composition chimique initiale homogène en plusieurs matériaux de compositions chimiques différentes.

Les graphes (a) et (b) comparent l'abondance des éléments chimiques de la photosphère solaire (surface lumineuse délimitant le Soleil) avec celle d'une météorite non différenciée de type chondrite (a) et avec une météorite différenciée (b).

L'analyse spectroscopique de la photosphère solaire permet de connaître les éléments chimiques autre que l'hydrogène et l'hélium qui la compose.

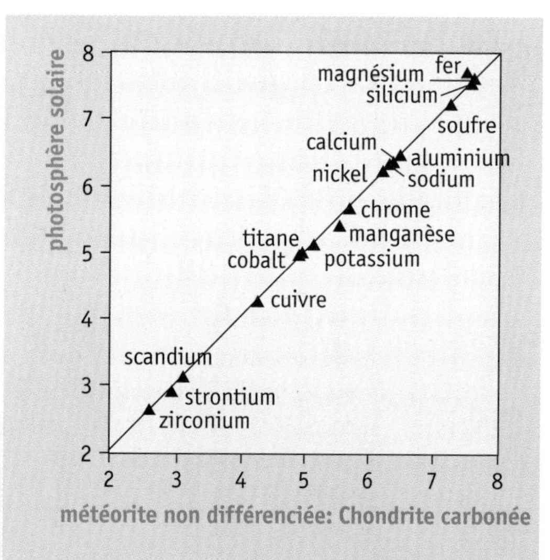

a. Comparaison de l'abondance des éléments chimiques de la photosphère solaire et des chondrites carbonées

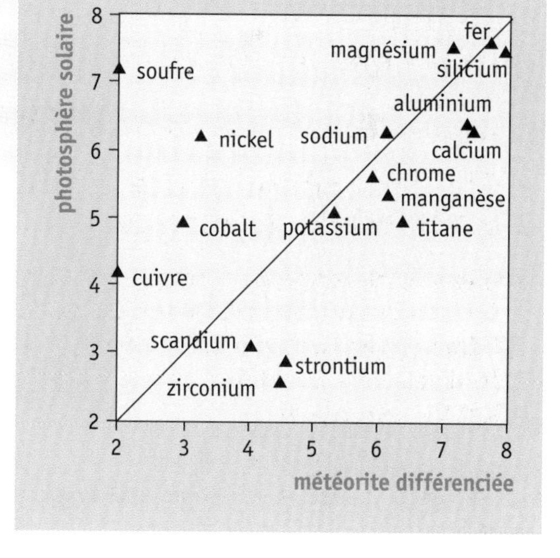

b. Comparaison de l'abondance des éléments chimiques de la photosphère solaire et d'une météorite différenciée.

1. Après avoir fait l'analyse de chacun des graphes que peut-on dire de la composition chimique des chondrites et des météorites différenciées par rapport à celle de la photosphère solaire ?

2. Ces résultats sont-ils en accord avec le mécanisme de différenciation des météorites. **Justifier** votre réponse.

ANNEXES

Composition minéralogique des roches de la lithosphère

minéraux	observation à l'œil nu		observation au microscope		formule chimique
	forme cristalline	aspect dans la roche	lumière naturelle	lumière polarisée analysée	
quartz	irrégulière ou prisme pyramidal	incolore à gris aspect de gros sel éclat gras	incolore et limpide	gris clair	SiO_2
feldspath potassique (orthose)	mâcle (association minérale) simple	blanc ou rose	incolore plus ou moins trouble	blanc, gris ou noir	Si_3AlO_8K
feldspath calco-sodique (plagioclase)	mâcle multiple	blanc crème à gris	incolore à gris	blanc, gris ou noir	albite → anorthite; Si_3AlO_8Na → $Si_2Al_2O_8Ca$
mica noir (biotite)	lamelle hexagonale	aspect de paillettes mordorées, brun foncé	brun foncé	bleu, vert, jaune, rouge, atténué par sa propre couleur	(Si_3AlO_{10}) $(FeMg)_3$ $K(OH)_2$
mica blanc (muscovite)	clivage fin et net	argenté	incolore	teintes vives : jaune, orangé, rouge	(Si_3AlO_{10}) $Al_2K(OH)_2$
pyroxène	2 plans de clivage à 90°	brun vert à noir	jaune pâle	jaune, orangé, rouge atténué par sa propre couleur	$(SiAl_2O_3)_2$ Ca (Fe, Mg, Al)
amphibole	2 plans de clivage de 120°	brun vert éclat vitreux	brun foncé à verdâtre	bleu, vert, jaune, rouge atténué par sa propre couleur	$(Si_8Al_2O_{22})(Mg, Fe)_4(Al, Ca_2)Na(OH)_2$
olivine (anciennement appelée péridot)	plages irrégulières	vert olive	incolore et limpide	teintes vives : bleu, vert, jaune, rouge	(SiO4) Mg, Fe

tableau de Mendéleiev

Classification périodique

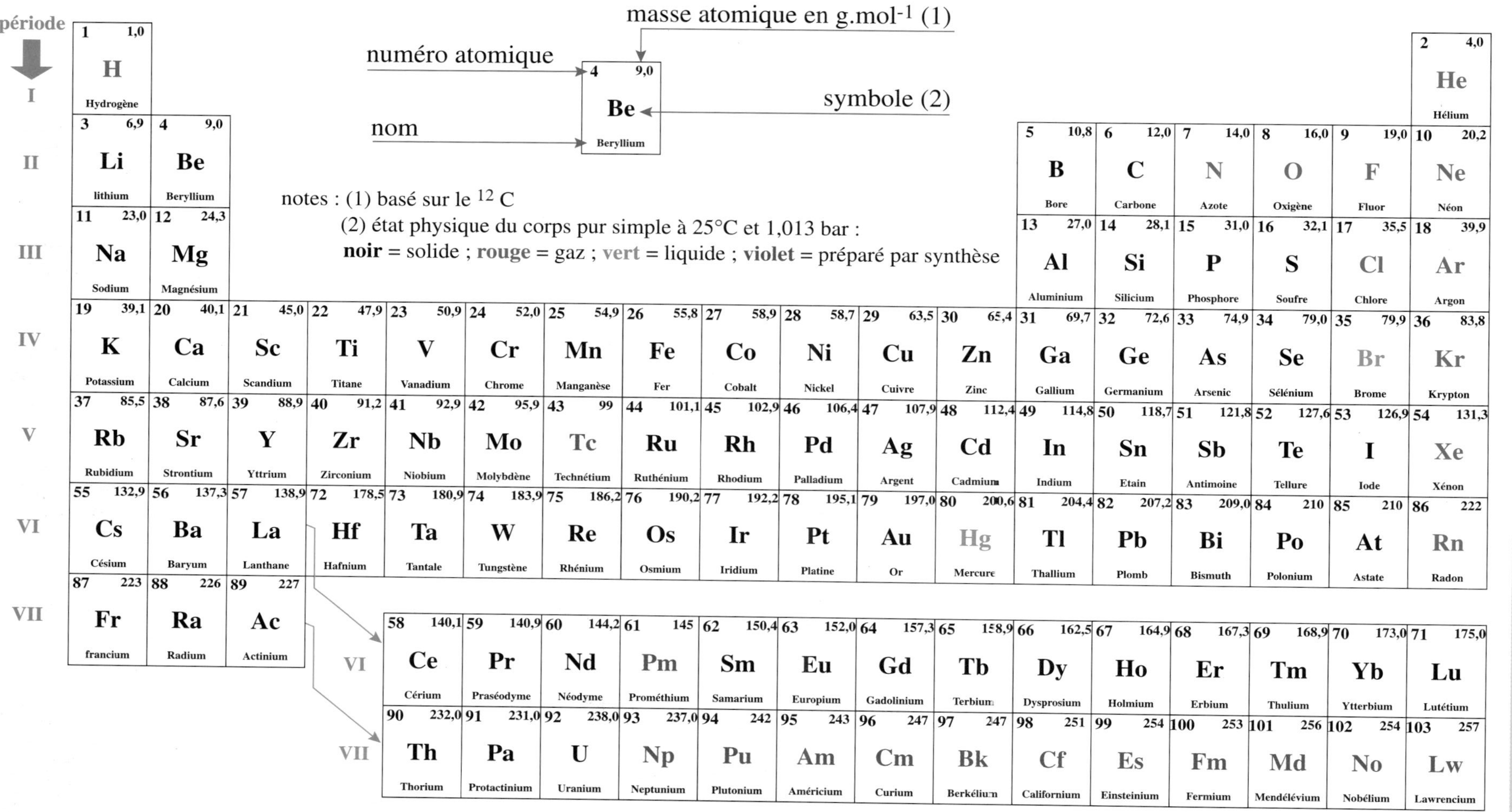

légende

notes : (1) basé sur le ^{12}C

(2) état physique du corps pur simple à 25°C et 1,013 bar :
noir = solide ; **rouge** = gaz ; **vert** = liquide ; **violet** = préparé par synthèse

période	1	2	3	4	5	6	7	8	9	10	11	12	13	14	15	16	17	18
I	1 H Hydrogène 1,0																	2 He Hélium 4,0
II	3 Li lithium 6,9	4 Be Beryllium 9,0											5 B Bore 10,8	6 C Carbone 12,0	7 N Azote 14,0	8 O Oxigène 16,0	9 F Fluor 19,0	10 Ne Néon 20,2
III	11 Na Sodium 23,0	12 Mg Magnésium 24,3											13 Al Aluminium 27,0	14 Si Silicium 28,1	15 P Phosphore 31,0	16 S Soufre 32,1	17 Cl Chlore 35,5	18 Ar Argon 39,9
IV	19 K Potassium 39,1	20 Ca Calcium 40,1	21 Sc Scandium 45,0	22 Ti Titane 47,9	23 V Vanadium 50,9	24 Cr Chrome 52,0	25 Mn Manganèse 54,9	26 Fe Fer 55,8	27 Co Cobalt 58,9	28 Ni Nickel 58,7	29 Cu Cuivre 63,5	30 Zn Zinc 65,4	31 Ga Gallium 69,7	32 Ge Germanium 72,6	33 As Arsenic 74,9	34 Se Sélénium 79,0	35 Br Brome 79,9	36 Kr Krypton 83,8
V	37 Rb Rubidium 85,5	38 Sr Strontium 87,6	39 Y Yttrium 88,9	40 Zr Zirconium 91,2	41 Nb Niobium 92,9	42 Mo Molybdène 95,9	43 Tc Technétium 99	44 Ru Ruthénium 101,1	45 Rh Rhodium 102,9	46 Pd Palladium 106,4	47 Ag Argent 107,9	48 Cd Cadmium 112,4	49 In Indium 114,8	50 Sn Etain 118,7	51 Sb Antimoine 121,8	52 Te Tellure 127,6	53 I Iode 126,9	54 Xe Xénon 131,3
VI	55 Cs Césium 132,9	56 Ba Baryum 137,3	57 La Lanthane 138,9	72 Hf Hafnium 178,5	73 Ta Tantale 180,9	74 W Tungstène 183,9	75 Re Rhénium 186,2	76 Os Osmium 190,2	77 Ir Iridium 192,2	78 Pt Platine 195,1	79 Au Or 197,0	80 Hg Mercure 200,6	81 Tl Thallium 204,4	82 Pb Plomb 207,2	83 Bi Bismuth 209,0	84 Po Polonium 210	85 At Astate 210	86 Rn Radon 222
VII	87 Fr francium 223	88 Ra Radium 226	89 Ac Actinium 227															

VI	58 Ce Cérium 140,1	59 Pr Praséodyme 140,9	60 Nd Néodyme 144,2	61 Pm Prométhium 145	62 Sm Samarium 150,4	63 Eu Europium 152,0	64 Gd Gadolinium 157,3	65 Tb Terbium 158,9	66 Dy Dysprosium 162,5	67 Ho Holmium 164,9	68 Er Erbium 167,3	69 Tm Thulium 168,9	70 Yb Ytterbium 173,0	71 Lu Lutétium 175,0
VII	90 Th Thorium 232,0	91 Pa Protactinium 231,0	92 U Uranium 238,0	93 Np Neptunium 237,0	94 Pu Plutonium 242	95 Am Américium 243	96 Cm Curium 247	97 Bk Berkélium 247	98 Cf Californium 251	99 Es Einsteinium 254	100 Fm Fermium 253	101 Md Mendélévium 256	102 No Nobélium 254	103 Lw Lawrencium 257

La faille de San Andréas.

Chapitre 3

La lithosphère et la tectonique des plaques

De Copernic « Révolution des orbites célèbres » à Galilée « Dialogues sur le monde », il a fallu presque 100 ans pour que la mobilité de la Terre autour du Soleil s'impose aux esprits.
La mobilité de la lithosphère, va s'imposer dans la dernière partie du XXe siècle.
Présenté en 1968, le modèle dynamique de la tectonique des plaques est le bilan d'observations géologiques et géographiques très diverses.

- **Quelles sont les limites des plaques lithosphériques ?**
- **Quels sont les mouvements relatifs des plaques ?**
- **Comment les données géologiques révèlent-elles les mouvements des plaques ?**
- **Comment s'est élaboré le modèle de la cinématique globale des plaques ?**

ACTIVITÉ

1 Une lithosphère découpée en plaques

La lithosphère est une des enveloppes constituant la Terre. Elle comprend deux parties, la croûte et le manteau supérieur, séparés par le Moho. La lithosphère est découpée horizontalement en plusieurs plaques rigides.

▶ **Quelles sont les limites des plaques lithosphériques ?**

VOCABULAIRE

Bathymétrie : mesure de la profondeur des fonds sous-marins.

Cisaillement : plan de cassure et déplacement suivant ce plan dans une masse rocheuse.

Faille transformante : faille qui relie deux segments de dorsale provoquant un décalage entre les deux compartiments que sépare la faille.

Doc.1 Les limites horizontales des plaques lithosphériques

▶ Les séismes sont dus à la libération d'énergie au niveau d'une zone appelée le foyer. Cette libération d'énergie est provoquée par la rupture des matériaux rigides composant la lithosphère sous l'action de contraintes de **cisaillement**. Les séismes matérialisent des zones de fragilité de la lithosphère dues aux mouvements.

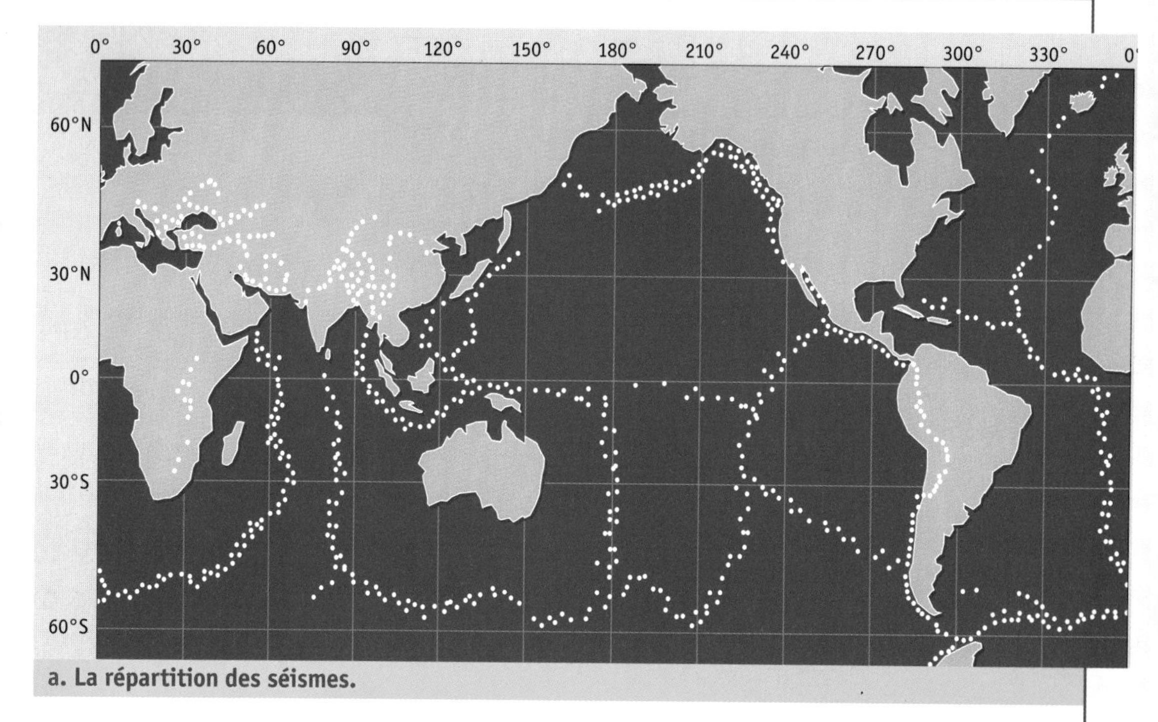

a. La répartition des séismes.

▶ Sur le planisphère ci-contre, les reliefs de la croûte océanique et de la croûte continentale sont visualisés par des couleurs différentes :
– en blanc : les dorsales ;
– en noir : les fosses océaniques.

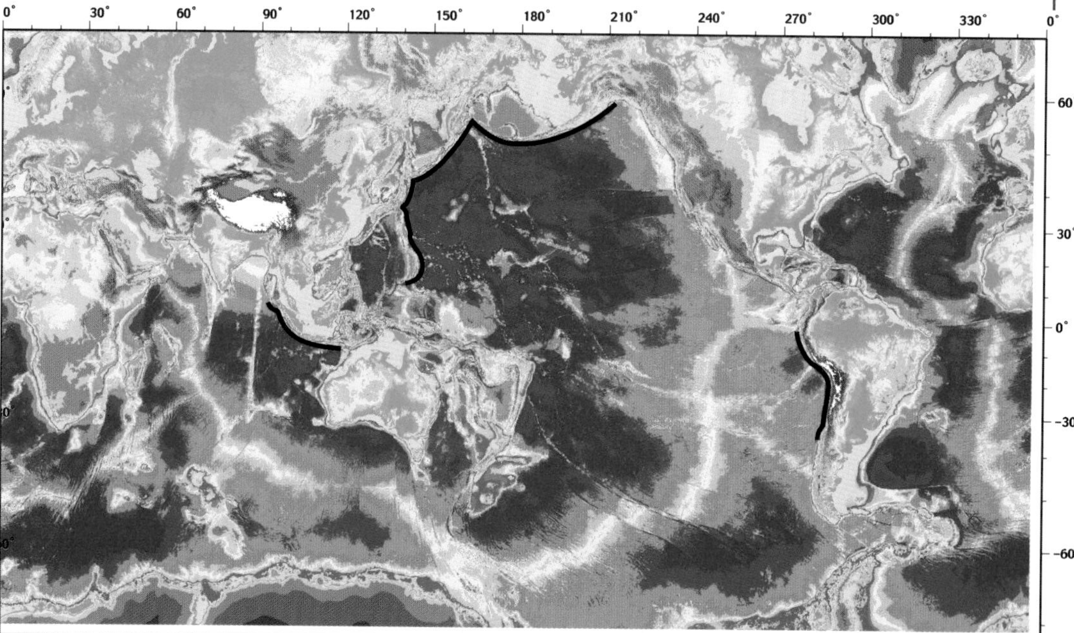

b. Les plaques lithosphériques à la surface du globe.

Doc.1 Les limites horizontales des plaques lithosphériques (suite)

▶ Le tracé des dorsales est haché en tronçons rectilignes plus ou moins grands qui sont décalés par des grandes failles dites : **failles transformantes**.

▶ Elles sont en général perpendiculaires à l'axe de la dorsale, elles relient entre eux deux segments de la dorsale.

▶ La partie de la faille qui est située entre les deux parties de la dorsale est affectée par des tremblements de terre.

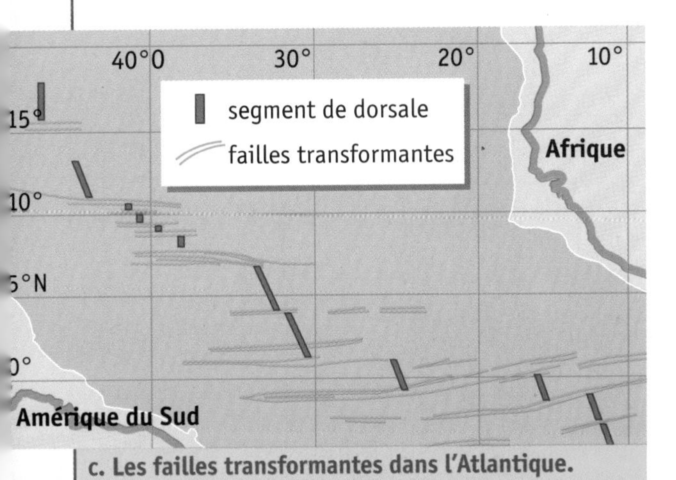

c. Les failles transformantes dans l'Atlantique.

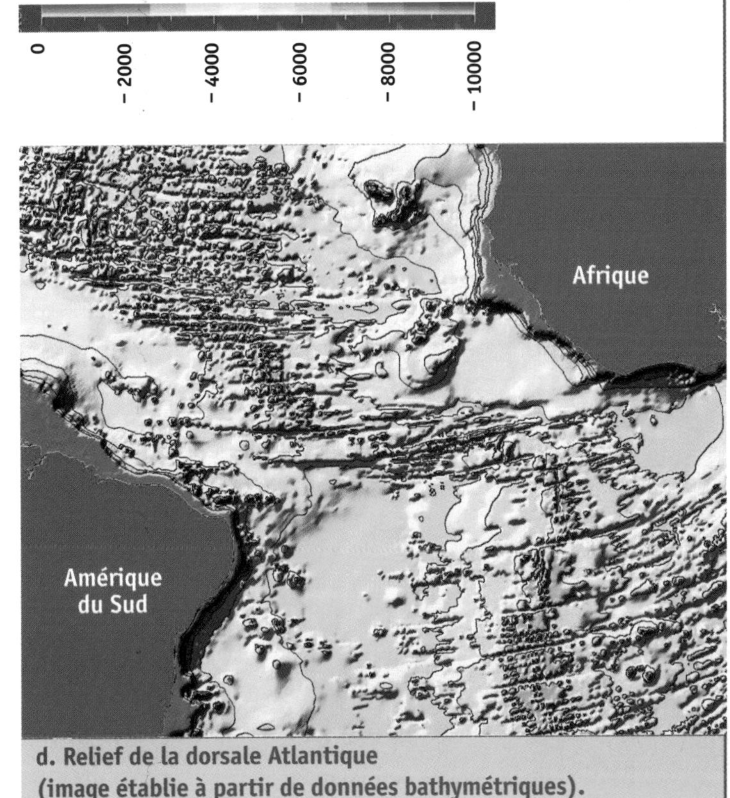

d. Relief de la dorsale Atlantique (image établie à partir de données bathymétriques).

Doc.2 Les limites verticales de la lithosphère

▶ Les caractéristiques physiques de la lithosphère de même que sa limite verticale ne peuvent être mises en évidence qu'indirectement.

▶ La diminution de la vitesse des ondes sismiques dans l'asthénosphère correspond à une zone plus plastique (ou moins rigide), déformable, dont la température est au moins égale à 1 200 °C. Cependant, la propagation des ondes S dans ce milieu montre que cette enveloppe n'est pas liquide.

▶ Les propriétés physiques des couches de la lithosphère sont différentes de celles de l'asthénosphère (voir Doc. 3, p. 14)

Croûte continentale	d = 2,7 à 2,9
Manteau lithosphérique continental	d = 3,3
Asthénosphère	d = 3,25
Croûte océanique	d = 2,9
Manteau lithosphérique océanique	d = 3,3
Asthénosphère	d = 3,25

Densité dans les différentes parties de la Terre.

EXPLOITATION DES DOCUMENTS

1. À la limite inférieure de la lithosphère, il n'y a pas de réelle discontinuité. **Montrer** que cette limite est cependant définie physiquement (**Doc. 2**).
2. **Chercher** et **noter** les arguments qui permettent de dire que les plaques lithosphériques sont rigides (**Doc. 1** et **2**).
3. **Décalquer** sur le **Doc. 1b** les dorsales, les failles transformantes, les chaînes de montagne intra-continentales et les fosses océaniques en utilisant des couleurs différentes. **Placer** ensuite les séismes (**Doc. 1a**) puis établir une relation entre la répartition des séismes et les structures géologiques précédemment repérées.
Utiliser ces résultats pour définir les limites horizontales des plaques lithosphériques. **Illustrer** en détaillant deux exemples judicieusement choisis.
4. **Répondre au problème posé** : « Quelles sont les limites des plaques lithosphériques ? »

ACTIVITÉ

2 Des plaques lithosphériques en mouvement

Différentes techniques, dont la **géodésie** spatiale, ont permis de mettre en évidence les mouvements relatifs des plaques les unes par rapport aux autres.

▶ **Quels sont les mouvements relatifs des plaques ?**

VOCABULAIRE

Géodésie : étude de la forme générale de la Terre.

GPS, VLBI : voir page 340.

Rift : fosse d'effondrement au milieu de la dorsale atlantique.

Zone de divergence : zone où deux plaques s'éloignent l'une de l'autre.

Doc.1 Les mouvements des plaques au niveau d'une dorsale

a. Localisation de la dorsale de l'Islande.

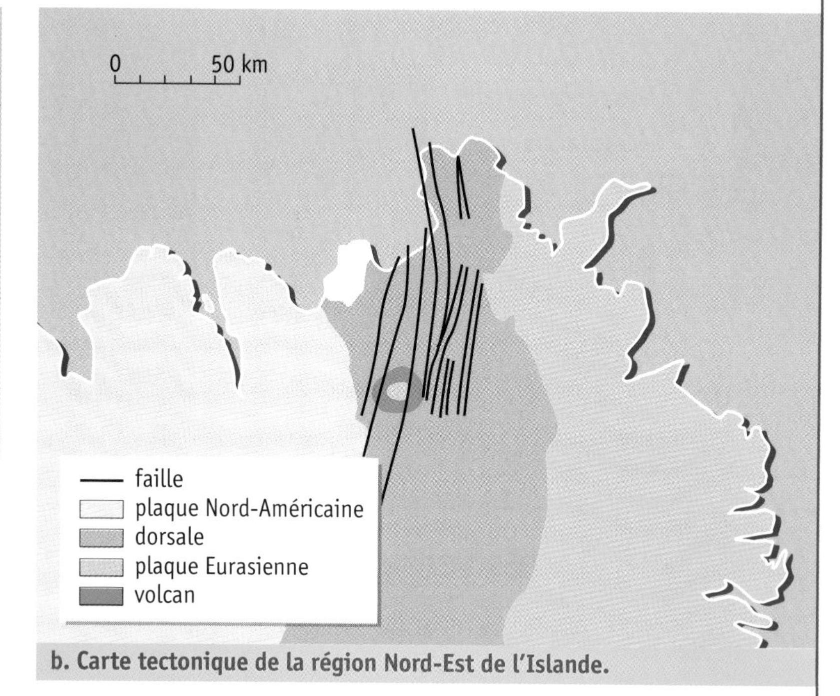

b. Carte tectonique de la région Nord-Est de l'Islande.

▶ Il est difficile d'installer des récepteurs d'ondes émises par les satellites au niveau de certaines frontières de plaques comme les dorsales.

▶ En Islande, des capteurs des mouvements relatifs sont placés dans la partie centrale de la dorsale : le **rift** qui est bordé par des failles. Sur les bords du rift, sont placés les stations géodésiques. Les déplacements ont été mesurés dans la région de Krafla, 4 heures par jour, lors des campagnes de 1987 et 1990.

▶ Les résultats sont présentés sur le schéma (c). Les flèches blanches matérialisent les déplacements des stations géodésiques au cours du temps. Ces flèches mettent en évidence que la dorsale est une **zone de divergence.**

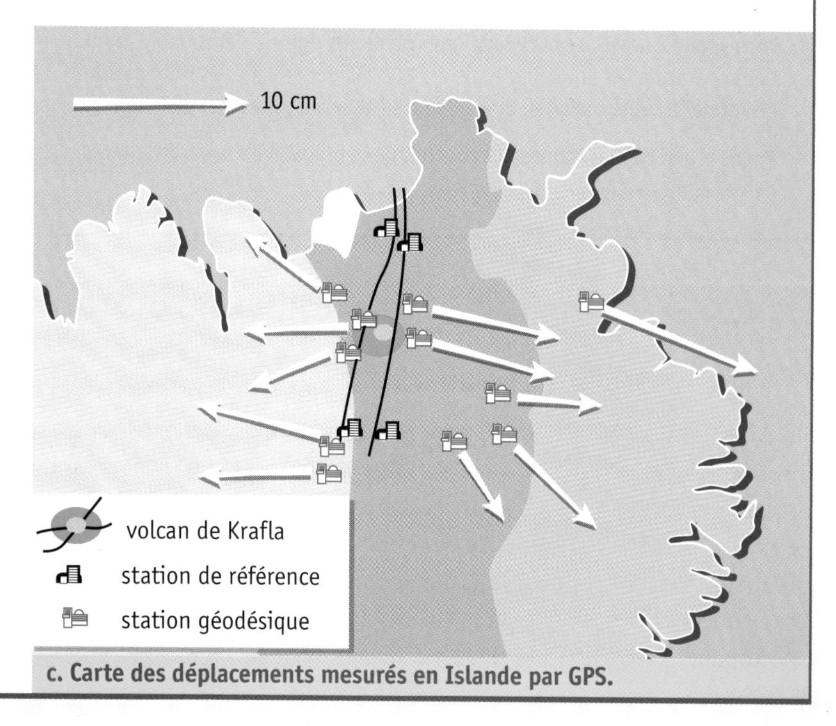

c. Carte des déplacements mesurés en Islande par GPS.

Doc.2 Les mouvements des plaques au niveau d'une faille transformante

▶ Située en Californie, la faille de San Andréas est une faille transformante. Elle est à la limite de la plaque Nord-Américaine et de la plaque Pacifique.

▶ Durant la période 1984-92, les vitesses relatives du déplacement de la plaque Pacifique ont été mesurées dans différentes stations géodésiques.

▶ Les résultats proposés ont été obtenus en utilisant des données GPS et VLBI.

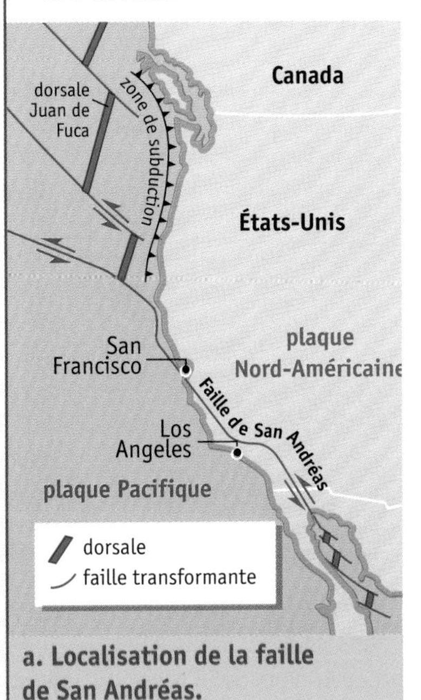

a. Localisation de la faille de San Andréas.

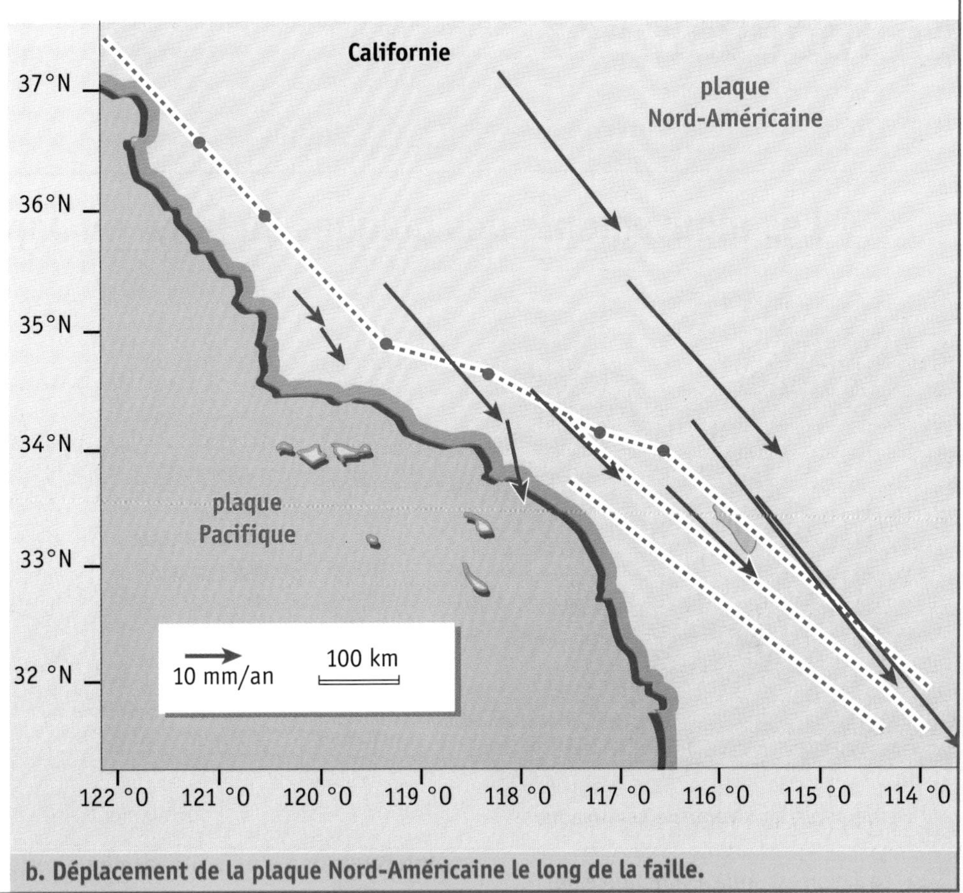

b. Déplacement de la plaque Nord-Américaine le long de la faille.

Doc.3 Expansion des dorsales en fonction de la latitude

Le document ci-contre donne la variation des vitesses d'expansion des dorsales le long de la dorsale médio-atlantique :
- le long de la frontière Afrique/Nord-Amérique;
- le long de la frontière Eurasie/Nord-Amérique.

Ces variations sont données en fonction de la latitude.

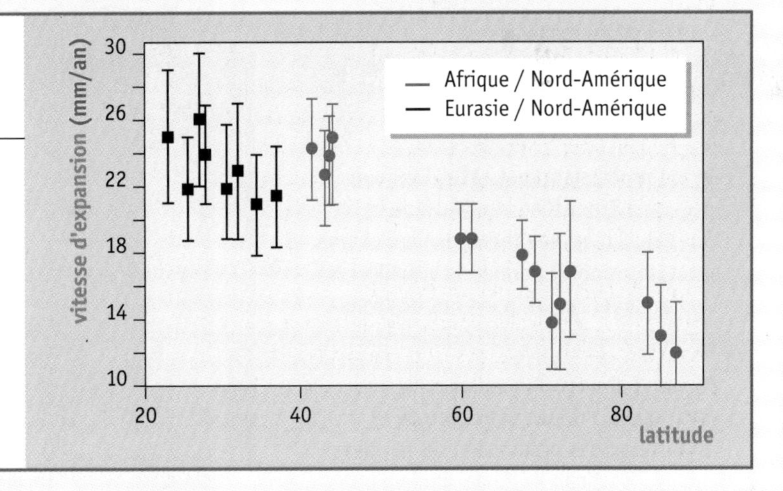

Variation de la vitesse d'expansion le long de la dorsale médio-atlantique.

EXPLOITATION DES DOCUMENTS

1. **Noter** le sens des déplacements des plaques par rapport à la dorsale, **calculer** leur vitesse de déplacement moyenne (**Doc. 1**). **Justifier**, à partir de ces données, la divergence au niveau de la dorsale.

2. **Calculer** la vitesse relative moyenne de déplacement de la plaque américaine par rapport à la plaque Pacifique. À partir de ces données, **montrer** que la faille de San Andréas est une faille transformante où il y a coulissement des plaques l'une par rapport à l'autre (**Doc. 2**).

ACTIVITÉ

2 (suite) Des plaques lithosphériques en mouvement

▶ **Quels sont les mouvements relatifs des plaques ?**

VOCABULAIRE

Rejet de faille : hauteur du déplacement entre les deux compartiments d'une faille.

Zone de convergence : zone où deux plaques lithosphériques s'affrontent.

Zone de subduction : zone où la lithosphère, portant de la croûte océanique, passe sous une autre lithosphère.

Doc.4 Les mouvements des plaques au large du Japon

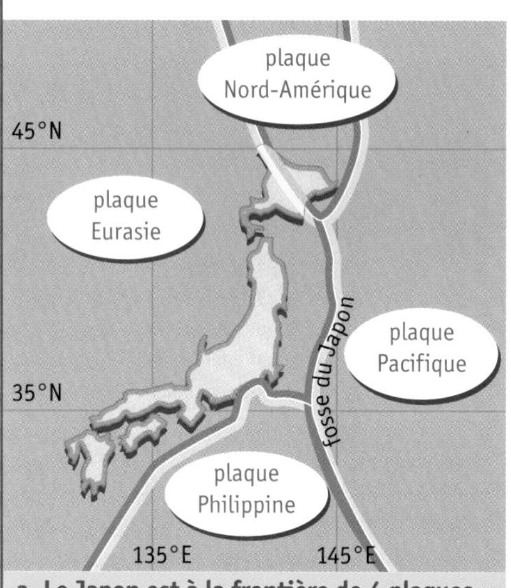

a. Le Japon est à la frontière de 4 plaques.

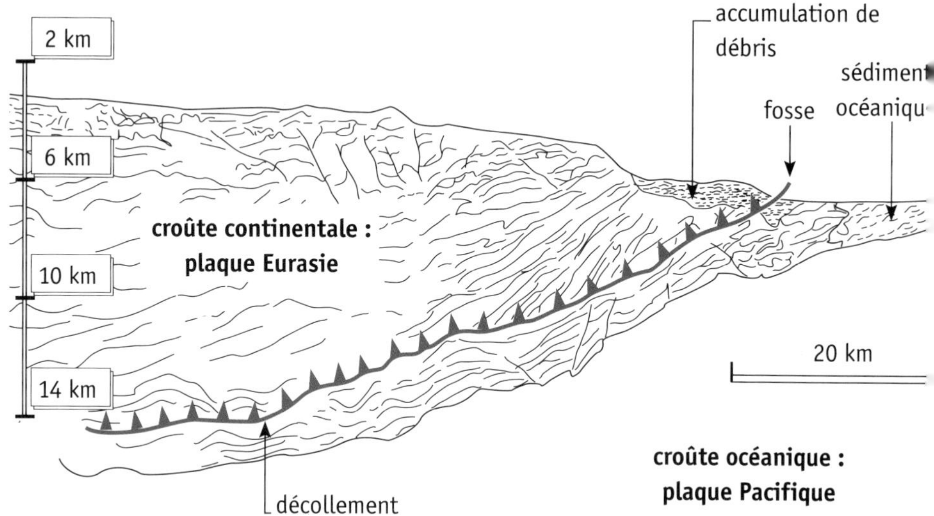

b. Interprétation d'un profil sismique-réflexion au travers de la fosse du Japon.

▶ Le Japon est situé à la frontière de plusieurs plaques. Cette zone présente une sismicité très élevée.
La campagne franco-japonaise Kaiko de relevés bathymétriques a permis l'élaboration de ces documents.

▶ Un **profil sismique-réflexion** (voir p. **341**) a été réalisé au niveau de la fosse du Japon, le schéma (**b**) en est une interprétation. Il permet de visualiser les déplacements et les positions des lithosphères de part et d'autre de la fosse.

▶ La croûte océanique de la plaque Pacifique s'enfonce dans la fosse en formant des gradins limités par des failles. Le volcan Kashima situé en bordure de la fosse est coupé en deux par une faille. Le **rejet** entre les deux parties de la faille est de plus de 1 000 m.
Ce volcan est en train de disparaître dans la fosse du Japon.
Ce passage de la lithospère océanique sous la lithosphère continentale : c'est la **subduction**.

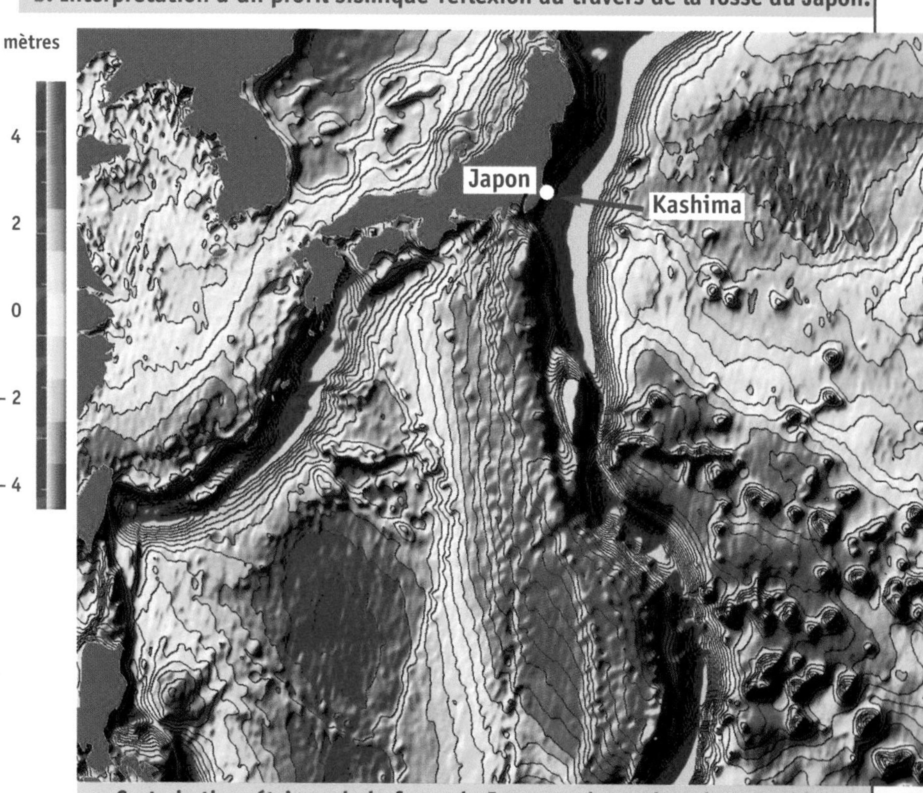

c. Carte bathymétrique de la fosse du Japon au large du volcan Kashima.

Doc.5 Les mouvements des plaques à la limite Eurasie-Afrique

► La mer Méditerranée et les continents situés autour sont des zones de sismicité élevée. Les mesures proposées ont été obtenues par le modèle Nuvel (*Northwestern university velocity*). Elles sont obtenues par le calcul de la rotation d'une plaque sur une sphère. Ces valeurs ont été confirmées à 95 % par la géodésie spatiale.

► À ce niveau, il y a affrontement de deux plaques lithosphériques : c'est la **convergence**.

► On a mesuré par géodésie spatiale les déplacements en Turquie en utilisant deux méthodes, l'une utilise des stations éloignées de plus de 1 000 km (VLBI), l'autre des stations plus proches, 100 km (GPS).

► Parallèlement, on a mesuré les déplacements en Grèce par rapport à l'Eurasie en utilisant toujours la géodésie spatiale.

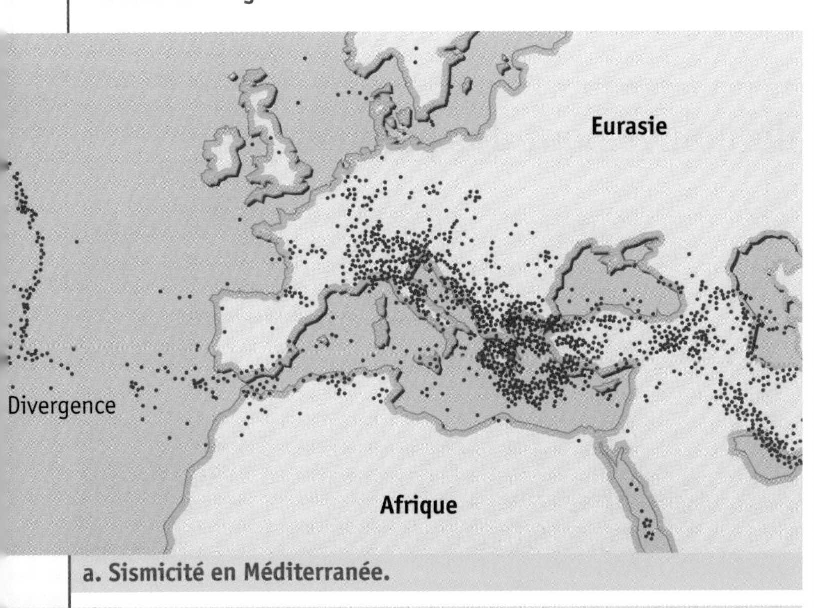

a. Sismicité en Méditerranée.

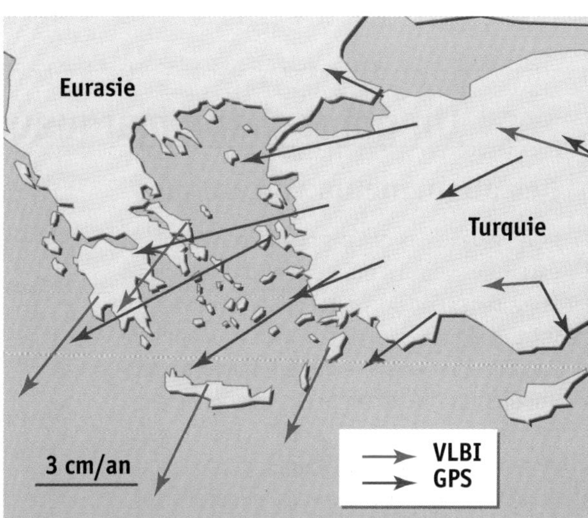

c. Déplacements en Grèce et en Anatolie.

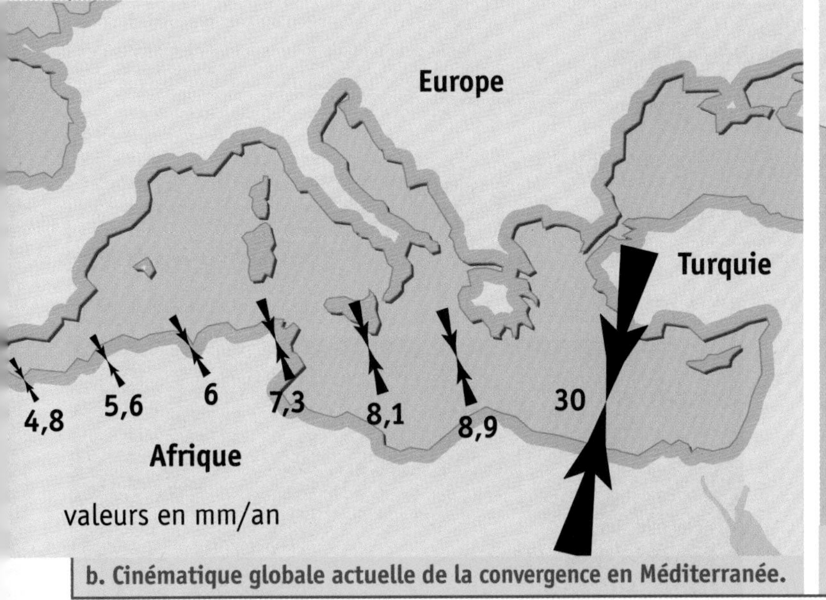

b. Cinématique globale actuelle de la convergence en Méditerranée.

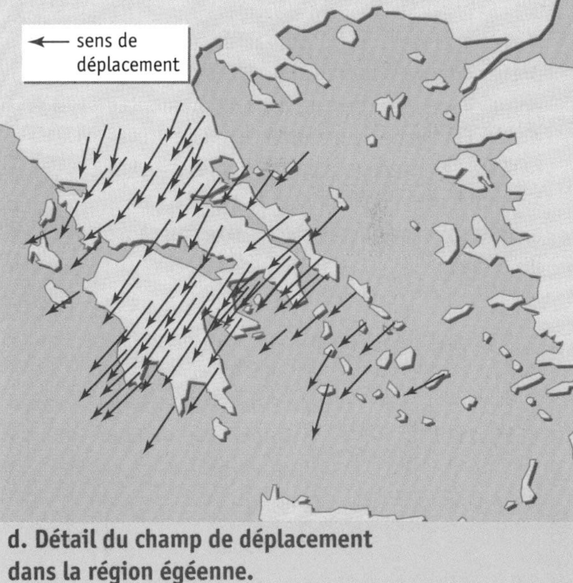

d. Détail du champ de déplacement dans la région égéenne.

EXPLOITATION DES DOCUMENTS

3. **Relever** et **noter**, à partir du **Doc. 4**, les arguments qui montrent qu'il y a, au niveau de la fosse du Japon, convergence entraînant le passage de la lithosphère océanique sous la lithosphère continentale.
4. **Utiliser** les **Doc. 5a** et **5b** pour localiser la limite entre les deux plaques eurasienne et africaine, puis **montrer** qu'il s'agit d'une zone de convergence.
5. À partir du **Doc. 5d**, **montrer** que les plaques ne sont pas des blocs rigides parfaitement homogènes.
6. **Répondre à la question posée** : « Quels sont les mouvements relatifs des plaques ? »

ACTIVITÉ

3 Les mouvements des plaques dans le passé

Les mesures effectuées en utilisant les satellites permettent de visualiser les directions des déplacements des plaques lithosphériques et de calculer leurs vitesses relatives. Des études géologiques et géophysiques montrent que ces mouvements observés actuellement ont eu lieu au cours de l'Histoire de la Terre.

▶ **Comment les données géologiques révèlent-elles les mouvements des plaques ?**

VOCABULAIRE

Point chaud : zone de température anormalement élevée libérant un fin panache de matériel chaud en provenance du manteau. Il forme un volcan en surface.

Doc.1 Un point chaud marqueur du mouvement des plaques

Les alignements volcaniques

▶ Au niveau des océans ou des continents, il existe des volcans qui ne sont pas associés à une sismicité importante. Ce sont des volcans intra-plaques : on en rencontre dans le Pacifique par exemple où ils forment des **alignements**. À l'extrémité de ces alignements, se trouve un **volcan actif** (Mac Donald, Pitcaim...), les autres, **éteints**, plus ou moins érodés, forment des îles volcaniques. Parfois, la partie aérienne du volcan a disparu : on a un atoll. Dans les cas extrêmes, les restes du volcan sont sous l'eau.

▶ Actuellement, ces volcans actifs sont interprétés comme l'expression en surface d'un **point chaud**. À ce niveau, il y a une remontée d'un fin panache de matériel chaud en provenance du manteau. Les points chauds peuvent avoir un fonctionnement plus ou moins continu, mais ils sont considérés comme **fixes au cours du temps**.

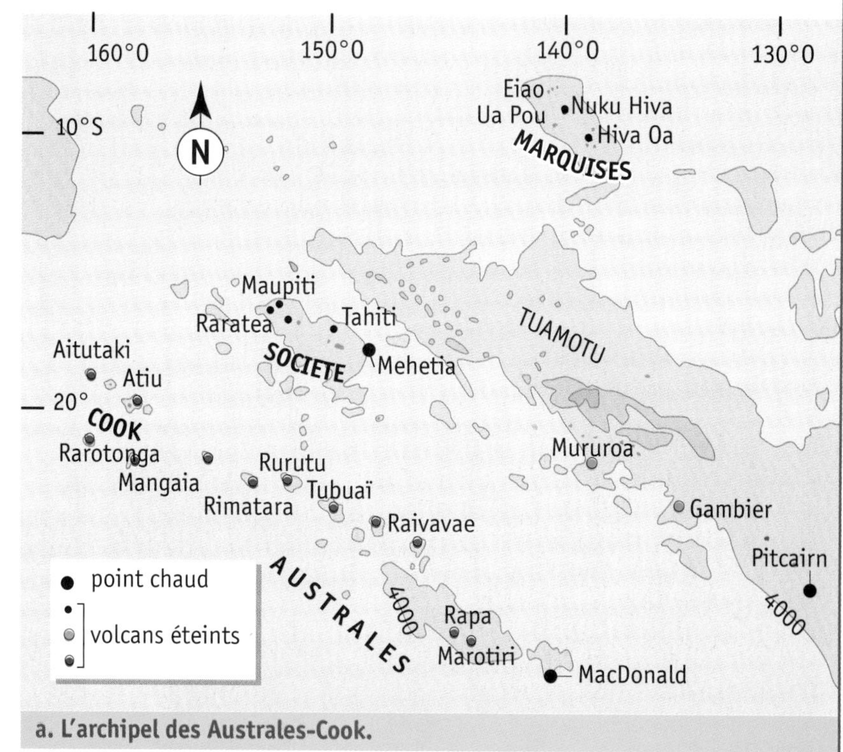

a. L'archipel des Australes-Cook.

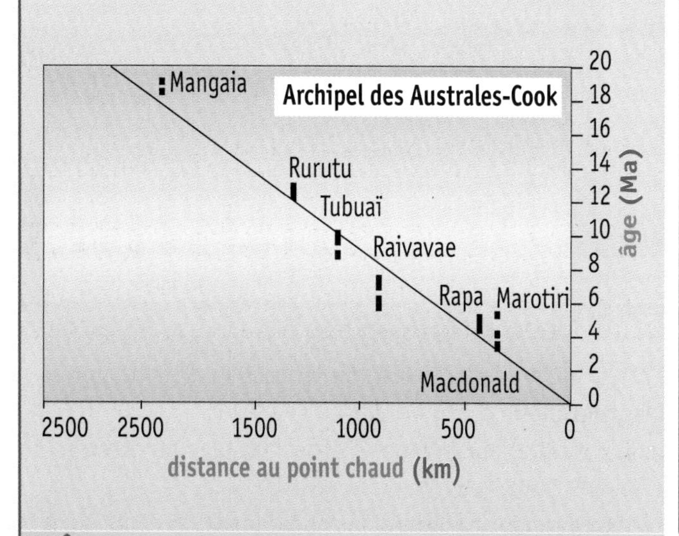

b. Âges des volcans en fonction de la distance au point chaud.

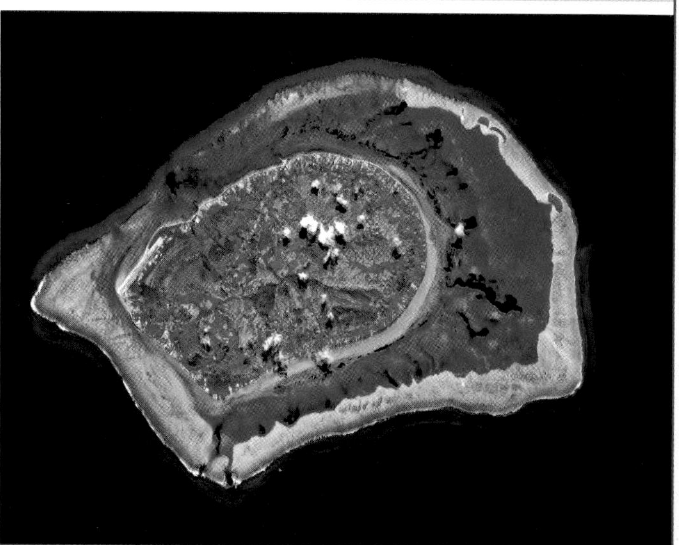

c. Tubuaï est un ancien volcan érodé, entouré d'une couronne de coraux qui délimite un lagon.

Doc.2 Magnétisme terrestre et mouvement des plaques

▶ Il existe un champ magnétique terrestre qui peut être mis en évidence par la déviation de l'aiguille aimantée d'une boussole, elle s'oriente dans la direction du pôle Nord. Pour des raisons encore mal connues, la direction du champ magnétique terrestre s'est **inversé** plusieurs fois au cours des temps géologiques.

▶ Les minéraux ferro-magnésiens contenus dans les roches volcaniques enregistrent la direction du champ magnétique lors de leur refroidissement et fossilisent la direction du champ magnétique de l'époque : on parle d'**aimantation rémanente.**

▶ Dans les années 50 et 60, des mesures du champ magnétique terrestre ont révélé des **anomalies magnétiques** par rapport au champ actuel. Elles sont :
– **positives** lorsque la direction du champ magnétique enregistrée est la même que la direction actuelle (en noir);
– **négatives** lorsque la direction est inverse (en blanc).

Ces anomalies magnétiques affectent toute l'épaisseur du basalte océanique.
Les résultats des sondages profonds des programmes DSDP (*Deep Sea Drilling Project*) puis ODP (*Ocean Drilling Project*) ont permis d'établir une échelle magnétostratigraphique qui donne la corrélation entre l'âge des couches de basalte et les anomalies magnétiques (a).

▶ La répartition de ces anomalies magnétiques, au voisinage de la dorsale de Reykjanes (Islande), est représentée par cartographie (b). On constate une **symétrie** de répartition des anomalies de part et d'autre de cette dorsale océanique.

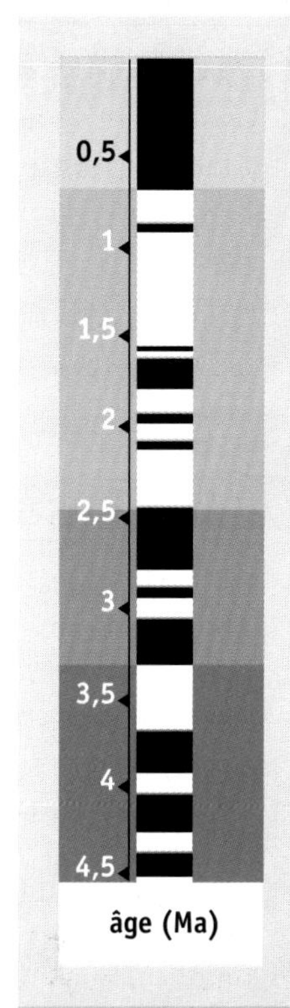

a. Échelle magnétostratigraphique.

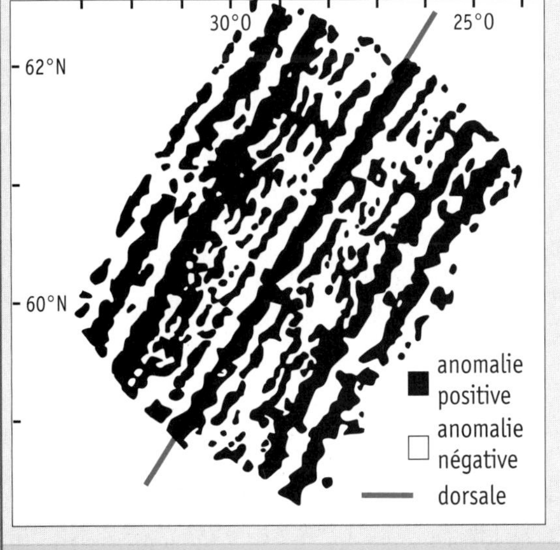

b. Bandes d'anomalies magnétiques sur la dorsale de Reykjanes, Islande.

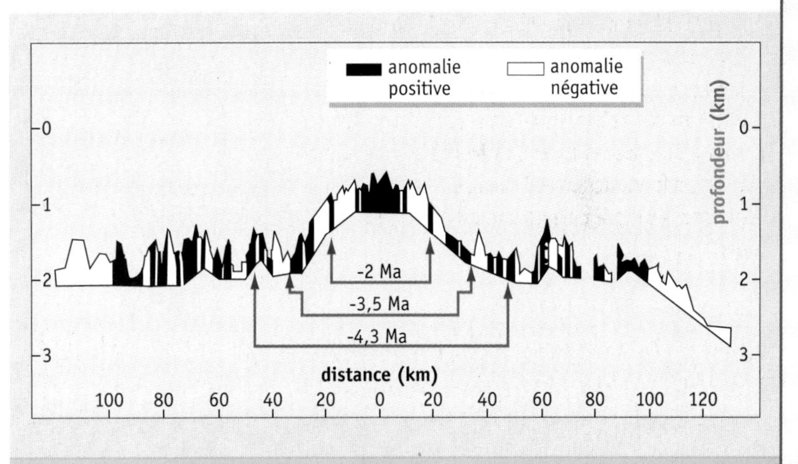

c. Interprétation des bandes d'anomalies magnétiques.

EXPLOITATION DES DOCUMENTS

1. **Établir**, à partir du **Doc. 1**, une relation entre l'âge des volcans et leur distance au volcan actif, c'est-à-dire Mac Donald.
2. Sachant que les points chauds sont des zones en activité permanente et pratiquement fixes dans le temps, **noter** le sens du déplacement de la plaque. **Argumenter** précisément votre réponse (**Doc. 1**).
3. **Calculer** la vitesse de déplacement de cette plaque au cours du temps, puis la **comparer** à la vitesse actuelle (**Doc. 1**).
4. Afin de montrer que les anomalies magnétiques sont des marqueurs du déplacement des plaques :
a. **décrire** ces anomalies par rapport à la dorsale (**Doc. 2b**) ;
b. **calculer** la vitesse de déplacement de ces plaques il y a 2 millions d'années, 4 millions d'années. **Comparer** à la valeur actuelle (1 cm/an) (**Doc. 2**).

ACTIVITÉ

3 (suite) Les mouvements des plaques dans le passé

Les alignements des volcans et le paléomagnétisme nous ont permis de calculer des vitesses de déplacements relatifs des plaques dans le passé. L'étude de la répartition des roches sédimentaires dans les océans nous permet de préciser ces résultats.

VOCABULAIRE

Roches sédimentaires : roches qui proviennent de la transformation des sédiments d'origines diverses.

Sédiments : particules plus ou moins grosses qui se déposent après un transport ou après précipitation.

► **Comment les données géologiques révèlent-elles les mouvements des plaques?**

TP Doc.3 Les apports des roches sédimentaires

Les roches sédimentaires peuvent être datées relativement d'après leurs positions au sein d'un sondage : les plus anciennes étant les plus profondes dans une carotte, c'est le **principe de superposition.**

Par ailleurs, les méthodes paléontologiques, l'étude de certains fossiles, et les méthodes physiques basées sur la radioactivité permettent de donner un âge absolu à ces roches.

a. Les sédiments du plancher de l'océan Atlantique.

b. Les sédiments du plancher de l'océan Indien.

EXPLOITATION DES DOCUMENTS

5. a En utilisant les carottes de roches sédimentaires recouvrant les basaltes : **localiser** sur les cartes les roches les plus jeunes, les plus anciennes et **noter** leurs positions respectives par rapport aux dorsales. **b** **Montrer** que la disposition des roches sédimentaires est la conséquence de l'expansion au niveau des dorsales.

6. **Calculer** la vitesse d'expansion en utilisant les données des cartes au Crétacé inférieur et au Paléocène. **Comparer** ces données entre elles et avec les données actuelles (**Doc. 3** p. 53).

7. **Décalquer** en noir la position des continents situés de part et d'autre de l'Atlantique. **Représenter** la dorsale. Puis, **placer** les continents au Crétacé inférieur et au Paléocène, **montrer** que les maquettes réalisées visualisent l'expansion océanique au cours du temps.

8. **Faire** la même chose pour l'Inde, l'Afrique et la Réunion.

9. **Répondre au problème posé** : « Comment les données géologiques révèlent-elles les mouvements des plaques ? »

ÂGE DES SÉDIMENTS (Ma)

- 0 – Pleistocène
- Pliocène
- N1 – Miocène
- PG3 – Oligocène
- 50 – PG2 – Éocène
- PG1 – Paléocène
- k2 – Crétacé supérieur
- 100 – k1 – Crétacé inférieur
- 150 – j – Jurassique supérieur

NATURE DES TERRAINS

- Argile
- Calcaire
- V Cendres volcaniques
- Hiatus
- T Terrigènes
- ▼ Basalte

ÉCHELLES

a. 1 cm = 430 km **b.** 1 cm = 230 km

4 Vers un modèle global

Depuis 1968, la tectonique des plaques permet de proposer une explication globale du fonctionnement dynamique de la lithosphère. Ce modèle s'est élaboré en parallèle avec le développement des techniques.

▶ **Comment s'est élaboré le modèle de la cinématique globale des plaques ?**

VOCABULAIRE

Cellules de convection : zones de courants de convection thermique résultant de transferts de chaleur d'une zone chaude vers une zone froide.

Cinématique : qui a trait aux mouvements.

Guyot : ancien volcan dont le sommet plat se trouve actuellement à 1 000 m ou plus sous le niveau de la mer.

Doc.1 L'hypothèse de Wegener

Au début du XXe, la structure de la Terre est mal connue, son histoire est balbutiante. Il y a des modèles, mais ils ne s'appliquent pas à l'ensemble de la tectonique et ils ne sont pas dynamiques. Les continents et les océans, dont on ignore la structure fine, sont fixes. Ils peuvent parfois s'effondrer.

S'appuyant sur des arguments divers Wegener (1880-1930) émet l'hypothèse qu'autrefois les continents étaient réunis. La place qu'ils occupent actuellement résulte d'un déplacement latéral à la manière d'un radeau.

▶ **Des arguments géographiques** : les formes des côtes des continents sont grossièrement complémentaires.

▶ **Des arguments géologiques** : des structures géologiques de **même type**, datées de plus de 450 Ma, sont localisées sur des continents aux côtes complémentaires.

▶ **Des arguments climatiques** : on observe des traces de glaciation datées de 250 millions d'années sur des continents qui sont actuellement dans la zone tropicale.

▶ **Des arguments biologiques** : on trouve actuellement, de part et d'autre de l'Atlantique, des fossiles d'êtres vivants datés de 240 à 260 millions d'années. Ils n'ont pas pu traverser l'Atlantique ni même les ponts terrestres qui étaient imaginés.

▶ **Le moteur** : de tels déplacements sur des périodes longues nécessitent un moteur. Pour Wegener, les mécanismes à l'origine de ces déplacements latéraux sont « la force répulsive du pôle ou poussée vers l'équateur » et « le frottement des marées ».

La démonstration de la présence d'un supra-continent, la Pangée, a convaincu les scientifiques. Cependant, ils rejettent cette hypothèse : le mécanisme à l'origine des déplacements est jugé insuffisant.

Cynognathus : reptile prédateur terrestre ayant vécu il y a 240 Ma

Mesosaurus : petit reptile de lacs d'eau douce ayant vécu il y a 260 Ma

← sens d'écoulement de la glace

Glossopteris : plante terrestre ayant vécu il y a 240 Ma

Lystrosaurus : reptile terrestre ayant vécu il y a 240 Ma

a. La répartition de fossiles et les traces d'anciennes glaciations.

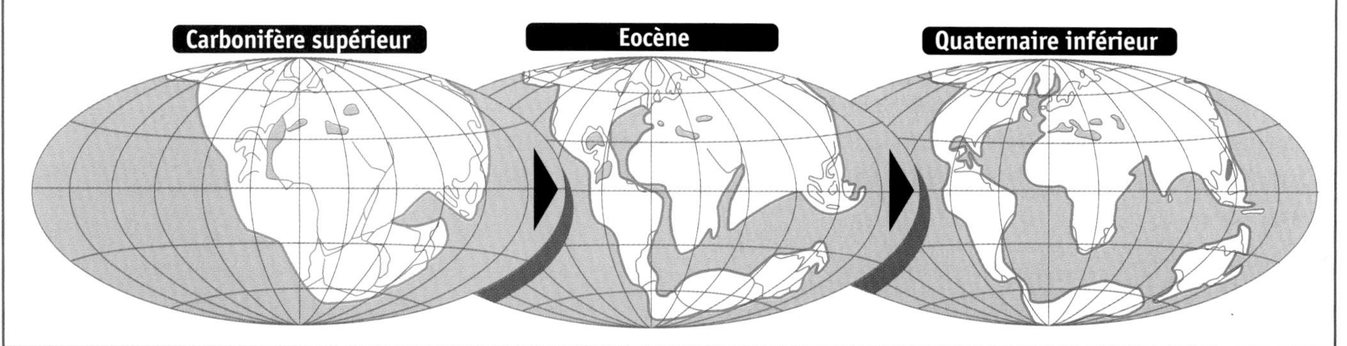

b. La reconstitution de la dérive des continents d'après Wegener.

Doc.2 De la dérive des continents à la mobilité de la lithosphère

La dynamique des fonds océaniques.

Les **guyots** sont situés le long d'alignement d'îles qui se terminent par un volcan actif (Activité 3). Certains sont très profonds, 1 000 m, les roches du sommet de ces guyots sont du Crétacé. Elles ont été formées par des coraux, organismes qui vivent à moins de 100 m de profondeur. Le Pacifique est donc un océan relativement jeune, sa formation ne remonte pas au-delà du Crétacé.

Dans les années 40, on mit en évidence, dans les océans, des dorsales caractérisées par une importante activité sismique, un volcanisme local et un flux thermique élevé. Reliant ces observations, Hess émit l'hypothèse suivante : les dorsales seraient au sommet de la partie ascendante de **cellules de convection** situées dans le manteau. Le fond océanique serait entraîné latéralement à partir des dorsales à la manière d'un tapis roulant et il s'enfoncerait progressivement au niveau des fosses.

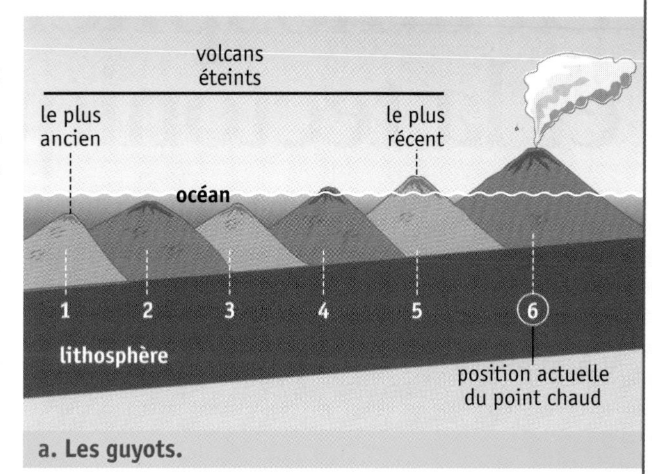

a. Les guyots.

Du paléomagnétisme à l'hypothèse de Vine et Matthews

Étudiant le magnétisme à partir des laves de l'Inde, Irving observe une aimantation de même direction mais de sens contraire à celle que l'on mesure actuellement. L'étude de l'aimantation des roches de même âge en Europe et en Amérique du Nord montre une migration du pôle Nord au cours du temps, migration indépendante pour les deux continents mais qui sont superposables. S'appuyant alors sur la symétrie des anomalies magnétiques de part et d'autre des dorsales qui ont été étudiées (Activité 3), Vine et Matthews émettent l'hypothèse d'une **expansion océanique** au niveau des dorsales.

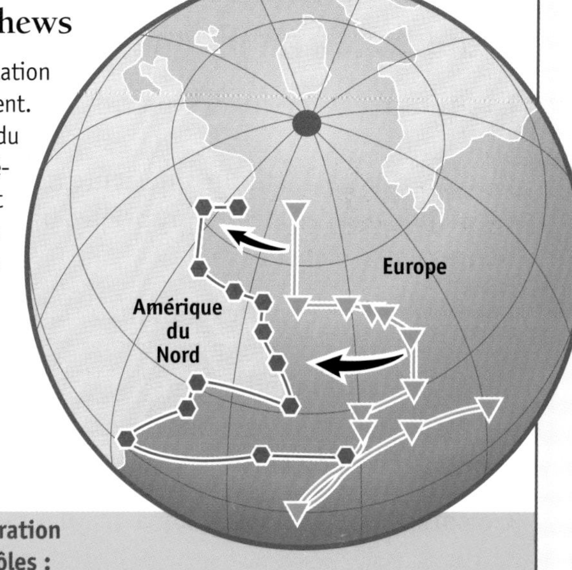

b. Migration des pôles :
- en rouge, mesures faites en Amérique ;
- en vert, mesures faites en Europe à la même époque.

De la vérification au modèle de la tectonique des plaques

Les forages sédimentaires entrepris à cette époque dans les océans (Activité 3) montrent une succession de roches sédimentaires d'autant plus importante que l'on s'éloigne de la dorsale. Les roches les plus profondes étant les plus âgées.

En 1968, Mackenzie Morgan et Le Pichon proposent le modèle suivant : la lithosphère est découpée en plaques rigides. Elles sont limitées horizontalement et verticalement (Activité 1). Ces plaques sont **mobiles**, l'expansion océanique se fait au niveau des dorsales. Le **moteur** se trouve dans le **manteau**.

Reliant dans une explication globale les différents faits observés, le modèle explique les phénomènes tectoniques dans leur globalité : répartition des volcans, sismicité, chaînes de montagnes. Il est également valable pour le passé, il peut également être prédictif dans une certaine mesure.

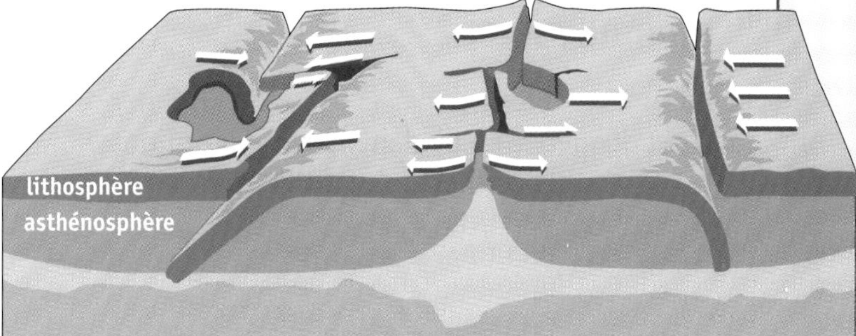

c. Le modèle du mouvement des plaques de 1968.

EXPLOITATION DES DOCUMENTS

1. **Relever** et **noter**, à partir du **Doc. 1**, les points forts et les faiblesses de l'hypothèse de Wegener.
2. **Relever** et **noter** la variété des faits qui ont permis d'élaborer le modèle présenté.
3. **Donner**, en vous appuyant sur le **Doc. 2**, les caractéristiques d'un modèle.
4. **Répondre au problème posé** : « Comment s'est élaboré le modèle de la cinématique globale des plaques ? »

SYNTHÈSE

La lithosphère et la tectonique des plaques

À l'aube du XXe siècle, la tectonique reste embryonnaire. Il n'y a pas de modèle global dynamique, celui-ci sera établi seulement en 1968. Ce modèle découpe la lithosphère en plaques qui sont mobiles sur l'asthénosphère.

LES MOTS À CONNAÎTRE

Failles transformantes : faille qui relie deux segments de dorsale.

Point chaud : zone de température anormalement élevée libérant un fin panache de matériel chaud en provenance de la limite noyau-manteau. Il forme un volcan en surface.

Rift : fossé d'effondrement au milieu d'une dorsale.

Zone de divergence : zone où deux plaques lithosphériques s'éloignent l'une de l'autre.

Zone de convergence : zone où deux plaques lithosphériques s'affrontent.

Zone de subduction : zone où la lithosphère, portant de la croûte océanique, passe sous une autre lithosphère, continentale ou océanique.

I Une lithosphère découpée en plaques

La lithosphère, de *lithos* : pierre, est l'une des enveloppes de la Terre ; elle est découpée en plaques rigides. La limite inférieure des plaques est établie par l'étude des propriétés physiques : température, densité.

Les limites horizontales sont matérialisées par :
— les dorsales océaniques ;
— les zones de subduction ;
— les failles transformantes ;
— les zones de collision.

Ce sont des zones instables à sismicité importante.

II Des plaques lithosphériques en mouvement

Les données obtenues par le système GPS permettent de mettre en évidence les déplacements des plaques lithosphériques. Elles permettent également de mettre en évidence la direction de ces mouvements.

Au niveau des dorsales, les plaques situées de part et d'autre s'éloignent de l'axe de la dorsale, il y a donc **divergence**. Les vitesses de déplacements sont variables selon les régions du globe. Au niveau des zones de subduction, une plaque lithosphérique plonge sous une autre plaque en s'enfonçant jusqu'à l'asthénosphère.

Au niveau des zones de collision, les deux plaques se déplacent l'une vers l'autre.
Subduction et collision sont des conséquences des **convergences** des plaques.

Au niveau des failles transformantes, elles **coulissent**. Les méthodes satellitales ont permis de mesurer ces déplacements : télémétrie, laser, Doris. La comparaison des valeurs avec celles qui sont calculées par le modèle Nuvel montre une bonne corrélation des résultats : 2 %.

III Les mouvements des plaques dans le passé

Ces mouvements ont également eu lieu dans le passé. Différentes méthodes permettent de calculer la vitesse moyenne de ces déplacements.

A. Le volcanisme intra-plaque

Les volcans actifs intra-plaques sont situés aux extrémités d'alignements d'îles volcaniques. Elles sont d'autant plus âgées qu'elles sont éloignées du volcan en activité. Ces volcans actifs matérialisent des points chauds.

Sachant que ces points chauds sont pratiquement fixes et qu'ils sont en activité permanente, les alignements des volcans éteints représentent le mouvement de la plaque au cours des temps géologiques. La vitesse relative du déplacement de la plaque est calculée à partir de l'âge des volcans éteints et de leur distance au volcan actif.

B. Les apports du paléomagnétisme

La direction du champ magnétique terrestre peut être enregistré et fossilisé par les minéraux ferromagnésiens des roches magmatiques lors du refroidissement de celles-ci : c'est l'**aimantation rémanente**.

L'étude du champ magnétique dans différentes roches au cours du temps montre qu'il y a eu périodiquement des inversions de direction de celui-ci. Lorsque la position du champ magnétique est de même sens qu'actuellement, on dit que l'anomalie est positive, lorsque la direction est opposée, elle est négative.

Les anomalies magnétiques sont réparties en bandes parallèles et symétriques de part et d'autre de la dorsale. Elles sont d'autant plus anciennes qu'elles sont éloignées. Au niveau des failles transformantes, elles sont décalées.

Les anomalies magnétiques révèlent les mouvements de **divergence** aux frontières des plaques. D'autre part, les calculs de vitesse de déplacement effectués à partir de l'échelle magnétostratigraphique confirment les résultats actuels. Des mouvements des plaques lithosphériques ont eu lieu dans le passé et se poursuivent actuellement.

C. Les apports de la répartition des roches sédimentaires

La plupart des roches sédimentaires se forment dans les océans à partir de la transformation des sédiments d'origines diverses. Si, après le dépôt, l'ensemble n'est pas affecté de mouvements tectoniques de compression et d'extension, on peut dater relativement les différentes couches d'une carotte.

L'âge et la répartition des roches sédimentaires dans les océans confirment les mouvements de divergence au niveau des dorsales. Ils permettent de dater l'ouverture des océans (ouverture de l'océan Atlantique Nord : 140 millions d'années).

IV Vers un modèle global

A. Une première hypothèse

Le 06/01/1912 lors d'une conférence intitulée « Idées nouvelles sur la formation des grandes structures de la surface de la terre » Wegener (1880-1930) émet l'hypothèse qu'autrefois les continents étaient réunis et que la place qu'ils occupent actuellement résulte d'un déplacement latéral à la manière d'un radeau.
Wegener appuie son hypothèse, sur des arguments géologiques, paléontologiques et géographiques.

B. L'élaboration du modèle actuel

Rejetée par certains, acceptée par d'autres, l'hypothèse de Wegener a été un moteur pour la recherche. L'amélioration des techniques, surtout après la guerre, permit de reposer le problème d'une façon plus globale. S'appuyant sur des arguments géophysiques et géologiques, Hess émet, en 1962, l'hypothèse suivante : les fonds océaniques seraient entraînés comme un tapis roulant, les dorsales seraient au sommet d'une cellule de convection du manteau.

Presque en même temps, s'appuyant sur les données du paléomagnétisme obtenues au niveau des dorsales et des failles transformantes, Vine et Matthews émettent l'hypothèse d'une expansion océanique au niveau des dorsales.

Les forages océaniques confirment l'hypothèse de Vine. En **1968**, le modèle global de la **tectonique des plaques** est proposé. La lithosphère est découpée en plaques rigides dont les limites sont précises, l'expansion océanique se fait au niveau des dorsales. Les courants de convection dans le manteau constituent le moteur de ces mouvements.

Le modèle proposé reliait l'ensemble des disciplines de la géologie. Il était explicatif des phénomènes actuels et du passé. Il était également prédictif.
Il n'est pas pour autant figé. Il est critiquable et amendable. Critiquable, car les limites de plaques ne sont pas toujours parfaitement définies. Amendable, car les techniques peuvent améliorer les observations. Actuellement, on montre que les limites des plaques sont moins rigides qu'on ne le pensait.

L'essentiel

Les plaques lithosphériques sont des portions de plaques de sphère :
– limitées à la périphérie par des dorsales, des failles transformantes, des chaînes de montagnes ;
– limitées verticalement par l'asthénosphère.

Ces plaques sont rigides. Elles sont mobiles. On met en évidence des mouvements de divergence, de coulissage et de convergence.

Les déplacements actuels ont également eu lieu dans le passé. La vitesse de déplacement est variable. Le modèle proposé est explicatif et prédictif. Son élaboration est le fruit du travail et de la réflexion d'une génération, mais il n'est pas définitif et peut être amélioré.

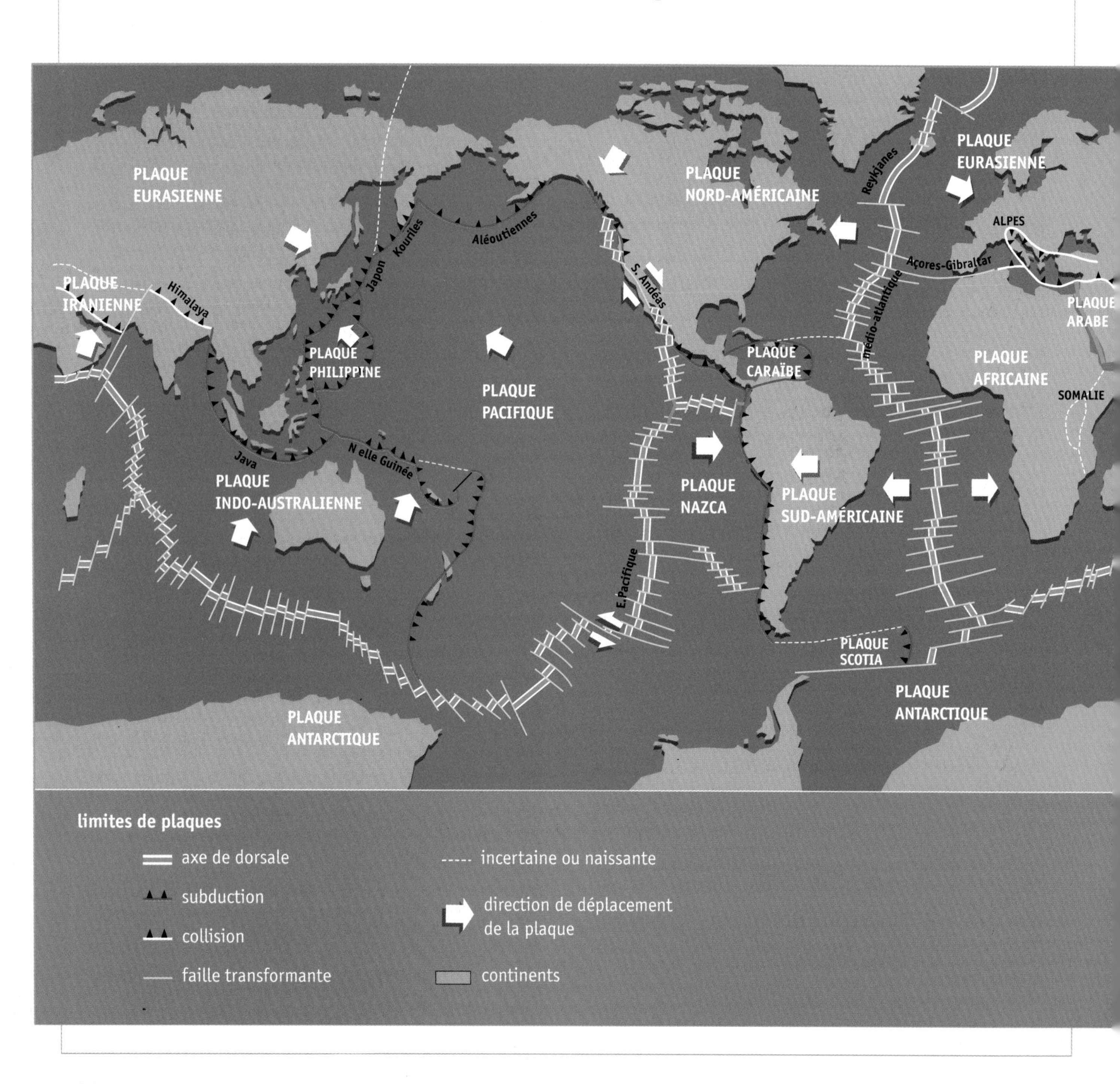

EXERCICES

VÉRIFIER SES CONNAISSANCES

EXERCICE 1 Définir en une phrase claire les mots ou expressions suivantes.

- dorsale océanique
- faille transformante
- zone de subduction
- plaque lithosphérique

EXERCICE 2 Reconstituer une ou plusieurs phrases scientifiquement exacte(s) à partir des propositions suivantes.

1. Les plaques lithosphériques coulissent l'une par rapport à l'autre...

a. au niveau des dorsales.
b. au niveau des failles transformantes.
c. au niveau des zones de collision.

2. Les plaques lithosphériques sont mobiles...

a. sur l'asthénosphère.
b. aujourd'hui et dans le passé.
c. depuis quelques années.

3. La mobilité des plaques dans le passé est mise en évidence par...

a. le GPS.
b. le paléomagnétisme.
c. la répartition des roches sédimentaires dans les océans.
d. les alignements des volcans intra-plaques.

EXERCICE 3 Restituer ses connaissances en quelques phrases sur un sujet précis, en utilisant obligatoirement un ensemble de mots-clés.

sujets	mots-clés
a. les limites des plaques lithosphériques	dorsales, zones de subduction, zone de collision, failles transformantes
b. les plaques lithosphériques	mouvements de convergence, de divergence, de subduction

EXERCICE GUIDÉ

Les limites de la plaque lithosphérique Juan de Fuca

Énoncé La figure ci-contre représente le relevé des anomalies magnétiques au large de la côte Est de l'Amérique du Nord avec l'échelle magnétostratigraphique correspondante.

1. Rappeler l'origine du magnétisme de la croûte terrestre enregistré sur le document ci-contre.
2. Noter l'intérêt de l'étude du paléomagnétisme dans le cadre de la tectonique globale.
3. La plaque Juan de Fuca est une petite plaque lithosphérique qui est limitée :
– par deux dorsales (Juan de Fuca et Gorda) ;
– par une faille transformante, qui relie les deux dorsales précédentes.
a. **Localiser** les dorsales. **Justifier.**
b. **Localiser** la faille transformante. **Justifier.**
c. **Représenter** sur un calque, en utilisant des couleurs différentes, certaines limites entre les deux plaques.

Conseils pour la résolution

Les questions **1** et **2** sont des questions de cours.
3a. À partir de l'échelle magnétostratigraphique, repérer la couleur de l'anomalie la plus récente. En déduire la position de la dorsale.
3b. Pour localiser la faille transformante, il faut savoir identifier les conséquences du fonctionnement d'une telle faille sur le tracé des dorsales, sur la répartition des anomalies magnétiques.

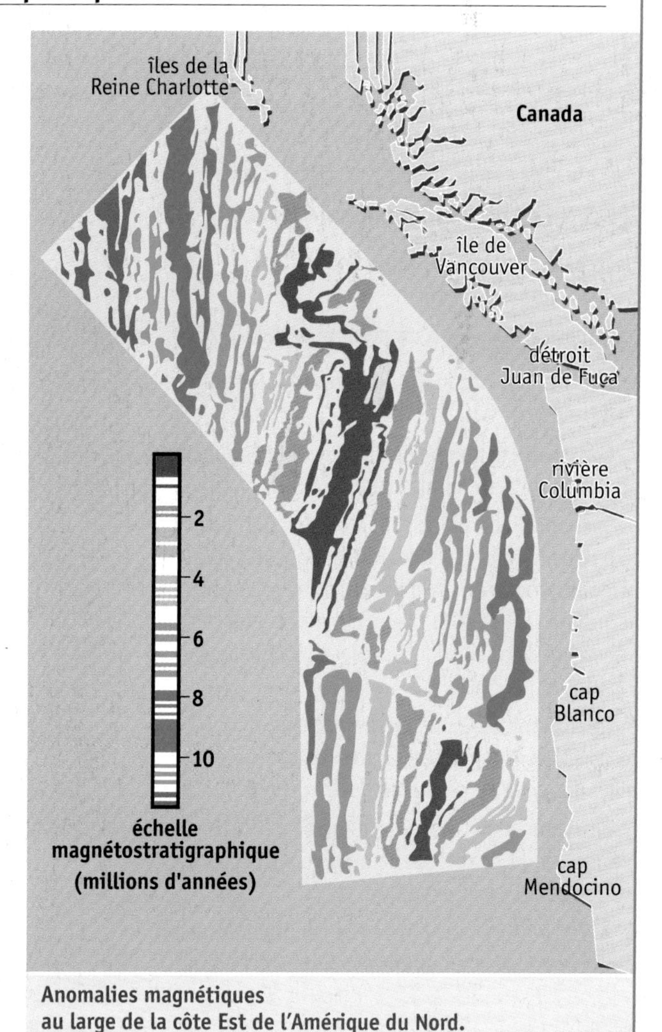

Anomalies magnétiques au large de la côte Est de l'Amérique du Nord.

APPLIQUER SES CONNAISSANCES

EXERCICE 4 Vitesse de l'expansion océanique

Mettre en relation des données dans un but explicatif

Depuis 1960, les magnétomètres transportés par les bateaux ont permis de mesurer le magnétisme de la croûte océanique dans différents océans. Une échelle magnétostratigraphique a été établie. À partir de ces relevés, on a tracé des courbes du taux d'expansion en fonction du temps pour différents océans. Le graphe ci-dessous fait la synthèse de ces calculs.
Afin de mettre en évidence les mouvements de divergence dans les océans actuels :

1. Justifier la phrase suivante : « Les anomalies magnétiques permettent de visualiser l'expansion océanique au niveau des dorsales » en utilisant vos connaissances.

2. Calculer la vitesse d'expansion au niveau des différentes dorsales et comparer ces vitesses entre elles.

3. Comparer les vitesses des dorsales de Reykjanes et de l'Atlantique moyen.

4. Faire la même étude pour la dorsale de Juan de Fuca et celle du Pacifique Est sachant que la dorsale de Reykjanes est le prolongement vers le nord de la dorsale de l'Atlantique moyen et que celle de Juan de Fuca prolonge vers le nord celle du Pacifique Est.

5. Justifier l'expression « vitesse moyenne au niveau de la dorsale ».

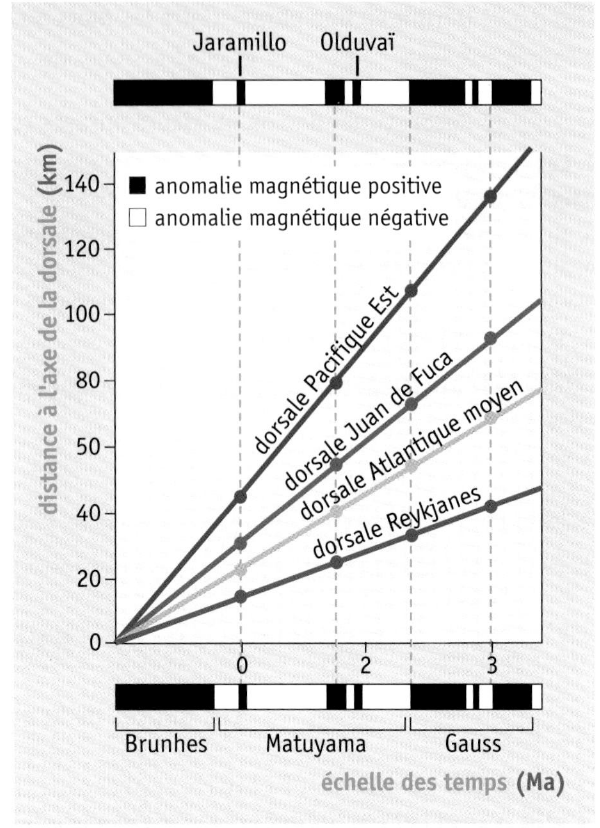

Principe d'évaluation du taux d'expansion océanique.

EXERCICE 5 Les alignements de Hawaï

Mettre en relation des données dans un but explicatif

Hawaï est au-dessus d'un point chaud.

1. Décrire la position des îles volcaniques par rapport au point chaud.

2. Construire le graphe de l'âge des îles en fonction de la distance au point chaud.

3. Sachant qu'un point chaud occupe une position fixe dans le temps et que ces îles sont des îles volcaniques, **montrer**, en établissant une relation entre le graphe réalisé et la figure ci-contre, que ces alignements matérialisent le déplacement de la plaque Pacifique.

4. Retrouver les sens de déplacement de cette plaque ; les représenter par des flèches sur la carte que vous avez au préalable décalquée ; les dater.

5. Calculer les vitesses de déplacement de cette plaque, avant et après le changement de direction ; les replacer sur votre calque.

6. À partir de l'ensemble de vos résultats, **montrer** l'intérêt de l'étude des alignements volcaniques.

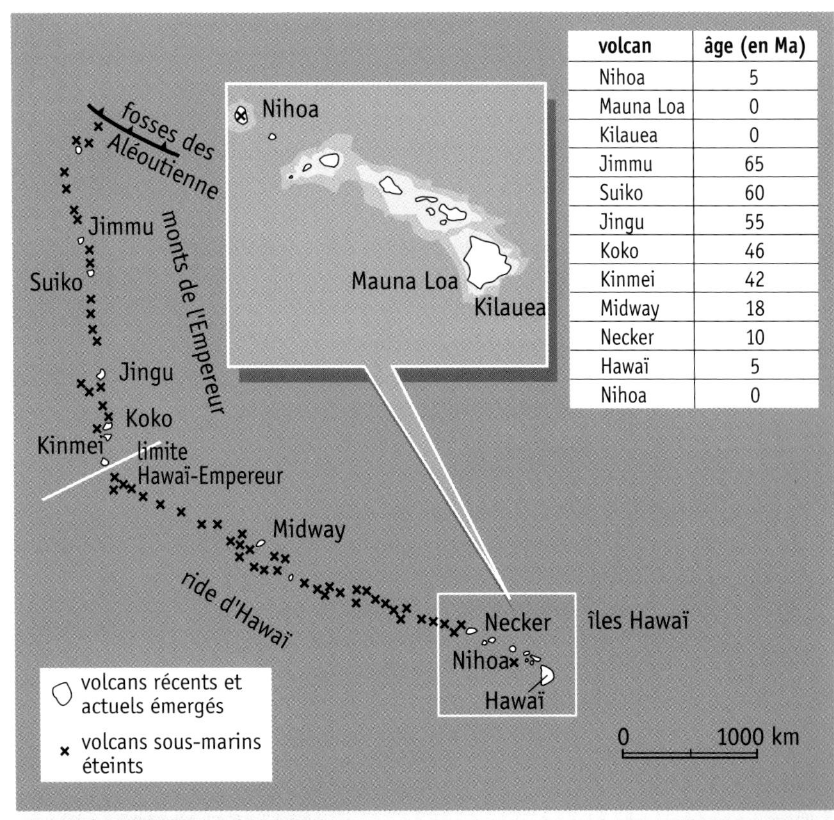

volcan	âge (en Ma)
Nihoa	5
Mauna Loa	0
Kilauea	0
Jimmu	65
Suiko	60
Jingu	55
Koko	46
Kinmei	42
Midway	18
Necker	10
Hawaï	5
Nihoa	0

La chaîne volcanique de Hawaï.

APPLIQUER SES CONNAISSANCES

EXERCICE 6 Les anomalies magnétiques de l'Atlantique

Prélever des informations

On a établi la carte de anomalies magnétiques de l'Atlantique, présentée ci-contre. On a également établi une échelle magnétostratigraphique.
Afin de déterminer l'âge d'ouverture de l'océan Atlantique et sa vitesse d'expansion :

1. **Décalquer** la limite du continent, la dorsale et les failles transformantes.
2. **Calculer** la vitesse moyenne de l'expansion dans cette région.
3. **Repérer** et **colorier** en jaune les parties les plus anciennes de cette région de l'Atlantique.
4. **Matérialiser** la direction de l'expansion par des flèches.
5. **Positionner** les continents par rapport à la dorsale à la fin du Paléocène, de l'Éocène et de l'Oligocène.

Expliquer la géométrie particulière de l'anomalie 34.

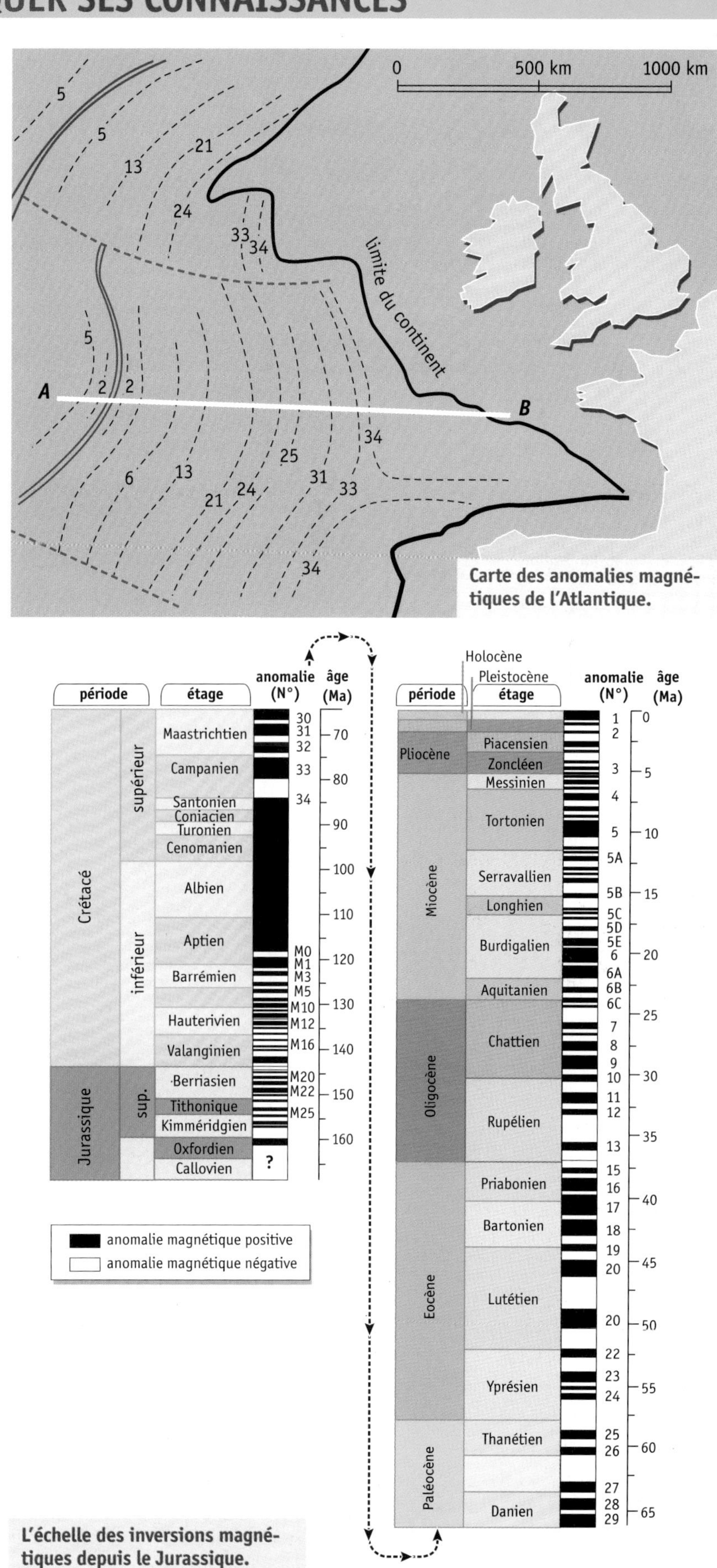

Carte des anomalies magnétiques de l'Atlantique.

L'échelle des inversions magnétiques depuis le Jurassique.

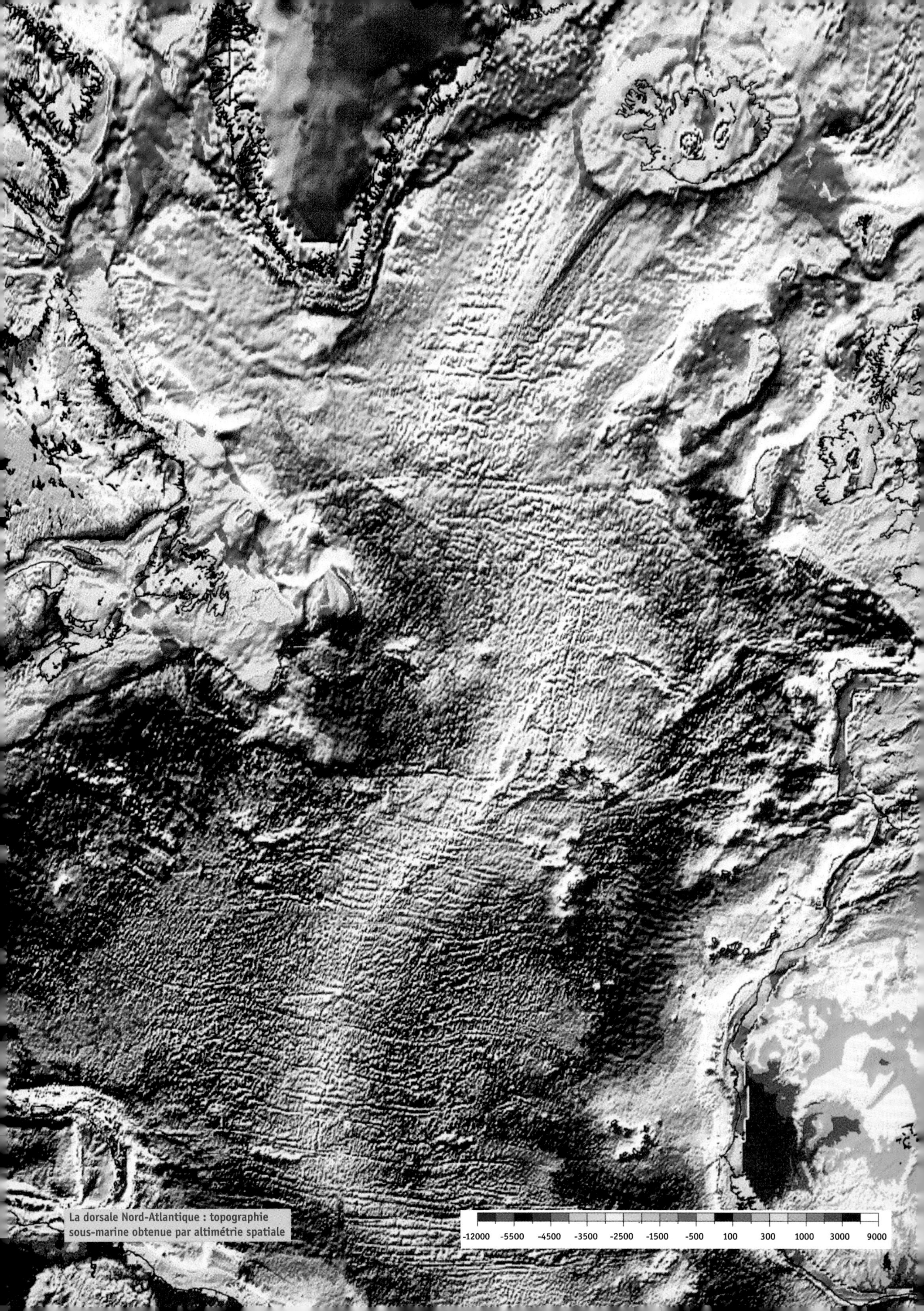

La dorsale Nord-Atlantique : topographie sous-marine obtenue par altimétrie spatiale

Chapitre 4

Divergence des plaques et phénomènes géologiques associés

La lithosphère est morcelée en plaques rigides peu déformables, animées de mouvements relatifs qui sont perceptibles à leurs frontières. C'est au niveau des dorsales océaniques, où sont observés les mouvements de divergence, que se forme la lithosphère océanique.

- **Comment les caractères morphologiques et géologiques des dorsales révèlent-ils des mouvements en extension ?**
- **Comment s'exprime la divergence des plaques en Islande ?**
- **Quelle est la relation entre l'activité magmatique des dorsales et la divergence des plaques ?**
- **Comment les roches du manteau se différencient-elles en basaltes et gabbros, roches de la croûte océanique ?**
- **Comment la lithosphère océanique évolue-t-elle en s'éloignant de la dorsale ?**
- **Comment ces transformations se manifestent-elles dans les roches de la lithosphère océanique ?**

ACTIVITÉ

1 Les dorsales océaniques nées d'une tectonique en extension

Les dorsales océaniques sont d'immenses reliefs sous-marins allongés, hauts de 2000 à 3000 m. Elles s'étendent sur plus de 60 000 km de long et 1 000 à 3 000 km de large, occupant approximativement le tiers de la surface des fonds des océans. Les nouvelles techniques d'exploration des fonds marins et de mesure du déplacement horizontal des plaques révèlent la morphologie des dorsales et nous renseignent sur leur activité dynamique.

VOCABULAIRE

Ductile : qui peut être étiré sans se rompre.

Faille normale : cassure résultant d'une extension horizontale et caractérisée par l'ouverture d'un hiatus entre les compartiments initialement contigus d'une même tranche de couches.

Rejet d'une faille : sa partie en surplomb.

▶ **Comment les caractères morphologiques et géologiques des dorsales révèlent-ils des mouvements en extension ?**

Doc.1 La morphologie des dorsales

▶ Par leurs caractères morphologiques et géologiques, on peut distinguer différents types de dorsales dont les deux extrêmes peuvent être représentés par la dorsale de l'océan Atlantique et celle de l'océan Pacifique.

▶ La morphologie des dorsales est révélée par les observations directes et les images-satellites.
La **dorsale Atlantique** montre une vallée axiale profonde de 1 km environ, large de 30 km, sorte de fossé ou rift bordé par des blocs surélevés.
La **dorsale Pacifique** présente une structure en dôme ou en plateau.
La largeur de la zone déformée varie selon le type de dorsale et les déformations observées sont :
– les **failles** dites **normales**, parallèles à l'axe de la dorsale. Au niveau de la dorsale Atlantique, ces failles présentent un **rejet** vertical qui varie de quelques dizaines à quelques centaines de mètres. Elles découpent la croûte océanique en une série de blocs surélevés (**horsts**) entre des blocs effondrés (**grabens**). Ces failles ont en moyenne une dizaine de kilomètres de long. Au niveau de la dorsale Pacifique, la zone déformée par les failles est plus étroite et les failles normales sont souvent des fractures ouvertes sans rejet vertical important ;
– les **failles transformantes**. Ce sont des fractures profondes, perpendiculaires à l'axe des dorsales, qui le décalent de quelques centaines de kilomètres.

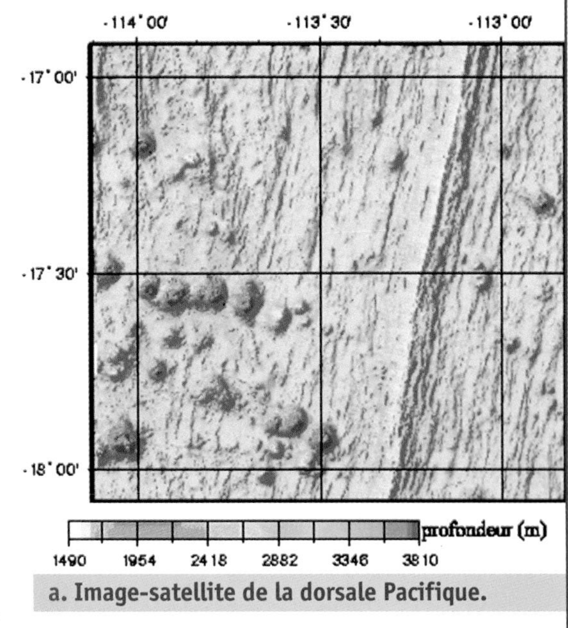

a. Image-satellite de la dorsale Pacifique.

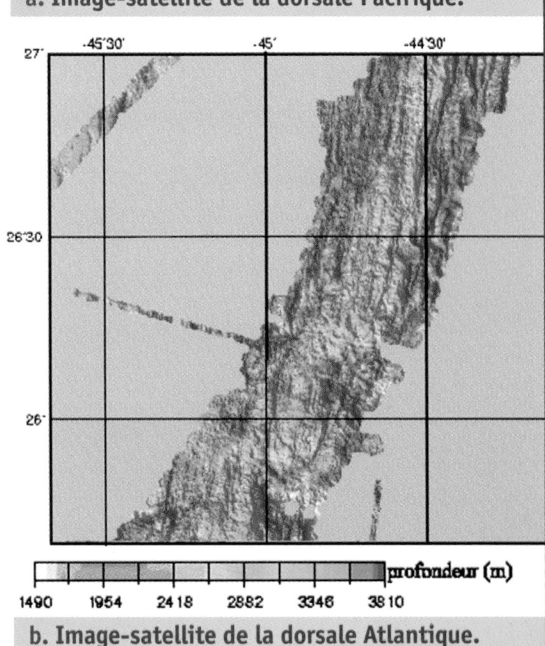

b. Image-satellite de la dorsale Atlantique.

c. Photographie sous-marine de fracture ouverte.

Doc.2 La dynamique des dorsales

► Les dorsales sont le siège d'une **activité sismique** localisée. Les séismes enregistrés sont liés au jeu des failles normales observées. Ils se produisent généralement à faible profondeur, entre 2 et 4 km sous l'axe de la dorsale.
Au niveau de la dorsale Pacifique, la zone des déformations actives est plutôt étroite (5 km dans sa partie nord) alors qu'elle est plus large au niveau de la dorsale Atlantique (40 km).

Les dorsales présentent également une **activité volcanique** importante. En effet, elles sont le lieu d'une production de magma à raison de 20 km³/an environ.

► La morphologie des dorsales étudiées a montré des similitudes et des différences.
La dorsale Pacifique qui fait partie des dorsales rapides (vitesse d'expansion : de 9 à 16 cm/an) est moins fracturée que la dorsale Atlantique qui fait partie des dorsales lentes (vitesse d'expansion : de 1 à 5 cm/an).

Sachant que le comportement des matériaux de la croûte dépend en partie de la température, une explication peut être proposée :
– la zone axiale de la dorsale Atlantique est relativement « froide », ce qui justifie son comportement **cassant** ;
– dans le cas de la dorsale Pacifique, la source de chaleur est à faible profondeur, ce qui justifie un comportement plus **ductile**.

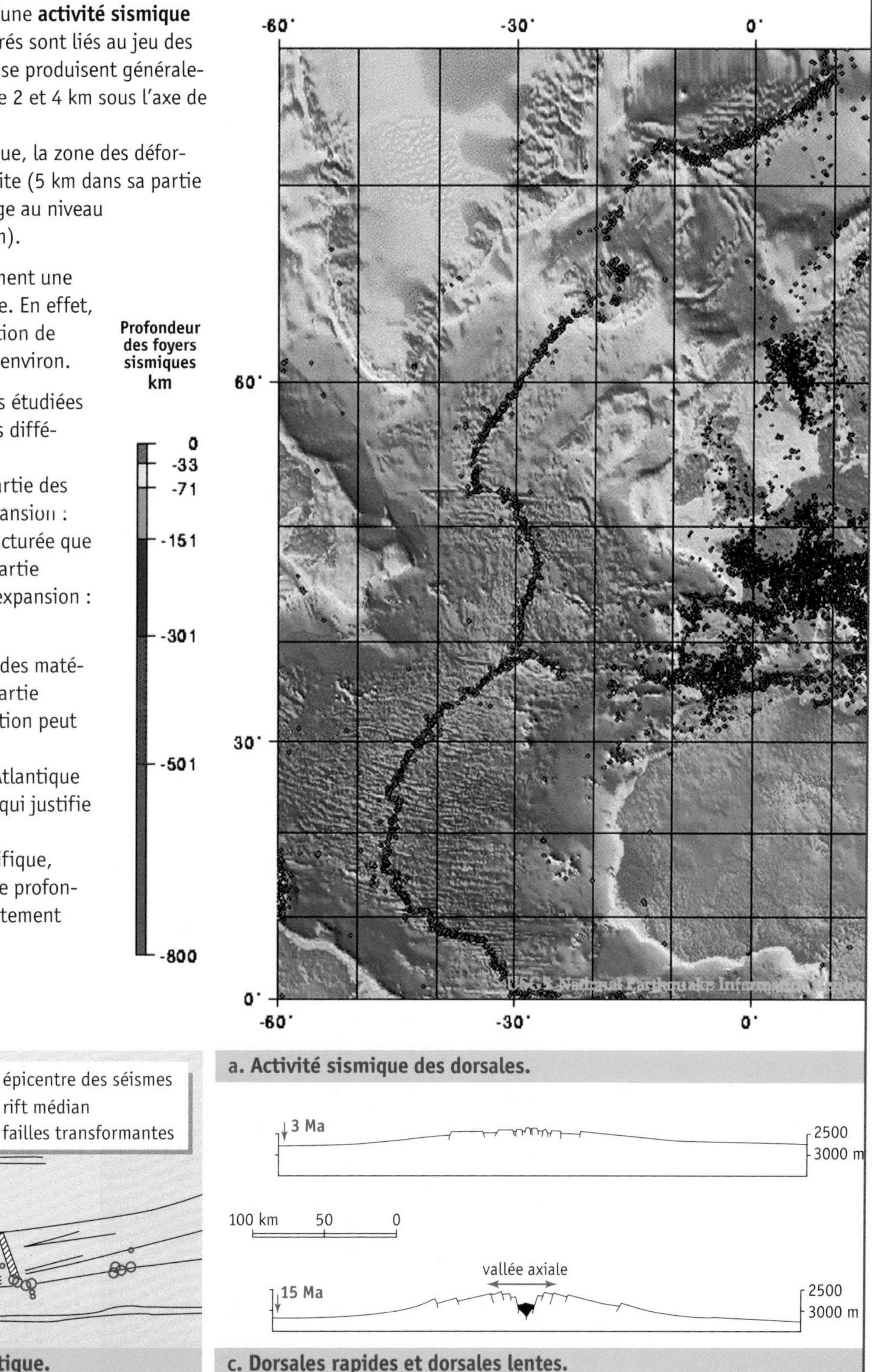

a. Activité sismique des dorsales.

b. Segment de la dorsale Atlantique.

c. Dorsales rapides et dorsales lentes.

EXPLOITATION DES DOCUMENTS

1. **Rechercher** les caractères morphologiques et géologiques communs aux dorsales rapides et aux dorsales lentes (**Doc. 1** et **2**).

ACTIVITÉ

1 (suite) Les dorsales océaniques nées d'une tectonique en extension

Sachant, pour l'avoir mis en évidence par diverses mesures et observations, que les dorsales sont des limites de plaques en extension, pouvons-nous attribuer à la divergence des plaques la morphologie et la dynamique des dorsales ?

► **Comment les caractères morphologiques et géologiques des dorsales révèlent-ils des mouvements en extension ?**

VOCABULAIRE

Modèle : en sciences expérimentales, dispositif servant à reproduire un phénomène naturel.

TP

Doc.3 Modélisation de la tectonique en extension

« Jusqu'à présent, nous avons cherché à connaître notre planète : désormais nous devons la comprendre... L'objectif des Sciences de la Terre est de comprendre le fonctionnement d'une planète, c'est-à-dire d'établir les liens entre les caractéristiques de ses mouvements, comme la vitesse et leurs dimensions, les effets qui en sont responsables et, enfin, de les suivre dans le temps... Mais un système naturel aussi grand évolue sous les effets combinés de nombre de phénomènes... »

Claude Jaupart (IPG)
Extrait de *L'histoire des sciences*,
La Recherche 330

Pour rechercher les causes possibles de la morphologie et de l'activité géologique des dorsales, on peut simuler les déformations produites par des contraintes variées en construisant un **modèle**.

a. Couches de sable simulant une série sédimentaire.

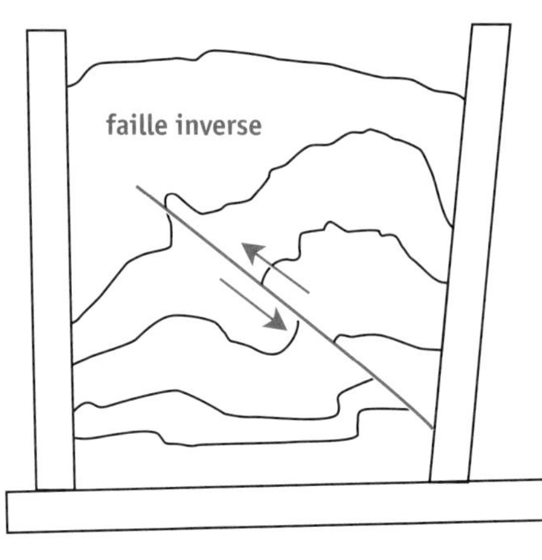

b. Déformations observées après avoir réalisé un mouvement de compression.

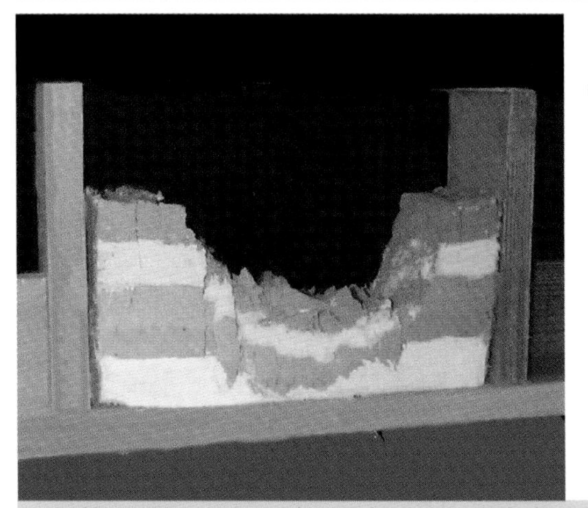

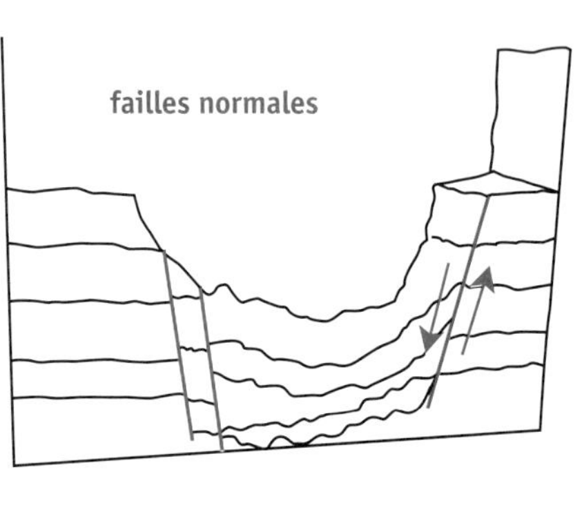

c. Déformations observées après avoir réalisé un mouvement d'extension.

Doc.4 Recherche des contraintes à l'origine des déformations

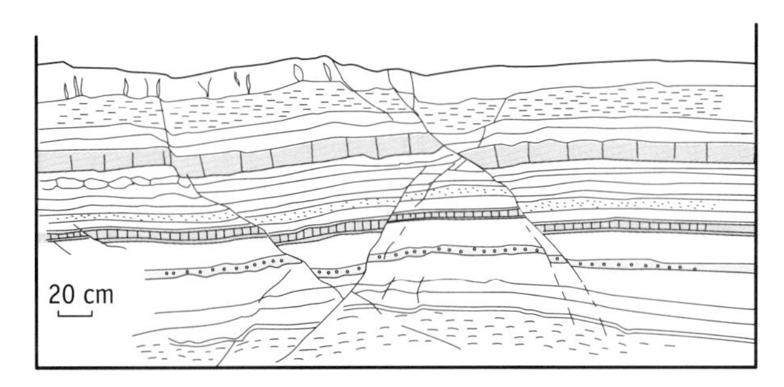

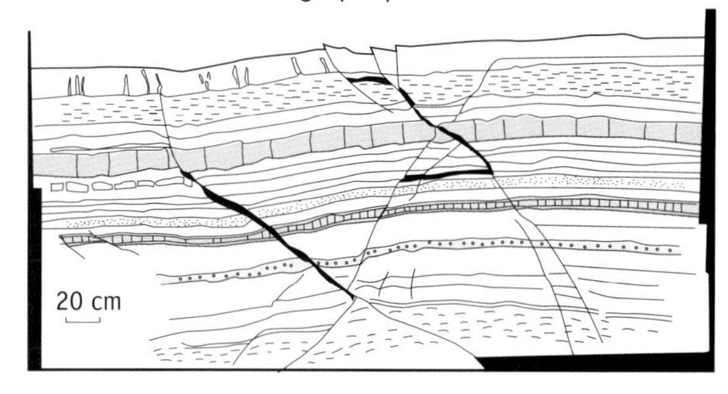

a. Représentation schématique de fractures observées dans des terrains sédimentaires de la côte Basque.

Cherchant à retrouver le type de mouvement ayant généré les déformations observées dans ces terrains sédimentaires, les géologues reconstituent l'état non déformé en découpant le dessin selon le tracé des fractures et en replaçant les blocs découpés dans la position conforme des strates (a).

b. Déformation à l'échelle d'un échantillon de roche.

c. Déformation dans les terrains sédimentaires du Jura.

EXPLOITATION DES DOCUMENTS

2. **Décrire** les structures créées dans le modèle géologique proposé en **Doc. 3**. Le modèle n'étant qu'une représentation du réel, **proposer** une critique des résultats obtenus et **préciser** les limites de son utilisation.
3. Pour déterminer le type de mouvement ayant généré la déformation visible sur l'affleurement en **Doc.4b**, **reproduire** la démarche réalisée en laboratoire par les géologues (**Doc. 4a**) :
– **décalquer** les blocs rocheux limités par les grandes fractures et la limite des strates les plus visibles ;
– **découper** le calque selon les failles et **replacer** les terrains dans leur position initiale.
4. À partir de l'ensemble des documents proposés, **retrouver** les étapes de la démarche utilisée pour **répondre au problème posé** : « Comment les caractères morphologiques et géologiques révèlent-ils des mouvements en extension ? »

ACTIVITÉ

2 Islande : un segment émergé de la dorsale atlantique

L'Islande est un segment de la dorsale médio-atlantique dont l'observation directe permet de rendre compte des conséquences des phénomènes liés à la divergence des plaques.

▶ **Comment s'exprime la divergence des plaques en Islande ?**

VOCABULAIRE

Carte tectonique : carte représentant les déformations produites par mouvements tectoniques.

Fente de tension : faille ouverte.

Graben : zone effondrée.

Doc.1 Géologie de l'Islande

L'Islande est une île constituée à 99 % de roches volcaniques. Le reste des affleurements consiste en dépôts sédimentaires continentaux et marins.
La zone volcanique active, située dans le **graben** médian, dépasse 100 km de large, elle sépare les plateaux basaltiques d'âge tertiaire.
L'âge du matériel volcanique augmente depuis cette partie médiane vers les bordures est et ouest, entre 0 et 30 Ma.
On observe en surface, de nombreuses **fentes de tension**, appelées *gjas* par les islandais et des failles normales à fort rejet vertical.
La direction de ces failles varie de NE-SO à N-S.

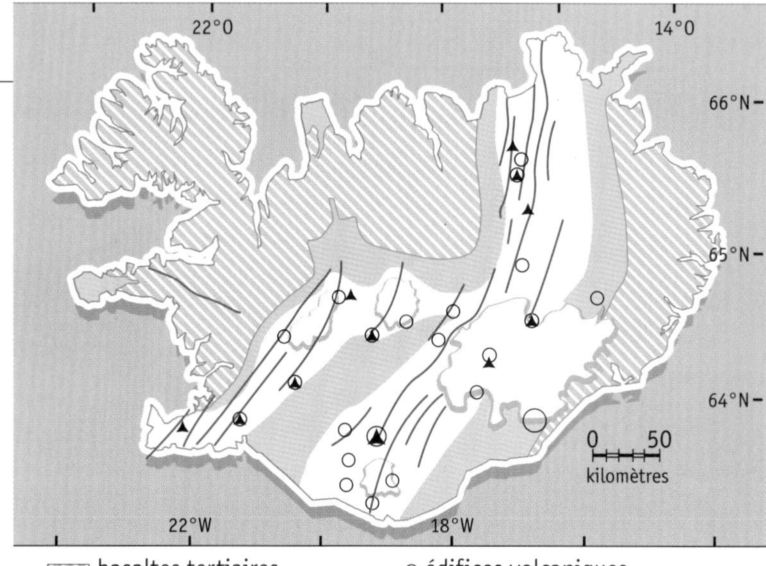

a. Carte géologique simplifiée de l'Islande.

b. Alignements volcaniques à Lakagigar en Islande

c. Jeu de failles normales à rejet vertical à Pinguellir en Islande.

TP Doc.2 Extrait de la carte tectonique de l'Islande

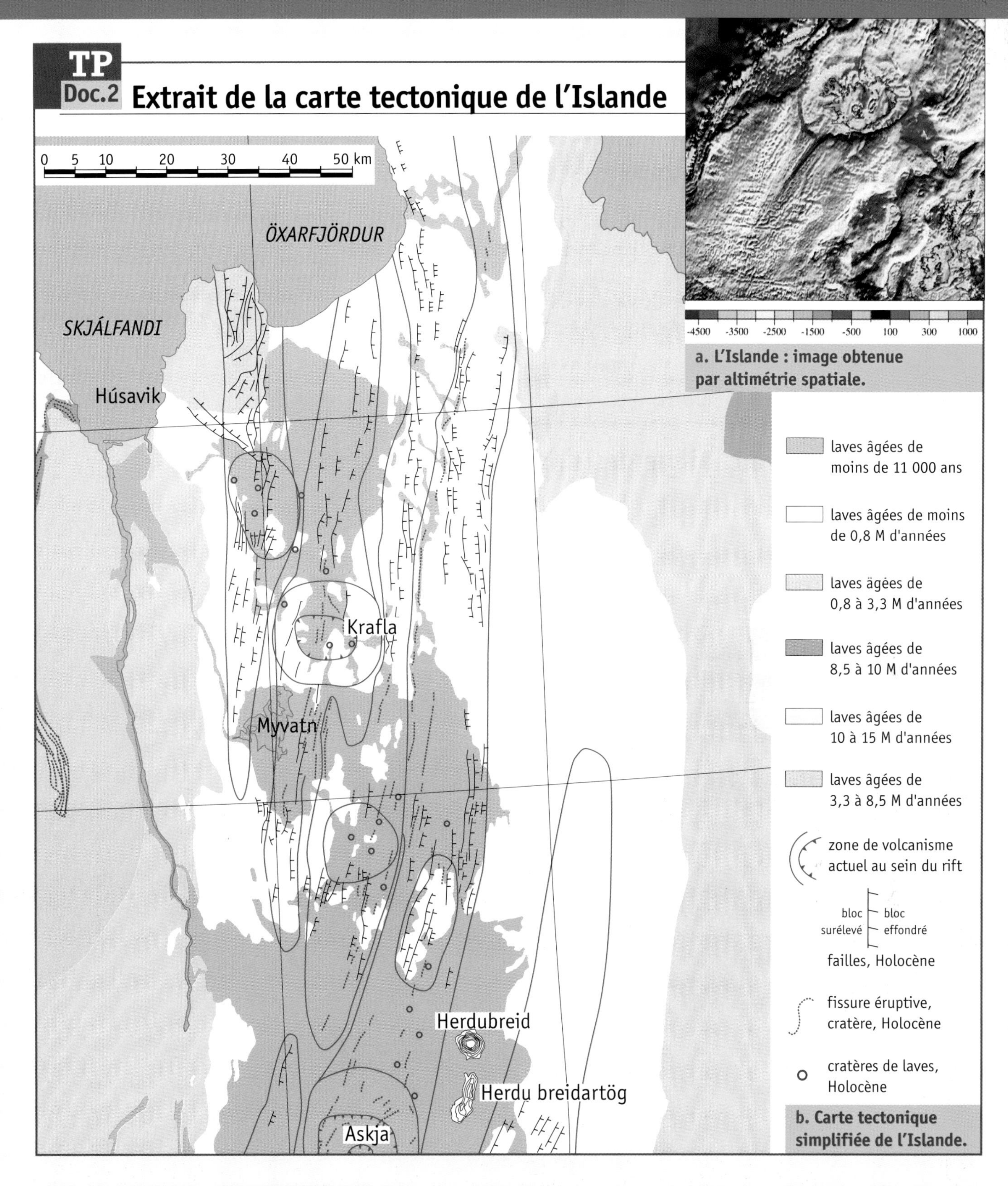

a. L'Islande : image obtenue par altimétrie spatiale.

b. Carte tectonique simplifiée de l'Islande.

EXPLOITATION DES DOCUMENTS

1. **Rechercher** sur la carte (**Doc. 2b**) et sur le **Doc. 1**, les arguments géologiques d'un mouvement de divergence de plaques dans la zone représentée.
Indiquer la direction du mouvement.
2. **Indiquer** comment, à partir de la carte géologique, on peut évaluer la vitesse d'expansion moyenne depuis 0,8 Ma.
Calculer cette vitesse (**Doc. 1a**).
3. **Répondre au problème posé** : « Comment s'exprime la divergence des plaques en Islande ? »

ACTIVITÉ

3 Magmatisme des dorsales : fusion du manteau

De nombreux forages ont montré que la couche supérieure de la croûte océanique est formée d'une couche de basalte de plusieurs centaines de mètres d'épaisseur en moyenne. Cette couche de basalte, mise en place le long de la dorsale océanique, est la manifestation de l'activité magmatique des dorsales.

VOCABULAIRE

Diapir : montée de roches plastiques et de faible densité dans les terrains situés au-dessus (sus-jacents).

Géotherme : représentation de l'évolution de la température en fonction de la profondeur.

Liquidus : sépare le champ de pression et de température compatible avec des roches en fusion partielle du champ de pression et de température compatible avec des matériaux liquides.

▶ **Quelle est la relation entre l'activité magmatique des dorsales et la divergence des plaques ?**

Doc.1 Activité volcanique des dorsales

▶ **Dorsale Atlantique** : le volcanisme y est discontinu. La vallée axiale est parsemée d'édifices volcaniques qui sont alignés ou superposés, formant une ride étroite de 2 à 3 km de large.

▶ **Dorsale Pacifique** : le volcanisme y est plus intense et continu, de type fissural, limité à la zone d'effondrement axiale.

▶ La morphologie des coulées varie en fonction du volume de lave émis :
– dans l'Atlantique, l'émission de basalte en quantité modérée, à 1 200 °C dans de l'eau à 2 °C, se traduit par des **coulées en coussins** (pillows lavas), conséquence d'une différence thermique importante ;
– les émissions fissurales, plus volumineuses, observées au niveau des dorsales rapides (Est-Pacifique à 21 °N) produisent des lacs de lave ou de grandes coulées. Dans ce cas, le choc thermique est moins efficace pour ce gros volume et **la surface de lave est plane.** Il ne se forme pas de pillows lavas.

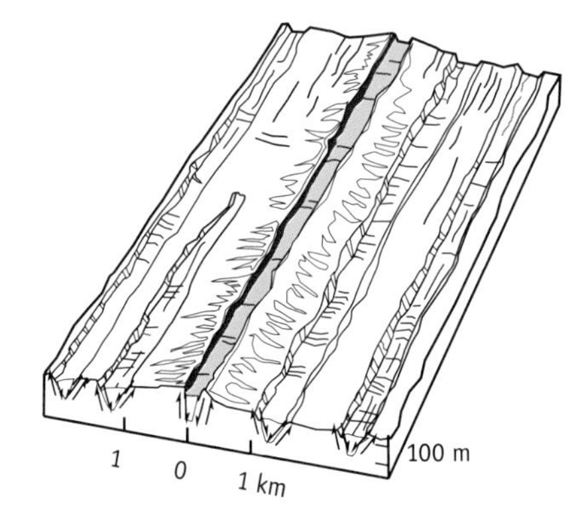

a. Dorsale Est-Pacifique.

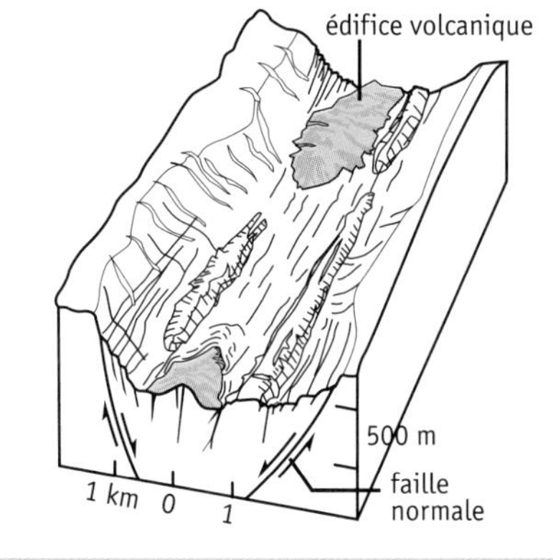

b. Dorsale médio-Atlantique.

c. Pillows lavas.

Doc.2 Origine mantellique des basaltes des dorsales

La température élevée des magmas basaltiques (1 200 °C) indique leur origine profonde, estimée à 75 km environ (en considérant un gradient géothermique moyen de 20 °C/km dans la lithosphère océanique).
La zone de ralentissement de la vitesse de propagation des ondes sismiques, entre 70 et 120 km de profondeur, serait la zone source des magmas basaltiques. Elle correspond au manteau .

Doc.3 Les conditions de la fusion partielle du manteau

▶ Le graphe (a) présente les conditions expérimentales de la fusion des péridotites. Il indique l'état des matériaux, solide, liquide ou partiellement fondu en fonction des conditions de pression et de température qui règnent en profondeur.

Le **solidus** sépare le domaine de pression et de température dans lequel les roches sont à l'état solide, de celui dans lequel les roches sont en fusion partielle.

Les **géothermes** représentent l'évolution de la température en fonction de la profondeur. Cette évolution est différente selon les régions considérées du globe terrestre, continentales ou océaniques.

▶ Ces données graphiques montrent qu'en profondeur les conditions de pression et de température sont telles que les roches sont à l'état solide.
Le géotherme océanique ne recoupe pas le solidus.

▶ Cependant, dans les conditions de pression et de température particulières indiquées par les flèches, les géothermes recoupent le solidus. Ceci indique que dans ces domaines, les roches sont partiellement fondues et donc génèrent des magmas.

▶ Sous les dorsales, dans un contexte de divergence de plaques, le manteau asthénosphérique remonte sous forme de **diapir** (b).

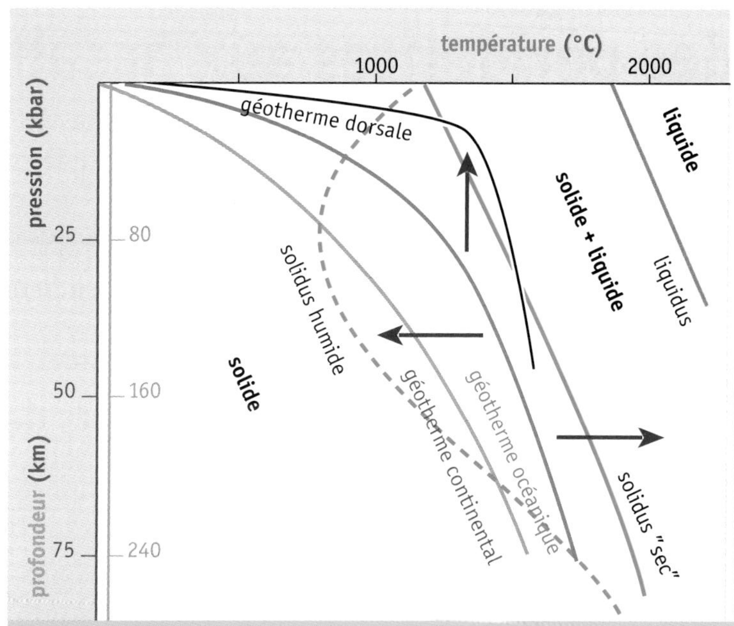

a. Conditions de fusion partielle du manteau.

▶ La péridotite subit alors une décompression qui entraîne un abaissement de son point de fusion. Des études ont montré que dans le manteau, les conditions de température sont telles que la péridotite entre en fusion vers 75 km de profondeur (c).

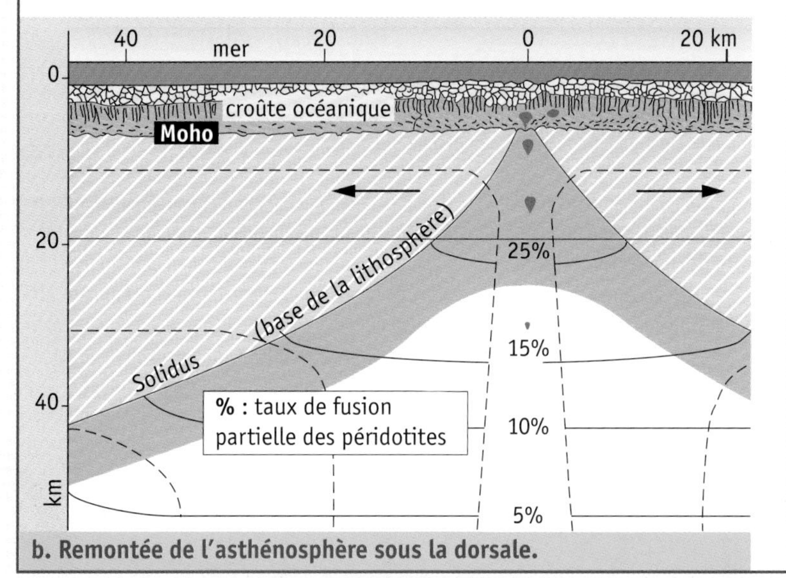

b. Remontée de l'asthénosphère sous la dorsale.

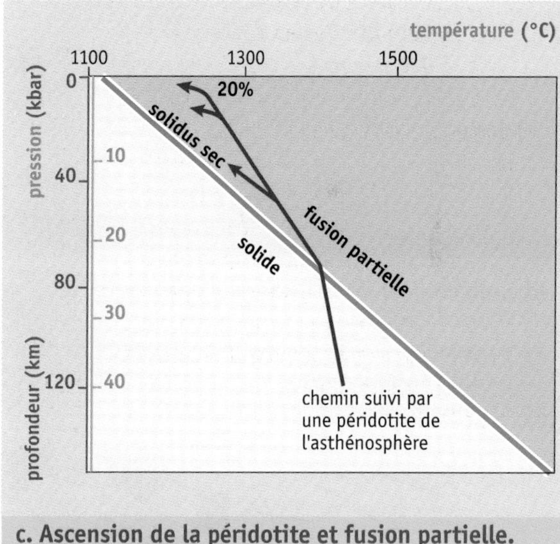

c. Ascension de la péridotite et fusion partielle.

EXPLOITATION DES DOCUMENTS

1. Repérer et **citer** à partir du graphe du **Doc. 3a**, les diverses conditions physico-chimiques de la fusion partielle des roches en profondeur.

2. Décrire l'évolution du géotherme sous la dorsale présentée sur le **Doc.3a**, en recherchant les variations de pression et de température, des zones profondes vers la surface du fond marin. **En déduire** les causes probables de la fusion partielle des roches du manteau au niveau des dorsales.

3. Établir une relation entre les **Doc. 3a**, **3b** et **3c** afin de **répondre au problème posé** : « Quelle est la relation entre l'activité magmatique des dorsales et la divergence des plaques. »

ACTIVITÉ

4 Magmatisme des dorsales : des péridotites aux basaltes

Les basaltes et gabbros qui forment la croûte océanique se mettent en place au niveau des dorsales par fusion partielle des péridotites du manteau formant l'asthénosphère. Or des études ont montré (chapitre 1) que croûte et manteau n'ont pas la même composition chimique.

► **Comment les roches du manteau se différencient-elles en basaltes et gabbros, roches de la croûte océanique ?**

VOCABULAIRE

Magma primaire : magma formé par fusion partielle des péridotites.

Surface-réflecteur : surface de continuité réfléchissant les ondes sismiques.

Cristallisation : formation de cristaux.

Doc.1 La différenciation débute lors de la fusion partielle du manteau

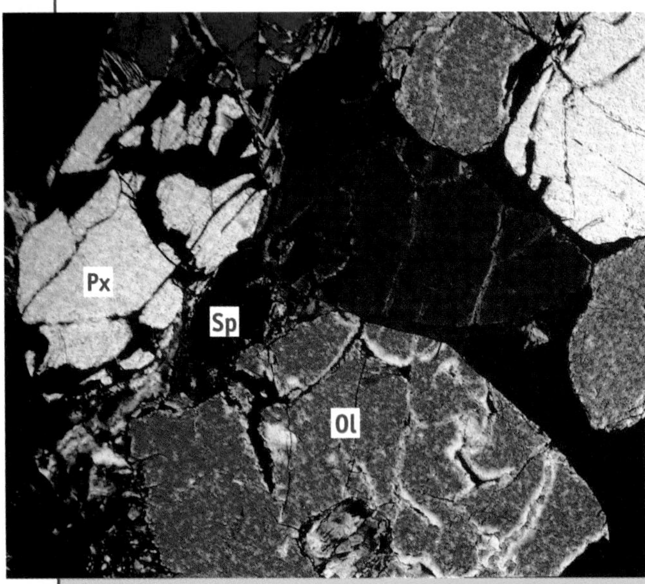

a. Lame mince d'une péridotite du manteau asthénosphérique.

Ol – olivine (70 %) : silicate de Mg et de Fe, dit ferro-magnésien
Px – pyroxène (25 %) : silicate de Mg et de Fe pouvant contenir Ca, Na
Sp – spinelle : oxyde (MgFe) Al_2O_3

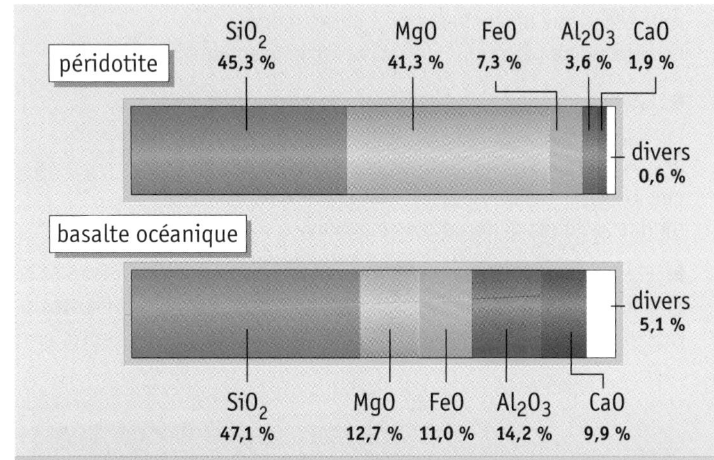

b. Compositions chimiques comparées du basalte des dorsales et des péridotites du manteau asthénosphérique.

Lorsque la péridotite de l'asthénosphère atteint les conditions de fusion, c'est le spinelle qui fond en premier. Ainsi se produit une différenciation chimique :
– le **magma primaire**, produit de la fusion, s'enrichit en éléments chimiques constituants du spinelle ;
– le résidu solide s'appauvrit en éléments chimiques qui ont migré dans le magma et s'enrichit en éléments chimiques des minéraux qui n'ont pas fondu.

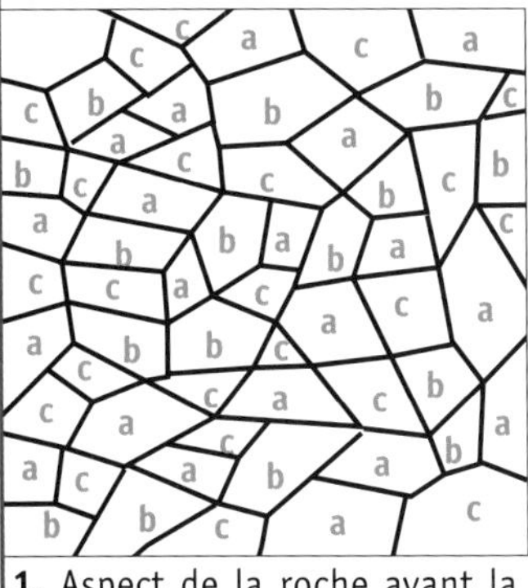

1. Aspect de la roche avant la fusion .

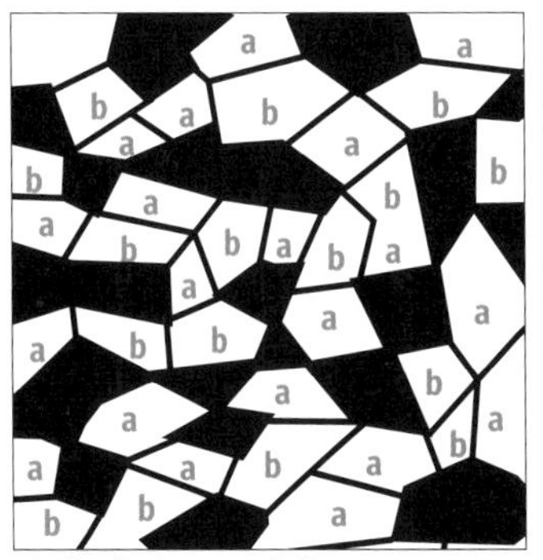

2. La fusion partielle commence. Le liquide est représenté en noir.

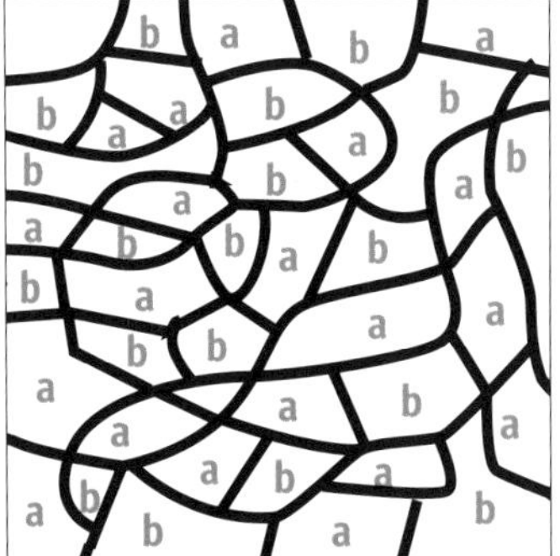

3. Le stade de fusion partielle est plus avancé. Le liquide disparaît du résidu solide.

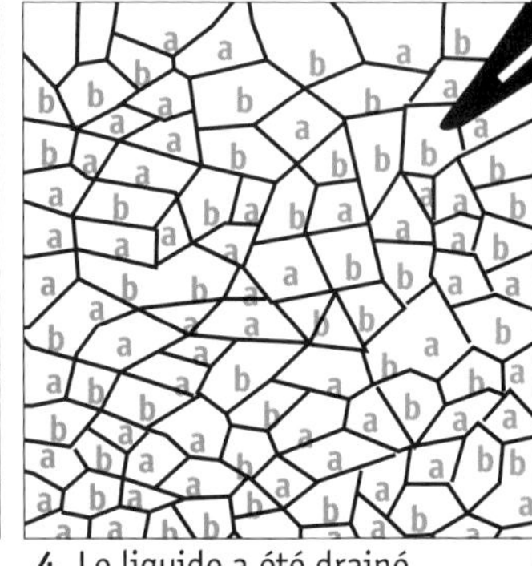

4. Le liquide a été drainé. Le résidu solide ne contient plus que les minéraux a et b. Le résidu solide a recristallisé.

c. Mécanisme de la différenciation chimique produit lors de la fusion partielle.

Doc.2 La différenciation se poursuit par cristallisation fractionnée

▶ **Sous l'axe des dorsales rapides**, les mesures du champ de gravité ont mis en évidence la présence d'une masse de faible densité. Des profils de sismique-réflexion montrent une interruption des **surfaces-réflecteurs**, dont la discontinuité de Moho. Ces données témoignent de l'existence, sous l'axe de ces dorsales, d'une chambre magmatique, cavité contenant une bouillie cristalline (liquide et cristaux).
Sous les dorsales lentes, les données n'indiquent pas la présence de chambres magmatiques permanentes mais de remontées magmatiques plus localisées.

▶ Dans la **chambre magmatique**, est collecté le liquide produit par fusion partielle de l'asthénosphère.
Réservoir intermédiaire entre le manteau et la surface, c'est un lieu de stagnation du magma et de sa **différenciation progressive** en liquide de composition basaltique : les premiers minéraux à se former sont ceux qui **cristallisent** à haute température, les plus denses, dont l'olivine. Le liquide résiduel, de composition basaltique, devient de plus en plus riche en silice. Plus denses que le magma, les premiers cristaux formés se déposent sur le fond formant des cumulats. Les **laves basaltiques** atteignent la surface des fonds océaniques en fracturant périodiquement le toit de la chambre comme en témoignent les filons situés sous la couche de basaltes.
Les **gabbros massifs** cristallisent en profondeur contre les parois de la chambre, constituant la seconde couche de la croûte océanique.

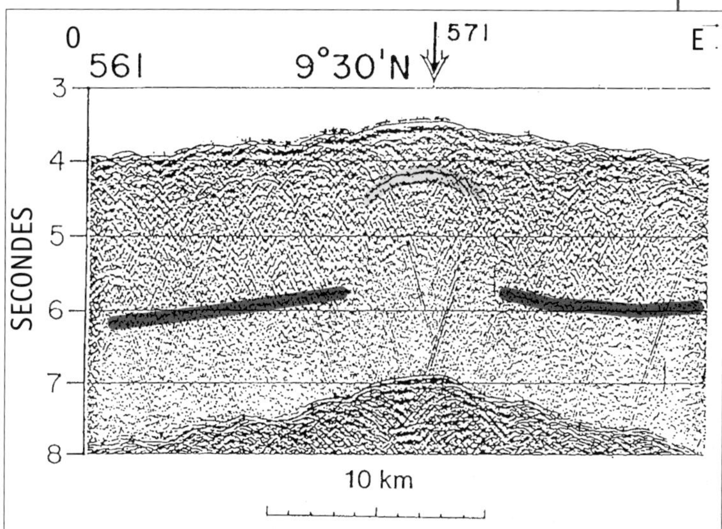

a. Profil sismique révélant la chambre magmatique (jaune : toit de la chambre magmatique ; rose : Moho).

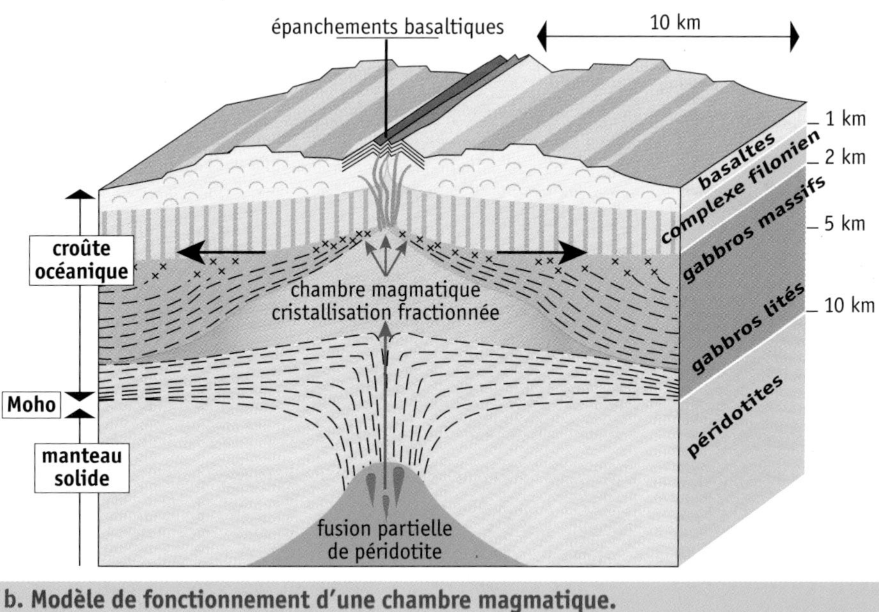

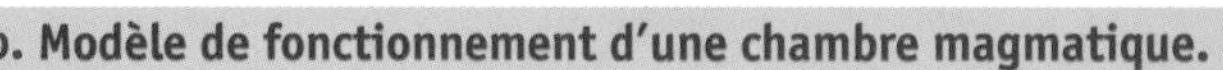
b. Modèle de fonctionnement d'une chambre magmatique.

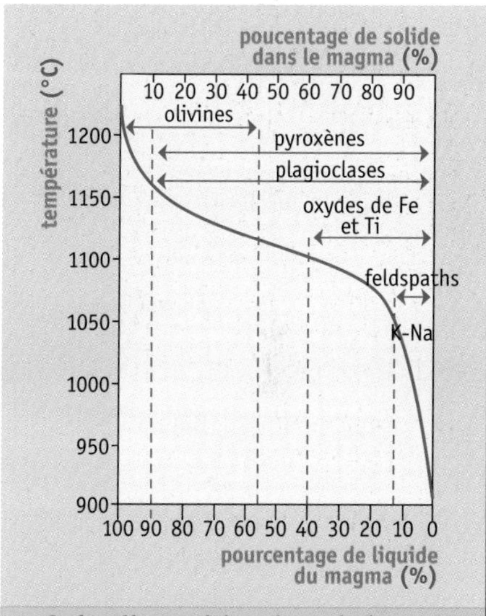

c. Ordre d'apparition des minéraux lors de la cristallisation d'un magma.

Doc.3 Les étapes de la différenciation du manteau en croûte océanique

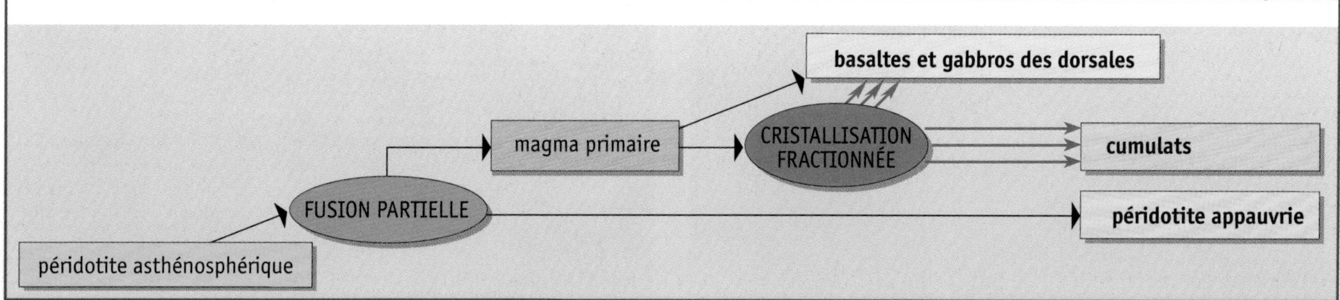

4 (suite) Magmatisme des dorsales : basaltes et gabbros

► **Comment les roches du manteau se différencient-elles en basaltes et gabbros, roches de la croûte océanique ?**

VOCABULAIRE

Microlithes : petits cristaux en forme de baguette allongée qui ne sont visibles qu'au microscope.

Doc.4 Cristallisation des minéraux : un modèle analogique

La cristallisation consiste en la formation de cristaux selon diverses modalités dont la solidification lente d'un liquide ayant la composition chimique d'un ou plusieurs minéraux.
Les roches constituant la croûte océanique, basaltes et gabbros, sont des roches magmatiques formées par refroidissement plus ou moins rapide d'un magma, bain silicaté fondu.
Pour comprendre comment cristallisent les minéraux au cours du refroidissement du magma, une expérience analogique peut être réalisée en utilisant de la vanilline, substance extraite de la vanille.

PROTOCOLE

1. Déposer une pincée de vanilline sur une lame de verre pour préparation microscopique.

2. Faire fondre avec précaution en maintenant quelques secondes au-dessus d'une source de chaleur (température de fusion 72 °C environ) et laisser refroidir.

3. Recouvrir d'une lamelle.

4. La cristallisation est plus ou moins rapide dans les conditions précisées sous chaque photographie.

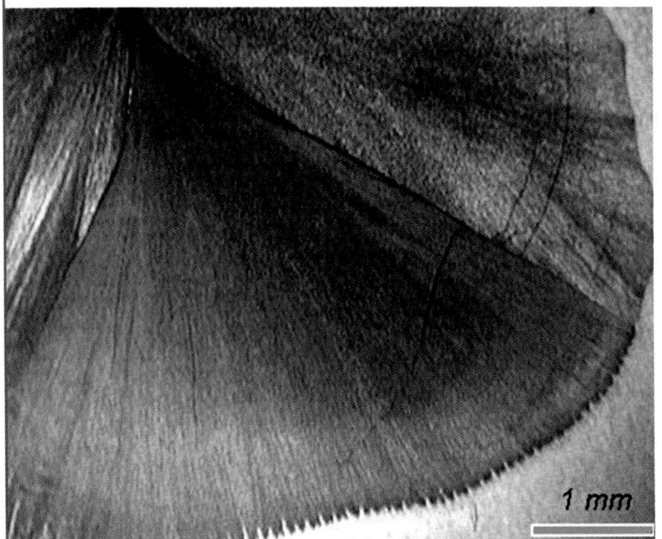

a. Refroidissement de la lame dans un bain marie à 50 °C.

c. Refroidissement de la lame à l'air libre.

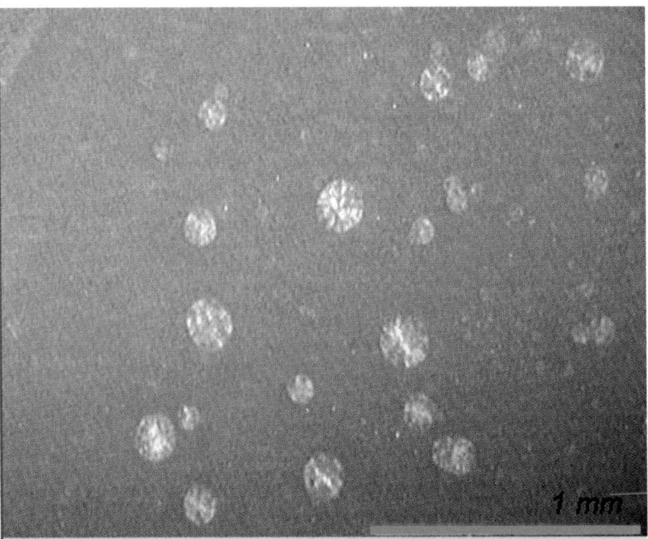

b. Refroidissement de la lame posée sur la glace.

d. Refroidissement de la lame posée sur la paillasse.

Doc.5 Structure des basaltes et des gabbros

► On appelle structure d'une roche, la disposition relative et la taille des minéraux qui la constituent.

► Les **basaltes** ont une structure **microlithique** : l'observation microscopique montre de gros cristaux d'olivine, de pyroxène de feldspaths plagioclases et de petits cristaux qui se présentent sous forme de baguettes allongées, les microlithes. Ces cristaux sont figés dans une pâte vitreuse.
Les basaltes cristallisent à la surface des fonds océaniques, vers 4 °C.

► Les **gabbros** ont une structure grenue. Leurs minéraux, olivine, pyroxène et feldspaths plagioclases ont des tailles variables mais toujours visibles à l'œil nu ; ils sont étroitement imbriqués les uns dans les autres. La roche est entièrement cristallisée.
Les gabbros cristallisent à l'abri du toit de la chambre magmatique à partir de 1 000° C.

a. Basalte observé au microscope (× 100).

b. Gabbro observé au microscope (× 100).

EXPLOITATION DES DOCUMENTS

1. **Faire ressortir**, à partir du **Doc. 1b**, les différences essentielles entre la composition chimique de la péridotite et celle du basalte des dorsales.
2. a. **Rechercher**, à partir du **Doc. 1a**, comment la composition chimique du magma primaire a pu varier par rapport à celle des péridotites dont il est issu.
b. **Indiquer** les variations essentielles entre la composition des péridotites et celle du magma primaire (**Doc. 1c**).
c. **Justifier** le terme de manteau « appauvri » pour qualifier les péridotites dont est issu ce magma.
3. **Rechercher**, à partir des **Doc. 2b** et **2c**, comment le magma primaire alimentant la chambre magmatique s'est différencié en magma basaltique.
4. **Mettre** en relation le fonctionnement de la chambre magmatique et les résultats expérimentaux figurant sur le **Doc. 4** pour **expliquer** la structure des basaltes et des gabbros.
5. **Utiliser** les **Doc. 4** et **5** pour **récapituler** les étapes essentielles de la différenciation de la matière et **répondre au problème posé** en introduction : « Comment les roches du manteau se différencient-elles en basaltes et gabbros, roches de la croûte océanique ? »

ACTIVITÉ 5 Évolution de la lithosphère océanique

Au niveau de la dorsale, de la matière à haute température est intégrée en permanence à la limite des deux plaques océaniques divergentes. Dans cette zone, l'isotherme 1 200 °C, limite thermique inférieure de la lithosphère, est peu profond et la lithosphère n'est épaisse que de quelques kilomètres.

▶ **Comment la lithosphère océanique évolue-t-elle en s'éloignant de la dorsale ?**

VOCABULAIRE

Évent : orifice.

Percolation : passage lent d'un fluide à travers une couche de substance solide pour en extraire les constituants solubles.

Subsidence : enfoncement progressif du fond d'un bassin.

Doc.1 Formation de la lithosphère

▶ Le flux de chaleur important au niveau des dorsales entretient localement une température moyenne élevée de la lithosphère océanique.

▶ En fonction de la distance à la dorsale, donc de l'âge de la lithosphère océanique, la température et le flux diminuent.

▶ En se refroidissant, la densité de la lithosphère océanique augmente et elle s'épaissit par le bas (approfondissement de l'isotherme 1 200 °C). La lithosphère tend alors à s'**enfoncer** spontanément. En conséquence, le plancher océanique s'approfondit.

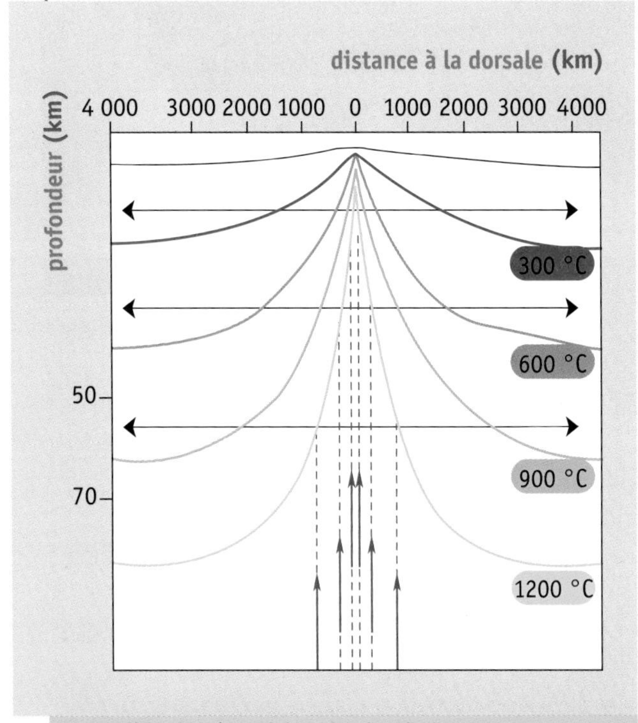

a. Modèle de répartition des isothermes dans des plaques épaisses de 100 km et s'écartant à la vitesse de 10 cm/an.

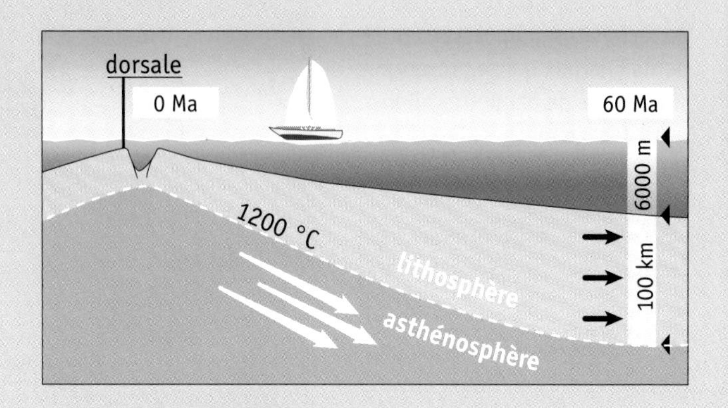

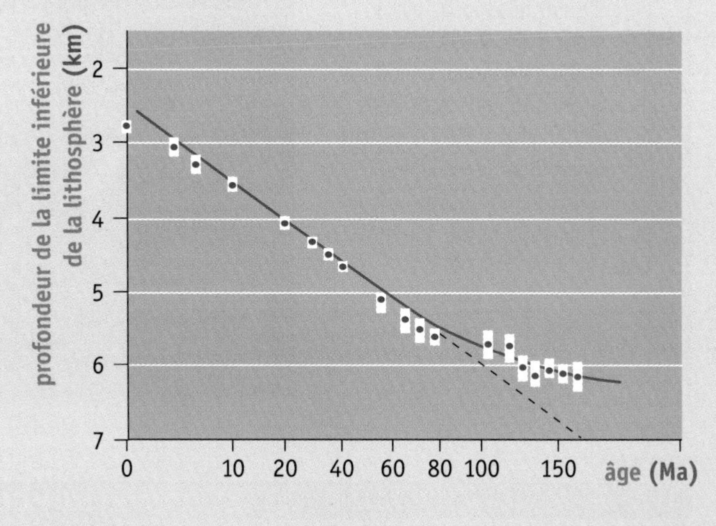

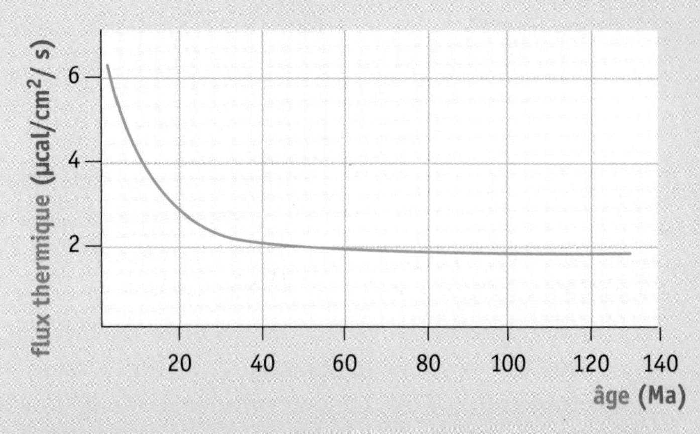

b. Variation de différents facteurs en fonction de l'âge de la lithosphère océanique.

Doc.2 Circulation des fluides dans la lithosphère

► Les fumeurs noirs, observés près de l'axe des dorsales rapides, sont de grandes cheminées desquelles sort un fluide noirâtre riche en sulfures. Ce sont des sites de **réactions chimiques** résultant d'échanges entre l'eau de mer et les roches de la croûte océanique.

► L'eau de mer des fonds océaniques, froide (2 à 5 °C) et sous pression, pénètre dans les basaltes qui se sont intensément fissurés lors du refroidissement de la lave. **Percolant** la roche en profondeur, elle se réchauffe, se transforme en vapeur et ressort à l'interface croûte-océan au niveau des **évents** à des températures élevées (supérieures à 350 °C). Au cours de son trajet, de nombreux échanges chimiques se produisent entre l'eau et la roche.

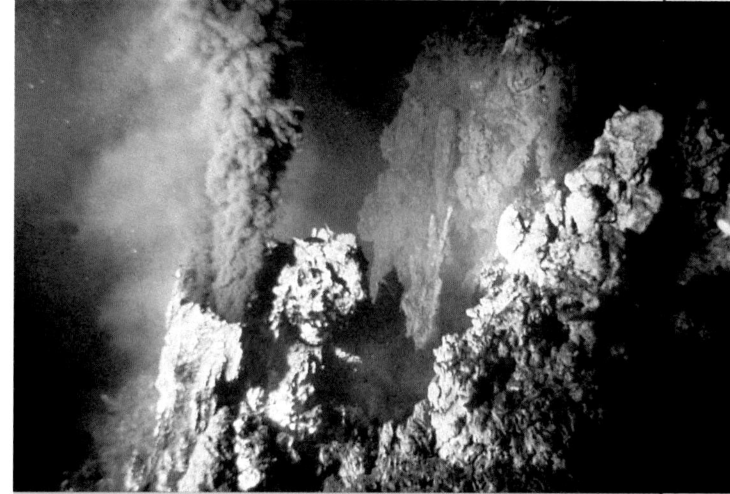

a. Fumeurs noirs.

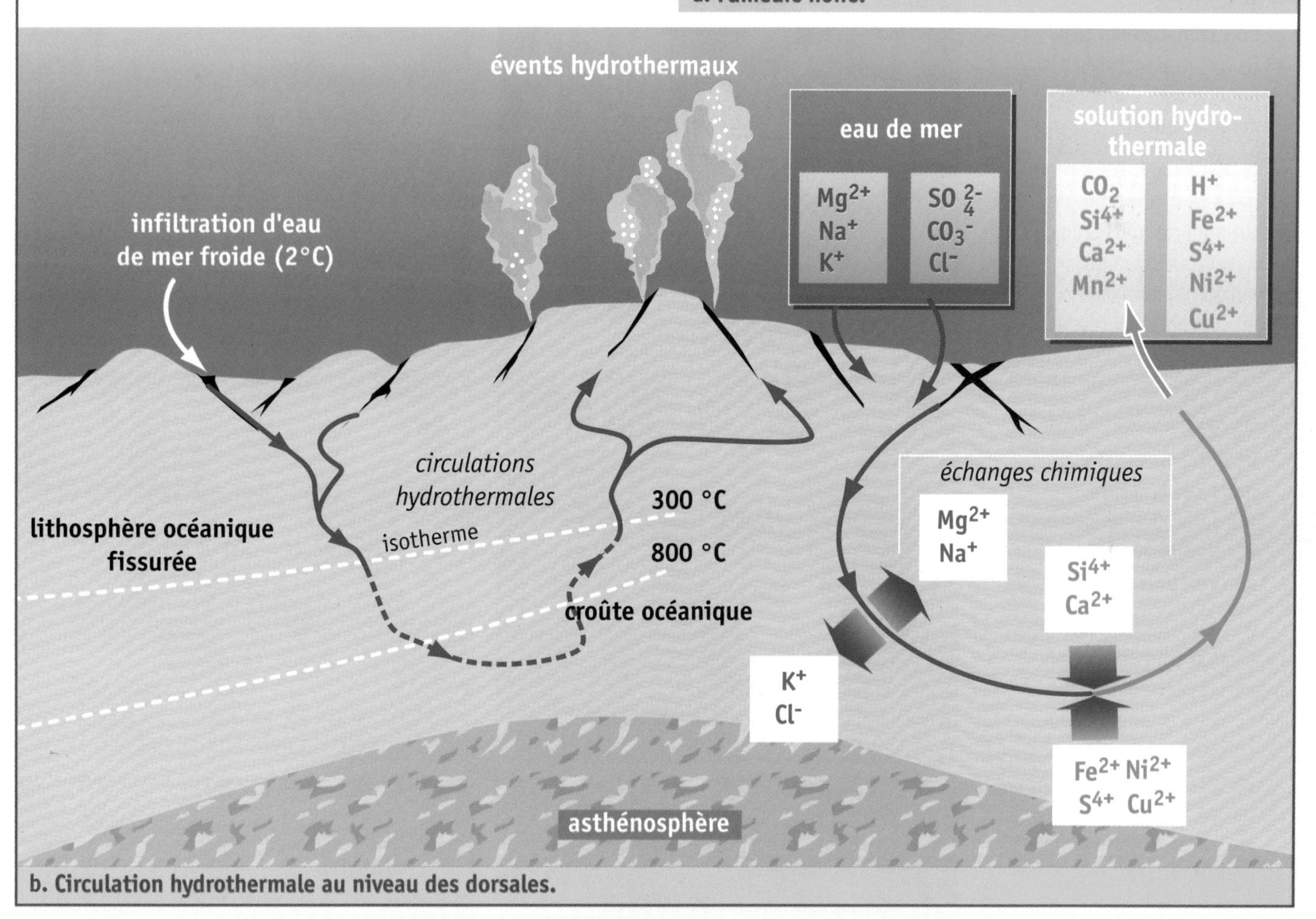

b. Circulation hydrothermale au niveau des dorsales.

EXPLOITATION DES DOCUMENTS

1. a. Établir une relation entre la variation du flux thermique de la lithosphère océanique et les modifications physiques qu'elle subit en s'éloignant de l'axe de la dorsale (**Doc. 1**).

b. Justifier le terme de **subsidence** thermique utilisé pour décrire l'évolution de la lithosphère océanique.

2. Identifier les principaux échanges chimiques réalisés entre l'eau de mer et les roches de la croûte océanique (**Doc. 2**).

3. Répondre au problème posé : « Comment la lithosphère océanique évolue-t-elle en s'éloignant de la dorsale ? »

ACTIVITÉ

6 Déformation et hydratation de la lithosphère océanique

Les roches formées au niveau des dorsales océaniques actives sont soumises, après leur cristallisation, à un flux thermique élevé, à la circulation des fluides dans la lithosphère océanique faillée et disloquée par une déformation en extension. Ces nouvelles conditions transforment les roches dans leur chimie, leur minéralogie et quelques fois dans leur structure.

VOCABULAIRE

Amphibole : minéral vert sombre, qui cristallise lorsque la roche originelle était riche en calcium et magnésium.

Contrainte tectonique : ensemble des forces tendant à déformer des matériaux.

Roche foliée : tous les minéraux sont réorientés selon les plans de clivage (plan d'aplatissement préférentiel de la roche).

► **Comment ces transformations se manifestent-elles dans les roches de la lithosphère océanique ?**

Doc.1 Transformations des roches de la lithosphère océanique

► **Gabbros non transformés** (a).
Ils ont la structure et la minéralogie d'une roche magmatique.

► **Gabbros transformés dans leur minéralogie.**
Un minéral nouveau se développe en couronne autour du pyroxène, au contact du feldspath plagioclase.
C'est un amphibole, minéral hydraté (b et d).

► **Gabbro transformé dans sa structure.**
Il a subi un aplatissement et un étirement souple : déformation plastique (c).

► **La serpentinisation.**
C'est la transformation, en présence d'eau, de l'olivine et du pyroxène, en serpentine, minéral verdâtre et très hydraté. Les péridotites (e) sont ainsi transformées en serpentinites (f).

Px : pyroxène
F : feldspath
A : amphibole

a. Gabbro : roche magmatique.

b. Gabbro transformé dans sa minéralogie.

c. Gabbro folié.

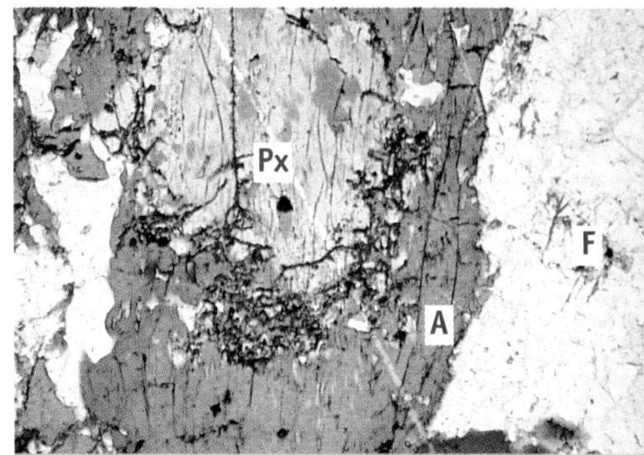

d. Lame mince de gabbro avec auréole d'amphibole (× 50)

e. Péridotite.

f. Échantillon de serpentine.

Doc.2 Domaine de déformation des roches de la lithosphère océanique

Ce diagramme permet de localiser, dans un champ de **pression** et de **température**, le domaine de cristallisation du magma basaltique (1) et les domaines de stabilité de certains minéraux dont ceux qui se forment dans les roches de la lithosphère océanique en cours de refroidissement (2).

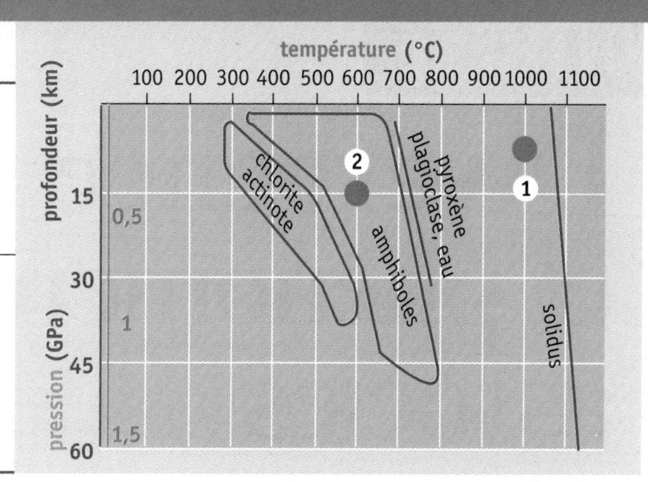

Doc.3 Circulation des fluides

Dans la zone axiale de la dorsale, le réseau de failles normales permet la pénétration des fluides froids dans les zones chaudes des gabbros (600 à 700 °C) représentées en bleu (**a** et **b**).

► En s'éloignant de la dorsale, les roches de la croûte océanique se refroidissent et s'hydratent, et en conséquence leur minéralogie évolue. Il s'agit d'un métamorphisme lié à la circulation de fluides hydrothermaux sous des conditions de basse pression et à température décroissante au cours du temps.

► Les transformations que subissent les roches varient en fonction de leur profondeur, du gradient géothermique, de la nature des fluides qui circulent et de la déformation associée à la tectonique extensive.

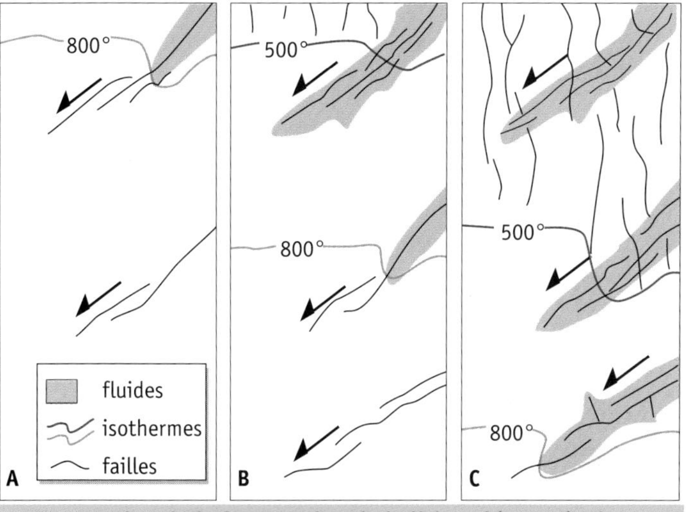

a. Progression de la fracturation de la lithosphère océanique et de son état thermique en s'éloignant de la dorsale.

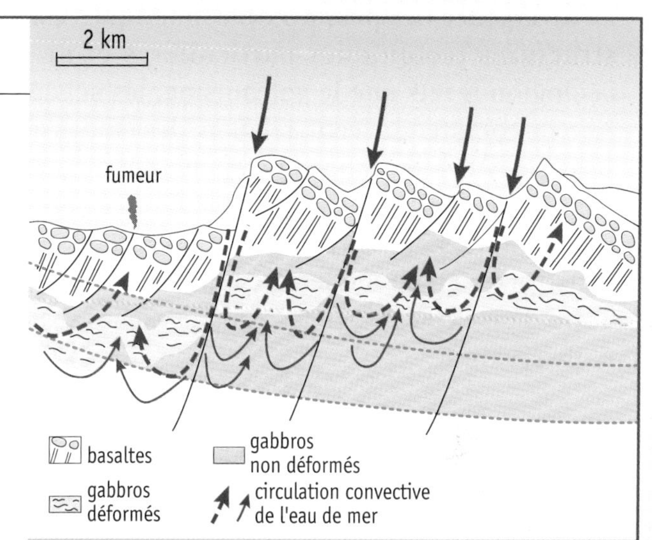

b. Circulation convective de l'eau de mer.

► Certains gabbros (**Doc. 1a**), localisés dans une zone épargnée par la circulation des fluides et les contraintes tectoniques, ne sont ni hydratés ni déformés. Ils conservent la structure et la minéralogie d'une roche magmatique.

► Lorsqu'ils sont affectés par la circulation de fluides (à 600 et 900 °C), ils subissent des recristallisations. Dans ce cas, la réaction est **incomplète**, limitée à l'interface entre les pyroxènes et les feldspaths plagioclases.

► Lorsqu'ils sont localisés dans des zones d'extension très actives, ils se déforment, acquièrent une structure foliée. Dans ces zones déformées, la circulation des fluides est facilitée, les réactions minéralogiques sont plus **complètes**.

EXPLOITATION DES DOCUMENTS

1. **Décrire** les transformations subies par les gabbros et les péridotites lors de l'hydratation de la lithosphère (**Doc. 1**).
2. **Indiquer** comment progressent les déformations de la lithosphère océanique au cours de son refroidissement (**Doc. 3**). **Utiliser** le **Doc. 2** pour justifier l'existence de roches transformées (gabbros et péridotites) à proximité des dorsales, dans cette zone de divergence de plaques.
3. **Établir** une relation entre les transformations des roches et l'état de la lithosphère océanique à proximité de la dorsale, afin de **répondre au problème posé** : « Comment ces transformations se manifestent-elles dans les roches de la lithosphère océanique ? »

SYNTHÈSE

Divergence des plaques et phénomènes géologiques associés

La divergence des plaques lithosphériques est à l'origine de structures tectoniques particulières et de phénomènes géologiques tels que le volcanisme, les séismes.
Afin de comprendre cette relation, des études expérimentales sont réalisées en laboratoire, cherchant à reproduire les conditions naturelles qui ont généré ces structures et ces phénomènes. La synthèse des travaux consiste en la construction d'un modèle de fonctionnement possible de la Terre dans l'état actuel des connaissances et des techniques d'observation.

LES MOTS À CONNAÎTRE

Diapir : montée de roches plastiques et de faible densité dans les terrains situés au-dessus (sus-jacents)

Faille normale : cassure résultant d'une extension horizontale et caractérisée par l'ouverture d'un hiatus entre les compartiments initialement contigus d'une même tranche de couches.

Magma primaire : magma formé par fusion partielle des péridotites.

Microlithes : petits cristaux en forme de baguette allongée qui ne sont visibles qu'au microscope.

I Les dorsales océaniques nées d'une tectonique en extension

Les dorsales sont des reliefs océaniques dont la crête culmine aux environs de 2 500 m. Leur morphologie est révélée par des observations directes (sous-marines), des mesures par satellites, des sondages acoustiques et par l'imagerie sismique.

Situées à la **frontière de plaques divergentes**, la morphologie et la tectonique qui les caractérisent témoignent de leur édification dans un **contexte d'extension**.

Toutes les dorsales ont en commun une activité tectonique, localisée à proximité de l'axe. Elle se manifeste par la présence de **fissures ouvertes** (de 10 cm à 10 m de large), de **failles normales** qui délimitent horsts et grabens et forment des escarpements dont le rejet vertical varie de 1 à 200 m. De nombreux séismes sont enregistrés à proximité de l'axe. Ils sont liés aux fractures observées. Les dorsales sont également le siège d'une **activité volcanique intense**.

Les **dorsales lentes**, de type Atlantique, ont une large vallée axiale très fracturée. Leur activité volcanique génère des édifices individualisés.

Les **dorsales rapides**, de type Pacifique, ne montrent pas de large fossé fracturé mais une forme en dôme dans l'axe duquel se produit un volcanisme permanent, de type fissural, formant de **grandes coulées** et **lacs de laves**.

Les dorsales lentes sont dites « froides », car la source de chaleur est plus profonde que dans les dorsales rapides. Elles ont une activité magmatique plus modérée et un comportement plus cassant que les dorsales rapides.

La morphologie différenciée des dorsales est liée à la **variation du flux thermique** qui les anime.

II Magmatisme des dorsales

Les dorsales sont le siège d'une intense activité volcanique qui forme la croûte océanique s'édifiant au rythme de 3 km^3 par an.

Le magma, qui se met en place au niveau des dorsales, est de nature basaltique. Par refroidissement, il donne naissance à des **basaltes** lorsqu'il atteint la surface et à des **gabbros**, de même composition chimique, lorsqu'il cristallise en profondeur. Il est produit par fusion partielle des **péridotites** du manteau, en profondeur.

Les observations actuelles suggèrent qu'il existe une **remontée de l'asthénosphère** à l'aplomb de l'axe des dorsales. Cette ascension crée une décompression sans perte de chaleur. C'est une des conditions nécessaires à la **fusion partielle du manteau** asthénosphérique.

Les roches de la croûte océanique, basaltes et gabbros, ont une composition chimique différente des péridotites asthénosphériques dont elles sont issues. Les basaltes contiennent plus de Al, Ca, Na, Fe et moins de Mg que les péridotites. Une différenciation chimique s'est produite. On peut sommairement l'expliquer d'après des résultats expérimentaux.

- Lors de la **fusion partielle** des péridotites, les minéraux alumineux fondent en premier. Ils enrichissent le **magma primaire** en aluminium, en appauvrissent la roche résiduelle du manteau.

La composition chimique du magma primaire produit dépend du taux de fusion des péridotites. Il est estimé à environ 20 % sous les dorsales.

- Lors de la **cristallisation fractionnée** dans la chambre magmatique, l'olivine, minéral riche en Mg cristallise en premier, appauvrissant le magma en Mg.

Il reste, dans le manteau de l'asthénosphère après fusion partielle des péridotites, une péridotite appauvrie en éléments chimiques qui ont migré dans le magma.

L'existence de **chambres magmatiques** a été révélée sous les dorsales rapides par la sismique réflexion. Ces mêmes études n'ont pas prouvé leur présence sous les dorsales lentes.

III Évolution de la lithosphère océanique

À l'aplomb de l'axe des dorsales, la lithosphère est mince (quelques km) et chaude (1 000 °C). Lorsqu'elle s'éloigne de la dorsale, sous l'effet de la divergence des plaques, elle se refroidit par **conduction thermique** et **circulation hydrothermale** et s'épaissit jusqu'à atteindre une centaine de mètres. De plus en plus dense et épaisse, elle provoque l'abaissement des fonds océaniques. On parle de **subsidence thermique**.

IV Déformation et hydratation de la lithosphère océanique

Au niveau des dorsales, la **croûte océanique**, fracturée par l'extension et soumise à des variations importantes de température, est **infiltrée par l'eau de mer** jusqu'à des profondeurs pouvant atteindre 6 km. Cette eau, portée à haute température au contact de la roche, passe à l'état de vapeur et remonte à l'interface croûte-océan. Au cours de son trajet, des échanges ioniques se produisent entre l'eau et la roche. Ils sont à l'origine des fluides hydrothermaux qui s'échappent des **fumeurs noirs** et des transformations de la roche en profondeur.

L'eau de mer initialement pauvre en métaux contenant essentiellement Na, Mg, C1, K, SO_4, et HCO_3 s'enrichit en ions échangés avec la roche, dont Si, S et les métaux Fe, Cu, Zn, Mn. À l'interface croûte-océan, dans de nouvelles conditions de température et de pression, ces composés réagissent avec l'eau de mer et précipitent, formant les cheminées de fumeurs noirs, constructions de sulfure de fer, de cuivre et de zinc.
La roche est modifiée dans sa minéralogie et parfois dans sa structure.

Des **recristallisations** et des **minéraux hydratés** stables dans ces nouvelles conditions de haute température et basse pression, en présence d'eau, remplacent partiellement les minéraux magmatiques.

L'essentiel

- La morphologie, l'activité sismique et les failles normales qui structurent les dorsales océaniques indiquent que s'y produisent des mouvements en extension.
- Le magmatisme des dorsales est à l'origine de la nature de la croûte océanique. Le magma est issu de la fusion partielle du manteau de l'asthénosphère, induite en profondeur par une décompression sans baisse de température. Ces conditions sont réunies lorsque, sous l'effet de l'extension, le manteau asthénosphèrique remonte vers 75 km de profondeur, dans l'axe de la dorsale, sous forme d'un **diapir**.
- Les roches de la croûte océanique n'ont pas la même composition que celles du manteau dont elles sont issues. La différenciation se produit au cours de la fusion partielle et lors de la cristallisation fractionnée dans la chambre magmatique.
- La lithosphère océanique, formée au niveau des dorsales, se refroidit, s'hydrate et s'épaissit en s'en éloignant.
- Les mouvements d'extension, les variations thermiques importantes à proximité de l'axe de la dorsale et les infiltrations des fluides font que les roches de la lithosphère océanique sont transformées dans leur minéralogie et leur structure.

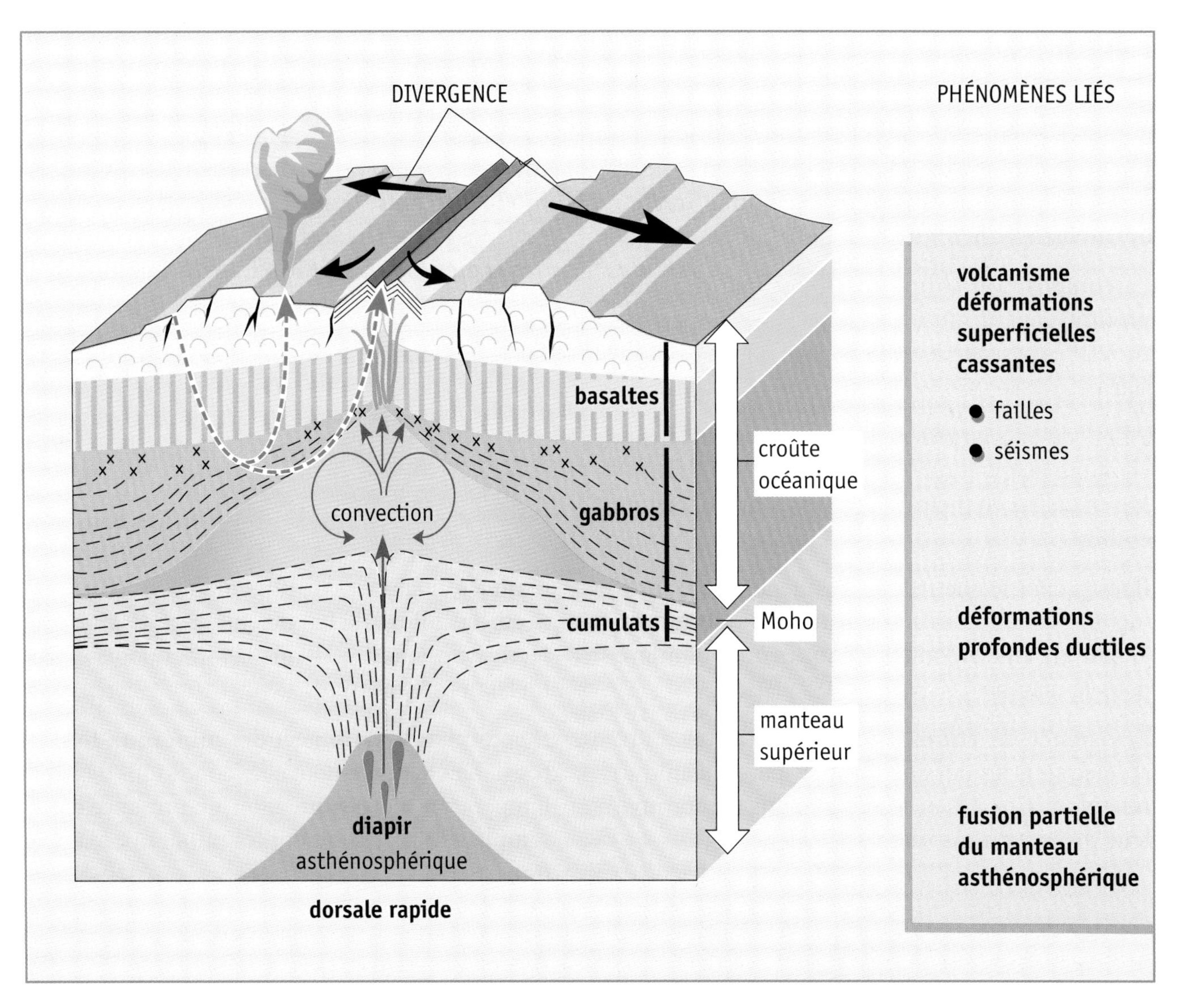

VÉRIFIER SES CONNAISSANCES

EXERCICE 1 **Définir en une phrase claire les mots ou expressions suivants.**

- faille normale
- gabbro folié
- transformation ductile
- fusion partielle
- cristallisation fractionnée
- chambre magmatique
- manteau appauvri

EXERCICE 2 **Reconstituer une phrase scientifiquement correcte à partir des propositions suivantes.**

1. La divergence des plaques...
a. se manifeste exclusivement au niveau des dorsales.
b. déforme les plaques lithosphériques à leurs frontières.
c. est à l'origine de déformations cassantes en surface et en profondeur.

2. Les dorsales...
a. sont déformées par des failles inverses et des failles transformantes.
b. sont le lieu de formation de la croûte océanique.
c. sont le siège de séismes profonds.
d. ont toutes une activité volcanique intense.

3. Le magmatisme des dorsales...
a. produit des basaltes qui formeront la couche inférieure de la lithoshère océanique
b. est un phénomène lié à la divergence des plaques.
c. est produit par fusion partielle du manteau supérieur.

4. La lithosphère océanique...
a. se transforme en s'éloignant des dorsales.
b. est déformée par la circulation des fluides en profondeur à proximité de l'axe des dorsales.
c. conserve ses caractères physiques après sa formation au niveau des dorsales.

EXERCICE 3 **Restituer ses connaissances en quelques phrases sur un sujet précis, en utilisant obligatoirement un ensemble de mots-clés.**

sujets	mots-clés
a. dorsale lente	failles normales, effondrement axial, pillow lavas
b. magmatisme	fusion partielle, cristallisation fractionnée, roches de la lithosphère océanique
c. hydratation de la lithosphère océanique	circulation des fluides, recristallisation des roches, déformations plastiques

EXERCICE GUIDÉ

Vitesses de propagation des ondes sismiques dans la lithosphère océanique

Énoncé

1. À partir de vos connaissances sur la vitesse de propagation des ondes sismiques, justifier l'écart observé entre les couches superficielles et les couches profondes à 9 km de la dorsale.
2. **Rechercher** la signification de la zone LVZ.
3. À l'intérieur de la zone LVZ, la vitesse de propagation des ondes varie :
– **indiquer** le sens de cette variation ;
– **en déduire** les variations d'état de la matière.
4. **Montrer**, en recensant vos réponses précédentes, comment la technique utilisée a permis de comprendre la formation de la lithosphère océanique au niveau des dorsales.

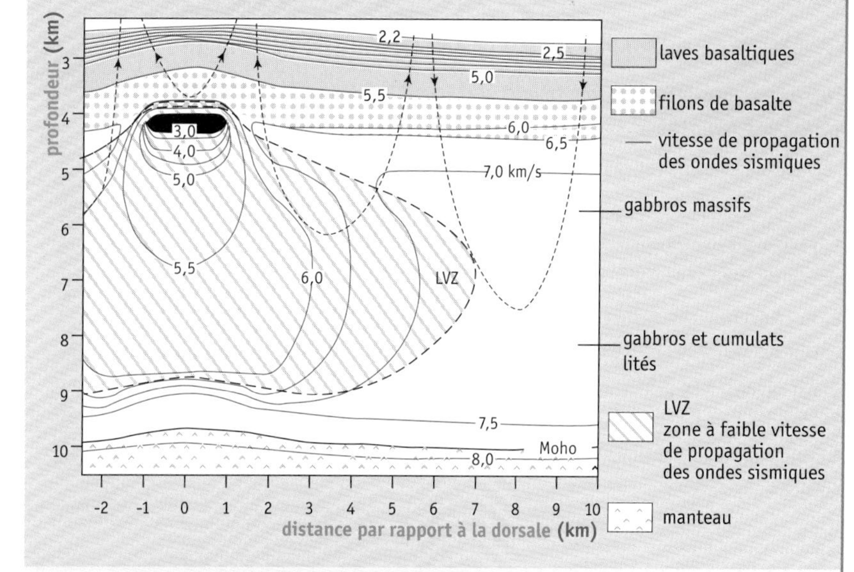

Image sismique de la dorsale Est-Pacifique

Conseils pour la résolution

1, 2, 3. Il s'agit d'établir une relation entre les propriétés des ondes sismiques, leur vitesse de propagation dans le sous-sol, et l'état de la matière constituant la lithosphère océanique.

4. Focaliser l'attention sur la LVZ correspondant à la chambre magmatique. Distinguer les zones où la matière est solide de celles où la matière est sous forme d'une bouillie cristalline et de celle où elle est liquide (magma).
En déduire le fonctionnement de la chambre magmatique qui met en place les différentes roches de la lithosphère océanique.

APPLIQUER SES CONNAISSANCES

EXERCICE 4 Informations fournies par les ophiolites

Saisir des informations et les mettre en relation dans un but explicatif

Les ophiolithes sont des lambeaux de lithosphère océanique charriés sur le continent au cours de la formation des chaînes de montagne. C'est un moyen d'observer directement les roches de la lithosphère océanique.

A. On peut distinguer deux types principaux d'ophiolithes, dont celle d'Oman et celle de Trinity en Californie, en sont les représentants.

1. Rechercher les différences essentielles entre ces deux types présentés dans les colonnes synthétiques du document ci-joint.

2. Proposer une explication de ces différences observées. Pour ce faire, **établir** une relation entre ces deux types d'ophiolithes et l'existence des deux types de dorsales.

B. Les ophiolithes des Alpes comportent des basaltes qui, contrairement aux basaltes continentaux, sont verts car enrichis en minéraux silicatés verts tels que la chlorite ou l'épidote.

1. Dans quel domaine de la lithosphère océanique ont pu se reproduire ces recristallisations ? **Expliquer** le processus impliqué.

2. Des gisements de sulfures sont quelquefois associés aux ophiolithes.
Expliquer comment ils ont pu se former.

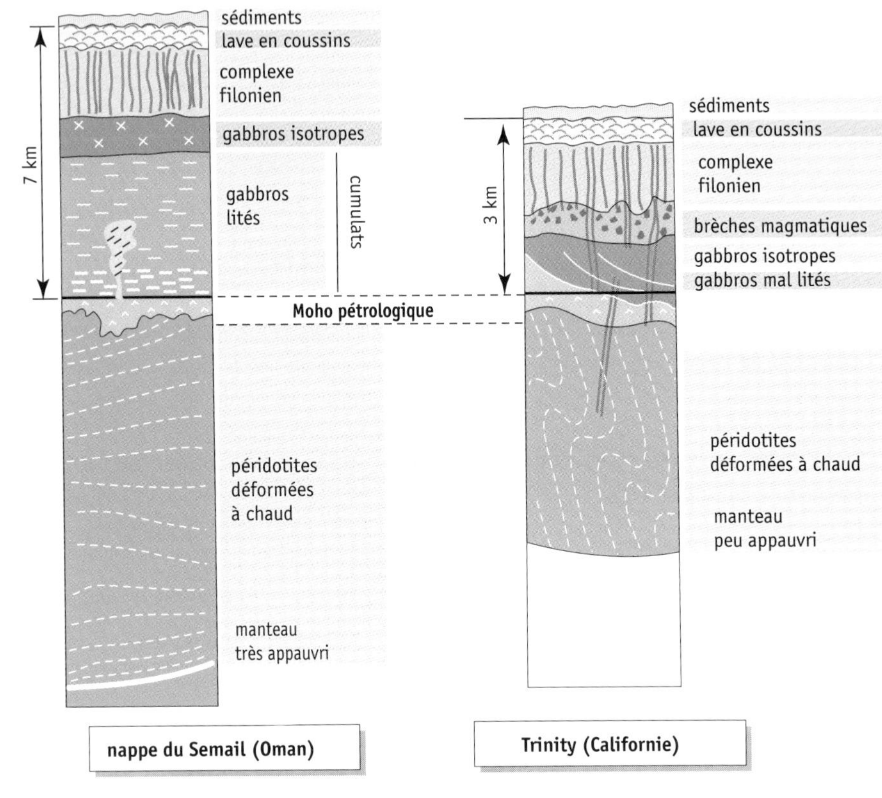

Colonne synthétique de deux types d'ophiolithes.

EXERCICE 5 Morphologie et activité géologique des dorsales

Lire un extrait de carte et utiliser les informations recueillies pour formuler une hypothèse

Le schéma ci-joint représente un segment du graben central d'une dorsale océanique.

1. Lister les caractères témoins de l'extension dans cette zone de divergence de plaques.

2. Rechercher les caractères qui permettent de classer cette dorsale parmi les dorsales lentes.

3. Au niveau des dorsales les séismes sont superficiels (leur foyer peu profond). En utilisant vos connaissances sur la géothermie particulière à l'aplomb des dorsales, **formuler une hypothèse** justifiant cette observation.

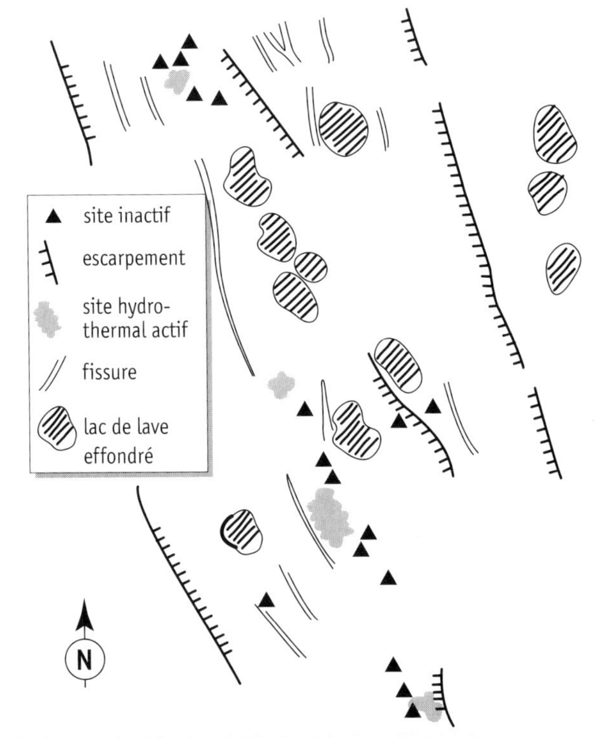

Schéma de la morphologie d'un segment de dorsale.

APPLIQUER SES CONNAISSANCES

EXERCICE 6 Formation des roches de la croûte océanique : renseignements fournis par les observations de terrains

Déterminer la chronologie des événements géologiques à partir de la disparition relative des roches

La photographie ci-contre montre un affleurement de roches des ophiolithes des Alpes (Chenaillet).
La roche A, grise d'aspect uniforme, est un filon de roche volcanique proche du basalte.

1. **Citer** les phénomènes géologiques qui ont participé à sa formation.
2. **Montrer** comment cette observation permet de préciser à quel moment de la formation de la croûte océanique se sont produites les déformations de la roche B et dans quelle zone précise par rapport à la dorsale.

Filon de « basalte (A) dans gabbro folié (B) ».

EXERCICE 7 Transformation de la matière : exploitation de données expérimentales

Lecture d'un graphe. Utilisation des données dans un but explicatif.

Dans le graphe ci-contre, établi à partir de données expérimentales, les minéraux sont rangés de gauche à droite dans l'ordre de cristallisation et de bas en haut selon leur richesse en SiO_2.

1. **Identifier** le facteur déterminant l'ordre de cristallisation des minéraux au cours du refroidissement du magma.
2. **Rechercher**, à partir de ces données, la conséquence de la cristallisation de l'olivine sur la composition du magma.
3. **Retrouver**, à partir de ce graphique, les transformations minéralogiques subies par les roches de la croûte océanique dont les gabbros.

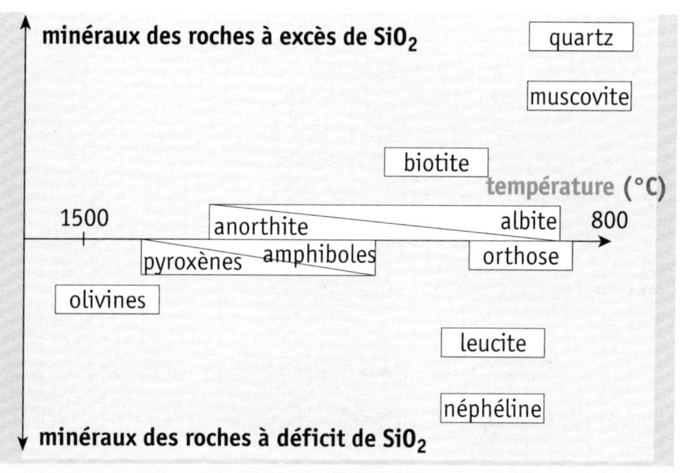

Cristallisation des minéraux au cours du refroidissement.

EXERCICE 8 Flux de chaleur au niveau des dorsales

Saisir des informations sur un graphe et les mettre en relation dans un but explicatif

Le flux de chaleur théorique est calculé en supposant que toute la chaleur est évacuée par conduction.

1. **Comparer** le profil du flux de chaleur théorique et le profil du flux de chaleur effectivement mesuré.
Proposer une explication des différences observées.
2. **Comparer** les valeurs théoriques sur les deux graphes en tenant compte de l'échelle utilisée. **Montrer** alors que le flux théorique est fiable à l'échelle d'un océan.

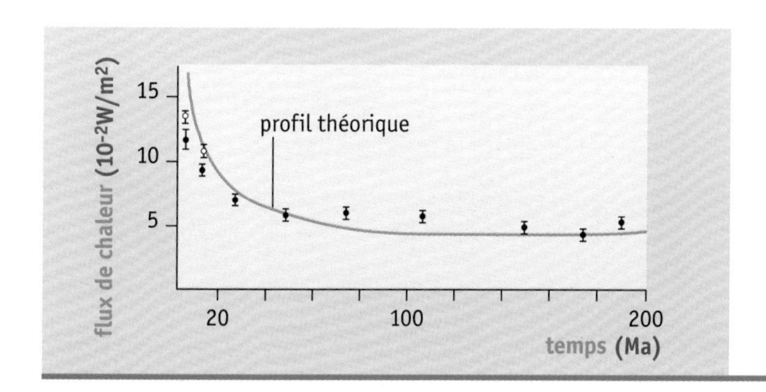

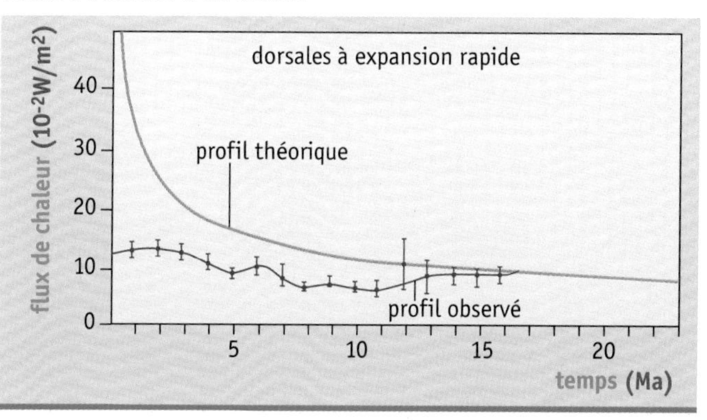

Le rift d'Asal-Ghoubbet (image obtenue à partir de données satellitaires).

Chapitre 5

L'histoire précoce de l'océanisation : la fracturation de la lithosphère continentale

L'océanisation débute par l'extension de la lithosphère continentale.
La lithosphère étirée se rompt, et, dans l'axe de l'étirement animé d'activité sismique et volcanique, un océan se forme.

► **Comment se manifestent les premières phases de l'océanisation ?**

► **Comment la géologie des marges passives révèle-t-elle les phases précoces de l'océanisation ?**

► **Comment les structures observées permettent-elles de reconstituer les premières phases de l'océanisation ?** ● ● ●

ACTIVITÉ

1 La rupture de la lithosphère continentale

Dans le domaine de l'Afar, situé dans la corne est de l'Afrique, à la jonction de plaques séparées par trois limites divergentes, on peut étudier les conditions initiales de la fracturation de la lithosphère continentale et comprendre les mécanismes de l'ouverture océanique.

▶ **Comment se manifestent les premières phases de l'océanisation ?**

VOCABULAIRE

Dépression topographique : zone effondrée en grabben.

Gravimétrie : étude de la pesanteur terrestre.

Doc.1 L'Afar, zone déformée

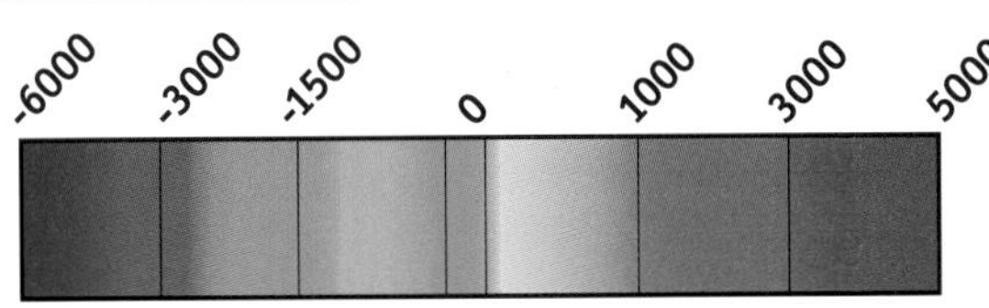

a. Image-satellite de l'Afar.

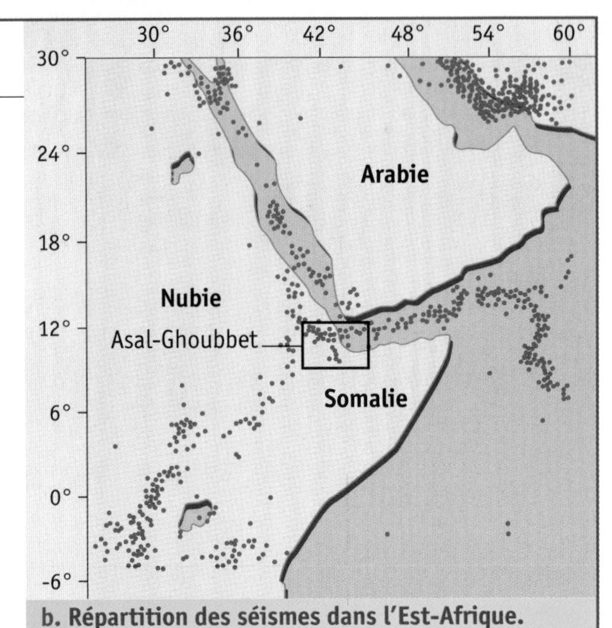

b. Répartition des séismes dans l'Est-Afrique.

La région de l'Afar est marquée par une **dépression topographique** bordée à l'ouest et à l'est par de hauts plateaux. La nature volcanique des affleurements est le témoin de son activité géologique durant les 15 derniers millions d'années. Dans cette dépression, on observe plusieurs zones effondrées correspondant à des **rifts océaniques émergés** tels que celui d'Asal-Ghoubbet, à l'est, dont nous étudierons les déformations récentes.

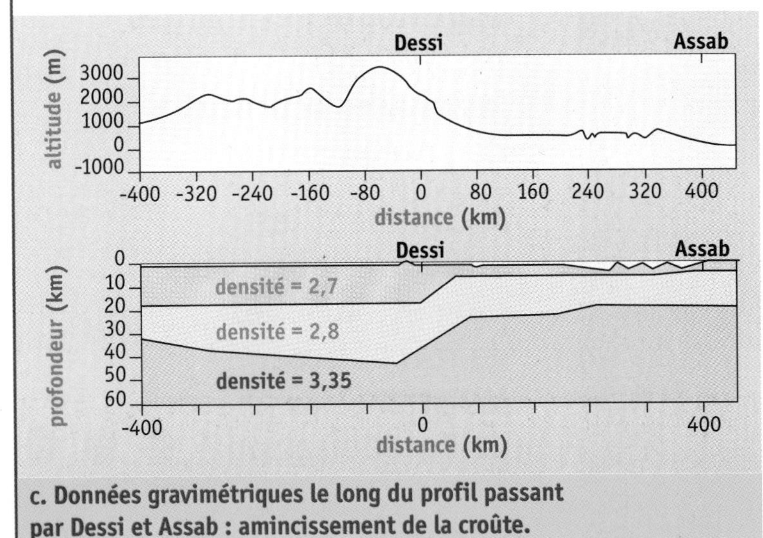

c. Données gravimétriques le long du profil passant par Dessi et Assab : amincissement de la croûte.

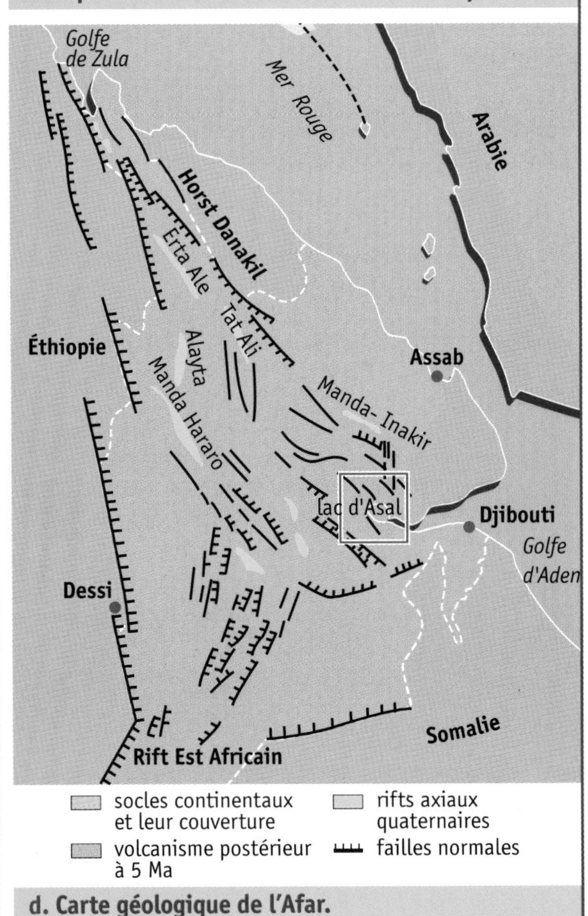

d. Carte géologique de l'Afar.

TP

Doc.2 Géologie du rift d'Asal-Ghoubbet

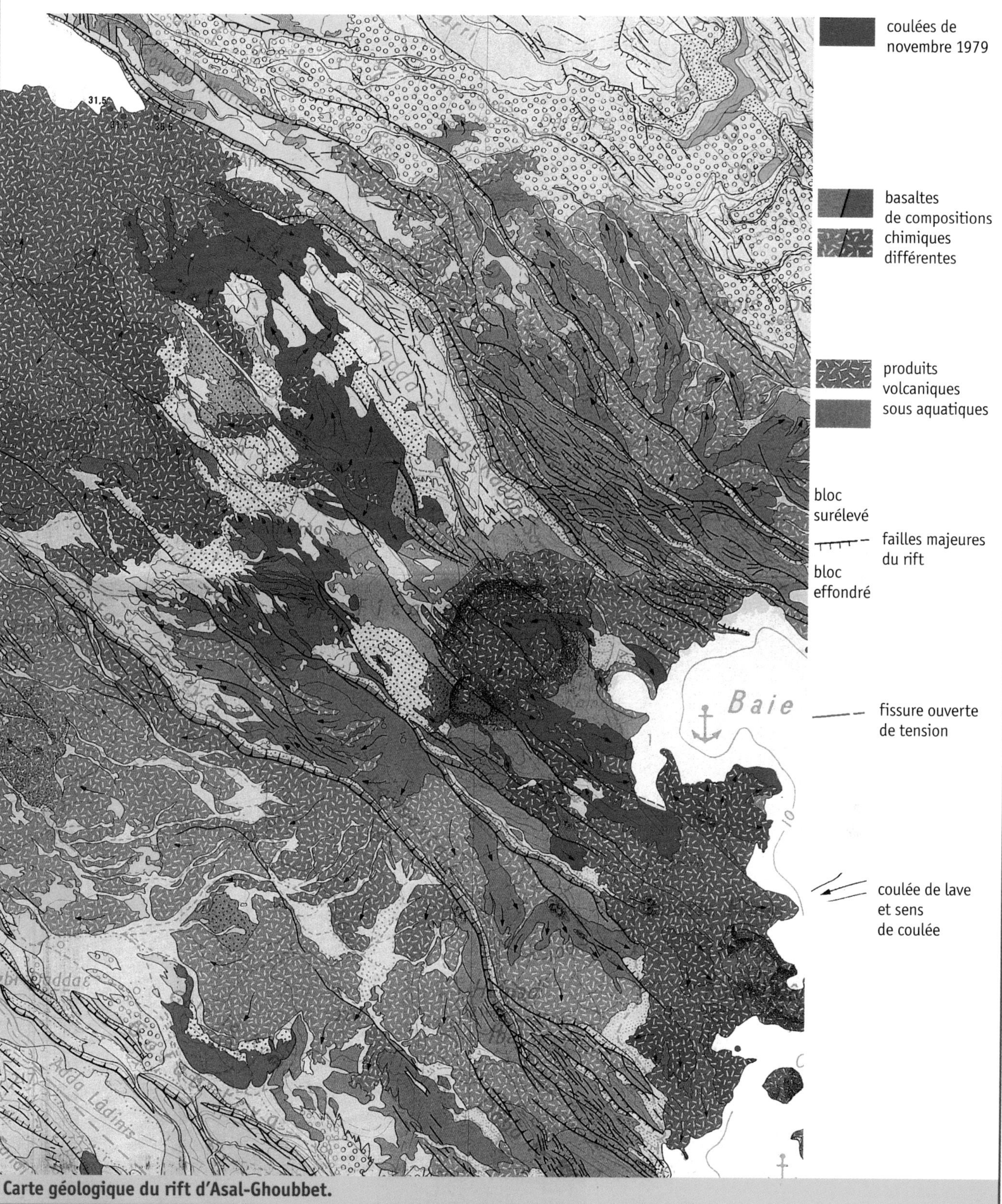

Carte géologique du rift d'Asal-Ghoubbet.

EXPLOITATION DES DOCUMENTS

1. **Rechercher** les caractères morphologiques et géologiques de l'Afar qui témoignent d'une fracturation de la lithosphère continentale en cours sous l'effet d'une divergence (**Doc. 1** et **2**).

ACTIVITÉ

1 (suite) La rupture de la lithosphère continentale

VOCABULAIRE

Géodésie : étude de la forme générale de la Terre.

Dans la zone déformée de l'Afar, il existe plusieurs secteurs, dont le rift d'Asal où l'on peut observer et mesurer l'extension qui fracture la lithosphère.

▶ **Comment se manifestent les premières phases de l'océanisation ?**

Doc.3 Morphologie du rift d'Asal-Ghoubbet

▶ Plus les couleurs sont sombres, plus elles correspondent à des roches volcaniques récentes.
Les couleurs très claires correspondent à des dépôts sédimentaires (calcaire et sel) du lac Asal (**a**).

a. Image-satellite (SPOT) du rift.

« Le rift d'Asal, en république de Djibouti, marque, à l'intérieur de la dépression Afar, la frontière actuelle entre les plaques Arabie et Afrique. Il est reconnu comme étant un équivalent émergé de vallée axiale de dorsale océanique. »

J.C.Ruegg, *Comptes rendus de l'Académie des sciences*, Paris.

▶ Chaque compartiment est décalé par des failles normales dont les rejets verticaux peuvent atteindre 150 m.
La tache sombre correspond aux basaltes déposés en novembre 1978 (**b**).

b. Vue d'hélicoptère de la bordure nord du rift (vue vers le lac de Ghoubbet).

Doc.4 Les mouvements récents observés dans le rift d'Asal-Ghoubbet

« En novembre 1978, une crise sismo-volcanique fut marquée par des séismes de magnitude supérieure à 5, l'éruption basaltique fissurale de l'Ardoukoba, la création et la réactivation de failles normales et enfin l'ouverture de fissures à l'intérieur du plancher océanique du rift. Les enregistrements ont montré un écartement maximum de 2,40 m, un effondrement du plancher du rift de 70 cm et un relèvement des bordures de 18 cm. Depuis cette crise, les enregistrements montrent que les déformations se poursuivent. »

J.C.Ruegg

a. Photographie de la zone axiale du rift.

▶ Les principales failles normales ont affaissé le plancher interne, au centre du rift (a).

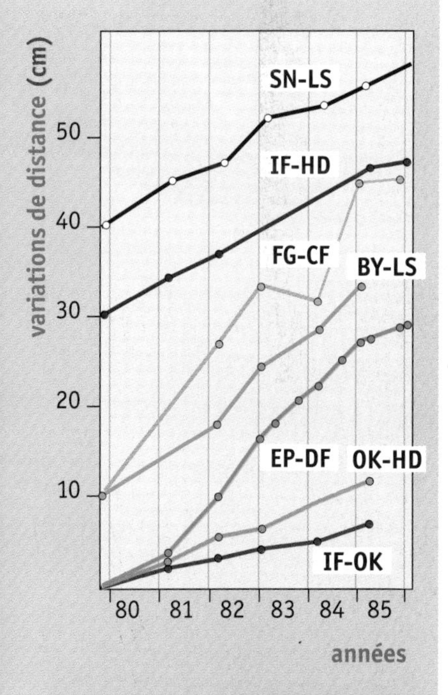

b. Variations des déplacements horizontaux.

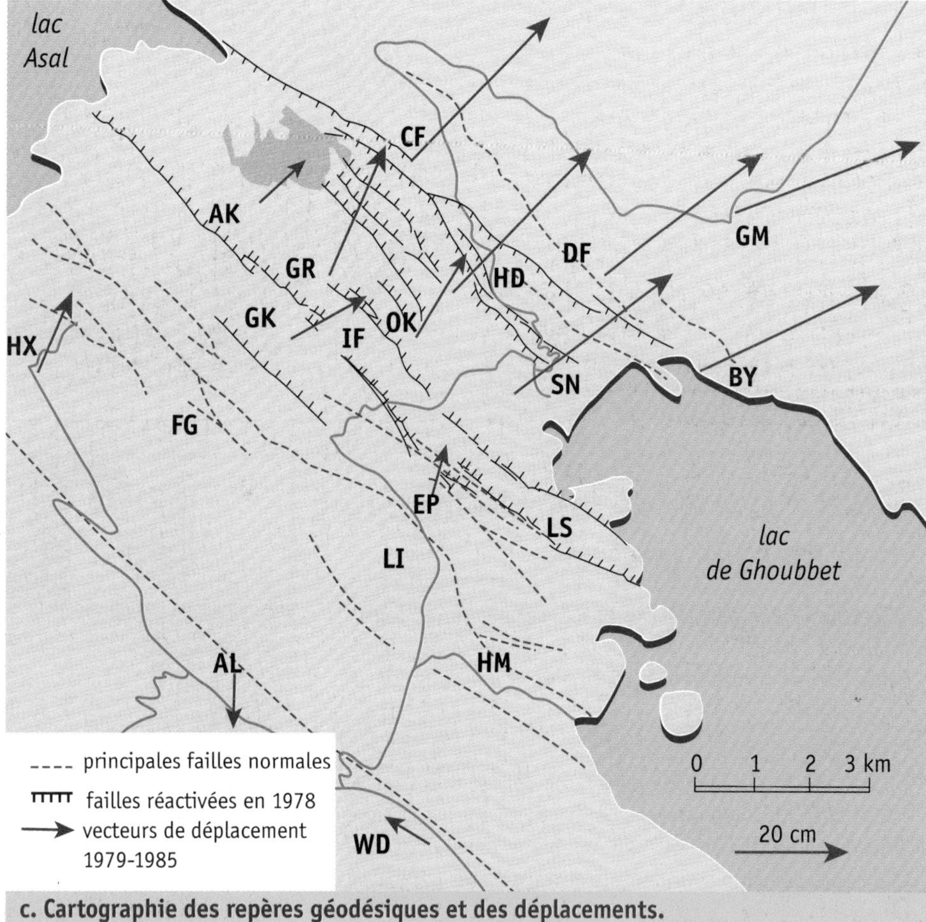

c. Cartographie des repères géodésiques et des déplacements.

EXPLOITATION DES DOCUMENTS

2. **Réaliser** un schéma d'un rift continental en coupe transversale, montrant la fracturation de la croûte produite à ce niveau par l'extension. Pour ce faire, **utiliser** les informations topographiques visibles sur les photographies du rift d'Asal, les variations d'épaisseur de la croûte continentale (**Doc. 1** et **3**) et les informations relatives au volcanisme figurant sur les cartes géologiques de l'Afar et du rift d'Asal (**Doc. 2** et **3**).
3. **Évaluer** les déformations horizontales annuelles enregistrées au niveau de ce rift (**Doc. 4**).
4. À partir de l'ensemble des recherches effectuées **répondre au problème posé** : « Comment se manifestent les premières phases de l'océanisation ? »

ACTIVITÉ

2 Les marges passives des continents, témoins de la fracture continentale

VOCABULAIRE

Isobathes : courbes rejoignant les points situés à la même profondeur.

Jurassique : seconde période de l'ère secondaire (de 208 à 146 Ma).

Les **marges continentales** sont les bordures des continents, zones de transition entre les continents et les océans. Les caractères morphologiques et géologiques des marges sont révélés par les profils sismiques, les forages profonds et l'observation de marges fossiles actuellement émergées. Les marges continentales, dites passives, ont enregistré l'histoire précoce des océans actuels.

▶ **Comment la géologie des marges passives révèle-t-elle les phases précoces de l'océanisation ?**

Doc.1 Identification des marges passives

D'après l'intensité de leur activité géologique, on distingue les **marges actives**, caractérisées par une forte activité sismique et volcanique, des **marges passives** qui ne sont pas inertes mais dont l'évolution géologique est trop lente pour être perceptible par l'Homme.

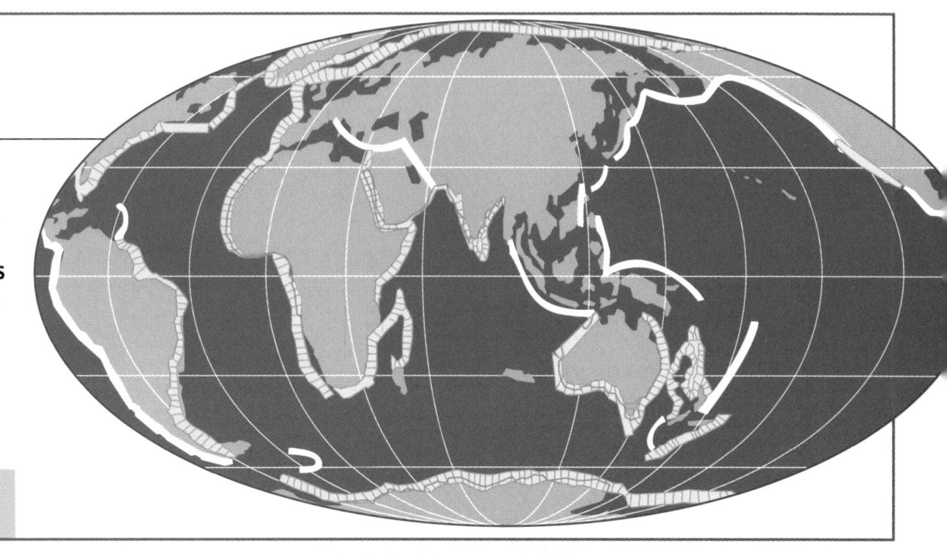

 marges passives

 marges actives

Répartition des marges passives et des marges actives.

Doc.2 Caractères morphologiques des marges passives

C'est sur les marges passives que s'accumulent les deux tiers des sédiments marins. Ce phénomène est lié à leur situation à la frontière des continents et à la subsidence qui les anime.

On distingue plusieurs zones :
- la **plate-forme continentale** où se déposent des sables et des boues calcaires produits par l'activité des organismes vivant sur le fond et des sables ou boues détritiques produits par l'érosion continentale et transportés par les fleuves ;
- la **pente continentale**, souvent entaillée par des canyons sous-marins qui canalisent les sédiments de la plate-forme vers les grands fonds. Elle correspond à la zone faillée qui limitait le rift initial ;
- le **glacis continental**, au pied des marges, est situé à la frontière avec le domaine océanique et les plaines abyssales. C'est une zone où s'accumulent à la fois les sédiments en provenance du talus continental et des particules fines transportées par les courants de fond.

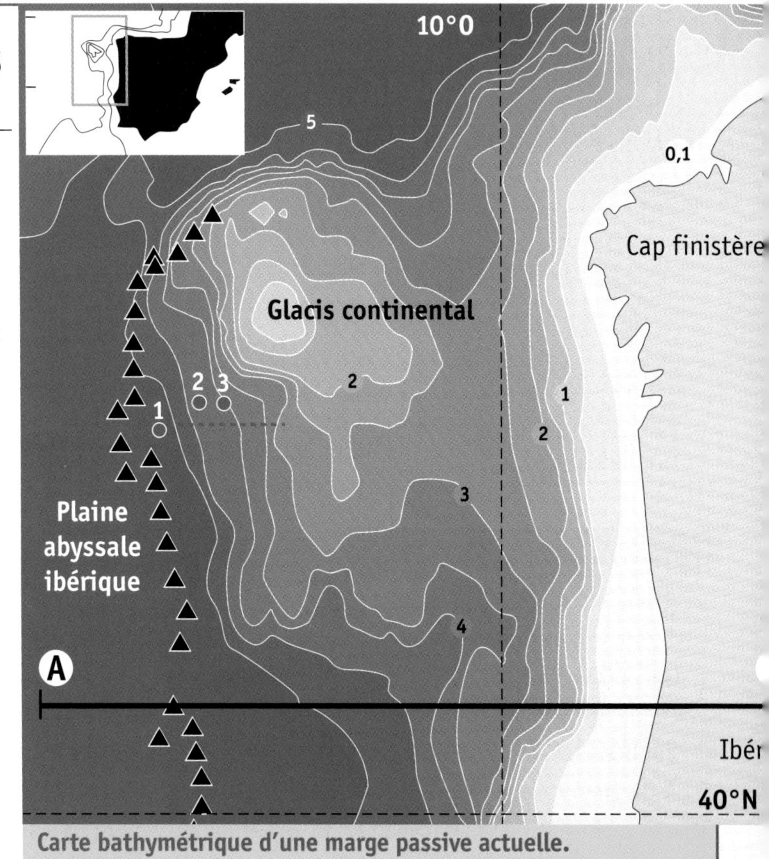

● forages
----- profil sismique DOC. 3a
▲ transition océan/continent
isobathes 1 à 5 = 1000 à 5000 m

Carte bathymétrique d'une marge passive actuelle.

TP Doc.3 Caractères géologiques d'une marge passive

▶ **Le profil sismique** (a) est réalisé de 5 250 m à l'ouest à 3 000 m à l'est.
Les ondes se propagent à la vitesse moyenne de 2,4 km/s dans les terrains sédimentaires et de 6 km/s dans le socle.
La coupe s'étend d'un domaine à croûte océanique à l'ouest à une marge passive à l'est.

Le toit du socle forme des rides séparant des bassins sédimentaires, on reconnaît une structure en blocs faillés, basculés.

▶ Des prélèvements de roches par le submersible Nautile ont révélé qu'au point de tir 2 450, la roche est un granite, constituant de la **croûte continentale**, et que par endroits, reposant directement sur ce socle, se trouvent des calcaires et des grès datés du Jurassique. Au point de tir 1 800, le socle est constitué de **croûte océanique** (en vert).

▶ L'agrandissement du bassin sédimentaire (**b**), situé entre les points 3400 et 3 700, montre la disposition relative des couches sédimentaires a, b, c.
Elle renseigne sur la **dynamique du bassin** et révèle les étapes de la fracture continentale qui a précédé l'ouverture de l'océan Atlantique :
- la couche a, solidaire du socle, affectée par les failles normales est antérieure à la fracture ;
- la couche b qui a suivi les mouvements du socle durant la déchirure est contemporaine de la fracture ;
- la couche c, horizontale dans sa position de dépôt, est postérieure.

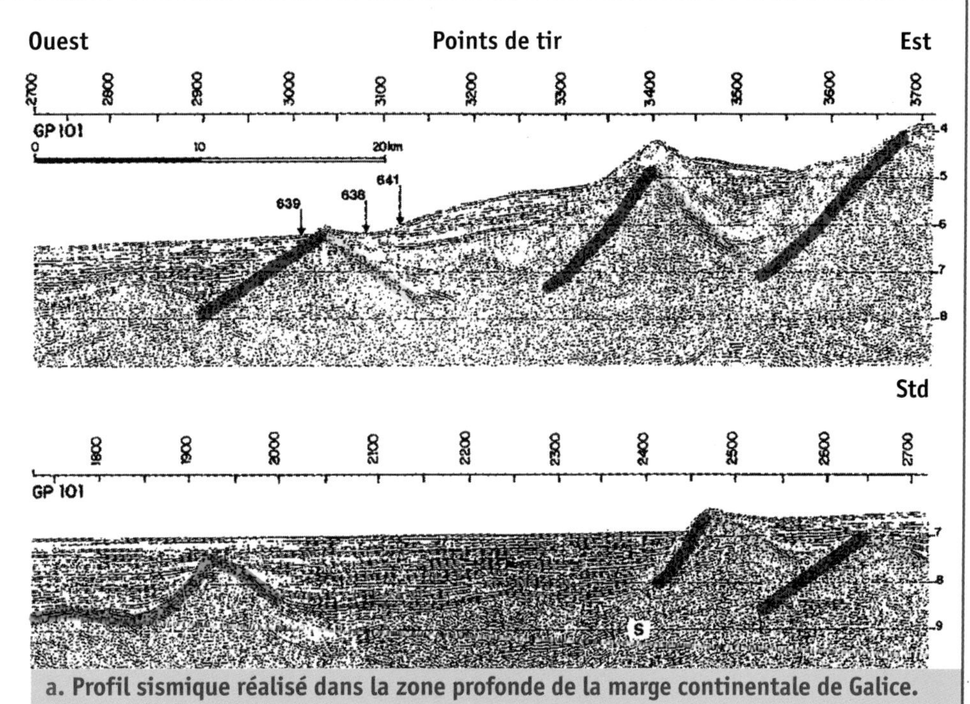

a. Profil sismique réalisé dans la zone profonde de la marge continentale de Galice.

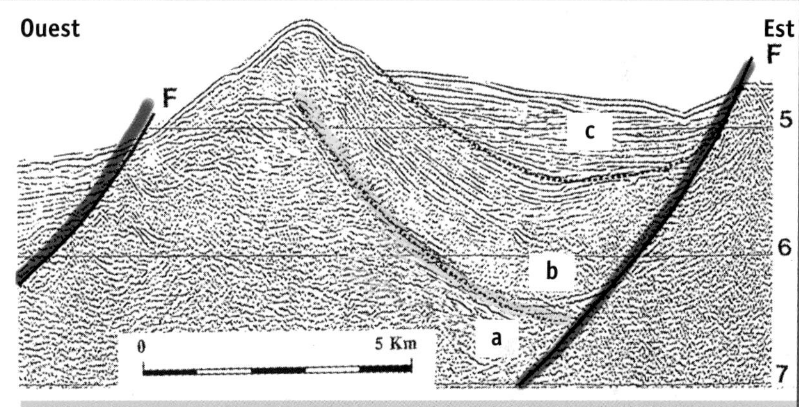

b. Détail agrandi d'un des blocs basculés de la marge.

En rose : failles; en jaune : limite entre la couche a et la couche b.

La limite entre les couches b et c est datée de 115 Ma.

EXPLOITATION DES DOCUMENTS

1. **Réaliser**, à partir du **Doc.2**, le profil topographique de la marge de la Galice selon la coupe AB. **Noter** en légende les différents domaines décrits dans le texte.
2. **Construire** un profil géologique à partir du profil sismique. Pour ce faire : **a. décalquer** les rides du socle continental affleurant aux points 2 450, 3 000 et 3 400 et la limite dans les bassins sédimentaires entre la couche a et b; **b. colorer** en rouge le socle continental, en vert foncé le socle océanique, en bleu la couche a, en vert clair la couche b, en jaune la couche c ; **c. représenter** la limite entre la croûte et le manteau, sachant qu'elle est évaluée à 15 km sous le point 3000 et que c'est une ride de péridotite que l'on observe sur le profil au point 1950 m.
3. **Déduire** du profil réalisé les modalités de formation de telles structures. **Lister** les preuves géologiques.
4. **Évaluer** l'épaisseur de la série sédimentaire dans le bassin situé au point 3500. **Proposer** une explication.
5. À partir du travail effectué sur les documents, **répondre au problème posé** : « Comment la géologie des marges passives révèle-t-elle les phases précoces de l'océanisation ? ». **Indiquer** comment dater le début et la fin de la fracture.

ACTIVITÉ

3 L'histoire géologique de la marge de l'océan alpin

La chaîne des Alpes s'est formée à partir d'un domaine océanique aujourd'hui disparu. La marge européenne de cet océan est en partie conservée dans la partie occidentale des Alpes où des structures géologiques résultant d'une extension témoignent des premières phases de l'océanisation.

► **Comment les structures observées permettent-elles de reconstituer les premières phases de l'océanisation ?**

VOCABULAIRE

Grès : roche sédimentaire détritique.

Horizons d'évaporites : couches de sédiments salins se formant en milieu peu profond.

Marne : roche sédimentaire formée d'argile et de calcaire.

Trias : période géologique la plus ancienne de l'ère secondaire (de 245 à 208 Ma).

Doc.1 Les témoins géologiques d'une phase d'extension

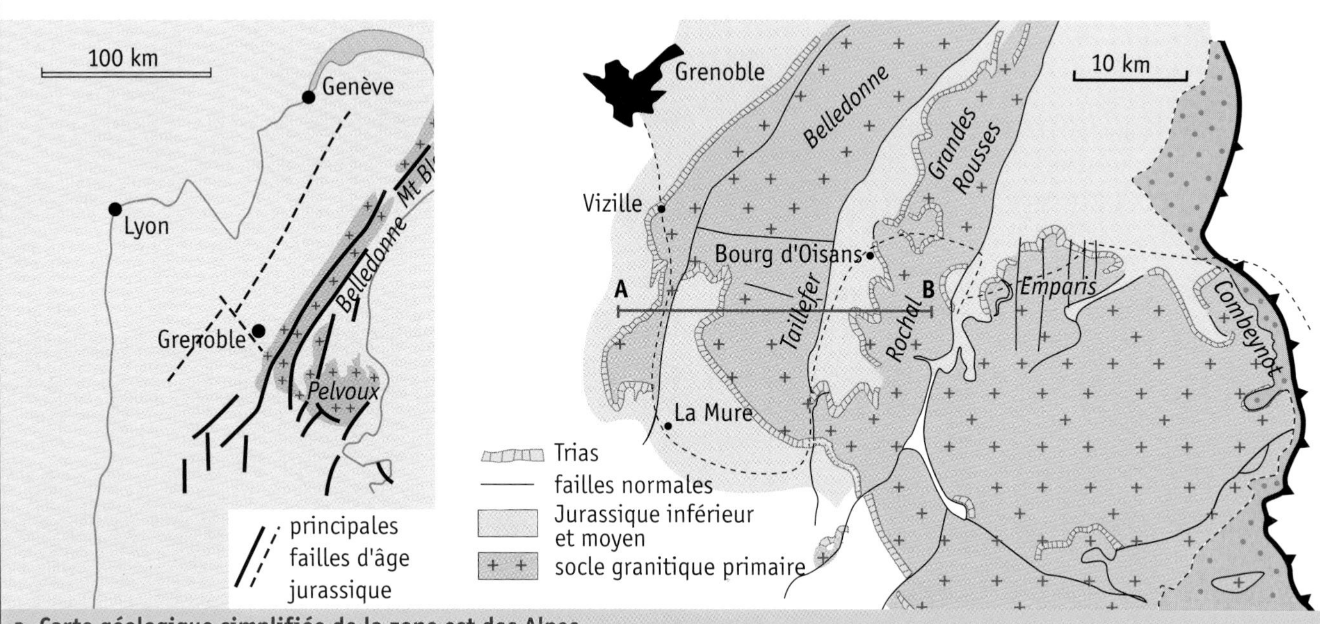

a. Carte géologique simplifiée de la zone est des Alpes.

► La zone externe des Alpes occidentales (a) montre :

– les grands massifs cristallins de Belledonne, du Mont Blanc, des Grandes Rousses, du Pelvoux... Ils sont constitués de roches granitiques datées de l'ère primaire et représentent le socle continental. Ces massifs sont souvent limités à l'est par de longues failles normales ;

– des terrains sédimentaires souvent très déformés reposant sur le socle continental datés des ères secondaire et tertiaire.

► Sur le flanc ouest du massif du Rochail, on observe d'est en ouest et de bas en haut : a-le socle primaire ; b-les roches sédimentaires **gréseuses** du **Trias**, série peu épaisse ; c-série sédimentaire calcaire et **marneuse** du Jurassique inférieur et moyen surmontée en d par la série sédimentaire du Jurassique supérieur et du Crétacé inférieur.

b. Flanc ouest du massif du Rochail.

Doc.2 Caractères de la sédimentation et datation de l'ouverture océanique

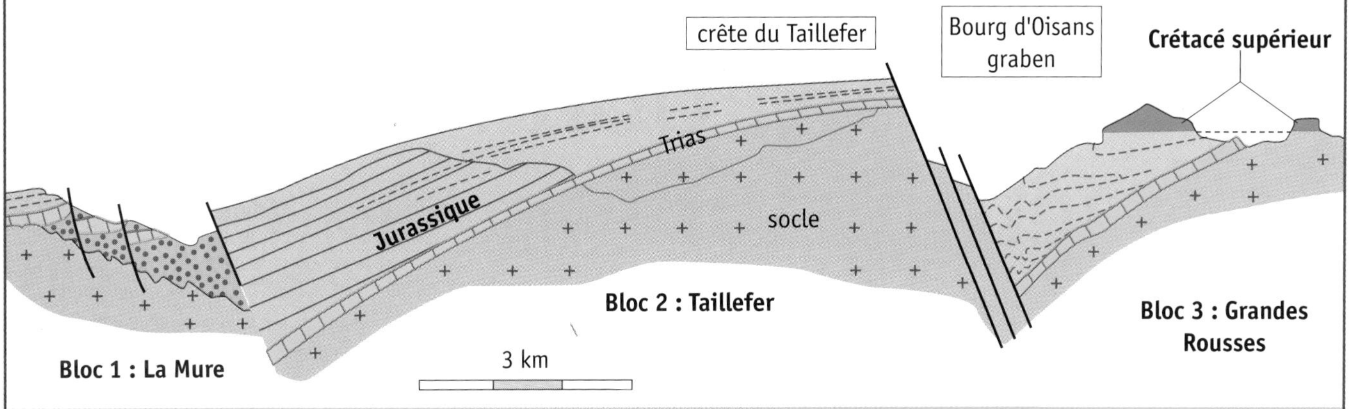

crête du Taillefer
Bourg d'Oisans graben
Crétacé supérieur
Trias
Jurassique
socle
Bloc 1 : La Mure
Bloc 2 : Taillefer
Bloc 3 : Grandes Rousses
3 km

a. Coupe géologique schématique selon AB (Doc.1a).

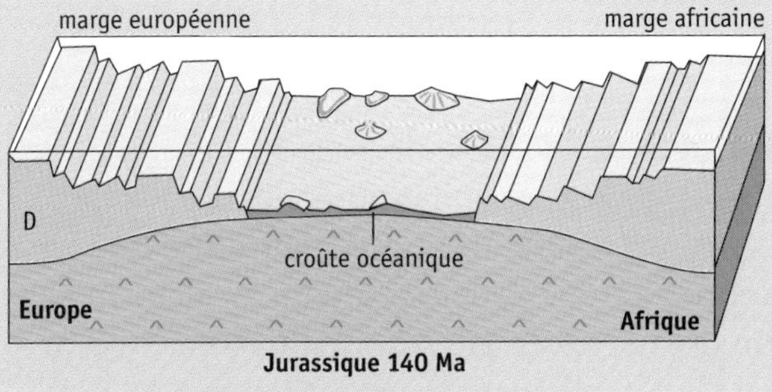

marge européenne
marge africaine
D
croûte océanique
Europe
Afrique
Jurassique 140 Ma

► b. Bloc basculé sur la surface de Rochail.

Jurassique
Jurassique inf.
socle
Trias

◄ c. Marges de l'océan alpin à 140 Ma. Reconstitution.

► Dans ce secteur géographique, les premières traces de l'incursion marine sur le socle granitique sont datées de 220 à 230 Ma (Trias). Les dépôts gréseux et carbonatés, peu épais, intercalés d'**horizons d'évaporites**, témoignent d'un milieu peu profond sur un socle plutôt stable.

► De 200 à 160 Ma (Jurassique inférieur et moyen), les dépôts marins plus profonds de calcaire et de marne atteignent 1 500 m d'épaisseur. Une telle sédimentation s'explique par un **enfoncement progressif du socle ou subsidence**. Cette subsidence est liée à la fracturation du socle en **blocs basculés entre failles normales**. Les failles normales semblent avoir cessé de fonctionner à partir de 160 Ma (Jurassique supérieur). La sédimentation carbonatée se produit alors sur une croûte continentale amincie relativement stable.

EXPLOITATION DES DOCUMENTS

1. **Rechercher**, sur les cartes du **Doc. 1**, les preuves de l'existence d'un domaine continental dans cette zone occidentale des Alpes et l'orientation de la majorité des failles normales. **En déduire** la direction de l'extension qui a généré la fracture continentale.
2. À partir des caractères de la sédimentation indiqués sur le **Doc. 2a**, **rechercher** la chronologie des événements géologiques qui ont conduit à la fracturation du continent et à la formation d'un océan. **Dater** le début et la fin probables de la fracture continentale.
3. **Décalquer** la photographie du petit bloc basculé (**Doc. 2b**) et **noter en légende** : socle continental, faille normale, roches sédimentaires postérieures à la phase d'extension, roches sédimentaires contemporaines à la phase d'extension. **Justifier** les choix faits.
4. **Comparer** le profil géologique (**Doc. 2a**) au profil sismique d'une marge actuelle (**Doc. 3a**, p. 99). **Utiliser** le principe des causes actuelles selon lequel « les lois régissant les phénomènes géologiques actuels étaient également valables dans le passé » pour **répondre au problème posé** « Comment les structures observées permettent-elles de reconstituer les premières phases de l'océanisation ? » et **justifier** la reconstitution proposée en **Doc. 2c**.

L'histoire précoce de l'océanisation : la fracturation de la lithosphère continentale

LES MOTS À CONNAÎTRE

Rifts continentaux : fossés d'effondrement limités par des bords surélevés avec une activité volcanique plus ou moins forte.

Blocs basculés : blocs de croûte continentale découpés entre failles normales et basculées sous l'effet de l'extension.

Marge passive : région immergée de la bordure d'un continent. Dans les marges passives, le passage de la croûte continentale à la croûte océanique se fait au sein de la même plaque lithosphérique.

Subsidence : enfoncement progressif régulier ou saccadé du fond d'un bassin.

La rupture de la lithosphère continentale

La première étape de l'océanisation conduit à la formation de **fossés d'effondrements ou rifts continentaux**. Ce sont des bassins longs et étroits limités par des failles normales. Ils se forment sous l'effet de **mouvements de divergence**. On peut observer actuellement un phénomène de ce type dans l'Afar, corne est de l'Afrique.

Là, une zone entre failles normales est animée d'une activité sismique et volcanique importante. Des études ont révélé que la croûte continentale y est amincie à 20 km environ.

La morphologie et l'activité géologique de cette zone témoignent d'un **étirement de la croûte continentale**, qui, fragile, se casse en blocs basculés, isolés par les failles normales dont la direction est perpendiculaire à la contrainte exercée. La zone centrale s'affaisse, atteint localement des altitudes négatives. Les déformations encore enregistrées actuellement se produisent par à-coups, la dernière crise enregistrée en 1978 s'est manifestée, dans le rift d'Asal-Ghoubbet, par un étirement de 2 m environ et un affaissement de 70 cm de l'axe du rift.

Des coulées de basalte se mettent en place, comme au niveau des dorsales océaniques, bien que leur composition chimique soit différente.

Des rifts continentaux se sont formés dans d'autres régions. Ils sont de morphologie semblable à celle décrite en Afar mais ne sont plus

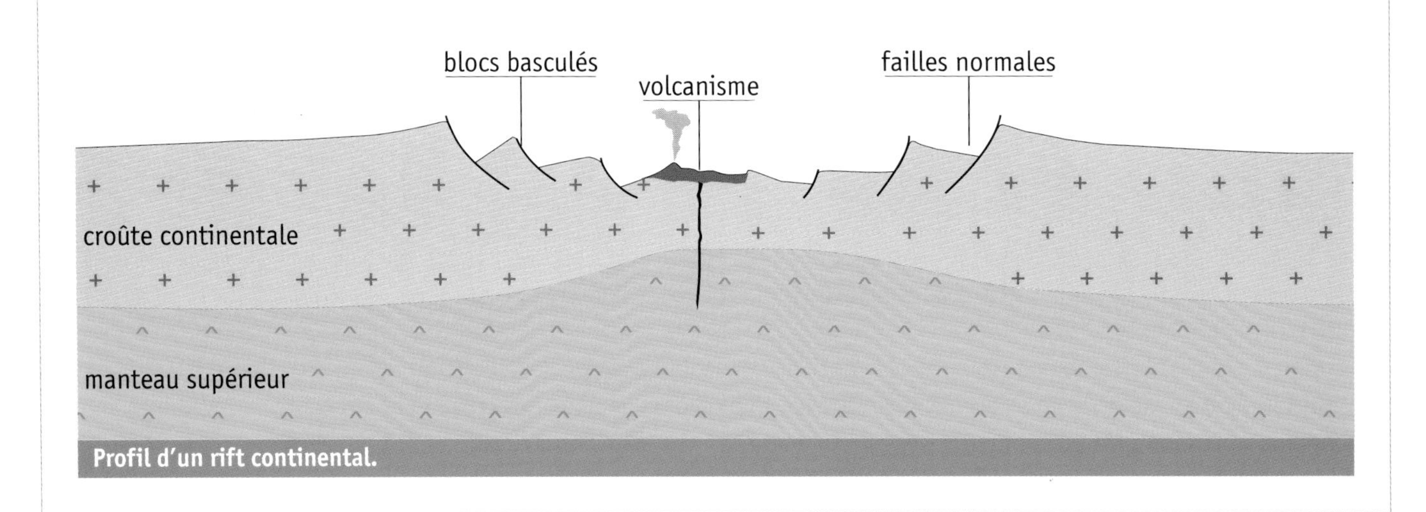

Profil d'un rift continental.

tectoniquement actifs. Ils sont restés figés dans leur étape initiale de fracturation continentale.

Citons l'exemple, en France, du fossé rhénan. On y retrouve un bassin sédimentaire long et étroit, bordé de failles normales, comblé de séries sédimentaires accumulées par subsidence et associé à du volcanisme.

II Les marges passives des continents, témoins de la fracture continentale

Ce sont les **bordures stables des continents** où l'on observe peu d'activité sismique et volcanique, par opposition aux marges dites actives.

Elles sont constituées de croûte continentale fracturée par des failles normales conduisant à un ensemble de blocs qui ont basculé au cours de l'extension. Sur ces blocs basculés se dessinent des bassins ou grabens où s'accumulent, par subsidence, des **couches de sédiments**.

Les marges passives sont la mémoire géologique d'une fracture continentale par extension. En effet, la nature, l'âge et la disposition relative des sédiments qui recouvrent le socle granitique permettent de dater le stade précoce de l'océanisation.

On distingue :

– les séries sédimentaires solidaires du socle. Elles sont affectées par les failles normales donc antérieures à sa fracture. Elles se sont généralement déposées dans une mer intracontinentale peu profonde ou un milieu lagunaire. Ces séries contiennent souvent des évaporites. Elles sont nommées **ante rift** ;

– les séries sédimentaires, déposées initialement à l'horizontale et qui présentent actuellement un aspect « en éventail », se sont déposées sur un socle instable en phase de fracturation sous l'effet de l'extension. Elles sont nommées **syn rift** ;

– les séries sédimentaires qui reposent en discordance sur les précédentes et sont en position de dépôt, à l'horizontale, se sont formées après la formation du rift, alors que la marge était structurée. Elles sont nommées **post rift**.

Les couches basales de la série contemporaine à la fracture marquent la phase initiale de la fracture continentale alors que la discordance entre les séries contemporaines et postérieures à la fracture marque la fin de cet épisode.

Au niveau des **marges passives**, les séries sédimentaires sont souvent épaisses. C'est en effet un lieu où se déversent les sédiments d'origine détritique en provenance des continents, un lieu où s'accumulent les sédiments carbonatés d'origine biologique. Leur épaisseur considérable est expliquée par la subsidence des blocs fracturés par l'extension.

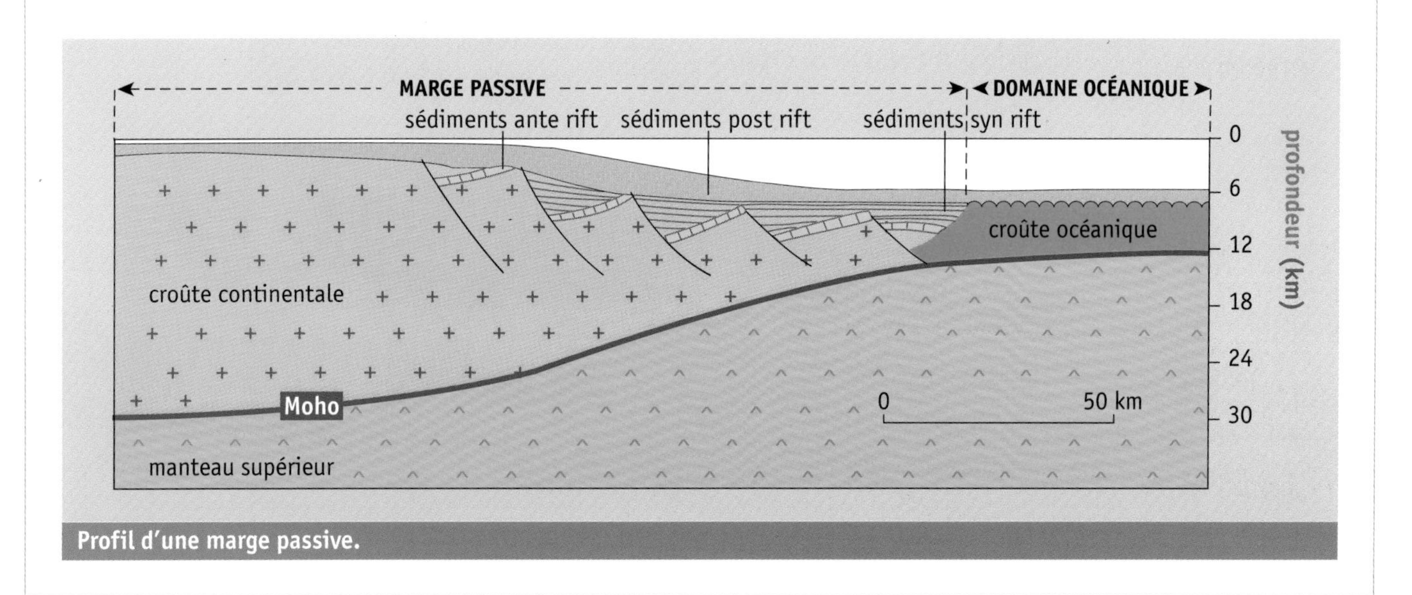

Profil d'une marge passive.

L'essentiel

- La formation d'un océan, l'océanisation, débute par la rupture continentale. Soumise à un étirement, la croûte continentale s'amincit, se fracture en blocs entre failles normales provoquant un effondrement axial. Elle est accompagnée d'un volcanisme basaltique.
- Cette histoire précoce de l'océanisation est enregistrée dans les marges passives des océans. Structurées en blocs basculés entre failles normales, elles ont été le siège d'une sédimentation intense, par subsidence, provoquée par l'affaissement progressif du socle fracturé. La disposition relative de ces sédiments permet de dater le début et la fin de la fracturation (sédiments antérieurs, contemporains et postérieurs à la fracturation).

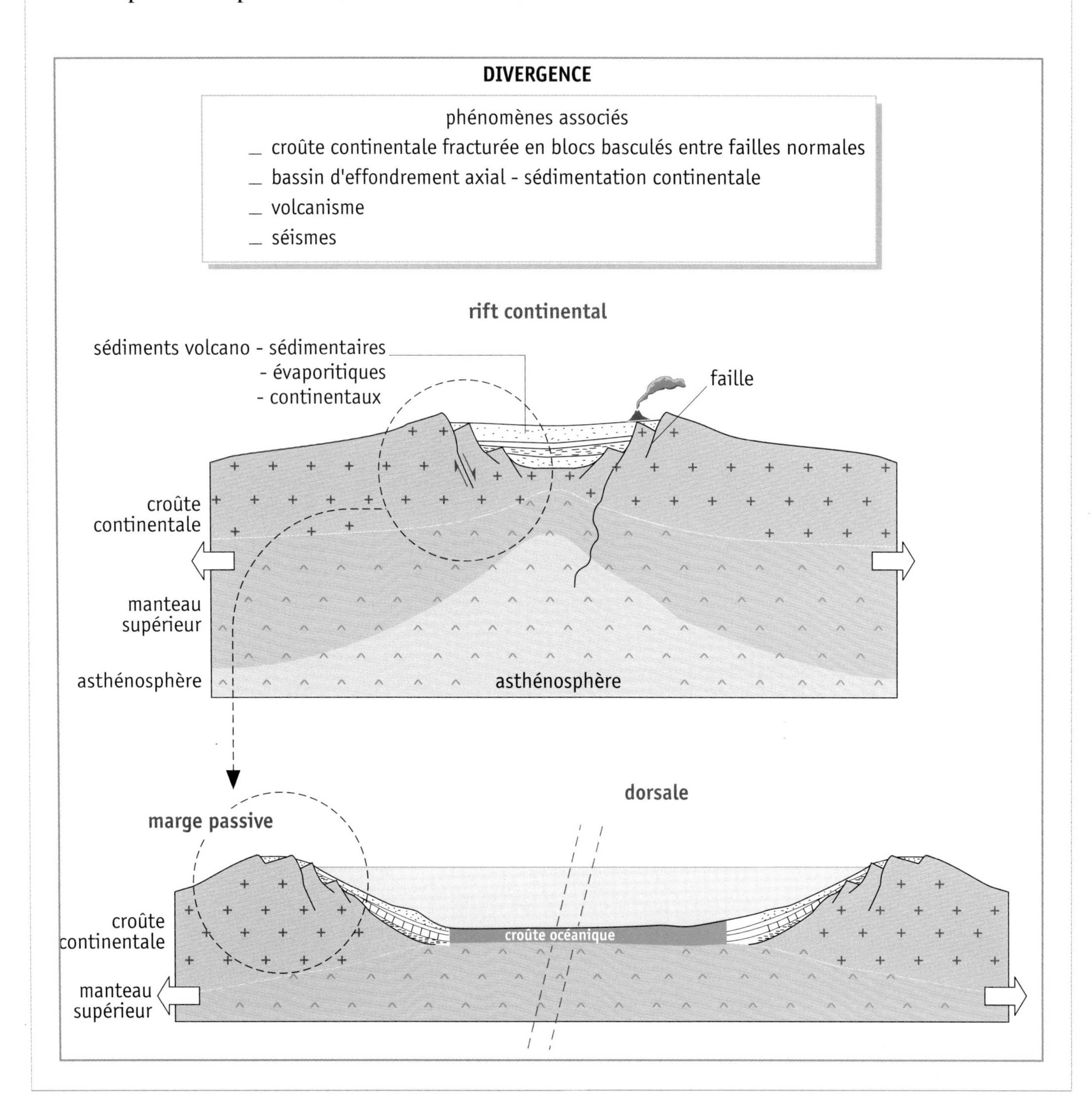

EXERCICES

VÉRIFIER SES CONNAISSANCES

EXERCICE 1 **Définir en une phrase claire les mots ou expressions suivants.**

- marge passive
- blocs basculés
- rift continental
- subsidence

EXERCICE 2 **Reconstituer une ou plusieurs phrases scientifiquement exactes à partir des propositions suivantes.**

1. Les marges passives...

a. sont les vestiges de la fracture continentale, phase initiale de l'océanisation.
b. ont conservé leur activité tectonique.
c. sont des lieux d'accumulation de sédiments.

2. Les phases précoces de l'océanisation...

a. se produisent lors d'une extension de la lithosphère continentale.
b. se matérialisent morphologiquement par des zones d'effondrement entre failles inverses.
c. s'accompagnent d'une forte activité volcanique.

3. Dans les zones d'extension de la lithosphère continentale...

a. la croûte continentale est amincie.
b. le manteau asthénosphérique remonte.
c. on observe en surface des déformations ductiles.

EXERCICE 3 **Restituer ses connaissances en quelques phrases sur un sujet précis, en utilisant obligatoirement un ensemble de mots-clés.**

sujets	mots-clés
a. marge passive	blocs basculés, failles normales, subsidence, sédiments
b. rift continental	zone effondrée, volcanisme, escarpement, failles normales
c. océanisation	fracturation, croûte continentale amincie, croûte océanique, extension

EXERCICE GUIDÉ

Une marge de la mer du Nord

Énoncé Cette coupe schématique illustre les déformations de la croûte continentale étirée dans la mer du Nord.

1. **Dater** la fin de la période d'extension. **Citer** des arguments précis.
2a. **Utiliser** l'échelle présentée sur le profil sismique pour évaluer l'épaisseur moyenne de la croûte dans ce rift, sachant que dans ce type de formation, la vitesse des ondes sismiques est estimée à 2,7 km/s.
2b. **En déduire** un caractère géologique particulier attestant de mouvements de divergence à ce niveau.
3. **Observer** sur la coupe les types de déformation qui affectent la croûte continentale supérieure et inférieure. **Rechercher** une explication des différences observées.

Conseils pour la résolution

1. Afin de dater la fin du rifting, rechercher la première couche sédimentaire qui repose en discordance sur les blocs basculés.
2a. Évaluer la profondeur en temps double (en seconde) à plusieurs endroits du rift. En faire une moyenne.
2b. Transformer le temps simple en km en utilisant la vitesse de propagation des ondes dans ces roches. Pour ce faire, comparer la valeur calculée avec l'épaisseur moyenne de la croûte continentale.
3. Seule la croûte supérieure est fracturée. Établir une relation avec l'état thermique des deux croûtes.

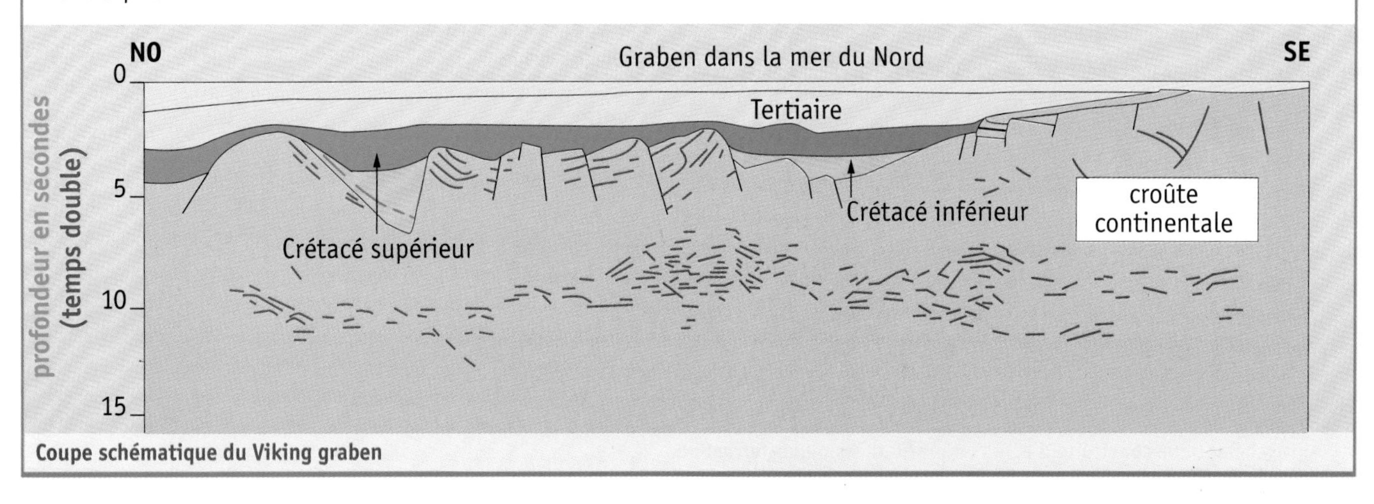

Coupe schématique du Viking graben

APPLIQUER SES CONNAISSANCES

EXERCICE 4 Le fossé d'effondrement du Rhin

Lire un profil géologique. Utiliser les données pour expliquer un phénomène géologique connu

A. La structure superficielle du graben

1. **Rechercher**, sur ce profil, les caractères morphologiques, tectoniques et sédimentaires témoignant d'une extension.

2a. **Évaluer** l'épaisseur des dépôts oligocènes (3, 4, 5).

2b. Sachant que cette série sédimentaire repose sur une série jurassique érodée et qu'elle commence par des dépôts salifères marins d'environ 1 500 m d'épaisseur :

– **expliquer**, par un phénomène géologique particulier, les caractères de cette sédimentation ;
– **dater** le début de l'extension.

B. La structure profonde du graben

La structure profonde du graben fut révélée par un profil-réfraction. La couche 3 du manteau est dite anormale. La vitesse des ondes P y est atténuée.

3. **Rechercher** dans cette structure profonde les deux caractères essentiels qui attestent d'une extension de la lithosphère continentale à ce niveau.

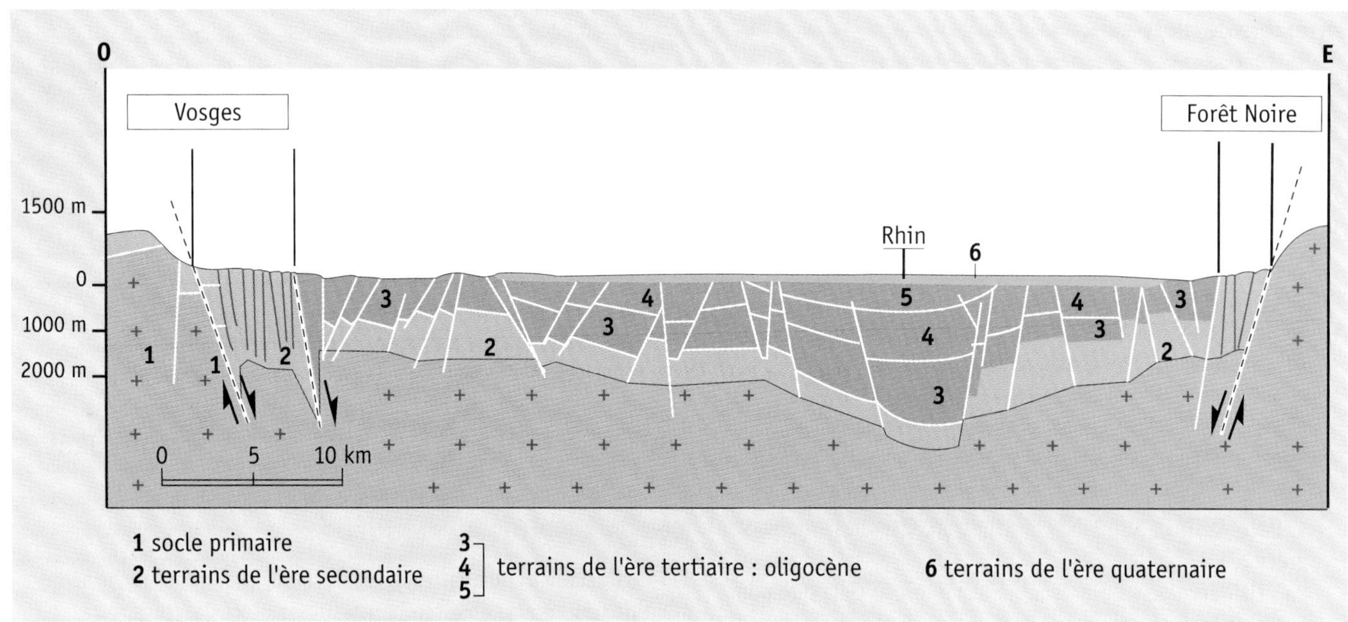

Coupe géologique schématique du graben au niveau de Strasbourg.

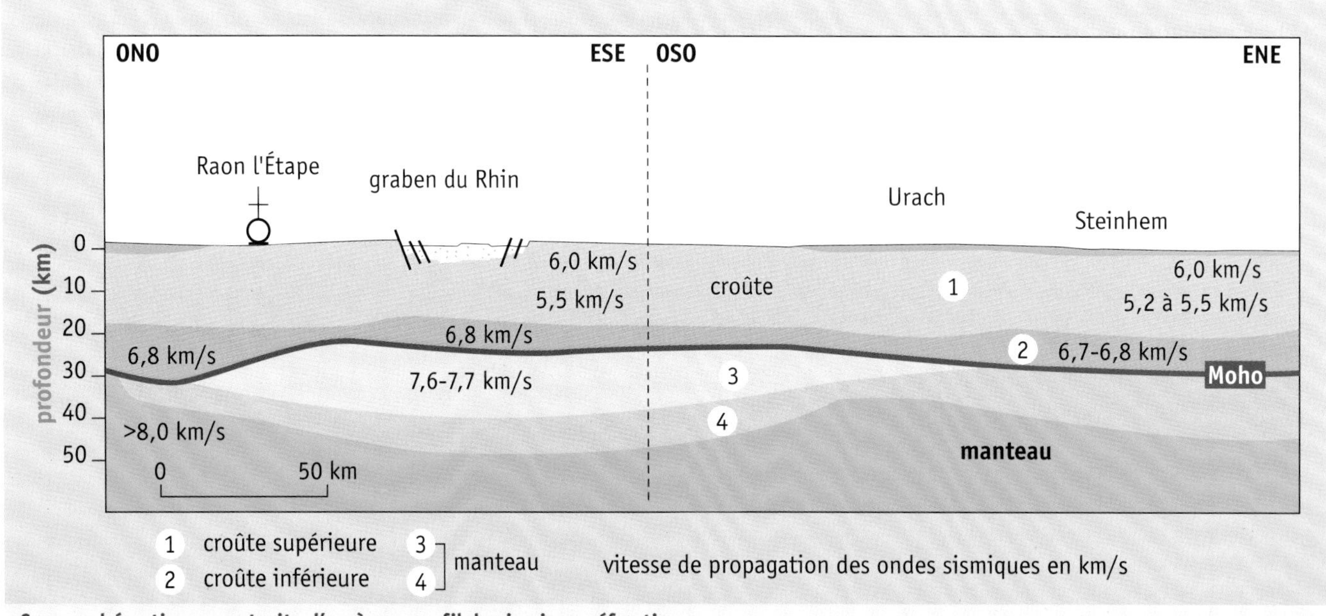

Coupe schématique construite d'après un profil de sismique-réfraction.

EXERCICE 5 Cinématique du rift d'Asal

Reconstituer la tectonique d'une région

Dans le rift d'Asal-Ghoubbet se produit un volcanisme intense. L'édifice volcanique Fieale en est une trace. L'étude portera sur la série centrale.

Par des techniques géophysiques, les chercheurs ont tenté de restaurer les déplacements verticaux et horizontaux à l'origine des déformations observées actuellement dans le rift (b), (c), (d).

1. **Nommer** les déformations visibles sur la carte géologique qui sont liées à l'extension.

2a. **Rechercher** les directions principales des coulées basaltiques et le sens de l'écoulement par rapport aux déformations repérées précédemment.

2b. **Déduire** du document (e) quel type de déformation (liée au rifting) se produisait durant cet épisode volcanique qui dura de - 300 000 à - 650000 ans.

3. **Rechercher** les déformations horizontales produites au cours du rifting. Pour ce faire, **décalquer** sur le document (d) la forme initiale de l'édifice reconstituée puis par-dessus celle de l'édifice déformé à partir de (b). **Matérialiser** par des flèches la direction et le sens de la déformation.

4. **Résumer** les déformations qui se sont produites au cours du rifting.

Coulée initiale de basalte

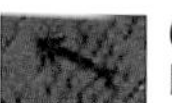
Coulée axiale de basalte

Coulée centrale de basalte

Hyaloclastite : accumulation de projections solides (verre)

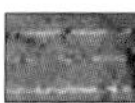
Hyaloclastite plus ancienne

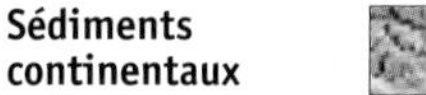
Sédiments continentaux

Sédiments lacustres récents

▲ a. Carte géologique simplifiée du rift d'Asal.

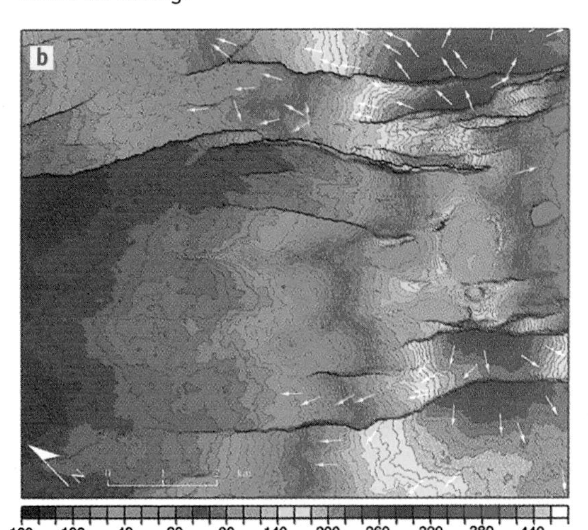

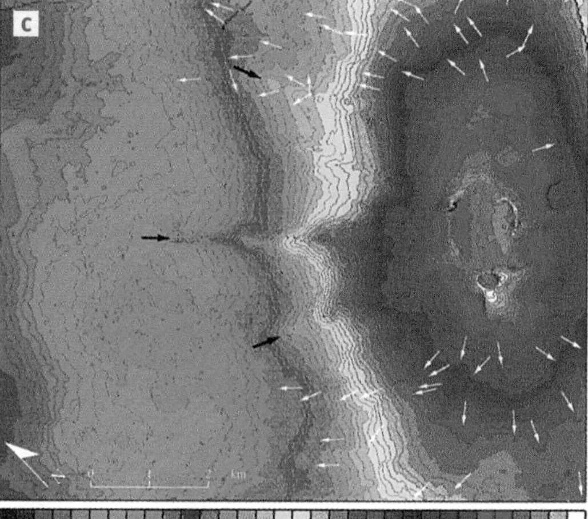

◀ b. Topographie actuelle.

c. Restauration des déplacements verticaux produits au cours du rifting en annulant les rejets sur les failles.

▼ d. Restauration des déplacements horizontaux en supposant que le volcan Fieale est en position axiale lors de sa formation.

e. Reconstruction verticale du profil du rift.

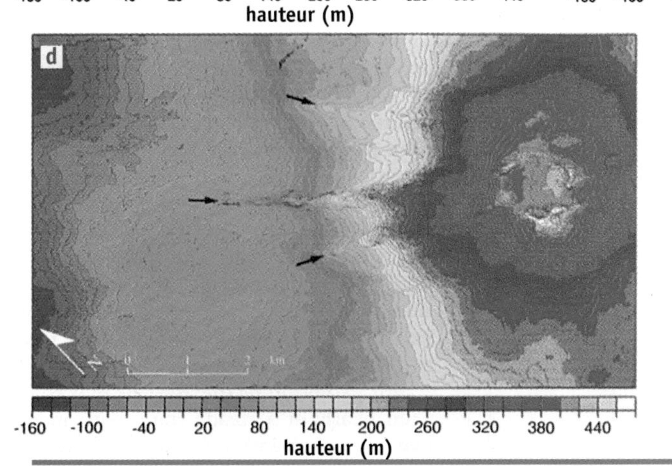

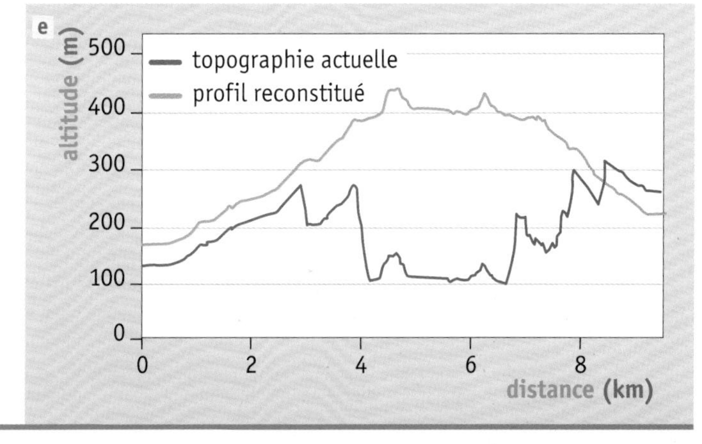

Lac de lave de Naragonga.

Chapitre 6

La machinerie thermique de la Terre

La Terre est une planète active du système solaire. Les séismes, les éruptions volcaniques, le déplacement des plaques lithosphériques sont des manifestations de la dissipation de l'énergie interne de la Terre.
Depuis la théorie des fluidistes du XIXe siècle, d'autres théories essayaient d'expliquer les manifestations de l'énergie interne de la Terre.
– Poisson (1837) pensait que la chaleur primitive, évacuée dans l'espace par rayonnement, devrait avoir entièrement disparu depuis longtemps si la chaleur intérieure de la Terre ne venait pas de l'extérieur.
– Hopkins (1839) proposait déjà deux modes de refroidissement de la Terre : la conduction et la convection.
Il optait pour une croûte épaisse de 1 500 km sous laquelle des lacs de lave en fusion alimentaient les volcans.
– Arrhenius aux environs de 1900, croyait que le centre de la Terre était occupé par un gaz.
– Au cours du XXe siècle, le développement des techniques permit la modélisation de la structure interne et thermique de la Terre.

► **Comment l'énergie produite à l'intérieur de la Terre est-elle dissipée ?**

► **Comment l'énergie produite à l'intérieur de la Terre est-elle transférée dans le manteau ?**

► **Comment expliquer les remontées ponctuelles du matériel du manteau profond ?**

ACTIVITÉ

1 L'énergie interne de la Terre : dissipation et origine

L'activité de la Terre est liée à son énergie accumulée dans ses différentes enveloppes. Une partie de cette énergie est libérée en surface et fait fonctionner la machine thermique Terre. Elle est dissipée sous forme d'énergie thermique et mécanique. Les tremblements de Terre sont des manifestations spectaculaires de la dissipation de l'énergie mécanique. Pourtant cette énergie ne représente qu'une faible part, moins de 1 % de l'énergie totale libérée. Le tremblement de terre du Chili, 1960, le plus grand enregistré, ne libéra que 10^{19} J.

► **Comment l'énergie produite à l'intérieur de la Terre est-elle dissipée ?**

VOCABULAIRE

Flux de chaleur : quantité de chaleur qui traverse l'unité de surface du sol par seconde.

Gradient géothermique : variation de la température en fonction de la profondeur au sein de la Terre. La courbe correspondante est le **géotherme.**

Points d'ancrage : points en profondeur pour lesquels on a pu déterminer les conditions de température et de pression.

Doc.1 Dissipation de l'énergie thermique de la Terre

En surface

La majeure partie de l'énergie interne arrive à la surface de la Terre sous forme de chaleur et est évacuée dans l'espace par rayonnement. Le flux de chaleur moyen traversant l'ensemble de la surface du globe est de l'ordre de $4{,}2 \cdot 10^{13}$ watts.

mW/m²

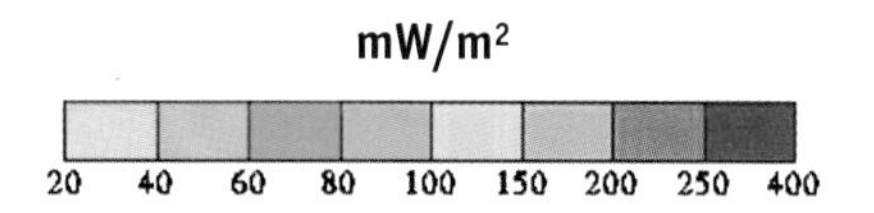

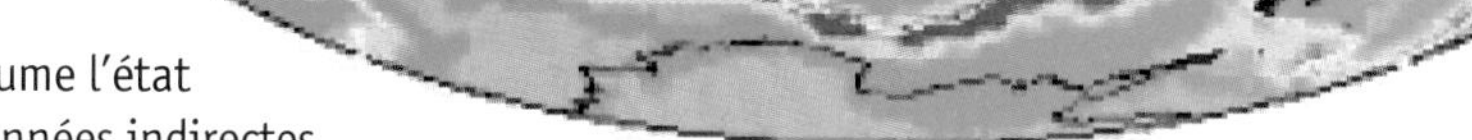

a. Flux de chaleur sortant à la surface de la Terre.

En profondeur

► Le profil de la température ou **géotherme** résume l'état thermique de la Terre. Il est établi à partir de données indirectes et d'expériences réalisées en laboratoire. Elles permettent de fixer des **points d'ancrage** du géotherme. Les seules quantités mesurables étant le flux de chaleur à la surface et la température de la partie supérieure de la croûte.

► La température de la Terre augmente en moyenne de 30 °C/km de profondeur. Cette variation de température en fonction de la profondeur est appelée **gradient géothermique.** Un flux thermique s'établit entre l'intérieur chaud et l'extérieur froid.

	flux moyen ($mW \cdot m^2$)	superficie (km^2)	puissance (W)
continents émergés	58,6	$149{,}3 \cdot 10^6$	$8{,}7 \cdot 10^{12}$
plateaux continentaux	54,4	$52{,}2 \cdot 10^6$	$2{,}8 \cdot 10^{12}$
croûte océanique	67,0	$308{,}6 \cdot 10^6$	$20{,}7 \cdot 10^{12}$
	circulations hydrothermales		$9{,}8 \cdot 10^{12}$
		TOTAL	$4{,}2 \cdot 10^{13}$

b. Flux géothermiques moyens et puissances correspondantes au travers de la croûte.

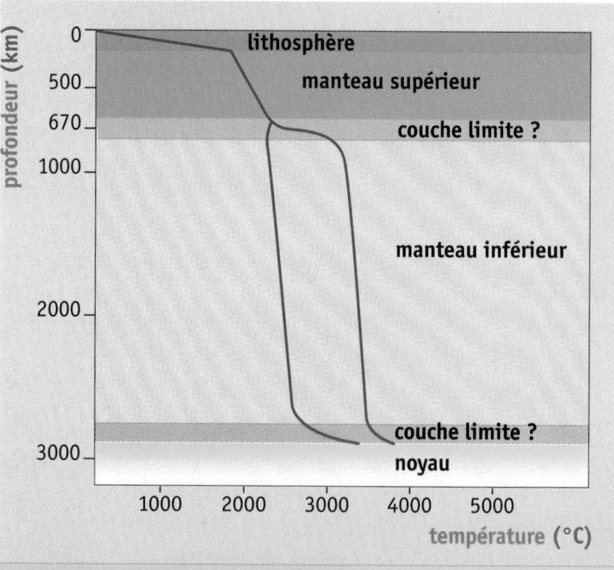

c. Augmentation de la température en fonction de la profondeur : gradient géothermique.

Doc.2 Les sources d'énergie

Les $4{,}2 \cdot 10^{13}$ watts dissipés en surface proviennent de différentes sources de chaleur.

► La **chaleur primitive** représente environ 25 % de la chaleur interne et est la cause de l'état liquide du noyau externe. Elle provient de la condensation des gaz et des poussières de la nébuleuse. À cette chaleur gravitationnelle, s'ajoute celle libérée par le bombardement de météorites, à l'origine de la différenciation de la Terre. Une quantité considérable a ainsi été stockée à l'intérieur de la Terre. Depuis, la Terre se refroidit et perd progressivement cette chaleur initiale.

► La **radioactivité** représente 75 % de l'énergie interne. Elle est due à la désintégration d'éléments chimiques radioactifs instables présents dans les différentes enveloppes de la Terre. Les roches contiennent trois éléments radioactifs à longue période : l'uranium (^{235}U et ^{238}U), le thorium (^{232}Th essentiellement) et le potassium (^{40}K). La désintégration de l'élément « père » en élément « fils » s'accompagne d'une libération de chaleur.

► D'autres sources de chaleur dont celle produite par la **cristallisation du liquide du noyau** externe et celle produite par les **mouvements différentiels** des enveloppes provoqués par la rotation de la Terre, tiennent une faible part dans la production de chaleur à la surface de la Terre.

nature	lieu de production et de dissipation	quantité d'énergie 10^{12} W
radioactivité	croûte continentale croûte océanique manteau supérieur manteau inférieur noyau	4,2 - 5,6 0,06 1,3 3,8 - 11,6 1,2 - 6
chaleur initiale	manteau noyau	7 - 14 4 - 8
chaleur de différenciation **chaleur latente de cristallisation**	noyau externe	1 - 2,8
mouvements différentiels	manteau ?	0 - 7 ?
processus tectoniques	lithosphère	0,3
séismes	lithosphère	0,03
météorites	lithosphère	0,03
	Total	42

a. Lieux et quantités d'énergie produite par différentes sources.

	uranium ppm	thorium ppm	potassium %	chaleur produite µW · m⁻³	volume km³
croûte continentale	1,6	5,8	1,7 – 3,0	1,0 – 1,1	$7 \cdot 10^9$
croûte océanique	0,9	2,7	0,4	0,9	$2 \cdot 10^9$
manteau indifférencié	0,015	0,08	0,1	0,015	$90 \cdot 10^{10}$

b. Concentration de quelques éléments radioactifs et quantités de chaleur produite par radioactivité.

TP Doc.3 Production d'énergie

► Les roches renferment des éléments radioactifs.
Il est possible de savoir si un échantillon d'une roche en contient. L'élément radioactif a un noyau atomique instable, il se désintègre en émettant un rayonnement qui produit de la chaleur. Le rubidium et le strontium sont incorporés dans certains minéraux des granites.

► Le rayonnement émis par la désintégration du noyau peut être entendu à l'aide d'un compteur Geiger qui exprime la radioactivité en coups par minute.

► Les éléments radioactifs peuvent être observés au microscope optique : leur désintégration est à l'origine d'une auréole, visible en lame mince.

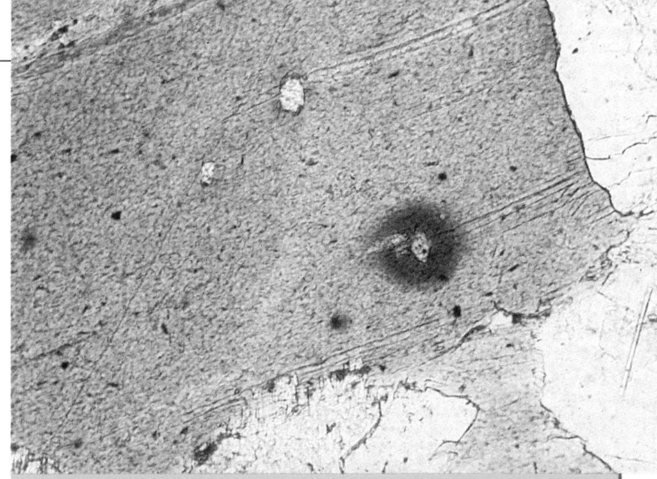

Lame mince d'un granite montrant un zircon radioactif à l'intérieur d'un mica.

EXPLOITATION DES DOCUMENTS

1. **Nommer** les zones où le flux de chaleur à la surface de la Terre est le plus élevé (**Doc. 1**).
2. **Calculer** le flux de chaleur moyen en mW/m² traversant la surface de la Terre sachant que celle-ci fait $5{,}1 \cdot 10^8$ km² (**Doc. 1**).
3. **Proposer** une explication au fait que, bien qu'un volcan libère une grande quantité d'énergie, la puissance globale liée aux éruptions volcaniques ne représente que $1 \cdot 10^{12}$ watts (**Doc. 1**).
4. **Nommer** les couches où le gradient géothermique augmente rapidement avec la profondeur (**Doc. 1**).
5. **Calculer** la puissance globale de l'énergie produite par la croûte et le manteau (**Doc. 2**). Sachant que la teneur en uranium dans le manteau est 70 fois moindre que celle de la croûte, que suggèrent les résultats obtenus ?
6. **Répondre au problème posé** : « Comment l'énergie produite à l'intérieur de la Terre est-elle dissipée ? »

2 La convection mantellique : dissipation de l'énergie interne

La montée de matériel basaltique chaud au niveau des dorsales, le déplacement des plaques lithosphériques, leur disparition dans les zones de subduction, ces mouvements évoquent un circuit de la matière à l'intérieur du manteau.

VOCABULAIRE

Couche limite : couche entre deux cellules de convection où la chaleur se propage par conduction.

Conductibilité : propriété d'un corps à diffuser de la chaleur par diffusion.

▶ **Comment la chaleur produite à l'intérieur de la Terre est-elle transférée dans le manteau ?**

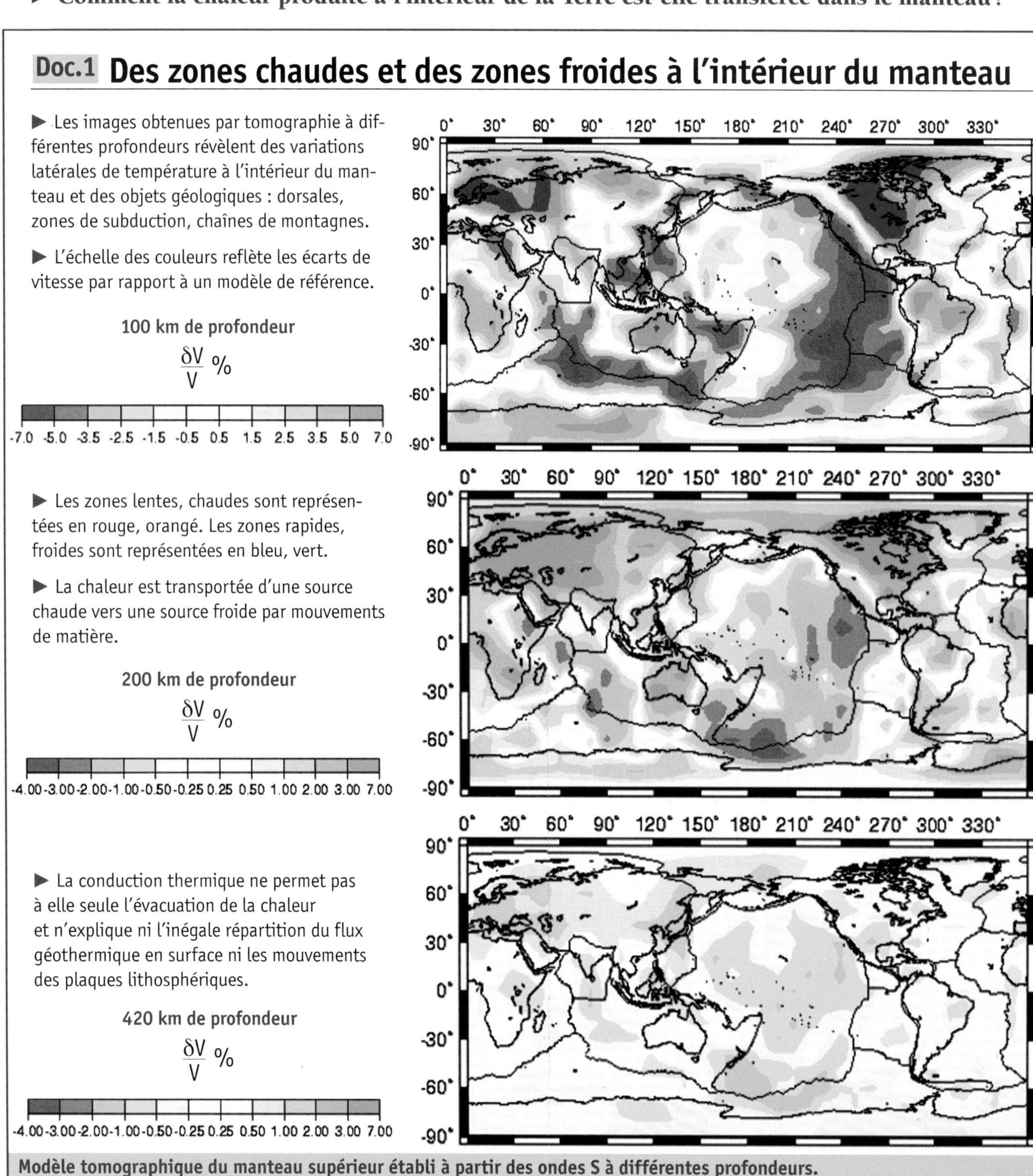

Modèle tomographique du manteau supérieur établi à partir des ondes S à différentes profondeurs.

Doc.2 Les transferts de chaleur

Les modes de transport de la chaleur produite à l'intérieur de la Terre sont de trois sortes :

▶ Le rayonnement électromagnétique
Il libère, sous forme d'infra-rouges, la chaleur arrivée en surface par conduction. Il n'a besoin d'aucun support pour diffuser dans l'espace.

▶ La conduction
La chaleur contenue dans un solide diffuse par vibrations thermiques des atomes autour de leurs positions d'équilibre dans le réseau cristallin des minéraux. Elle se fait sans mouvement de matière. La chaleur se propage ainsi à travers des **couches limites** thermiques, c'est-à-dire à l'interface entre deux milieux de propriétés physiques différentes :
- à l'interface de la lithosphère et de l'atmosphère, où le flux de chaleur est mesuré ;
- à l'interface de la croûte et du manteau ;
- à l'interface du manteau et du noyau.

Les roches ayant une **conductibilité** faible, ce mécanisme ne peut, à lui seul rendre compte du flux géothermique mesuré à la surface de la Terre (**b**).

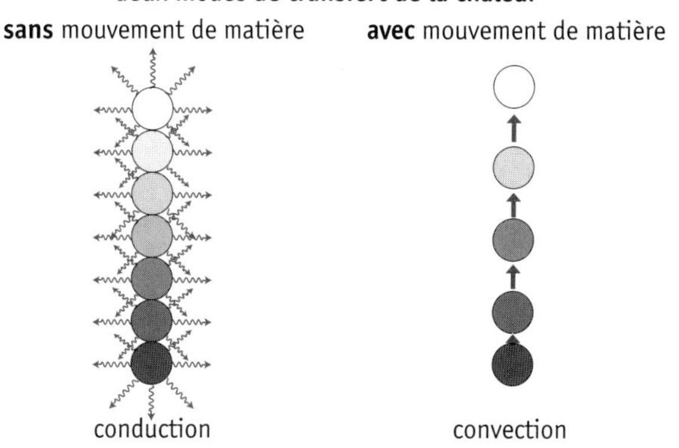

a. Représentation des modes de transferts de la chaleur.

▶ La convection
La chaleur accumulée dans des couches limites est alors transportée par des mouvements de matière. Ce mode de transport prend le relais de la conduction quand celui-ci n'est pas assez efficace.

Si la conduction était le seul mode de transfert de la chaleur interne, le flux géothermique mesuré en surface serait constant.

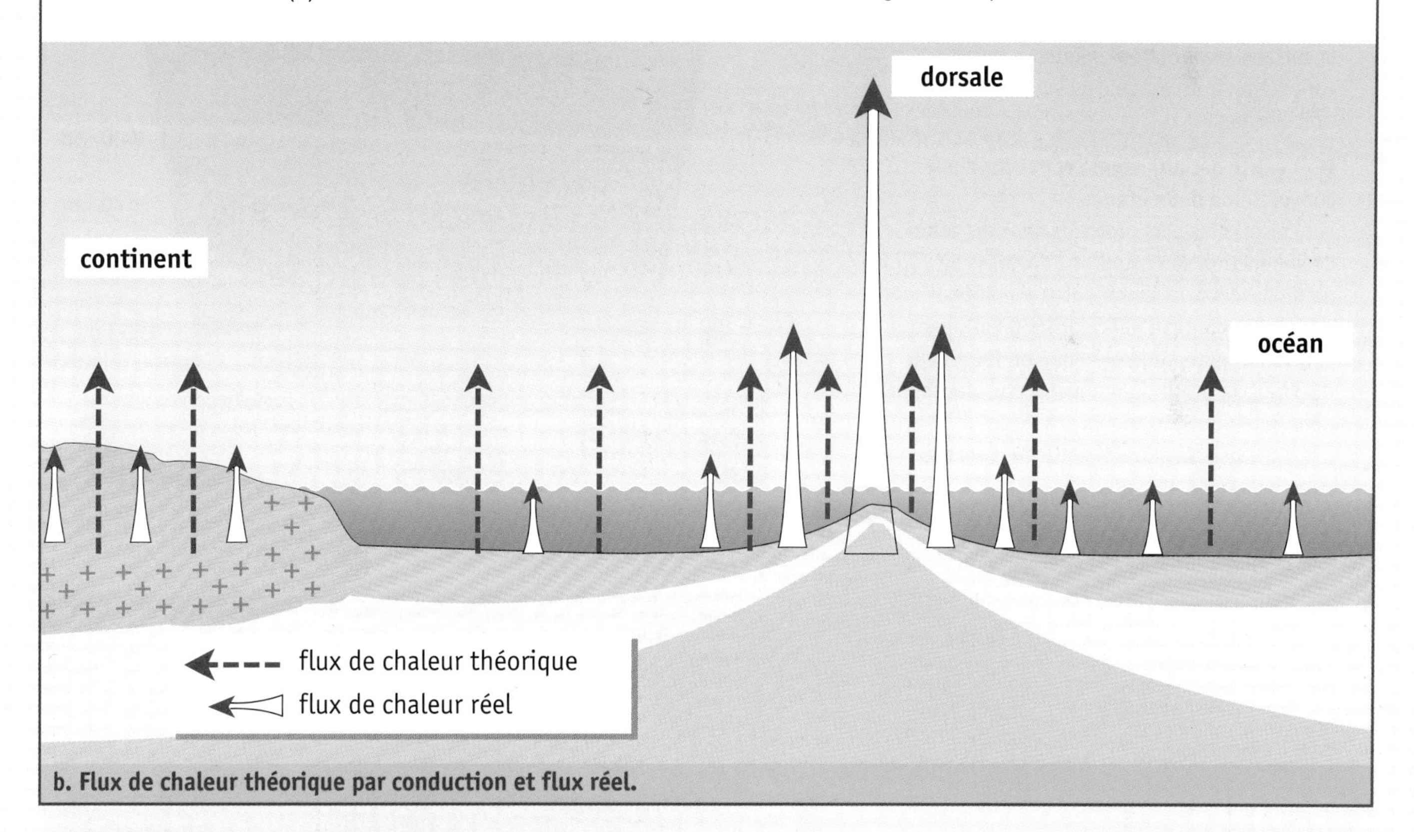

b. Flux de chaleur théorique par conduction et flux réel.

EXPLOITATION DES DOCUMENTS

1. **Nommer** les « objets » géologiques correspondants aux zones chaudes et aux zones froides. **Indiquer** les zones de la lithosphère où sont réalisés les mouvements de matière et le sens de déplacement de ceux-ci. **Justifier** votre réponse (**Doc. 1**).
2. **Noter** la différence entre le mode de transfert de la chaleur par conduction et par convection. **Expliquer** pourquoi, dans les deux cas, ce transfert ne peut se faire qu'en présence d'un support de matière (**Doc. 2**).

ACTIVITÉ

2 (suite) La convection mantellique : dissipation de l'énergie interne

► **Comment la chaleur produite à l'intérieur de la Terre est-elle transférée dans le manteau ?**

Doc.3 Le manteau, matériau solide en convection

Il est maintenant admis que le manteau, bien que solide, est animé de mouvements lents de convection qui transportent la chaleur interne vers la surface de la Terre.

► La question qui se pose est de savoir,
– si le manteau inférieur et le manteau supérieur convectent séparément, dans ce cas il existe deux niveaux de convection : **convection à deux étages** ;
– si les cellules de convection s'étendent de la surface à la frontière manteau-noyau : **convection à un étage** avec ou non des variations locales.

► Il existe des arguments en faveur d'une **convection à deux étages.**
Les séismes les plus profonds dans les zones de subduction se situent aux environs de 700 km de profondeur. La limite entre le manteau supérieur et le manteau inférieur (670 km) marque la discontinuité minéralogique où le spinelle disparaît au profit d'un minéral plus dense, la pérovskite, aux propriétés physiques différentes. Elle s'opposerait à la descente du manteau supérieur.

► Il existe des arguments en faveur pour une **convection à un étage** : l'accumulation de lithosphère dense à 670 km de profondeur pourrait déclencher des avalanches entraînant celles-ci dans le manteau inférieur.

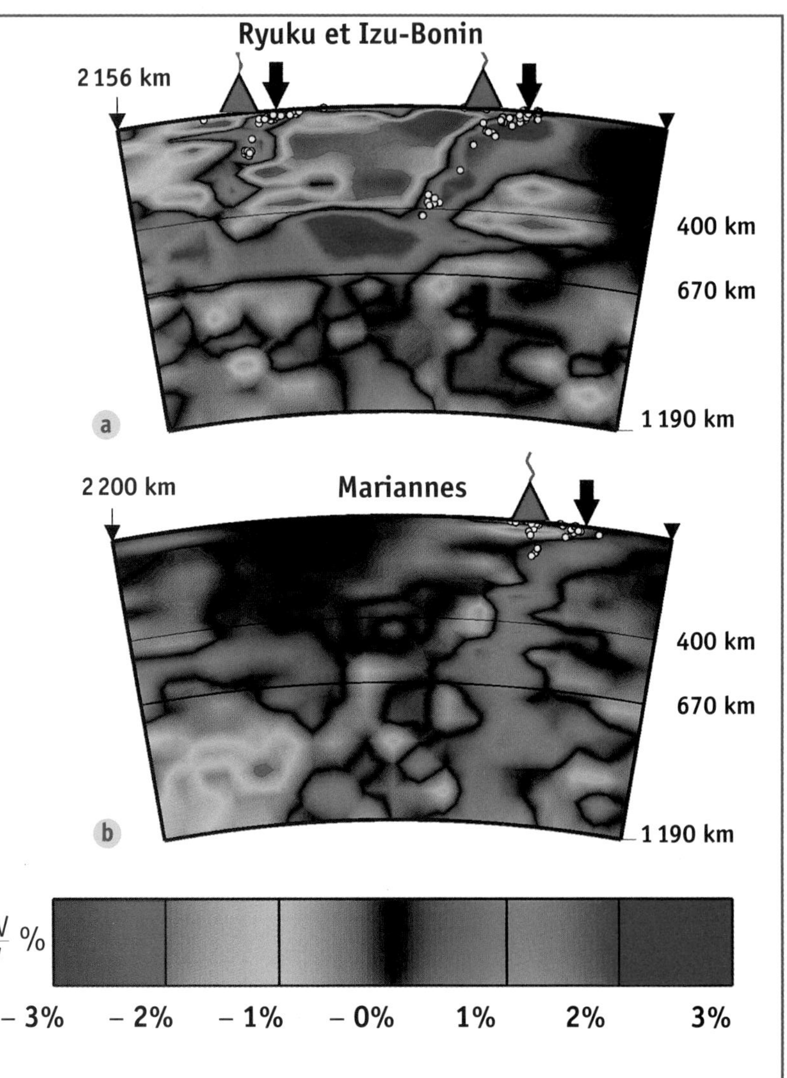

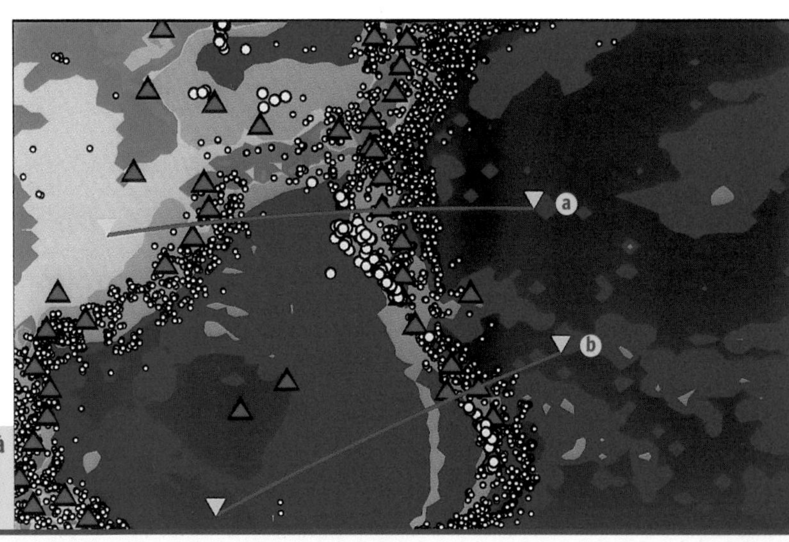

Tomographies verticales des zones de subduction à l'est du Japon et à travers l'arc insulaire des Mariannes ⓐ et ⓑ.

TP Doc.4 Modèles de la convection du manteau

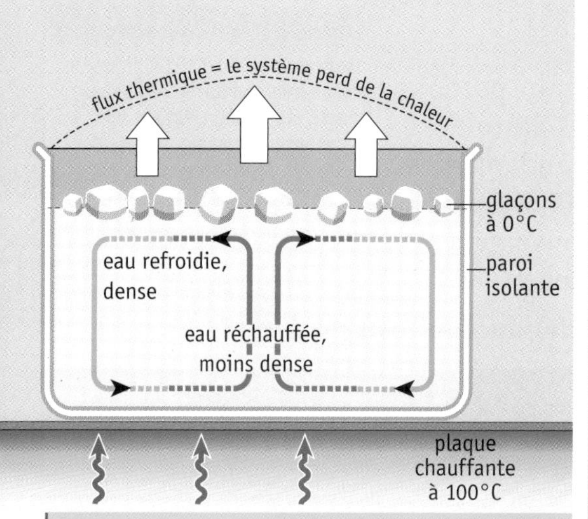

a. Modèle analogique de la convection dans le manteau.

La température à la limite manteau-noyau est de 3 000 à 3 500 °C environ, alors que la température moyenne en surface est de 15 °C.

Dans une machine thermique à vapeur ou à essence, le mouvement est induit par une grande différence de température entre l'intérieur du moteur et l'extérieur.

On peut reproduire des mouvements de convection en faisant chauffer doucement de l'eau sur une source de chaleur.

Les couches d'eau en contact avec le fond chaud du récipient se dilatent, montent, deviennent plus légères que les couches superficielles, elles se refroidissent en surface puis redescendent.

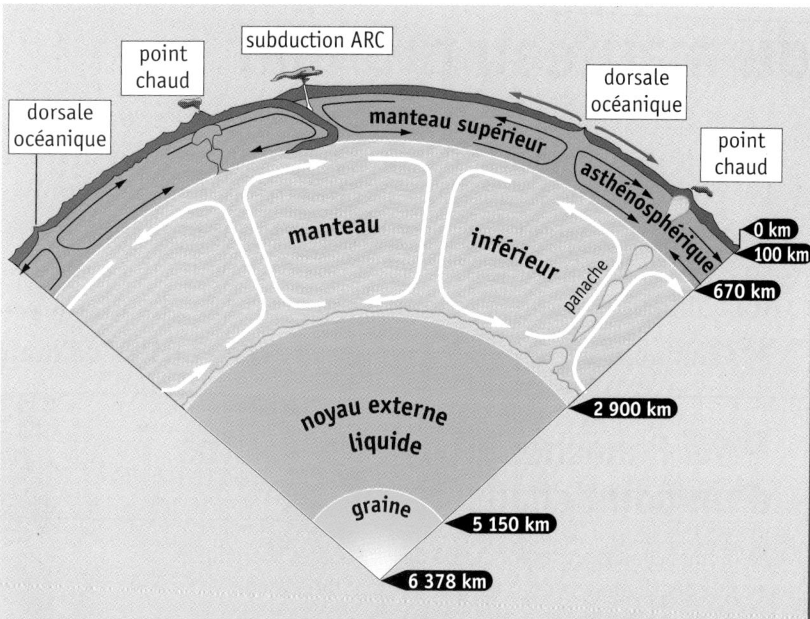

b. Modèle d'une convection à 2 étages dans le manteau.

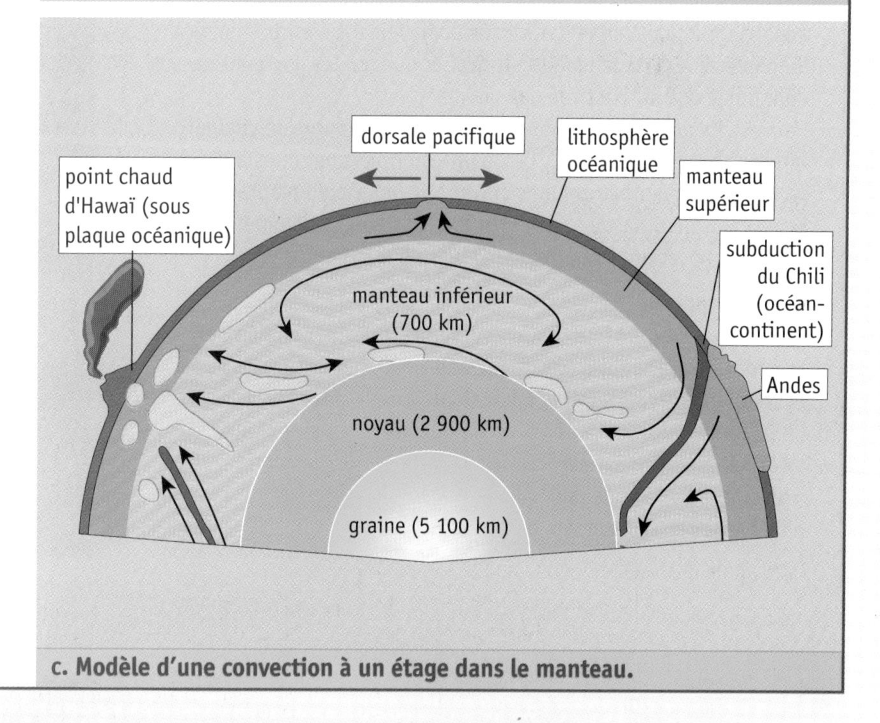

c. Modèle d'une convection à un étage dans le manteau.

EXPLOITATION DES DOCUMENTS

3. **Repérer**, sur le **Doc. 3**, la profondeur du manteau à laquelle la plaque océanique froide plonge. **Préciser** en quoi ces observations vont dans le sens d'une convection à 1 ou 2 étages. **Expliquer** en quoi les deux premières informations postulent pour une convection à deux étages. **Donner** les conséquences des avalanches de la lithosphère dans le manteau (**Doc. 3**).
4. **Noter** la profondeur jusqu'à laquelle on enregistre des zones chaudes et **préciser** dans quelles enveloppes de la Terre elles se trouvent. **Préciser** en quoi ces observations vont dans le sens d'une convection à 1 ou 2 étages (**Doc. 3** et **4**).
5. **Préciser** les zones géologiques où se font les courants montants chauds et les courants descendants froids du manteau (**Doc. 1**, **3** et **4**).
6. **Répondre au problème posé** : « Comment la chaleur produite à l'intérieur de la Terre est-elle transférée dans le manteau ? »

ACTIVITÉ

3 Les points chauds des remontées du manteau profond

Les mouvements lents de convection du manteau terrestre transportent une partie de la chaleur interne vers la surface de la Terre. Les dorsales et les points chauds sont les manifestations des courants ascendants des transferts de chaleur vers la surface. Les points chauds, dont la position est souvent sans rapport avec les zones de divergences ou de convergences, sont alimentés par des remontées de manteau chaud, les panaches.

VOCABULAIRE

Isotopes : éléments chimiques de même nom qui diffèrent par leur masse atomique, c'est à dire n'ayant pas le même nombre de neutrons dans le noyau.

Traceur : élément chimique, radioactif, permettant de suivre son devenir.

► **Comment expliquer les remontées ponctuelles de matériel du manteau profond ?**

Doc.1 Panaches actifs ou témoins d'un point chaud

Les points chauds correspondent à des anomalies thermiques du flux géothermique dont la valeur atteint 0,05 W/m^2.

► **Hawaï**

Situé au milieu de la plaque pacifique, le volcan actif d'Hawaï appartient à une chaîne de volcans actuellement éteints, témoins du déplacement de la plaque lithosphérique qui les porte au-dessus d'un point chaud fixe situé dans le manteau.
Point « chaud » parce que le débit de lave et l'apport de chaleur interne sont considérables. Ces manifestations sont dues à des panaches de manteau chaud s'élevant de la base du manteau.
Le volcanisme d'Hawaï s'étend sur une centaine de kilomètres ce qui laisse supposer un diamètre équivalent pour le panache.

► **Les trapps du Deccan**

Situés au nord-ouest de l'Inde, les trapps sont des empilements horizontaux de coulées basaltiques de 2 000 m d'épaisseur et s'étalant sur une surface équivalente à celle de la France.
Le Deccan se trouvait à l'emplacement actuel du point chaud de la Réunion. Un panache provenant du manteau profond a atteint la surface de la Terre il y a 65 Ma provoquant d'immenses épanchements basaltiques.

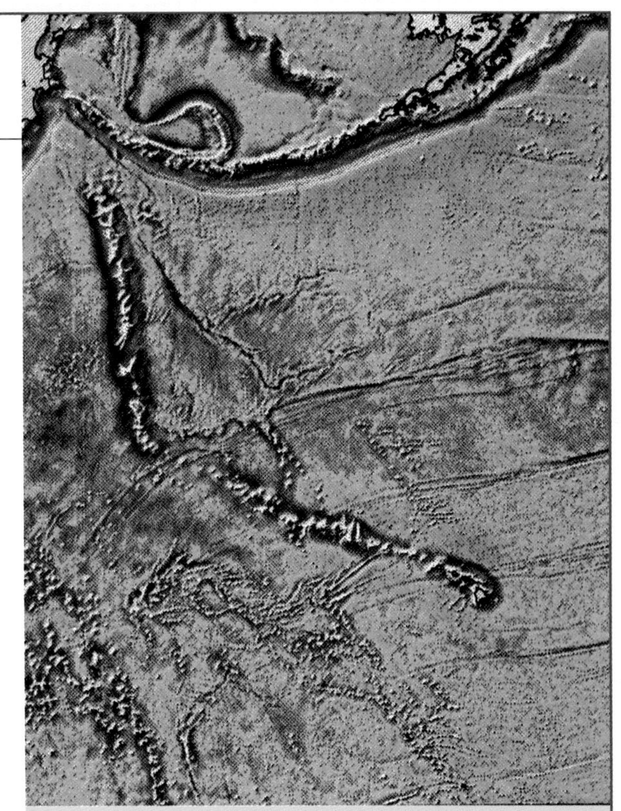

a. Fonds océaniques de la chaîne d'Hawaï.

b. Les trapps du Deccan.

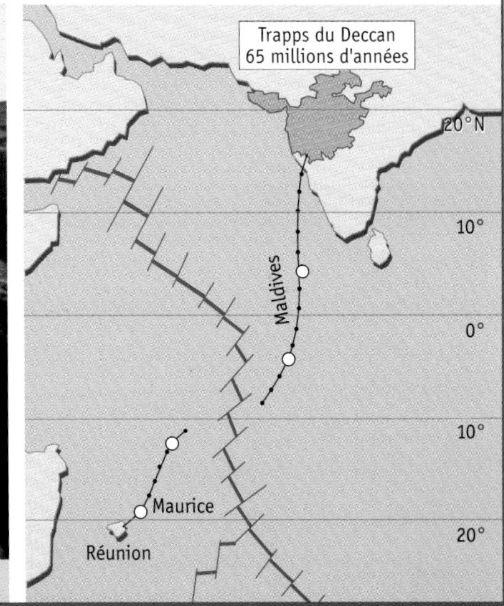

Doc.2 L'origine du magma

▶ La chaleur interne du manteau remonte grâce aux **courants de convection** dans le manteau. L'augmentation de température est à l'origine d'une fusion partielle souvent faible (5 %) parfois plus élevée (20 à 30 %) comme c'est le cas d'Hawaï.

▶ Les éléments majeurs (Si, Al, Fe, Mg, Ca, Na, K, Ti) , constituant 99 % des roches silicatées de la Terre, ne permettent pas de distinguer les basaltes des points chauds des basaltes émis au niveau des dorsales, encore appelées MORB (Mid Océanic Ridge Basalts) contrairement aux rapports isotopiques.
Les rapports des **isotopes** sont utilisés comme **traceurs**.
La mesure des proportions des isotopes, stables ou radioactifs, dans une roche permet un traçage de l'origine et de l'évolution de ces roches.
Ces rapports ont évolués lentement dans le manteau profond, considéré comme un système clos, après la formation de la Terre. Les rapports sont calculés à partir des météorites et des échantillons lunaires.
La quantité ^{87}Sr provient de la désintégration du Rubidium dont le ^{87}Rb. Lors de la fusion partielle du manteau, le ^{87}Rb (élément père) ayant une préférence plus forte pour le liquide que ^{87}Sr (élément fils), passe dans le magma.

▶ Les **panaches** sont des remontées du manteau à partir d'une couche limite à la base d'une cellule de convection. Le problème qui se pose c'est le point d'ancrage de la couche limite. Il est lié à celui de la convection du manteau.
Quelle que soit l'origine du panache il faut que celui-ci monte suffisamment vite pour ne pas perdre sa chaleur au contact du manteau environnant. Ainsi, il arrive à la base de la lithosphère à une température supérieure d'environ 3 000 °C à la température locale.

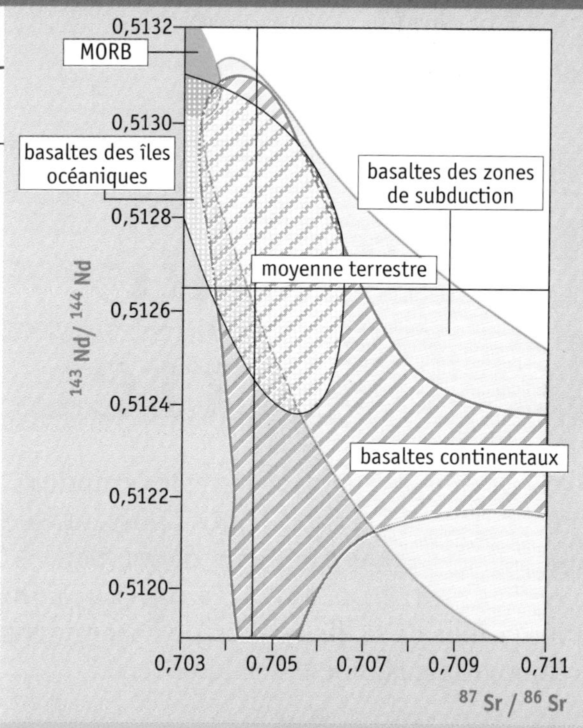

a. Variation du rapport $^{143}Nd/^{144}Nd$ en fonction du rapport $^{87}Sr/^{86}Sr$ des basaltes océaniques des points chauds et de différents basaltes.

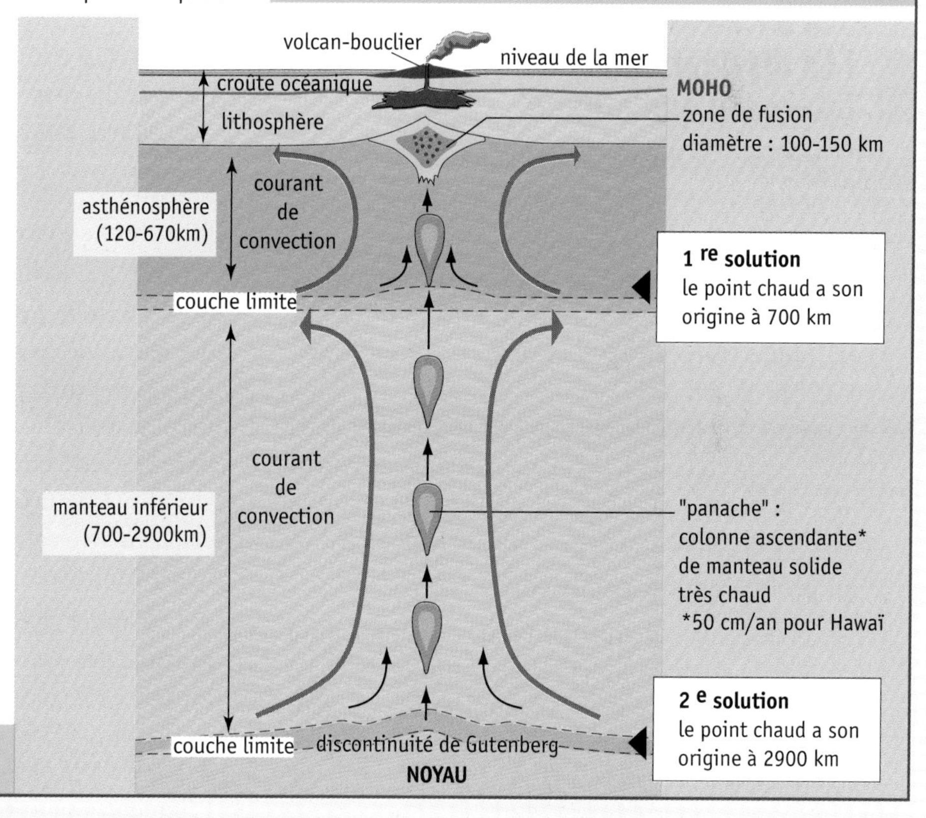

b. Deux explications possibles à l'origine d'un point chaud.

EXPLOITATION DES DOCUMENTS

1. **Montrer** en quoi la position des panaches mantelliques demeure fixe durant des périodes suffisamment longues. **Préciser** l'âge de la période du fonctionnement du point chaud d'Hawaï (**Doc. 1a**).
2. **Exprimer**, par un texte et un schéma, la variation du couple isotopique $^{87}Sr/^{86}Sr$: **calculer** le rapport $^{87}Sr/^{86}Sr$ et **traduire** par une phrase claire la variation de ce rapport dans le manteau profond et dans les basaltes des points chauds.
3. **Relever** les points communs nécessaires à la remontée de jets du manteau, que le modèle ait un ou deux étages (**Doc. 2**).
4. **Répondre au problème posé** : « Comment expliquer les remontées ponctuelles de matériel du manteau profond ? »

La machinerie thermique de la Terre

Les séismes qui ébranlent la Terre, les éruptions volcaniques, les plaques lithosphériques qui se plissent, se fracturent et sont entraînées dans une lente dérive par les courants de convection qui brassent le manteau, sont autant de manifestations de la dissipation de l'énergie interne qui fait fonctionner la machine thermique Terre.

LES MOTS À CONNAÎTRE

Conduction : transport de chaleur par diffusion, sans transport de matière, au sein d'un milieu.

Convection : transport de chaleur par mouvements de matière. Ce mode de transport est plus efficace que la conduction.

Couche limite : couche entre deux cellules de convection où la chaleur se propage par conduction.

Flux de chaleur : quantité de chaleur qui traverse l'unité de surface du sol par seconde.

Gradient géothermique : variation de la température en fonction de la profondeur au sein de la Terre. La courbe correspondante est le géotherme.

Point chaud : île océanique ou région continentale caractérisée par un volcanisme abondant et un flux thermique très élevé.

I La dissipation de l'énergie interne et son origine

A En surface : le flux géothermique

C'est la totalité de la surface de la Terre qui contribue au refroidissement de celle-ci.
Cette dissipation de l'énergie interne correspond au **flux géothermique**. Il est établi entre l'intérieur chaud, supérieur à 3 500 °C et l'extérieur froid, environ 15 °C.
Les mesures de flux de chaleur sur l'ensemble de la surface de la Terre ($5{,}1 \cdot 10^{14} m^2$) océans et continents, ont permis d'évaluer à $4{,}2 \cdot 10^{13}$ W la quantité de chaleur dissipée par l'ensemble de la planète.

B En profondeur : le géotherme

On enregistre une augmentation de la température au sein de la Terre en fonction de la profondeur. La courbe représentative de cette température ou **géotherme** permet d'estimer la température à une profondeur choisie.

Des points d'ancrage du géotherme correspondent aux conditions de température et de pression dont on est à peu près certain, car elles ont été recréées en laboratoire à partir d'une cellule à enclume de diamant :
– 1 000 °C à 70 km, température calculée à partir d'enclaves de péridotite du manteau ;
– 1 400 °C à 400 km, discontinuité thermique pour la transition de phase de l'olivine ;
– 1 600 °C à 670 km, température correspondant au passage du spinelle à la pérovskite ;
– 5 100 km, température de cristallisation du noyau.

C Les sources de chaleur interne

Plusieurs sources de chaleur sont à l'origine des $4{,}2 \cdot 10^{13}$ W dissipés à la surface du globe :

- La **chaleur primitive** produite lors de l'accrétion des gaz et des poussières de la nébuleuse pré-Soleil, sous l'effet de force de gravitation. À la fin de la formation de la Terre, d'énormes météorites ont bombardé la surface libérant de l'énergie gravitionnelle suffisante pour faire fondre partiellement la planète et permettre sa **différenciation**. La part de la chaleur primitive est évaluée à $1 \cdot 10^{13}$ W.
- L'essentiel de la chaleur est produit par la **désintégration des éléments radioactifs**, présents dans la croûte et le manteau : l'Uranium (^{235}U, ^{238}U), le Thorium (^{232}Th) et le Potassium ^{40}K. On évalue à $3{,}2 \cdot 10^{13}$ W la chaleur produite par désintégration de l'élément « père » en l'élément « fils ».
- La chaleur produite par les **mouvements différentiels** entre les différentes enveloppes de la Terre sous l'effet de la rotation de la Terre.
- La **chaleur de différenciation** : en se refroidissant le noyau externe liquide cristallise, faisant croître la graine solide, libérant de la chaleur latente de cristallisation. Elle est estimée entre 1 à $2{,}8 \cdot 10^{12}$ W.

II La convection mantellique : un mode de dissipation de l'énergie interne

Une partie de l'énergie interne est évacuée à l'intérieur du manteau.

A Des zones chaudes et froides à l'intérieur du manteau

La tomographie sismique met en évidence des **hétérogénéités à l'intérieur du globe**. À 100 km sous les dorsales, les vitesses sismiques lentes sont interprétées comme du matériel chaud. Sous les vieux boucliers et dans les zones de subduction, les vitesses rapides correspondent à la lithosphère froide. Au-delà de 300 km de profondeur, la tomographie démontre que la structure n'a pas de lien évident avec les objets géologiques de surface.

B Les transferts de chaleur à l'intérieur du manteau

- **La conduction thermique**

En **absence de mouvement** de matière, la chaleur se déplace des zones chaudes vers les zones froides : la conduction est à l'origine du flux de chaleur mesuré en surface.

Des calculs ont permis d'évaluer à $1{,}7 \cdot 10^{13}$ W le flux évacué en surface par conduction. La conduction ne peut à elle seule expliquer le déplacement des plaques lithosphériques et le flux géothermique en surface. La chaleur étant produite en permanence sous la lithosphère un autre mode de transport de chaleur plus efficace que la conduction prend le relais.

- **La convection**

Ce mode de transfert de chaleur implique un **mouvement de matière**. Ce mouvement est organisé en une circulation en cellules fermées.

C Le manteau, matériel solide en convection

S'il est maintenant admis que le manteau, bien que solide est animé de cellules de convection, la dynamique de ces cellules à l'intérieur du manteau est plus complexe.

- **Des arguments en faveur d'une convection à deux étages** :

– la disparition de foyers sismiques au delà de 700 km ;
– la limite de la transformation du spinelle en pérovskite minéral plus dense que le spinelle ;
– la tomographie sismique révèle du matériel froid qui glisse le long de cette limite ;
– la difficulté d'un brassage du manteau sur plus de 2 000 km d'épaisseur.

- **Des arguments en faveur d'une convection à un étage :**

La tomographie sismique révèle du matériel froid qui traverse la discontinuité à 700 km de profondeur. Des modèles à deux et à un niveau ont été établis à partir des informations recueillies.

Aujourd'hui la convection à un niveau semble confirmée.

III Les points chauds

Les points chauds sont la manifestation, en surface, de panaches chauds s'élevant à l'intérieur du manteau.

Hawaï, avec ces 10 000 mètres au-dessus du plancher océanique du pacifique dépasse le mont Everest.

La hauteur des reliefs volcaniques est une conséquence de l'apport massif de magma basaltique d'origine mantellique. La chaleur interne du manteau remonte grâce aux courants de convection dans le manteau.

Les trapps du Deccan sont les témoins de l'activité passée d'un point chaud. Le Deccan se trouvait alors à l'emplacement actuel du piton de la Fournaise.

On peut étudier en laboratoire certaines propriétés de tels panaches, en chauffant localement un liquide, une huile, dont la viscosité décroît quand la température augmente. Le panache s'élève à vitesse constante. Il est caractérisé par une grosse tête alimentée par un fin conduit.

Plus la tête est large, plus le volume est grand, mieux le panache parvient à monter.

A Le magmatisme des points chauds

La composition chimique des basaltes des points chauds diffère de celles des MORB, basaltes émis au niveau des dorsales. Les rapports isotopiques des basaltes des points chauds sont différents de ceux des basaltes des rides médio-océaniques, l'origine mantellique de ces basaltes est donc différente.

B Remontée de chaleur

La chaleur interne du manteau remonte grâce aux courants de convection dans le manteau sous la forme de diapirs solides et très chauds. Ils sont associés à des instabilités des couches limites et remontent grâce à la poussée d'Archimède. Actuellement, il semble démontré que l'origine des points chauds serait à la limite du manteau et du noyau.

L'essentiel

Le flux de chaleur en surface, ou flux géothermique, est la manifestation principale de la dissipation de l'énergie interne de la Terre. La chaleur interne a pour origine essentielle la désintégration de certains isotopes radioactifs.
La fabrication de la lithosphère océanique au niveau des dorsales, sa disparition dans les zones de subduction et le déplacement des plaques lithosphériques sont des manifestations d'une convection thermique, à l'état solide, du manteau. Le transport de chaleur est assuré par des mouvements de matière. Les dorsales océaniques traduisent des courants montants chauds de matériel du manteau. Les plaques en subduction traduisent des courants descendants froids.
Le magmatisme lié au point chaud marque la remontée ponctuelle de matériel du manteau profond. Il s'exprime par des éruptions massives de lave basaltique (plateau océanique, trapps, alignements insulaires).

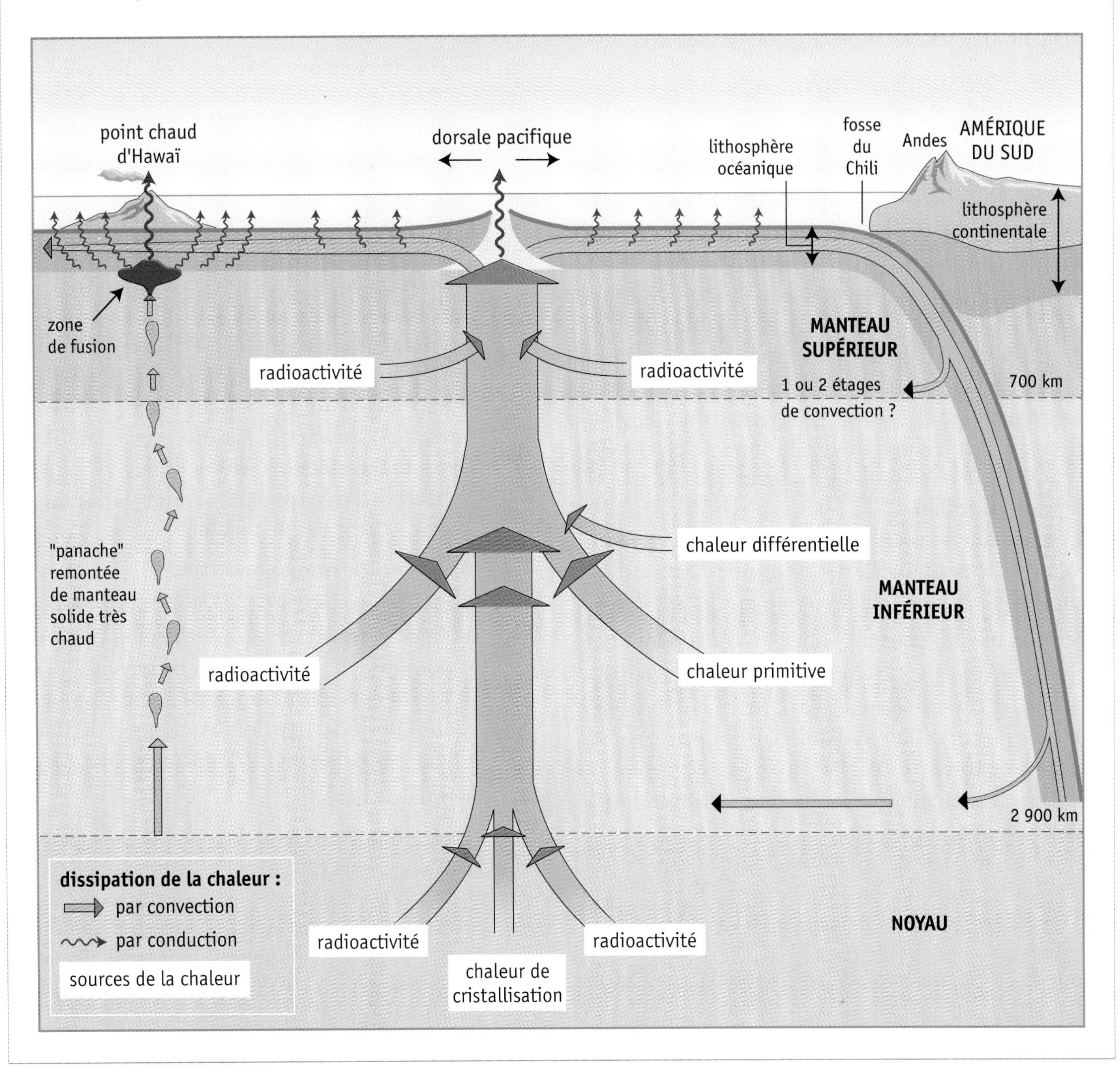

EXERCICES

VÉRIFIER SES CONNAISSANCES

EXERCICE 1 Définir en une phrase claire les mots ou expressions suivants.

- flux thermique
- conductibilité
- point chaud
- gradient géothermique
- convection
- isotope radioactif

EXERCICE 2 Reconstituer une ou plusieurs phrases scientifiquement exacte(s) à partir des propositions suivantes.

1. Le flux géothermique...

a. est la quantité de chaleur dissipée à la surface de la Terre en un temps donné.
b. est constant à la surface de la Terre.
c. est la quantité de chaleur dissipée par les éruptions volcaniques.
d. n'est pas constant à la surface de la Terre, il est plus élevé au niveau des dorsales et des points chauds.

2. Le gradient géothermique...

a. moyen, près de la surface de la Terre, est de 30 °C par kilomètre.
b. est le rapport de la variation de température entre deux points en profondeur, sur la distance séparant ces points.
c. augmente fortement dans les couches limites.
d. moyen, près de la surface de la Terre, est de 10 °C par kilomètre.

3. La convection...

a. est un mode de transport de la chaleur dans le manteau.
b. se réalise entre deux zones chaudes.
c. dissipe la chaleur sous forme de déplacement de la matière.
d. dissipe la chaleur sans déplacement de matière.

EXERCICE 3 Restituer ses connaissances en quelques phrases sur un sujet précis, en utilisant obligatoirement un ensemble de mots-clés.

sujets	mots-clés
a. convection mantellique	tomographie sismique, zones chaudes, mouvements ascendants
b. points chauds	remontées, magmatisme, manteau
c. flux géothermique	énergie interne, dissipation, sources

EXERCICE GUIDÉ

La dynamique du manteau

Énoncé Le document ci-dessous représente une coupe tomographique verticale établie à partir des variations de vitesse des ondes P entre le Japon et la Méditerranée.

1. Rappeler comment sont interprétées les variations de vitesse des ondes et préciser la correspondance entre la variation de vitesse et la chaleur en profondeur.

2. Repérer :
– la zone de transition entre le manteau supérieur et le manteau inférieur ;
– les grandes structures froides puis noter jusqu'à quelle profondeur elles se distinguent.
Près de la surface ces structures froides se confondent avec des foyers sismiques (points blancs).

3. Préciser :
– ce qu'indique la présence de ces séismes.
– le nom de la plaque plongeante et de celle sous laquelle elle plonge.
– si les profondeurs trouvées vont dans le sens d'une convection mantellique à un ou deux étages, justifier votre réponse.

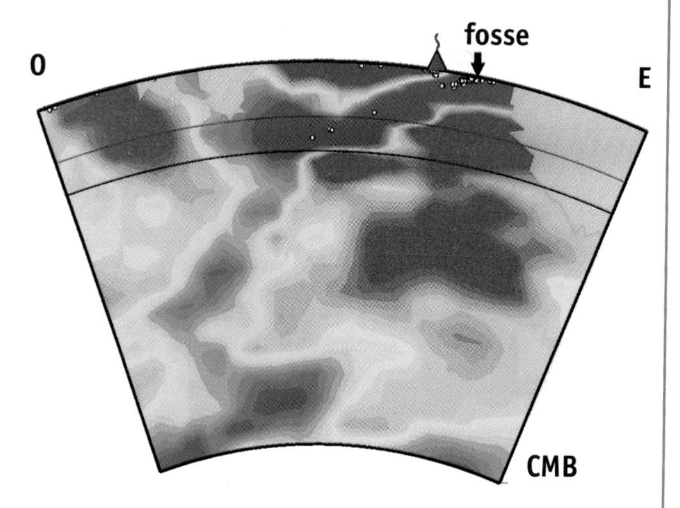

Conseils pour la résolution

2. Rechercher les zones froides, repérer leur forme et leur inclinaison. Elles marquent les zones de subduction.
3. Les séismes sont alignés selon un plan, le plan de Benioff. Repérer la plaque plongeante sur la carte des fonds océaniques, la nommer et nommer la plaque sous laquelle elle plonge. Dans le cas d'une convection à deux étages, la plaque subductée glisse le long de la zone de transition. On a alors deux niveaux de cellules de convection : une entre la lithosphère et la zone de transition et une entre la zone de transition et le noyau. Dans le cas d'une convection à un étage, les cellules de convection s'étendent à tout le manteau.

EXERCICES

APPLIQUER SES CONNAISSANCES

EXERCICE 4 Chaleur dissipée par les volcans

Saisir des données dans un but explicatif

Des mesures sont effectuées sur le volcan « Erta Ale » en Afar. Le flux moyen mesuré est de l'ordre de $30 \cdot 10^3$ W. m^{-2}. La surface totale du lac de lave est d'environ 3 800 m^2.

1. **Calculer** la quantité de chaleur totale dissipée par le volcan. **Comparer** cette valeur au flux total dissipé à la surface de la Terre. **Exprimer** en pourcentage la quantité de chaleur produite par Erta Ale par rapport au flux de chaleur total dissipé par la Terre.
2. **Expliquer** pourquoi les éruptions volcaniques qui libèrent de grandes quantités d'énergie, ne comptent cependant que pour une faible fraction du bilan énergétique de la Terre.
3. Combien faudrait-il de volcans de même puissance que Erta Ale pour dissiper toute la chaleur produite en surface par la terre ?

EXERCICE 5 Brassage du manteau

Utiliser des outils mathématiques dans un but explicatif

En se basant sur la vitesse de déplacement des plaques lithosphériques on peut estimer que la vitesse moyenne de la circulation des cellules de convection dans le manteau est de 5 centimètres par an. Si l'on considère qu'une cellule de convection parcourt 5 000 ou 10 000 km :

1. **Calculer** le temps que met la cellule de convection pour faire un tour complet.
2. **Calculer** le nombre de tours complets qu'a réalisé la cellule de convection depuis la formation de la Terre.
3. **Expliquer** pourquoi on peut conclure, à partir des informations ci-dessus, que le manteau a subi un brassage considérable. **Argumenter** votre réponse à partir des calculs trouvés.

EXERCICE 6 Chaleur produite par radioactivité

Saisir des données.
Utiliser ses connaissances dans un but explicatif

Les tableaux ci-dessous indiquent :
– le flux de chaleur moyen dissipé par différentes zones à la surface de la Terre et les superficies de ces zones;
– la radioactivité moyenne des roches des différentes enveloppes de la Terre.

	Superficie (km^2)	Flux moyen (mW · m^{-2})
Continents émergés	$149{,}3 \cdot 10^6$	58,6
Plates-formes continentales	$52{,}2 \cdot 10^6$	54,4
Océans	$308{,}6 \cdot 10^6$	67,0

	Volume (km^3)	Radioactivité volumique moyenne (cal · s^{-1} · km^3)
Croûte continentale	$7 \cdot 10^9$	165
Croûte océanique	$2 \cdot 10^9$	16
Manteau supérieur	$31 \cdot 10^{10}$	1
Manteau inférieur	$59 \cdot 10^{10}$	4,2
Noyau liquide	$17 \cdot 10^{10}$	5

1. **Calculer** la quantité de chaleur, en watts, dissipée par l'ensemble de la Terre.
2. **Calculer** la quantité de chaleur moyenne produite par radioactivité, en watts, pour chacune des enveloppes puis pour l'ensemble de la Terre. **Comparer** la valeur trouvée à celle qui est dissipée à la surface de la Terre. Que pouvez-vous en **conclure** sur la production d'énergie interne ?

EXERCICE 7 Modélisation du panache thermique

Mettre en relation des informations dans un but explicatif. Utiliser ses connaissances

L'île d'Hawaï s'étend sur une superficie d'une centaine de kilomètres.
Les trapps du Deccan ont une superficie de 10^6 km^2.
Les modèles analogiques des points chauds ont une forme d'un champignon avec une tête large et un pied étroit.

1. **Mettre en relation** ces informations afin de démontrer que les trapps sont les témoins d'un point chaud.
2. **Préciser** le nom du volcan actif actuel qui correspond à ce point chaud.
3. **Préciser** à quelle partie du modèle analogique correspondent les trapps du Deccan et l'île d'Hawaï. Justifier.

Modèle analogique d'un panache thermique convectif.

APPLIQUER SES CONNAISSANCES

EXERCICE 8 Le magmatisme des points chauds

Mettre en relation des informations.
Schématiser des données

Les isotopes radioactifs contenus dans les roches sont utilisés pour déterminer l'origine du magma des points chauds. Les rapports isotopiques évoluent lentement dans le manteau. Ils sont calculés à partir des échantillons lunaires et des météorites.

Le rapport $^{87}Sr/^{86}Sr$ était de 0,699, de nos jours il est de 0,704 : la quantité de ^{87}Sr provenant de la désintégration du rubidium dont ^{87}Rb augmentant progressivement. Lors de la fusion partielle du manteau, le ^{87}Rb, élément « père » ayant une préférence plus forte pour le liquide que ^{87}Sr élément « fils », passe dans le magma donnant par cristallisation un nouveau solide enrichi en ^{87}Rb, puis en ^{87}Sr par désintégration. Au contraire, le solide résiduel s'appauvrit en ^{87}Rb donc le rapport $^{87}Sr/^{86}Sr$ du manteau augmente plus faiblement. Le rapport $^{87}Sr/^{86}Sr$ dépend du milieu dont il provient. Il permet d'établir une filiation des roches magmatiques et de retrouver l'origine des magmas. Ce sont des isotopes-traceurs, on parle de « signature géochimique ».

1. Exprimer les valeurs limites des rapports isotopiques $^{87}Sr/^{86}Sr$ pour les basaltes des points chauds et des dorsales.
Comparer la superficie de ces rapports dans les deux cas.

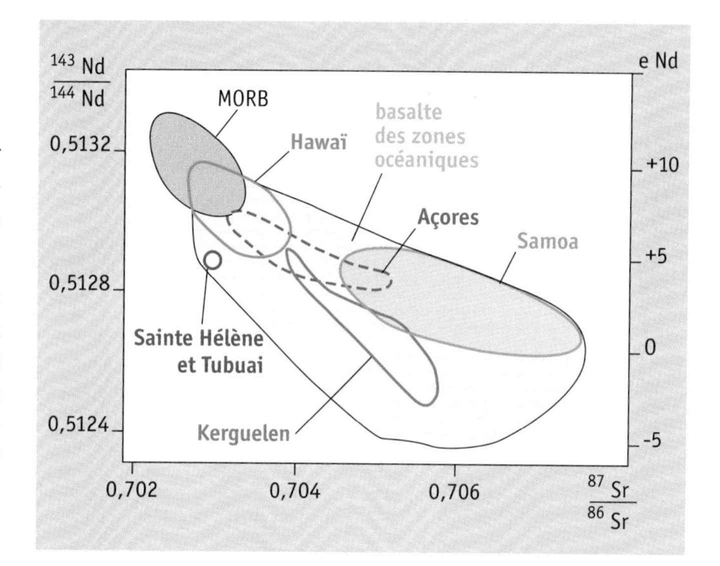

Traduire la variation de ce rapport dans le basalte des points chauds et dans le manteau profond.
Que peut-on en **conclure** quant à l'origine de ces deux basaltes ?

2. Représenter schématiquement la variation des rapports $^{87}Sr/^{86}Sr$ dans le magma des points chauds et dans le manteau résiduel.

EXERCICE 9 Les points chauds et les bombements à la surface du géoïde

Mettre en relation des données

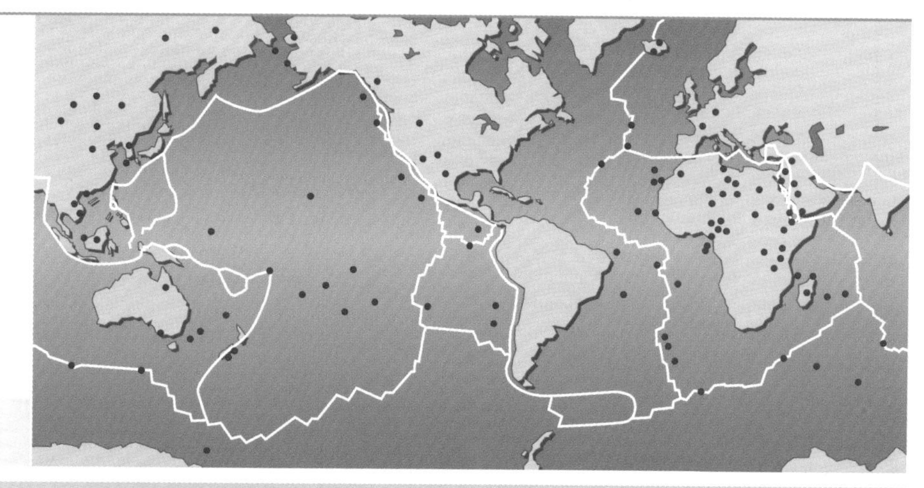

a. Répartition des points chauds à la surface du globe.

1. Repérer la position des points chauds sur la carte du géoïde.

2. Noter la situation privilégiée de la majorité des points chauds en relevant les anomalies sur lesquelles ils se trouvent. Que pouvez-vous en conclure ?

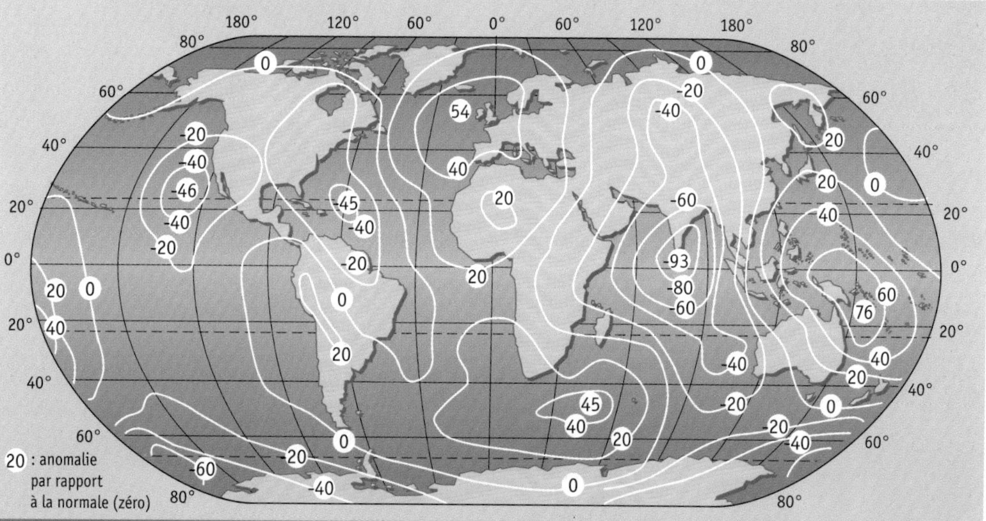

b. Anomalies du géoïde.

CLASSIC EDITION

Chapitre 7

La diversité des phénotypes

La population humaine présente des caractères variés. Chaque individu possède un ensemble de caractéristiques qui lui est propre et qui définit son phénotype. L'originalité du phénotype de l'individu est en étroite relation avec les protéines qu'il produit et plus particulièrement avec les structures de celles-ci qui peuvent être modifiées.

- **Quelle est la relation entre phénotype et structure des protéines : le cas de la drépanocytose ?**
- **Quelle est la relation entre phénotype et structure des protéines : le cas de la mucoviscidose ?**
- **Quelle est la relation entre phénotype et structure des protéines : le cas de l'albinisme ?**
- **Comment la structure des protéines peut-elle être modifiée ?**

ACTIVITÉ

1 La drépanocytose

La drépanocytose est une maladie qui entraîne la mort de nombreux enfants et de jeunes adultes en Inde et en Afrique. En 1904, un médecin, James Herrick, est le premier à établir un lien entre les symptômes de la maladie et une anomalie des hématies. Il faut attendre 1956, pour que Ingram, un biochimiste, établisse un lien entre la maladie et une protéine.

▶ **Quelle est la relation entre phénotype et structure des protéines : le cas de la drépanocytose ?**

VOCABULAIRE

Drépanocytose : terme ayant pour origine grecque le mot « drepanon » qui désigne la serpe ou faux.

Hème : pigment contenant du fer ferreux qui est associé à certaines protéines comme l'hémoglobine.

Doc.1 Phénotype macroscopique : les symptômes associés à la drépanocytose

▶ Les individus atteints de **drépanocytose** présentent des symptômes caractéristiques :
- ils sont essoufflés ;
- ils ressentent des palpitations cardiaques ;
- ils présentent des lèvres couramment de couleur bleue.

▶ Si on observe leurs capillaires sanguins, on constate que ceux-ci sont obstrués par les hématies, ce qui provoque des accidents vasculaires nombreux quand le sang cesse de circuler.

▶ L'arrêt de la circulation sanguine provoque de nombreuses lésions dans les tissus : os, muscles, foie, poumons.

▶ Ces lésions s'accompagnent de douleurs.

Doc.2 Phénotype cellulaire

▶ Les hématies d'un sujet sain ont une forme de disque biconcave.
Les hématies ont pour rôle de transporter le dioxygène grâce à l'hémoglobine, protéine contenue dans ces cellules.

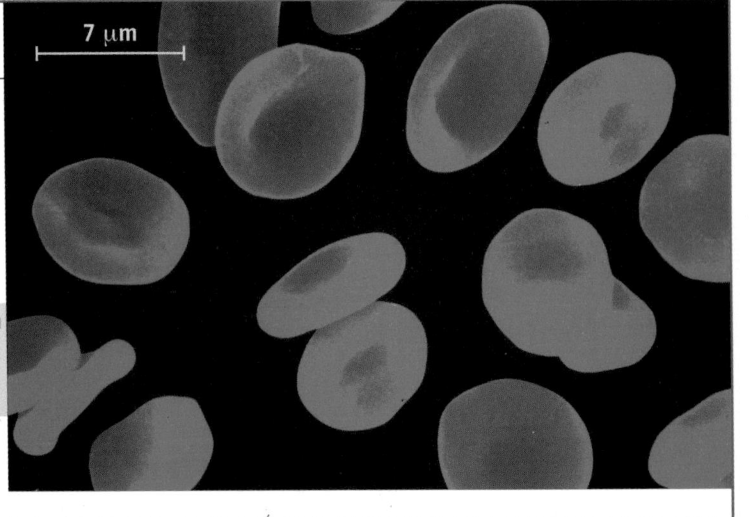

a. Hématies d'un sujet sain observées au microscope électronique à balayage.

▶ Les hématies des sujets drépanocytaires sont déformées dans un milieu pauvre en dioxygène. Elles sont dites falciformes (en forme de faucille).
Ces hématies anormales sont **fragiles** et ont une durée de vie plus courte que les hématies normales.
Les hématies des individus malades transportent très difficilement le dioxygène.

▶ De plus, si on établit la formule sanguine de deux individus, on constate que le nombre d'hématies chez le sujet drépanocytaire est réduit de moitié par rapport à celui du sujet sain. Le sujet malade est dit **anémié**.

b. Hématies d'un sujet atteint de drépanocytose, observées au microscope électronique à balayage.

Doc.3 Phénotype moléculaire

▶ L'assemblage dans l'espace de l'hémoglobine est présenté en (**a**).
L'hémoglobine est une molécule constituée de **quatre chaînes peptidiques** : deux sous-unités α de 141 acides aminés chacune (en bleu sur le document) et deux sous unités β de 146 acides aminés chacune (en gris sur le document).
Ces chaînes se replient dans l'espace et s'associent entre elles. Chaque chaîne contient un **hème**, (en jaune sur le document), structure pouvant s'associer avec une molécule de dioxygène.

▶ L'hémoglobine d'un sujet adulte sain est notée HbA et celle d'un sujet drépanocytaire est notée HbS.
Les sous-unités α de ces deux molécules sont les mêmes. Seules les sous-unités β présentent des différences. Sur le document (**b**), l'enchaînement des sept premiers acides aminés de chaque chaîne β des deux hémoglobines est détaillé.

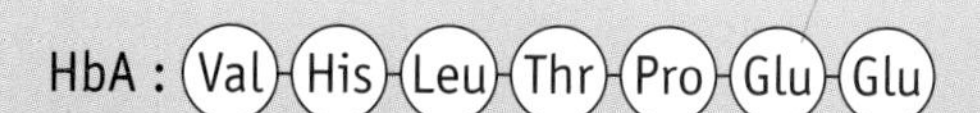

b. Séquence des acides aminés des deux molécules.

- La modification de la chaîne β ne change pas la structure spatiale de l'hémoglobine S par rapport à celle de l'hémoglobine A. Mais elle entraîne une **agglutination** des molécules HbS entre elles.
Il se forme alors de longs agrégats fibreux dans le cytoplasme de l'hématie.
- L'acide glutamique contenu dans HbA est un acide aminé qui ne possède pas d'affinité pour la leucine alors que la valine présente dans HbS, au contraire, est très attirée par la leucine.
La valine (en rouge) établit alors des liaisons avec la leucine (en bleu) ce qui provoque l'agglutination des molécules d'HbS (**c**). Les quatre chaînes des deux hémoglobines apparaissent en gris (**c**).

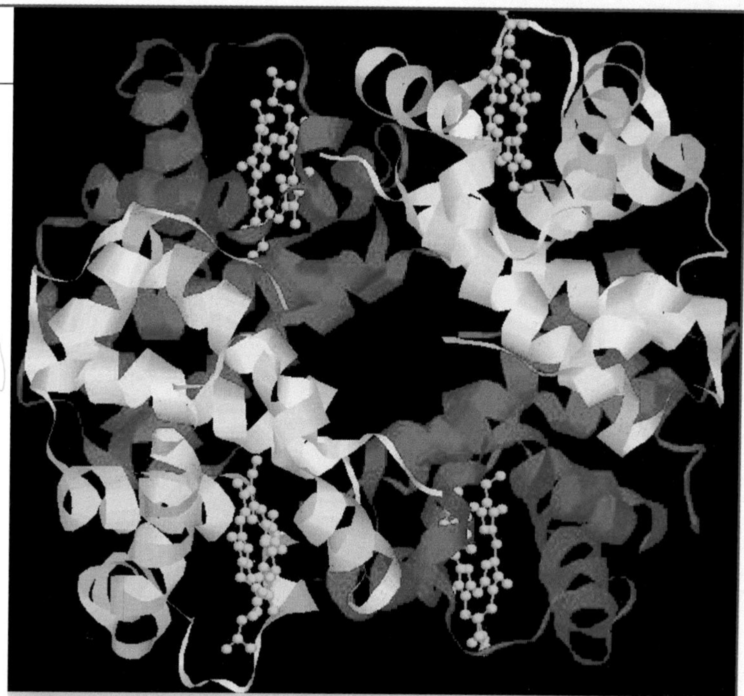

a. Structure spatiale de l'hémoglobine.

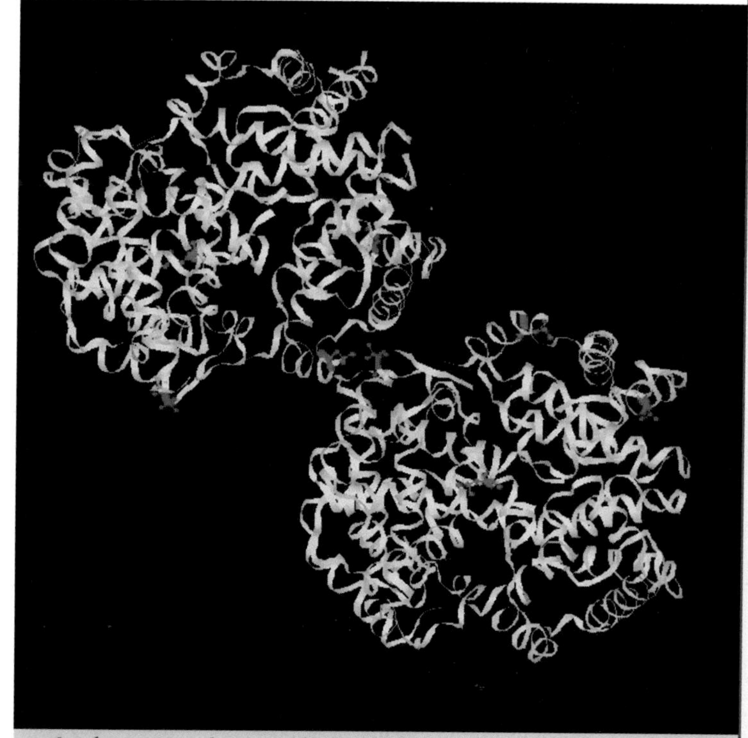

c. Agrégat entre deux molécules HbS.

EXPLOITATION DES DOCUMENTS

1. **Expliquer** comment les caractères macroscopiques peuvent provoquer la mort précoce des sujets malades (**Doc. 1**).
2. **Justifier** le nom d'anémie falciforme donné à cette maladie (**Doc. 1** et **2**).
3. **Montrer** que le phénotype cellulaire est la cause du phénotype macroscopique (**Doc. 1** et **2**).
4. **Récapituler** la différence de structure, et ses conséquences, entre les deux hémoglobines HbA et HbS (**Doc. 3**).
5. **Préciser** comment cette variation de structure est responsable du phénotype cellulaire (**Doc. 2** et **3**).
6. **Répondre au problème posé** : « Quelle est la relation entre phénotype et structure des protéines : le cas de la drépanocytose ? »

ACTIVITÉ

2 La mucoviscidose

La mucoviscidose est une des maladies génétiques les plus fréquentes : en France, un enfant sur 2 500 est atteint. Les progrès biochimiques montrent que les symptômes de cette maladie ont pour origine des modifications de la structure d'une protéine.

VOCABULAIRE

Mucus : sécrétion visqueuse.

Séquence des acides aminés : succession des acides aminés dans la protéine.

► **Quelle est la relation entre phénotype et structure des protéines : le cas de la mucoviscidose ?**

Doc.1 Phénotype macroscopique

► La mucoviscidose se caractérise par l'obstruction par du **mucus** de canaux présents dans l'organisme tels que : canal pancréatique, canaux déférents, bronches et bronchioles.
Les conséquences sont de plusieurs types :
– le pancréas ne déverse plus ses enzymes digestives dans l'intestin, la digestion est perturbée ;
– les poumons, les bronches et les bronchioles sont encombrés par un bouchon muqueux épais difficile à évacuer, les capacités respiratoires sont fortement diminuées ;
– les canaux déférents chez l'homme ne peuvent assurer le transport des spermatozoïdes, l'individu est stérile.

► Des **infections à répétition** se développent dans les poumons et provoquent une dégradation du tissu pulmonaire.

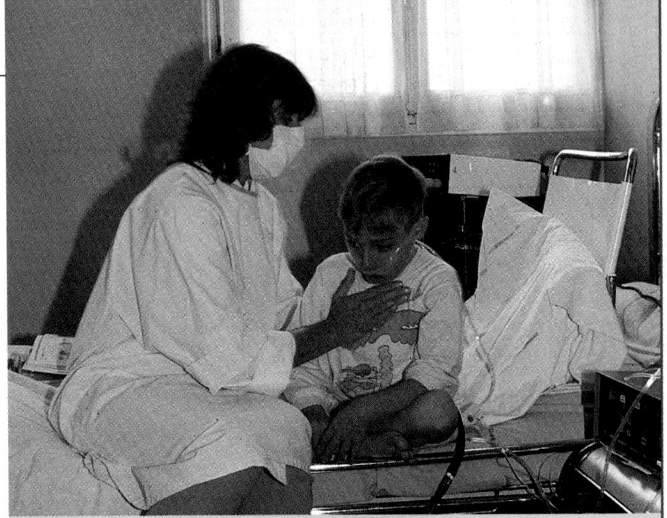

Cette mère traite son enfant atteint. Elle tapote la poitrine de l'enfant incliné pour décoller le mucus encombrant les voies respiratoires.

Doc.2 Phénotype cellulaire

► L'épithélium pulmonaire est formé de cellules épithéliales et de cellules isolées ou parfois regroupées en glandes qui fabriquent le mucus tapissant les voies pulmonaires.

► Chez un sujet sain, le mucus sécrété est humide et fluide. Il piège les particules inhalées. Il est propulsé vers la gorge par les cils des cellules épithéliales où il est évacué.

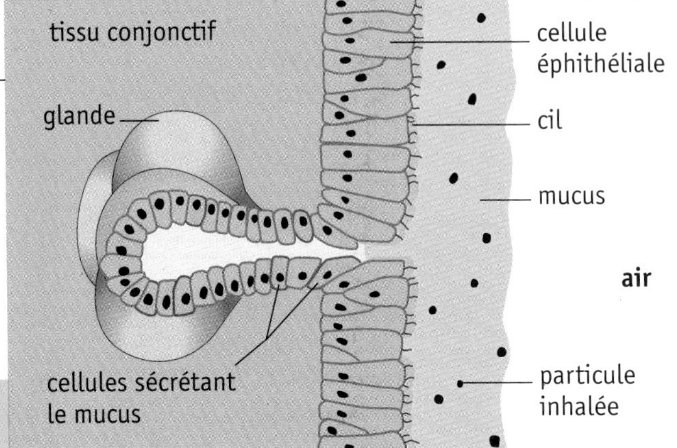

a. Épithélium pulmonaire d'un sujet sain.

► Chez les individus atteints de mucoviscidose, le mucus sécrété est épais, visqueux et difficile à évacuer.

► Lors d'infections bactériennes, des **réactions immunitaires** se mettent en place pour détruire les bactéries qui se développent dans le mucus. Ces réactions provoquent aussi la destruction du tissu pulmonaire.
Les débris cellulaires des bactéries et des cellules épithéliales mortes s'accumulent alors dans le mucus, l'épaississant et le rendant encore plus difficile à évacuer.

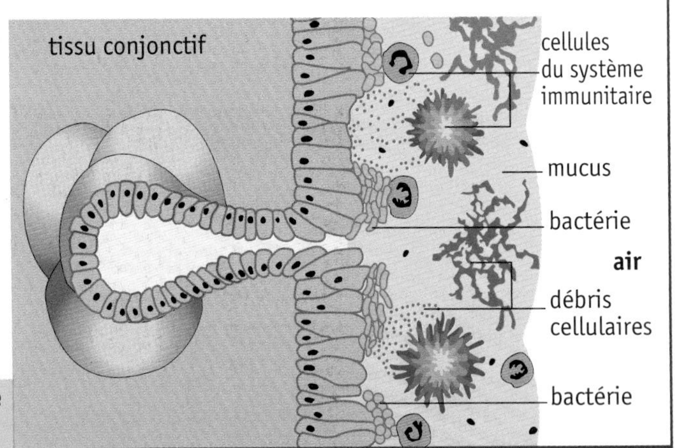

b. Épithélium pulmonaire d'un sujet atteint.

Doc.3 Phénotype moléculaire

► Dans les cellules épithéliales, on a mis en évidence l'existence d'un **flux d'ions Cl^-** (chlorure) qui traverse les cellules épithéliales depuis le tissu conjonctif vers le mucus. Sans que l'on puisse expliquer le mécanisme, on constate que ce flux influence la qualité du mucus sécrété.
Quand le flux a lieu, chez le sujet sain, le mucus est humide et fluide.
Chez le sujet atteint de mucoviscidose, le flux n'a plus lieu, le mucus sécrété est visqueux et épais.

► La protéine responsable du flux d'ions chlorure a été découverte dans les années 1990. Cette molécule a été nommée **CFTR**. C'est une protéine qui fait partie de la membrane cytoplasmique. Elle forme un **canal perméable aux ions chlorure (Cl^-)**.

► La séquence **des acides aminés** dans cette protéine est connue.
Une partie en est présentée dans le document (**b**) ci-dessous.
Les chiffres utilisés désignent la position de l'acide aminé dans la protéine.

► Les protéines CFTR sont synthétisées dans le cytoplasme, puis elles migrent vers la membrane cytoplasmique et s'y intègrent.

► Chez les sujets atteints de mucoviscidose, les protéines sont synthétisées. Elles sont reconnues comme « anormales » et sont **détruites**. Elles ne participent pas à la formation des canaux aux ions chlorure.

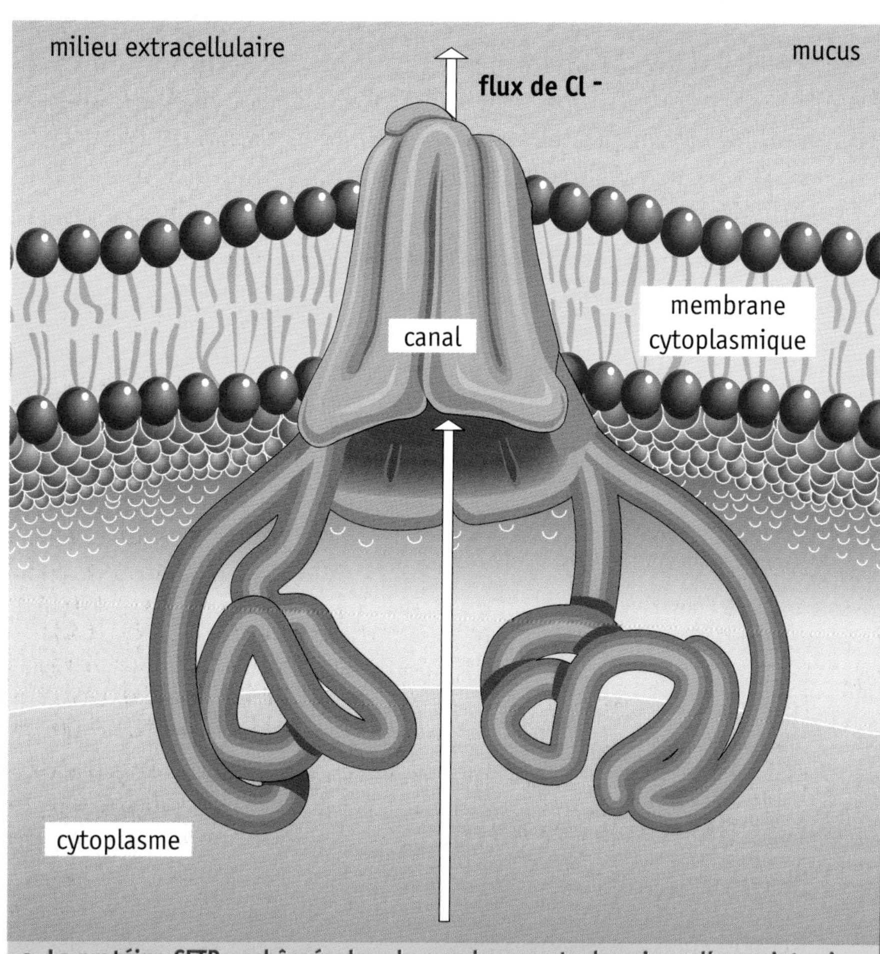

a. La protéine CFTR enchâssée dans la membrane cytoplasmique d'un sujet sain.

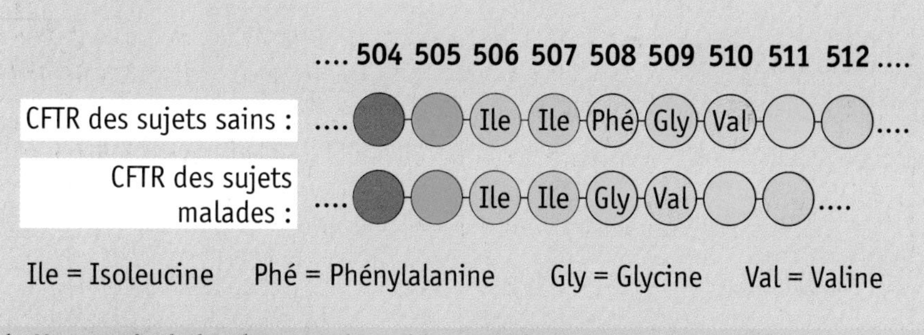

b. Une partie de la séquence des acides aminés dans les deux protéines.

EXPLOITATION DES DOCUMENTS

1. **Préciser** la succession des événements qui provoquent la destruction du tissu pulmonaire chez les sujets malades (**Doc. 1** et **2**).
2. **Expliquer**, en quoi le traitement appliqué par la mère permet d'atténuer certains symptômes de la maladie (**Doc. 1** et **2**).
3. **Montrer** que le phénotype cellulaire est à l'origine du phénotype macroscopique (**Doc. 2**).
4. **Établir** la différence de structure entre les deux protéines exprimées par le sujet sain et par le sujet malade (**Doc. 3**).
5. **Préciser**, comment la variation de structure de la protéine CFTR est à l'origine du phénotype cellulaire (**Doc. 2** et **3**).
6. **Répondre au problème posé** : « Quelle est la relation entre phénotype et structure des protéines : le cas de la mucoviscidose ? »

ACTIVITÉ

→ manque de pigment : mélanine

3 L'albinisme

Les sujets atteints d'albinisme se caractérisent par une absence plus ou moins généralisée de pigmentation. Les progrès des études biochimiques ont permis de préciser le mécanisme moléculaire mis en jeu et de montrer l'étroite relation entre le phénotype albinos et les protéines exprimées par l'individu atteint.

VOCABULAIRE

Kératinocyte : cellule de l'épithélium où s'accumule la mélanine.

Mélanocyte : cellule fabriquant de la mélanine, pigment brun foncé qui donne la coloration normale (pigmentation) à la peau, aux cheveux, à l'iris.

▶ **Quelle est la relation entre phénotype et structure des protéines : le cas de l'albinisme ?**

Doc.1 Phénotype macroscopique

Chez les sujets atteints d'albinisme total, la peau et les poils ne sont pas pigmentés. Il en est de même pour leurs yeux : l'iris est rose et la pupille apparaît rouge du fait de la réflexion de la lumière sur le fond de l'œil.

Chez les sujets normaux, le fond de l'œil est noir, la lumière est absorbée et non réfléchie.

Caractères morphologiques de l'albinos.

Doc.2 Phénotype cellulaire

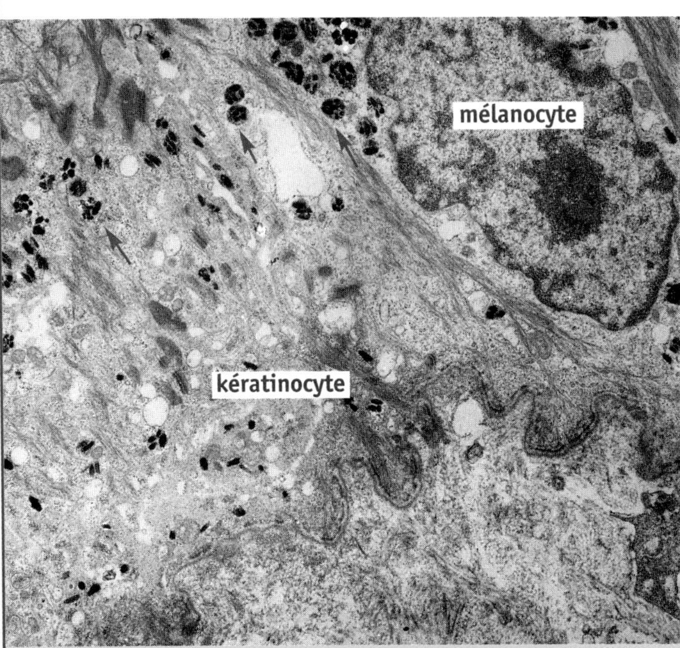

a. Épiderme d'un sujet sain observé au microscope électronique (× 5 000). → mélanosomes matures

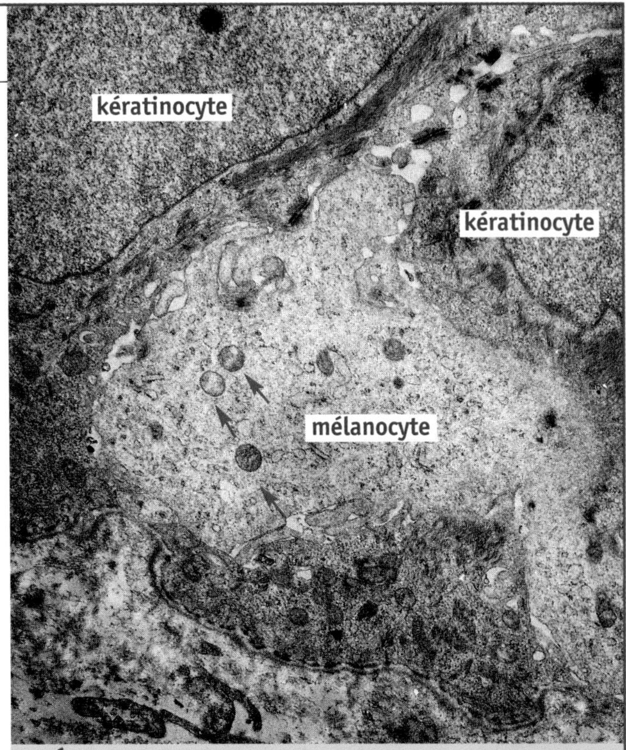

b. Épiderme d'un sujet albinos observé au microscope électronique (× 5 000). → mélanosomes immatures

La coloration de la peau fait intervenir deux types de cellules localisées dans l'épiderme : les **mélanocytes** et les **kératinocytes**.
Les mélanocytes synthétisent la mélanine qui s'accumule dans des vésicules, les **mélanosomes**. Ceux-ci migrent vers les kératinocytes où ils se dispersent. Cette dispersion confère sa couleur à la peau. Le nombre de mélanocytes est constant chez tous les individus quelle que soit la couleur de la peau. Mais la synthèse de mélanine est plus ou moins intense suivant les sujets. L'exposition au soleil intensifie cette synthèse.

Doc.3 Phénotype moléculaire

► La mélanine est le produit final d'une **chaîne métabolique** complexe qui fait intervenir différentes molécules :
– deux acides aminés trouvés dans l'alimentation, la phénylalanine et la tyrosine ;
– une série de molécules intermédiaires entre la tyrosine et la mélanine ;
– différentes protéines qui permettent la transformation d'une molécule en une autre (notées P1 à P8 sur le document).

► Chez un sujet non-albinos, les différentes protéines sont présentes et fonctionnelles.

► Chez un sujet albinos, une ou plusieurs protéines peuvent ne pas être présentes ou si elles le sont, elles ne sont pas fonctionnelles.

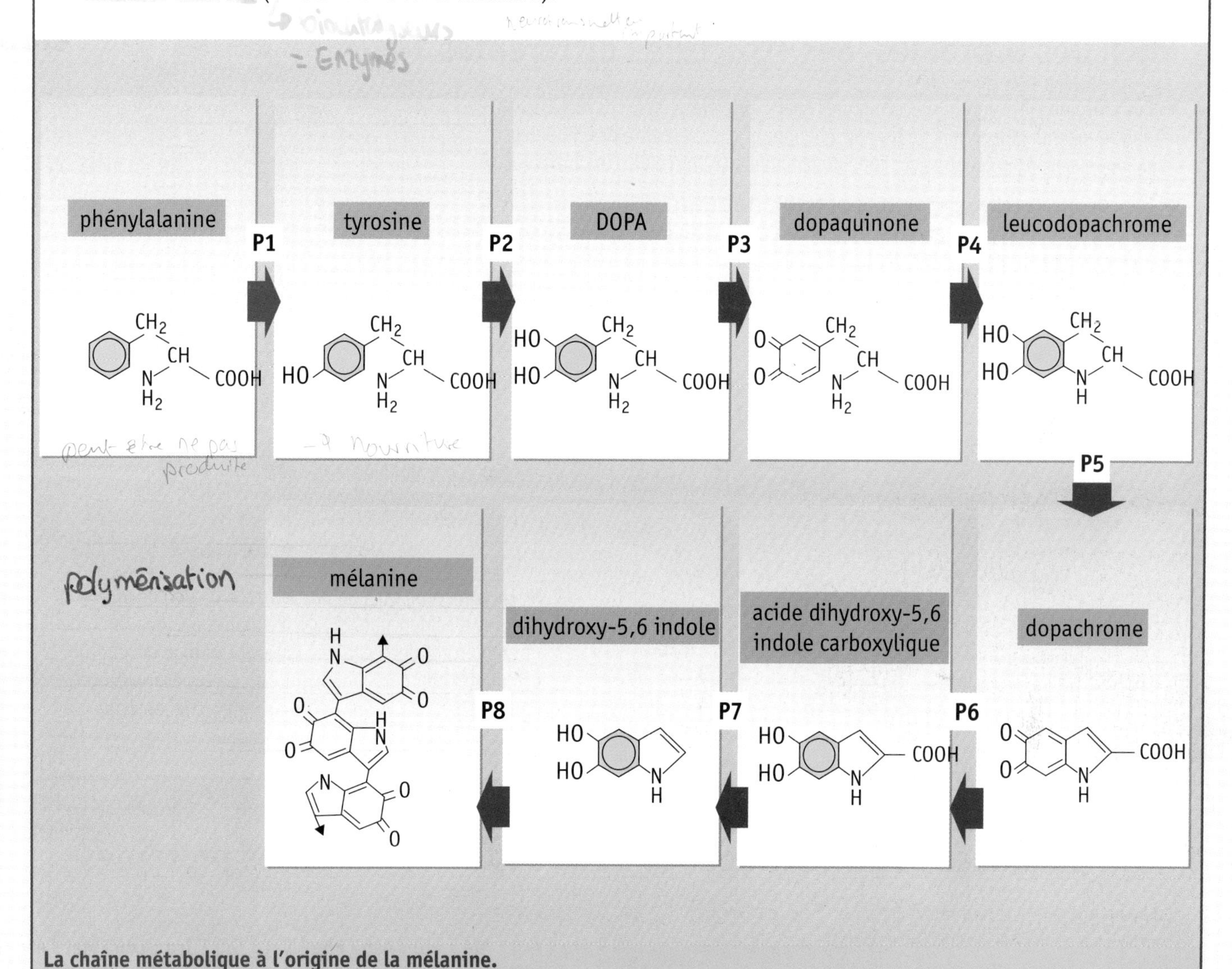

La chaîne métabolique à l'origine de la mélanine.

EXPLOITATION DES DOCUMENTS

1. **Récapituler** l'ensemble des caractères macroscopiques d'un individu albinos (**Doc. 1**).
2. **Repérer**, en comparant les coupes de peau des deux sujets, la particularité des mélanocytes et des kératinocytes chez l'individu albinos (**Doc. 2**).
3. **Montrer** que le phénotype cellulaire est à l'origine du phénotype macroscopique (**Doc. 1** et **2**).
4. **Expliquer** comment le phénotype moléculaire est modifié chez les sujets albinos (**Doc. 3**).
5. **Préciser** comment le phénotype moléculaire est à l'origine du phénotype cellulaire (**Doc. 2** et **3**).
6. **Répondre au problème posé** : « Quelle est la relation entre phénotype et structure des protéines : le cas de l'albinisme ? »

ACTIVITÉ

4 La structure des protéines

Les protéines que possède un individu participent à l'expression de son phénotype. L'absence d'une protéine, la modification de sa séquence d'acides aminés ou la modification de sa structure spatiale peuvent altérer le phénotype.

▶ **Comment la structure des protéines peut-elle être modifiée ?**

VOCABULAIRE

Antigène : molécule étrangère provoquant une réponse immunitaire.

Phénotype : ensemble des caractères (macroscopiques, cellulaires, moléculaires) d'un individu.

Doc.1 Des protéines, des structures différentes

▶ Les protéines présentent des structures spatiales différentes. Les moyens d'analyse récents ont permis de les appréhender et de construire des modèles. Deux modèles sont présentés ici : celui du collagène (**a**) et celui d'un anticorps (**b**).

▶ La molécule de collagène, constituant essentiel du tissu conjonctif, est constituée de trois chaînes protéiques s'enroulant les unes autour des autres (grise, orange et rouge sur le modèle). Chaque chaîne est constituée d'un motif élémentaire comprenant trois acides aminés. Les deux premiers (AA1 et AA2) peuvent être n'importe quel acide aminé, mais le plus souvent l'un des deux est la proline (Pro), le troisième est la glycine (Gly) qui se loge au centre de la molécule de collagène.

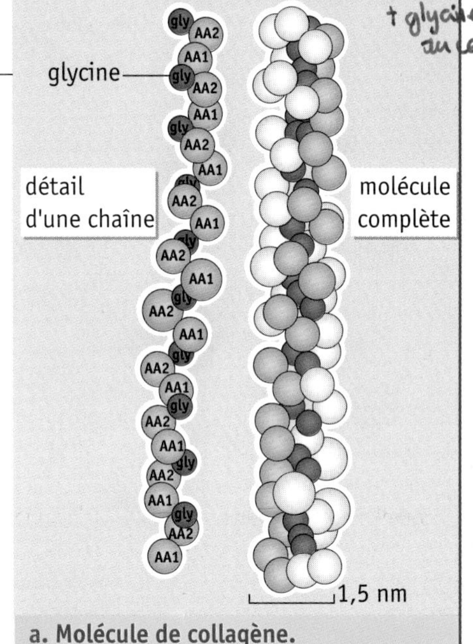

a. Molécule de collagène.

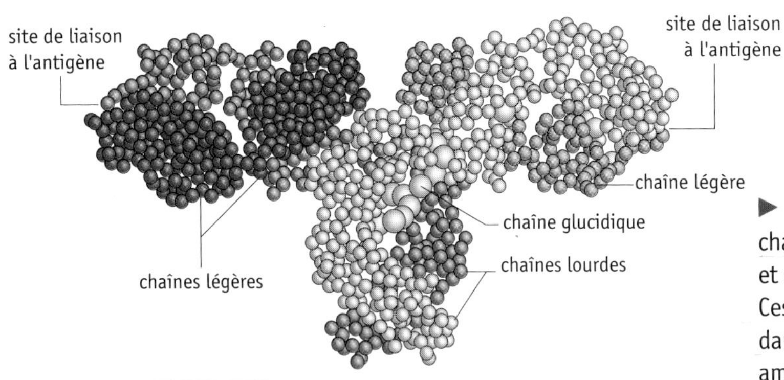

b. Molécule d'anticorps.

▶ Un anticorps est une protéine constituée de quatre chaînes d'acides aminés : deux chaînes lourdes (en gris et en bleu) et deux chaînes légères (en rose et rouge). Ces quatre chaînes s'agencent entre elles et forment dans l'espace un Y. Sur les documents, chaque acide aminé est représenté par une sphère.

Doc.2 Séquence des acides aminés et structure spatiale des protéines

La séquence des acides aminés est à l'origine, par **repliements successifs**, de la structure spatiale des protéines.

▶ La séquence des acides aminés d'une protéine est la **structure primaire** de la protéine (**a**).

▶ Ces acides aminés possèdent des charges ioniques propres, ces charges vont provoquer la disposition des acides aminés les uns par rapport aux autres dans la structure spatiale.
Des structures élémentaires se forment le long de la chaîne d'acides aminés : des **hélices** α (hélices sur le document), des **feuillets** β (flèches bleues) et des **boucles** (segments blancs) qui forment la **structure secondaire** de la molécule (**b**).

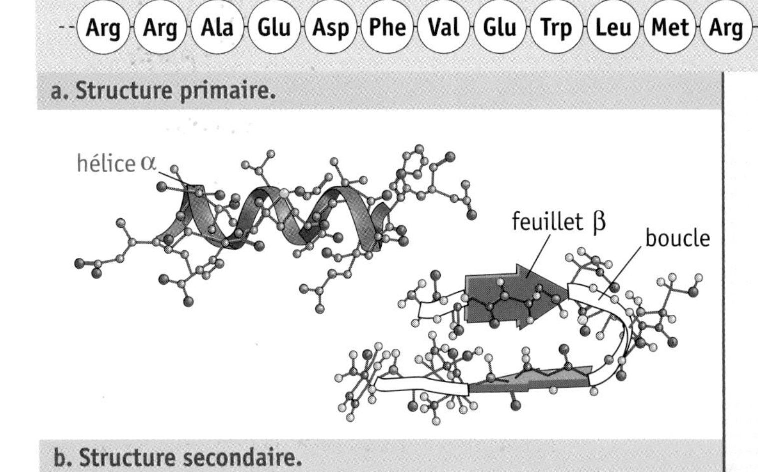

a. Structure primaire.

b. Structure secondaire.

Doc.2 Séquence des acides aminés et structure spatiale des protéines (suite)

▶ Des liaisons de covalence (appelées pont di-sulfure, car s'établissant entre deux atomes de soufre portés par deux acides aminés) et des liaisons non covalentes (liaisons hydrogènes) peuvent s'établir entre différents acides aminés conférant ainsi à la molécule une conformation tridimensionnelle appelée **structure tertiaire** (**c**).

▶ Certaines protéines sont constituées de plusieurs sous-unités protéiques qui s'assemblent entre elles formant la **structure quaternaire** de la molécule (**d**).

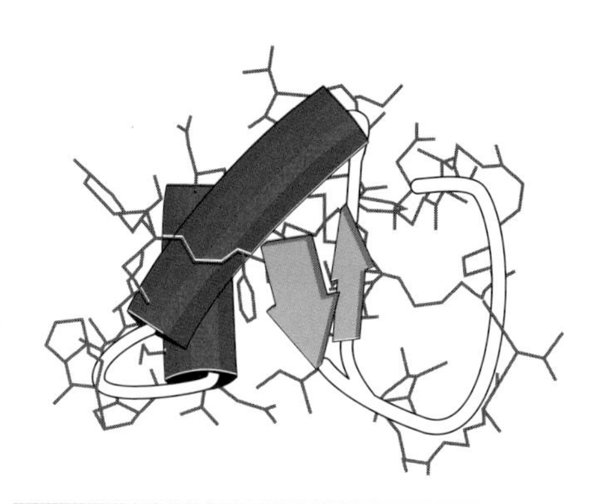

c. Structure tertiaire.

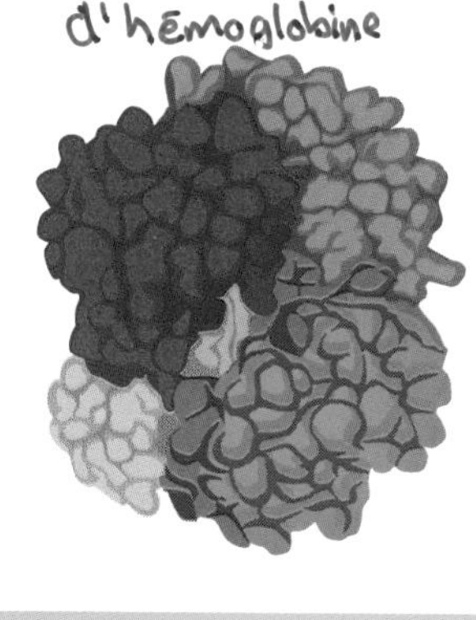

d. Structure quaternaire.

Doc.3 Modification de la structure spatiale des protéines

▶ L'exemple des molécules anticorps permet de comprendre comment la structure spatiale des protéines peut être modifiée.
Les parties terminales des bras du Y se lient à un **antigène** suivant une complémentarité de forme (**a**). Le document met en évidence que les chaînes lourdes et légères participent à la formation du site de liaison à l'antigène.

Le modèle (**b**) est celui de la structure spatiale d'une chaîne légère d'un anticorps. Elle est constituée de différents feuillets β et de différentes boucles. La partie terminale de la molécule porte le nom de domaine variable.

▶ L'étude de la séquence des acides aminés montre que celle-ci est identique pour tous les anticorps d'un individu. Seules trois boucles ont des **séquences qui varient** suivant les anticorps. Ces trois boucles participent à la conformation du site de liaison avec l'antigène avec trois boucles portées par la chaîne lourde (Doc. 1**b**).

C'est l'hypervariabilité des séquences de ces boucles qui est à l'origine de l'existence d'un grand nombre de molécules d'anticorps différentes.

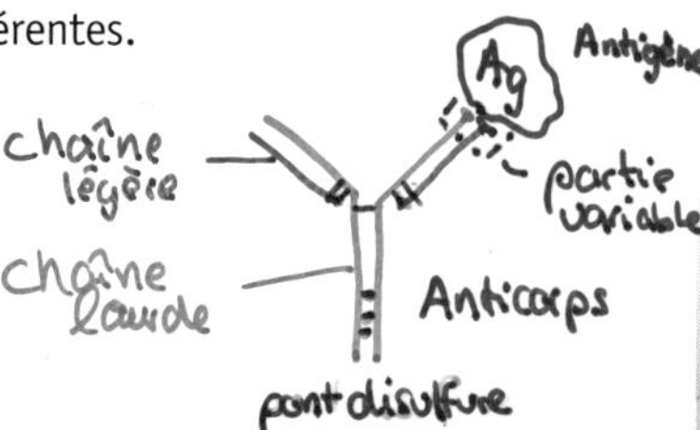

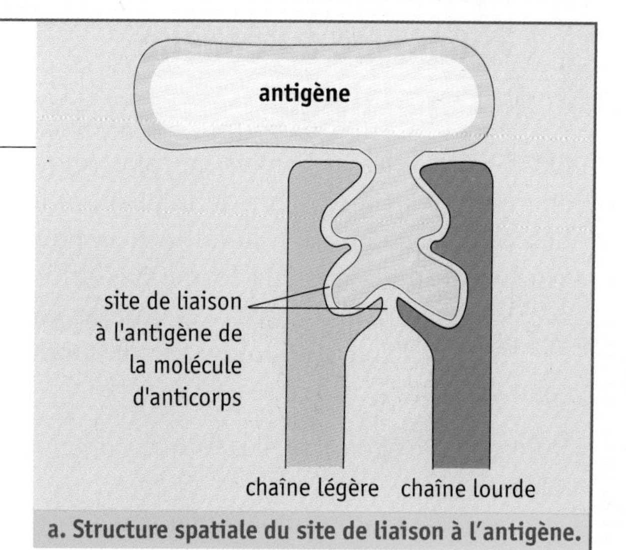

a. Structure spatiale du site de liaison à l'antigène.

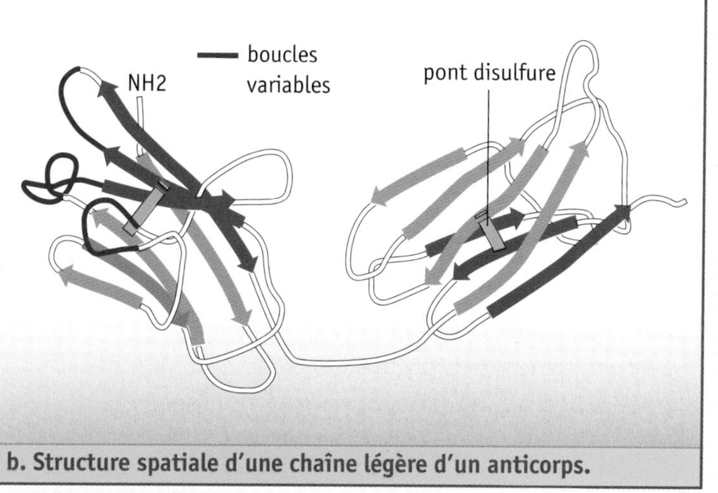

b. Structure spatiale d'une chaîne légère d'un anticorps.

EXPLOITATION DES DOCUMENTS

1. **Montrer** que les protéines présentent des formes variées en comparant les deux molécules du Doc. 1.
2. **Expliquer** comment la séquence des acides aminés conditionne la structure spatiale des protéines (Doc. 2).
3. **Montrer** que la modification de la séquence des acides aminés permet de générer une multitude d'anticorps (Doc. 3).
4. **Répondre au problème posé** : « Comment la structure des protéines peut-elle être modifiée ? »

Antigène donne naissance aux Anticorps

SYNTHÈSE

La diversité des phénotypes

Au sein d'une espèce, chez chaque individu, l'information génétique s'exprime par la mise en place de caractères qui constituent le phénotype : à l'échelle de l'organisme, de la cellule, de la molécule. Les phénotypes présentent des variations dues à des différences de structure de protéine.

LES MOTS À CONNAÎTRE

Phénotype : ensemble des caractères (macroscopiques, cellulaires, moléculaires) d'un individu.

Protéine : macromolécule constituée d'un enchaînement d'acides aminés intervenant dans les structures cellulaires et dans les réactions métaboliques.

I Phénotype à l'échelle de l'organisme

On distingue les caractères morphologiques et anatomiques (la couleur de la peau, la forme des yeux, les cheveux, la taille et le poids de l'individu, mais aussi la forme des différents organes externes et internes qui le constituent...) et l'état physiologique de l'individu (état de santé).

Pour chaque caractère, il existe des phénotypes variés :
– la peau est plus ou moins pigmentée selon les individus. Elle ne l'est pas du tout chez les albinos.
– un individu peut être en bonne santé ou bien malade (par exemple il peut être drépanocytaire ou atteint de mucoviscidose...).

II Phénotype à l'échelle de la cellule

À un niveau d'observation plus fin, des caractères propres aux cellules sont repérables.

Ces caractères concernent l'aspect, la forme, la taille, la couleur, les productions de la cellule.

Il existe aussi différents phénotypes pour un même caractère :
– les hématies sont déformées chez un drépanocytaire. Chez le sujet sain, elles présentent leur forme habituelle de disque bi-concave ;

– les mélanocytes sont colorés chez les sujets non albinos. Ils ne le sont pas chez les sujets albinos ;

– les cellules des épithéliums sécrètent un mucus fluide chez un individu sain. Le mucus est visqueux chez le sujet atteint de mucoviscidose.

Les phénotypes observés à l'échelle de la cellule sont **à l'origine des phénotypes macroscopiques** :

– l'absence de coloration des mélanocytes se manifeste par l'absence de coloration de la peau, des poils et des yeux chez l'individu albinos ;

– la forme bi-concave des hématies leur permet de circuler facilement dans les capillaires sanguins. L'oxygénation des différents tissus se déroule correctement, le sujet est sain. Chez le sujet drépanocytaire, les hématies déformées se bloquent dans les vaisseaux fins, provoquant ainsi de mini-infarctus et une dégradation des différents tissus ;

– le mucus visqueux fabriqué chez les individus atteints de mucoviscidose, provoque l'encombrement des voies respiratoires, de différents canaux mais aussi des infections récurrentes qui abiment les tissus. Le mucus fluide permet au sujet sain d'éviter ces problèmes.

III Phénotype à l'échelle des molécules

A Implication des protéines dans les phénotypes

Les protéines sont toujours **impliquées** dans la réalisation du phénotype moléculaire.

De façon directe, quand les phénotypes différents concernent la protéine : c'est le cas des deux hémoglobines HbA et HbS.

De façon indirecte, quand les différences de structure des protéines engendrent des phénotypes moléculaires variés concernant d'autres molécules que les protéines :
– ainsi, si toutes les protéines sont exprimées, la synthèse de la mélanine à partir de la tyrosine se réalise. Si une ou plusieurs protéines ne sont pas exprimées, la synthèse de la mélanine ne se fait pas ;
– ainsi, la protéine CFTR permet le flux d'ions Cl^- dans les cellules épithéliales. Si elle n'est pas exprimée, le flux ne se fait pas.

Les phénotypes variés à l'échelle moléculaire sont responsables des phénotypes à l'échelle de la cellule. Ainsi :
– l'HbA reste soluble dans les hématies, qui ont alors une forme de disque bi-concave classique. L'HbS peu soluble s'agrège et crée des structures fibreuses qui déforment les hématies ;
– suivant que la mélanine est exprimée ou pas, les mélanocytes sont ou ne sont pas pigmentés ;
– le flux de Cl^- dans les cellules épithéliales provoque la synthèse d'un mucus fluide. L'absence de ce flux génère un mucus visqueux.

Ainsi, les caractères observés à une échelle sont-ils à l'origine de caractères s'exprimant à l'échelle supérieure.
Les protéines sont responsables des différents caractères exprimés à l'échelle moléculaire. Elles sont donc à l'origine de tous les niveaux d'expression du phénotype.

B La structure des protéines

Les protéines sont des macromolécules jouant un rôle fondamental dans les processus biologiques, intervenant dans les **structures cellulaires** ou dans des **réactions métaboliques** qui participent à la réalisation du phénotype d'un individu, à différentes échelles.
Une protéine est constituée d'une chaîne d'acides aminés plus ou moins longue. Selon la nature et la séquence des acides aminés, la molécule se replie en structures particulières : hélices α, feuillets β, boucles.
Les liaisons (énergétiques) établies entre les acides aminés confèrent à la protéine sa structure spatiale et la stabilise.
Une protéine peut être constituée de plusieurs chaînes peptidiques.
Ainsi, les molécules d'anticorps sont des exemples de ce type de molécule complexe dont la **fonction** est en étroite dépendance de la **structure**.

Des molécules d'anticorps établissent des liaisons spécifiques avec des antigènes participant ainsi à une étape de leur élimination. Une modification de la séquence des acides aminés de certaines zones de la molécule d'anticorps modifie la capacité de cette molécule à se lier à un antigène.

L'essentiel

Le phénotype peut se définir à différentes échelles selon le niveau d'observation : le phénotype de l'organisme est macroscopique, il s'exprime à l'échelle de la cellule, il est repérable au niveau moléculaire.
Les différents phénotypes rencontrés sont dus à des différences dans les protéines concernées.

EXERCICES

VÉRIFIER SES CONNAISSANCES

EXERCICE 1 Définir en une phrase claire les mots ou expressions suivants.

- phénotype
- protéine

EXERCICE 2 Reconstituer une ou plusieurs phrases scientifiquement exacte(s) à partir des propositions suivantes.

1. Une modification de la structure des protéines...

a. résulte d'une altération du phénotype.
b. résulte d'une altération de la séquence des acides aminés.
c. résulte d'une maladie.

2. Les différentes échelles d'expression du phénotype sont...

a. l'organisme, la cellule et la molécule.
b. macroscopique et microscopique.
c. cellulaire et macroscopique.

EXERCICE 3 Restituer ses connaissances en quelques phrases sur un sujet précis, en utilisant obligatoirement un ensemble de mots-clés.

sujets	mots-clés
a. différentes échelles des phénotypes	cellule, organisme, molécule
b. structure des protéines	séquence des acides aminés, liaison moléculaire

EXERCICE GUIDÉ

Phénotype et protéine

Énoncé Exploiter les deux documents pour montrer que les protéines participent à l'expression des phénotypes.

Conseils pour la résolution

1. **Lire** attentivement les documents pour **repérer** les différentes informations concernant les phénotypes évoqués (« sain » et les trois phénotypes « malade »).
2. **Mettre** en relation les informations des deux documents pour :
a. **Définir** le plus complètement possible chaque phénotype ;
b. **Préciser** quelles protéines caractérisent chaque phénotype.

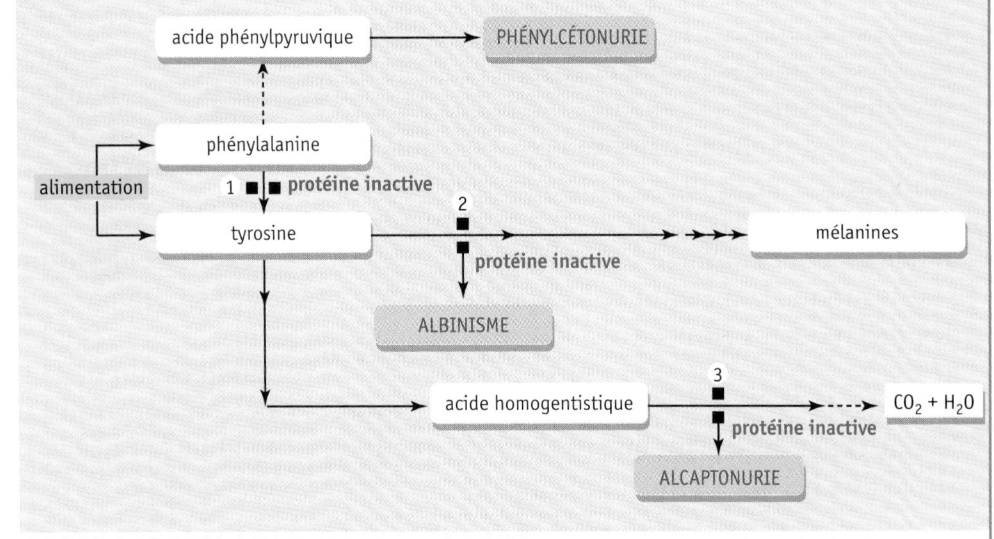

a. Chaîne métabolique et conséquences sur les phénotypes.

réactions	protéines	conséquences chimiques de l'inactivation	conséquences physiologiques de l'inactivation	conséquences pathologiques de l'inactivation
1	phénylalanine hydroxylase	formation d'un produit dérivé : l'acide phénylpyruvique	destruction des neurones des lobes frontaux	arriération mentale
2	tyrosinase	absence de produit terminal : les mélanines	déficit de pigmentation	albinisme
3	acide homogentistique oxydase	accumulation d'un produit intermédiaire : l'acide homogentistique	excrétion urinaire de l'acide homogentistique	alcaptonurie (brunissement des urines)

b. Protéines de la chaîne métabolique et conséquences de la non-expression ou de l'absence de fonctionnalité de ces protéines.

APPLIQUER SES CONNAISSANCES

EXERCICE 4 Hémoglobines

Prélever des informations pour formuler une hypothèse

Chez un sujet sain, il existe différentes molécules d'hémoglobines dont les pourcentages évoluent au cours de sa vie (a).
Toutes ces molécules sont formées de deux chaînes peptidiques α. Les deux autres chaînes sont variées suivant les molécules : deux chaînes γ pour l'hémoglobine F, deux β pour l'hémoglobine A1 et deux δ pour l'hémoglobine A2.

Le graphique ci-contre présente les proportions relatives des hémoglobines chez un sujet à sa naissance et à l'âge adulte.

1. **Décrire** l'évolution des chaînes peptidiques β, γ, δ au cours de la vie de l'individu.
2. **Préciser** le ou les phénotypes liés aux différentes hémoglobines citées.

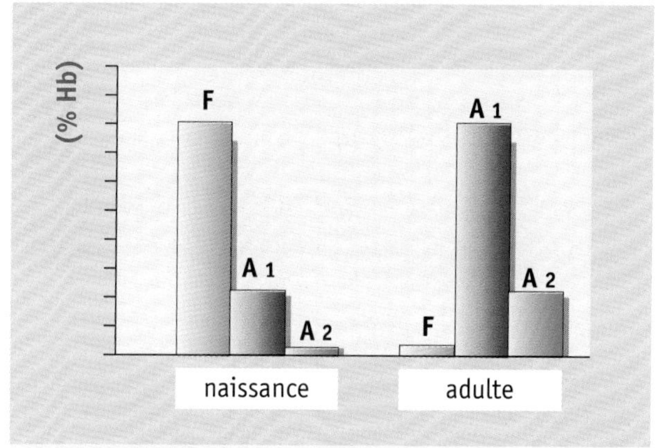

a. Proportions relatives des différents types d'hémoglobine.

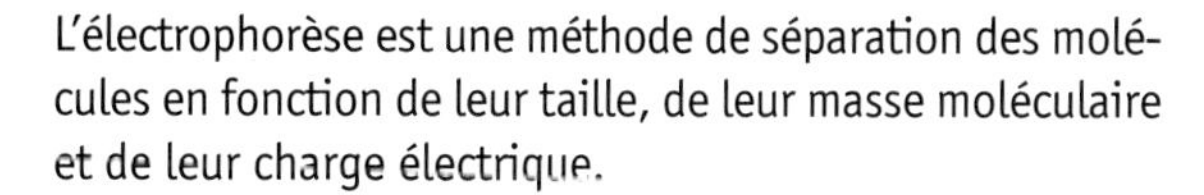

L'électrophorèse est une méthode de séparation des molécules en fonction de leur taille, de leur masse moléculaire et de leur charge électrique.

Des électrophorèses concernant les hémoglobines exprimées pour trois individus sont réalisées.
Leurs résultats sont présentés en face d'une électrophorèse témoin (b).

L'électrophorèse témoin révèle quatre types d'hémoglobine : A1, F et A2 déjà nommées et S, l'hémoglobine trouvée dans les hématies « drépanocytaires ».

Les électrophorèses 1 et 2 concernent un seul individu. Les électrophorèses 3 et 4 concernent deux autres individus.

3. **Proposer** une explication au fait que les électrophorèses 1 et 2 concernent le même individu.
4. **Retrouver** le phénotype cellulaire et macroscopique du troisième individu.

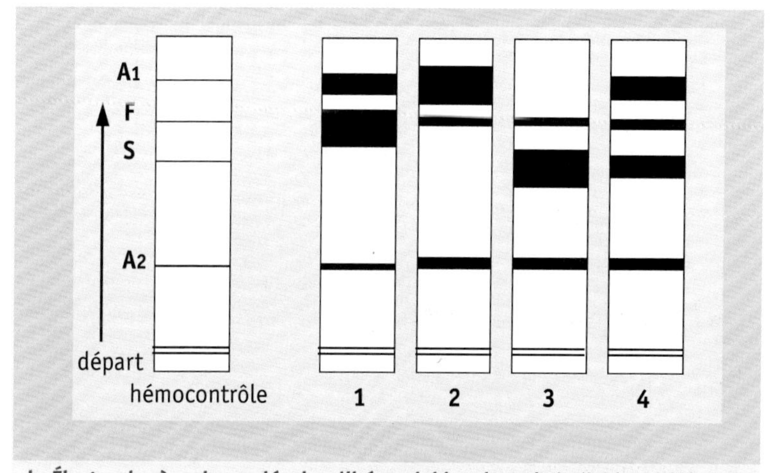

b. Électrophorèse des molécules d'hémoglobine de trois individus différents.

5. Le quatrième individu ne présente pas les caractères des individus atteints de drépanocytose. **Expliquer** les raisons de son phénotype.

EXERCICE 5 Hypercholestérolémie

Prélever des informations pour formuler une hypothèse

Le cholestérol est nécessaire à l'organisme. Il est transporté dans le sang sous différentes formes. Principalement, il est transporté par des LDL (*Low Density Lipoprotein* : lipoprotéine de basse densité), particule globulaire.
Ces LDL sont captés par des récepteurs protéiques situés sur la membrane externe des cellules. Les récepteurs ayant fixé un LDL se rassemblent et par endocytose (invagination de la membrane cytoplasmique à l'intérieur de la cellule) ils permettent aux LDL de pénétrer dans la cellule.
Ces LDL sont alors dégradés. L'approvisionnement en cholestérol des cellules est ainsi assuré.

Chez certains sujets, une hypercholestérolémie a lieu tôt dès l'enfance. Elle ne peut être due à une alimentation trop riche en cholestérol. Cette hypercholestérolémie ne se développe que chez des sujets adultes.
La cause de cette maladie est liée aux récepteurs aux LDL. Soit ceux-ci ne sont pas portés par la membrane des cellules, soit, s'ils le sont, ils ne sont pas fonctionnels.

1. Pour comprendre comment les récepteurs régulent la cholestérolémie, **schématiser** leur rôle.
2. **Justifier** que les récepteurs aux LDL sont à l'origine du phénotype hypercholestérolémie.
3. **Relever** dans le texte, une autre cause à cette maladie.

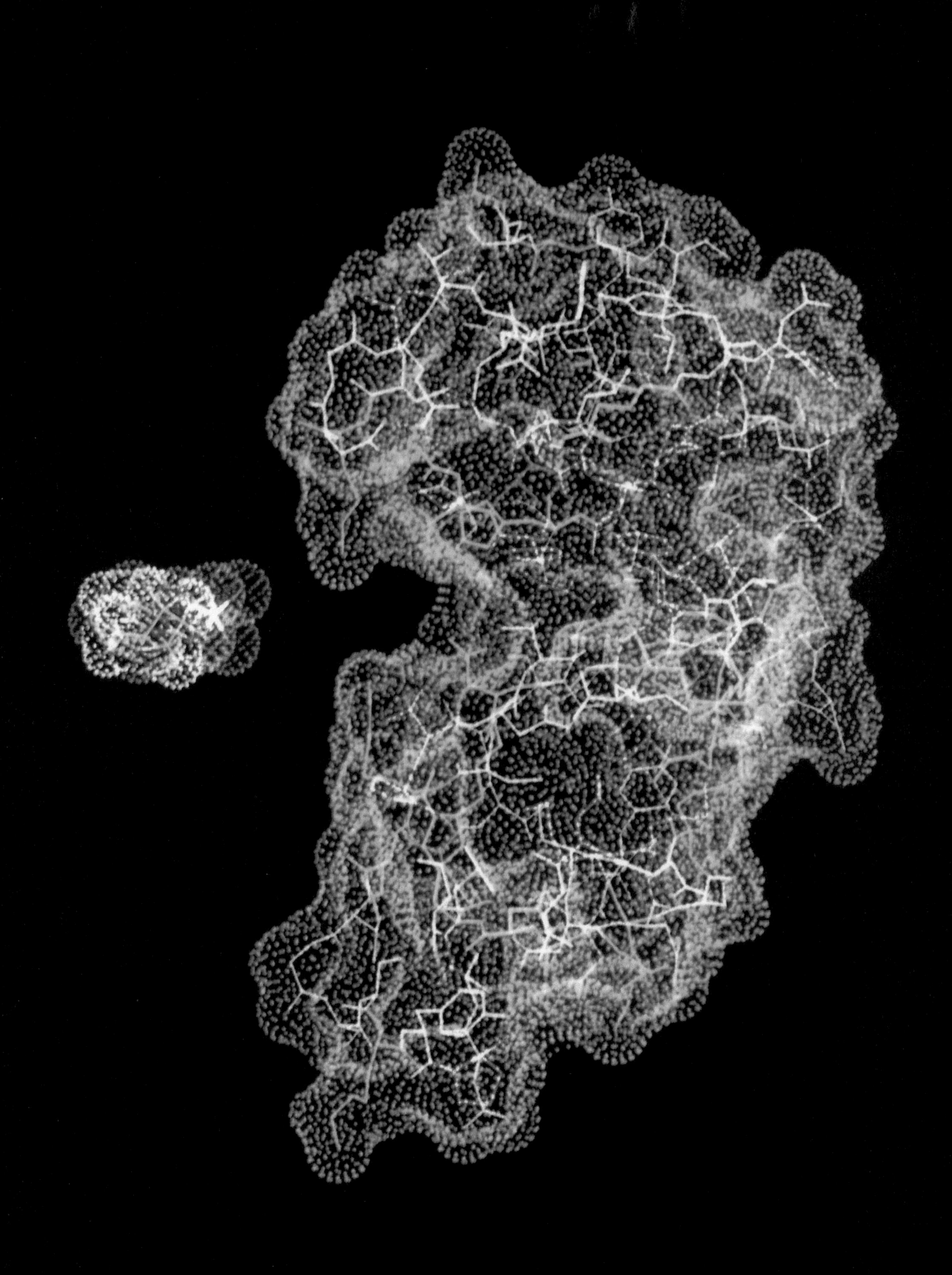

Ribonucléase A et son substrat

Chapitre 8

Des protéines contribuant à l'expression des phénotypes : les enzymes

Les rôles des protéines dans la réalisation des phénotypes sont variés : protéines de structure cellulaire, protéines enzymatiques…
Les protéines enzymatiques interviennent dans de nombreuses réactions et sur de nombreuses molécules. Pourtant chacune est spécifique d'une molécule et ne permet qu'un seul type de réaction. Ces molécules sont fabriquées par des êtres vivants. Ce fait, associé à leur rôle, a permis de nommer les enzymes des biocatalyseurs.
Les enzymes, par les réactions qu'elles catalysent, participent à l'expression des phénotypes.

- **Quelles sont les propriétés des biocatalyseurs ?**
- **Comment mettre en évidence la spécificité des enzymes ?**
- **Comment la température et le pH influent-ils sur l'activité enzymatique ?**
- **Comment la formation du complexe enzyme-substrat permet-elle la catalyse ?**
- **Comment l'activité des enzymes contribue-t-elle à la réalisation du phénotype ?**

ACTIVITÉ

1 Les enzymes : des biocatalyseurs

Les enzymes interviennent dans les phénomènes digestifs mais aussi dans de nombreuses réactions qui ont lieu dans l'organisme. Leurs actions sont variées, pourtant elles sont toutes des **biocatalyseurs** et présentent des propriétés communes.

▶ **Quelles sont les propriétés des biocatalyseurs ?**

VOCABULAIRE

Amidon : polymère de glucose. L'amidon est une macro-molécule alors que le glucose est un sucre de petite taille et réducteur.

Catalyse : accélération d'une réaction métabolique ou chimique par la présence d'une substance : le catalyseur.

Maltose : dimère de glucose. C'est un sucre réducteur.

Doc.1 Enzyme, production de l'organisme et digestion de l'amidon

▶ Chez de nombreux individus, un morceau de pain longuement mastiqué laisse au bout de quelques minutes, un goût sucré dans la bouche.
Une transformation chimique a eu lieu : l'**amidon** du pain a été hydrolysé en une molécule plus petite, le **maltose**.
La salive est le suc digestif qui permet cette transformation.
Pourtant, chez d'autres individus, le goût sucré n'apparaît pas. L'hydrolyse de l'amidon en maltose ne se fait pas.

▶ Pour comprendre cette différence, l'analyse des salives de deux groupes d'individus est réalisée.

	individus chez lesquels le goût sucré apparaît		individus chez lesquels le goût sucré n'apparaît pas	
eau	97 à 99,5 %		97 à 99,5 %	
ions	sodium, chlorures, phosphates, bicarbonates, potassium		sodium, chlorures, phosphate, bicarbonates, potassium	
substances organiques	amylase mucine lysozyme immunoglobulines autres protéines	0,03 %	mucine lysozyme immunoglobulines autres protéines	0,03 %

TP

Doc.2 Hydrolyse de l'amidon par le biocatalyseur

Le rôle de l'amylase sur l'amidon est testé par la mise en œuvre du protocole suivant. L'enzyme utilisée est la maxilase : il s'agit d'une enzyme synthétique trouvée dans le commerce. Son action est équivalente à celle de l'amylase salivaire sécrétée par l'Homme.

PROTOCOLE

1re série de tests

1. Deux tubes à essai sont placés dans un bain-marie à 37 °C (a) contenant chacun :
— tube 1 : 15 mL d'empois d'amidon à 1 % ;
— tube 2 : 15 mL d'empois d'amidon à 1 %.

2. Réaliser un test à la liqueur de Fehling sur 2 mL de chacun des tubes en début d'expérience.

3. Déposer 1mL de solution de maxilase dans le tube 2 uniquement.

4. Immédiatement puis toutes les trois minutes, effectuer un prélèvement avec une pipette d'une à deux gouttes de solution et le placer dans un puits d'un plateau de coloration. Réaliser un test à l'eau iodée. Effectuer ces tests durant le temps nécessaire à ce qu'un virement de coloration se réalise dans le tube 2 (15 à 20 min).

5. En fin d'expérience, réaliser un test à la liqueur de Fehling sur 2 mL de chacun des tubes.

2e série de tests

1. Dans le tube 2, placer à nouveau 5 mL d'empois d'amidon.

2. Réaliser, 10 à 15 min plus tard, un test de Fehling et un à l'eau iodée.

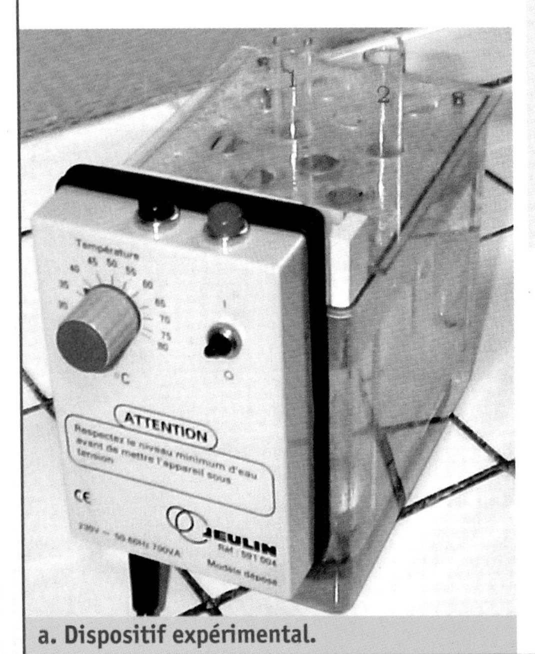

a. Dispositif expérimental.

Quelques rappels

▶ L'eau iodée est un réactif permettant de mettre en évidence la présence d'amidon (coloration bleu-noire).

▶ La liqueur de Fehling est un réactif qui, à chaud, permet de mettre en évidence la présence (précipité rouge brique) d'un sucre réducteur.

b. Résultats du test de Fehling pour le tube 2.

très peu d'enzymes agissent sur # de substrat.

Doc.2 Hydrolyse de l'amidon par le biocatalyseur (suite)

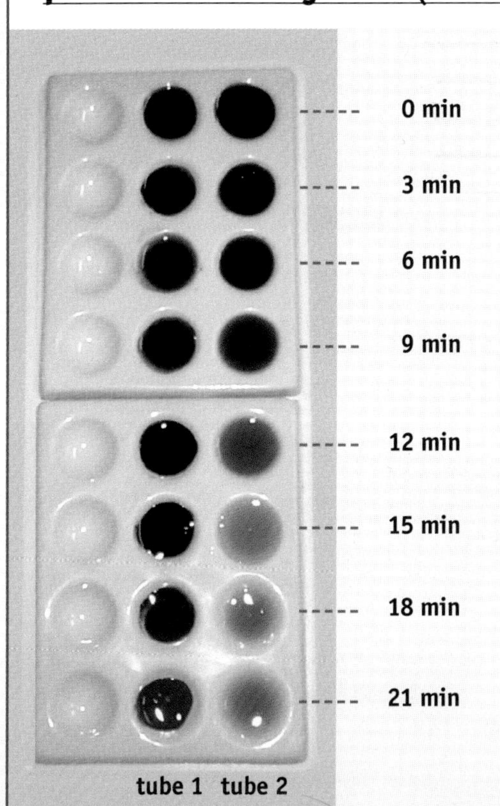

c. Résultats du test à l'eau iodée au long de l'expérience.

d. Résultats du test à l'eau iodée (à gauche) et du test de Fehling (à droite) 10 min après l'ajout d'empois d'amidon dans le tube 2 (2e série de tests).

TP

Doc.3 Hydrolyse acide de l'amidon

PROTOCOLE

1. Un ballon contenant 300 mL d'empois d'amidon à 5 ‰ avec 5 mL d'HCl N/2 est porté à ébullition.

2. Un test à la liqueur de Fehling et un à l'eau iodée sont réalisés en début d'expérience puis toutes les dix minutes sur des prélèvements réalisés dans le ballon.

► Il est possible de réaliser l'hydrolyse de l'amidon sans **biocatalyseur**.

Quelques constats

► Si le flacon, ne contient que de l'empois d'amidon sans acide, les tests n'évoluent pas au cours du temps. Le test à l'eau iodée reste toujours positif alors que celui à la liqueur de Fehling reste toujours négatif.

► Les résultats sont identiques, si le flacon contient de l'empois d'amidon et de l'acide, mais est laissé à la température ambiante.

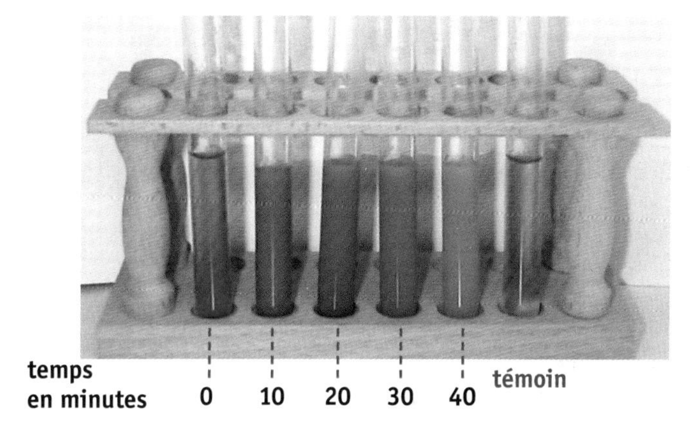

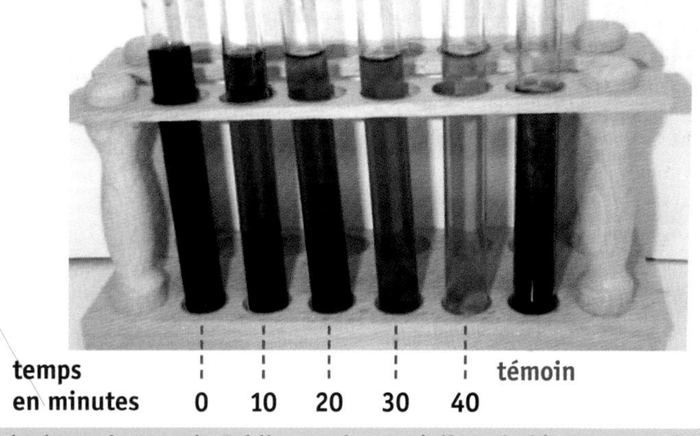

Résultats du test de Fehling et du test à l'eau iodée au cours du temps.

EXPLOITATION DES DOCUMENTS

1. **Réaliser** l'expérience décrite dans le **Doc. 1**. **Établir** les pourcentages des deux phénotypes (goût sucré, goût non sucré) pour l'ensemble des élèves de la classe.
2. **Proposer**, à l'aide de la composition de la salive des deux individus, une hypothèse expliquant l'hydrolyse de l'amidon dans la bouche (**Doc. 1**).
3. **Conclure** sur la validité de l'hypothèse à partir des expériences décrites sur le **Doc. 2** (1re série) et de leurs résultats.
4. **Comparer** la vitesse d'hydrolyse de l'amidon dans les conditions décrites sur les **Doc. 2** et **3**.
Noter alors, une propriété d'un biocatalyseur tel que la maxilase.
5. **Déduire** une propriété de la maxilase à partir des résultats des tests réalisés dans la 2e série du **Doc. 1**.
6. **Préciser** enfin à l'aide du tableau (**Doc. 1**), si l'amylase agit à faible ou forte concentration.
7. **Répondre au problème posé** : « Quelles sont les propriétés des biocatalyseurs ? »

→ protéines

· biocatalyseurs accélèrent une réaction
· très peu d'enzymes sont nécessaires afin de réaliser une réaction

ACTIVITÉ

2 La double spécificité des enzymes

Une enzyme est un biocatalyseur. Elle catalyse une réaction : elle accélère la transformation d'une molécule (le substrat) en d'autres molécules (les produits de la catalyse). Cette enzyme est spécifique du substrat et son action est unique. Les enzymes possèdent donc une double spécificité : spécificité de substrat et spécificité d'action.

► **Comment mettre en évidence la spécificité des enzymes ?**

VOCABULAIRE

Isomère : se dit de deux molécules qui, tout en étant formées des mêmes éléments chimiques dans les mêmes proportions, présentent des configurations spatiales différentes.

Substrat : molécule sur laquelle agit une enzyme.

TP Doc.1 Spécificité de substrat

► La spécificité de substrat peut être mise en évidence dans la réaction de l'oxydation du glucose en acide gluconique en présence de glucose oxydase.

$$C_6H_{12}O_6 + O_2 + H_2O \longrightarrow CH_2-(CHOH)_4-COOH + H_2O_2$$

Glucose — Acide gluconique

► La réaction est suivie en mesurant l'évolution de la concentration en dioxygène. Une diminution de la quantité de dioxygène dans le milieu révèle l'oxydation de glucose ; la catalyse se fait.

► Pour suivre l'évolution de la concentration en dioxygène dans le milieu une sonde à oxygène, reliée à une chaîne ExAO, est utilisée. Plusieurs logiciels d'exploitation des données peuvent intervenir. Le logiciel utilisé ici est « Enzymo ».

a. Le montage de la chaîne ExAO.

PROTOCOLE

1. Trois solutions : une de glucose, une de galactose et une de saccharose, chacune à 10^{-2} mol/L sont utilisées.
Le glucose et le galactose sont deux molécules **isomères**. Leur formule chimique globale est la même : $C_6H_{12}O_6$. Le saccharose est une molécule de formule chimique globale : $C_{12}H_{22}O_{11}$.
2. Utiliser une solution de glucose oxydase à 15 000 U/L (à conserver au frais).
3. Placer la solution de glucose dans le bioréacteur, fermer celui-ci avec le couvercle portant la sonde à oxygène.
Mettre en marche l'agitateur pour bien oxygéner le milieu.
Lancer la mesure de la concentration en O_2.
4. Au moment t = 30 s, injecter 0,05 mL de solution de glucose oxydase.
5. Réaliser la mesure sur 5 min.
6. Rincer abondamment la cuve et recommencer la mesure pour le saccharose et le galactose.
7. Les résultats sont conservés entre chaque mesure.

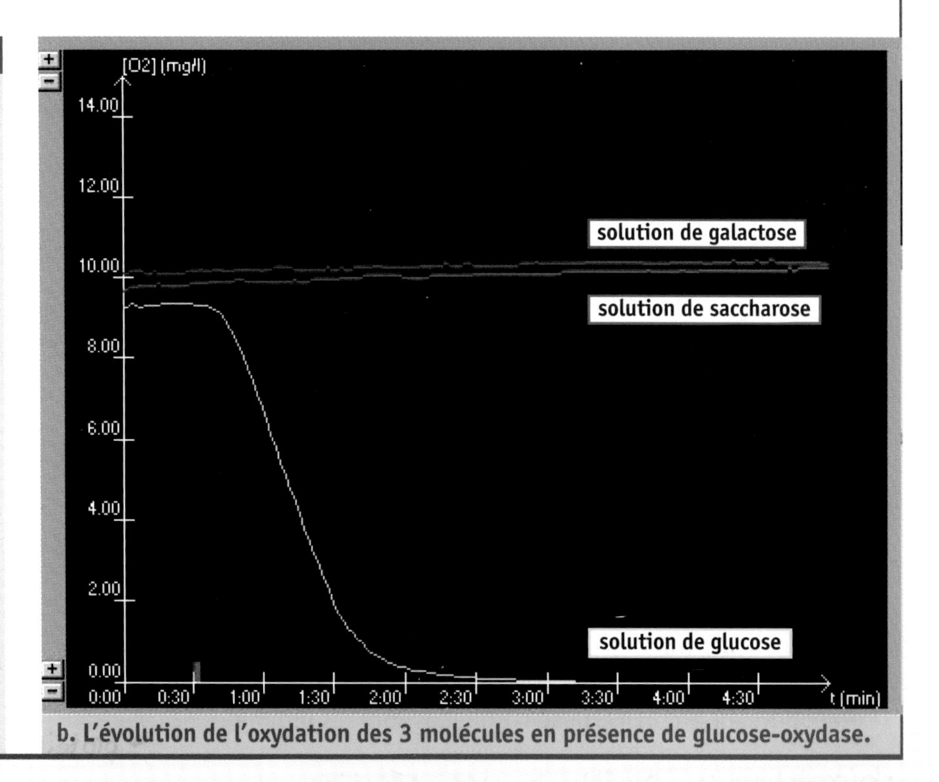

b. L'évolution de l'oxydation des 3 molécules en présence de glucose-oxydase.

Doc.2 Spécificité d'action

▶ Dans les cellules, de nombreuses réactions se produisent grâce à l'intervention d'enzymes.
Ainsi, dans les cellules du foie, le fructose, sucre trouvé dans les fruits mais aussi dans le miel, est-il catalysé en différentes substances.
Plusieurs voies de transformation sont possibles : synthèse de glucose ou de glycogène dans la voie dite de la glycogénèse ou dégradation en deux acides pyruviques pour former des molécules énergétiques, dans la voie dite de la glycolyse.

▶ Les réactions se font progressivement et font intervenir des **enzymes spécifiques** de chaque **substrat** et ayant une action particulière : ajout ou retrait de groupement phosphate, isomérisation de la molécule (le groupement phosphate change de place dans la molécule)...

▶ Dans cette chaîne, suivant les enzymes exprimées, le glucose-6-phosphate peut avoir deux destinées : soit il est catalysé en glucose-1-phosphate, soit il est catalysé en glucose.
Les deux enzymes catalysant ces réactions ne sont pas les mêmes.

▶ Certains individus développent une intolérance au fructose qui se manifeste par des hypoglycémies, des insuffisances hépatiques graves.
Les analyses ont montré que l'enzyme déficiente est l'aldolase B, qui permet normalement l'ajout d'un phosphate au fructose-1-phosphate. Celui-ci **s'accumule** alors, dans le cas de la déficience, dans les cellules du foie et provoque, sans que les raisons soient bien connues, les problèmes déjà cités.

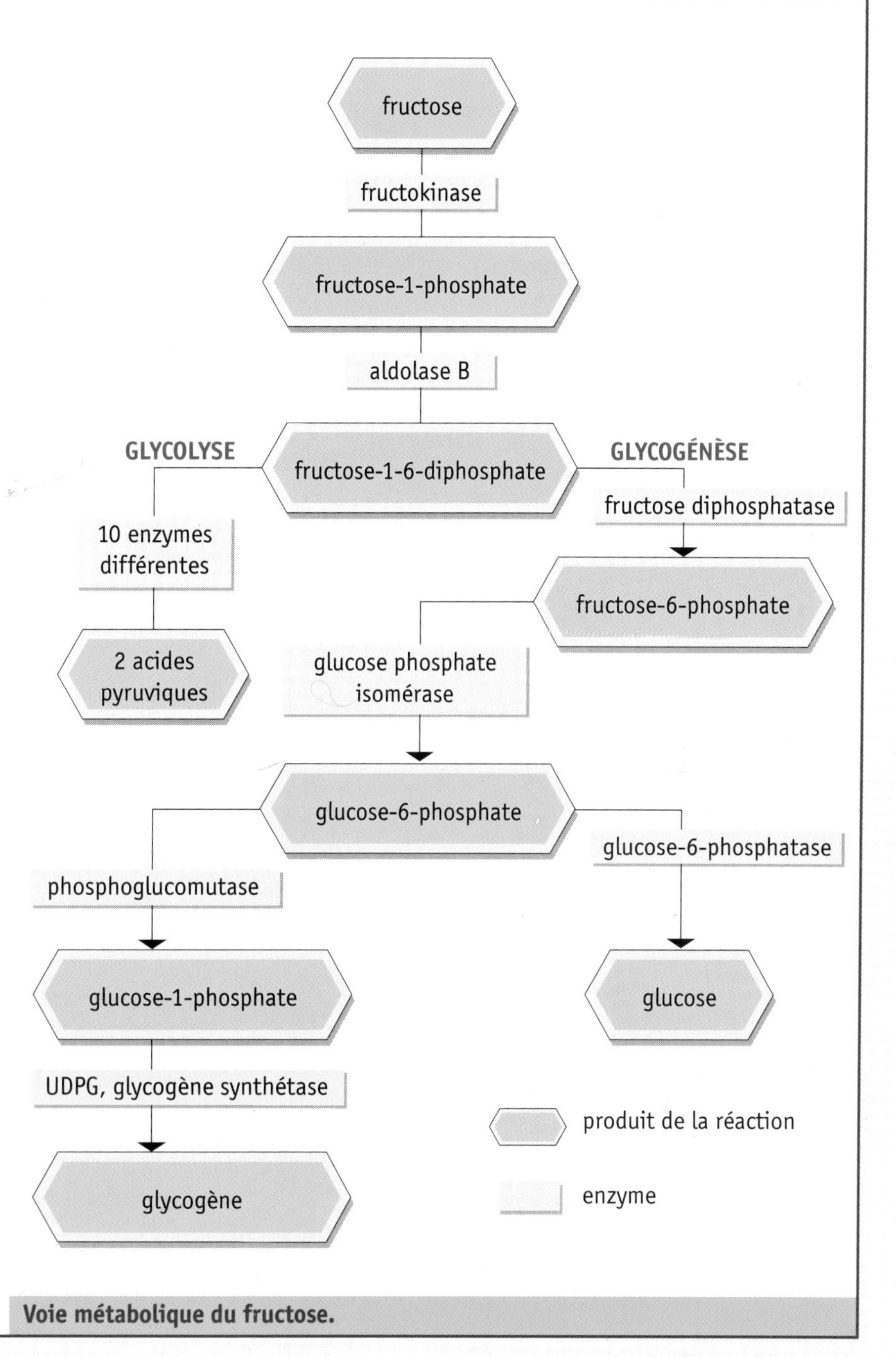

Voie métabolique du fructose.

EXPLOITATION DES DOCUMENTS

1. **Justifier**, avec les expériences et les résultats du **Doc. 1**, que la glucose oxydase est spécifique d'un seul substrat.
2. **Préciser**, en considérant les différences concernant les trois molécules étudiées, si la spécificité de substrat de l'enzyme est fine ou approximative (**Doc. 1**).
3. **Préciser** quelles réactions catalysent chacune des deux enzymes : la phosphoglucomutase et la glucose-6-phosphatase à partir du glucose-6-phosphate (**Doc. 2**).
4. **Justifier** alors, que les enzymes ont une spécificité d'action.
5. **Déduire**, la conséquence de cette double spécificité, dans l'activité des cellules (**Doc. 2**).
6. **Répondre au problème posé** : « Comment mettre en évidence la spécificité des enzymes ? » et **conclure** en rappelant ce qu'est la double spécificité des enzymes.

ACTIVITÉ

3 La catalyse enzymatique et les facteurs du milieu

VOCABULAIRE

Site actif : domaine d'une enzyme qui se lie au substrat.

L'hydrolyse de l'amidon a mis en évidence que la catalyse est sensible à la température : l'amylase agit à 37 °C et l'hydrolyse acide ne se fait que lorsque le milieu est porté à ébullition. Le pH est aussi un facteur du milieu qui influe sur la catalyse enzymatique.

► **Comment la température et le pH influent-ils sur l'activité enzymatique ?**

TP Doc.1 L'influence de la température sur la catalyse

PROTOCOLE

1. Préparer quatre tubes contenant chacun 15 mL d'empois d'amidon. Les placer dans quatre conditions de température : dans de la glace, dans un bain-marie à 20 °C, dans un bain-marie à 37 °C et dans un bain-marie à 90 °C.
2. Quand la température des quatre tubes s'est stabilisée, déposer 1mL de solution de maxilase dans chacun des tubes.
3. Tester toutes les 3 minutes, sur une plaquette de coloration à l'eau iodée, le contenu de chacun des tubes. Réaliser ces tests, le temps que les résultats changent de valeur dans chacun des tubes placés à 20 et 37 °C.
4. Après ce temps, placer chacun des tubes dans le bain-marie à 37 °C et ajouter de nouveau dans chacun 5 mL d'empois d'amidon.
5. Réaliser une nouvelle série de test à l'eau iodée, pendant 24 min.

a : températures (° C) 0 20 37 90 — temps (min) 0 3 6 9 12 15 18 21 24

b : (° C) 0 20 37 90 puis 37 37 37 37 — temps (min) 0 3 6 9 12 15 18 21 24

Table de coloration au cours du temps pour les 4 conditions de température (a) et pour les 4 tubes placés à 37 °C (b).

TP Doc.2 L'influence du pH sur la catalyse

PROTOCOLE

L'influence du pH sur l'activité catalytique peut être étudiée par expérimentation à l'aide d'une chaîne ExAO mais aussi à partir de logiciels de simulation (ici « Enzyme »). Différentes enzymes peuvent être testées.

Il s'agit d'observer la dégradation de l'ovalbumine en acides aminés en présence d'une enzyme : la trypsine.

1. La température est maintenue à 37 °C.
2. Le pH est augmenté entre chaque mesure de 0,5 et ce à partir d'une valeur de 6,5.

Remarque : pour certaines valeurs de pH, les courbes sont superposées.

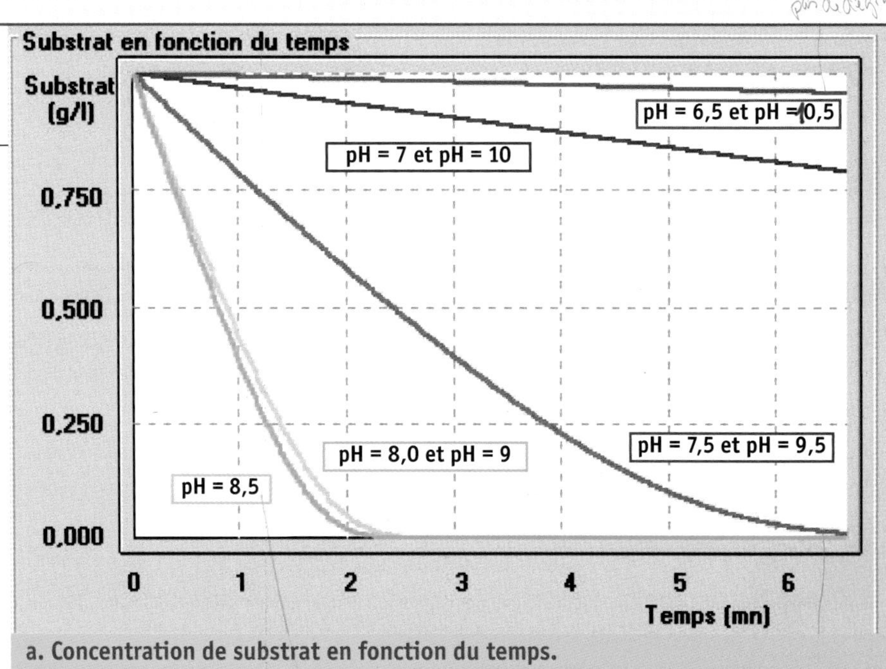

a. Concentration de substrat en fonction du temps.

Doc.2 L'influence du pH sur la catalyse (suite)

La **vitesse initiale** de la catalyse correspond à la quantité de substrat transformé au moment où l'enzyme est mise au contact de son substrat. À partir des courbes obtenues, les vitesses initiales peuvent être mesurées par la valeur absolue du coefficient directeur de la droite tangente aux différentes courbes au moment de l'injection.

Par ailleurs, le logiciel peut évaluer cette vitesse initiale et la représenter sous forme de courbe pour l'ensemble des mesures réalisées.

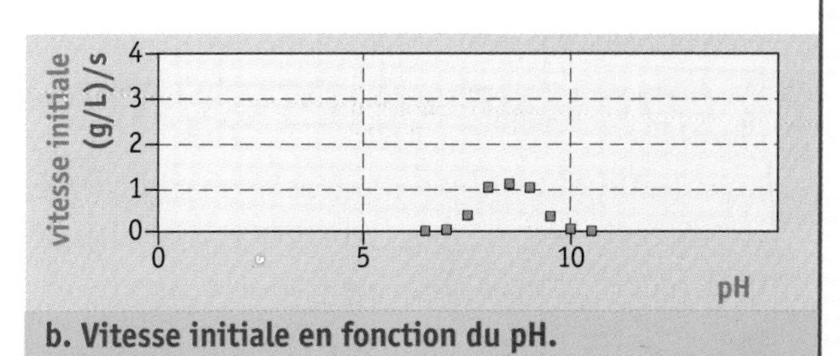

b. Vitesse initiale en fonction du pH.

Doc.3 L'influence de la température et du pH sur les enzymes

▶ Chaque enzyme présente une **température optimale d'activité** : c'est la température pour laquelle la vitesse initiale de la catalyse est maximale. Quand la température croît, l'agitation du milieu augmente, favorisant ainsi la rencontre de l'enzyme et du substrat. Si la température est trop élevée, en général supérieure à 60 °C, la structure de l'enzyme est définitivement **dénaturée**.

▶ **Le pH a une influence** pour des valeurs extrêmes sur la structure de l'enzyme. En modifiant la charge ionique des acides aminés, la structure de l'enzyme est modifiée. L'enzyme est alors dénaturée et devient inactive.
Pour des valeurs intermédiaires, l'effet du pH concerne non pas la structure de la protéine mais les acides aminés qui participent à une activité catalytique, leur charge ionique est modifiée, ils ne peuvent plus réaliser la catalyse.

▶ Si la structure de l'enzyme est modifiée, la molécule devient inefficace. Un modèle de l'action de l'enzyme sur le substrat peut donc être construit. Le catalyseur agit sur le substrat grâce à la formation d'un complexe appelé le **complexe enzyme-substrat.** La liaison entre les deux molécules se fait au niveau d'une zone de l'enzyme appelée le **site actif.** Ce site présente une complémentarité de forme avec le substrat.

▶ Certains logiciels permettent de visualiser l'enzyme seule et le complexe enzyme-substrat à l'échelle moléculaire.
Le cas présenté est celui de la carboxypeptidase lié à son substrat : la glycine et la tyrosine, deux acides aminés d'une protéine.

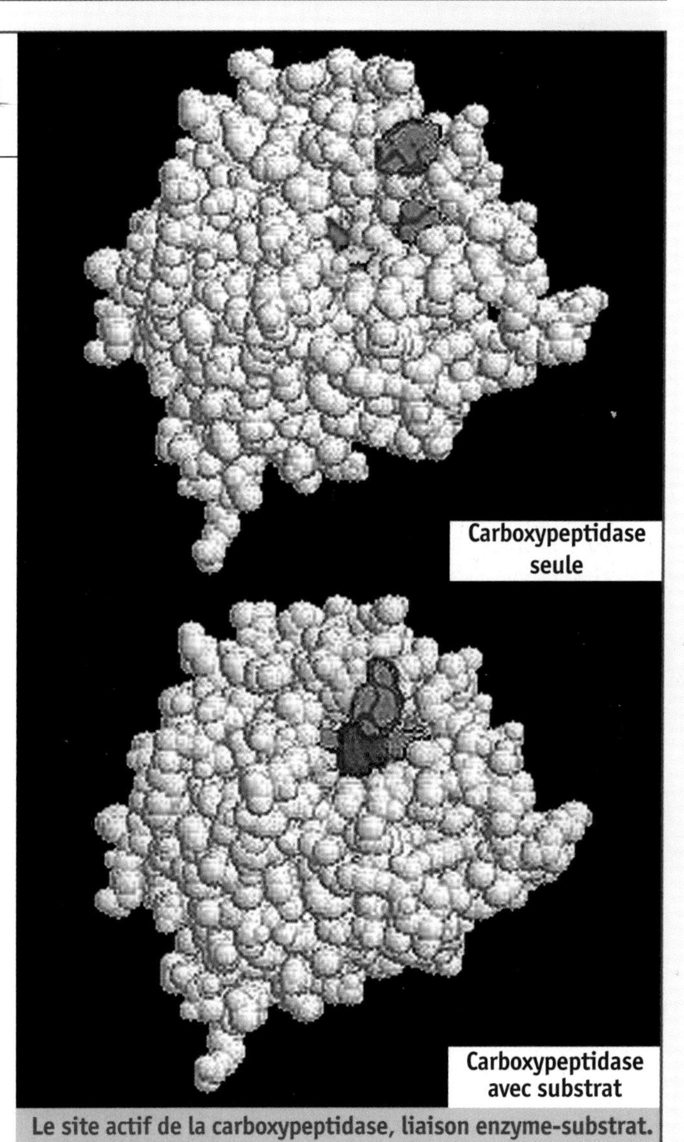

Le site actif de la carboxypeptidase, liaison enzyme-substrat.

EXPLOITATION DES DOCUMENTS

1. Afin de montrer l'influence de la température dans la catalyse enzymatique : **a. Comparer** les résultats obtenus (**Doc. 1**) dans les différentes conditions de température ; **b. Noter** la température optimale d'activité de la maxilase ; **c. Expliquer**, en utilisant le **Doc. 3**, les résultats obtenus dans le **Doc. 1**.

2. Répondre aux mêmes questions pour le pH à partir des **Doc. 2** et **3**.

3. Établir une relation entre l'influence de la température et du pH sur l'activité enzymatique et la modalité de l'action de l'enzyme sur son substrat afin de **répondre au problème posé** : « Comment la température et le pH influent-ils sur l'activité enzymatique ? »

ACTIVITÉ

4 Catalyse enzymatique et complexe enzyme-substrat

La modification de la structure spatiale de l'enzyme influence son activité. L'enzyme agit sur le substrat lorsqu'elle forme un complexe avec lui. Cette formation repose sur la reconnaissance des formes complémentaires des deux molécules.

► **Comment la formation du complexe enzyme-substrat permet-elle la catalyse ?**

TP

Doc.1 Cinétique enzymatique et concentration en substrat du milieu

► L'enzyme utilisée est la glucose oxydase. Le principe de suivi de la catalyse enzymatique est le même que dans l'activité 2.

► Le logiciel utilisé est « Enzymo ». Les mesures sont réalisées sur 5 minutes grâce à l'invite « Oxymétrie ».

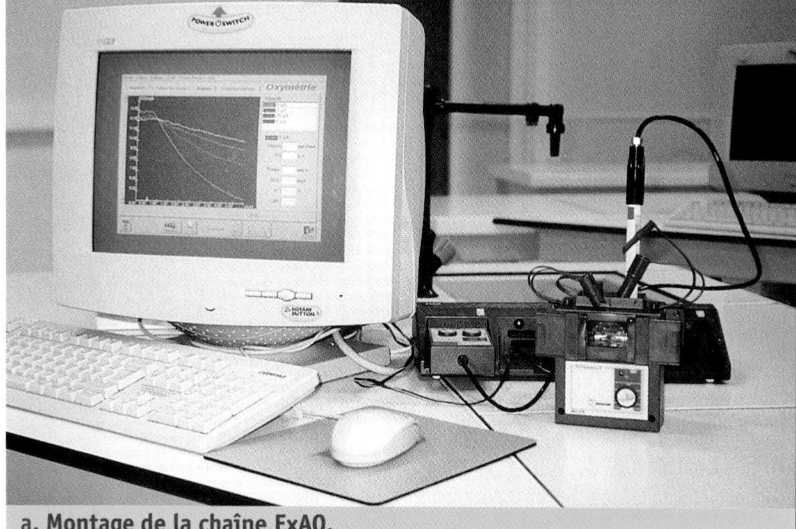

a. Montage de la chaîne ExAO.

PROTOCOLE

1. Préparer des solutions de glucose à 1 ; 2 ; 5 ; 20 et 50 g/L.

2. Préparer la solution de glucose oxydase de la manière suivante : placer une pointe de scalpel dans 10 mL d'eau d'enzyme à 10 000 U/L.

3. Placer dans le bioréacteur la solution de glucose à 1 g/L et lancer la mesure.

4. Au moment t = 50 s, déposer 0,2 mL de la solution d'enzyme dans le bioréacteur. Le temps de 50 secondes est nécessaire pour que la concentration en O_2 se stabilise dans le milieu.

5. Après la mesure, rincer abondamment le matériel.

6. Réaliser les mesures pour les quatre autres solutions de glucose. Les résultats sont conservés entre chaque mesure.

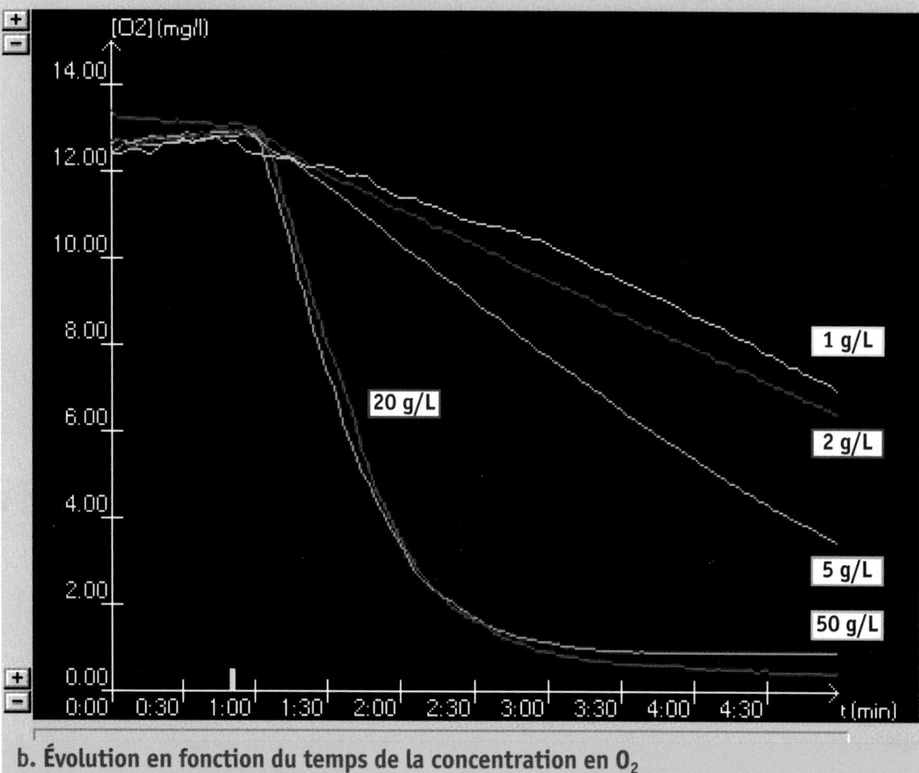

b. Évolution en fonction du temps de la concentration en O_2 pour les cinq solutions de glucose.

Doc.2 Modalité d'action du complexe enzyme-substrat

► Le logiciel « Enzymo » permet de réaliser une simulation de la catalyse et de suivre l'évolution de la vitesse initiale quand la concentration en substrat varie au cours des expériences. Cette concentration est modulable en suivant les consignes du logiciel.

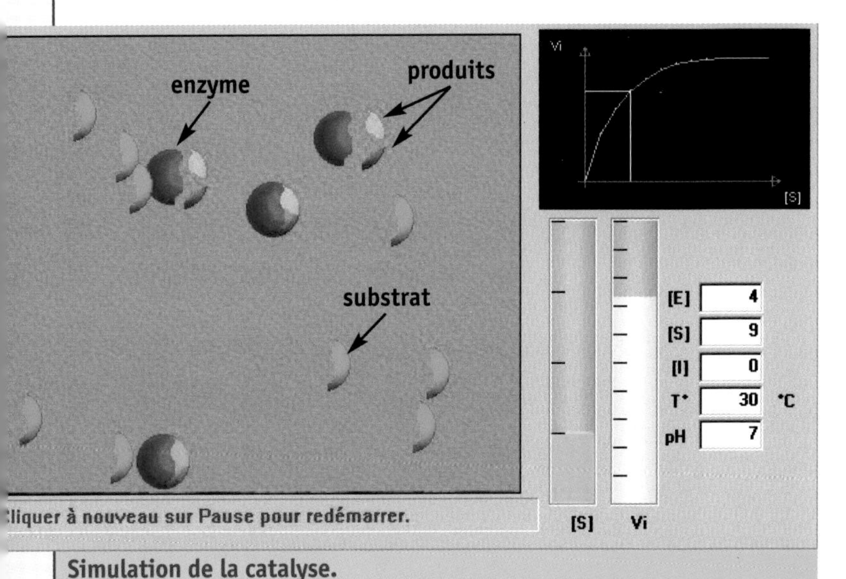

Simulation de la catalyse.

► Quand la concentration en substrat est faible dans le milieu, les complexes enzymatiques mettent plus de temps à se former que si cette concentration est élevée. La vitesse initiale de la catalyse est plus faible. Cette vitesse augmente jusqu'à une **valeur maximale** où toutes les enzymes sont complexées. L'enzyme est dite **saturée**.

► La liaison entre les deux molécules est temporaire et elle permet la formation des produits de catalyse. La réaction enzymatique peut donc s'écrire de la façon suivante :

$$E + S \longrightarrow ES \longrightarrow E + P$$

E : enzyme ; S : substrat ; ES : complexe enzyme-substrat ; P : produits de la catalyse.

La catalyse est possible car le **site actif** se subdivise en deux zones : une est de forme complémentaire à une partie du substrat ou du substrat en entier, l'autre possède des acides aminés ou des ions catalytiques assurant la transformation du substrat en divers produits de catalyse.

Doc.3 Influence de la séquence des acides aminés

La structure des protéines dépend de la séquence des acides aminés qui la composent. La modification de la séquence peut avoir diverses conséquences.

- Si la modification touche une **zone extérieure au site actif**, la structure de l'enzyme peut être modifiée mais le site actif garde sa conformation spatiale, l'activité enzymatique peut être conservée.
- Si **la modification touche le site actif**, deux conséquences sont possibles :
  - la forme du site est modifiée, l'enzyme ne peut plus se lier au substrat, la catalyse est impossible ;
  - la forme est conservée mais la modification concerne un acide aminé catalytique : l'enzyme peut se lier au substrat mais la catalyse demeure impossible.

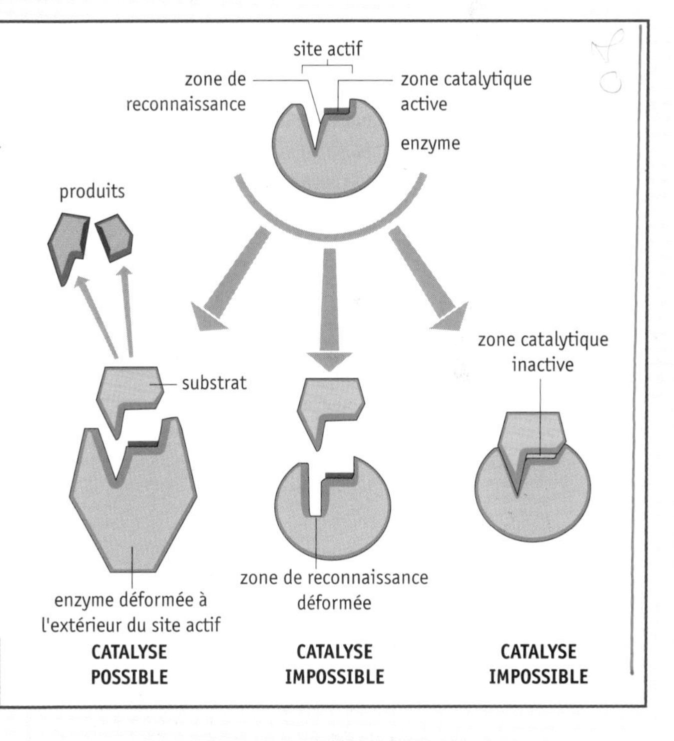

Influence de la modification de la structure de l'enzyme sur la catalyse.

EXPLOITATION DES DOCUMENTS

1. Pour comprendre comment la formation du complexe enzyme-substrat intervient dans la catalyse : **a. Construire** la courbe de l'évolution de la vitesse initiale de la catalyse (en mg O_2/heure) en fonction de la concentration en substrat (le volume du bioréacteur est de 12 mL) (**Doc. 1**). **b. Justifier** les résultats obtenus, en utilisant les informations du **Doc. 2**.
2. **Expliquer** comment la modification de la structure de la séquence des acides aminés de l'enzyme influence l'activité enzymatique (**Doc. 3**).
3. **Répondre au problème posé** : « Comment la formation du complexe enzyme-substrat permet-elle la catalyse ? »

ACTIVITÉ

5 Enzyme et phénotype

Les différentes activités de ce chapitre ont montré le rôle important des enzymes dans l'organisme. Leurs propriétés et caractéristiques ont été mises en évidence. Elles assurent la catalyse de nombreuses réactions. Cela leur confère une contribution importante dans l'expression des phénotypes.

▶ **Comment l'activité des enzymes contribue-t-elle à la réalisation du phénotype ?**

Doc.1 Enzymes et phénotypes moléculaires

▶ Les groupes sanguins sont notés : A^+, B^-, O^+...
En fait, ils correspondent à deux groupes distincts : le groupe sanguin ABO et le groupe Rhésus (noté + ou –).
Des enzymes interviennent dans l'expression de ces groupes. Ainsi le groupe ABO est dû à la présence de molécules variées sur la membrane des hématies.
Ces molécules sont formées à partir d'un précurseur.
Ce précurseur est transformé par une enzyme H en un marqueur H.
Ce marqueur H est transformé soit en marqueur A par l'enzyme A, soit en marqueur B par l'enzyme B.

▶ Les hommes ne possèdent pas tous les mêmes enzymes dirigeant l'expression des différents marqueurs :
- ceux de groupe A possèdent les enzymes H et A ;
- ceux de groupe B possèdent les enzymes H et B ;
- ceux de groupe AB possèdent les trois enzymes ;
- ceux de groupe O ne possèdent pas soit l'enzyme H, soit les deux enzymes A et B, soit les trois enzymes.

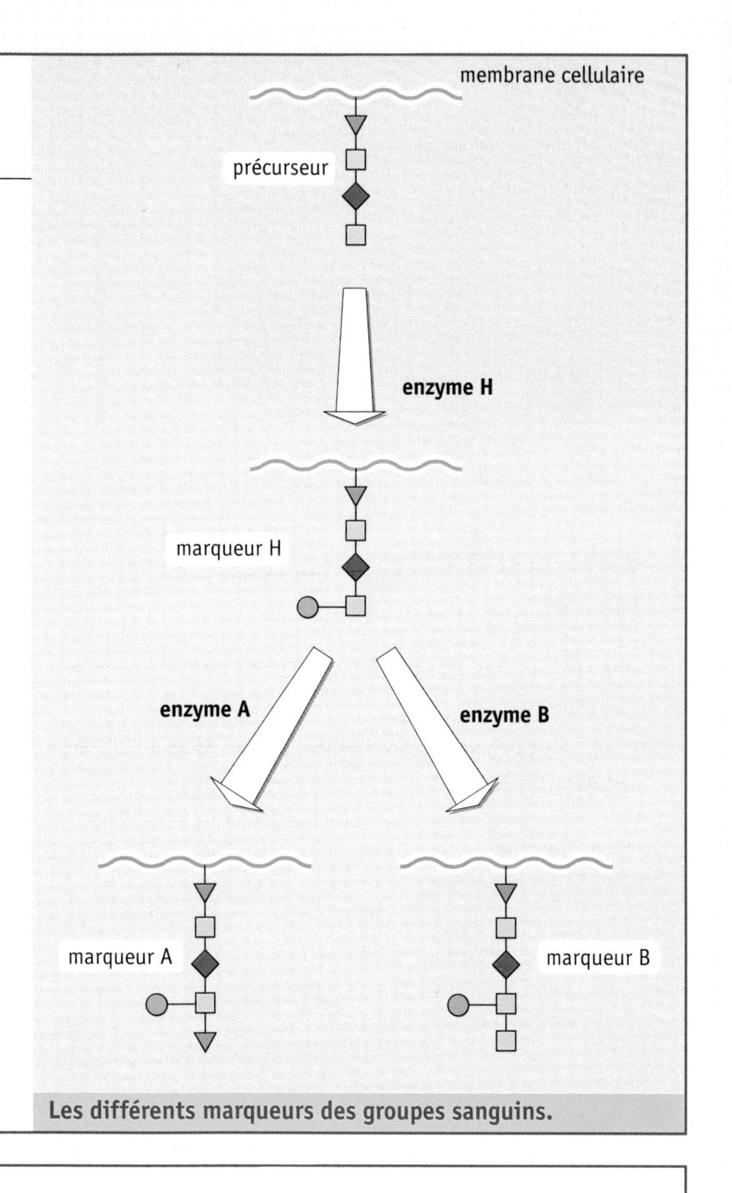

N- acétylgalactosamine

galactose

N- acétylglucosamine

fucose

Les différents marqueurs des groupes sanguins.

Doc.2 Enzymes et phénotypes cellulaires

▶ Les vaisseaux du xylème chez les végétaux supérieurs assurent le transport de la sève.

▶ L'observation microscopique de ces vaisseaux montre qu'ils sont constitués de cellules mortes alignées les unes aux autres. Ces cellules ne sont plus constituées que de leur paroi longitudinale renforcée par des dépots ligneux (annelés ou spiralés). La paroi transversale ainsi que le cytoplasme et le noyau n'existent plus (**a**).

▶ En suivant l'évolution de ces cellules, l'activité d'enzymes est repérée.

▶ Elles catalysent la lyse des différents constituants qui sont normalement présents dans les cellules des tissus voisins.

▶ La recherche de ces enzymes dans les cellules voisines reste négative, elles ne les possèdent pas (**b**).

Doc.2 Enzymes et phénotypes cellulaires (suite)

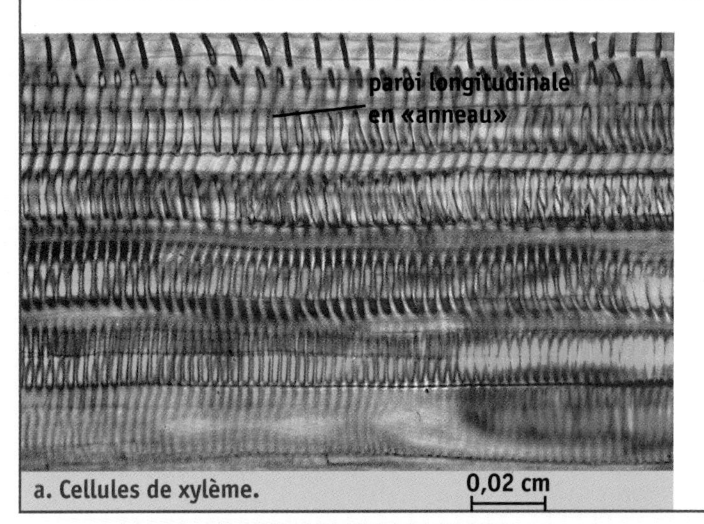

a. Cellules de xylème.

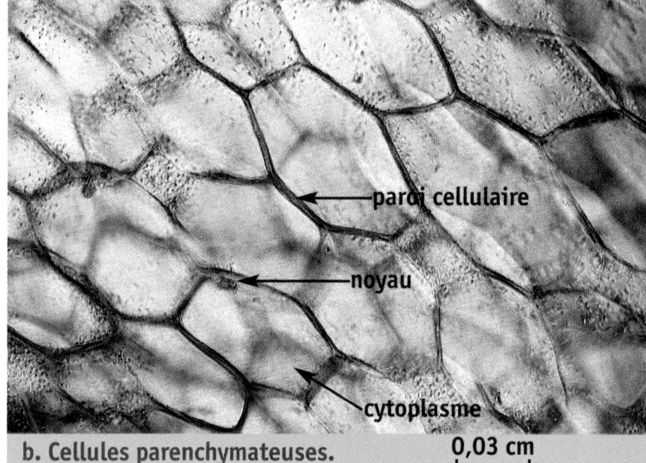

b. Cellules parenchymateuses.

Doc.3 Enzyme, phénotype et environnement

▶ Chez les mammifères, excepté les proboscidiens (éléphants) et les cétacés, les testicules se logent dans les bourses qui sont externes chez le mâle.
Ainsi chez le garçon, les testicules migrent avant la naissance depuis la cavité abdominale jusque dans le scrotum.
Chez certains garçons, la migration n'a pas lieu. Les enfants concernés sont atteints de cryptorchidie (testicules cachés). Non soignés, ces enfants seront stériles à l'adolescence et à l'âge adulte.

▶ Pour comprendre cette stérilité, l'observation des testicules des deux types de sujets a été menée.
Sur le cliché (**a**), les testicules de sujets sains sont présentés et sur le cliché (**b**), ce sont ceux d'un sujet atteint de cryptorchidie.

▶ La température de la cavité abdominale et celle du scrotum ne sont pas les mêmes. La température corporelle est de 37 °C alors que celle trouvée dans les bourses est de 32 à 34 °C.
Ces températures conditionnent la spermatogénèse. Celle-ci n'a pas lieu à 37 °C et se déroule normalement à une température plus faible.
Il a été mis en évidence que les enzymes intervenant dans la formation des spermatozoïdes ont une température optimale de catalyse de 32 °C.

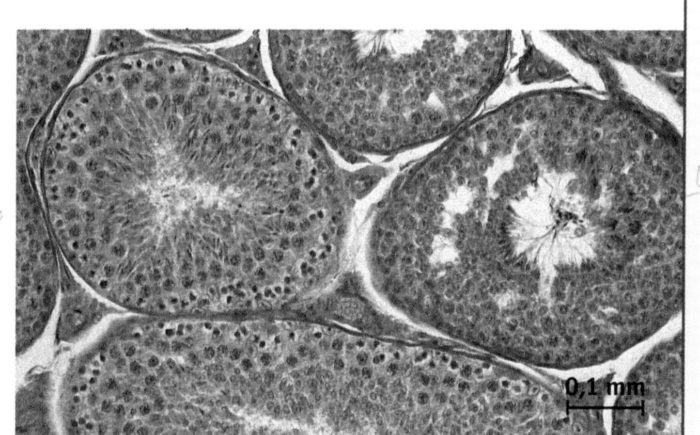

a. Coupe transversale de testicule de sujet sain.

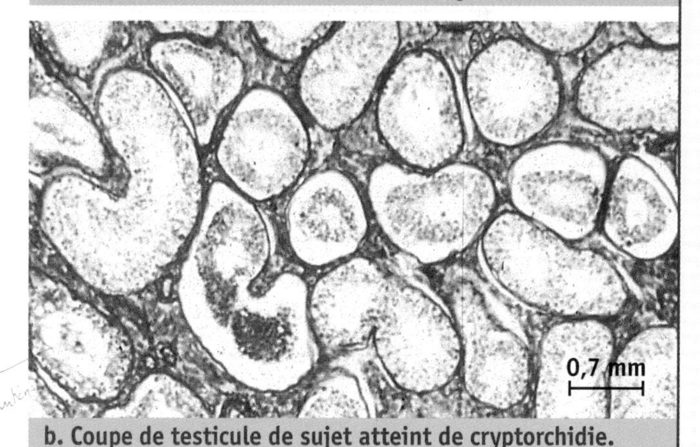

b. Coupe de testicule de sujet atteint de cryptorchidie.

EXPLOITATION DES DOCUMENTS

1. **Expliquer**, pour chaque exemple, le rôle des enzymes dans la réalisation des phénotypes concernés (**Doc. 1** et **2**).
2. **Montrer** que l'activité des enzymes peut être modifiée par les conditions du milieu et permettre ainsi la réalisation de phénotypes différents (**Doc. 3**).
3. **Répondre au problème posé** : « Comment l'activité des enzymes contribue-t-elle à la réalisation du phénotype ? »

Des protéines contribuant à l'expression des phénotypes : les enzymes

Les protéines sont des molécules qui agissent à tous les niveaux d'organisation d'un individu. Leurs fonctions, intimement liées à leur structure, sont imposées par l'information génétique contenue dans la molécule d'ADN.

LES MOTS À CONNAÎTRE

Catalyse : accélération d'une réaction métabolique ou chimique par la présence d'une substance : le catalyseur.

Vmax : abréviation de vitesse maximale. La vitesse initiale de catalyse est maximale quand toutes les enzymes sont complexées avec une molécule de substrat. L'enzyme est saturée.

I Les enzymes : des biocatalyseurs

De nombreuses réactions cellulaires et extracellulaires sont rendues possibles grâce aux enzymes.

- L'hydrolyse de l'amidon en maltose par l'amylase met en évidence quelques propriétés de cette enzyme.
- Ces propriétés sont celles de toutes les enzymes :
  - elles accélèrent des réactions qui normalement peuvent se faire à des vitesses très lentes ;
  - elles agissent à faible concentration ; ⊛
  - elles sont retrouvées intactes après la réaction de catalyse. Cette dernière propriété leur permet d'agir à **faible concentration**.

Ces trois propriétés font des enzymes des catalyseurs des réactions qui se passent dans l'organisme. Ce sont des **biocatalyseurs**.

II La double spécificité des enzymes

Dans les cellules, les étapes de **catalyse** dans les chaînes métaboliques sont nombreuses entre un substrat de départ et les produits finaux.

Pour chaque étape, une enzyme intervient avec une double spécificité.

- Une enzyme est **spécifique d'un substrat**. Elle ne peut catalyser d'autres molécules. Ainsi, la glucose oxydase ne peut **catalyser** que l'oxydation du glucose. Mise en présence de galactose ou de saccharose, l'enzyme n'a aucune action sur ces molécules.
- Une enzyme présente une **spécificité d'action** : elle peut oxyder, ou hydrolyser, ou transférer un groupement chimique...

Deux enzymes peuvent agir sur des substrats communs mais la transformation opérée n'est pas la même.

Ainsi, par exemple, la phosphoglucomutase change la place d'un radical phosphate dans la molécule.

La glucose-6-phosphatase élimine ce même radical de la molécule qui le porte.

Dans les cellules, cette double spécificité permet une transformation progressive d'un substrat en différents produits. Mais si, chez un individu, une enzyme n'est pas exprimée, une étape de la transformation est déficiente. La succession de catalyses est bloquée : les produits finaux ne peuvent être formés.

⊛ ou à des conditions différentes de température et de pH

III La catalyse enzymatique et les facteurs du milieu

Les enzymes sont sensibles aux variations d'intensité des facteurs du milieu.

A L'influence de la température

L'étude de la catalyse en fonction de la température révèle que chaque enzyme présente une **température optimale** d'activité. Si la température du milieu est plus basse ou plus élevée, la catalyse est moindre jusqu'à des valeurs nulles pour des conditions extrêmes de température.
Quand la température augmente, l'agitation moléculaire qui en résulte favorise la rencontre entre l'enzyme et son substrat. La catalyse est favorisée par cette agitation.
Quand la température est supérieure à la température optimale, la structure spatiale de l'enzyme est modifiée. Cette modification peut altérer définitivement l'enzyme qui est alors dénaturée.

B L'influence du pH

- Chaque enzyme présente un **pH optimal** pour lequel sa vitesse initiale de catalyse est grande.

La vitesse initiale de la catalyse correspond à la quantité de substrat catalysé par unité de temps au moment où enzyme et substrat sont en présence. Cette vitesse initiale peut être exprimée par la quantité de produits qui apparaît par unité de temps au début de la catalyse.

- Le rôle du pH est double. Pour des valeurs éloignées du pH optimal, la concentration en ions H^+ entraîne une **modification de la structure spatiale** de la protéine. Pour des valeurs intermédiaires, la concentration en ions H^+ **modifie la charge ionique** des acides aminés catalytiques.

Dans les deux cas, la catalyse ne peut se faire correctement, la vitesse initiale est plus faible.
La température et le pH peuvent donc modifier la structure spatiale de l'enzyme, ce qui réduit son activité. Il en a été déduit que l'enzyme possède une forme complémentaire du substrat.
Cette complémentarité spatiale avec le substrat est localisée au niveau d'une zone particulière de l'enzyme appelée le **site actif**.
Ce site permet la fixation du substrat par l'enzyme et ainsi la formation d'un complexe enzyme-substrat.

IV Catalyse enzymatique et complexe enzyme-substrat

Quand la quantité de substrat augmente, la quantité d'enzyme étant constante, la vitesse initiale de la catalyse augmente jusqu'à une valeur **Vmax** où elle se stabilise. Toutes les molécules d'enzymes présentes dans le milieu sont alors liées à un substrat et dès que la catalyse a eu lieu, les produits formés se détachent du site actif et l'enzyme se lie immédiatement à une nouvelle molécule de substrat. La quantité d'enzyme est le facteur limitant de la catalyse.
Ces données mettent en évidence la nécessité d'un **contact temporaire** entre l'enzyme et son substrat. Ce contact se fait au niveau du site actif qui présente deux zones : une zone de liaison constituée d'acides aminés présentant une **complémentarité de forme** avec le substrat et une zone constituée d'acides aminés **catalytiques** permettant la transformation du substrat en produits résultant de la catalyse.

- La séquence des acides aminés confère à l'enzyme sa **structure dans l'espace**. Une modification de cette séquence peut concerner ou non le site actif. Si le site actif est touché, il peut présenter une forme différente, le substrat ne peut plus se lier, la catalyse n'a pas lieu. Si c'est une zone située en dehors du site actif, l'activité catalytique de l'enzyme peut être conservée.

V Enzyme et phénotype

Les enzymes participent à la réalisation des phénotypes. Les enzymes sont sensibles aux facteurs du milieu de part leur structure. Les facteurs du milieu peuvent donc modifier l'activité des enzymes et ainsi provoquer une modification du phénotype.

L'essentiel

Les protéines enzymatiques sont les biocatalyseurs des réactions du métabolisme.
Elles présentent une double spécificité : spécificité d'action et de substrat.
Leur activité est rendue possible par la formation d'un complexe enzyme-substrat. Les propriétés des enzymes dépendent de leur structure spatiale.
Des modifications de la structure spatiale, déterminées soit par des changements de la séquence des acides aminés, soit par des conditions du milieu (pH, température, ions), modifient leur activité.
L'activité des enzymes contribue à la réalisation des phénotypes.

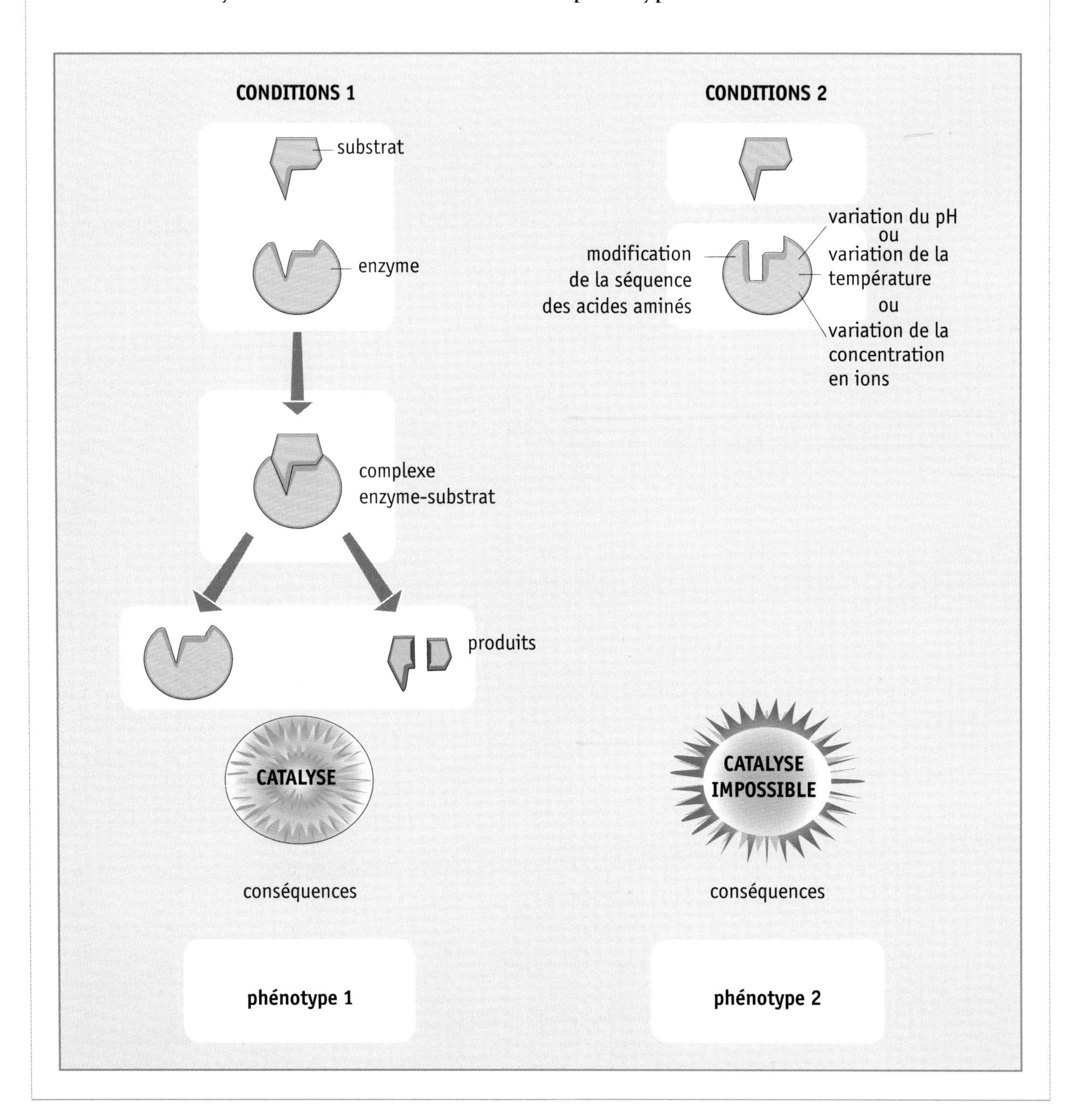

VÉRIFIER SES CONNAISSANCES

EXERCICE 1 Définir en une phrase claire les mots ou expressions suivants.

- enzyme
- site actif
- biocatalyseur
- Vmax
- température optimale
- complexe enzyme-substrat

EXERCICE 2 Reconstituer une ou plusieurs phrases scientifiquement exacte(s) à partir des propositions suivantes.

1. Le pH optimal d'une enzyme est atteint...

a. quand l'enzyme est saturée.
b. quand la vitesse initiale de l'enzyme est maximale.
c. quand l'enzyme est dénaturée.
d. quand le pH du milieu est maximal.

2. Les enzymes sont des biocatalyseurs...

a. car elles accélèrent les réactions métaboliques.
b. car elles possèdent une double spécificité.
c. car elles sont fabriquées par des êtres vivants.

3. La structure spatiale d'une enzyme...

a. lui confère ses propriétés.
b. dépend de la séquence des glucides qui la constituent.
c. est modifiée par des variations de la température.
d. est modifiée si elle devient inactive.

4. La réalisation du phénotype...

a. est indépendante des enzymes mais non des protéines.
b. est tributaire de l'activité des enzymes.
c. peut être influencée par les conditions du milieu.

EXERCICE 3 Restituer ses connaissances en quelques phrases sur un sujet précis, en utilisant obligatoirement un ensemble de mots-clés.

sujets	mots-clés
a. spécificité des enzymes	substrat, spécificité d'action
b. complexe enzyme-substrat	site catalytique, complémentarité de forme
c. phénotype	enzyme, température, pH
d. modification de la structure spatiale de l'enzyme	séquences des acides aminés, facteurs du milieu

EXERCICE GUIDÉ

Restitution organisée de connaissances

Énoncé Montrer, à l'aide des connaissances acquises, comment une altération du phénotype peut résulter d'une modification de l'activité enzymatique.

Conseils pour la résolution

- Lire et relire le sujet pour bien repérer le problème qui se pose et ainsi déterminer les limites de la réponse et éviter le hors sujet.
- Les idées à développer sont les suivantes :
— le phénotype est le résultat du fonctionnement de chaînes métaboliques (exemple de la synthèse de la mélanine depuis la tyrosine conférant ainsi la coloration à la peau) ;
— chaque étape de la chaîne métabolique est rendue possible par différentes enzymes ;
— ces enzymes sont spécifiques d'un seul substrat et ne permettent qu'une seule réaction (illustrer avec des exemples de l'activité 2) ;
— lien entre cette double spécificité et la structure spatiale des enzymes ;
— la structure spatiale peut être modifiée par différents facteurs ;
— conséquence de la modification de la structure sur la chaîne métabolique et donc sur le phénotype.
- Construire une introduction qui permette de poser le problème, un développement qui apporte des arguments de la réponse au problème en y intégrant les idées développées ci-dessus.
- Conclure en répondant au problème posé.

EXERCICES

APPLIQUER SES CONNAISSANCES

EXERCICE 4 Équipement enzymatique et alimentation

Utiliser des données pour justifier des réponses

L'analyse de l'équipement enzymatique contenu dans les différents sucs digestifs du porc adulte est menée. Les résultats sont donnés dans le document ci-contre.

Enzyme	Substrat	Produits de la catalyse
lactase	lactose	glucose et galactose
amylase	amidon	maltose
maltase	maltose	glucose
saccharase	saccharose	glucose et fructose
pepsine	protéines	peptides (courtes séquences d'acides aminés)
trypsine	protéines et peptides	peptides et acides aminés

a. Les enzymes des différents sucs digestifs du porc adulte, leur substrat et leur(s) produit(s) de catalyse.

1. Montrer que cet équipement enzymatique permet à l'animal d'être omnivore.

On étudie l'évolution de ces enzymes dans les sucs digestifs d'un porcelet durant les sept premières semaines de sa vie.

À partir de cette courbe :

2. Préciser quel mode alimentaire est celui du porcelet à sa naissance. **Justifier** la réponse.

3. Justifier, qu'en élevage, les porcelets sont nourris avec une alimentation de type adulte à partir de la 7e semaine.

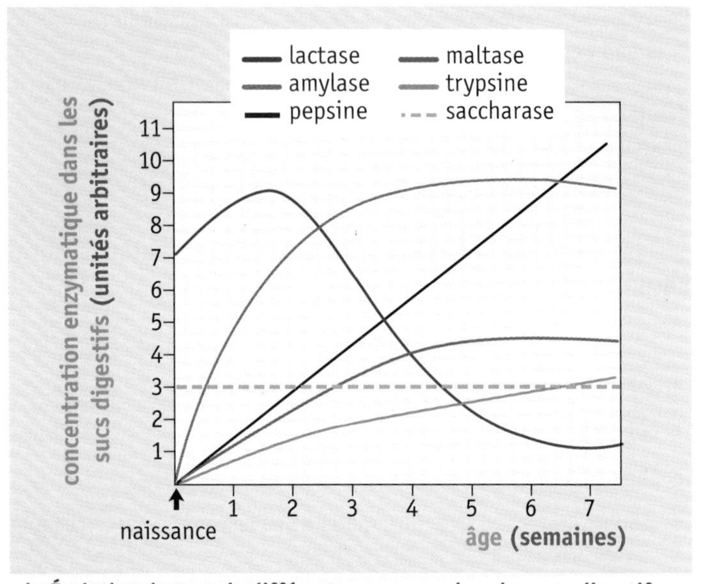

b. Évolution du taux de différentes enzymes dans les sucs digestifs d'un porcelet au cours des 7 premières semaines après la naissance.

EXERCICE 5 Enzymes et phénotypes chez les bactéries

Prélever des informations pour établir des phénotypes

- En 1961, Jacques Monod et François Jacob apportent une explication à un fait surprenant : de nombreuses espèces de bactéries sont capables de se développer en se multipliant dans un milieu contenant du glucose.

Les différentes bactéries sont placées dans **un milieu contenant du lactose**, toutes cessent de se multiplier. Seules certaines espèces **après un délai de 20 min recommencent à se développer.** Les autres sont **incapables de le faire**.

En étudiant les enzymes des différentes bactéries, les deux chercheurs mettent en évidence que celles qui reprennent leur croissance après 20 min ont fabriqué trois enzymes : une perméase, une β-galactosidase et une transacétylase.

Les autres bactéries ne fabriquent pas ces enzymes. Ce sont ces enzymes qui permettent la reprise du développement des bactéries.

- Le lactose est un sucre composé de deux molécules de sucres simples : le glucose et le galactose. Le lactose ne peut pénétrer dans les bactéries en traversant leur paroi. Les enzymes fabriquées interviennent à différents niveaux :

— la perméase sert au transport du lactose au travers de la paroi ;

— la β-galactosidase et la transacétylase permettent de dégrader le lactose en molécules plus simples.

1. Établir précisément les phénotypes des deux types de bactéries décrites.

2. Pour chaque type **préciser** l'équipement enzymatique possédé.

APPLIQUER SES CONNAISSANCES

EXERCICE 6 Enzymes et phénotypes des organismes

Prélever des informations pour définir des phénotypes

• La dégradation des nutriments et des molécules de réserve libère de l'énergie et conduit à la formation de déchets qui doivent être éliminés hors de l'organisme.
La dégradation des lipides et des glucides forme du CO_2 et de l'eau. La dégradation des protides forme des déchets azotés de nature variée suivant les êtres vivants. Ces déchets sont éliminés.
La première étape est commune à de nombreuses espèces, les protides sont dégradés en une molécule simple : l'ammoniaque NH_4^+. Cette molécule est extrêmement toxique dans les tissus.
La deuxième étape est variable suivant les espèces : l'ammoniac est transformé en urée ou en acide urique. Ces deux molécules sont de toxicité décroissante pour l'organisme.

• Le processus d'élimination des déchets azotés est varié parmi les espèces et implique différentes enzymes :
— certaines espèces éliminent directement l'ammoniac. Les espèces concernées sont souvent aquatiques ;
— d'autres éliminent l'urée, après transformation de l'ammoniac en urée ;
— d'autres encore éliminent l'acide urique après transformation de l'ammoniac en acide. Ce mode d'excrétion est répandu chez les espèces vivant dans des milieux arides ;
— d'autres enfin éliminent un mélange parmi les trois molécules en question.
Le tableau (**b**) présente les modes d'élimination des déchets chez quelques espèces ou chez quelques groupes.
Les biologistes montrent que le type de déchet azoté rejeté est lié aux conditions de vie de l'animal mais plus encore à l'équipement enzymatique qu'il possède.

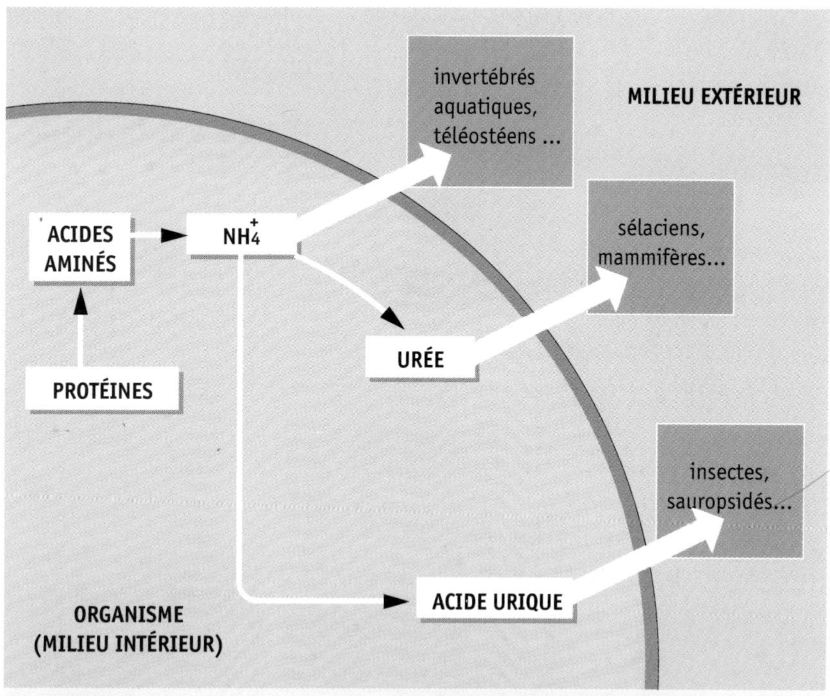

a. Les différentes molécules excrétées par différents organismes animaux.

Molécules rejetées	Espèces ou groupes concernés
ammoniaque	les invertébrés aquatiques, les poissons, les larves d'amphibiens et adultes amphibiens restant dans le milieu aquatique
urée	les raies, les requins, les torpilles, les mammifères
acide urique	les insectes, les lézards et serpents, les oiseaux
ammoniac et acide urique	les crocodiles
urée et acide urique	les tortues et les gastéropodes terrestres

b. Le type de déchets azotés excrétés chez différents êtres vivants.

1. Retrouver dans le texte le niveau de toxicité des différents déchets azotés.

2. Formuler une hypothèse permettant d'expliquer que tous les animaux qui excrètent de l'ammoniaque vivent dans le milieu aquatique.

3. Etablir une relation entre le mode d'excrétion et la toxicité de la molécule excrétée chez les animaux terrestres.

4. Conclure en montrant que l'équipement enzymatique intervenant dans l'excrétion chez les organismes animaux permet de peupler des milieux différents.

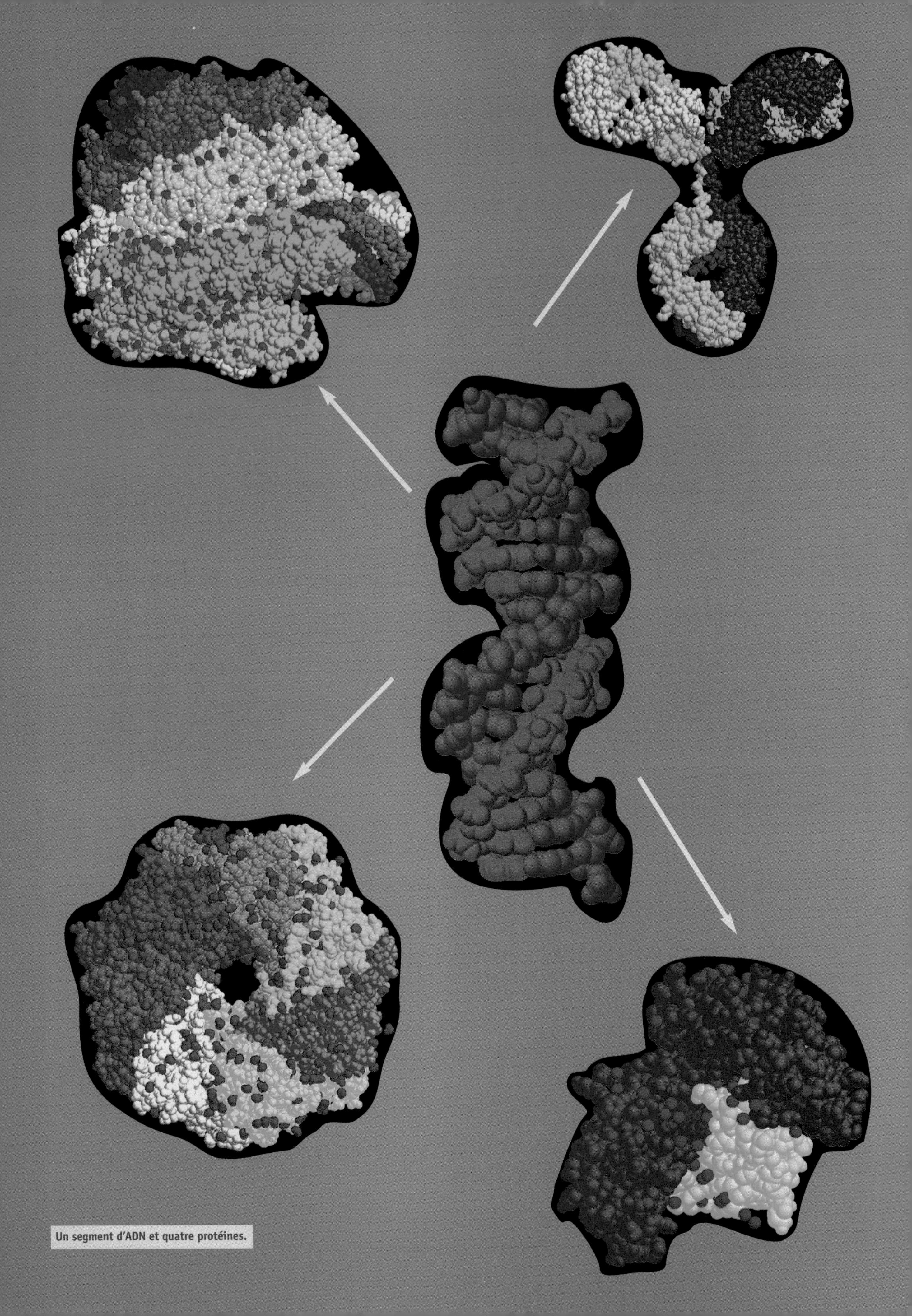

Un segment d'ADN et quatre protéines.

Chapitre 9

Biosynthèse des protéines

Le début du vingtième siècle a vu une révolution dans le domaine de la physique, aboutissant cinquante ans plus tard à la maîtrise de l'atome. La fin de ce même siècle est marquée par des avancées de la biologie moléculaire et du génie génétique, conséquences des découvertes sur la structure de l'ADN dans les années cinquante puis de ses applications sur la synthèse des protéines avec la découverte du code génétique.

- **Comment la séquence des acides aminés d'une protéine est-elle déterminée génétiquement ?**
- **Comment est réalisé le transfert des informations génétiques vers le lieu de la synthèse des protéines ?**
- **Comment est traduite une séquence de nucléotides en une séquence d'acides aminés ?**
- **Comment l'information génétique est-elle traduite dans le cytoplasme ?**

ACTIVITÉ 1 Relation protéine/ADN

Au sein d'une même espèce, les individus présentent des phénotypes différents liés à des variations des protéines. Ces variations ont une origine génétique.

► **Comment la séquence des acides aminés d'une protéine est-elle déterminée génétiquement ?**

VOCABULAIRE

Électrophorèse : méthode qui permet de séparer des molécules en fonction de leur charge électrique et de leur taille.

Gène : partie du matériel génétique responsable d'un caractère donné.

Nucléotide : molécule formée d'un acide phosphorique, d'un sucre et d'une base (adénine, thymine, cytosine, guanine ou uracile).

Polypeptide : enchaînement de plusieurs acides aminés.

Doc.1 Les causes moléculaires de la drépanocytose

► La drépanocytose est une maladie résultant d'une anomalie de l'hémoglobine, dont la structure est légèrement modifiée.

► En analysant la séquence de la molécule, on constate une seule différence dans l'enchaînement des acides aminés (**a**) qui correspond à la modification d'une base azotée dans l'ADN (**b**).

► L'analyse d'arbre généalogique montre que cette anomalie est **héréditaire**.
Une analyse plus fine, au niveau de l'ADN, par **électrophorèse**, montre la présence de bandes d'ADN différentes (1,1 et 1,3 kilobases) selon que les individus sont porteurs de l'anomalie ou non (**c**).

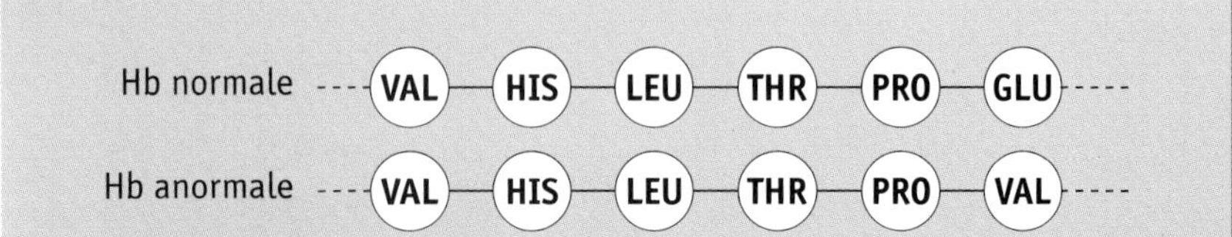

a. Séquences d'acides aminés des hémoglobines normale et anormale.

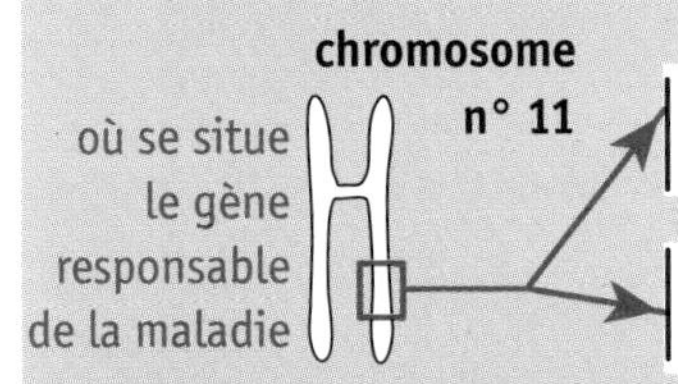

séquence d'un individu sain :
.... CATGTGGAGTGAGGTCTCC....

séquence d'un individu atteint de drépanocytose
.... CATGTGGAGTGAGGTCACC....

b. Séquences d'ADN des individus sains et atteints.

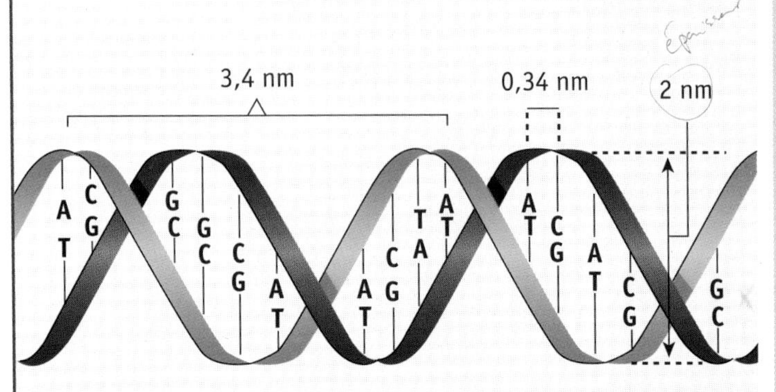

La structure de l'ADN

La molécule d'ADN est constituée par un **assemblage de nucléotides** qui forment une **double hélice.** Mise à plat, cette double hélice se présente sous forme d'une échelle de 2 nm de large et de plusieurs centimètres de long.
Les montants de l'échelle encore appelés **brins** sont constitués de l'association de désoxyribose et d'acide phosphorique.
Les barreaux de l'échelle sont toujours constitués par l'association de deux **bases azotées** : l'adénine (A) est toujours unie à la thymine (T) et la cytosine (C) à la guanine (G).
L'enchaînement dans un ordre précis de ces 4 éléments constitue l'information génétique. La formation d'un individu nécessite des mots d'ADN formés avec plusieurs millions de nucléotides.

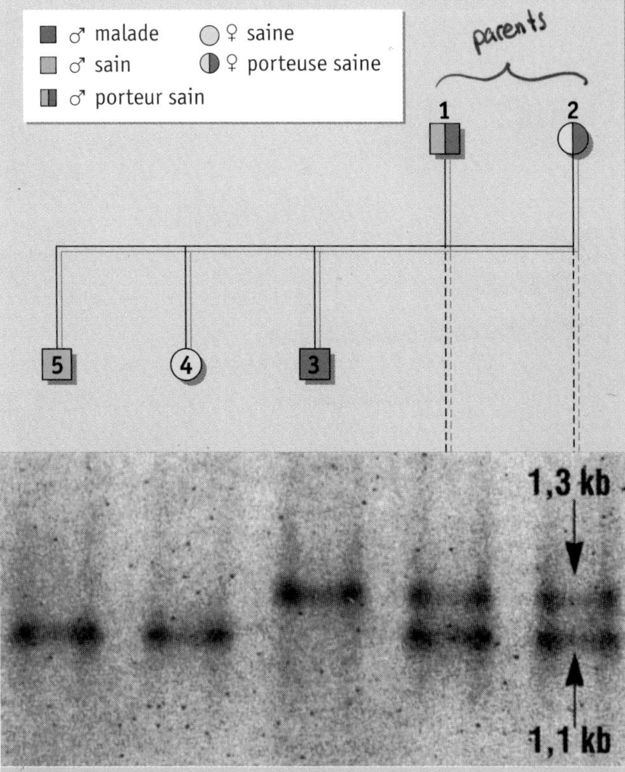

c. Arbre généalogique et électrophorèse des fragments d'ADN.

Doc.2 La relation gène-protéine

▶ Le document (**a**) montre la séquence d'ADN (en bleu) correspondant à des zones responsables de la synthèse d'une protéine constituée par un polypeptide.
La séquence de cette protéine est indiquée en rouge.
À cette protéine, correspond un nombre fini de nucléotides.
Cette **séquence d'ADN à l'origine d'un polypeptide** sera définie comme étant un **gène**.

CGA AGA CGC GGC CGA CAG ACA TAC ACC CGC TAC CAG ACG CTC GAG CTG GAG AAG GAG TTC

Arg Arg Arg Gly Arg Gln Thr Tyr Thr Arg Tyr Gln Thr Leu Glu Leu Glu Lys Glu Phe

CAC ACG AAT CAT TAT CTG ACC CGC AGA CGG AGA ATC GAG ATG GCG TAC GCG CTA TGC CTG

His Thr Asn His Tyr Leu Thr Arg Arg Arg Arg Ile Glu Met Ala Tyr Ala Leu Cys Leu

ACG GAG CGG CAG ATC AAG ATC TGG TTC CAG AAC CGG CGA ATG AAG CTG AAG AAG GAG ATC

Thr Glu Arg Gln Ile Lys Ile Trp Phe Gln Asn Arg Arg Met Lys Leu Lys Lys Glu Ile

a. Le gène Ubx et la protéine correspondante (chez la drosophile).

▶ Certaines protéines, comme l'hémoglobine, ont une structure dite quaternaire : elles sont formées par l'assemblage de plusieurs chaînes polypeptiques qui réalisent des liaisons fortes entre elles.
Ainsi, l'hémoglobine d'un individu adulte est formée de **2 types de polypeptides** : 2 sous-unités α et 2 sous-unités β codées à partir de **2 gènes** situés sur des chromosomes différents (**b**).

▶ La répartition de nombreux gènes sur certains chromosomes est actuellement connue. En particulier, la carte du chromosome X (**c**) permet de localiser l'emplacement de gènes dont la déficience est à l'origine de maladies.

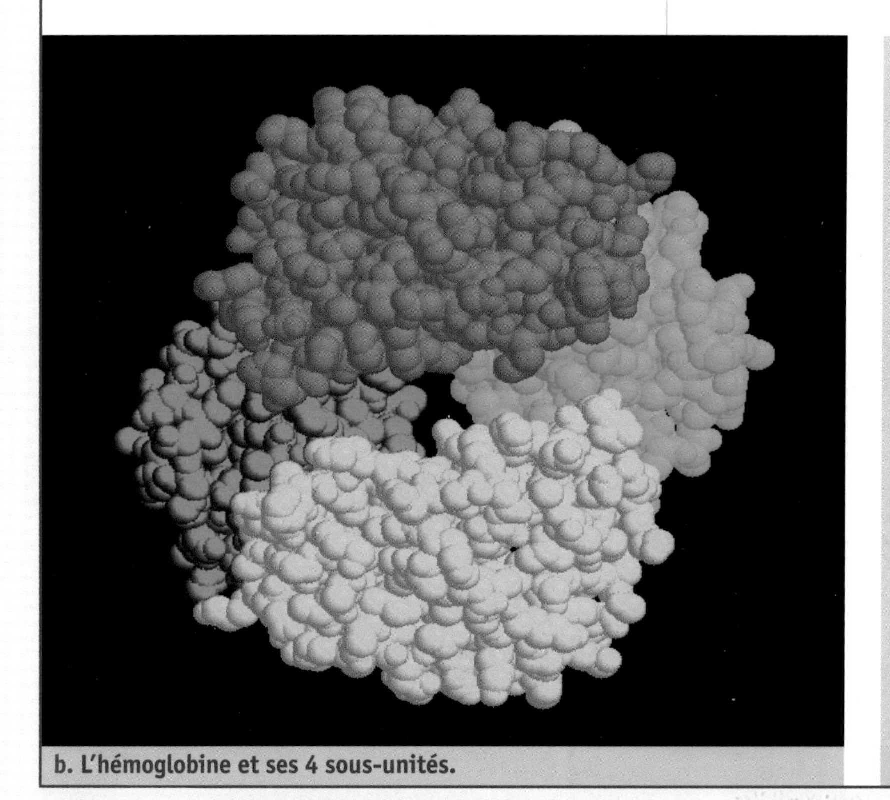

b. L'hémoglobine et ses 4 sous-unités.

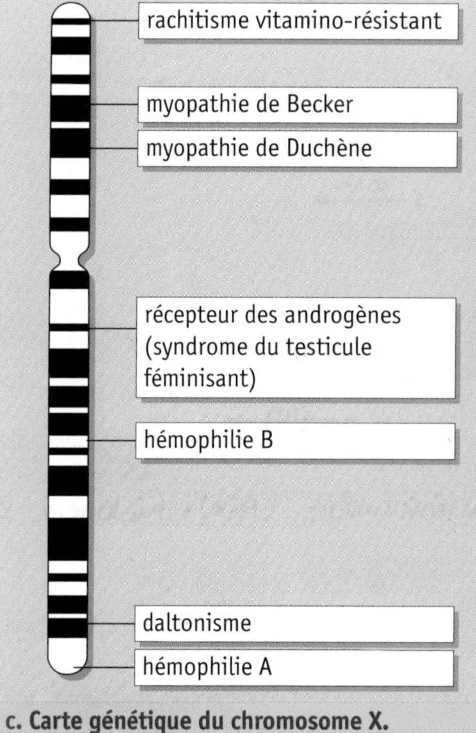

c. Carte génétique du chromosome X.

EXPLOITATION DES DOCUMENTS

1. **Déterminer** la nature de l'information qui est à l'origine de la séquence des acides aminés d'un polypeptide (**Doc. 1** et **2**).
2. **Montrer** qu'il existe une relation entre un gène et un polypeptide (**Doc. 2**).
3. **Répondre au problème posé** : « Comment la séquence des acides aminés d'une protéine est-elle déterminée génétiquement ? »

ACTIVITÉ

2 De l'ADN à la synthèse des protéines : l'ARN messager

L'ADN est à l'origine de la synthèse des protéines. Cependant, l'ADN n'est pas localisé dans la zone cellulaire de cette synthèse.

► **Comment est réalisé le transfert des informations génétiques vers le lieu de la synthèse des protéines ?**

VOCABULAIRE

Angström : unité de longueur qui correspond à 10^{-10} mètre.

Autoradiographie : technique de repérage, par l'impression d'un film photographique, des rayonnements d'une molécule radioactive intégrée dans une cellule.

Colibacille : bactérie vivant dans l'intestin.

Histologie : étude des tissus et de leurs cellules.

Milieu acellulaire : système *in vitro* contenant la plupart des éléments cytoplasmiques.

Transcription : copie d'un brin d'ADN en une séquence complémentaire constituant un brin d'ARN.

Doc.1 Localisation de l'ADN

► Le vert de méthyle est un colorant utilisé en **histologie** pour mettre en évidence l'ADN qui prend alors une teinte verdâtre. Les cellules traitées montrent une coloration vert bleu uniquement au niveau du noyau (**a**).

► Le noyau de la cellule est un ensemble dont l'enveloppe est perforée de millions de pores de ~~1 angström~~ 10 nm de diamètre (**b**).

Une communication peut donc s'établir entre noyau et cytoplasme, mais la molécule d'ADN dont l'hélice a un diamètre de ~~20 angströms~~ 2 nm ne pourra sortir du noyau.

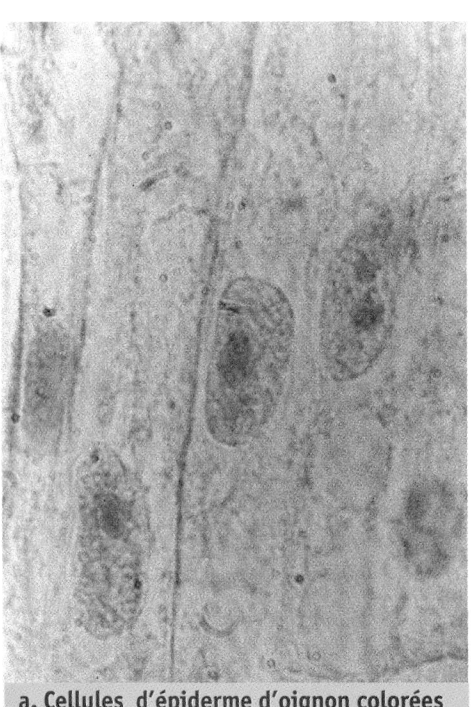

a. Cellules d'épiderme d'oignon colorées au vert de méthyle. ×

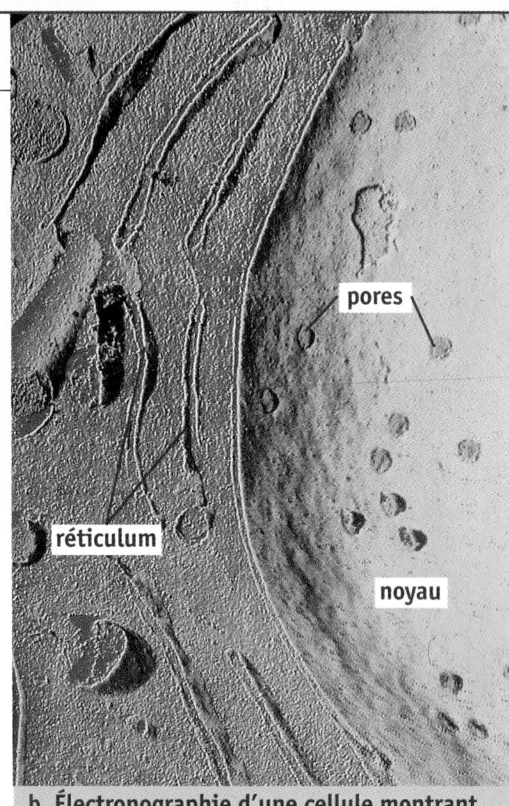

b. Électronographie d'une cellule montrant les pores nucléaires.

nucléofilament (ADN + histones) Ø 20 nm

Doc.2 Localisation de la synthèse des protéines

► Pour localiser le lieu de la synthèse des protéines, on injecte, à un cobaye, de la leucine marquée au tritium. Trois minutes après, le cobaye est sacrifié. Une coupe de cellule de pancréas est réalisée. (cochon d'Inde)

► L'**autoradiographie** de cette cellule, observée au microscope électronique, permet de localiser les protéines récemment synthétisées dans le cytoplasme, au niveau du réticulum endoplasmique.

pancréas : glande exocrine : enzymes digestives

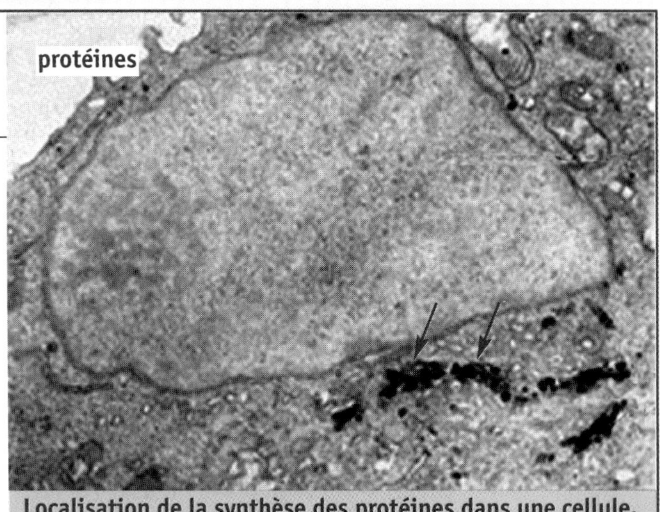

Localisation de la synthèse des protéines dans une cellule.

×pyronine : colore l'ARN en rose

Doc.3 L'ARN messager

L'électronographie (a) révèle une intense activité cellulaire le long d'une molécule d'ADN.
Il s'agit de la synthèse de molécules d'ARN messager (Acide RiboNucléique) par **transcription** d'un brin de la molécule d'ADN. - au niveau d'un gène
- histones enlevées

Cette transcription est réalisée par une enzyme : l'ARN polymérase (**b** et **c**) qui localement « ouvre » la molécule d'ADN. Un brin de l'ADN est transcrit. Une molécule d'**ARN messager** se constitue par association de nucléotides caractérisés par les bases : **adénine** (**A**), **cytosine** (**C**), **guanine** (**G**) ainsi que l'**uracile** (**U**) complémentaire de l'adénine.

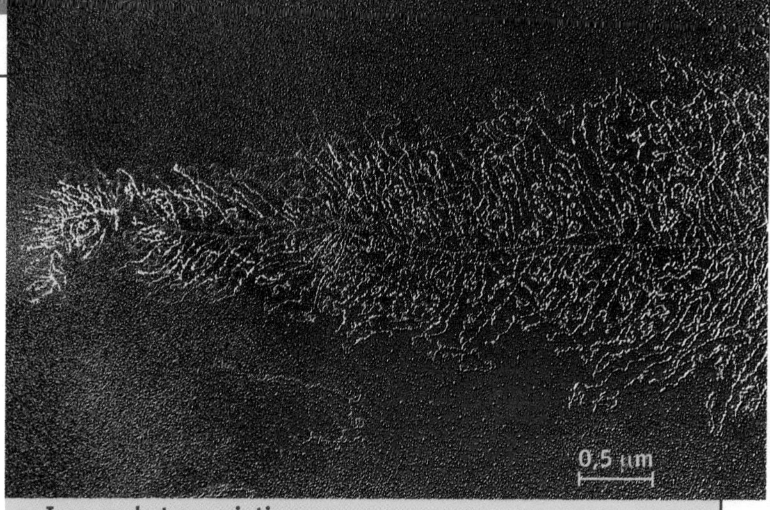

a. Images de transcription.

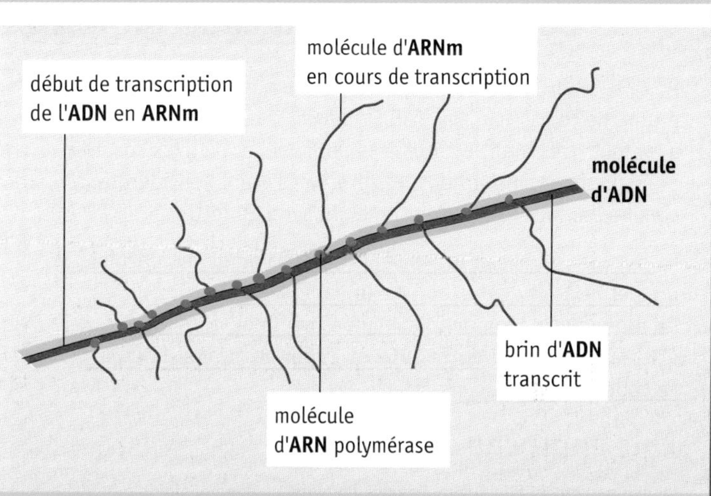

b. Schéma d'interprétation d'une unité de transcription.

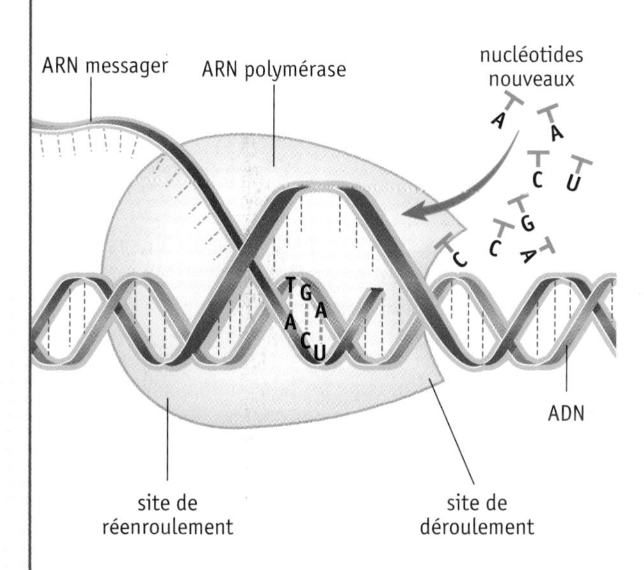

c. Mode d'action de l'ARN-polymérase.

On réalise un **milieu acellulaire** à partir de **colibacilles** contenant tous les constituants cellulaires nécessaires à la synthèse protéique mais sans ADN.
On y ajoute des acides aminés et de l'ARNm.
Le document (**d**) montre l'évolution dans le temps de la quantité d'acides aminés incorporés et de l'ARNm (l'ARNm étant détruit par des enzymes bactériennes, une réinjection a lieu après 30 min).

éphémère = de courte durée

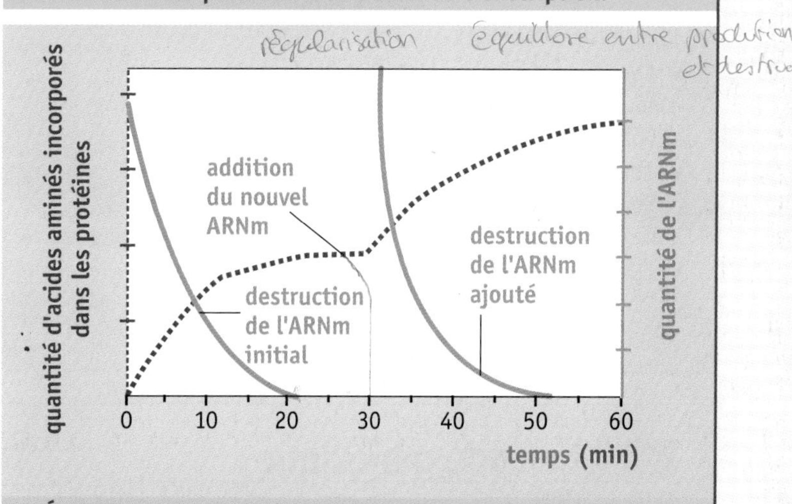

d. Évolution des quantités d'acides aminés incorporés dans les protéines et de l'ARNm.

La synthèse des protéines est ± intense selon la quantité d'ARNm (si pas d'ARNm = pas de production de protéines)

EXPLOITATION DES DOCUMENTS

1. **Justifier** l'existence d'un intermédiaire moléculaire entre ADN et protéines (**Doc. 1** et **Doc. 2**).
2. **Comparer** la structure de l'ADN et celle de l'ARNm (**Doc. 3**). En déduire le mécanisme de transfert de l'information génétique dans le cytoplasme.
3. **Déduire** du **document 3d** que l'ARNm est l'intermédiaire entre ADN et protéines.
4. **Répondre au problème posé** : « Comment est réalisé le transfert des informations génétiques vers le lieu de la synthèse des protéines ? »

ACTIVITÉ

3 De l'ADN à la synthèse d'une protéine : le code génétique

L'ARNm, transcrit à partir de l'ADN, induit l'assemblage des acides aminés selon un ordre précis lors de la synthèse d'une protéine. Cet ordre est déterminé par un code de correspondance entre l'ARNm et les acides aminés.

▶ **Comment est traduite une séquence de nucléotides en une séquence d'acides aminés ?**

VOCABULAIRE

Code génétique : code de correspondance entre les 4 nucléotides de l'ARNm et les 20 acides aminés.

Codon : séquence de 3 nucléotides d'un ARNm correspondant à un acide aminé ou à un codon stop.

Hypophyse : glande située à la base du cerveau et qui synthétise de nombreuses hormones.

Doc.1 La découverte du code génétique

▶ L'astrophysicien **Gamow** postulait que « le patrimoine héréditaire de tout organisme (ADN) pouvait être assimilé à un mot (très long) écrit dans un alphabet à 4 lettres correspondant aux 4 nucléotides. Les protéines étant considérées comme des mots écrits dans un alphabet à 20 lettres ».

▶ Dès lors, se posait le problème du décryptage, du décodage qui permettrait de passer d'un alphabet à un autre. De nombreuses expériences, menées par Crick, Niremberg, Mattaei et Khorana **entre 1961 et 1965**, permirent d'établir ce code, appelé **code génétique**.

Une approche théorique

▶ Une première étape a consisté à voir quelles étaient les possibilités de correspondance entre les nucléotides et les 20 acides aminés.

- Correspondance **1 nucléotide/1 acide aminé** : impossible, car alors on ne peut coder que pour 4 acides aminés différents.
- Correspondance **2 nucléotides/1 acide aminé** : ce qui donne 4^2 donc 16 possibilités d'acides aminés, or les protéines en contiennent 20 différents donc c'est impossible.
- Correspondance **3 nucléotides/1 acide aminé** : on obtient ici 4^3 donc 64 possibilités ce qui est largement suffisant pour coder les 20 acides aminés.

▶ Ainsi, l'hypothèse « 3 nucléotides codent pour 1 acide aminé » est théoriquement possible, mais les autres hypothèses à partir de 4 nucléotides le sont également. Il a donc fallu **tester ces hypothèses** avec des expériences.

Une approche expérimentale

▶ Niremberg et Khorana ont réalisé un système acellulaire privé d'ADN et contenant les 20 types d'acides aminés. À ce système, ils ont rajouté un ARNm répétitif dont la séquence était la suivante : GUGUGUGUGUGU...

▶ Ils ont obtenu la synthèse d'une protéine dont la séquence était une alternance de deux acides aminés, la valine et la cystéine.

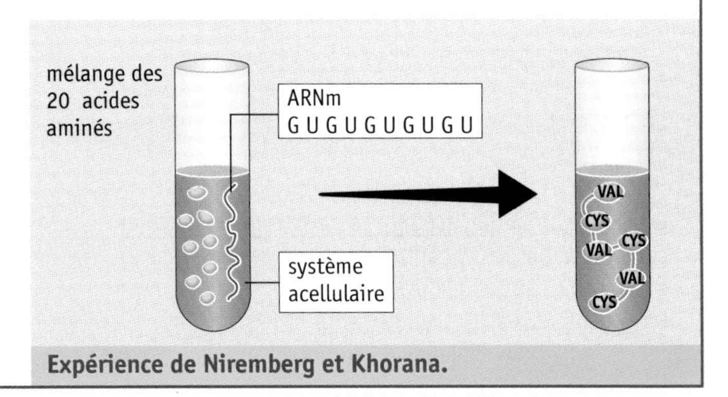

Expérience de Niremberg et Khorana.

Doc.2 Le code génétique

En réalisant d'autres expériences du même type que celle du doc. 1 avec des ARNm répétitifs différents, on a pu établir la correspondance entre des groupes de trois nuléotides (appelés **codons**) et les 20 acides aminés. Ce tableau comporte des codons appelés « **codons stop** » ou « **codons non sens** » qui ne correspondent à aucun acide aminé et qui marqueront l'arrêt de la synthèse des protéines.

1re position	2e position U	2e position C	2e position A	2e position G	3e position
U	PHE	SER	TYR	CYS	U
	PHE	SER	TYR	CYS	C
	LEU	SER	STOP	STOP	A
	LEU	SER	STOP	TRP	G
C	LEU	PRO	HIS	ARG	U
	LEU	PRO	HIS	ARG	C
	LEU	PRO	GLN	ARG	A
	LEU	PRO	GLN	ARG	G
A	ILE	THR	ASN	SER	U
	ILE	THR	ASN	SER	C
	ILE	THR	LYS	ARG	A
	MET	THR	LYS	ARG	G
G	VAL	ALA	ASP	GLY	U
	VAL	ALA	ASP	GLY	C
	VAL	ALA	GLU	GLY	A
	VAL	ALA	GLU	GLY	G

Le tableau du code génétique : correspondance entre 3 nuléotides (codons) et les 20 acides aminés. Exemple : le codon AUG code pour la méthionine.

ARN

③ ···CAU CAU CAU CAU··· ⟶ mélange { poly His, poly Ile, poly Ser }

GAUGAUGAUGAU ⟶ { poly Asp 1/2, poly Met 1/2 }

triplet non-sens

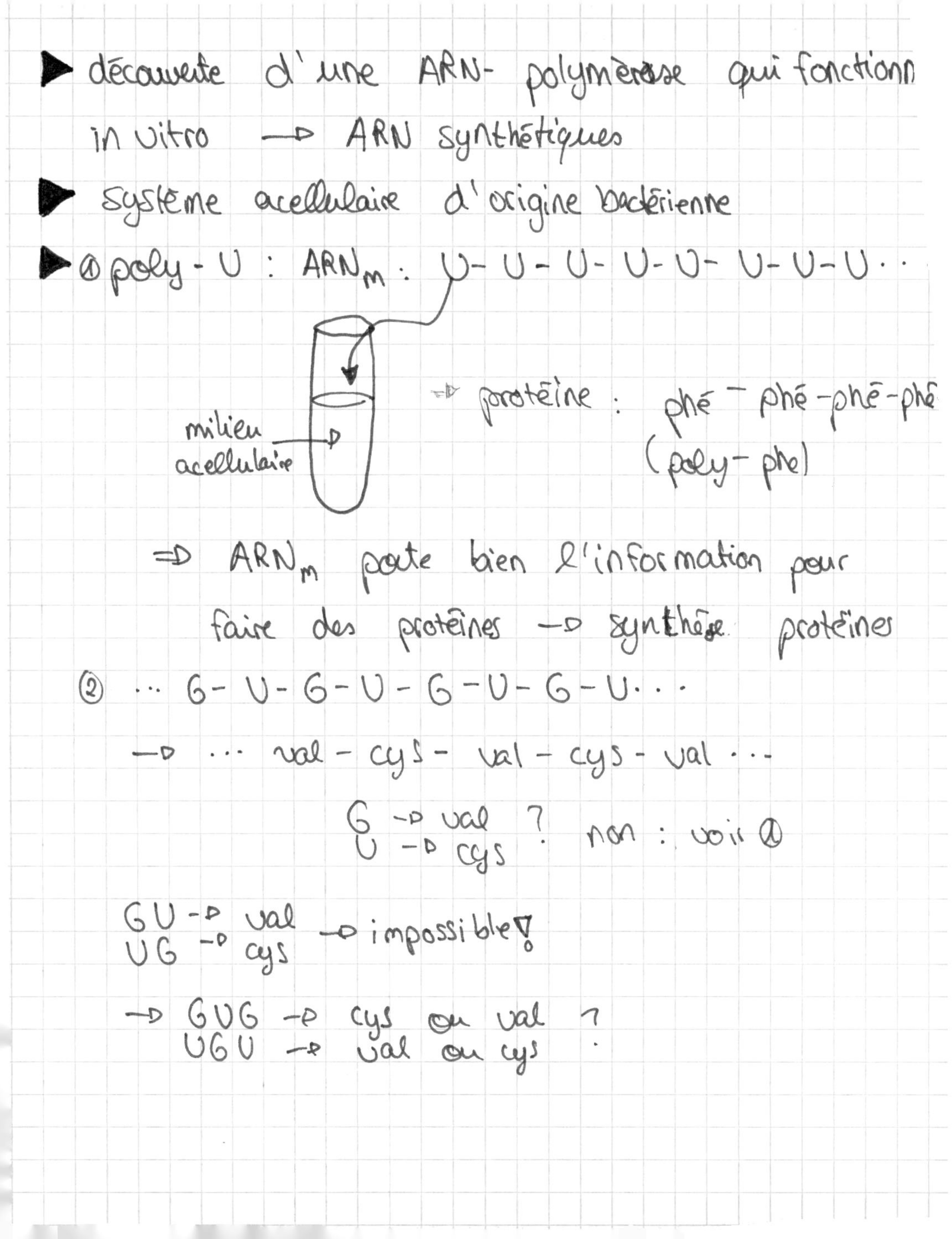

- découverte d'une ARN-polymérase qui fonctionn in vitro → ARN synthétiques
- système acellulaire d'origine bactérienne
- ① poly-U : ARN_m : U-U-U-U-U-U-U-U...

milieu acellulaire

⇒ protéine : phé-phé-phé-phé (poly-phe)

⇒ ARN_m porte bien l'information pour faire des protéines → synthèse protéines

② ... G-U-G-U-G-U-G-U...

→ ... val-cys-val-cys-val...

G → val ?
U → cys ? non : voir ①

GU → val
UG → cys → impossible !

→ GUG → cys ou val ?
UGU → val ou cys ?

Doc.3 Universalité du code génétique

Arg Ala His Leu Phe Arg Lys Asp Met Asp Lys
Leu Arg Ser Cys — s-s — Cys 170 Val
Met Leu 20 Thr 50 Phe Tyr Glu
Ala His Gln Ser Leu Thr
Asn Gln Pro Glu Leu Phe
Asp Leu Asn Ser Gly Leu
Phe 10 Ala Gln Ile Tyr 160 Arg
Leu Phe Leu Pro Asn Ile
Arg Asp Phe Thr 60 Lys Val 180 190
Ser Thr Ser Pro Leu Gln Gly Phe
Leu Tyr Tyr Ser Leu Cys — s-s — Cys
Pro Gln Lys Asn Ala Arg Ser
Ile Glu 30 Gln 40 Arg Asp Ser Gly
Thr Phe Glu Glu Asp Val Glu
Pro Glu Lys Glu Asn
Phe 1 Glu Pro Thr His
Ala Ile Gln Ser 150 140
Tyr Gln Asn Thr Asp Phe Lys Ser Tyr Thr Gln Lys Phe
Lys 70 Ile
Ser Gln
Asn Gly
Leu Leu Glu Asp Gly Ser Pro Arg Thr
Glu Arg 130
Leu Gly
Leu Met
Gln Ile Leu Leu Leu Ser Ile Arg Leu Thr Gln Ile Gly Glu Glu Leu Asp Lys
Ser 80 120 Leu
Trp Leu
Asp
Leu Glu Pro Val Gln Phe Leu Arg Ser Val Phe Ala Asn Ser Leu Val Tyr Gly Ala Ser Asp Ser Asn Val Tyr
90 100 110

a. Séquence de l'hormone de croissance humaine.

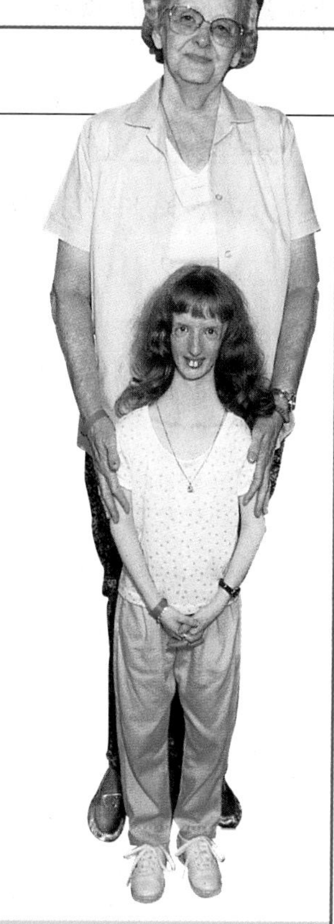

b. Une naine hypophysaire.

▶ Le nanisme hypophysaire (b) résulte d'un déficit en hormone de croissance (GH : growth hormon) (a), fabriquée par des cellules de l'**hypophyse**. Ce déficit peut être compensé par des prises d'hormone de croissance.

▶ Dans les années quatre-vingt, il était possible de compenser ce déficit par la prise d'**hormone de croissance extraite d'hypophyse**. Cette pratique a été à l'origine de la contamination de nombreux enfants par la maladie de Creutzfeld Jacob.

▶ Actuellement, l'hormone de croissance est fabriquée en utilisant la capacité de tout organisme à synthétiser une protéine à partir d'informations génétiques. Le gène qui code pour l'hormone de croissance a été isolé. Il est possible de l'insérer dans un plasmide, molécule d'ADN circulaire contenue dans les bactéries. Ces **bactéries** sont alors capables de **fabriquer l'hormone de croissance**.

▶ L'intérêt de cette méthode est d'obtenir d'importantes quantités de GH et surtout de fabriquer des produits non contaminés.

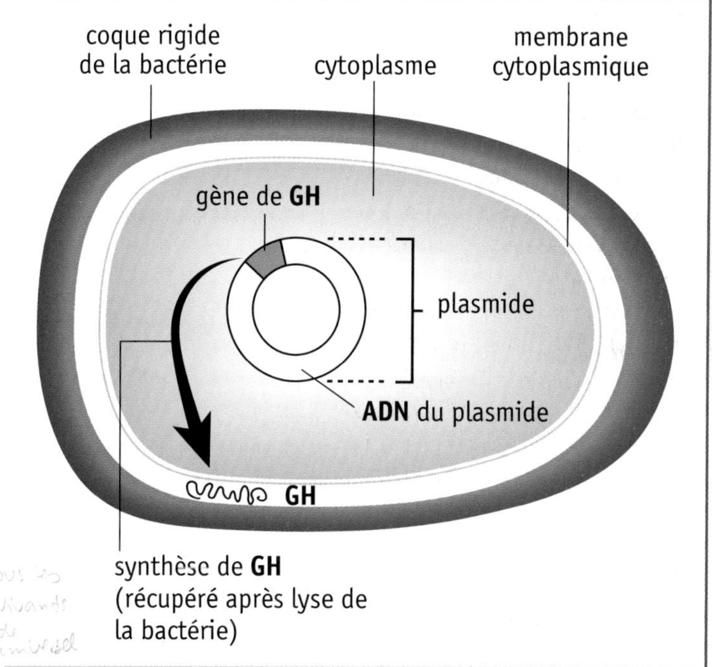

c. Intégration du gène de l'hormone de croissance humaine dans une bactérie.

EXPLOITATION DES DOCUMENTS

1. **Expliquer**, à partir du **Doc. 1**, le principe du code génétique.
2. Le **Doc. 3** permet d'affirmer que le code génétique est universel. **Justifier** ce qualificatif.
3. Le code génétique possède une particularité qui lui permet de limiter l'effet des mutations. **Extraire** cette particularité du tableau du **Doc. 2**.
4. **Répondre** au **problème posé** : « Comment est traduite une séquence de nucléotides en une séquence d'acides aminés ? »

ACTIVITÉ

4 De l'ADN à la synthèse des protéines : assemblage des acides aminés

Au cours de la synthèse d'un polypeptide, l'assemblage des acides aminés nécessite des structures cytoplasmiques capables de traduire l'information génétique de l'ARNm en acides aminés et d'effectuer les liaisons entre eux.

▶ **Comment l'information génétique est-elle traduite dans le cytoplasme ?**

VOCABULAIRE

Réticulum endoplasmique : réseau intracellulaire qui permet le transport de différentes molécules et en particulier des protéines.

Ribosome : organite cellulaire, contenant des enzymes, qui permet l'assemblage des protéines.

Doc.1 Les ribosomes : outils d'assemblage des acides aminés

▶ L'électronographie révèle, dans le cytoplasme, des structures globuleuses de petite taille appelées **ribosomes**, reliées entre elles par une molécule d'ARNm formant ainsi des polyribosomes soit libres (**a**), soit accrochés au **réticulum endoplasmique** (**b**) appelé alors réticulum endoplasmique granuleux (REG).

▶ Un ribosome est formé de deux sous-unités (**c**).

▶ C'est au niveau de ces polyribosomes qu'est réalisé l'assemblage des acides aminés constituant un polypeptide. La synthèse d'un polypeptide nécessite 20 à 60 secondes en moyenne.

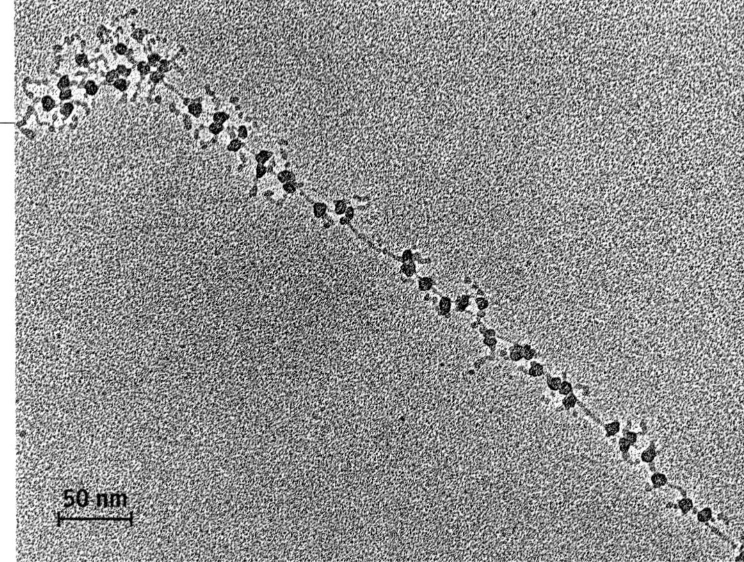

a. Polyribosome libre dans le cytoplasme (cellules de ver à soie).

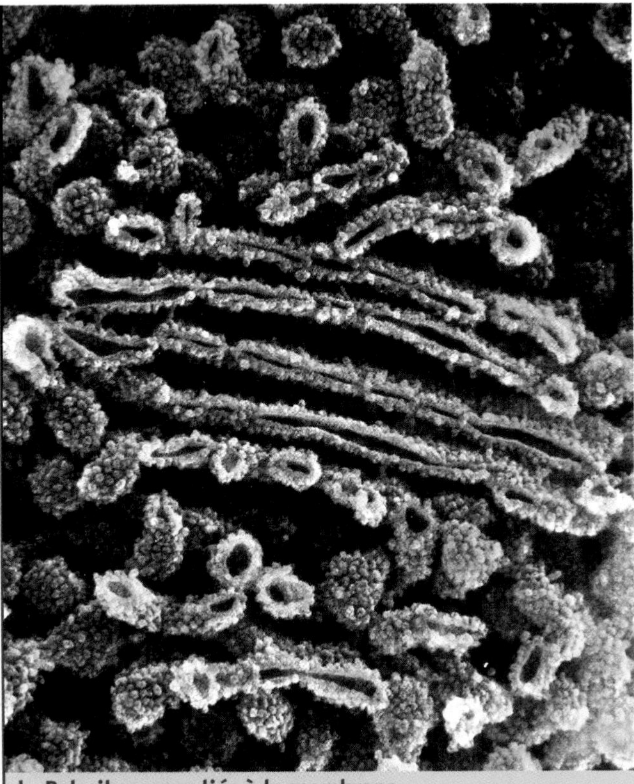

b. Polyribosomes liés à la membrane du réticulum endoplasmique granuleux.

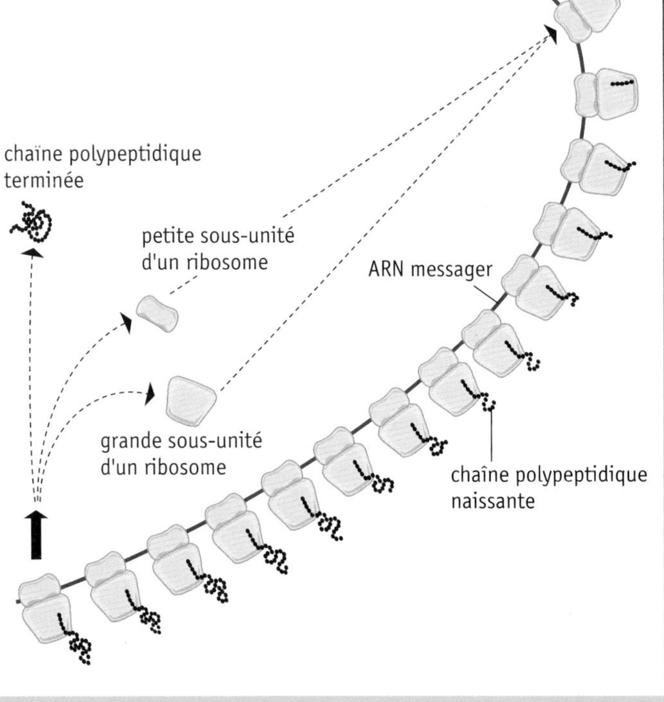

c. Un groupe de ribosomes traduisant simultanément la même molécule d'ARNm.

Doc.2 Les ARNt : intermédiaires de l'assemblage des acides aminés

Les ARN de transfert (**a**) sont de petits ARN dont la séquence comporte **2 sites** : un pour la **fixation d'un acide aminé**, l'autre, appelé anticodon, pour la **fixation sur un codon de l'ARNm**.
La fixation de l'acide aminé correspondant nécessite une enzyme de fixation (**b**) et de l'énergie.
Après avoir fixé son acide aminé, l'ARNt va le positionner face au codon correspondant (**c**).

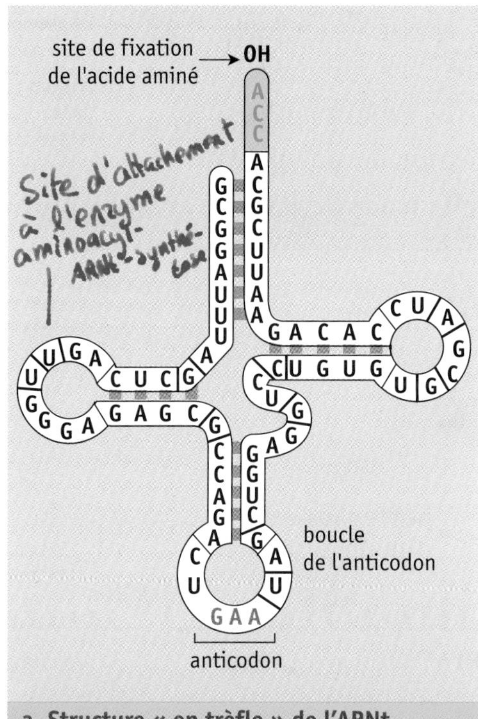

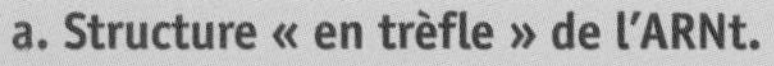

a. Structure « en trèfle » de l'ARNt.

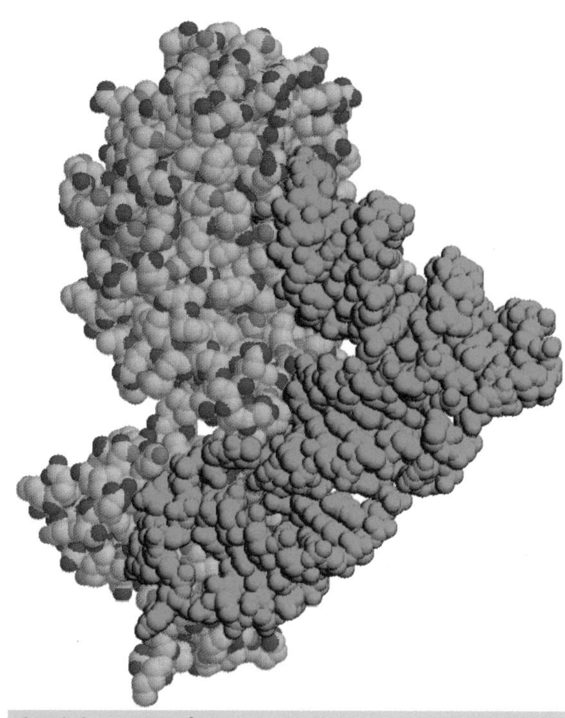

b. Liaison ARNt/enzyme de fixation : l'ARNt apparaît en vert et l'enzyme en gris.

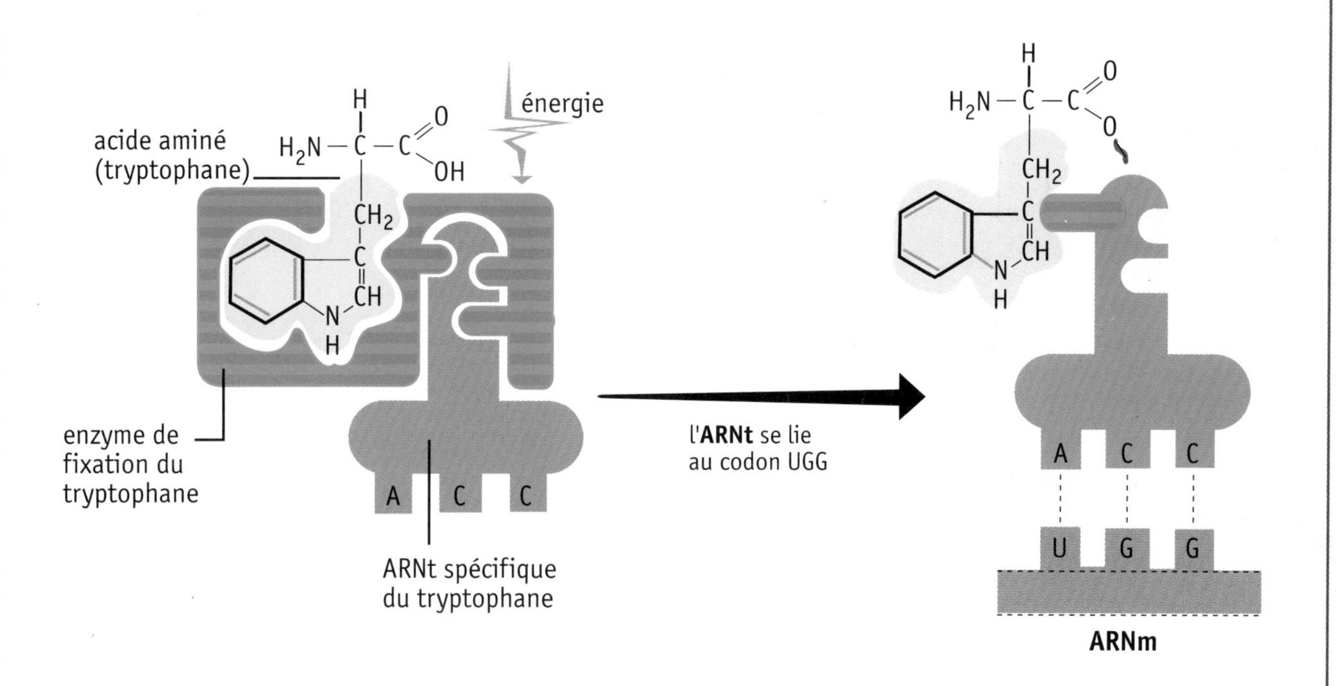

c. L'ARNt adapte l'acide aminé au codon correspondant.

EXPLOITATION DES DOCUMENTS

1. Décalquer et **légender** le **Doc. 1a** en utilisant les renseignements fournis par le **Doc. 1c**.

2. Montrer la fonction des ARNt qui permet d'assurer la correspondance entre information génétique et séquence des acides aminés des protéines (**Doc. 2**).

4 (suite) De l'ADN à la synthèse d'une protéine

La lecture de l'ARNm par les ribosomes et les ARNt s'effectue selon un mécanisme précis qui va permettre la création du polypeptide.

▶ **Comment l'information génétique est-elle traduite dans le cytoplasme ?**

VOCABULAIRE

Traduction : assemblage des acides aminés à partir de l'ARNm.

Tritium : isotope radioactif de l'hydrogène.

Doc.3 Les étapes de la traduction

On peut décomposer la traduction en trois phases.

- **Phase d'initiation** au cours de laquelle le premier acide aminé de la protéine va se mettre en place sur l'ARNm à l'aide d'un ARNt et de la petite sous-unité du ribosome. Ce premier acide aminé correspondant au codon d'initiation AUG est toujours la méthionine, mais elle sera excisée par la suite, la séquence définitive commençant donc par le deuxième acide aminé. La mise en place de la grande sous-unité permet l'accrochage de ce deuxième acide aminé.
- **Phase d'élongation :** le ribosome va se déplacer comme un curseur sur l'ARNm, mettant en place et reliant les différents acides aminés de la protéine. Sur un polyribosome, de nombreux ribosomes vont effectuer cette opération à la chaîne et permettre la synthèse de nombreuses copies de la protéine. Ainsi, l'ordre des acides aminés correspond à la séquence de l'ARNm et donc à l'information génétique contenue dans l'ADN initial.
- **Phase de terminaison :** le ribosome arrive à un codon stop (UAG par exemple) qui va provoquer la séparation des deux sous-unités du ribosome et la libération de la chaîne protéique.

① 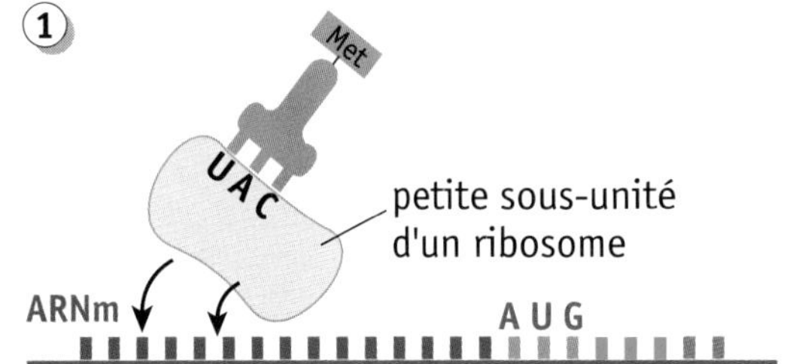

liaison de l'**ARNt** initiateur avec l'**ARNm**

② 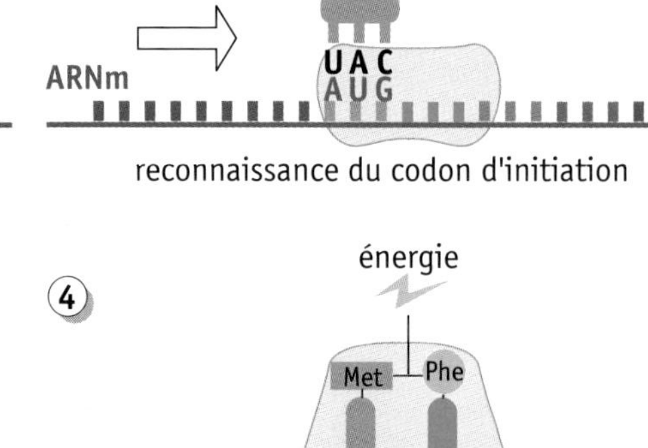

reconnaissance du codon d'initiation

③ 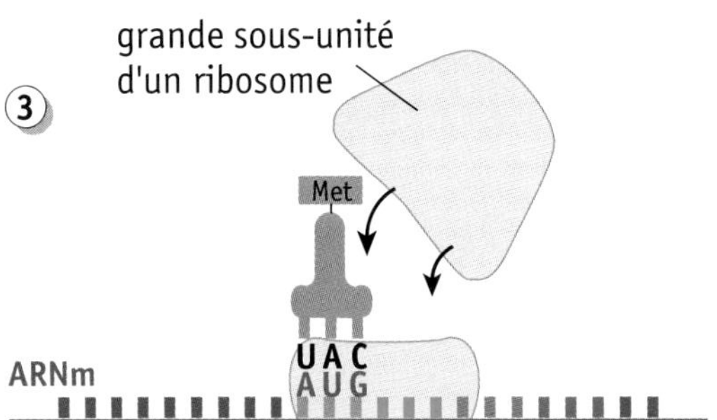

liaison de la grande sous-unité ribosomale

④

première liaison peptidique formée

⑤ 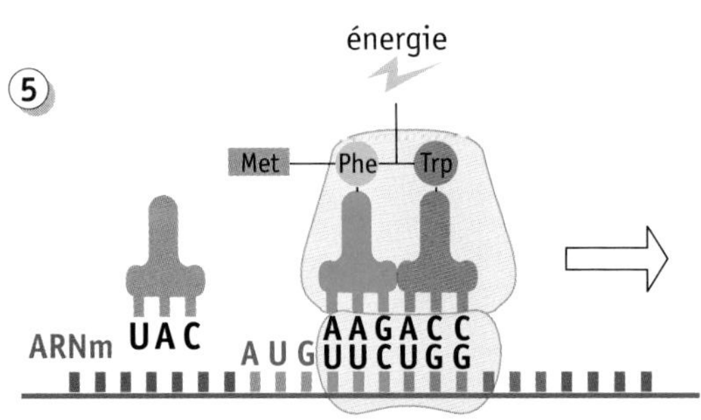

deuxième liaison peptidique formée et libération de l'**ARNt** de la méthionine

⑥ 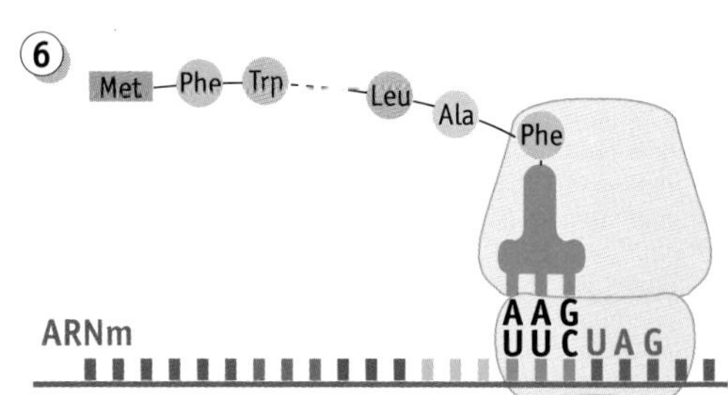

allongement de la chaîne

⑦ 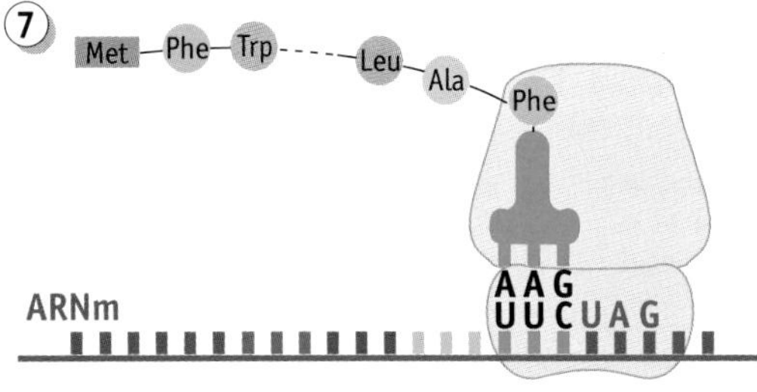

fin de la traduction au codon stop

⑧ 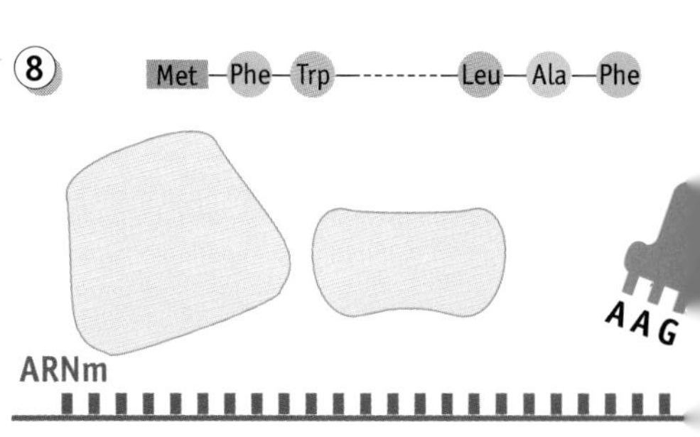

libération de la chaîne polypeptidique

Doc.4 Synthèse et devenir des protéines

▶ Afin de suivre l'évolution d'une protéine dans une cellule, l'expérience suivante a été réalisée :
- on injecte de la leucine (un acide aminé) radioactive marquée avec du **tritium** à des rats ;
- à intervalles réguliers, des rats sont sacrifiés, certaines de leurs cellules prélevées et on mesure le taux de radioactivité de plusieurs organites cellulaires.

Les courbes du document (a) montrent l'évolution de la radioactivité dans ces cellules.

▶ Une cellule présente de nombreux organites, notamment des mitochondries, qui permettent la production d'énergie, mais aussi un réseau de transport correspondant au réticulum et à l'appareil de Golgi.

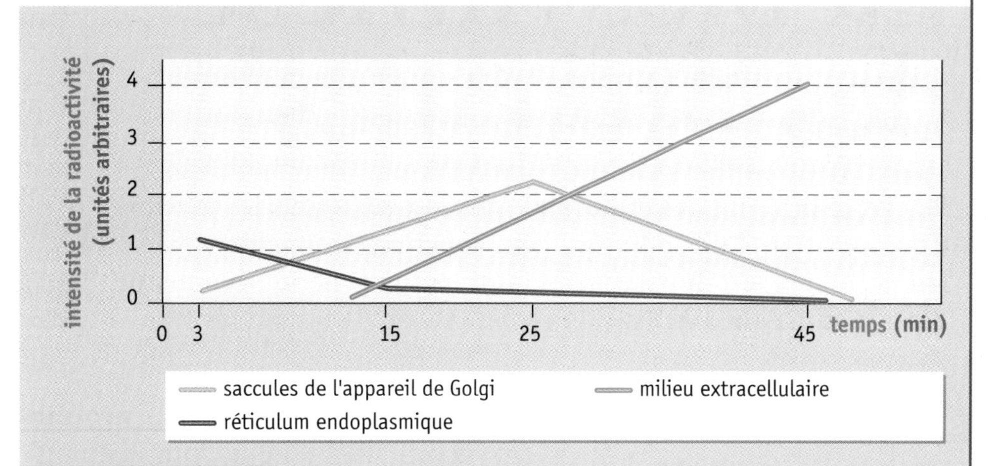

a. Migration de la protéine dans une cellule.

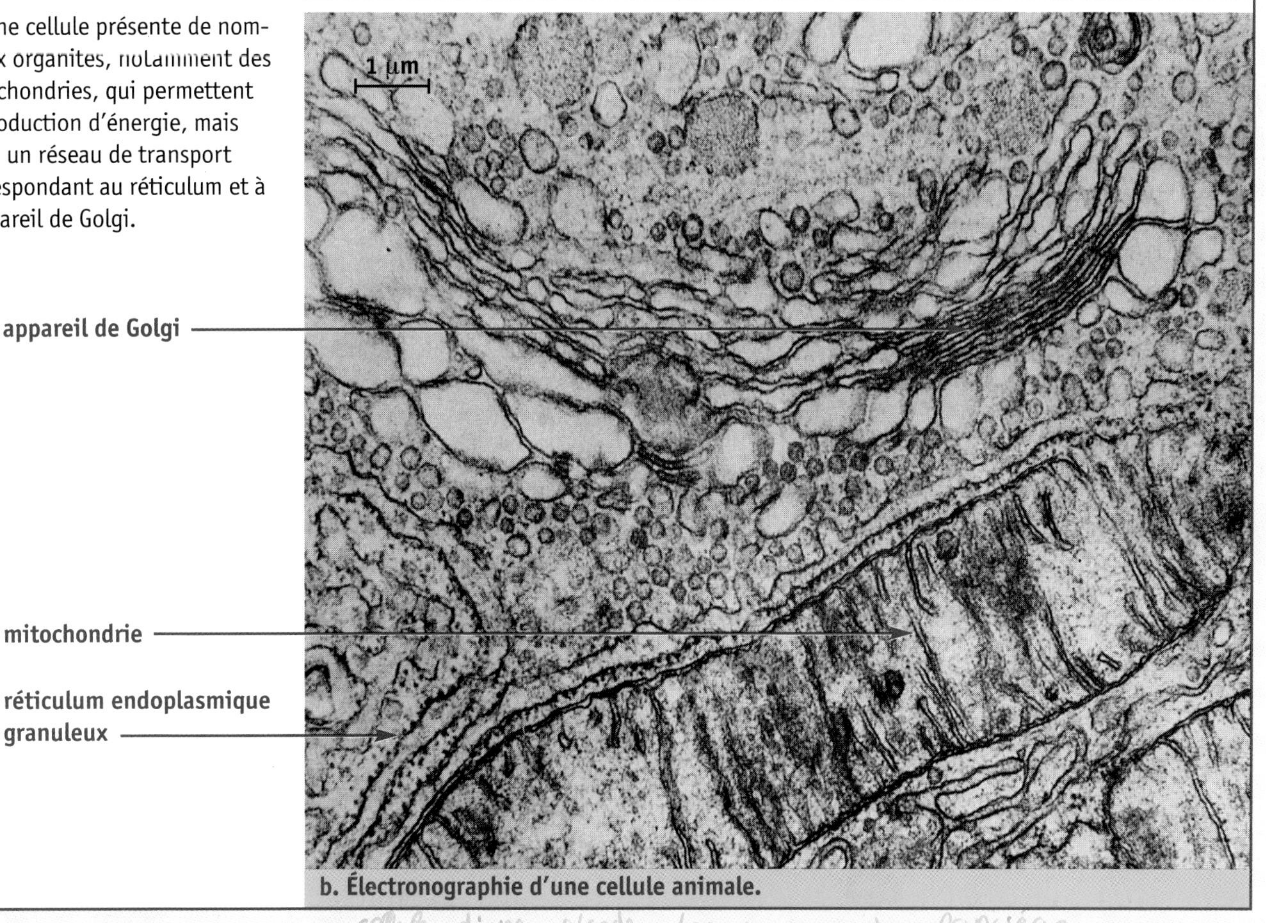

b. Électronographie d'une cellule animale.

cellule d'une glande (sans mucus) ; pancréas

EXPLOITATION DES DOCUMENTS

3. **Citer** les mécanismes précis qui assurent la conformité de la séquence d'acides aminés à l'information génétique (**Doc. 3**).

4. **Interpréter** les résultats de l'expérience (**Doc. 4a**).
Schématiser la cellule représentée (**Doc. 4b**) et y **faire figurer** le lieu de synthèse et de transport des protéines.

5. **Répondre au problème posé :** « Comment l'information génétique est-elle traduite dans le cytoplasme ? », en utilisant les termes suivants : ARNt, enzyme, ribosome, ARNm, réticulum granuleux, initiation, élongation, terminaison.

SYNTHÈSE

La biosynthèse des protéines

Les protéines sont des molécules qui agissent à tous les niveaux d'organisation d'un individu. Leur fonction, intimement liée à leur structure, est imposée par l'information génétique contenue dans la molécule d'ADN.

LES MOTS À CONNAÎTRE

Code génétique : système qui permet la correspondance entre les nucléotides et les acides aminés.

Gène : unité de fonctionnement sur l'ADN, à l'origine d'un polypeptide.

Ribosome : organite cellulaire contenant des enzymes qui permet l'assemblage des acides aminés.

Traduction : assemblage des acides aminés à partir de l'ARNm.

Transcription : copie de l'ADN en ARNm.

Relation protéine/ADN

Les protéines sont constituées d'acides aminés assemblés linéairement selon des séquences imposées, celles des nucléotides qui composent l'ADN. Ces nucléotides diffèrent par la nature de la base qui entre dans leur composition :

- l'adénine (A) ;
- la cytosine (C) ;
- la thymine (T) ;
- la guanine (G).

La modification de la nature de la base qui caractérise un nucléotide est une **mutation** qui pourra éventuellement changer la séquence des acides aminés de la protéine correspondante et, par conséquence, sa structure et sa fonction.

Un **gène** est défini comme étant une séquence de nucléotides qui va déterminer la séquence d'acides aminés d'un **polypeptide donné**.

Certaines **protéines complexes**, comme par exemple l'hémoglobine, sont constituées de plusieurs polypeptides reliés ensemble, et ont donc pour origine l'expression de **plusieurs gènes**. ex: plusieurs gènes: anticorps

Chaque **chromosome** contient une partie de l'ADN cellulaire et l'ensemble des gènes ou génome est donc réparti sur l'ensemble des chromosomes.

Le **séquençage de l'ADN**, c'est-à-dire la détermination de l'ordre d'enchaînement des millions de nucléotides permet de connaître le contenu de l'information génétique des différents gènes.

À terme, la **thérapie génique** pourrait permettre ainsi d'intervenir au niveau des gènes qui codent pour une protéine anormale et ainsi de corriger l'anomalie phénotypique qui en résulte.

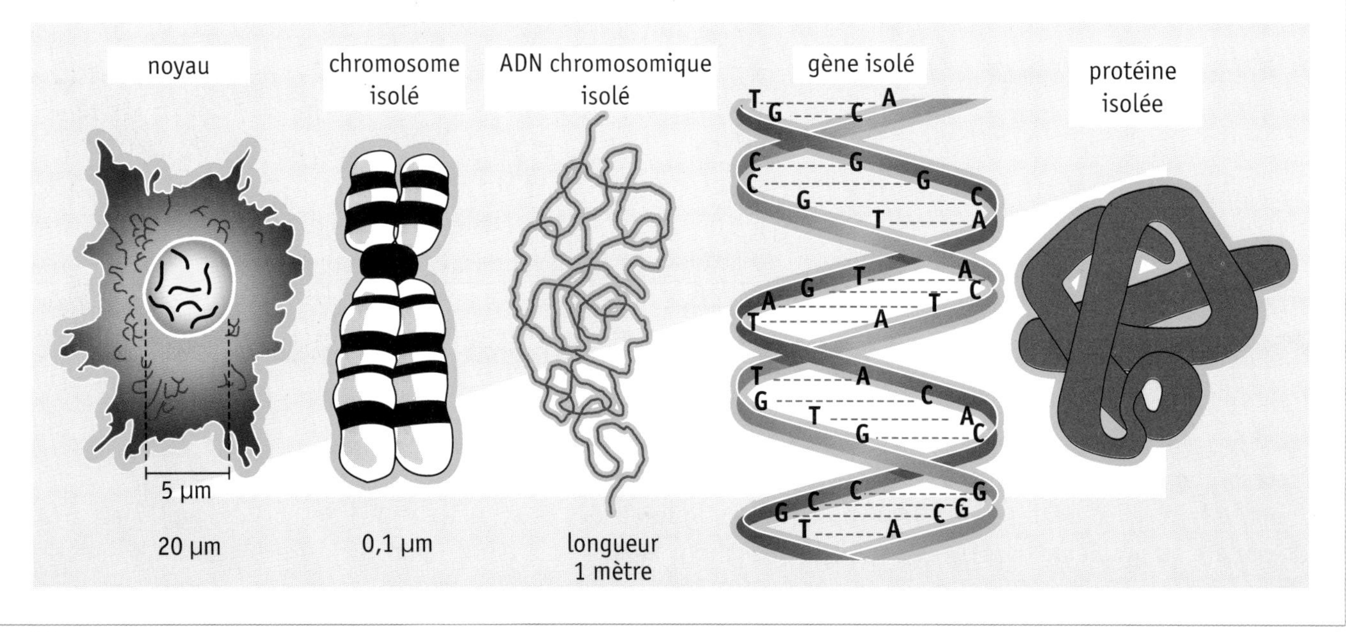

II De l'ADN à la synthèse des protéines : l'ARN messager

L'ADN est localisé dans le noyau. Les protéines sont assemblées dans le cytoplasme. Les molécules d'**ARN messager**, ou ARNm, transportent l'information génétique entre les deux compartiments cellulaires. C'est lors de la **transcription** que se forment les ARNm par copie complémentaire d'un des deux brins d'ADN, appelé alors brin transcrit. La synthèse de cette molécule est catalysée par une enzyme, l'ARN polymérase, qui va ouvrir puis refermer la double hélice d'ADN et assembler les nucléotides complémentaires.

Les ARNm traversent l'enveloppe nucléaire au niveau des pores et ainsi exportent l'information génétique vers le cytoplasme, lieu de synthèse des protéines.

III De l'ADN à la synthèse des protéines : le code génétique

L'ADN et l'ARN sont des molécules informationnelles dans lesquelles l'information est constituée par une séquence de nucléotides caractérisée par **4 bases**. Les protéines sont aussi des molécules informationnelles mais avec un alphabet à vingt lettres (**20 acides aminés**).

Le système de correspondance entre ARNm et acides aminés est appelé **code génétique**. Dans ce code, trois nucléotides, qui forment un codon, vont déterminer un acide aminé.

Certains acides aminés peuvent être déterminés par plusieurs codons différents, on dit que **le code est redondant** : toute mutation n'aura donc pas forcément de conséquence sur la structure de la protéine.

Le code génétique est le même pour tous les êtres vivants : cette **universalité** est un argument fort en faveur d'une origine commune à toutes les espèces et permet, en génie génétique, de faire fabriquer des protéines d'une espèce par une autre espèce : ainsi, on peut faire synthétiser des protéines humaines comme l'hormone de croissance ou l'insuline par des bactéries.

IV De l'ADN à la synthèse des protéines : assemblage des acides aminés

L'assemblage des acides aminés dans le cytoplasme est localisé au niveau d'organites cellulaires : les **ribosomes** où est réalisée la traduction de l'information génétique portée par les ARN messagers en séquences ordonnées d'acides aminés caractéristiques d'une protéine.

Les **ARN de transfert**, petites molécules d'ARN, vont positionner ces acides aminés dans le ribosome et permettre, à l'aide d'enzymes et d'énergie, leur liaison dans la chaîne polypeptidique.

V De l'ADN à la synthèse des protéines : les étapes de la traduction

La traduction de l'ARNm en polypeptide demande un signal de départ, le **codon d'initiation**, et un signal de fin, le **codon stop**, qui va marquer l'arrêt de la chaîne polypeptidique. Le polypeptide ainsi obtenu est libéré dans le **réticulum endoplasmique granuleux** et transporté vers un compartiment cellulaire ou exporté hors de la cellule.

L'essentiel

L'information génétique contenue dans les chromosomes sous forme de gènes est matérialisée par la séquence des nucléotides. Lors de la synthèse des protéines, ce message est transcrit en ARNm qui va transporter l'information jusqu'aux ribosomes où s'effectue l'assemblage des acides aminés en polypeptides au cours de la traduction. Par ce système, la séquence, et donc la structure, de la protéine est imposée par l'information contenue dans les gènes.

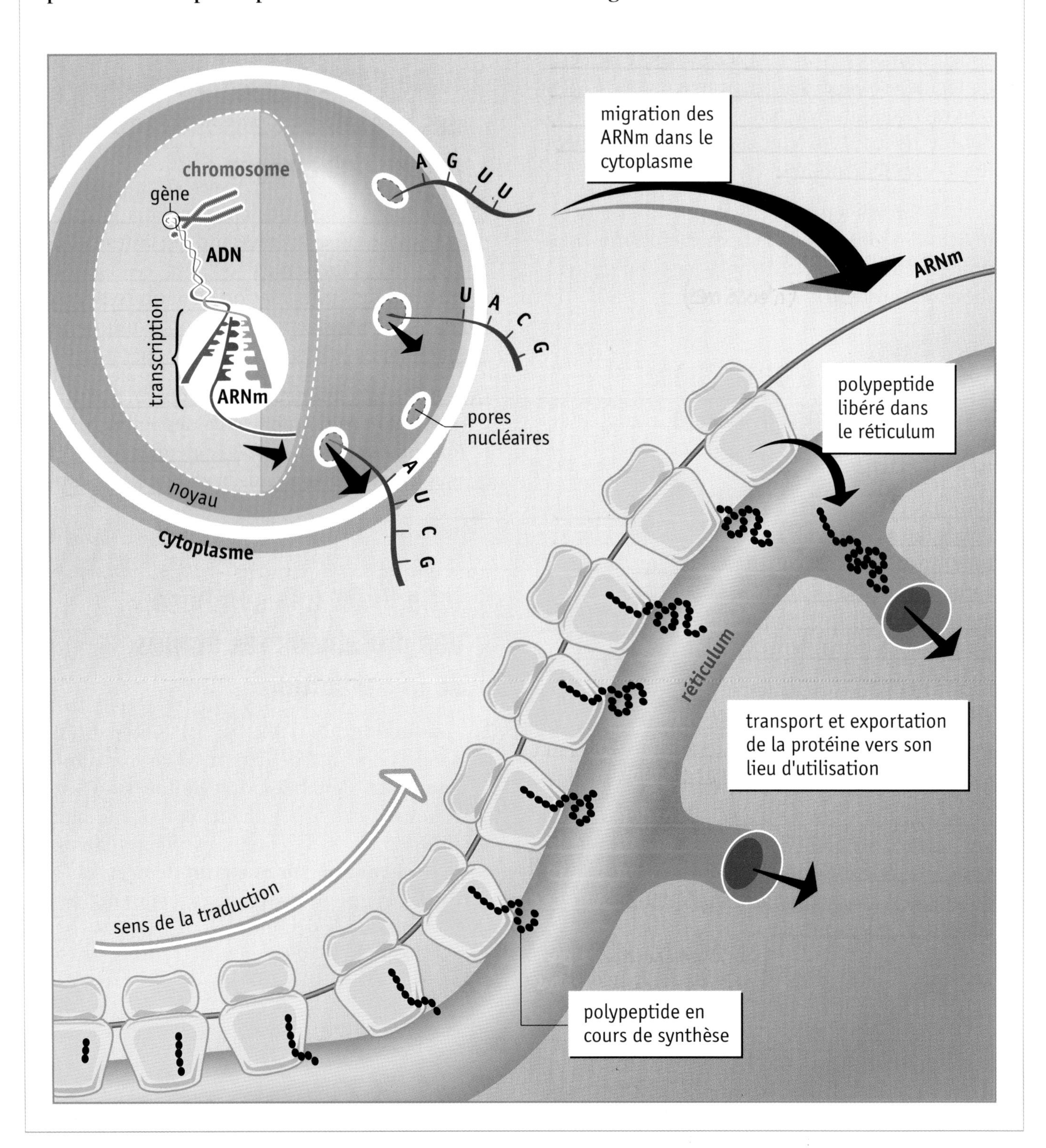

EXERCICES

VÉRIFIER SES CONNAISSANCES

EXERCICE 1 Définir en une phrase claire les mots ou expressions suivants.

- polypeptide
- séquence protéinique
- gène
- transcription
- traduction
- ribosome
- codon
- code génétique
- code redondant

EXERCICE 2 Reconstituer une ou plusieurs phrases scientifiquement exacte(s) à partir des propositions suivantes.

1. La séquence d'un polypeptide...

a. est déterminée par l'ordre d'enchaînement des nucléotides dans l'ADN.
b. est déterminée par plusieurs gènes.
c. peut être changée à la suite d'une mutation.
d. détermine sa forme dans l'espace, donc sa fonction.

2. Un gène représente...

a. une portion d'ADN nécessaire à la synthèse d'une protéine.
b. un enchaînement limité de nucléotides.
c. un segment d'ADN, toujours de la même taille.
d. l'information génétique à l'origine d'un polypeptide.

3. Le rôle des molécules d'ARNm est...

a. d'assembler les acides aminés.
b. de faire passer l'ADN du noyau au cytoplasme.
c. de copier l'information contenue dans l'ADN.
d. de transférer une information du noyau vers le cytoplasme.

4. L'assemblage des acides aminés se fait...

a. au niveau des ribosomes.
b. par transcription de l'ARNm, en utilisant le code génétique.
c. par des liaisons directes entre les acides aminés et les codons correspondants.

EXERCICE 3 Restituer ses connaissances en quelques phrases sur un sujet précis, en utilisant obligatoirement un ensemble de mots-clés.

sujets	mots-clés
a. définition d'un gène	polypeptide, gène, ADN, séquence
b. transfert de l'information génétique	ARNm, ADN, transcription, noyau, cytoplasme, pores nucléaires, copie, ARN polymérase
c. assemblage d'acides aminés	acides aminés, ARNm, ARNt, codon, ribosomes, code génétique

EXERCICE GUIDÉ

Construction d'un schéma fonctionnel

Énoncé En utilisant les éléments et les mots fournis dans le cadre ci-dessous, construire un schéma fonctionnel qui explique la biosynthèse des protéines.

Conseils pour la résolution

Ce schéma fonctionnel doit mettre en relation les différents « acteurs » de la synthèse d'un polypeptide. Il s'agit de montrer « comment fonctionne la synthèse d'un polypeptide ».

a. Identifier les éléments figurés dans le document : ADN, ARNm, ARNt, polypeptide...

b. Les redessiner dans l'ordre chronologique de leur intervention dans la synthèse d'un polypeptide, sur une page entière.

c. Établir un lien fonctionnel entre les différents éléments de ce schéma (flèche). Chaque flèche est caractérisée par le phénomène biologique qu'elle représente : traduction, transcription...

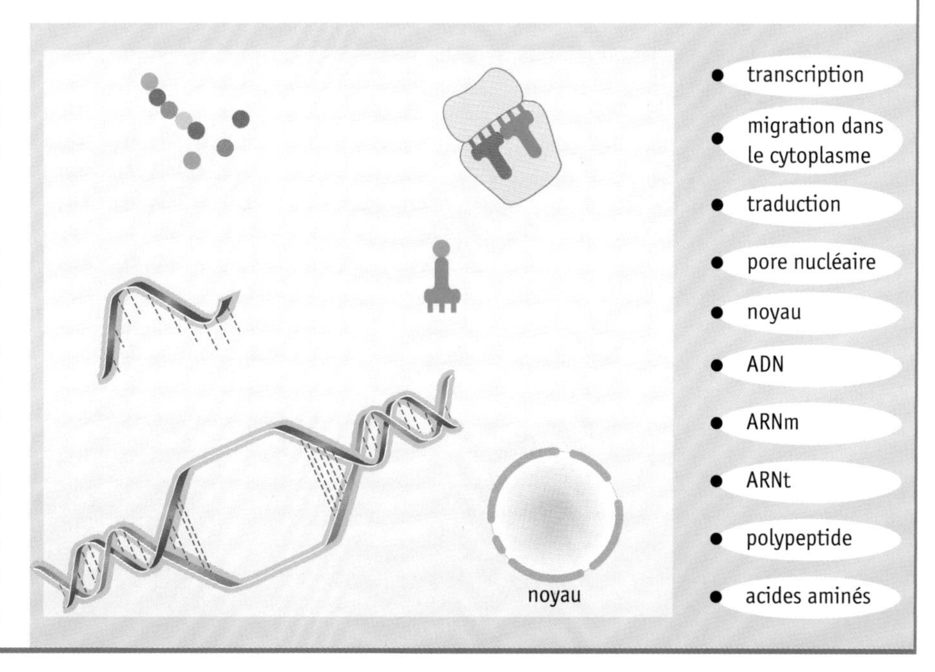

EXERCICES

APPLIQUER SES CONNAISSANCES

EXERCICE 4 Synthèse de deux hormones polypeptidiques

Utiliser ses connaissances pour comparer des résultats

L'ocytocine et la vasopressine sont deux hormones synthétisées par la post-hypophyse des Mammifères.
La première a comme organe-cible l'utérus et la seconde les artères et les reins.
Le document **a** représente la séquence des bases de l'ADN codant pour l'ocytocine.
Le document **b** représente la séquence des bases de l'ADN codant pour la vasopressine.
Dans les deux cas, seul le brin transcrit de l'ADN a été représenté.

a **TGCTACATCCAGAACTGCCCCCTGGGC**

b **TGCTACTTCCAGAACTGCCCAAGAGGA**

1. **Déterminer**, en utilisant le tableau du code génétique, la séquence de ces deux hormones.

2. **Comparer** le nombre de différences observées entre les deux brins d'ADN d'une part et les deux chaînes polypeptidiques d'autre part.

3. **Expliquer** pourquoi des différences dans la séquence des nucléotides n'entraînent pas forcément des différences dans la séquence des acides aminés ?

EXERCICE 5 Les étapes de la synthèse des protéines

Utiliser ses connaissances pour interpréter un document

Le document ci-dessous est une électronographie prise à très fort grossissement dans le noyau d'une cellule embryonnaire (cellule à haut pouvoir mitotique et à synthèse protéique intense).

a. **Indiquer** à quoi correspondent les éléments mentionnés en 1 et en 2.

b. **En déduire** le phénomène qui se déroule dans la zone 3.

c. **Schématiser** au niveau moléculaire ce phénomène.

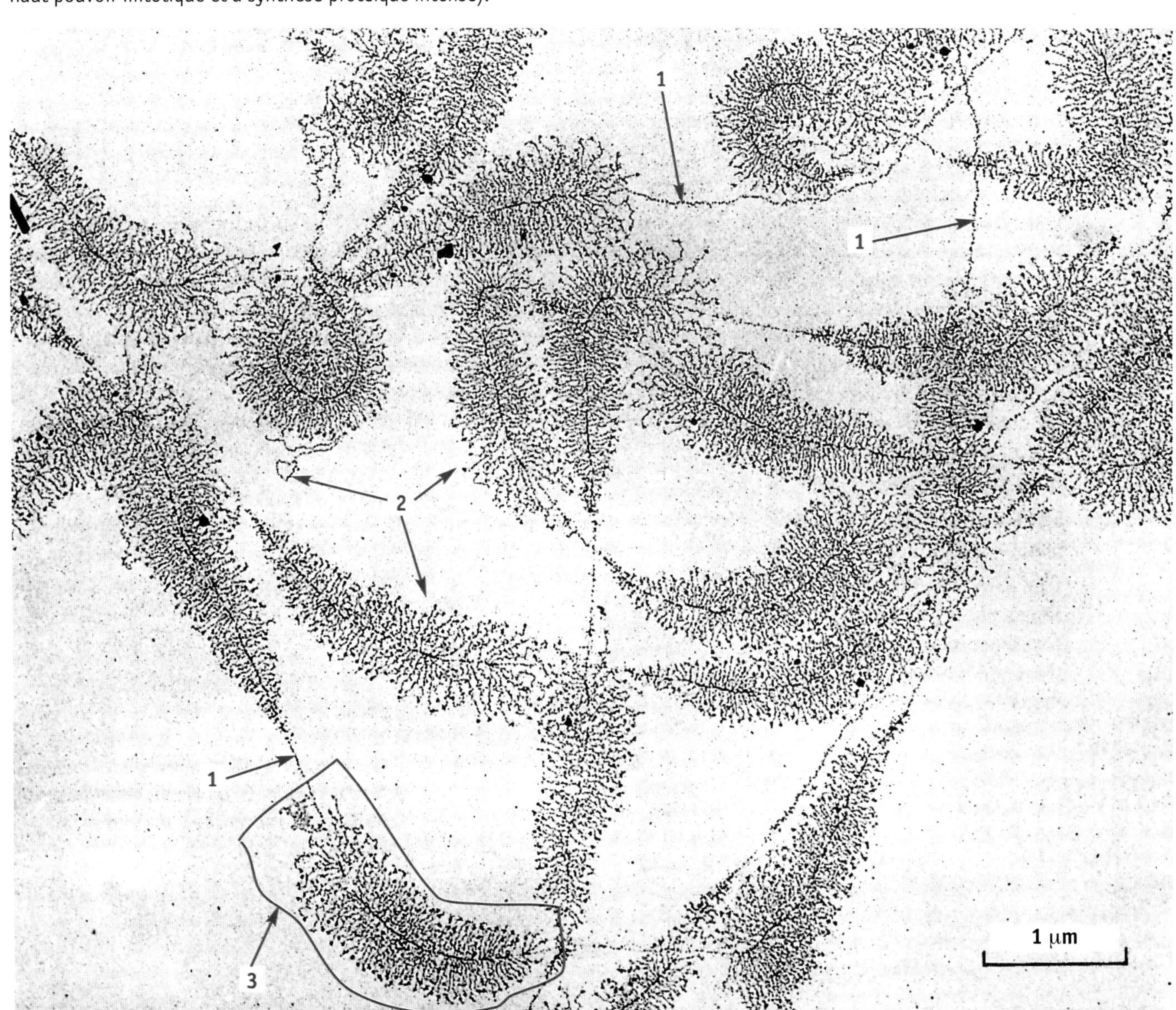

APPLIQUER SES CONNAISSANCES

EXERCICE 6 Problème lié à la transgénèse

Interpréter des résultats nouveaux

Des chercheurs ont réalisé une transgénèse entre une paramécie et un lapin : après avoir isolé les gènes codant pour des protéines membranaires de paramécie, ils les ont introduits dans des cellules de lapin afin que celles-ci synthétisent les protéines de la paramécie. Ils ont eu la surprise de constater que les cellules de lapin ne synthétisent jamais la protéine complète attendue mais seulement des fragments.

Pour élucider ce mystère, ils font l'analyse du gène dont voici un fragment de brin codant :

TATTTCTCCATGCCGCTCATTCGCGCACGA

1. **Donner** la séquence des acides aminés de la portion de protéine obtenue à partir de ce fragment d'ADN.
2. **En déduire** pourquoi les cellules de lapin sont incapables de synthétiser la molécule entière.

EXERCICE 7 Les étapes de la synthèse des protéines

Interpréter un graphe

Le document ci-contre indique l'évolution de la quantité cytoplasmique d'ARNm et de protéines synthétisées dans une cellule.

1. **Indiquer** quelles sont les observations sur l'allure de ces deux courbes qui permettent de montrer que les protéines nécessitent l'ARNm pour être synthétisées.
2. **Indiquer** la propriété de l'ARNm qui fait que la synthèse d'une protéine donnée ne se produit que de manière ponctuelle.
3. **Indiquer** la valeur qui, à un moment donné, indique la vitesse de synthèse de la protéine.

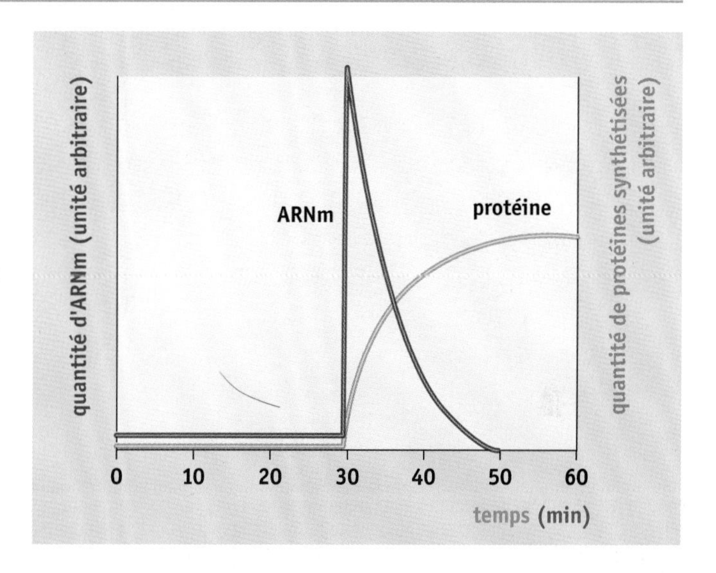

EXERCICE 8 Une nouvelle famille de médicaments

Utiliser ses connaissances pour interpréter des données

La plupart des médicaments interagissent avec des protéines et inhibent leur fonction. Une autre piste de recherche plus récente fait intervenir des oligonucléotides : petites séquences comprenant entre 10 et 15 unités nucléotidiques. Les deux schémas montrent le fonctionnement d'une cellule non traitée et celui d'une cellule ayant incorporé l'oligonucléotide.

1. **Indiquer** les cibles cellulaires des oligonucléotides.
2. **Expliquer** leur mode d'action et la conséquence de leur utilisation sur le métabolisme cellulaire.
3. Les oligonucléotides sont qualifiés de médicaments très sélectifs : **justifier** cette appellation.

Les virus sont des parasites cellulaires qui injectent leur matériel génétique dans la cellule et qui y fabriquent leurs propres protéines. Des essais sont en cours pour tester l'efficacité des oligonucléotides sur des maladies virales comme la grippe, l'herpès ou le Sida.

4. **Expliquer** l'intérêt de ces médicaments sur ce type d'infection.

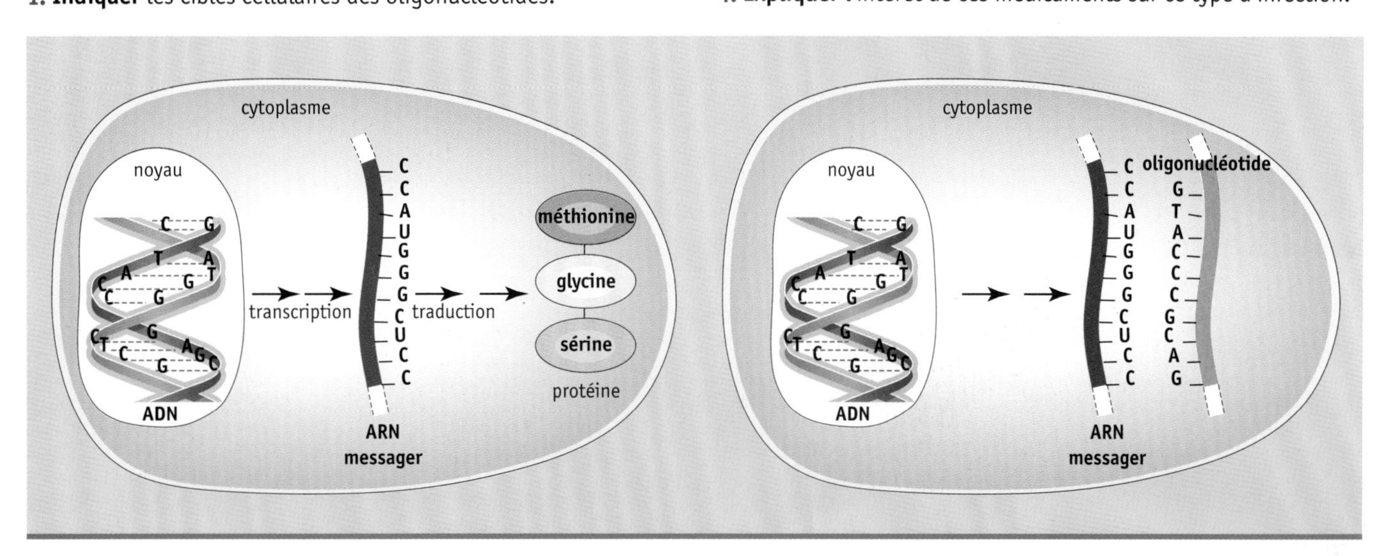

Chapitre 10

Le phénotype résulte des relations complexes entre les gènes et l'environnement

Le phénotype s'exprime à différentes échelles : de l'organisme à la molécule. Il résulte de l'expression du génome. Les phénotypes observés résultent à la fois de l'expression de un ou plusieurs gènes et de l'environnement. L'environnement peut moduler l'expression des gènes et contribuer au développement de certaines maladies.

- **Comment un même phénotype peut-il résulter de l'expression de plusieurs gènes ?**
- **Comment l'environnement module-t-il l'expression des gènes ?**
- **Quelle est la relation entre l'environnement, le génome et certaines maladies ?**

ACTIVITÉ

1 Un phénotype des génotypes

Les molécules sont impliquées dans les phénotypes moléculaires. Les synthèses de celles-ci s'effectuent progressivement. On parle de voies métaboliques. Les différentes étapes d'une synthèse sont dépendantes des gènes.

▶ **Comment un même phénotype peut-il résulter de l'expression de plusieurs gènes ?**

VOCABULAIRE

Allèles du gène : versions différentes du même gène.

Chromosomes homologues : paire de chromosomes de même taille, de même forme, portant les mêmes gènes et pas forcément les mêmes allèles.

Diploïde : se dit d'un organisme qui possède deux lots de chromosomes homologues.

Haploïde : se dit d'un organisme qui possède un lot de chromosomes.

Hétérozygote : possédant deux versions alléliques différentes du gène.

Homozygote : possédant deux versions alléliques identiques du gène.

Voie métabolique : étapes successives de la synthèse d'une substance.

Doc.1 Le génotype intervient dans la voie métabolique de l'arginine

Neurospora est un champignon **haploïde** qui synthétise ses acides aminés. On le cultive sur un milieu dit minimum ne contenant que des glucides et des substances minérales. Cependant, il existe des mutants qui ne peuvent pas se développer sur un tel milieu, c'est le cas des mutants arg$^-$.

▶ Les **mutants arg$^-$** peuvent se développer si on ajoute de l'arginine dans le milieu. L'arginine est un acide aminé qui est utilisé pour les synthèses protéiniques.

▶ Il existe de nombreux mutants arg$^-$, ils peuvent tous être cultivés en présence d'arginine. Dans certains cas, cet acide aminé peut être remplacé par d'autres substances : l'ornithine, la citrulline.

▶ La **voie métabolique de la synthèse de l'arginine** par Neurospora nécessite la présence de différentes enzymes. La synthèse de chaque enzyme dépend d'un gène qui peut exister sous **deux versions différentes** :
– l'une contrôle l'expression d'une enzyme fonctionnelle, on le notera + ;
– l'autre contrôle l'expression d'une enzyme non fonctionnelle, on le notera –.
Dans ce cas, la chaîne métabolique est interrompue.

▶ Chez Neurospora, la majeure partie du cycle de développement se fait en phase haploïde. Dans les cellules de la culture, il existe une seule version pour chaque gène.
Le génotype qui permet la synthèse de l'arginine peut s'écrire : a$^+$, b$^+$, c$^+$.
Le développement peut se faire sur un milieu minimum.
Certains génotypes des formes mutées arg$^-$ peuvent s'écrire : a$^-$, b$^-$, c$^-$; a$^-$, b$^-$, c$^+$, etc.

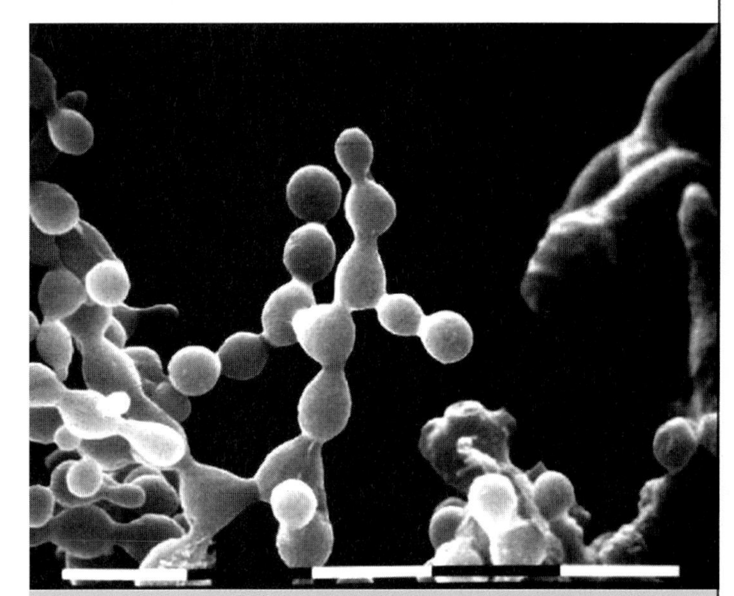

a. Une souche de Neurospora en culture.

souche	phénotype	milieu minimum	ornithine	citrulline	arginine
1	arg$^+$	+	–	–	–
2	arg$^-$	+	–	–	+
3	arg$^-$	+	–	+	–
4	arg$^-$	+	+	–	–

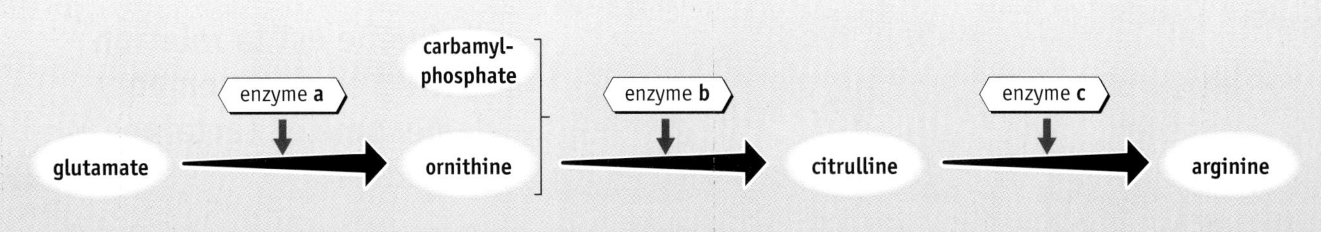

b. La voie métabolique de la synthèse de l'arginine.

Doc.2 Le génome intervient dans la synthèse de la mélanine

Les albinos ne possèdent pas de mélanine dans les cellules de l'épiderme et dans les cellules de la base des poils. Ce phénotype macroscopique est dû à l'absence de synthèse de la mélanine dans les mélanocytes (voir p. 130).

Les étapes de la biosynthèse de la mélanine

▶ La synthèse de la mélanine se fait en plusieurs étapes catalysées par des enzymes. Ici, on a représenté schématiquement deux phases de cette voie métabolique.

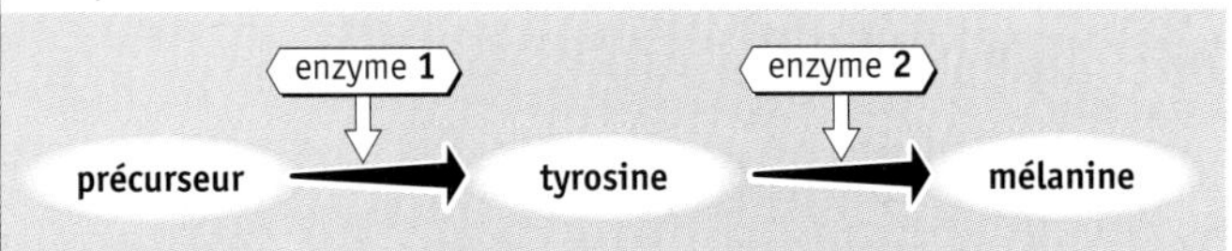

La biosynthèse de la mélanine.

▶ Chez certains albinos, le bulbe pileux, trempé dans un milieu contenant de la tyrosine, réalise la synthèse de la mélanine. Chez d'autres albinos, la synthèse de la mélanine ne se réalise pas. Dans le premier cas, l'enzyme 1 est non fonctionnelle. Dans le deuxième cas, c'est l'enzyme 2.

Le génome intervient dans la biosynthèse

▶ Le gène qui gouverne l'expression de l'enzyme 1 existe sous deux versions alléliques :
- un allèle qui gouverne la synthèse d'une enzyme non fonctionnelle, ce caractère est **récessif**, il sera noté **a** ;
- un allèle qui gouverne la synthèse d'une enzyme fonctionnelle, ce caractère est **dominant**, il sera noté **A**.

▶ Le gène qui gouverne l'expression de l'enzyme 2 existe sous deux versions alléliques :
- un allèle qui gouverne la synthèse d'une enzyme non fonctionnelle, ce caractère est **récessif**, il sera noté **b**.
- un allèle qui gouverne la synthèse d'une enzyme fonctionnelle, ce caractère est **dominant**, il sera noté **B**.

▶ La synthèse de la mélanine a lieu si il y a **intervention successive de deux gènes** gouvernant l'expression d'une enzyme fonctionnelle.
Le génome **AABB** correspond au phénotype d'un individu qui fait la synthèse de la mélanine.
Le génome **aabb** correspond au phénotype d'un individu qui ne fait pas la synthèse de la mélanine.

Chez les êtres vivants **diploïdes**, chaque gène est présent en deux exemplaires situés au niveau du même locus de la paire de **chromosomes homologues**.
Un gène peut exister sous différentes versions : ce sont les **allèles** du gène.

- Un **homozygote** pour le gène possède deux allèles identiques. Un **hétérozygote** possède deux allèles différents pour ce gène.
- Chez l'hétérozygote, un **seul allèle** du gène s'exprime dans le phénotype, on dit que le caractère qui s'exprime dans le phénotype est **dominant** et on le note par convention par une **majuscule**. Le caractère qui ne s'exprime pas dans le phénotype est dit **récessif** et on le notera par convention par une **minuscule**.
- Chez l'homozygote, les deux allèles du gène s'expriment dans le phénotype que le caractère soit récessif ou dominant.

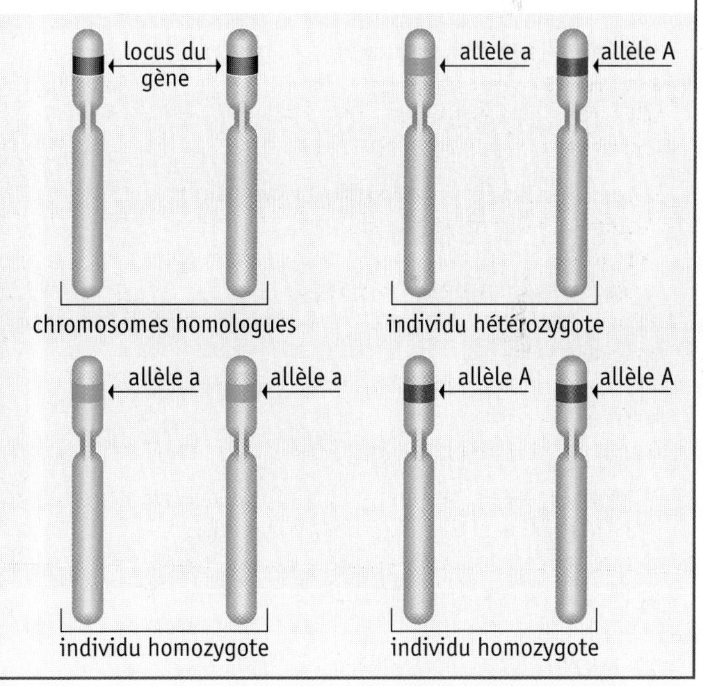

EXPLOITATION DES DOCUMENTS

1. **Retrouver** les gènes qui ont muté dans les souches 2 à 4 de Neurospora et **noter** leur génotype (**Doc. 1**).

souche	phénotype	milieu minimum	ornithine	citrulline	arginine	génotype
1	arg^+	+	–	–	–	a^+, b^+, c^+
2	arg^-	+	–	–	+	
3	arg^-	+	–	+	–	
4	arg^-	+	+	–	–	

2. **Chercher** et **noter** les différents génotypes qui correspondent au phénotype albinos et non albinos (**Doc. 2**).

ACTIVITÉ

1 (suite) Un phénotype des génotypes

► **Comment un phénotype peut-il résulter de l'expression de plusieurs gènes ?**

VOCABULAIRE

Forme sauvage : phénotype et génotype les plus répandus dans la population.

Doc.3 La couleur des yeux de la drosophile

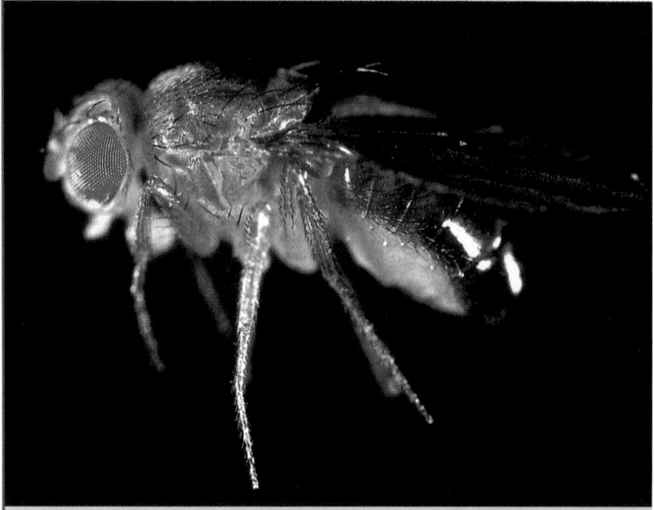

a. Drosophile sauvage

b. Drosophile à yeux rouge vif.

c. Drosophile à yeux bruns.

d. Drosophile à yeux blancs.

► Les drosophiles **sauvages** ont des yeux rouge foncé. Cette couleur est due à la **présence simultanée** de deux pigments l'un rouge vif, l'autre brun.

► La synthèse des deux pigments s'effectue à partir d'un précurseur : le tryptophane. Chaque étape de la synthèse des pigments dépend de l'action d'une enzyme. Si une enzyme est absente ou non fonctionnelle, la réaction est interrompue, la synthèse de pigment ne se fait pas.

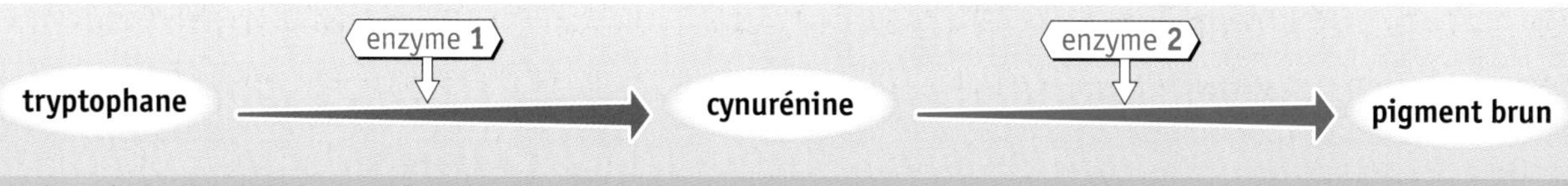

e. La voie métabolique de la synthèse du pigment brun.

Doc.4 Le génome et la synthèse des pigments

Le génome et la synthèse du pigment brun

► Les enzymes qui interviennent dans les réactions 1 et 2 dépendent de l'expression de deux gènes, l'un situé sur le chromosome 2, l'autre sur le chromosome 3. Ces deux gènes existent sous deux formes alléliques : l'un gouverne la synthèse d'une enzyme fonctionnelle, l'autre la synthèse d'une enzyme non fonctionnelle.
Les allèles récessifs qui sont à l'origine d'une enzyme non fonctionnelle sont notés **a** et **b**. Les allèles dominants qui sont à l'origine d'une enzyme fonctionnelle sont notés **A** et **B**.

► Les catalyses par les enzymes 1 et 2 sont possibles si il y a **au moins un allèle** qui gouverne l'expression d'une **enzyme fonctionnelle.**
La **forme sauvage** a pour génotype **AABB**. Elle synthétise le pigment brun.
Certaines des **formes mutées** ont pour génotypes : **Aabb**, **aabb**... Elles ne synthétisent pas le pigment brun.

Le génome et la synthèse du pigment rouge

La synthèse du pigment rouge vif dépend entre autre d'un gène situé sur le chromosome 2 qui existe sous deux versions alléliques. On notera :
– **C**, l'allèle de ce gène qui gouverne l'expression d'une enzyme qui **permet la synthèse** du pigment rouge vif;
– **c**, l'allèle qui gouverne l'expression d'une enzyme non fonctionnelle qui **ne permet pas la synthèse** du pigment rouge vif.

La couleur des yeux

La couleur rouge foncé des yeux de la drosophile nécessite la **présence des deux pigments.** Un des génotypes des drosophiles aux yeux rouge foncé est **AABBCC**. Les drosophiles **aabbcc** ne synthétisent pas de pigment : elles ont les yeux blancs.

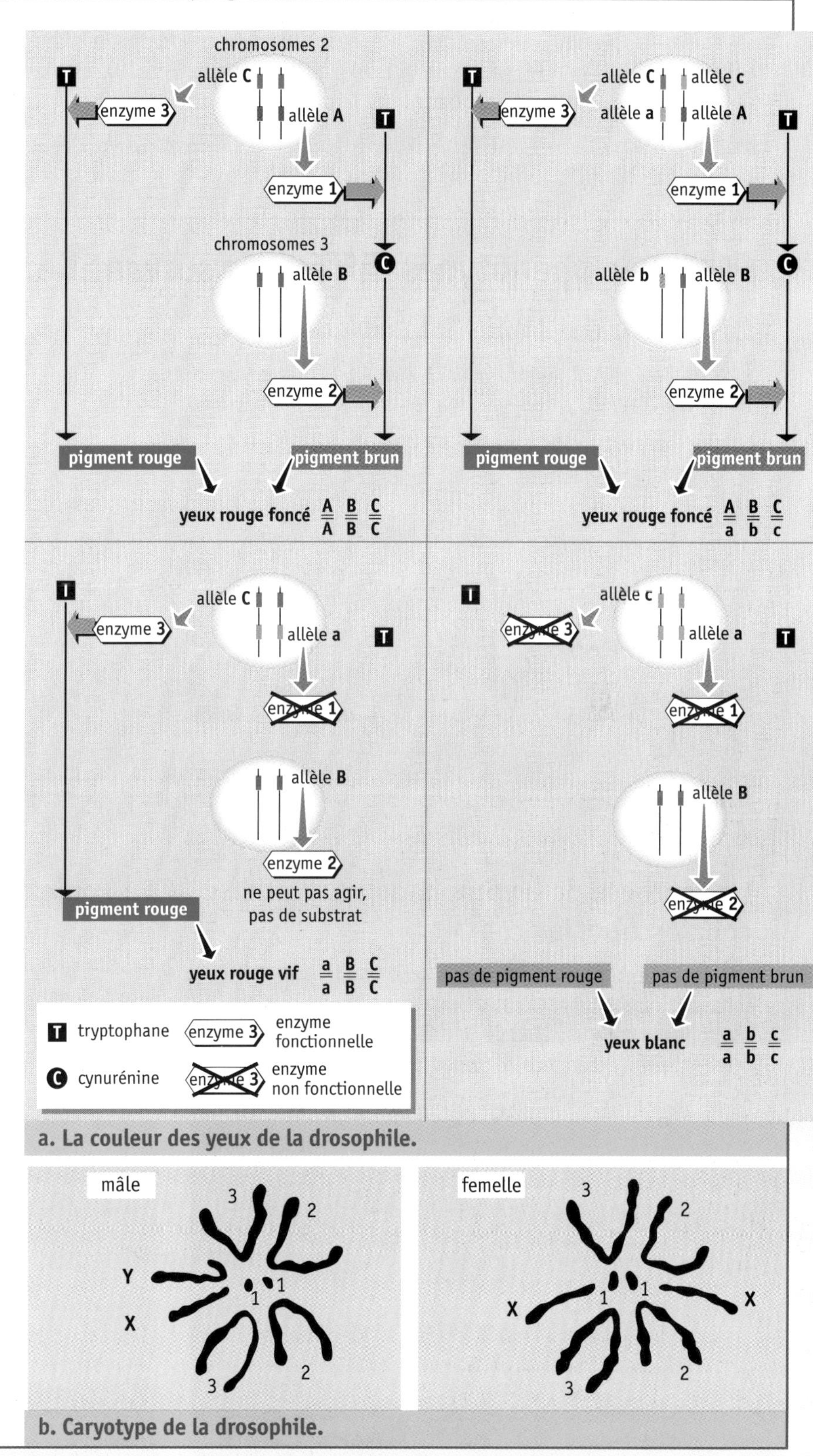

a. La couleur des yeux de la drosophile.

b. Caryotype de la drosophile.

EXPLOITATION DES DOCUMENTS

3. Chercher et noter les différents génotypes possibles des individus de phénotype yeux rouge foncé et de phénotype yeux blancs (**Doc. 3** et **4**).
4. Répondre au problème posé « Comment un même phénotype peut-il résulter de l'expression de plusieurs gènes ? ».

ACTIVITÉ

2 Le phénotype et l'environnement

Le phénotype des êtres vivants peut être changé par l'environnement sans modification du génome.

► **Comment l'environnement module-t-il l'expression des gènes ?**

VOCABULAIRE

Hétérotrophe : se dit d'un organisme qui a besoin de matière organique pour élaborer sa propre substance.

Doc.1 Des phénotypes différents suivant l'environnement

La couleur des lapins himalayens

À 20 °C, l'animal est uniformément blanc. À 5 °C, les extrémités du corps, oreilles, nez, pattes sont colorés en noir par la mélanine.

La voie métabolique de la synthèse de la mélanine dépend d'enzymes sensibles à la température.

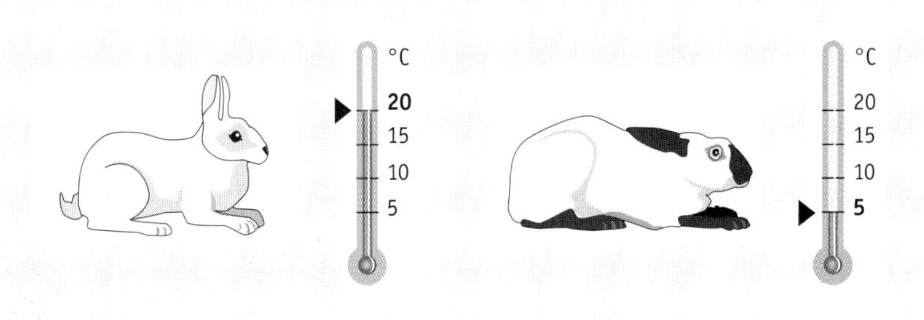

La synthèse de tryptophane synthéthase chez *Escherichia coli*

La tryptophane synthétase est une enzyme qui permet la synthèse du tryptophane. Chez *Escherichia coli* la présence de tryptophane dans le milieu de culture empêche la synthèse de cette enzyme (expérience de Monod, 1953).

La couleur des hortensias

Cultivés sur un sol pauvre en calcaire, les hortensias ont des fleurs roses. Si le même plant est cultivé en présence de sulfate d'alumine, la couleur des fleurs change, elle devient bleue. Ce changement est réversible.

TP

Doc.1 Des phénotypes différents suivant l'environnement (suite)

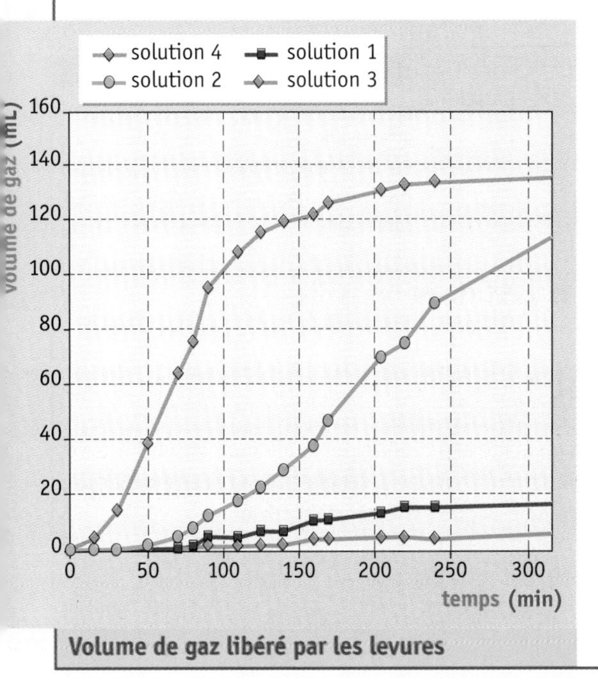

Volume de gaz libéré par les levures

Conditions de l'utilisation du galactose par la levure

▶ La levure du boulanger est un champignon unicellulaire. C'est un **hétérotrophe**, elle prélève dans le milieu les substances organiques de nature glucidique qu'elle utilise pour produire de l'énergie.

▶ L'énergie nécessaire à sa synthèse peut être produite par deux réactions métaboliques :
- dégradation des glucides en présence de dioxygène, c'est la **respiration** ;
- dégradation des glucides sans dioxygène, c'est la **fermentation**.

▶ Lors de la fermentation, il y a production de dioxyde de carbone et d'alcool (éthanol).

PROTOCOLE

Réalisation des solutions

48 heures avant, préparer les solution suivantes :
- **solution 1** : 100 mL de 5 g de levure + 20 mL de glucose à 5 % ;
- **solution 2** : 100 mL de 5 g de levure + 20 mL de galactose à 5 %.

Les solutions sont mises au bain marie à 35 °C en agitant pendant 48 heures afin d'épuiser les substances organiques.

Avant l'expérience, préparer les solutions suivantes :
- **solution 3** : 100 mL de levure ;
- **solution 4** : 100 mL de 5 g de levure + 20 mL de glucose à 5 %.

Ajouter 20 mL de galactose dans les solutions 1 et 2.

Les mesures : les 4 solutions sont placées dans des récipients clos, l'ensemble est mis à fermenter dans un bain marie à 37 °C, le gaz libéré est recueilli dans des éprouvettes.

Doc.2 Environnement et génome chez la levure

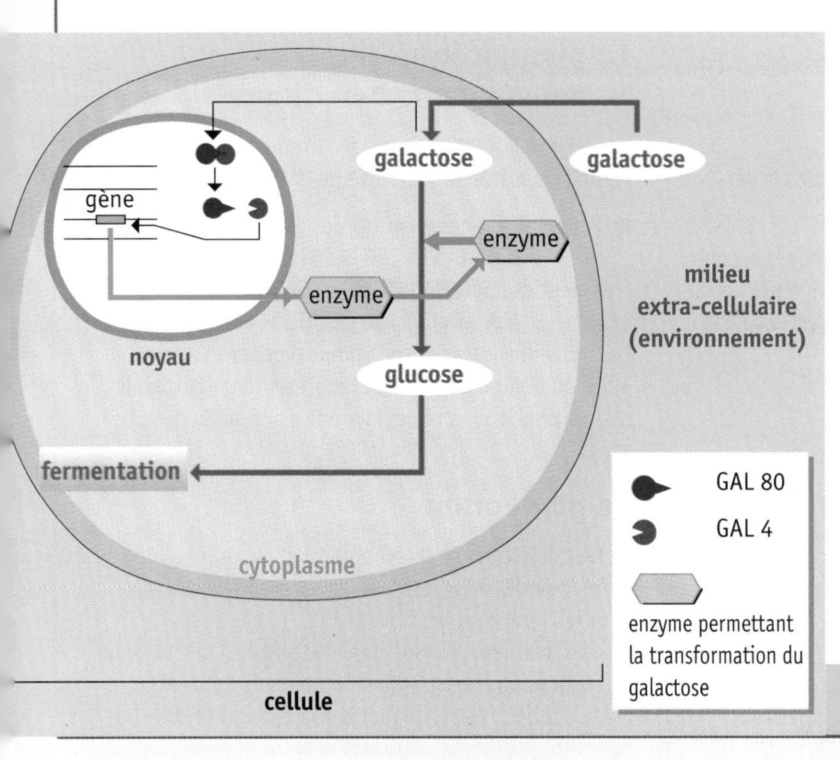

▶ La présence de galactose extracellulaire **provoque l'activation d'une molécule** : la protéine GAL 4. Cette protéine reste inactive tant que son site actif est masqué par une autre protéine : GAL 80.

a. GAL 4

▶ La protéine GAL 4 **déclenche la transcription de gènes** qui gouvernent la synthèse des enzymes qui convertissent le galactose en glucose.

▶ Sans galactose, la protéine GAL 4 reste liée à GAL 80 : elle est inactive. La transcription du gène ne se fait pas.

b. Mode d'action de la galactose sur le génome de la levure.

EXPLOITATION DES DOCUMENTS

1. **Relever** les arguments qui montrent que l'environnement ne modifie pas le génome (**Doc 1** et **2**).
2. **Relever** les arguments qui montrent que l'environnement modifie l'expression du génome (**Doc 1** et **2**).
3. **Retrouver** les étapes de la démarche expérimentale qui ont conduit à mettre en évidence le rôle du galactose dans la modulation de l'expression des gènes chez la levure.

ACTIVITÉ

3 Phénotype, génotype et environnement

Le phénotype dépend de l'expression du génome. Certains phénotypes modifiés sont caractéristiques de maladies. L'environnement peut contribuer :
– à modifier le phénotype dépendant du génome ;
– au développement de certaines de ces maladies lorsqu'il y a une prédisposition génétique.

VOCABULAIRE

Mutation somatique : mutation qui affecte une cellule du corps et non pas une cellule germinale.

Oncogène : gène qui intervient dans la cancérisation.

▶ **Quelle est la relation entre l'environnement, le génome et certaines maladies ?**

Doc.1 La phénylcétonurie et l'environnement

Le phénotype des malades

▶ La phénylcétonurie est une maladie héréditaire qui atteint un nouveau-né sur 50 000. Les premiers signes cliniques apparaissent dès la première semaine : troubles digestifs, lésions cutanées et troubles nerveux.
Les sujets atteints sont pâles, les yeux et les cheveux sont très clairs. Ils présentent également un retard mental important s'ils ne sont pas traités.

▶ La phénylalanine est un acide aminé **indispensable** pour la synthèse des protéines lorsque le taux sanguin est de 15-63 mg/100 mL, cette molécule est **toxique**. L'acide phénylpyruvique est également toxique.

	plasma sujet sain	plasma sujet malade	urine sujet sain	urine sujet malade
phénylalanine mg/100 mL	1 à 2	15 à 63	1 à 2	300 à 400
acide phénylpyruvique mg/100 mL	0	0,3 à 1,8	0	300 à 2 000

Les voies de la dégradation de la phénylalanine

▶ La dégradation de la phénylalanine en excès peut se faire par deux voies, la voie 1 est la seule utilisée chez les personnes saines.

▶ Chez les malades, l'enzyme PAH (phénylalanine hydroxylase) qui catalyse la transformation de la phénylalanine en tyrosine est non fonctionnelle. La phénylalanine est alors transformée par la voie 2 .

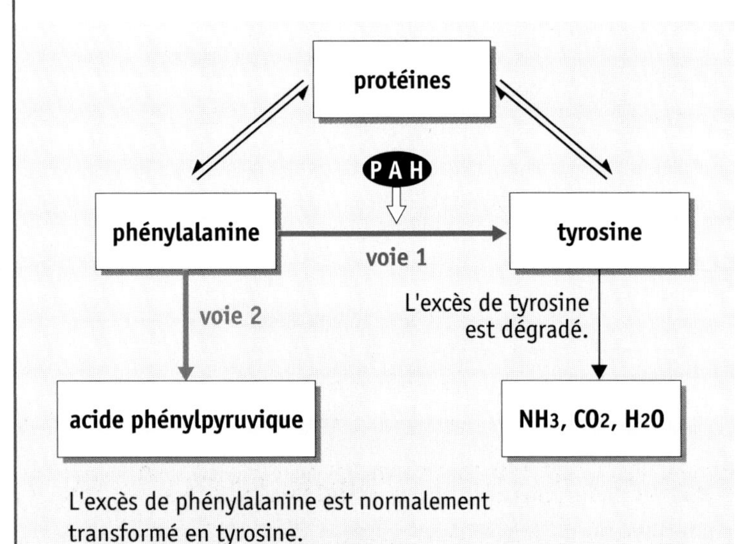

Métabolisme de la phénylalanine et de la tyrosine.

La phénylcétonurie est une maladie héréditaire

▶ Le gène R408W situé sur le chromosome 12 gouverne la synthèse de la protéine PAH.

▶ Fragment du gène R408W des individus sains :
ACA ATA CCT CGG CCC TTC TCA GTT ;
Fragment du gène R408W des individus malades :
ACA ATA CCT TGG CCC TTC TCA GTT.
Les individus malades sont **homozygotes** : l'allèle muté du gène R408W doit être présent en deux exemplaires pour que la phénylalanine s'accumule dans le sang.

La prévention

Le test de Guthrie, mis au point dans les années 1960, permet de détecter les taux élevés de phénylalanine chez les nouveau-nés.
L'excès de phénylalanine dans le sang est toxique mais on ne peut pas le supprimer totalement car c'est un acide aminé indispensable pour la croissance. On propose aux enfants un régime alimentaire très pauvre en phénylalanine et on y ajoute des apports en tyrosine, acides aminés, vitamines et sels minéraux. On limite ainsi les effets de la maladie.

Doc.2 *Xéroderma pigmentosum* et l'environnement

Le phénotype des malades

Les malades présentent :
- une sensibilité à la lumière et des lésions oculaires ;
- des lésions de la peau.

C'est une **maladie héréditaire** très rare.
Les lésions cutanées surviennent plus ou moins précocement **en fonction de l'environnement** : exposition aux UV. Elles peuvent évoluer en tumeurs cancéreuses qui sont enlevées.

Les gènes de contrôle du cycle cellulaire

▶ Les UV provoquent des mutations au niveau de l'ADN, ce sont des **mutations somatiques.**

▶ Les mutations peuvent avoir lieu au niveau des gènes qui contrôlent le cycle cellulaire. Ceux-ci agissent par l'intermédiaire de protéines :
— certains de ces gènes **favorisent** la duplication de l'ADN ;
— d'autres **s'opposent** à sa duplication en cas **de lésion de l'ADN**, c'est le cas du gène qui code pour la protéine p53.

Lorsque le gène p53 est muté, les lésions de l'ADN sont transmises aux cellules-filles, les cellules se multiplient alors de façon anarchique : c'est la première étape de la cancérisation. Le gène p53 est donc un anti-**oncogène.**

UV et gène réparateur

▶ Chez les individus sains, lorsque la séquence d'ADN du gène p53 est modifiée par les UV, il est réparé avant la phase de duplication de l'ADN. Cette réparation est indispensable pour que les mutations ne s'observent pas dans les cellules obtenues après division.
Cette **réparation** est réalisée par une enzyme : **ERCC3.**

▶ Chez les individus atteints de *Xéroderma pigmentosum* B, l'enzyme ERCC3 n'est pas fonctionnelle. Cette enzyme est l'expression d'un gène.
Une partie de la séquence d'ADN du gène ERCC3 est modifiée chez les individus atteints :
- individus sains, AAGAAGAGCAACAG ;
- individus atteints, AAGAAGAGAAACAG.

Les individus atteints sont homozygotes : ils possèdent deux allèles mutés du gène ERCC3.

▶ Les mutations du gène p53, provoquées par les UV, ont des effets plus importants et plus précoces chez ces personnes car elles ont une **prédisposition génétique** qui ne permet pas la réparation de ces mutations. On observe alors une prolifération anarchique des cellules.

La prévention

Protéger les individus des rayons UV et surveiller toutes modifications au niveau de la peau.

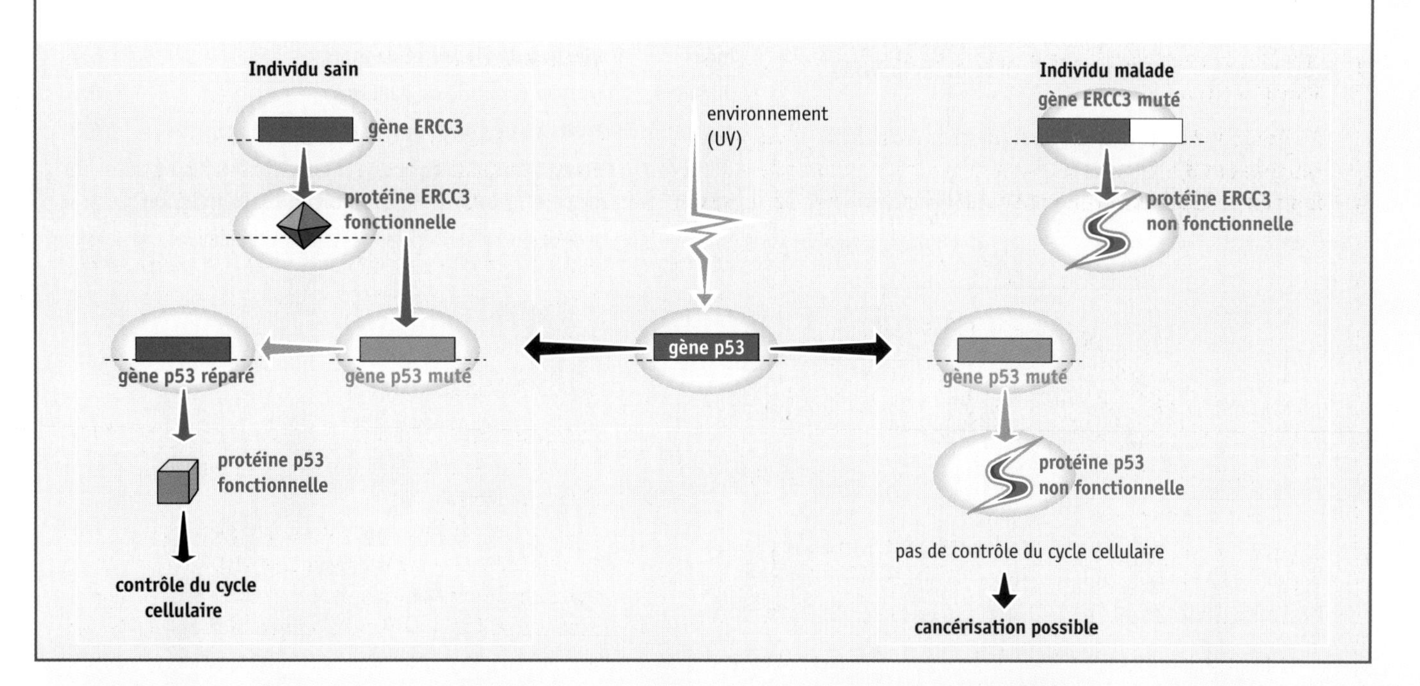

EXPLOITATION DES DOCUMENTS

1. **Montrer** qu'un régime alimentaire approprié permet de modifier le phénotype (**Doc. 1**).
2. **Justifier**, à l'aide du **Doc. 2**, le terme de prédisposition génétique utilisé dans l'introduction.
Montrer que le phénotype est le résultat de l'action conjointe du génome et de l'environnement.

3 (suite) Phénotype, génotype et environnement

▶ **Quelle est la relation entre l'environnement, le génome et certaines maladies ?**

VOCABULAIRE

Électrophorèse : méthode de séparation de molécules en fonction de leur taille et de leur charge électrique.

Épidémiologie : étude des relations existant entre les maladies et divers facteurs de l'environnement (mode de vie, hygiène de vie).

Mutation germinale : mutation qui affecte une cellule germinale c'est-à-dire un gamète. Ce type de mutation est héréditaire.

Doc.3 L'environnement : un facteur de risque

Épidémiologie et notion de risque relatif

L'**épidémiologie** cherche à établir des relations entre les facteurs de l'environnement et certaines maladies.

Cette liaison entre un facteur de l'environnement et une maladie s'appuie sur des enquêtes. Les enquêtes sont faites à partir d'échantillons de population qui sont sélectionnés par tirage au sort. Ces enquêtes doivent permettre :

– de mettre en évidence une liaison entre la maladie et l'environnement ;

– de mesurer son importance. La mesure de l'importance de l'effet est estimée par le risque relatif.

$$\text{Risque relatif} = \frac{\frac{a}{a+b}}{\frac{c}{c+d}}$$

Sujets	malades	non malades	Total
exposés	a	b	a + b
non exposés	c	d	c + d

Relations entre cancers et facteurs de l'environnement

On évalue le risque dans une population, cependant on n'évalue pas avec cette méthode le risque pour un individu donné d'avoir un jour un cancer. Ce sont des **statistiques**, ce n'est pas prédictif pour un individu.

Pays	Régime	Fréquence
Angleterre	Régime mixte occidental	18,2
Écosse	Régime mixte occidental	31,2
États-Unis	Régime mixte occidental	28,1
Indes	Riz, peu de viande et de graisse	5,7
Ouganda	Matoke (bouillie de bananes)	0,6
Japon	Fruits et légumes, peu de viande et de graisse	4,9

a. Régime alimentaire et fréquence d'apparition d'un cancer du côlon (fréquence en nombre de cas pour une population).

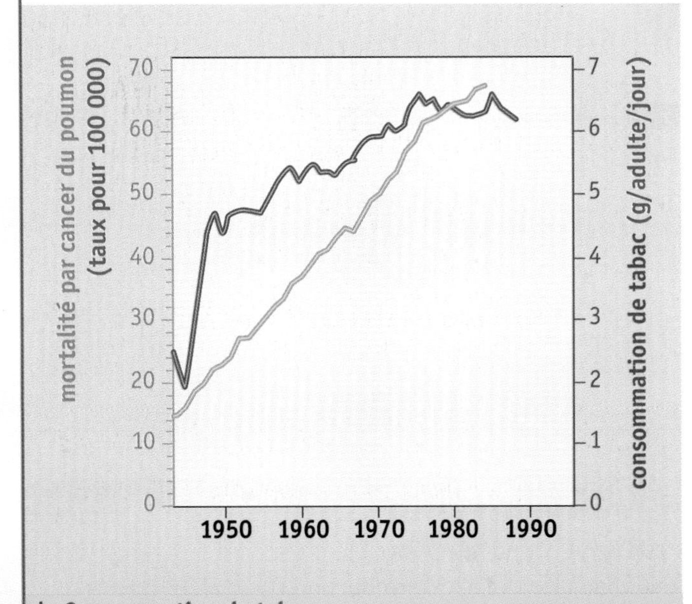

b. Consommation de tabac et mortalité par cancer du poumon.

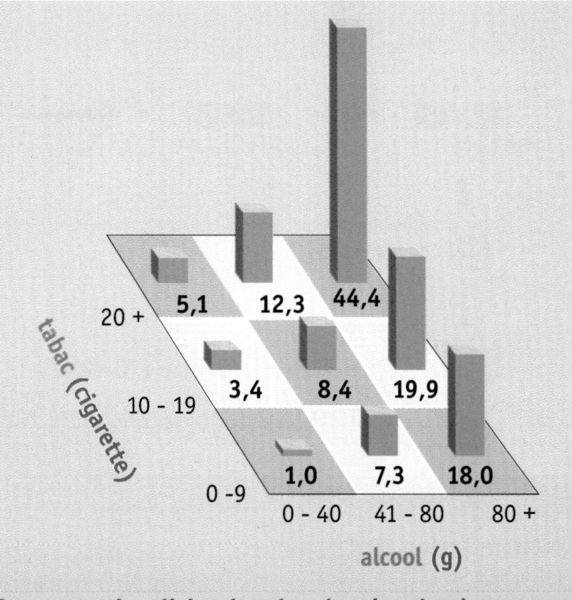

c. Consommation d'alcool et de tabac (par jour) et risque d'apparition d'un cancer de l'œsophage.

Doc.4 Environnement et gène de prédisposition

Environnement et mutation

▶ Les personnes exposées à des concentrations élevées en hydrocarbures aromatiques polycycliques présents dans la fumée de cigarette ou dans des environnements très pollués possèdent des concentrations très élevées en complexes hydrocarbures-ADN.

▶ Ces complexes **favorisent des mutations génétiques** et des modifications au niveau des chromosomes. D'autre part, ces mêmes complexes sont présents en grand nombre dans les échantillons de sang des personnes atteintes de cancer du poumon.

▶ D'autres biomarqueurs ont été isolés pour d'autres cancers.

Cancer et génome

▶ Des mutations du gène p53 ont été identifiées dans la plupart des cancers humains, ce gène est dit **anti-oncogène.**

▶ Ces mutations peuvent être :
– des mutations somatiques provoquées par l'environnement (UV, tabac, aliments... ;
– des **mutations germinales.** Ces mutations sont habituellement récessives : un seul allèle non muté du gène p53 permet à celui-ci d'exercer sont rôle de suppresseur de tumeur.

▶ Les individus qui héritent d'un allèle muté sont souvent prédisposés au cancer puisqu'une **mutation somatique unique**, ajoutée à la mutation **héritée**, peut créer des cellules totalement défectueuses quant à la fonction de p53.

▶ Les individus **hétérozygotes,** c'est-à-dire possédant une version mutée et l'autre non de ces gènes, ont donc une **probabilité plus grande** de développer un cancer que les individus homozygotes possédant deux allèles non mutés.

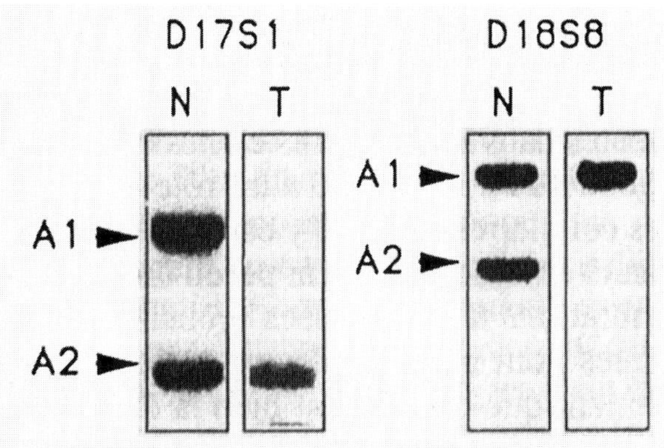

Chez un individu, atteint d'un cancer du rectum, l'analyse de l'ADN est réalisée dans les cellules tumorales (T) et non tumorales (N). Pour ce faire, l'ADN, découpé en fragments, migre sur un gel d'électrophorèse. Des fragments d'ADN complémentaires permettent de localiser et d'identifier ses deux allèles (A1 et A2). Cette étude porte sur deux gènes anti-oncogènes situés sur deux chromosomes différents.

a. Exemple de typage allélique d'une tumeur.

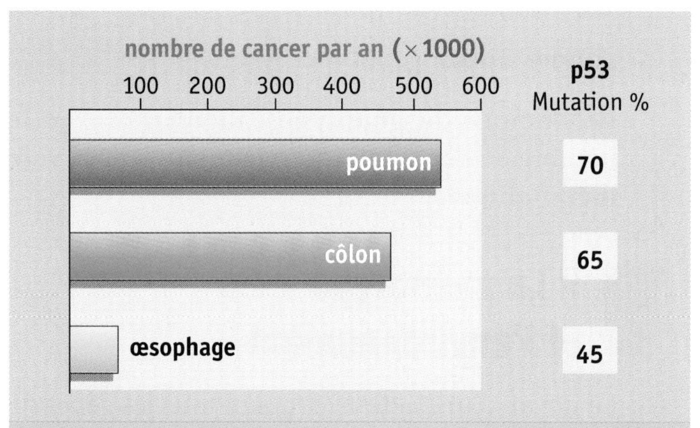

b. Nombre de cancers en relation avec une mutation de p53.

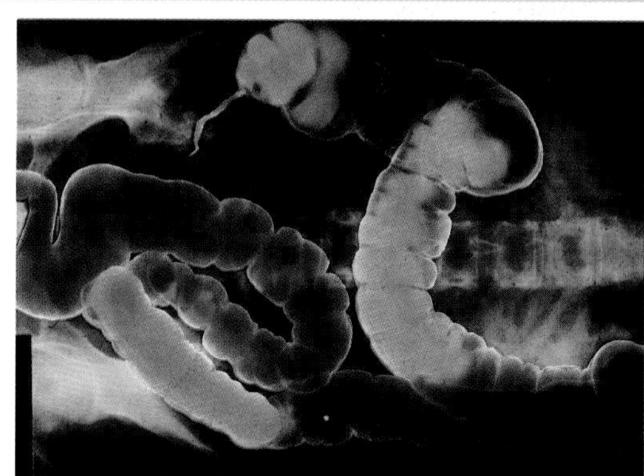

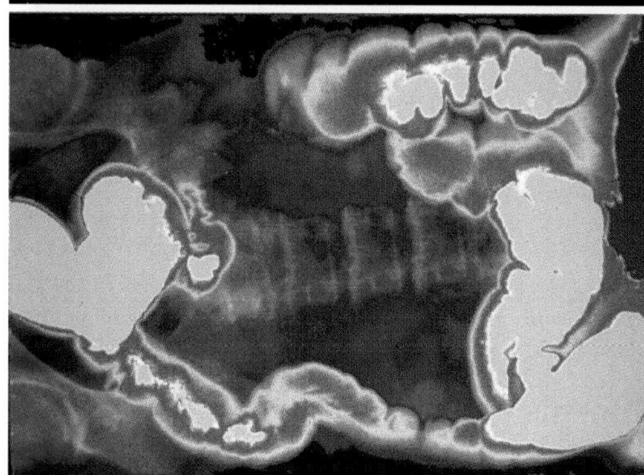

c. Côlon : sain (en haut), avec tumeur (en bas).

EXPLOITATION DES DOCUMENTS

3. **Montrer**, en vous appuyant sur le **Doc. 3**, que certains facteurs de l'environnement sont nécessaires pour développer un cancer mais qu'ils ne sont pas suffisants.
4. **Montrer** en vous appuyant sur le **Doc. 4** que la cancérisation des cellules a une double origine.
5. **Expliquer** pourquoi les individus sont prédisposés aux cancers.
6. **Répondre au problème posé** : « Quelle est la relation entre l'environnement, le génome et certaines maladies ? »

SYNTHÈSE

Le phénotype résulte des relations complexes entre les gènes et l'environnement

I Un phénotype des génotypes

Les molécules complexes synthétisées par les êtres vivants sont élaborées **progressivement** à partir de précurseur. **Chaque étape** de cette voie de synthèse est **catalysée par une enzyme** spécifique. La synthèse d'une molécule qui fait intervenir une voie métabolique dépend donc de **plusieurs** gènes. Ces gènes existent sous plusieurs formes : les **allèles du gène**. Ces allèles sont le résultat de mutations au niveau de la molécule d'ADN.

Certains allèles des gènes sont à l'origine de protéines enzymatiques non fonctionnelles. L'expression d'un allèle du gène qui gouverne la formation d'une protéine non fonctionnelle entraîne l'arrêt de la synthèse et l'accumulation du produit non transformé.

Un phénotype moléculaire donné dépend de l'expression des différents gènes qui s'expriment dans la **voie métabolique** qui conduit à cette molécule. À un phénotype, peuvent donc correspondre de **nombreux génotypes**.

Les diploïdes possèdent deux allèles pour un même gène :
– si les deux allèles sont les mêmes, il est **homozygote** pour ce gène ;
– si les deux allèles sont différents, il est **hétérozygote** pour ce gène.

Le caractère qui ne s'exprime dans le phénotype que lorsqu'il est présent en deux versions est dit **récessif**. Celui qui s'exprime dans le phénotype lorsqu'il est présent en une seule version est dit **dominant**.

LES MOTS À CONNAÎTRE

Allèles du gène : versions différentes du même gène.

Chromosomes homologues : paire de chromosomes de même taille, de même forme, portant les mêmes gènes et pas forcément les mêmes allèles.

Hétérozygote : possédant deux versions alléliques différentes du gène.

Homozygote : possédant deux versions alléliques identiques du gène.

Mutation germinale : mutation qui affecte une cellule germinale c'est-à-dire un gamète. Ce type de mutation est héréditaire.

Mutation somatique : mutation qui affecte une cellule du corps et non pas une cellule germinale. Elle n'est pas héréditaire.

Voie métabolique : étapes successives de la synthèse d'une substance.

Si le caractère dominant qui s'exprime dans le phénotype est dû à la synthèse d'une enzyme fonctionnelle, un phénotype [A] peut correspondre à deux génotypes $\frac{A}{A}$ ou $\frac{A}{a}$.

Le nombre de génotypes augmente avec le nombre de gènes qui interviennent dans la **voie métabolique**.

II Le phénotype et l'environnement

Le noyau d'une cellule contient tous les gènes de l'être vivant. Cependant, tous les gènes ne s'expriment pas en même temps.

Chez la levure, en présence de glucose, les gènes qui gouvernent la transformation de galactose en glucose ne s'expriment pas : ils ne sont pas transcrits. En présence de galactose, après un délai, ils vont être transcrits et il y aura production d'enzymes.

L'expression de ces gènes nécessite :
– l'absence du glucose ;
– la présence du galactose.

Ces deux molécules exercent donc plus ou moins directement un contrôle au niveau des gènes, l'un inhibiteur, l'autre activateur. Ce contrôle de l'environnement sur le fonctionnement du génome permet d'adapter le fonctionnement de la cellule aux conditions de l'environnement. L'environnement **module donc l'expression des gènes**.

III Phénotype, génotype et environnement

- La **phénylcétonurie** est une maladie métabolique héréditaire. Les malades possèdent une enzyme non fonctionnelle qui ne transforme pas la phénylalanine. Il en résulte l'accumulation de cet acide aminé, toxique pour les cellules.

Si la maladie est détectée précocement, un régime très appauvri en phénylalanine permet d'éviter l'apparition de certains symptômes : **le phénotype est donc modifié**.

- Les rayons UV du soleil provoquent chez les êtres vivants des modifications au niveau de l'ADN, ce sont majoritairement des mutations somatiques. Ces modifications peuvent affecter différents types de gènes et notamment les gènes qui contrôlent le cycle cellulaire.

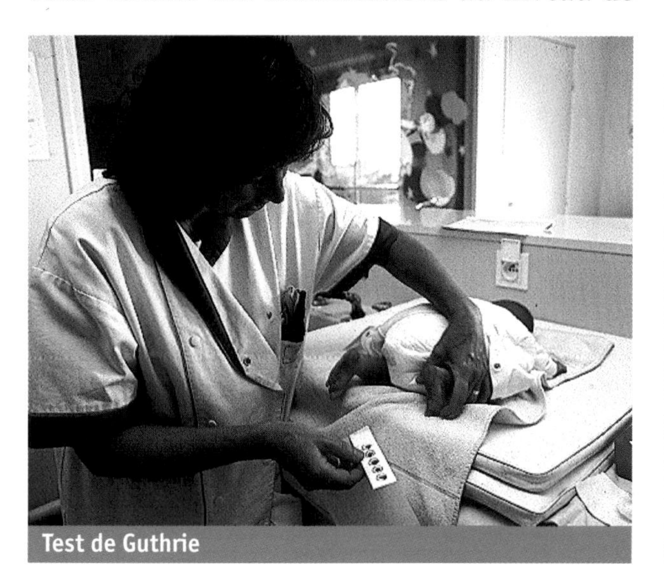
Test de Guthrie

Ces modifications sont réparées par des protéines qui sont l'expression de plusieurs gènes. Ces **gènes réparateurs** existent sous plusieurs formes alléliques dont certaines gouvernent l'expression de protéines non fonctionnelles.

Les personnes qui possèdent deux allèles gouvernant l'expression d'une protéine non fonctionnelle ne corrigent donc pas les modifications de l'ADN provoquées par les UV. Elles ont une **prédisposition génétique** à développer des tumeurs sous l'action des UV, ce qui signifie que chez eux les cancers cutanés se développeront si elles sont exposées aux UV.

On peut donc éviter le développement des tumeurs en les plaçant dans un environnement dépourvu d'UV.

- De très nombreux gènes qui interviennent dans le fonctionnement cellulaire existent sous différentes formes alléliques. Certaines de ces formes lorsqu'elles sont présentes à l'**état homozygote** perturbent gravement le métabolisme cellulaire et interviennent dans la **cancérisation des cellules**.

Les individus possédant une de ces formes alléliques dans le génome présentent une **prédisposition** au développement du cancer. Les cellules de certains organes peuvent se cancériser si les agents de l'environnement (fumées, substances résultant de la transformation des aliments) provoquent la mutation de l'autre allèle du gène.

D'autres substances présentes dans le milieu environnant vont au contraire s'opposer aux mutations induites par ces facteurs : c'est le cas de certaines vitamines.

L'essentiel

Le phénotype moléculaire des êtres vivants dépend de l'expression de plusieurs gènes qui agissent successivement. L'environnement peut agir au niveau du génome en modulant son expression : l'expression des gènes s'adapte à l'environnement. L'environnement peut également agir au niveau du génome, en provoquant des mutations au niveau de certains gènes qui contrôlent le cycle cellulaire. Les personnes possédant déjà une version allélique de ces gènes sont particulièrement sensibles aux conditions de l'environnement : elles sont prédisposées à une tumeur.

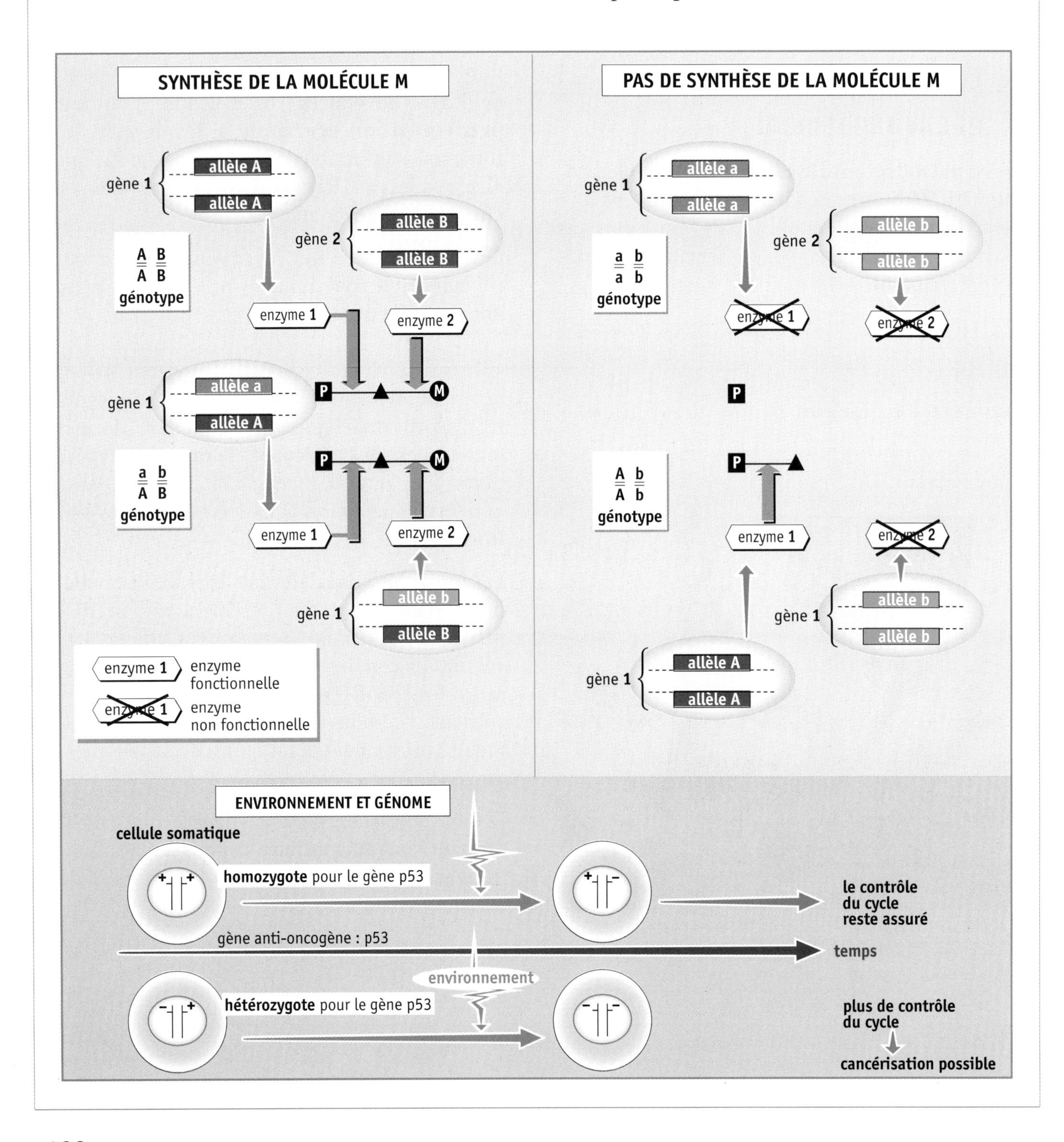

VÉRIFIER SES CONNAISSANCES

EXERCICE 1 Définir en une phrase claire les mots ou expressions suivants.

- prédisposition au cancer
- voie métabolique
- facteur de risque

EXERCICE 2 Reconstituer une ou plusieurs phrases scientifiquement exacte(s) à partir des propositions suivantes.

1. Une voie métabolique...

a. comprend une suite de réactions catalysées par des enzymes.
b. s'effectue à partir d'un précurseur.
c. résulte de la transformation d'un précurseur sous l'action de diverses enzymes.
d. résulte de l'expression de plusieurs gènes.

2. Un facteur de risque...

a. est une probabilité d'avoir une maladie.
b. est une probabilité de ne pas avoir une maladie.
c. est une certitude d'avoir une maladie.

EXERCICE 3 Restituer ses connaissances en quelques phrases sur un sujet précis, en utilisant obligatoirement un ensemble de mots clés.

sujets	mots-clés
a. un phénotype, des génotypes	voie métabolique, molécule, phénotype
b. prédisposition au cancer	allèle d'un gène, environnement, mutation somatique

EXERCICE GUIDÉ

La couleur des pétunias

Énoncé Chez les pétunias, la couleur pourpre de la corolle est due à un mélange de deux pigments, l'un rouge, l'autre bleu. Les deux pigments sont synthétisés par des voies biochimiques différentes.

- Ces voies sont représentées ci-dessous.
- Une substance est dite blanche lorsque sa présence n'entraîne pas de coloration.
- Les transformations sont dues à des protéines enzymatiques qui résultent de l'expression de gènes.
- Le pigment jaune n'est pas visible dans les fleurs car il est transformé en rouge.
- Les voies 2 et 3 ne sont pas totalement indépendantes.
En effet, lorsque la substance blanche de la voie 3 s'accumule, elle peut, sous l'action des enzymes, être transformée en jaune.
- Les gènes 1, 2, 3, 4, 5 existent sous deux formes alléliques :
– un allèle qui permet la synthèse d'une enzyme fonctionnelle. Ce caractère est récessif;
– un allèle qui ne permet pas la synthèse d'une enzyme fonctionnelle. Ce caractère est dominant.

Allèles du gène 1 : Aa; Allèles du gène 2 : Bb;
Allèles du gène 3 : Cc; Allèles du gène 4 : Dd;
Allèles du gène 5 : Ee.

1. **Noter** dans quelles conditions les voies métaboliques sont interrompues.
2. **Chercher** et **noter** les différents génotypes qui correspondent au phénotype blanc.

Pétunias blancs.

Conseils pour la résolution

1. Il faut lire attentivement le texte.
2. Il faut faire attention car les voies 2 et 3 ne sont pas indépendantes.
Il faut éviter l'accumulation de jaune car, dans ce cas, les fleurs sont colorées en jaune.

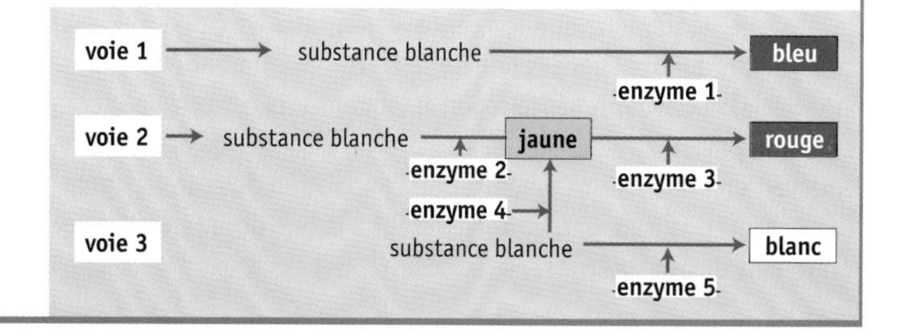

EXERCICES

APPLIQUER SES CONNAISSANCES

EXERCICE 4 Les voies métaboliques chez *S. cerevisiae*

Mettre en relation logique des données dans un but explicatif

La levure *Saccharomyces cerevisiae* se développe sur un milieu minimum contenant du glucose et des sels minéraux.
Les souches sauvages de levure sont **adénine** +. Elles sont capables de synthétiser l'adénine. Il existe des souches mutées qui sont **adénine** –. Elles ne synthétisent pas l'adénine. La synthèse de l'adénine se fait en plusieurs étapes à partir d'un précurseur.

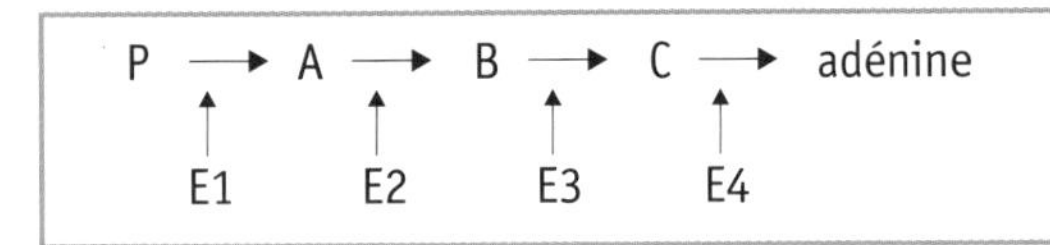

Chaque étape est catalysée par une enzyme dont la synthèse dépend d'un gène. Les 4 gènes (1, 2, 3, 4) existent sous 2 formes alléliques :
– l'un des allèles, noté –, gouverne la synthèse d'une enzyme non fonctionnelle ;
– l'autre allèle, noté +, gouverne la synthèse d'une enzyme fonctionnelle.
Chez la levure, il y a une seule version allélique pour chaque gène dans les cellules.

1. **Noter** dans quelle condition il y a synthèse d'adénine.
2. **Noter** dans quelle condition il n'y a pas de synthèse d'adénine.
3. Il y a de nombreuses souches adénine – .

Faire une croix devant les souches capables de vivre dans un milieu dépourvu d'adénine et un rond devant celles qui doivent trouver de l'adénine dans le milieu et **compléter** le tableau.

Génotypes	Produits synthétisés	Phénotypes
1 – ; 2 – ; 3 – ; 4 –		
1 – ; 2 + ; 3 + ; 4 +		
1 + ; 2 – ; 3 + ; 4 +		
1 + ; 2 + ; 3 – ; 4 +		
1 + ; 2 + ; 3 + ; 4 –		
1 + ; 2 – ; 3 – ; 4 +		
1 + ; 2 + ; 3 + ; 4 +		

L'expression des gènes chez la levure dépend de l'environnement, ici du taux d'adénine dans le milieu. L'adénine en excès dans le milieu exerce un effet inhibiteur sur le gène 1, les colonies dans ce cas sont blanches et de petites tailles. Si l'adénine est en faible quantité dans le milieu, la biosynthèse s'arrête en A. Ce produit s'accumule et les colonies sont colorées en rouge.

4. **Recopier** la chaîne de la biosynthèse, **traduire** les effets du milieu sur celle-ci par une flèche et **localiser** par un trait vertical le lieu d'interruption de la biosynthèse. **Utiliser** deux couleurs.

5. **Compléter** le tableau ci-dessous en indiquant par un signe + ou – les colonies qui se développent.

Souches	Milieu complet		Milieu minimum*
	Adénine en excès	Adénine à faible dose	
[ade –]			
[ade +]			

*milieu minimum : milieu sans adénine.

EXERCICE 5 Les papillomavirus

Saisir des données afin d'argumenter

Les papillomavirus humains (PVH) sont des petits virus de 55 nm de diamètre. Ils contiennent un **ADN circulaire double brin** qui comprend environ 8 000 paires de nucléotides très stables. Ces virus présentent une très grande variabilité.
Ces virus infectent les cellules de la couche basale de l'épithélium à la suite d'un microtraumatisme. Après une période d'incubation plus ou moins longue, ils provoquent des lésions cutanées ou des lésions des muqueuses.
Dans la plupart des cas, ce sont des tumeurs de la peau bénignes comme les verrues ou les condylomes au niveau des muqueuses.
Cependant, certains papillomavirus sont associés à des cancers. Dans 60 à 90 % des cancers du col de l'utérus, on trouve des séquences d'ADN du PVH. Ces séquences gouvernent l'expression d'une protéine virale qui empêche l'expression de la protéine p53 qui contrôle le cycle cellulaire.
On observe également que les cancers génitaux associés aux PVH sont plus fréquents chez les personnes qui sont immuno-déprimés. Chez les immuno-déprimés la réponse immunitaire est presque totalement supprimée.
Montrer, en réalisant un schéma, que l'apparition des cancers génitaux est multicausale et qu'interviennent à la fois des facteurs environnementaux et internes.

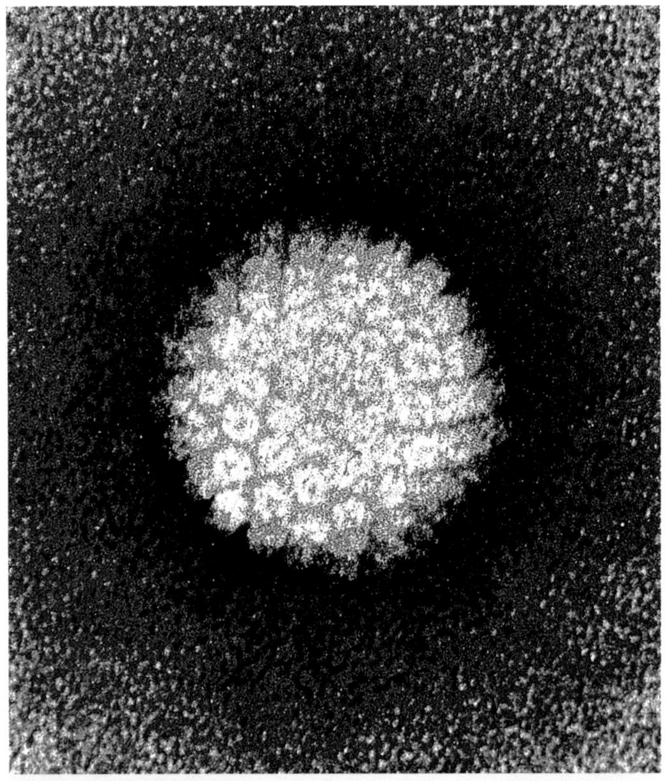

Papillomavirus humain.

APPLIQUER SES CONNAISSANCES

EXERCICE 6 Les groupes sanguins

Saisir des données et les mettre en relation dans un but explicatif

Les groupes sanguins **A**, **B**, **O** correspondent à la présence au niveau de la membrane de marqueurs cellulaires. Ces derniers sont des molécules.

Ces molécules comprennent un substrat de base, le précurseur, sur lequel sont fixées des chaînes glucidiques. La fixation de ces glucides se fait **successivement**, elle est assurée par des enzymes qui résultent de l'expression des gènes.

On s'intéressera aux dernières étapes.

- Le premier gène est situé sur la paire de chromosomes homologues n° 19.

Ce gène existe sous deux formes alléliques :

– l'un H qui gouverne l'expression d'une enzyme fonctionnelle qui fixe un marqueur H (L-fucose) sur le précurseur (galactose-glucosamine) ;

– l'autre h qui gouverne l'expression d'une enzyme non fonctionnelle ; il n'y a pas de fixation du marqueur H.

Le caractère lié à l'allèle h s'exprime dans le phénotype si l'individu est homozygote pour ce gène. Le caractère lié à l'allèle H s'exprime dans le phénotype même si l'individu est hétérozygote pour ce gène.

- Lorsque ce premier marqueur est fixé ou non, intervient un autre gène situé sur le chromosome n° 9.

Ce gène existe sous trois formes alléliques : allèles A, B, O.

– l'allèle A gouverne la synthèse d'une enzyme qui fixe un marqueur A (N-acétyl-galactosamine) sur H ;

– l'allèle B gouverne la synthèse d'une enzyme qui fixe un marqueur B (D-galactose) sur H ;

– l'allèle O gouverne la synthèse d'une enzyme non fonctionnelle qui ne fixe donc rien sur H.

Les marqueurs A, B se fixent si le marqueur H est fixé, sinon la voie métabolique est interrompue.

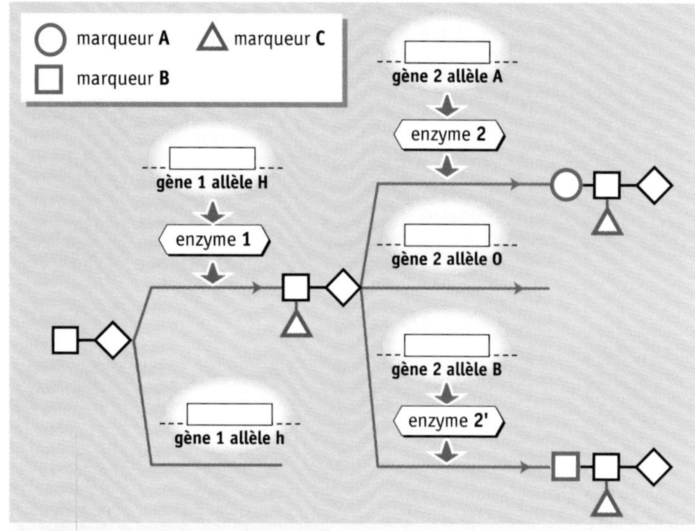

La fixation des marqueurs A et B.

Le caractère lié à l'allèle O s'exprime dans le phénotype si l'individu est homozygote pour ce gène.

Le caractère lié à l'allèle A ou B s'exprime dans le phénotype même si l'individu est hétérozygote pour ce gène.

Les caractères liés aux allèles A et B s'expriment conjointement dans le phénotype si l'individu possède les 2 allèles.

1. Chercher et **noter** les allèles récessifs et les allèles dominants pour les deux gènes. **Justifier** précisément.

2. Chercher et **noter** les génotypes qui correspondent aux phénotypes [A], [B] et [AB].

3. Chercher les différents génotypes qui correspondent au phénotype O, sachant que les individus hh sont forcément de phénotype O.

4. Justifier la phrase suivante : « La synthèse des marqueurs des hématies est une voie métabolique. »

EXERCICE 7 La galle du collet

Argumenter avec précision et rigueur

La galle du collet (*crown gall disease*) est une tumeur qui apparaît chez les dicotylédones.

Cette tumeur est induite par une bactérie *Agrobacterium tumefacien*. La bactérie provoque un changement génétique dans la cellule-hôte. La présence d'*Agrobacterium* est nécessaire au début, ultérieurement les cellules tumorales se propagent sans la présence des bactéries.

Le développement tumoral est dû à un plasmide, le plasmide Ti, c'est-à-dire un ADN circulaire présent dans la bactérie mais qui n'appartient pas au génome de la bactérie. Lors de l'infection du végétal par la bactérie, ce plasmide s'intègre au génome de la cellule-hôte et il en modifie le fonctionnement.

Confirmer ou **infirmer** la phrase « le développement des tumeurs est dû à *Agrobacterium tumefacien* ».

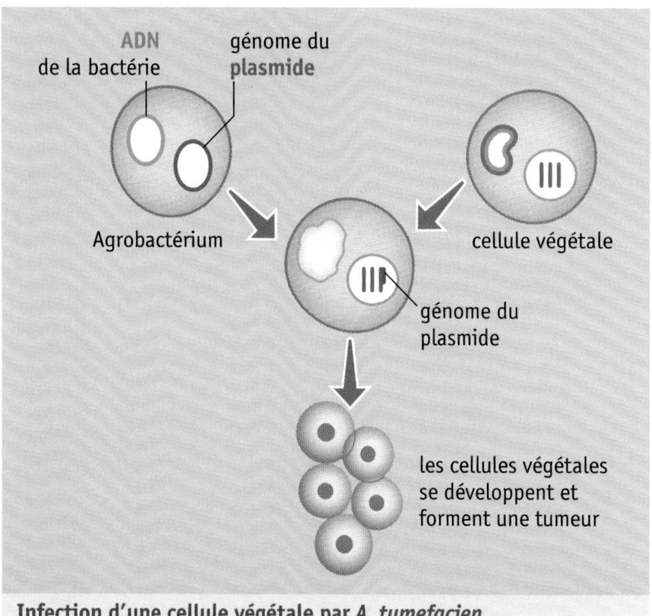

Infection d'une cellule végétale par *A. tumefacien*.

Cèdre.

Chapitre 11

La diversité morphologique des végétaux

Pour distinguer les différentes espèces végétales, les botanistes étudient leurs caractéristiques morphologiques, c'est-à-dire la forme des différents organes : tiges, feuilles, fleurs, racines…
Ces différences morphologiques sont déterminées par des facteurs génétiques et des facteurs de l'environnement.

▶ **Comment mettre en évidence l'influence des facteurs génétiques sur la morphologie végétale ?**

▶ **Comment l'environnement peut-il intervenir dans la morphogénèse végétale ?**

▶ **Comment des morphologies semblables permettent à des espèces différentes de coloniser le même milieu ?**

ACTIVITÉ

1 Gènes et morphologie végétale

Les espèces végétales se distinguent les unes des autres, notamment par leur morphologie. Celle-ci est déterminée, entre autres, par des facteurs génétiques.

▶ **Comment mettre en évidence l'influence des facteurs génétiques sur la morphologie végétale ?**

VOCABULAIRE

Vrille : organe de fixation de certaines plantes grimpantes.

Doc.1 Morphologie de différentes espèces végétales

Trois arbres aux morphologies différentes :
- le chêne (**a**);
- le pin (**b**) ;
- le peuplier (**c**).

a. Chêne.

b. Pin.

c. Peupliers.

Doc.2 Polyploïdie et morphologie végétale

▶ Les vesces sont des plantes herbacées (40 cm à 1 m de haut).

▶ Elles présentent des caractères communs : leurs feuilles sont constituées de nombreuses folioles et se terminent par des **vrilles** plus ou moins enroulées.
Les deux espèces ci-contre se distinguent l'une de l'autre par différents caractères :
- *Vicia lutea* : la plante dans son ensemble est velue. Les fleurs sont toujours uniques et de couleur jaune.
- *Vicia sativa* : la plante n'est pas velue, ses fleurs sont uniques ou bien par deux et de couleur rose et bleue.

▶ Le nombre de chromosomes et la quantité d'ADN par cellule de chacune des deux espèces sont connus :

	Nombre de chromosomes	Quantité d'ADN en unité arbitraire
Vicia sativa	12	18,5
Vicia lutea	14	59,0

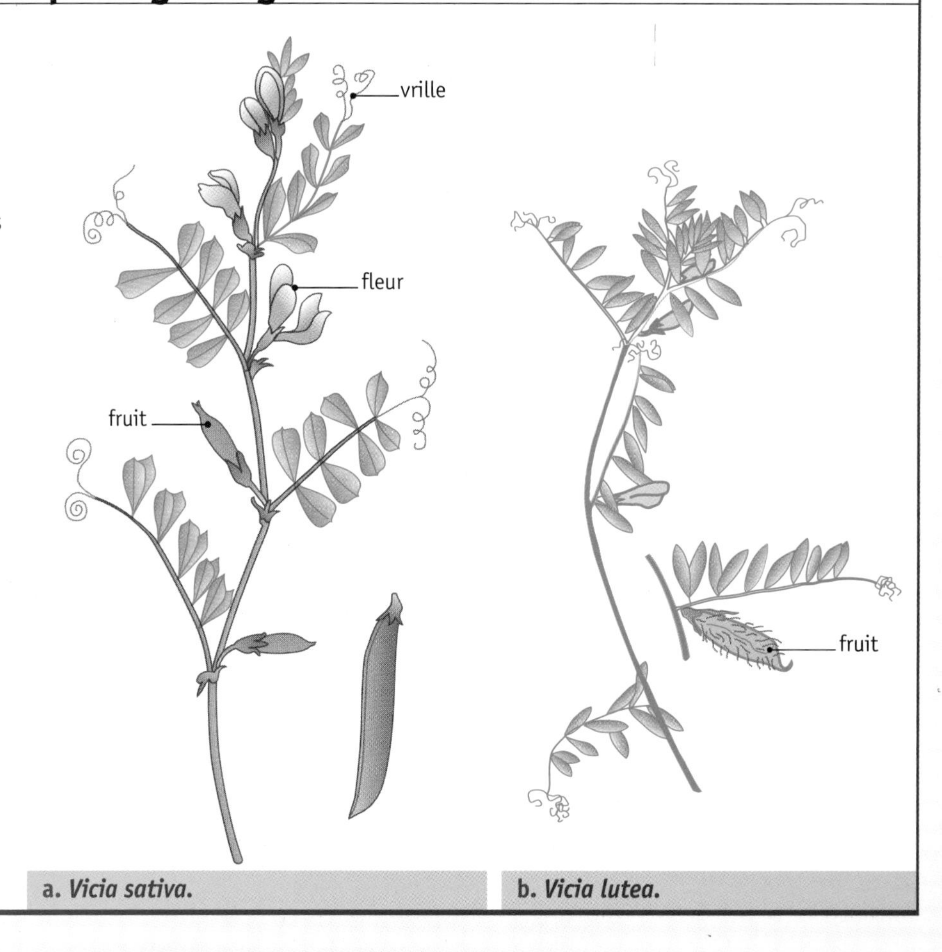

a. *Vicia sativa*. b. *Vicia lutea*.

Doc.3 Sélection et morphologie végétale

▶ Le maïs est cultivé sur toute la planète.
La plante qui est actuellement exploitée, présente de nombreuses variétés qui se révèlent toutes très différentes du végétal sauvage ancestral, domestiqué au néolithique par les populations américaines.
Lors de la découverte du nouveau monde, il existait déjà 200 variétés de maïs. Celles-ci se distinguaient, entre autres caractères, par la forme de leurs grains.

▶ Actuellement le catalogue français compte plus de 200 variétés méthodiquement sélectionnées au cours de croisements successifs. Les hybrides commerciaux possèdent chacun des caractéristiques (morphologie, rendement, résistance aux maladies...) qui font leur spécificité.

▶ Certaines variétés se distinguent par la forme des grains (voir tableau ci-dessous).

a. Épi de maïs sauvage.

nom de l'hybride	forme des grains
corné	dessus arrondi
denté	dessus incurvé
corné – denté	intermédiaire
à éclater	petits et pointus

b. Différentes variétés de maïs cultivé.

EXPLOITATION DES DOCUMENTS

1. **Indiquer** quels sont les caractères morphologiques permettant de distinguer les différentes espèces végétales présentées (**Doc. 1**).
2. **Comparer** les documents concernant ces deux espèces voisines et proposer une hypothèse expliquant les différences morphologiques constatées (**Doc. 2**).
3. **Préciser** en quoi les informations présentées (**Doc. 3**) confirment l'hypothèse émise à la question précédente.
4. **Répondre au problème posé** : « Comment mettre en évidence l'influence des facteurs génétiques sur la morphologie végétale ? »

ACTIVITÉ

2 Environnement et morphologie végétale

Des plantes d'une même espèce, placées dans des environnements différents, peuvent présenter des morphologies distinctes. Les facteurs de l'environnement interagissent donc avec les facteurs génétiques dans la morphogénèse végétale.

► **Comment l'environnement peut-il intervenir dans la morphogénèse végétale ?**

VOCABULAIRE

Accommodation : apparition d'une morphologie nouvelle lorsqu'une plante est placée dans un milieu différent de son milieu d'origine ; la morphologie initiale réapparaît si la descendance se trouve dans les conditions de départ.

Adaptation : acquisition au cours de l'évolution de caractères morphologiques particuliers transmis à la descendance.

Hétérophyllie : du grec *hétéros* « autre » et *phullon* « feuille », fait d'avoir des feuilles de formes différentes.

Doc.1 Plantes de basse et de haute altitude

► Dans le Jura, suivant l'altitude, les épicéas présentent des morphologies caractéristiques.
À basse altitude, les arbres étalent leurs branches et ont une forme pyramidale. À haute altitude, les arbres ont un aspect de colonne (forme columnaire) avec des branches courtes non étalées. Entre les deux altitudes, des formes intermédiaires apparaissent.

► Les spécialistes pensent que la forme columnaire permet aux arbres de résister aux précipitations massives de neige, en effet celle-ci glisse facilement et ne s'accumule pas sur les branches.
Si les arbres sont déplacés dans une autre région, ils **conservent cette morphologie**. Il en est de même de leur descendance.
Les morphologies sont qualifiées d'**adaptatives.**

a. Épicéa pyramidale.

b. Épicéa columnaire.

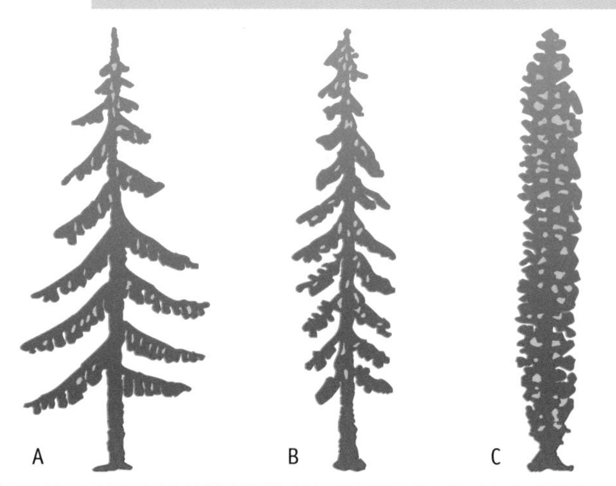

c. Différentes morphologies de l'épicéa : A : forme pyramidale de basse altitude, B : forme intermédiaire d'altitude moyenne et C : forme columnaire de haute altitude.

Doc.2 Influence de deux milieux sur une même plante

▶ L'espèce *Bidens beckii* est trouvée en bord de mare ou d'étang dans une faible profondeur d'eau.
Cette plante se développe d'abord dans l'eau puis dans le milieu aérien. Elle adopte deux morphologies caractéristiques.
La partie immergée de la tige porte des feuilles découpées en fines lanières limitées aux nervures.
La partie aérienne porte des feuilles entières.
Les botanistes qualifient cette plante d'**hétérophylle**.

▶ La proportion de chaque type de feuilles est fonction de la profondeur d'eau.
Si la plante pousse dans une grande profondeur d'eau, les feuilles en lanière occupent une grande partie de la tige.
Si elle se développe en plus faible profondeur d'eau, le nombre de ces feuilles est restreint.
Cette proportion n'est pas transmise à la descendance. La morphologie de cette espèce est due à une **accommodation** au milieu.

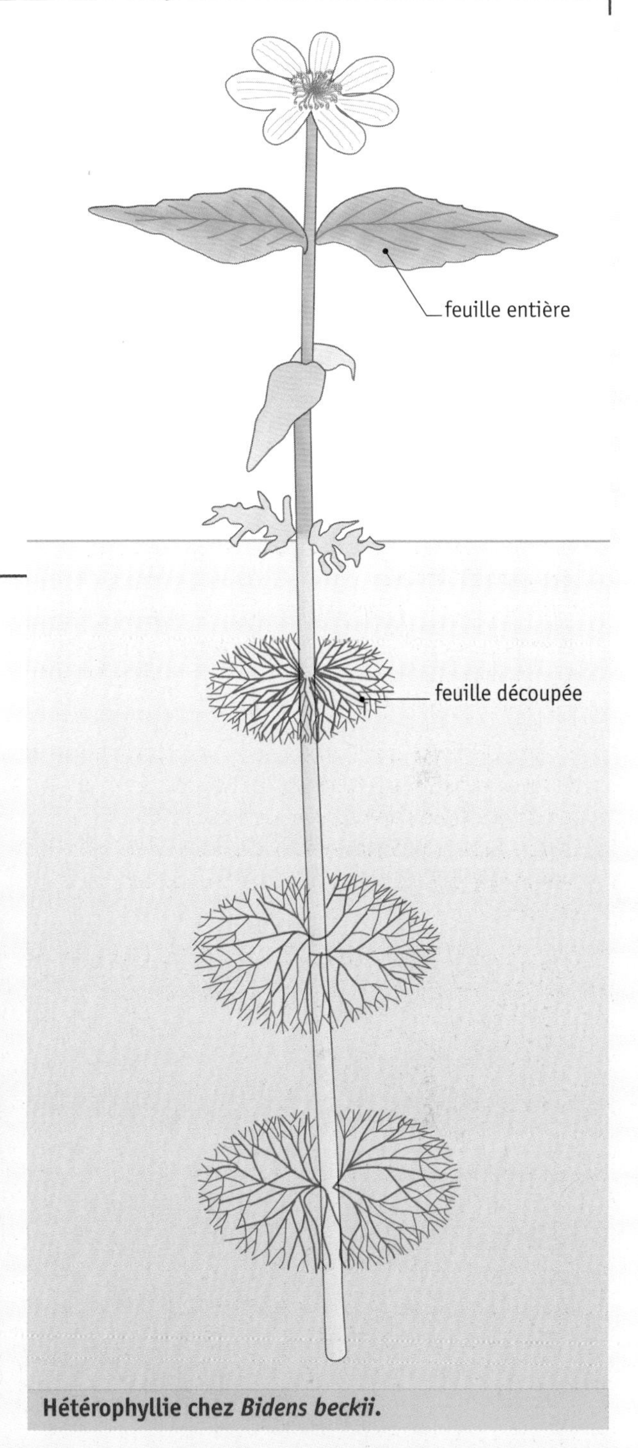

Hétérophyllie chez *Bidens beckii*.

Doc.3 Influence d'un facteur du milieu sur le port d'un végétal

▶ Les arbres exposés à des vents forts et fréquents tendent à se déformer et à acquérir un port caractéristique dit en drapeau.

▶ Cette modification de la morphologie, engendrée par une action directe d'un facteur physique du milieu, n'est pas transmissible à la descendance.

Aubépine : port en drapeau.

EXPLOITATION DES DOCUMENTS

1. **Noter** en quoi les différentes variétés d'épicéa sont adaptées à leur milieu (**Doc. 1**).
2. **Préciser** comment le milieu influence la morphologie des épicéas (**Doc. 1**).
3. **Établir** une relation entre la particularité des feuilles de *Bidens beckii* et le milieu (**Doc. 2**).
4. **Préciser**, pour chacun des exemples, les rôles respectifs des facteurs génétiques et des facteurs environnementaux dans l'acquisition des caractéristiques morphologiques présentées (**Doc. 1** à **3**).
5. **Conclure en répondant au problème posé** : « Comment l'environnement peut-il intervenir dans la morphogénèse végétale ? »

ACTIVITÉ

3 Convergences morphologiques

Dans un même milieu, certaines espèces végétales distinctes présentent des morphologies semblables. Il s'agit d'adaptation au milieu concerné.

► **Comment des morphologies semblables permettent à des espèces différentes de coloniser le même milieu ?**

VOCABULAIRE

Convergence morphologique : acquisition par deux espèces de caractères morphologiques équivalents.

Doc.1 Plantes de milieu aride

► En région aride, une **même morphologie** peut être adoptée par différentes espèces.

Par exemple, certaines plantes sont constituées d'une tige charnue riche en eau : elles sont dites **succulentes.**

Par ailleurs, leurs feuilles sont en forme d'épine, la surface foliaire est alors réduite, ce qui limite les pertes d'eau par transpiration.

► Les clichés (a) et (b) présentent deux espèces appartenant aux **cactées** et aux **euphorbiacées**, éloignées dans la classification.
Sans les fleurs, les botanistes ne les distinguent qu'en appliquant une incision dans la tige.
Si de l'eau apparaît, il s'agit de la cactée, si c'est un latex coloré, il s'agit de l'euphorbe.

a. Cactée.

b. Euphorbe.

Doc.2 Plantes de milieu sec et plantes de milieu instable

► Le milieu peut influencer la morphologie de l'appareil racinaire.

► En région méditerranéenne, l'été est sec. L'armoise (**a**) et le thym (**b**) développent un **appareil racinaire important**. La surface du sol explorée est ainsi plus grande. Les plantes peuvent prélever une plus grande quantité d'eau.

► Dans les Alpes, des végétaux peuvent se développer sur des éboulis peu stables.
C'est le cas d'un saule nain (**c**) et d'une espèce de coquelicot (**d**). Tous deux ont un appareil racinaire qui se développe **vers l'amont** permettant ainsi un ancrage du végétal qui ne glisse pas vers l'aval.

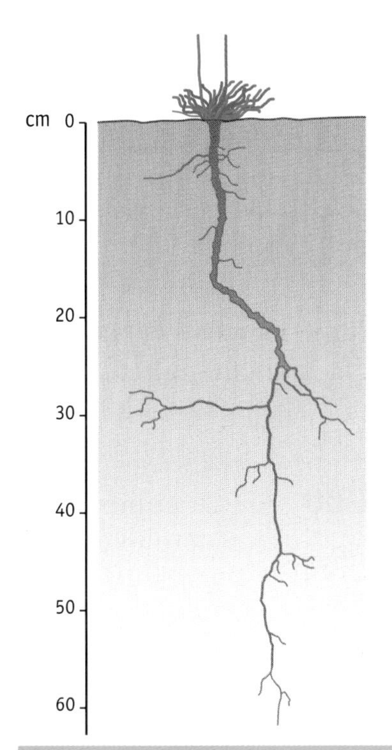

a. Appareil racinaire de l'armoise.

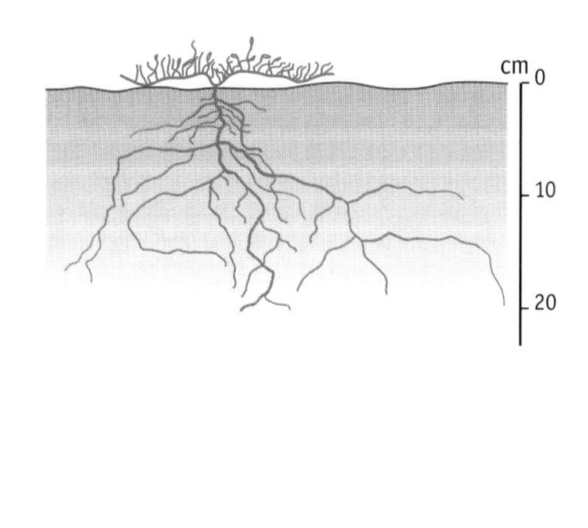

b. Appareil racinaire du thym.

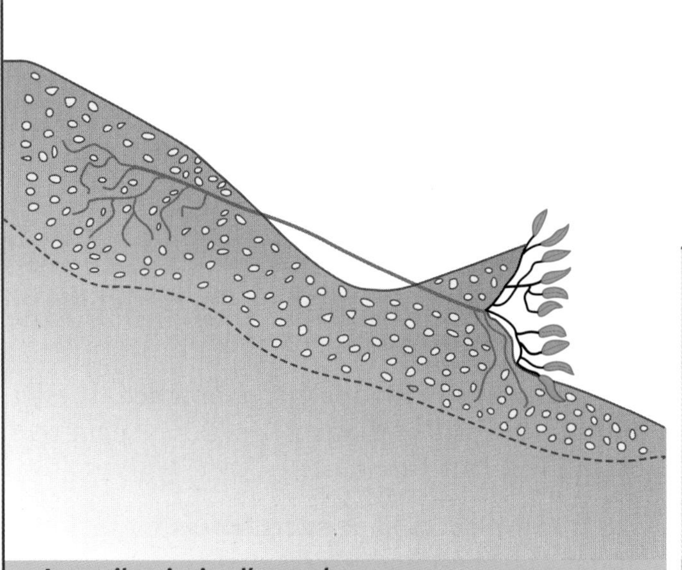

c. Appareil racinaire d'un saule.

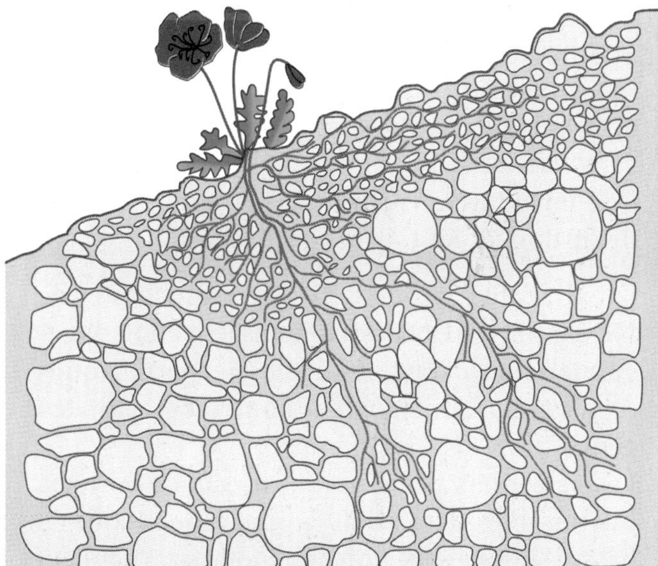

d. Appareil racinaire de coquelicot.

EXPLOITATION DES DOCUMENTS

1. **Expliquer** en quoi ces deux morphologies très proches (**Doc. 1**) sont favorables à la vie de ces plantes en milieux arides.
2. **Préciser** en quoi la morphologie succulente est une réponse à l'environnement des plantes (**Doc. 1**).
3. **Montrer** que deux espèces différentes peuvent développer un appareil racinaire convergent, adapté à un milieu particulier (**Doc. 2a** et **2b**).
4. **Répondre au problème posé** : « Comment des morphologies semblables permettent à des espèces différentes de coloniser le même milieu ? »

SYNTHÈSE

La diversité morphologique des végétaux

Les caractéristiques morphologiques d'une espèce végétale sont déterminées génétiquement et par divers facteurs du milieu.

LES MOTS À CONNAÎTRE

Accommodation : apparition d'une morphologie nouvelle lorsqu'une plante est placée dans un milieu différent de son milieu d'origine ; la morphologie initiale réapparaît si la descendance se trouve dans les conditions de départ.

Adaptation : acquisition au cours de l'évolution de caractères morphologiques particuliers transmis à la descendance.

Convergence : acquisition par deux espèces de caractères morphologiques équivalents.

I Gènes et morphologie végétale

Au sein d'une même espèce végétale, les individus présentent des caractères morphologiques relativement constants et transmis d'une génération à la suivante.

L'ensemble de ses particularités morphologiques est couramment utilisé par les botanistes pour reconnaître l'espèce.
Ainsi sont observées, par exemple :
– la disposition relative des différents organes qui constitue le **port du végétal**. Chez les arbres, la disposition des rameaux est souvent caractéristique de l'espèce ;
– la **forme des feuilles** qui permet, elle aussi, de distinguer les espèces entre elles.

L'analyse du caryotype d'espèces proches et de la quantité d'ADN présent dans les cellules suggère que les caractéristiques morphologiques d'un végétal sont souvent **contrôlées par des gènes**.
Les sélections par les croisements de variétés intéressantes d'un point de vue économique se basent sur une sélection de génomes particuliers qui déterminent l'expression de morphologies recherchées.

II Environnement et morphologie végétale

La morphologie d'un végétal peut varier en fonction des conditions climatiques et de divers **facteurs du milieu** dans lequel il se trouve.

Le milieu peut agir de façon indirecte sur la morphologie des végétaux en sélectionnant les végétaux adaptés, ceux qui ne le sont pas sont éliminés. C'est le cas de l'épicéa dont la morphologie est une **adaptation**, elle est transmise à sa descendance.

Le milieu peut agir directement sur la morphologie. Le végétal adopte une forme non transmise à la descendance. C'est le cas de *Bidens beckii* dont la morphologie résulte donc d'une accommodation.

III Convergences morphologiques

Dans un même milieu, il n'est pas rare que des espèces distinctes présentent des **caractéristiques morphologiques semblables**.

Ce phénomène est appelé **convergence**. Il est une réponse des végétaux à l'environnement ce qui permet leur survie.

Certaines espèces sont **succulentes** en région aride : la tige est une réserve d'eau et les épines sont réduites limitant ainsi les déperditions d'eau par transpiration.
Certaines espèces en régions sèches développent un appareil racinaire important ce qui leur permet de prélever plus d'eau.
Certaines espèces se développant sur des éboulis instables ont un appareil racinaire s'ancrant en amont et non sous elles, évitant ainsi au végétal de glisser vers le bas.

L'essentiel

La morphologie d'un végétal dépend en partie de caractéristiques génétiques de l'espèce.
En fonction de leur environnement, des individus d'une même espèce peuvent avoir une morphologie différente.
Des réponses morphologiques semblables peuvent être obtenues avec des végétaux d'espèces différentes placés dans un même environnement.

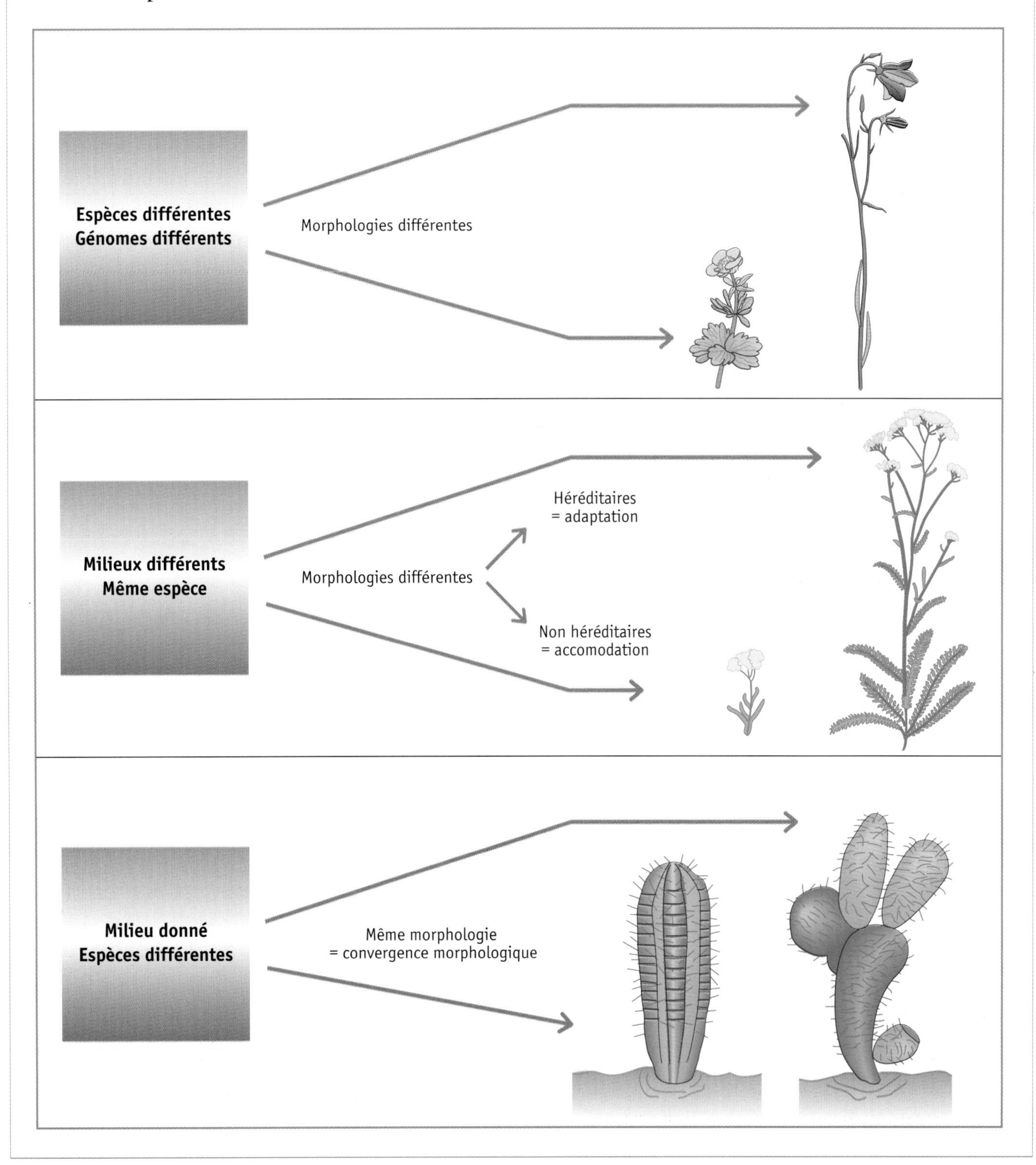

EXERCICES

VÉRIFIER SES CONNAISSANCES

EXERCICE 1 **Définir en une phrase claire les mots ou expressions suivants.**

- convergence
- morphologie
- adaptation
- accommodation

EXERCICE 2 **Reconstituer une ou plusieurs phrases scientifiquement exacte(s) à partir des propositions suivantes.**

1. La morphologie d'une plante correspond...

a. à la disposition de ses différents tissus.
b. au nombre des types cellulaires qui la constituent.
c. à la disposition et à l'aspect externe de ses différents organes.

2. Les adaptations morphologiques à des conditions du milieu...

a. sont temporaires et disparaissent si la plante est déplacée dans un autre milieu.
b. sont transmissibles à la descendance.
c. n'existent que pour les milieux arides.

3. Lorsque deux espèces différentes présentent des morphologies proches dans un même milieu...

a. il s'agit du résultat d'une sélection par l'homme.
b. il s'agit d'un phénomène de convergence.
c. cela témoigne de leur proximité dans la classification.

EXERCICE 3 **Restituer ses connaissances en quelques phrases sur un sujet précis, en utilisant obligatoirement un ensemble de mots-clés.**

sujets	mots-clés
a. la détermination génétique de la morphologie	gènes, morphologie, espèce
b. l'accommodation	caractères morphologiques, génération suivante, conditions différentes de milieu
c. l'adaptation	caractères morphologiques, génération suivante, conditions différentes de milieu

EXERCICE GUIDÉ

Deux cas d'hérérophyllie

Énoncé Ces deux plantes, *Bidens beckii* et *Limnophila heterophylla*, sont hétérophylles : elles présentent deux types de feuilles.

Exploiter ces deux documents afin d'expliquer les relations entre l'environnement et la morphologie de ces végétaux.

Conseils pour la résolution

a. Observer attentivement les deux dessins.
b. Repérer pour chaque plante le type de feuille présent dans chaque milieu.
c. Relier ces observations aux problèmes posés dans les activités 2 et 3.

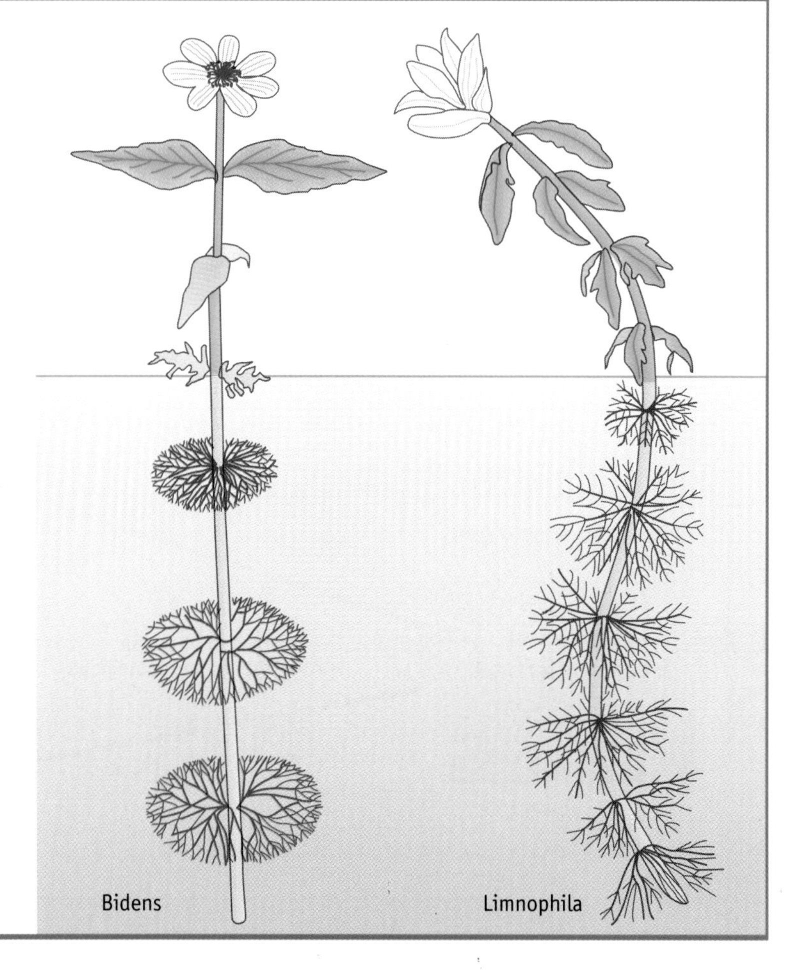

APPLIQUER SES CONNAISSANCES

EXERCICE 4 Feuilles et humidité

Utiliser ses connaissances pour étudier des différences morphologiques au sein d'une espèce

Des plants d'épine-vinette placés dans des atmosphères de plus en plus humides forment les feuilles présentées sur ce schéma.
À gauche l'atmosphère est sèche et à droite elle est proche de la saturation en vapeur d'eau.

1. **Décrire** la morphologie de ces différents types de feuilles.
2. **Expliquer** le rapport entre les conditions de l'environnement et ces différents types morphologiques.

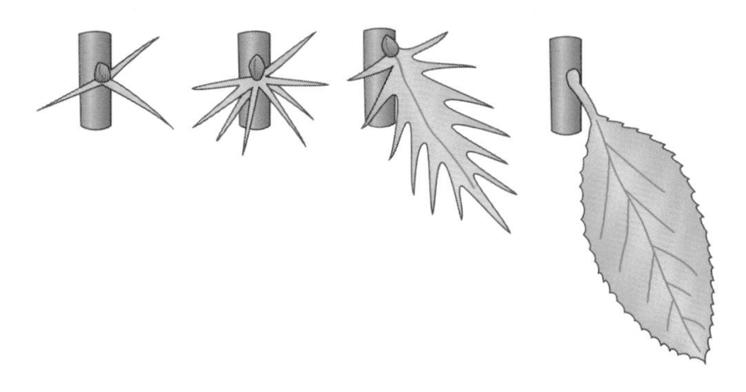

EXERCICE 5 Nanisme des végétaux en climat alpin

Utiliser ses connaissances pour préciser les modalités de la relation entre les conditions de l'environnement et la morphologie du végétal

L'*Achillea millefolium* présente deux ports différents selon qu'elle se développe en plaine ou en climat alpin.
Cette modification de la morphologie qui apparaît lorsque la plante se développe en altitude n'est pas transmise à la génération suivante, si celle-ci est placée en plaine.

1. **Comparer** les ports des deux plantes présentées.
2. **Préciser** en argumentant s'il s'agit d'une adaptation ou d'une accommodation.

Même échelle

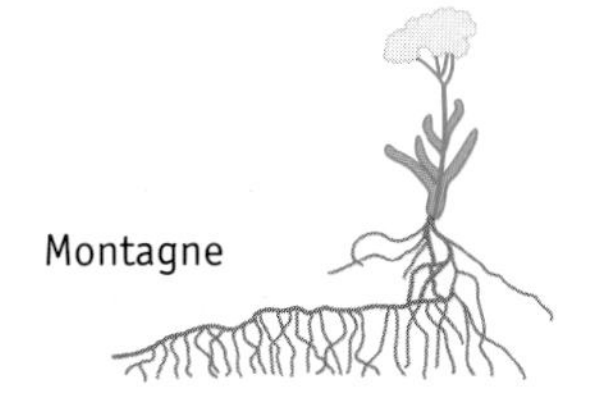

EXERCICE 6 Épaisseur des feuilles

Expliquer des différences morphologiques au sein de la même plante

Chez le hêtre, les feuilles de la périphérie de la frondaison sont plus épaisses que celles de l'intérieur. Cette différence morphologique s'explique par un développement plus important, chez les premières feuilles, des nervures et des tissus photosynthétiques.

Expliquer cette différence en la mettant en relation avec les conditions du milieu.

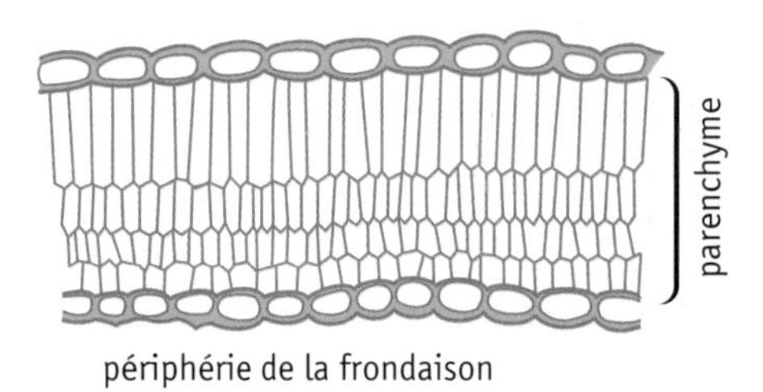

périphérie de la frondaison

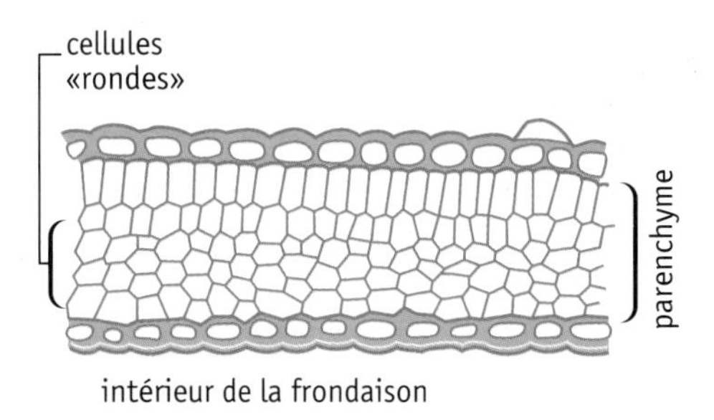

intérieur de la frondaison

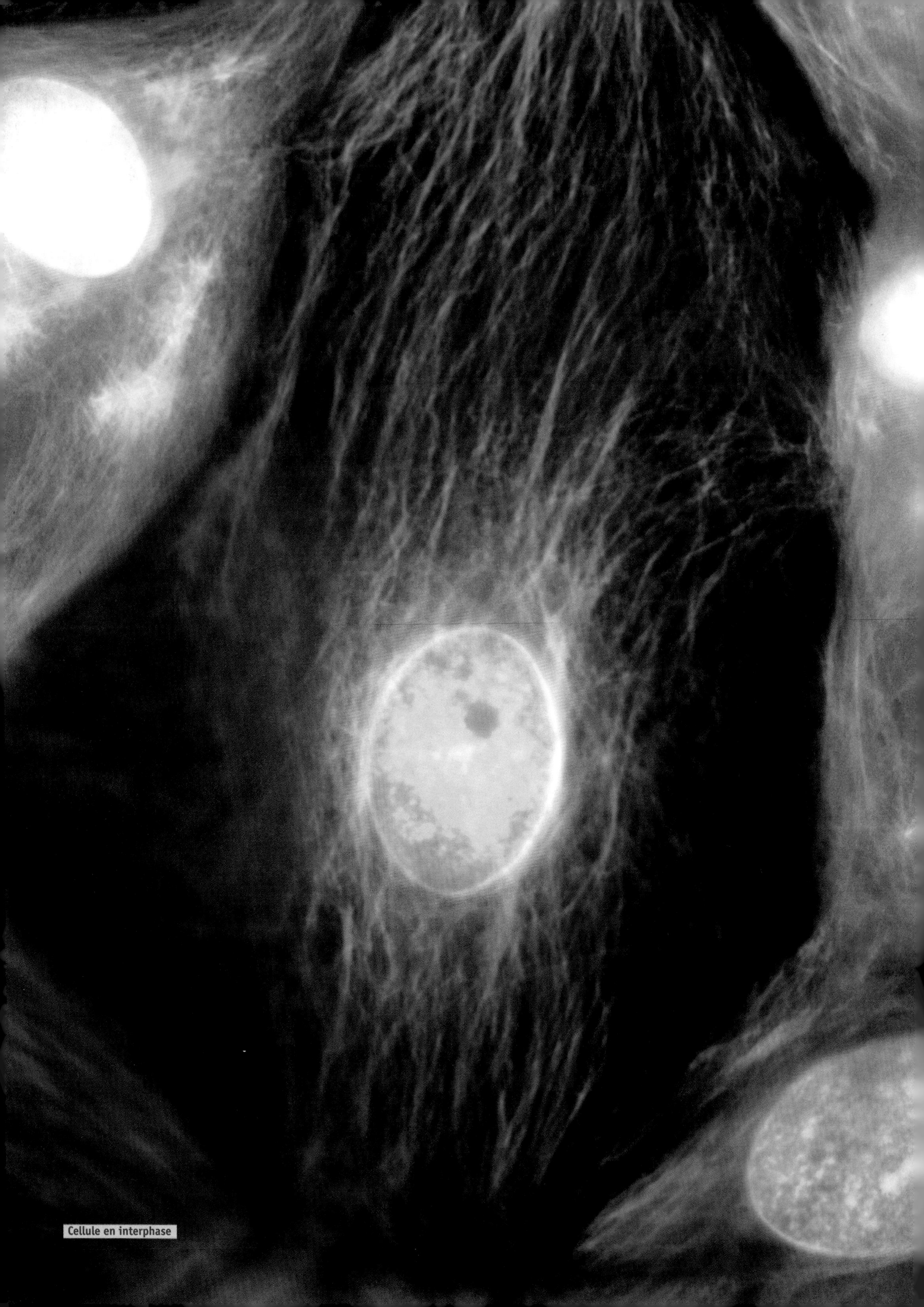
Cellule en interphase

Chapitre 12

Mitose et morphogénèse végétale

À partir d'une cellule unique ou cellule-œuf, une plante pluricellulaire s'édifie en augmentant sa taille, son volume mais aussi en mettant en place des organes spécialisés.

- ▶ Quelles sont les caractéristiques des zones de croissance d'un végétal ?
- ▶ Comment s'effectue la multiplication cellulaire nécessaire à la croissance ?
- ▶ Quelles sont les structures cellulaires modifiées au cours de la mitose ?
- ▶ Comment se fait la répartition de l'information génétique entre les différentes cellules issues des divisions ?
- ▶ Comment se forment les cellules et les organes spécialisés ?

ACTIVITÉ

1 Les zones de croissance végétale ou méristèmes

À partir d'une graine, une plante va se développer en augmentant sa taille et en édifiant des organes au cours d'une croissance continue.

▶ **Quelles sont les caractéristiques des zones de croissance d'un végétal ?**

VOCABULAIRE

Apex : extrémité d'un organe.

Caulinaire : qui a rapport avec la tige.

Méristème : zone de croissance végétale.

Mutant : individu qui a subi une modification de son matériel génétique.

TP

Doc.1 Mise en évidence des zones de croissance

PROTOCOLE

1. Placer des graines de radis, par exemple, dans des tubes à essai sur coton humide.
2. Après quelques jours de germination, marquer la tige avec des repères équidistants (au feutre).
3. Scanner les pousses ainsi marquées en insérant un repère d'échelle (a).

Résultats

Après quelques jours de croissance supplémentaire, scanner les pousses une nouvelle fois (b).
En comparant la distance entre les repères, il est possible d'établir un graphe montrant l'élongation de la tige en fonction de la distance à l'**apex** (c).

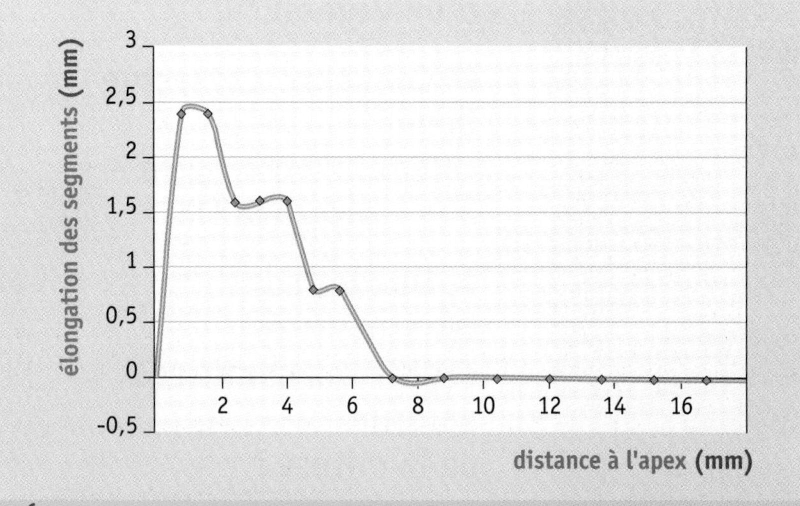

c. Élongation des segments en croissance en fonction de la distance à l'apex.

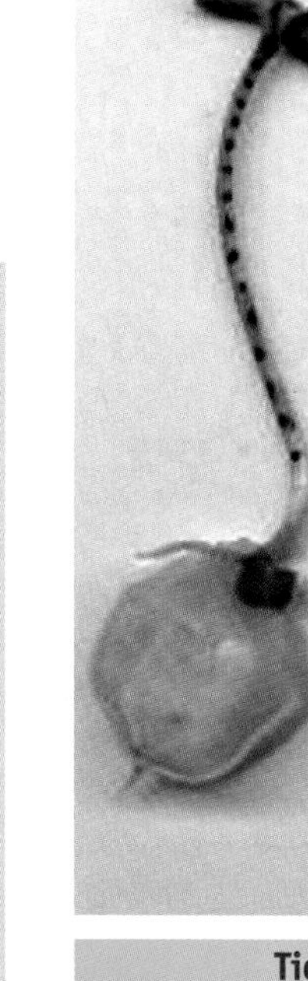

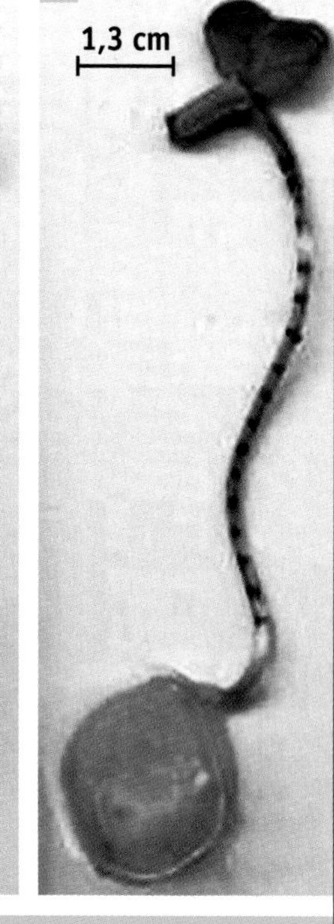

Tige en croissance
a. à t = 0 ; b. à t = 55 h.

Doc.2 Conséquences de mutations

L'Arabette des dames, *Arabidopsis thaliana*, existe sous des formes **mutantes** qui présentent des anomalies de fonctionnement de l'extrémité de leur tige ou **méristème**. Ces mutations, qui s'expriment dans des régions variées du méristème, entraînent des modifications dans la formation des feuilles : le mutant Clavata (b) développe plus de feuilles que la forme sauvage (a) ; le mutant Wuschel présente un retard dans la formation de ses feuilles (c).

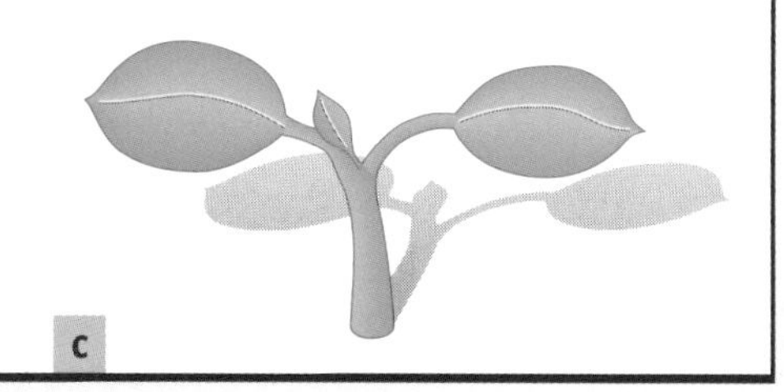

Doc.3 Les différentes zones méristématiques

▶ L'électronographie (**a**) montre un apex de céleri avec l'ébauche de feuilles. La coupe (**b**) indique les relations entre les différentes cellules d'un méristème : à partir d'une cellule initiale apicale (**A**), des divisions successives vont former des cellules à l'origine de la croissance de la plante. Plus les cellules sont éloignées de cette zone, plus elles sont différenciées, avec notamment l'apparition des cellules des jeunes feuilles (**jf**) et de cellules en **élongation** à l'origine de la croissance de la tige (**t**).

▶ Le dessin (**c**) indique la répartition des différentes zones méristématiques d'une plante supérieure. Le **méristème** apical **caulinaire** produit des unités de croissance qui comprennent une feuille, un nœud, un entre-nœud et un bourgeon axillaire.

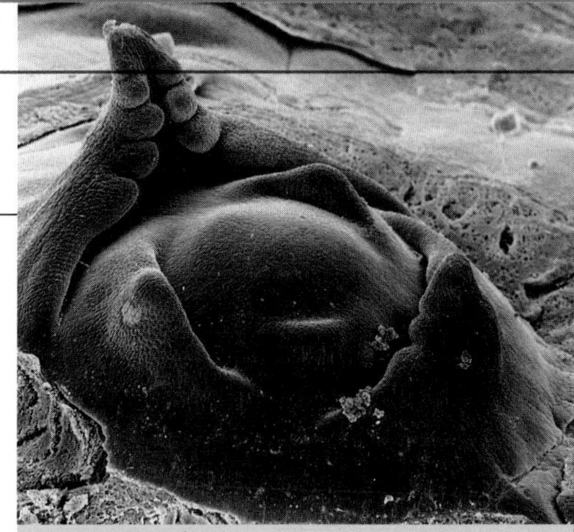

a. Apex de céleri (microscopie électronique à balayage × 58).

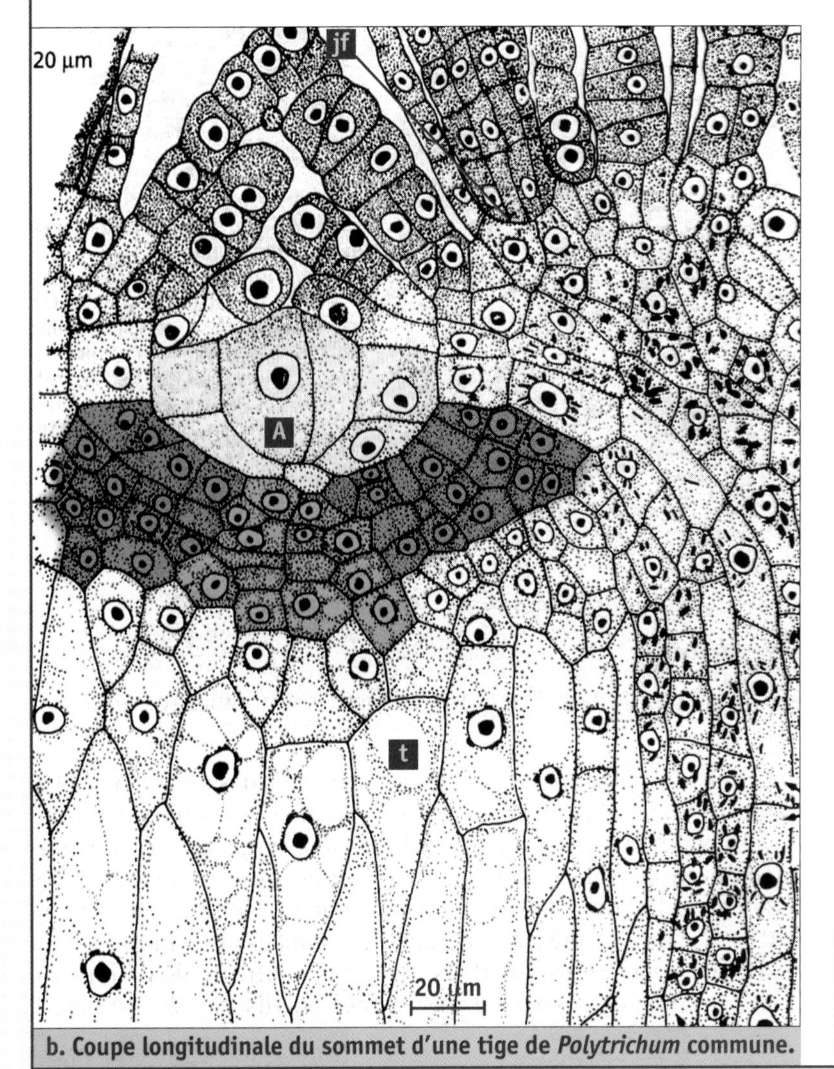

b. Coupe longitudinale du sommet d'une tige de *Polytrichum* commune.

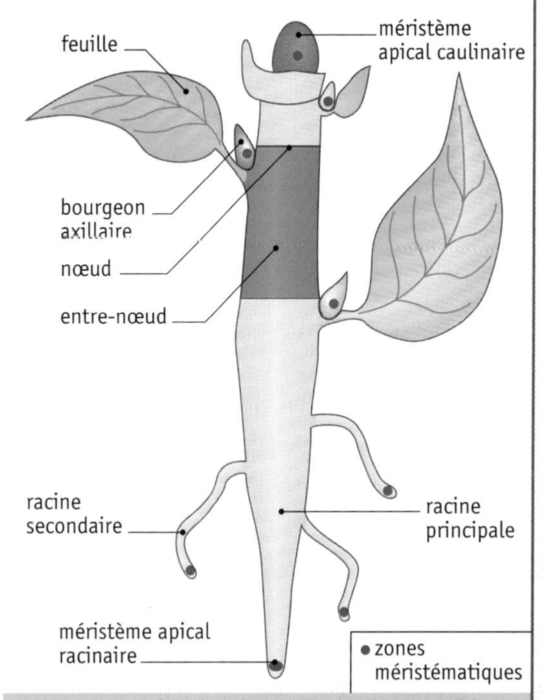

c. Les zones méristématiques d'une plante supérieure.

▶ Le tableau indique la fréquence des mitoses pour des cellules de différentes zones du méristème caulinaire chez deux espèces. Ces résultats nous indiquent que les multiplications cellulaires à l'origine de la croissance de la tige ne sont pas réparties de manière homogène.

Nombre de mitoses/cellule/semaine			
	Zone A	Zone B	zone C
Chrysanthème	1,2	3,5	2,4
Trèfle	1,5	2,1	1,2

EXPLOITATION DES DOCUMENTS

1. **Déduire** des observations des **Doc. 1** et **2**, la localisation des zones de la plante responsables de la croissance et de la formation des organes aériens.
2. **Montrer** la particularité des cellules du méristème caulinaire qui permet la croissance de la tige (**Doc. 3**).
3. En vous appuyant sur vos réponses aux questions 1 et 2, **donner une définition** fonctionnelle d'un méristème.
4. **Répondre au problème posé** : « Quelles sont les caractéristiques des zones de croissance d'un végétal? »

ACTIVITÉ

2 La mitose : un processus commun à toutes les cellules eucaryotes

Une multiplication cellulaire intense permet la croissance d'un végétal ou d'un animal.

► **Comment s'effectue la multiplication cellulaire nécessaire à la croissance ?**

VOCABULAIRE

Cellule eucaryote : cellule dont le noyau est entouré d'une enveloppe nucléaire.

Chromatides : chacune des deux parties d'un chromosome répliqué.

Cytodiérèse : séparation des deux cellules-filles.

TP

Doc.1 Mitose des cellules végétales

PROTOCOLE

1. Faire germer un bulbe d'oignon afin d'obtenir des racines.
2. Prélever 5 mm de l'extrémité d'une racine et la disposer sur une lame avec quelques gouttes de HCl (1 mol/L).
3. Rincer l'échantillon et le disposer dans de l'orcéine acétique pendant 20 min.
4. Rincer à l'eau et monter l'échantillon entre lame et lamelle dans de l'acide acétique : écraser alors l'échantillon en appuyant délicatement sur la lamelle.
5. Observer au microscope dans la zone subapicale.

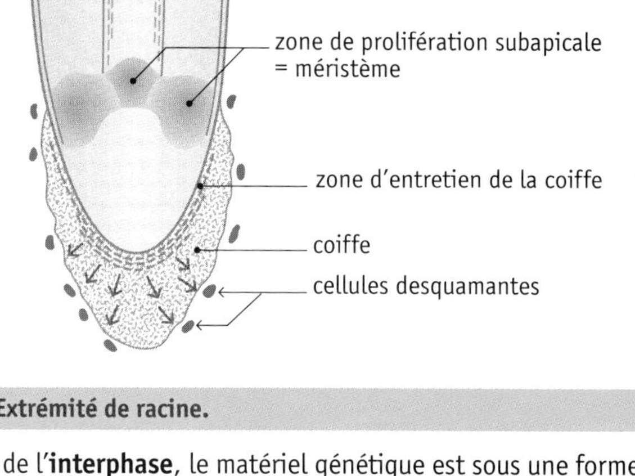

a. Extrémité de racine.

Résultat des observations : les différentes phases de la mitose

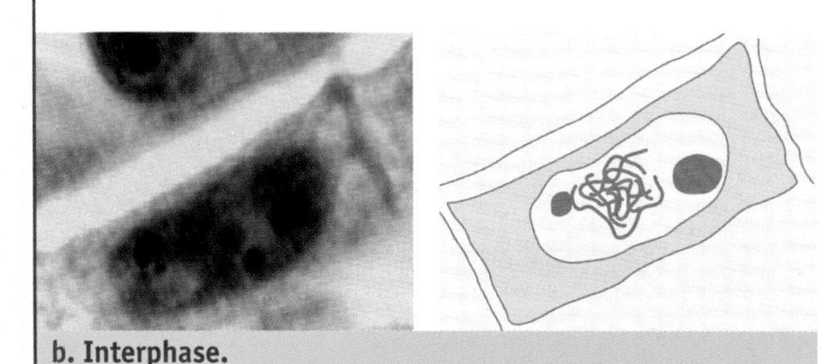

b. Interphase.

Lors de l'**interphase**, le matériel génétique est sous une forme décondensée appelée chromatine. La chromatine se condense au cours de la **prophase** et forme des filaments appelés chromosomes, chacun constitué de deux branches ou **chromatides**. Ces chromosomes au maximum de leur condensation s'alignent à l'équateur de la cellule au cours de la **métaphase**. Puis chaque chromosome se scinde en deux chromatides qui vont chacune migrer vers les deux pôles de la cellule : c'est l'**anaphase**. Les chromosomes de chaque lot se décondensent et deux noyaux-fils se forment lors de la **télophase**

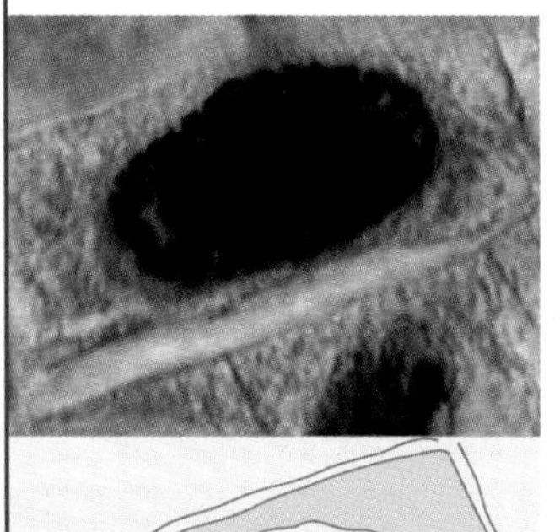

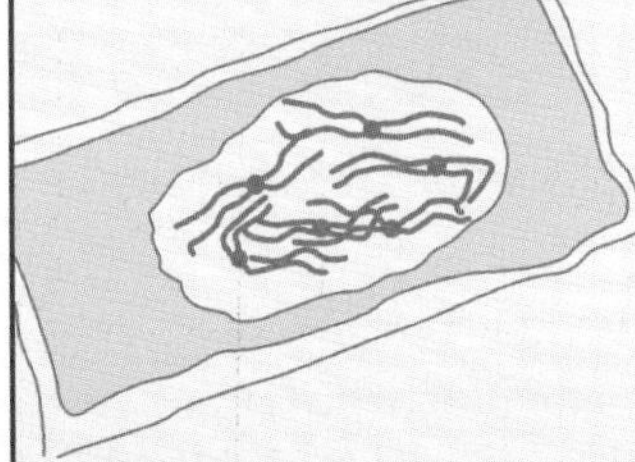

c. Prophase.

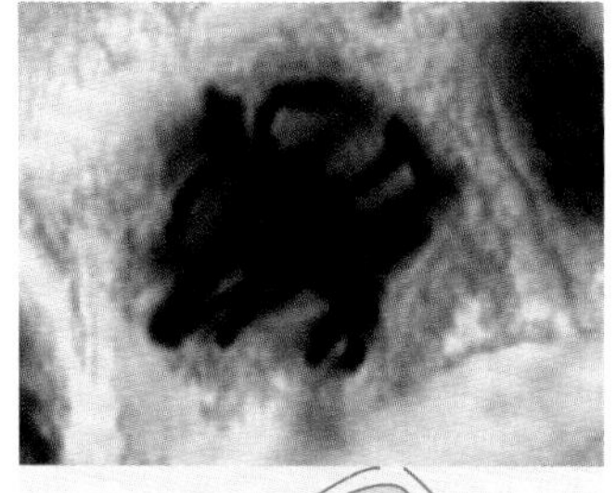

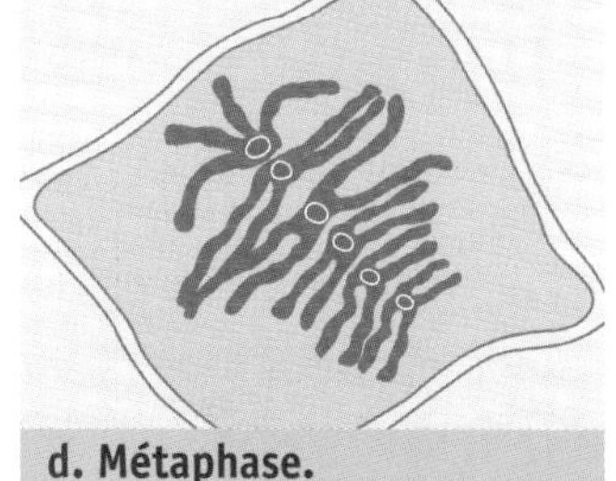

d. Métaphase.

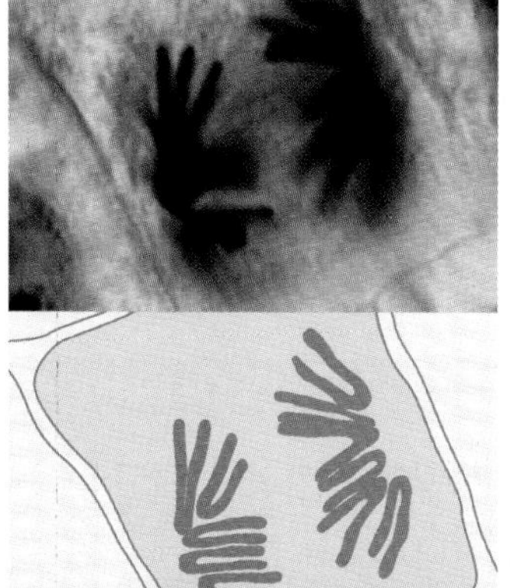

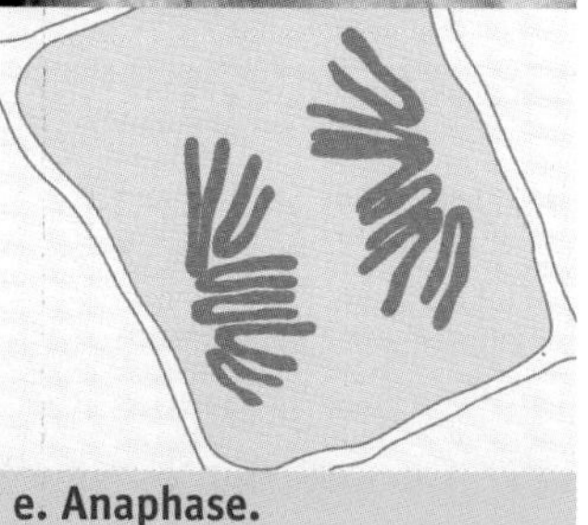

e. Anaphase.

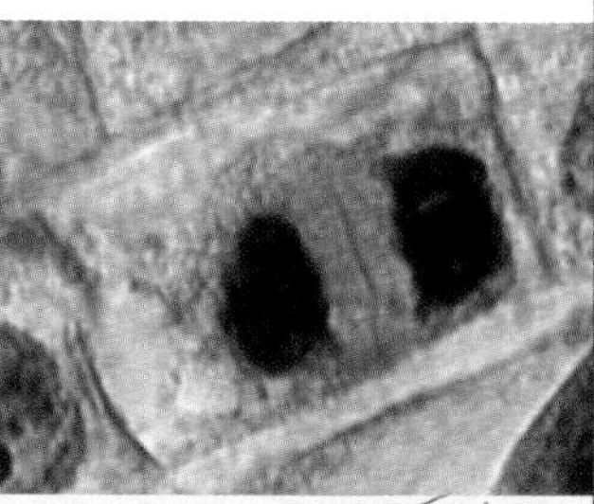

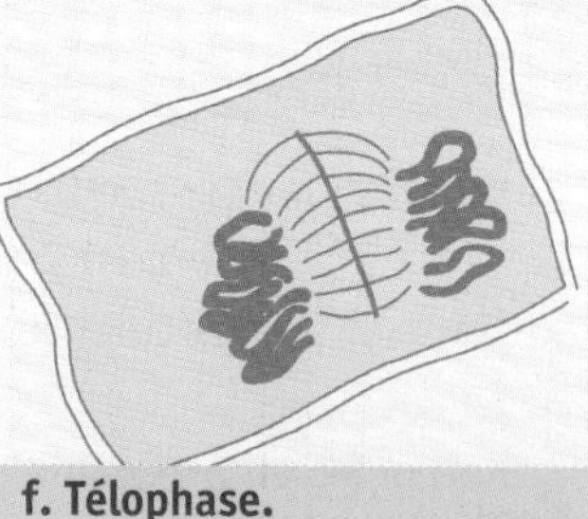

f. Télophase.

Doc.2 Mitose de cellules animales

▶ Ce document montre l'évolution de la mitose dans le cas d'une cellule animale. L'évolution des chromosomes est semblable à celle observée chez une cellule végétale.

▶ La principale différence entre une mitose animale et une mitose végétale réside dans le mode de séparation des deux cellules-filles ou **cytodiérèse**.

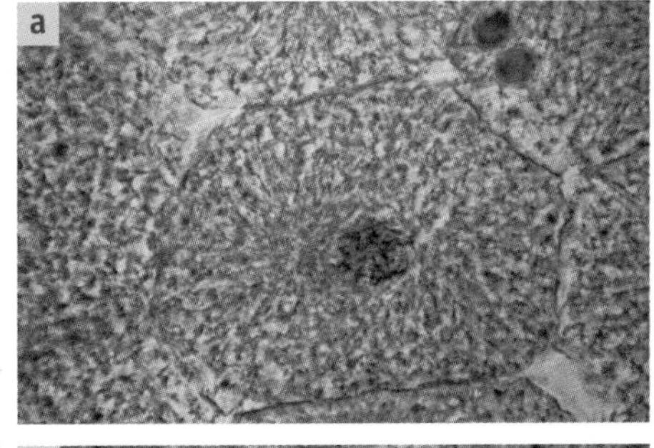

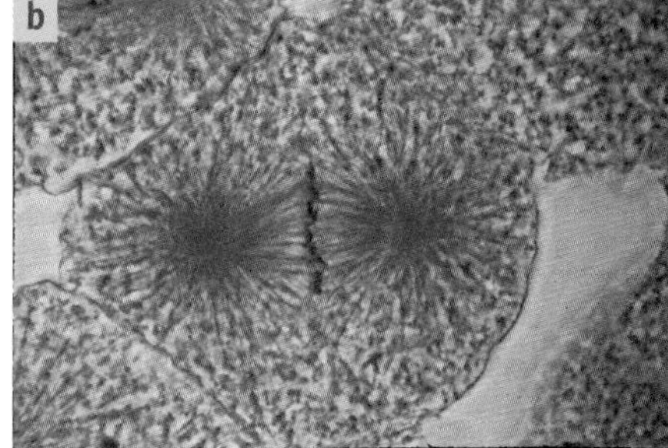

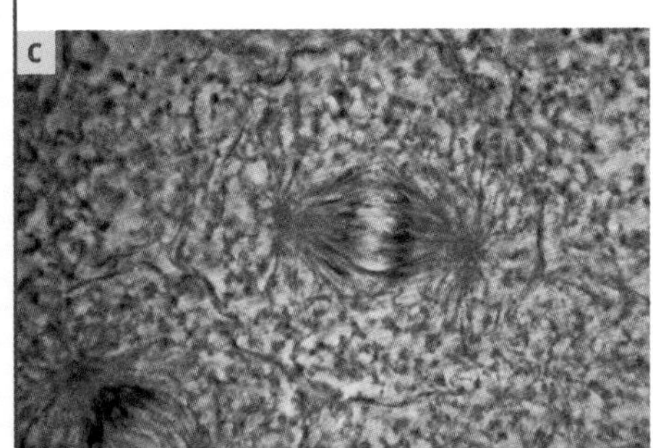

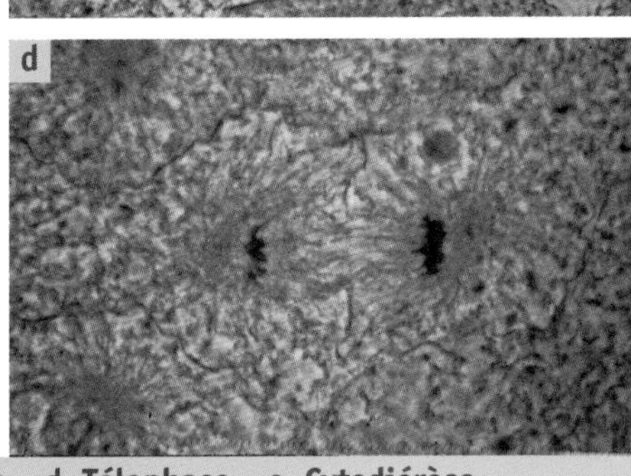

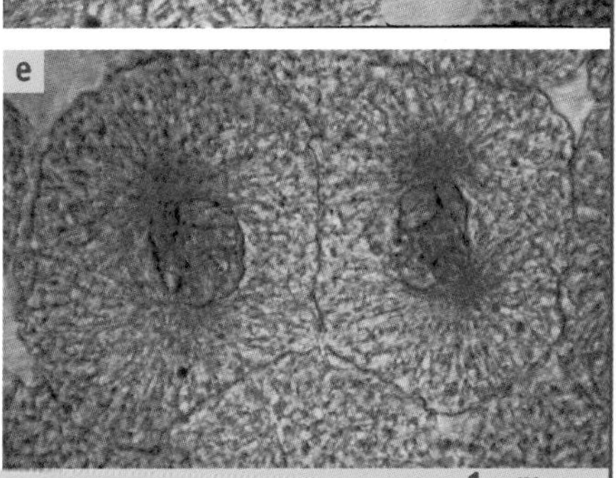

a. Prophase – b. Métaphase – c. Anaphase – d. Télophase – e. Cytodiérèse

1 µm

Doc.3 La séparation des cellules-filles : la cytodiérèse

▶ Au cours de la télophase d'une division de cellule végétale se forme une **plaque cellulaire** à l'équateur de la cellule. Cette plaque va progresser vers la périphérie de la cellule et former une nouvelle paroi séparant les deux cellules filles.

▶ Dans une **cellule animale** en division, il se forme un **sillon de division** qui se resserre de par l'action d'un anneau contractile formé de deux type de filaments protéiques : actine et myosine (en vert-jaune sur la photographie **b**).

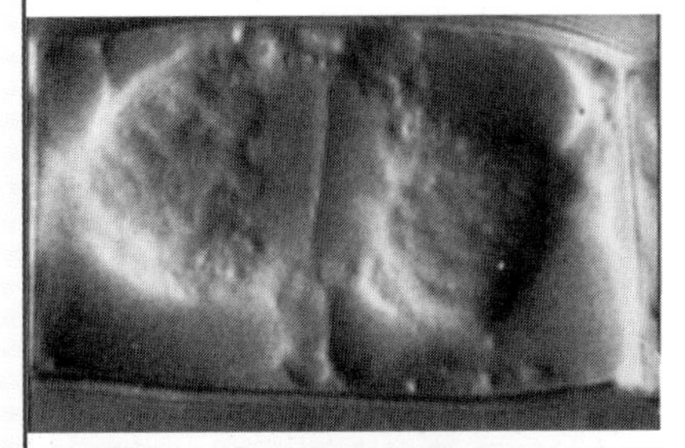

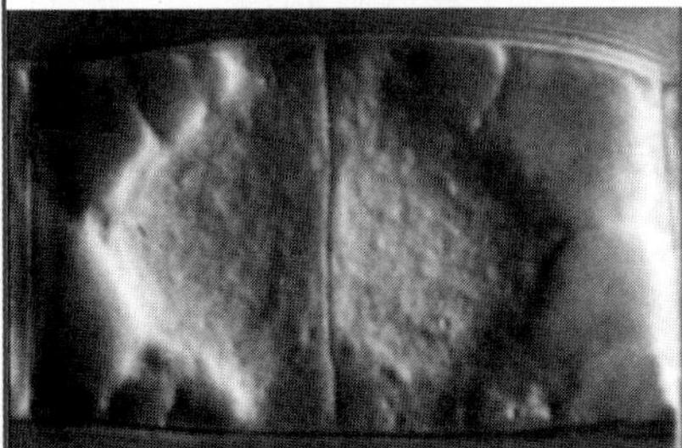

a. Formation de la plaque cellulaire dans une cellule végétale en division.

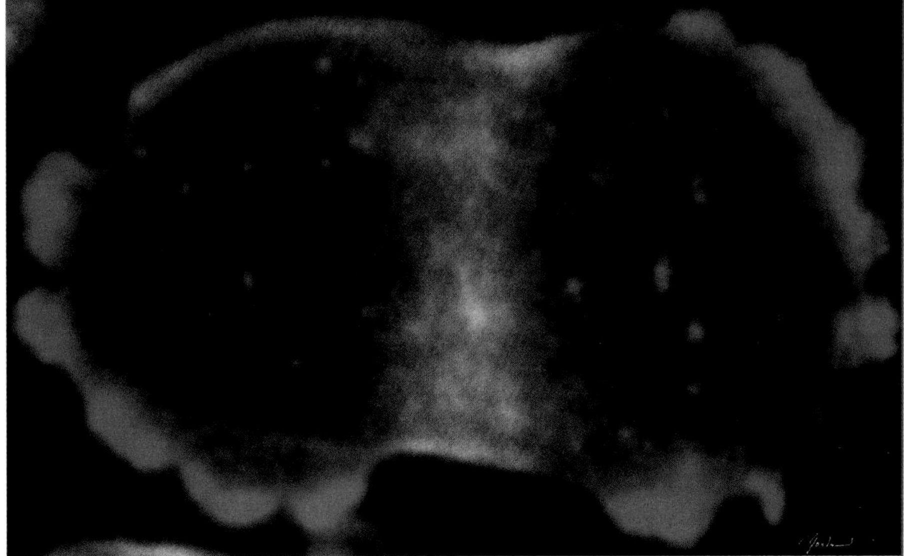

b. Anneau contractile chez une amibe en division.

EXPLOITATION DES DOCUMENTS

1. **Montrer** comment la mitose permet de répartir l'information génétique de manière équitable pour toutes les cellules eucaryotes (**Doc. 1** à **3**).
2. **Répondre au problème posé** : « Comment s'effectue la mutiplication cellulaire nécessaire à la croissance ? »

ACTIVITÉ

3 Évolution des structures cellulaires au cours de la mitose

Dans les zones méristématiques, en liaison avec l'activité mitotique, les structures et le fonctionnement des cellules sont modifiés.

► **Quelles sont les structures cellulaires modifiées au cours de la mitose ?**

VOCABULAIRE

Cytosquelette : squelette cellulaire.

Microtubules : polymères de tubuline constituant l'essentiel du squelette cellulaire et formant le fuseau de division.

Vésicule golgienne : élément cytoplasmique entouré d'une membrane et qui permet le transport de molécules dans la cellule. L'ensemble de ces vésicules forme l'appareil de Golgi.

Doc.1 Disparition de l'enveloppe nucléaire

Le matériel génétique est stocké dans le noyau de la cellule, isolé du cytoplasme par une enveloppe. Seuls les pores nucléaires permettent une communication entre ces deux compartiments (a). Au cours de la prophase, cette enveloppe va progressivement disparaître (b) et ainsi permettre aux chromosomes de migrer dans l'ensemble de la cellule. À la télophase, le phénomène inverse se produit et deux nouvelles enveloppes délimitent les deux noyaux des deux cellules-filles.

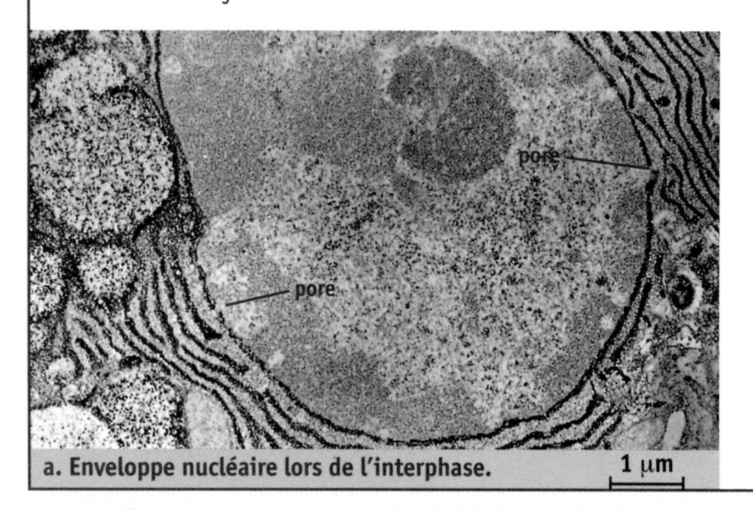

a. Enveloppe nucléaire lors de l'interphase. 1 µm

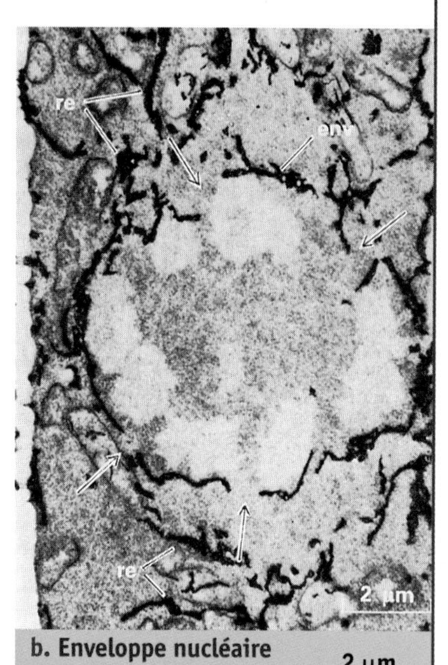

b. Enveloppe nucléaire au cours de la prophase. 2 µm

Doc.2 Les microtubules, des structures dynamiques

Les **microtubules** (b) sont des **polymères** rigides qui constituent l'essentiel du squelette cellulaire. Ils sont formés de l'assemblage de dimères de protéines : les tubulines α et β.

Le document (a) montre les microtubules du **fuseau de division** colorés par une substance fluorescente. L'image de droite a été obtenue après incorporation de tubuline marquée.
Les fibres du fuseau s'allongent par polymérisation de tubuline sur des microtubules préexistants.

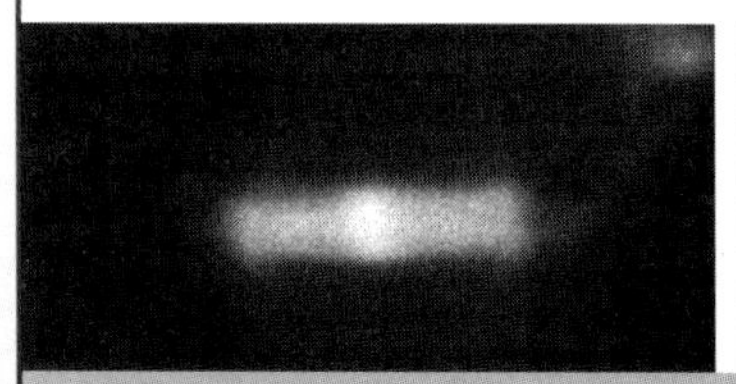
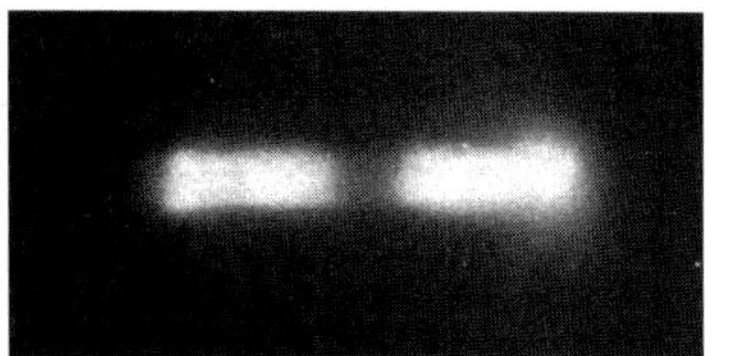

a. Allongement du fuseau de division.

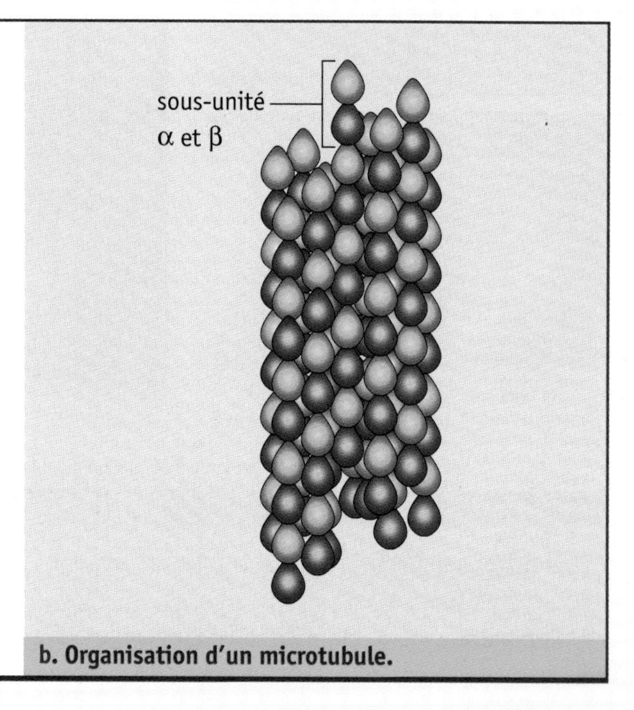

b. Organisation d'un microtubule.

Doc.3 Modification du cytosquelette

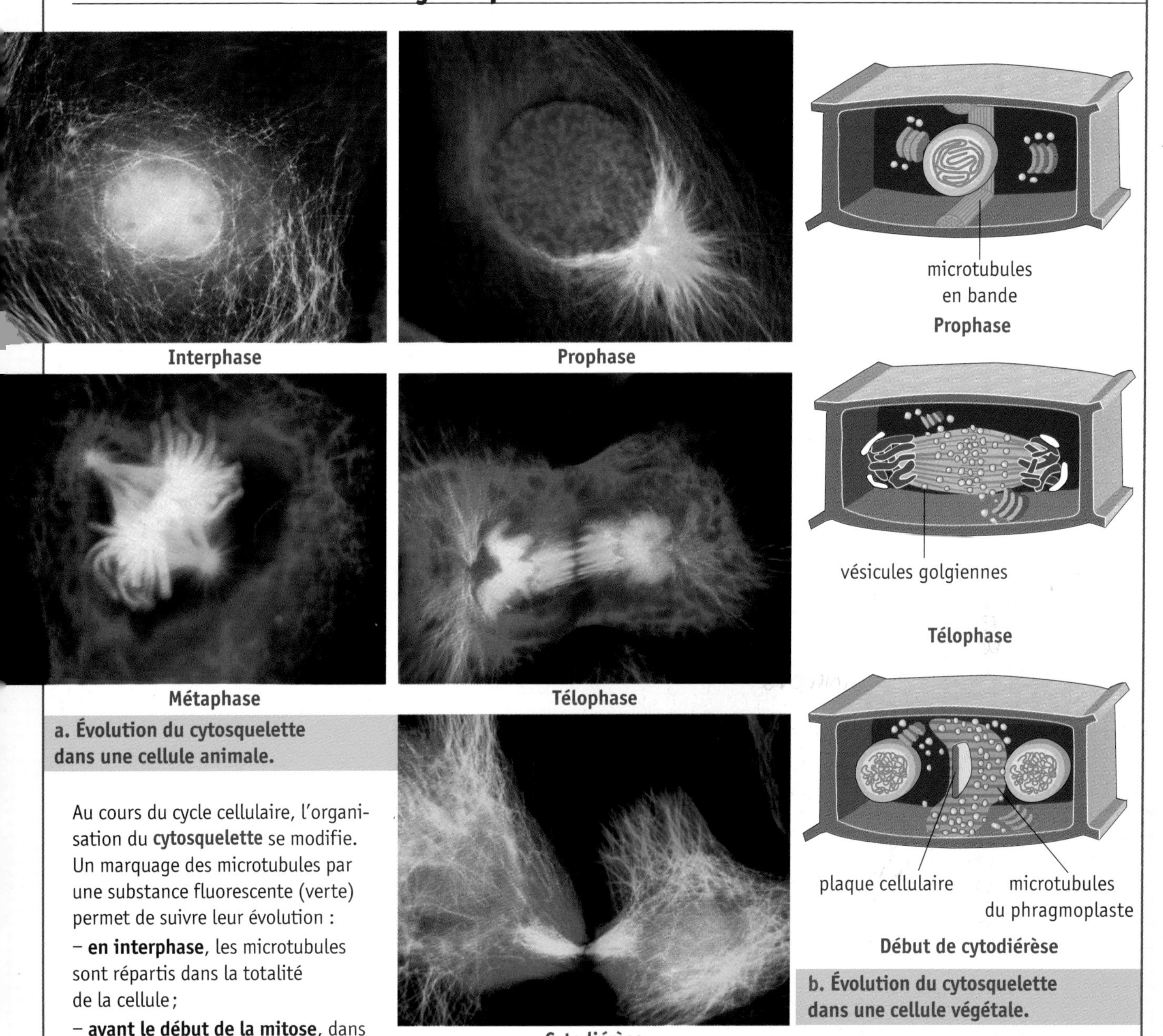

a. Évolution du cytosquelette dans une cellule animale.

b. Évolution du cytosquelette dans une cellule végétale.

Au cours du cycle cellulaire, l'organisation du **cytosquelette** se modifie. Un marquage des microtubules par une substance fluorescente (verte) permet de suivre leur évolution :

– **en interphase**, les microtubules sont répartis dans la totalité de la cellule ;

– **avant le début de la mitose**, dans les cellules animales, ils se regroupent à un pôle du noyau appelé centrosome. Dans le cas des cellules végétales, ils se concentrent et forment une bande au milieu de la cellule. En se resserrant, cette bande va prédire l'endroit où se fera la séparation entre les deux cellules-filles ;

– **en métaphase**, les microtubules s'organisent en un fuseau de division qui va permettre le positionnement des chromosomes puis leur migration au cours de l'anaphase ;

– **à la télophase**, les microtubules du fuseau s'associent avec des **vésicules golgiennes** contenant les molécules nécessaires à l'élaboration d'une nouvelle paroi végétale ;

– **au cours de la cytodiérèse**, les microtubules s'organisent au centre de la cellule et forment le phragmoplaste des cellules végétales ou participent à l'anneau contractile des cellules animales. Ces deux structures permettent la séparation des cellules.

EXPLOITATION DES DOCUMENTS

1. **Expliquer** l'importance de la disparition de l'enveloppe nucléaire pour le démarrage de la mitose (**Doc. 1**).
2. **Montrer** comment, grâce à son organisation dynamique, le cytosquelette est indispensable à la répartition des chromosomes entre les deux cellules-filles (**Doc. 2** et **3**).
3. **Répondre au problème posé** : « Quelles sont les structures cellulaires modifiées au cours de la mitose ? »

ACTIVITÉ

4 Répartition de l'information génétique entre les cellules-filles

Au cours de la mitose, il y a une répartition équitable des chromosomes entre les cellules-filles. Les chromosomes sont constitués de molécules d'ADN, support de l'information génétique.

► **Comment se fait la répartition de l'information génétique entre les différentes cellules issues des divisions ?**

VOCABULAIRE

Cycle cellulaire : ensemble des changements qui se déroulent dans une cellule entre sa période de formation et sa propre division.

Chromatine : aspect décondensé des chromosomes, présente lors de l'interphase.

Réplication : processus de copie de l'information génétique.

Doc.1 ADN et cycle cellulaire

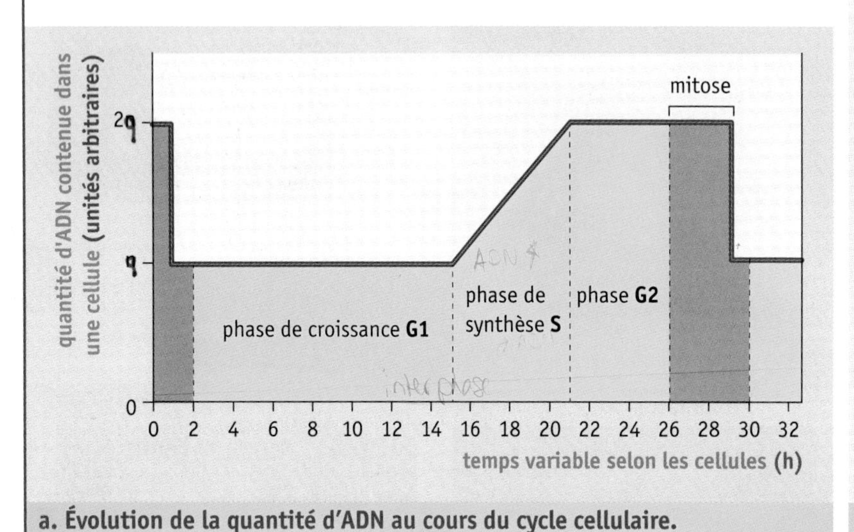

a. Évolution de la quantité d'ADN au cours du cycle cellulaire.

activation de la mitose

M

G_2

G_1

S

activation de la réplication de l'ADN

b. Les différentes étapes du cycle cellulaire.

► L'évolution de la quantité d'ADN par cellule (**a**) permet de découper le **cycle cellulaire** en 2 étapes : la mitose, et les 3 phases G1, S, G2 qui constituent l'interphase. Le déroulement cyclique de ces phases (**b**) met en évidence deux moments essentiels : l'activation de la réplication de l'ADN et l'entrée en mitose.

► Au cours de l'interphase, la molécule d'ADN apparaît sous forme diffuse constituant la **chromatine**. Elle est enroulée localement autour de sphères protéiques, ce qui lui donne un aspect en « collier de perles ». Elle peut se dédoubler.

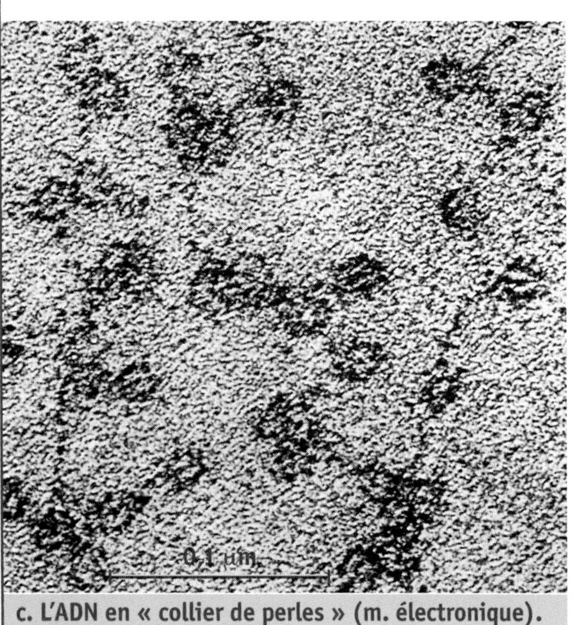

c. L'ADN en « collier de perles » (m. électronique).

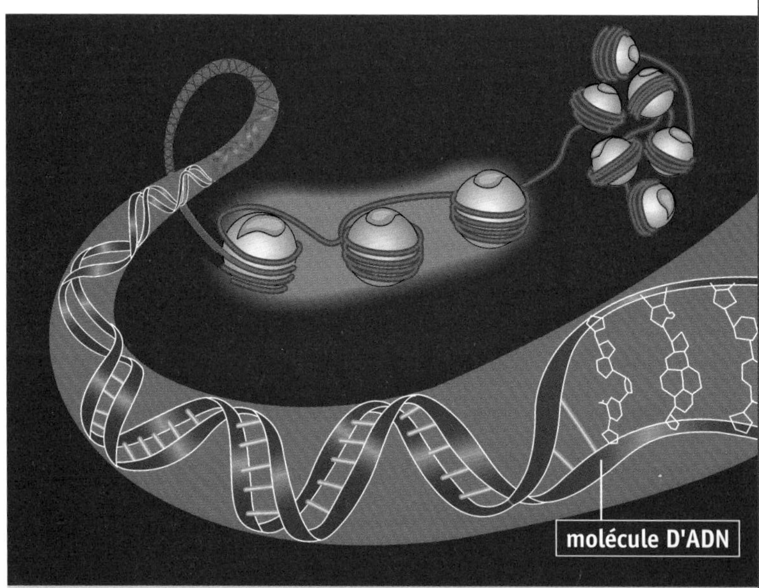

d. Représentation schématique de la structure en « collier de perles ».

Doc.2 Le modèle de réplication de l'ADN : approche expérimentale

Trois modèles possibles

Comment répartir, avec une molécule d'ADN initiale, l'information génétique dans deux cellules-filles ? A priori, trois modèles de réplication sont possibles : le modèle ségrégatif A, le modèle semi-conservatif B et le modèle dispersif C (**a**).

Dans le but de tester ces trois hypothèses, plusieurs expériences ont été réalisées, et notamment celle de Meselson et Stahl.

Le modèle de Meselson et Stahl (1958)

▶ Meselson et Stahl ont effectué des cultures de bactéries (*Escherichia coli*) sur des milieux contenant soit de l'azote normal (^{14}N), soit de l'azote lourd (^{15}N).

Les molécules d'ADN, au cours de leur formation intègrent de l'azote dans leurs bases azotées.

Ainsi, selon le milieu de culture des bactéries, l'azote incorporé sera donc soit léger, soit lourd.

▶ Après extraction puis centrifugation de l'ADN de ces bactéries sur un gradient de densité*, il est techniquement possible de localiser l'ADN dans les tubes à centrifugation.

Les résultats et leur interprétation obtenus pour différentes cultures sont représentés ci-contre (**d**).

***Centrifugation sur gradient de densité** : centrifugation dans un tube qui contient une solution dont la densité croît de façon continue de la surface jusqu'au fond du tube. Les éléments se localisent au niveau de la densité qui est la plus proche de la leur.

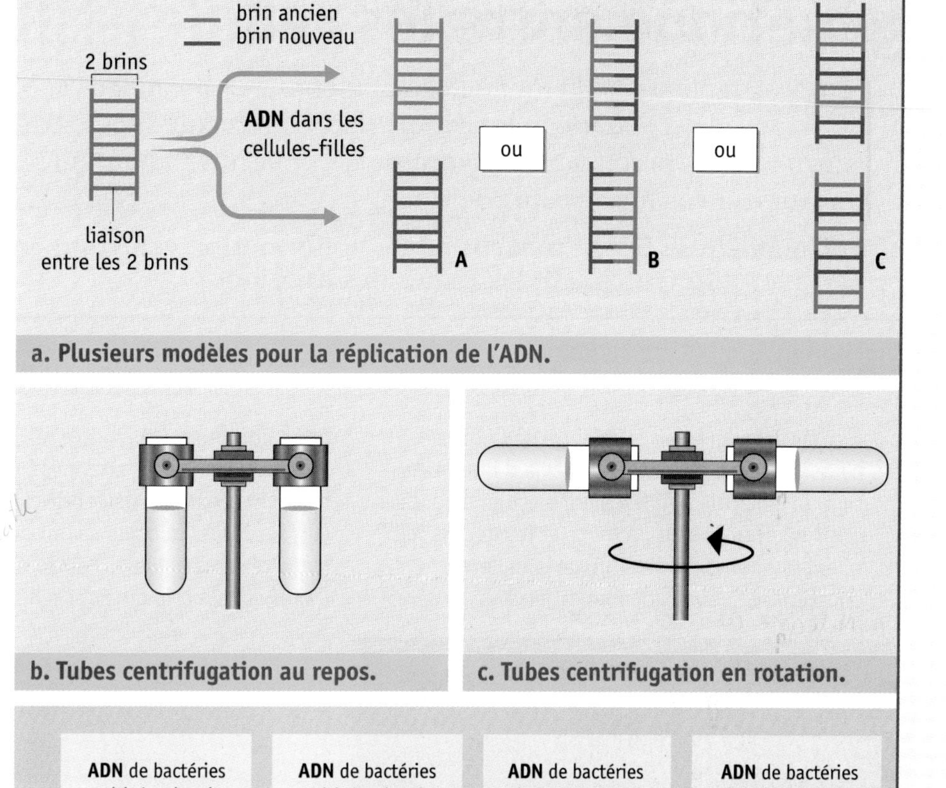

a. Plusieurs modèles pour la réplication de l'ADN.

b. Tubes centrifugation au repos.

c. Tubes centrifugation en rotation.

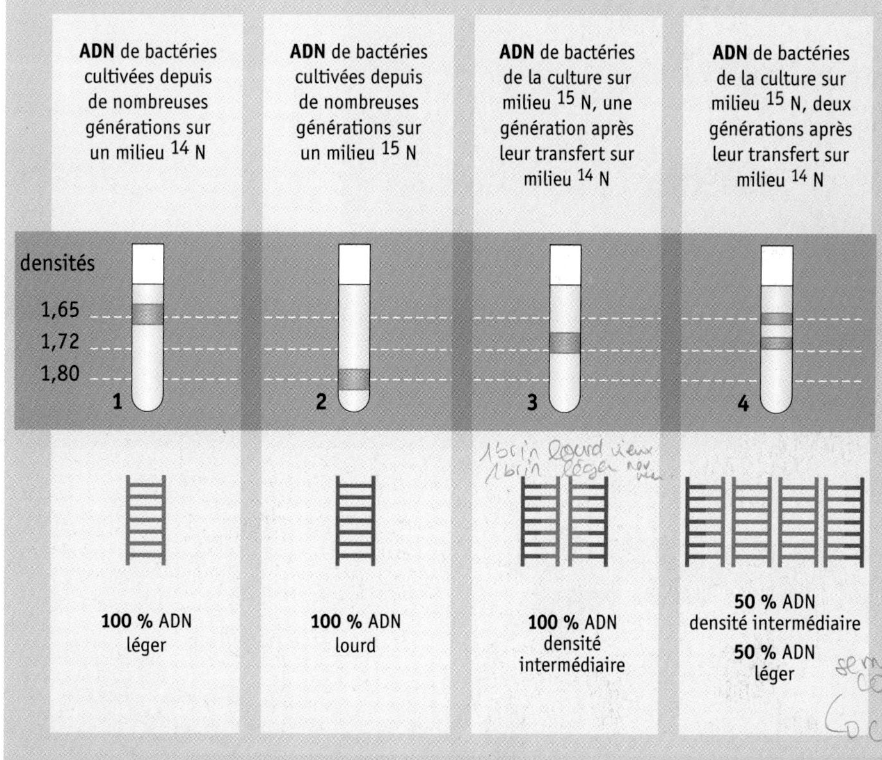

d. Expérience de Meselson et Stahl.

EXPLOITATION DES DOCUMENTS

1. **Déduire**, de l'ensemble du **Doc. 1**, à quel moment du cycle cellulaire a été prise l'électronographie (**c**).
2. **Décrire** le phénomène cellulaire que l'activation de la réplication de l'ADN initialise.
3. **Déduire** du **Doc. 2d** quelle est, des trois hypothèses du **Doc. 2a**, celle qui est validée.

ACTIVITÉ

4 (suite) Répartition de l'information génétique entre les cellules-filles

L'ADN se réplique selon un modèle semi-conservatif pendant la phase S de l'interphase. Cette réplication fait intervenir des structures enzymatiques permettant la synthèse de molécules identiques qui se répartissent ensuite au cours de la mitose.

▶ **Comment se fait la répartition de l'information génétique initiale entre les différentes cellules issues des divisions ?**

VOCABULAIRE

ADN polymérase : enzyme qui copie chacun des brins d'ADN.

Hélicase : enzyme qui ouvre localement la double hélice et sépare les deux brins d'ADN.

Ligase : enzyme qui relie les fragments d'ADN double brin.

Doc.3 Mécanisme moléculaire de la réplication de l'ADN

▶ L'électronographie (**a**) montre de l'ADN en cours de réplication. Sur le schéma d'interprétation, la molécule d'ADN « mère » est en bleu, les brins néoformés sont en rouge et les flèches indiquent des zones d'ouverture de la molécule constituant des yeux de réplication.

▶ Le document (**b**) montre un détail du bord d'un œil de réplication avec l'activité de diverses enzymes : une **hélicase** ouvre localement la double hélice et sépare les deux brins. Deux **ADN polymérases** copient alors chacun des brins. La copie se fait directement dans une direction mais de manière saccadée dans l'autre direction. Il se forme ainsi, des fragments d'ADN double brin qui sont reliés par une autre enzyme appelée **ligase**.

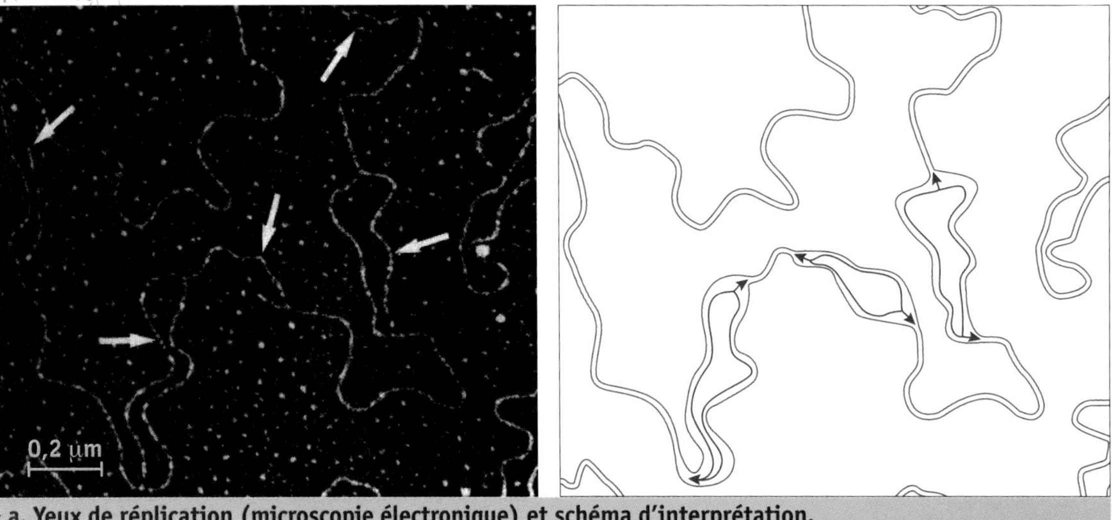

a. Yeux de réplication (microscopie électronique) et schéma d'interprétation.

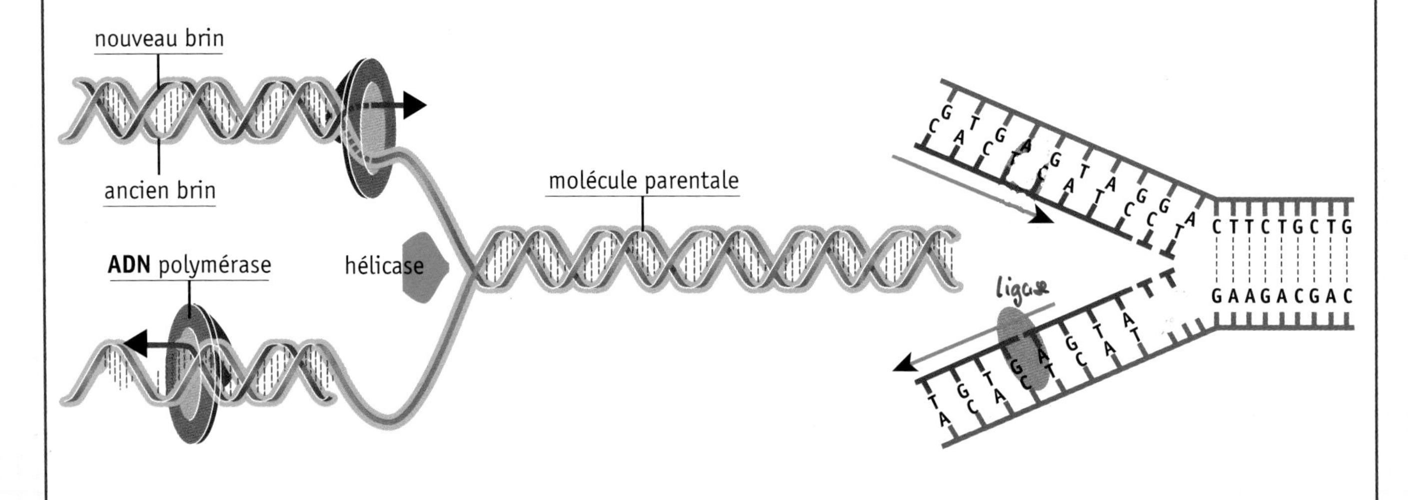

b. Modèle moléculaire de réplication de l'ADN.

Doc.4 Évolution de la structure de l'ADN au cours du cycle cellulaire

► Au cours du cycle cellulaire, la molécule d'ADN change d'aspect : elle passe d'un état décondensé ou chromatine lors de l'interphase, à un état condensé dans le chromosome au cours de la mitose.

► La phase S est caractérisée par un dédoublement de l'ADN.

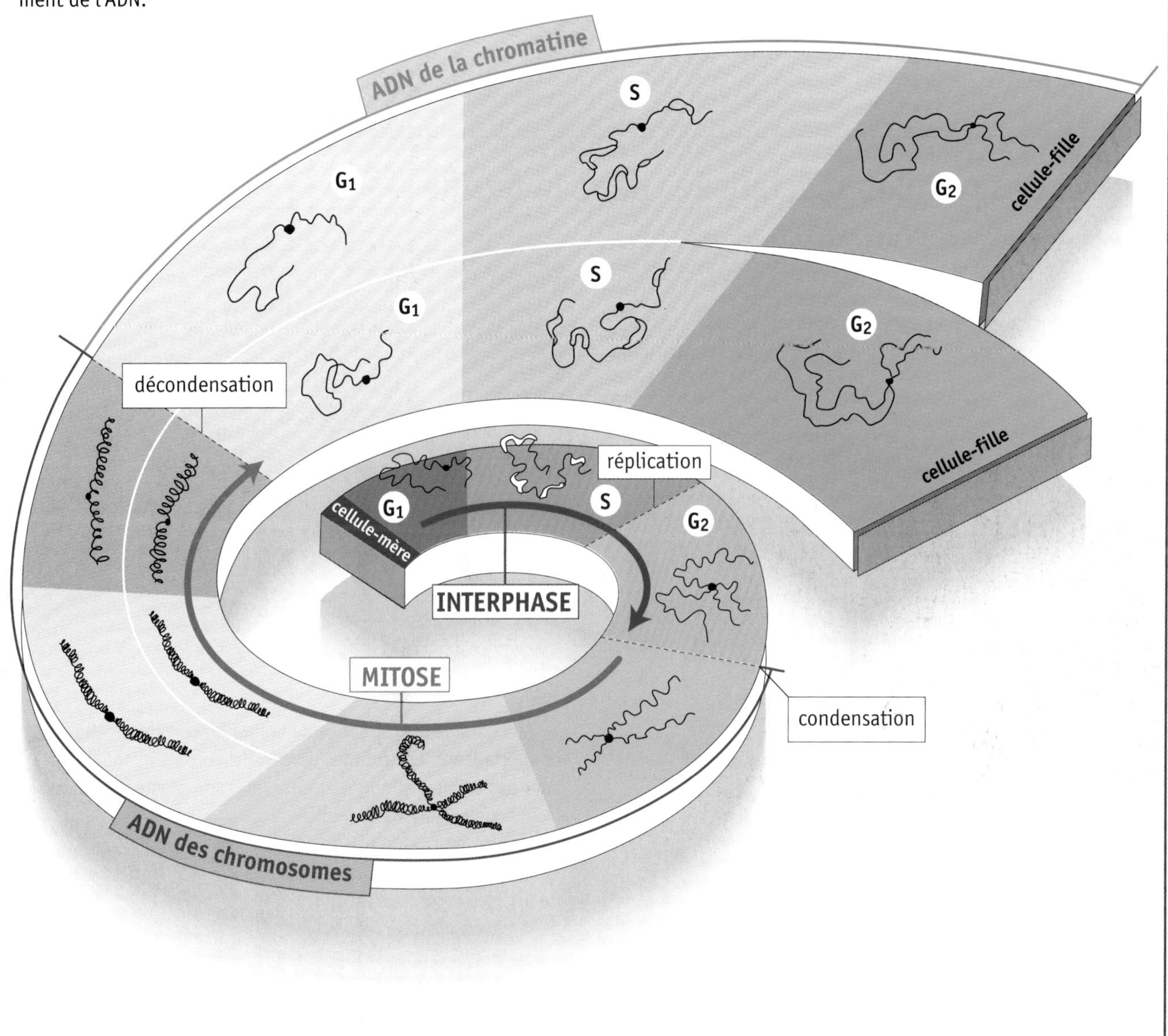

EXPLOITATION DES DOCUMENTS

4. Montrer comment les différentes enzymes de réplication permettent d'obtenir deux molécules identiques (**Doc. 3**).

5. Rédiger quelques phrases qui expliquent comment deux cellules-filles, à l'issue de la mitose, possèdent la même information génétique. Vous devez utiliser les mots suivants : chromosome, ADN, mitose, phase S, modèle semi-conservatif, interphase, enzymes, cycle cellulaire, réplication.

6. Répondre au problème posé : « Comment se fait la répartition de l'information génétique initiale entre les différentes cellules issues des divisions ? »

ACTIVITÉ

5 La mise en place des tissus et des organes spécialisés

À l'issue de la mitose, certaines cellules vont rester à l'état méristématique et assurer la croissance du végétal, alors que d'autres vont se différencier et participer à la formation de la tige, de la racine et des feuilles.

► **Comment se forment les cellules et les organes spécialisés ?**

VOCABULAIRE

Lignine : de lignum « bois », substance responsable de la transformation en bois de certains tissus végétaux.

Parenchyme : tissu végétal dont les cellules ont une vacuole bien développée et une paroi squelettique mince.

Trachéides : vaisseaux conducteurs de sève brute.

Vacuole : compartiment cellulaire entouré d'une membrane et rempli d'eau et d'éléments en solution.

Zone apicale : extrémité de la tige ou de la racine.

TP

Doc.1 Des cellules spécialisées dans la feuille

• **Réalisation d'une coupe transversale de feuille**

– Prendre des feuilles et les insérer dans de la moelle de sureau.

– Avec un microtome ou une lame de rasoir, réaliser de fines coupes transversales et les disposer dans de l'eau entre lame et lamelle.

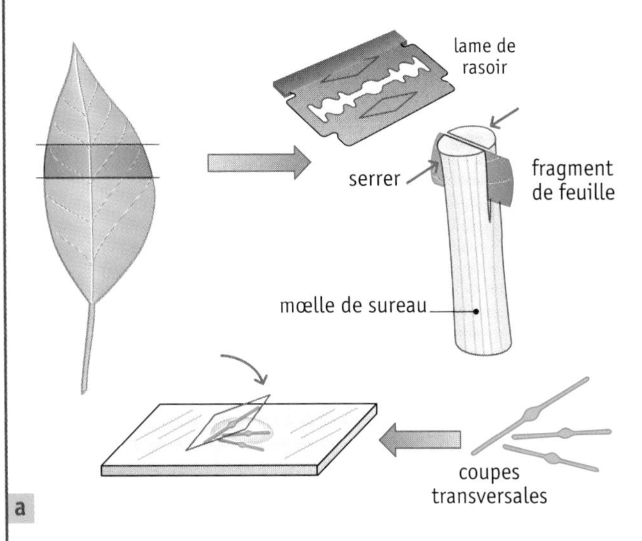

a

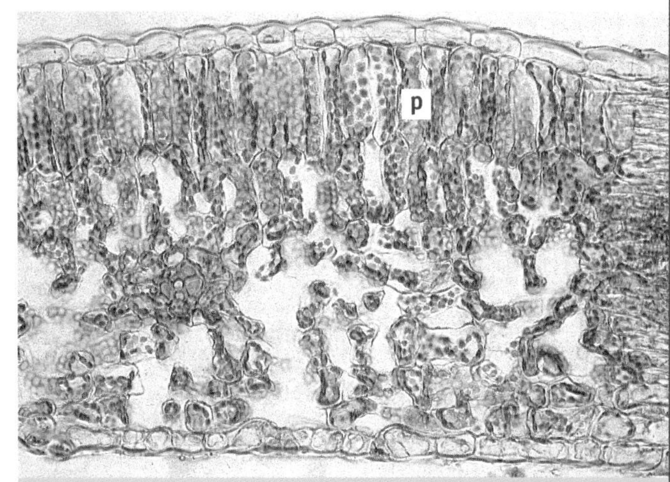

c. Coupe transversale de feuille.

► Au cours de la croissance de la feuille, certaines cellules se spécialisent. Les cellules du **parenchyme** palissadique (p) sont des cellules allongées riches en chloroplastes et situées sur la face supérieure de la feuille : elles assurent le captage de l'énergie lumineuse et la synthèse de matière organique au cours de la photosynthèse (c).

► Sur la face inférieure, d'autres cellules, les cellules stomatiques, groupées par deux forment des stomates (de *stomato* = bouche) : la paroi mitoyenne de ces cellules s'épaissit, s'incruste de **lignine**, se durcit et se clive en fente pendant la différenciation, permettant ainsi les échanges gazeux entre le milieu extérieur et l'intérieur de la feuille (d).

• **Préparation d'un fragment d'épiderme**

– Prélever à l'aide d'une pince fine un lambeau d'épiderme inférieur de feuille (pélargonium par exemple).

– Découper un fragment de 5mm × 5mm et le monter dans de l'eau entre lame et lamelle.

– Rechercher au microscope des stomates.

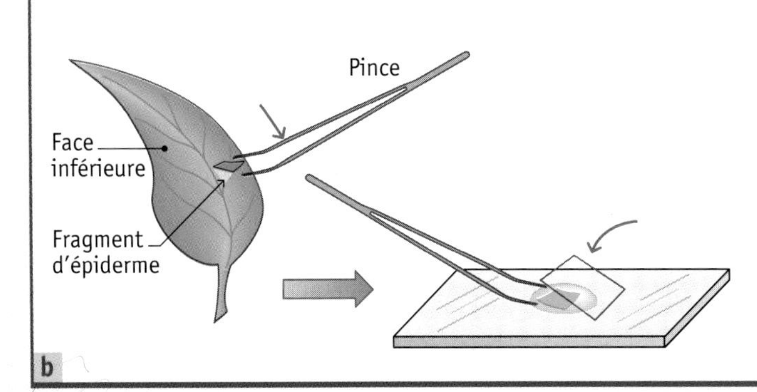

b

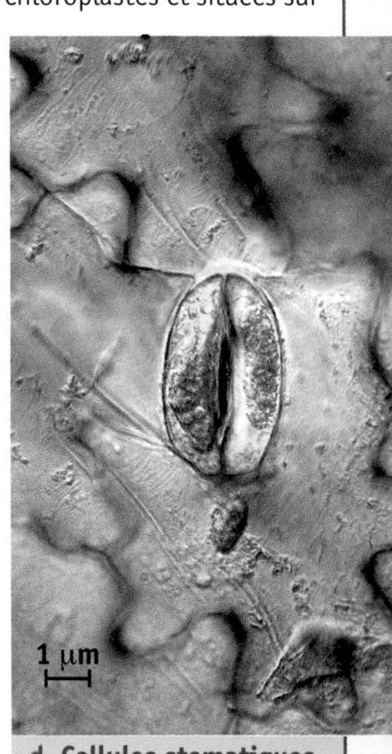

d. Cellules stomatiques.

Doc.2 Différenciation des vaisseaux conducteurs

▶ Certaines cellules végétales vont se différencier et se transformer en vaisseaux conducteurs de sève brute : les **trachéides**. Ces vaisseaux sont des cellules mortes ayant perdu leurs éléments cytoplasmiques. L'ensemble de ces vaisseaux constitue le xylème.

▶ La photographie ci-contre montre une spirale de lignine dans une trachéide en cours de différenciation.

▶ Progressivement, il y a résorption du contenu cellulaire et formation d'épaississement au niveau de la paroi pour aboutir à la constitution de vaisseaux.

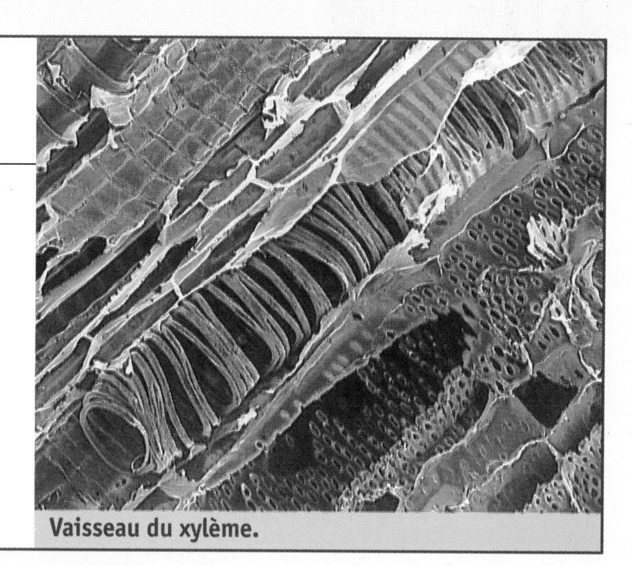

Vaisseau du xylème.

Doc.3 Différenciation cellulaire dans la racine

▶ La photographie (a) représente une extrémité de racine avec la coiffe du méristème (cf), la zone d'élongation cellulaire (ze) et la zone pilifère au niveau de laquelle a lieu l'absorption de l'eau et des sels minéraux (zp).

▶ Une coupe transversale dans la zone pilifère (c) indique la présence de cellules spécialisées, avec notamment des vaisseaux conducteurs de sève mais aussi les **poils absorbants** (d), qui sont des cellules géantes ayant subi une élongation importante et dans lesquelles on peut distinguer une **vacuole** qui occupe l'essentiel du volume cellulaire.

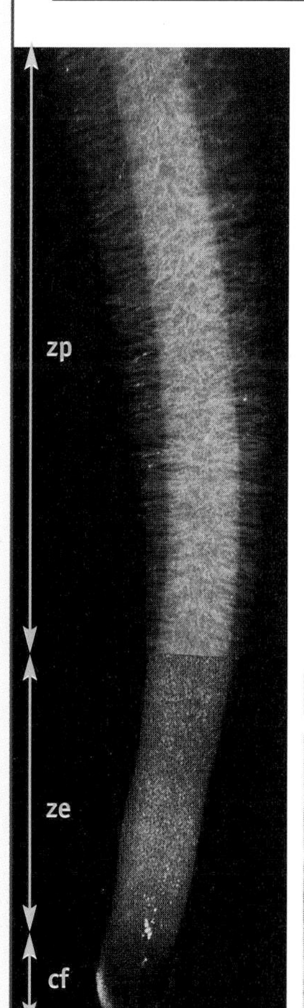

a. Extrémité de racine de maïs.

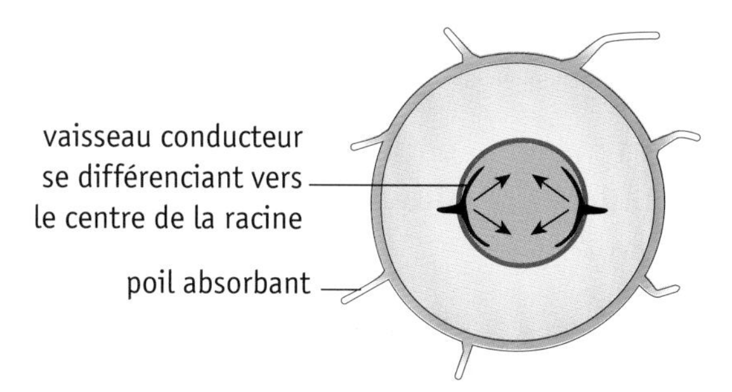

b. Coupe transversale de la zone pilifère.

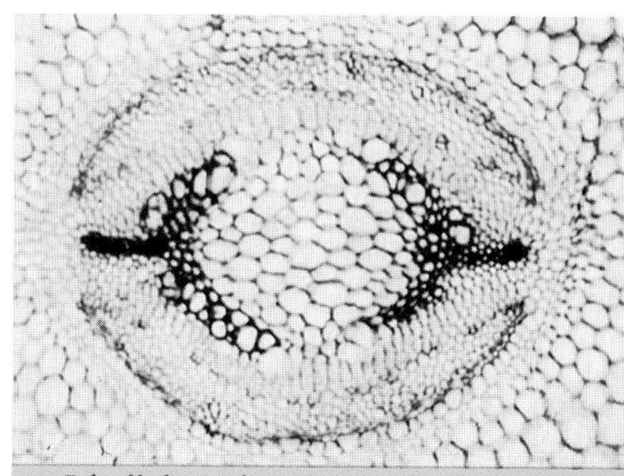

c. Détail des vaisseaux conducteurs.

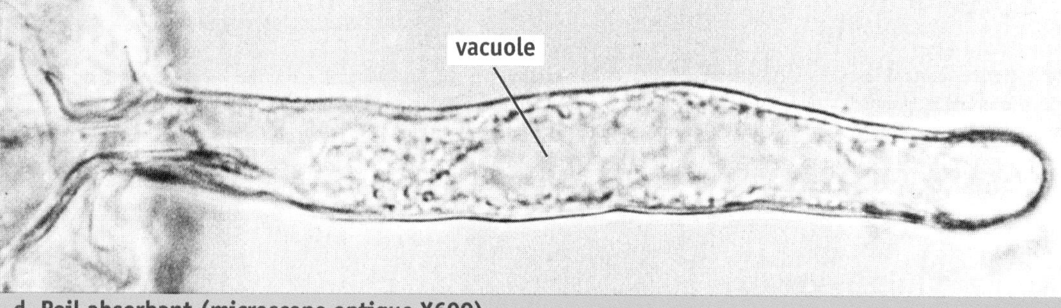

d. Poil absorbant (microscope optique X600).

EXPLOITATION DES DOCUMENTS

1. **Représenter** sous forme d'un tableau les modifications cellulaires subies par les 4 types de cellules citées au cours de leur différenciation (**Doc. 1**, **2** et **3**).
2. **Expliquer** comment se forment les organes spécialisés à partir des exemples de la feuille et de la racine.
3. **Répondre au problème posé** : « Comment se forment les cellules et les organes spécialisés ? »

Mitose et morphogénèse végétale

Le développement d'un végétal s'effectue par des divisions cellulaires ou mitoses à l'issue desquelles chaque cellule, tout en conservant le patrimoine génétique initial, pourra donner naissance aux différentes parties de la plante.

LES MOTS À CONNAÎTRE

Cycle cellulaire : ensemble des changements qui se déroule dans une cellule entre sa période de formation et sa propre division.

Cytodiérèse : séparation entre les deux cellules-filles.

Méristème : zone de croissance végétale.

Mitose : division d'une cellule en deux cellules-filles conservant le patrimoine génétique initial.

Morphogénèse : développement d'un végétal.

Réplication : processus de copie de l'information génétique.

I Les zones de croissance végétale ou méristèmes

Les végétaux possèdent des zones particulières qui permettent leur croissance. Ces zones, appelées **méristèmes**, sont le siège d'intenses divisions cellulaires ou **mitoses** et d'élongations cellulaires.

Les méristèmes, qui sont à l'origine de l'édification ou **morphogénèse** de la plante, se trouvent situés à des niveaux différents : bourgeon terminal pour le méristème caulinaire, extrémité de la racine pour le méristème racinaire et bourgeon axillaire pour les ramifications de la tige. Les cellules méristématiques possèdent un fort pouvoir mitotique et permettent ainsi une croissance continue du végétal.

II La mitose : un processus commun à toutes les cellules eucaryotes

L'activité des cellules méristématiques est cyclique. Elle comprend deux périodes successives : l'interphase et la mitose.

- Durant l'**interphase**, la cellule croît et se différencie. C'est une période d'intense activité de synthèses, en particulier d'ADN, dont chaque molécule est répliquée. Ces molécules doubles, filamenteuses, sont localisables dans la **chromatine** du noyau.

- La **mitose** est composée de quatre phases.

– La **prophase** est caractérisée par la condensation du matériel génétique en **chromosomes apparents**, conséquence de la spiralisation des structures filamenteuses de la chromatine. Chaque chromosome apparaît formé de **deux chromatides**. En fin de prophase, l'enveloppe nucléaire se fragmente.

– La **métaphase**, durant laquelle les chromosomes fortement condensés s'alignent à l'équateur de la cellule formant la « **plaque équatoriale** ».

– L'**anaphase** : les deux chromatides constituant chaque chromosome se séparent et se partagent en deux lots identiques. Chaque lot se déplace vers les pôles opposés de la cellule.

– La **télophase** voit se constituer **deux noyaux** autour des lots de chromosomes-fils. Les chromosomes se décondensent progressivement et le matériel génétique prend l'aspect de la chromatine interphasique. La télophase se termine par la **cytodiérèse**, phénomène de séparation des deux cellules-filles formées au cours de la mitose.

Ce processus de division est commun à toutes les cellules **eucaryotes** avec cependant quelques variations entre cellules végétales et cellules animales, en particulier au cours de la cytodiérèse. Pour toutes les cellules eucaryotes, cette succession d'étapes permet une répartition égale des chromosomes entre les deux cellules-filles issues de la division. La mitose est donc une **reproduction conforme**.

III Évolution des structures cellulaires au cours de la mitose

La mitose est marquée par une modification importante des structures cellulaires qui permet la répartition du matériel génétique et cytoplasmique entre les deux cellules-filles. Le matériel génétique passe de l'état de chromatine à celui de chromosome dont la répartition est étroitement liée à une réorganisation dynamique du **cytosquelette** : les microtubules cellulaires se regroupent et forment un **fuseau de division** qui positionne les chromosomes à la métaphase et guide la migration des chromatides au cours de l'anaphase. À la télophase, les microtubules se regroupent à l'équateur de la cellule et permettent la cytodiérèse.

IV Répartition de l'information génétique entre les cellules-filles

Le cycle cellulaire s'accompagne d'une évolution cyclique de l'information génétique donc de la molécule d'ADN. L'interphase est constituée de deux périodes pendant lesquelles la cellule va croître : les phases G1 et G2. Entre ces deux périodes, la **phase S** correspond à une duplication ou synthèse des molécules d'ADN selon un **modèle semi-conservatif** : les cellules-filles héritent ainsi de la même information génétique que la cellule initiale. Ce mécanisme de réplication fait intervenir plusieurs systèmes enzymatiques qui permettent d'obtenir deux molécules d'ADN-filles identiques. La conservation du patrimoine génétique est donc permise par deux processus essentiels : d'abord la phase S qui copie les molécules d'ADN, puis la mitose qui les répartit entre les deux cellules-filles.

V La mise en place des tissus et des organes spécialisés

Au niveau des méristèmes, à l'issue des mitoses, certaines cellules gardent leur caractère embryonnaire et continuent à se diviser, assurant une croissance permanente de la plante. D'autres cellules, comme les vaisseaux conducteurs, les cellules de la feuille ou de la racine se **différencient** et permettent la formation d'organes spécialisés. Cette **spécialisation** est liée à une modification de la structure cellulaire, comme la composition de la paroi squelettique, la répartition des vacuoles ou la présence d'organites spécialisés comme les chloroplastes.

différenciation cellulaire
↓
spécialisation

Certains gènes non utilisés sont bloqués → condensés
→ hétéro chromatine

très spécialisées plus de divisions

L'essentiel

Les méristèmes des végétaux sont le siège d'intenses divisions ou mitoses, à l'issue desquelles certaines cellules vont rester embryonnaires et d'autres se différencier. Ainsi, la plante va assurer sa croissance et la mise en place de ses différents tissus. Au cours du cycle cellulaire, la mitose permet une transmission conforme de l'information génétique en répartissant dans les cellules-filles des molécules d'ADN répliquées à l'identique pendant l'interphase selon un modèle semi-conservatif.

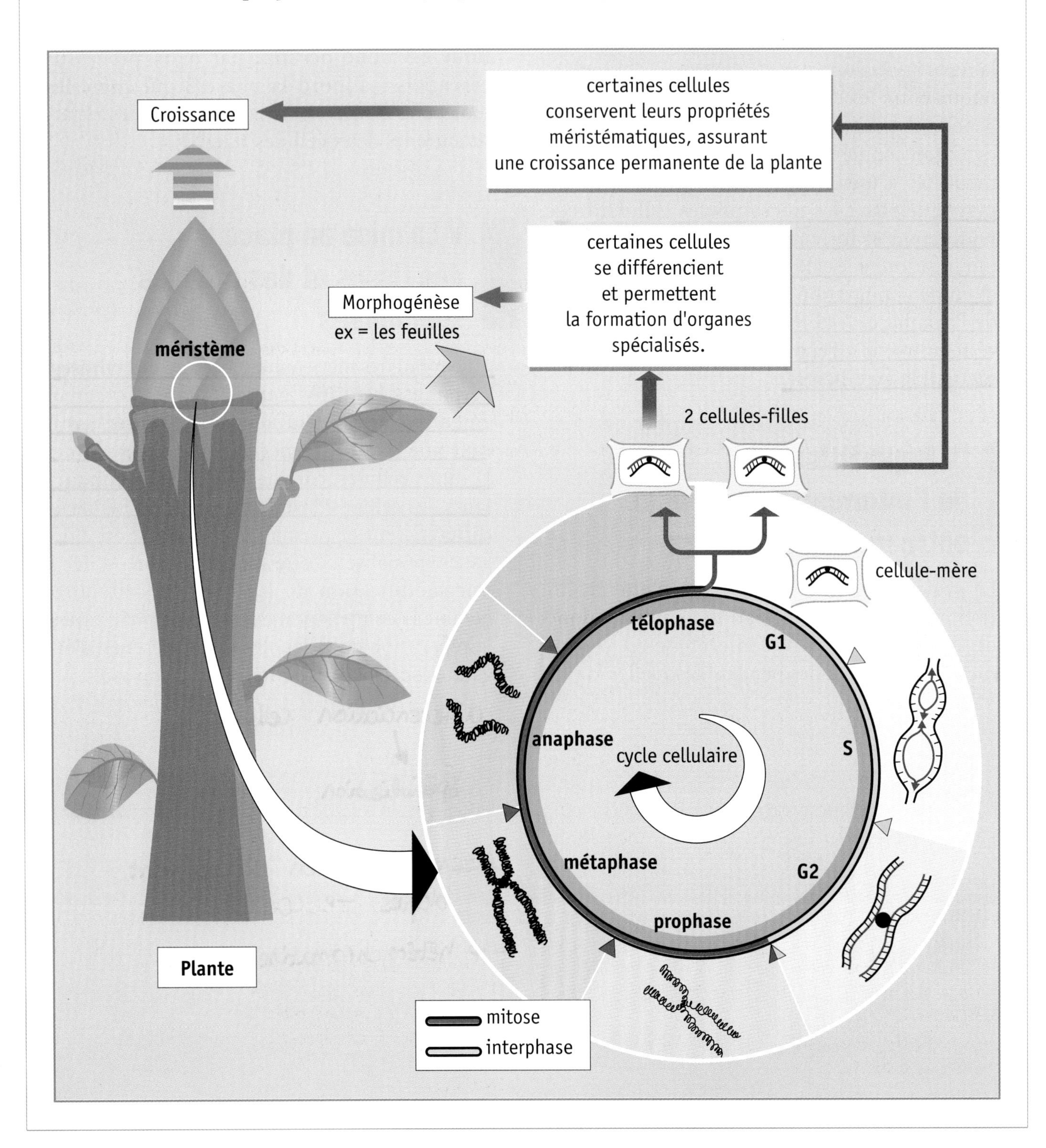

VÉRIFIER SES CONNAISSANCES

EXERCICE 1 Définir en une phrase claire les mots ou expressions suivants.

- méristème
- cytosquelette
- morphogénèse
- chromatide
- eucaryotes
- chromatine
- mitose
- modèle semi- conservatif
- phase S

EXERCICE 2 Reconstituer une ou plusieurs phrases scientifiquement exacte(s) à partir des propositions suivantes.

1. Les méristèmes sont des zones végétales...

a. où s'effectue la spécialisation cellulaire.
b. au sein desquelles se déroule une intense multiplication cellulaire.
c. situées dans toutes les parties de la plante.
d. qui permettent la formation des organes.

2. La mitose permet...

a. d'obtenir deux cellules-filles génétiquement identiques.
b. une répartition aléatoire des chromosomes.
c. d'obtenir des cellules-filles différentes.

3. Au cours de la mitose...

a. la cellule passe par trois phases successives.
b. les microtubules s'organisent en fuseau.
c. le cytosquelette n'est pas modifié.
d. les chromosomes se scindent en deux chromatides.

4. La réplication de l'ADN...

a. s'effectue au cours de la mitose.
b. se réalise selon un modèle semi-conservatif.
c. permet de brasser l'information génétique.
d. se fait avec l'intervention d'une seule enzyme spécifique.

EXERCICE 3 Restituer ses connaissances en quelques phrases sur un sujet précis, en utilisant obligatoirement un ensemble de mots-clés.

sujets	mots-clés
a. croissance végétale	mitose, méristèmes, morphogénèse
b. reproduction conforme des cellules	ADN, modèle semi-conservatif, phase S, réplication, enzymes
c. modification des structures cellulaires au cours de la mitose	cytodiérèse, cytosquelette, fuseau de division, microtubules

EXERCICE GUIDÉ

Restitution organisée des connaissances

Énoncé En utilisant vos connaissances et en élaborant un plan structuré, montrer comment la mitose permet une reproduction conforme de la cellule.

Conseils pour la résolution

- Vous devez tout d'abord rassembler vos connaissances relatives au problème posé par le sujet, puis les organiser dans un plan logique en deux ou trois parties et éventuellement avec des sous-parties.
- Il est essentiel, dans un tel sujet, d'illustrer votre réponse de schémas explicatifs.
- Ne pas oublier l'introduction et la conclusion.
- Une proposition de plan que vous pouvez utiliser :

Introduction
I Réplication de l'ADN au cours de l'interphase
II Les étapes de la mitose
A Phénomènes chromosomiques
B Modifications du cytosquelette
III La cytodiérèse
Conclusion

APPLIQUER SES CONNAISSANCES

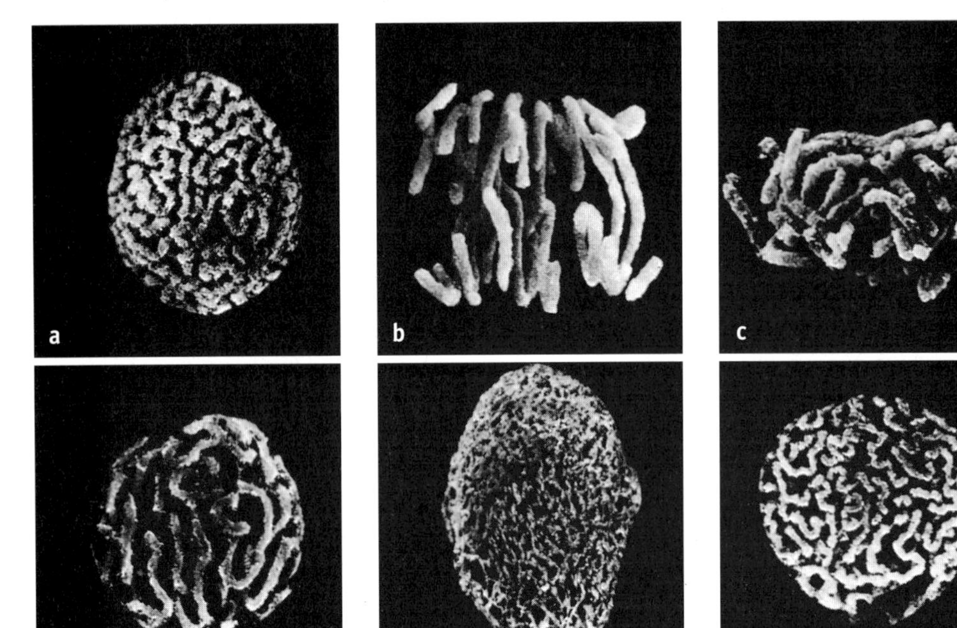

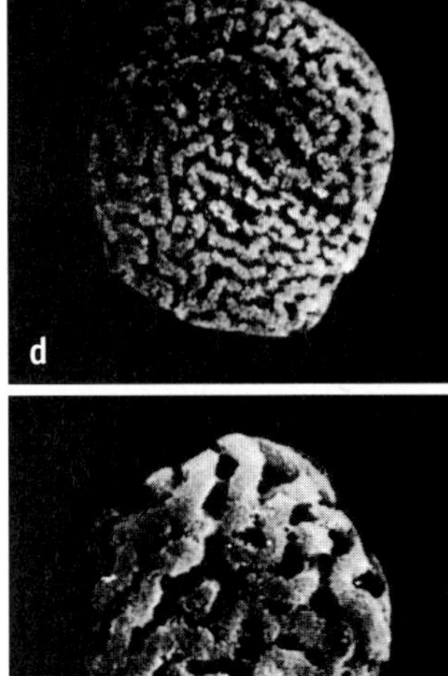

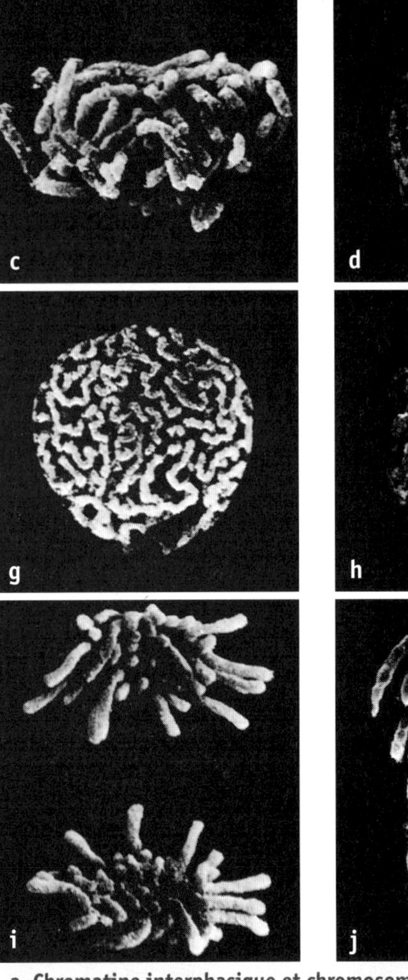

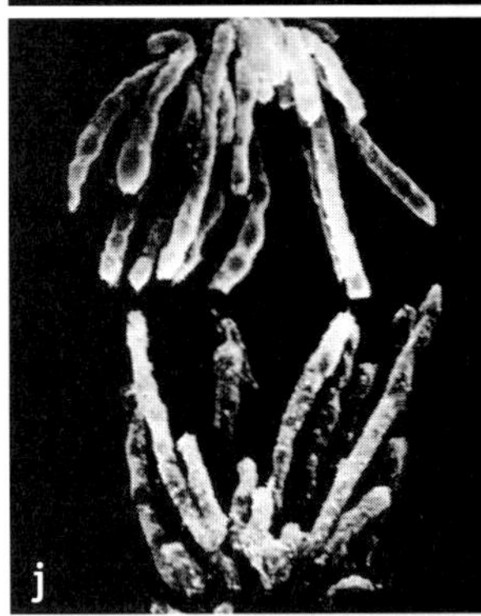

a. Chromatine interphasique et chromosomes en division observés en microscopie à balayage. 0,5 μm

EXERCICE 4 Les étapes de la mitose

Analyser et classer des documents

Les documents ci-contre montrent des images de l'évolution du matériel génétique au cours de la mitose. La technique utilisée est l'électronographie à balayage.

1. Pour chaque image, **donner** le nom de la phase correspondante en justifiant votre réponse.

2. **Classer** ces dix électronographies dans l'ordre chronologique correspondant au déroulement d'une mitose.

EXERCICE 5 Phénomènes chromosomiques au cours de la mitose

Interpréter des documents

La photographie ci-contre, prise en microscopie photonique, représente quelques cellules d'un méristème racinaire. Plusieurs étapes de la mitose sont visibles.

1. **Repérer** et **décalquer** une cellule en métaphase et une cellule en anaphase.

2. À côté de vos deux cellules décalquées, **réaliser** deux schémas d'interprétation chromosomique de cette métaphase et de cette anaphase. Pour cela, **utiliser** 8 chromosomes et représenter les chromatides de chaque chromosome.

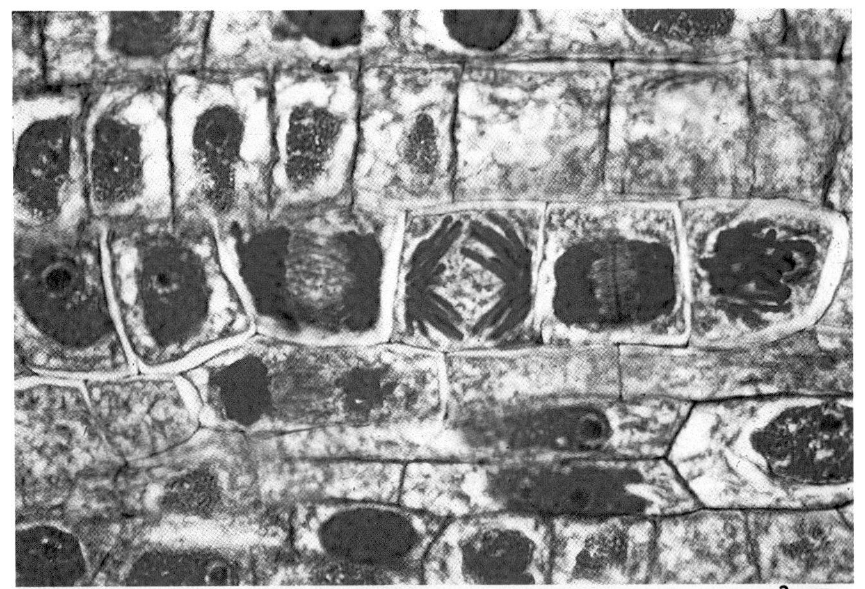

Cellules d'une racine de végétal à différents stades du cycle cellulaire. 3 μm

APPLIQUER SES CONNAISSANCES

EXERCICE 6 Reproduction du matériel génétique

Utiliser ses connaissances pour interpréter une expérience

Expérience de Taylor (1957-1958)

Taylor cultive des plantes (bellevalia) sur des milieux contenant de la thymidine (nucléotide présent dans l'ADN) et observe des cellules de leur racine afin de comprendre le mécanisme de reproduction des chromosomes lors de la mitose.

Il utilise notamment de la thymidine tritiée (contenant du tritium, isotope radioactif de l'hydrogène), qui lui permet de « visualiser » l'ADN après autoradiographie : les molécules d'ADN ayant incorporé de la thymidine tritiée émettent des rayonnements bêta qui impressionnent un film photographique.

Dans ses cultures, Taylor utilise de la colchicine, alcaloïde qui bloque la formation du fuseau mitotique et empêche donc la séparation des chromosomes en fin de métaphase sans empêcher leur duplication : l'ensemble des chromosomes reste donc dans la même cellule à l'issue de la mitose. Le principe et les résultats de cette expérience sont schématisés ci-contre.

EXPÉRIENCE	racines de bellevalia (2n = 8) **milieu de culture 1** contenant de la **thymidine radioactive** et de la colchicine. Durée de l'exposition égale à celle d'un cycle cellulaire.	les racines sont soigneusement lavées **milieu de culture 2** contenant de la **thymidine non radioactive** et de la colchicine.
OBSERVATION PAR AUTORADIOGRAPHIE	**A** plaque métaphasique d'une cellule de racine prélevée après lavage mais avant transfert sur le milieu 2 . ■ traces de radioactivité	**B** plaque métaphasique d'une cellule de racine prélevée dans le milieu 2 après un temps correspondant à la durée d'un cycle cellulaire supplémentaire.

1. **Comparer** les chromosomes en A et en B.
2. **Donner** une interprétation moléculaire, au niveau de l'ADN, des résultats observés. Pour cela, **rédiger** une phrase qui explique ces résultats.
Schématiser un chromosome en A avec les deux molécules d'ADN qu'il contient (une par chromatide) puis ses deux chromosomes-fils obtenus en B après mitose. **Représenter** les brins d'ADN radioactifs en rouge, et les brins non radioactifs en bleu.
3. **Justifier**, d'après vos réponses précédentes, le terme de semi-conservative utilisé pour qualifier la réplication de l'ADN.

EXERCICE 7 Caractères des cellules méristématiques

Analyser un graphe et en extraire des informations

Le graphe ci-contre indique les variations de deux facteurs dans les cellules de racines de lentilles : d'une part le nombre de ribosomes et d'autre part la quantité d'azote protéinique.

1. **Rappeler** quelle est la fonction des ribosomes dans une cellule.
2. D'après ce graphe, **déduire** les caractéristiques des zones méristématiques ?
3. **Expliquer** la relation entre ces caractéristiques et l'intense activité mitotique des cellules méristématiques.

1. synthèse des protéines
2.3. - enzymes pour divisions
histones
- protéines pour développement et croissance

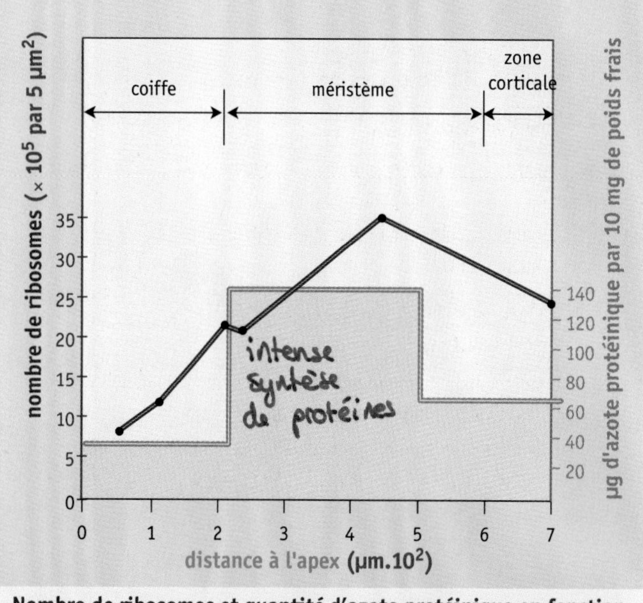

Nombre de ribosomes et quantité d'azote protéinique en fonction de la distance à l'apex.

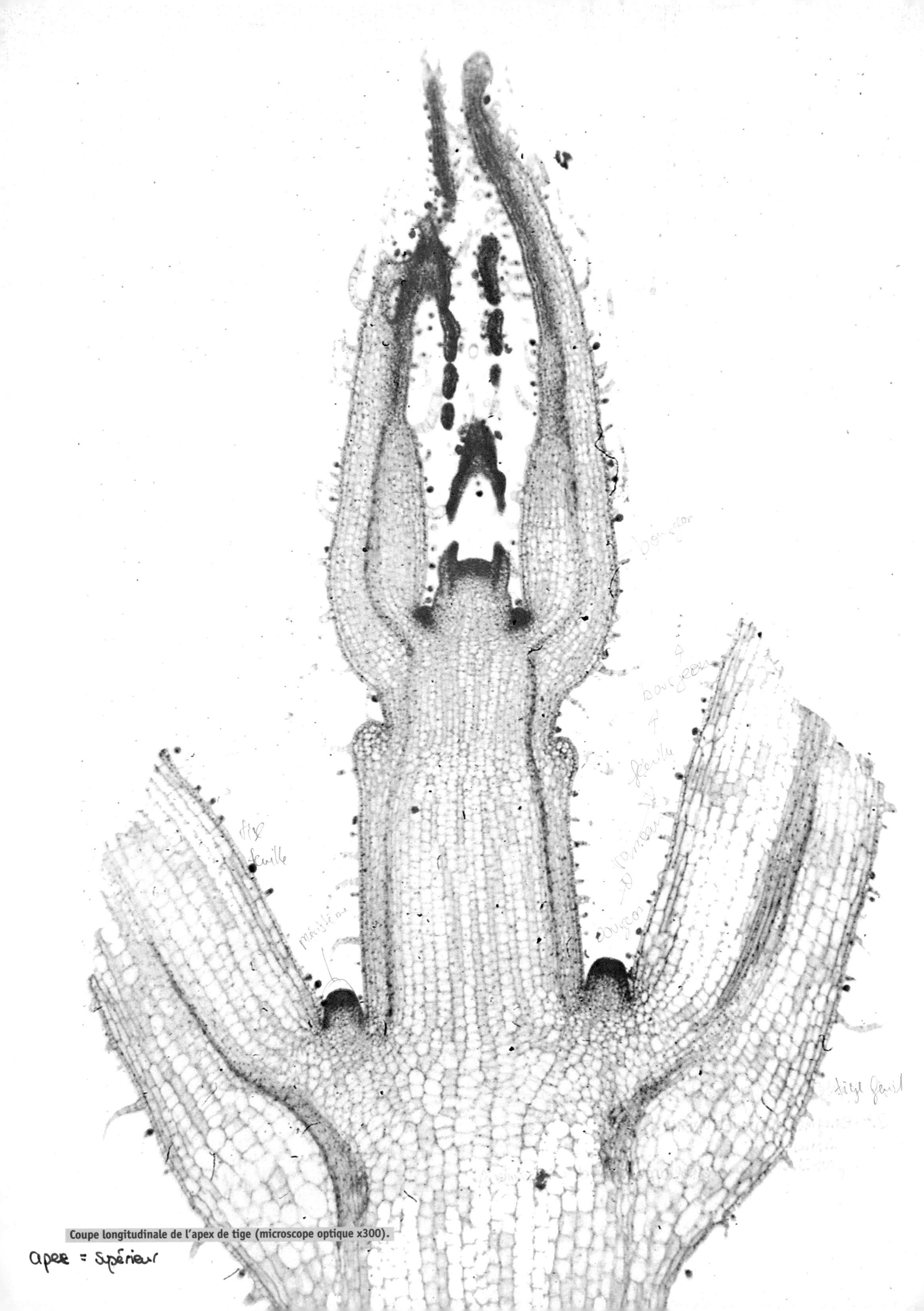

Coupe longitudinale de l'apex de tige (microscope optique x300).

Chapitre 13

La croissance des cellules végétales sous contrôle hormonal

La croissance d'un végétal est la conséquence de l'augmentation du nombre et de la taille des cellules qui le constituent. Ce changement quantitatif réalisé au cours du temps est irréversible. La multiplication des cellules est localisée dans des tissus particuliers, les méristèmes, situés à l'extrémité des tiges et des racines ; l'augmentation de la taille des cellules s'observe dans les tissus situés à proximité. La croissance cellulaire est sous le contrôle d'un facteur de croissance : l'auxine.

- **Comment se manifeste la croissance cellulaire chez un végétal ?**
- **Comment s'accroît une cellule végétale ?**
- **Comment l'action d'un facteur de croissance a-t-elle été mise en évidence ?**
- **Comment l'auxine contrôle-t-elle la croissance cellulaire ?**

ACTIVITÉ

1 La croissance cellulaire

L'activité mitotique des méristèmes apicaux produit de nombreuses cellules indifférenciées, de petite taille. Ces cellules se différencient ensuite et s'incorporent aux tissus de la plante en croissance.

► **Comment se manifeste la croissance cellulaire chez un végétal ?**

VOCABULAIRE

Plasmodesmes : minces ponts cytoplasmiques qui permettent aux cellules de communiquer entre elles.

Doc.1 Caractères des cellules jeunes et des cellules en fin de croissance

La zone apicale de la tige est constituée de petites cellules à cytoplasme dense. Les cellules situées en dessous, à cytoplasme plus clair, sont en cours d'**élongation**.

► **Caractères des cellules jeunes :**
examinées à 1 ou 2 mm de la pointe d'un rameau, elles sont de **petite taille**, ont des **vacuoles peu développées**, un gros noyau par rapport au volume de la cellule, un cytoplasme dense.
Elles sont enveloppées par une **paroi mince** (0,1 mm d'épaisseur) et **plastique**.

► **Caractères des cellules en fin de croissance :**
5 à 10 fois plus volumineuses que les cellules jeunes, ces cellules ne se divisent plus.
Elles sont enveloppées par une **paroi épaisse et rigide.**
Tous les compartiments cellulaires sont présents mais les **vacuoles, occupant jusqu'à 90 % du volume** cellulaire, repoussent les autres organites contre la paroi.
Les vacuoles sont des compartiments contenant de l'eau et des substances dissoutes.

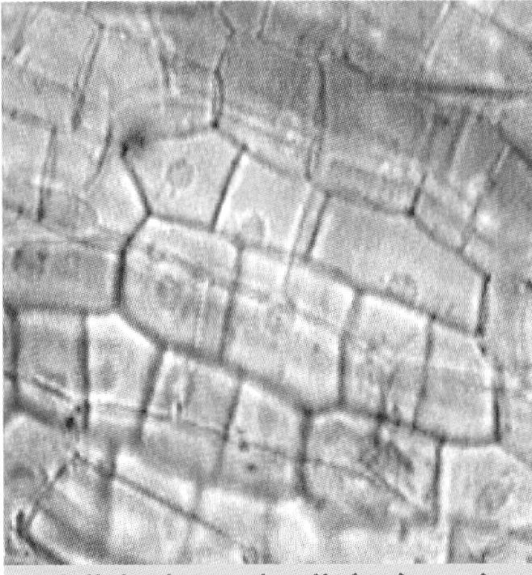

a. Cellules jeunes localisées à proximité du méristème (MO × 640).

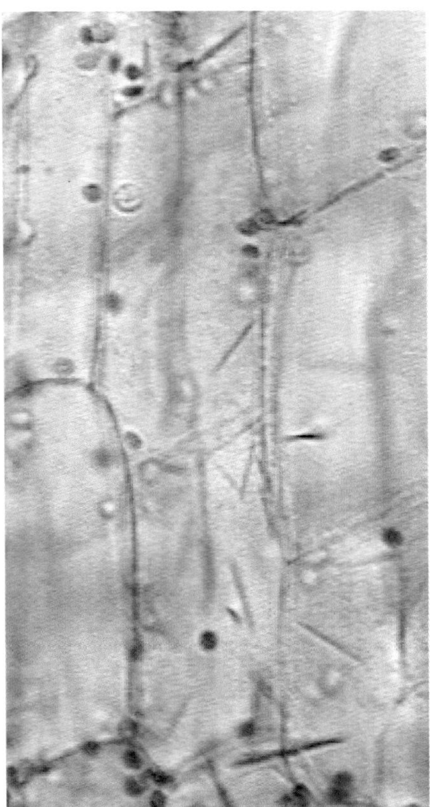

b. Cellules différenciées de la tige dans la zone d'élongation maximale (MO × 640).

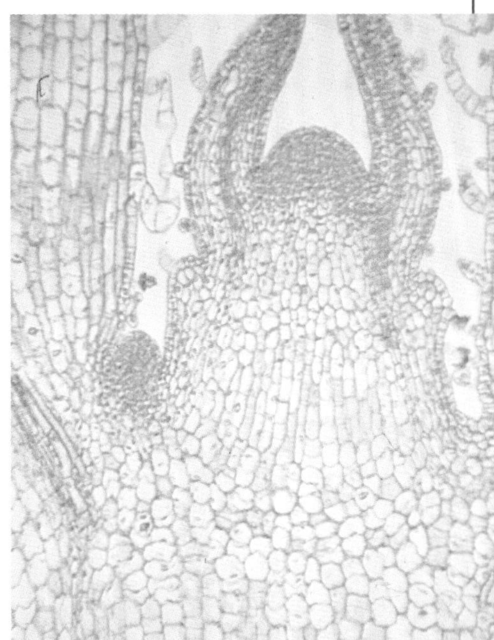

c. Coupe longitudinale d'apex de tige (MO × 200).

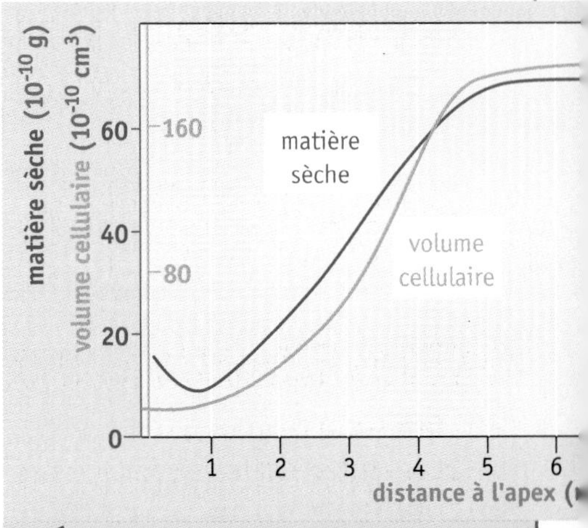

d. Évolution du volume cellulaire et de la matière sèche des cellules en fonction de la distance à l'apex.

Doc.2 Paroi des cellules végétales

De nature cellulosique, les parois de cellules juxtaposées sont intimement liées par leur partie centrale, la lamelle moyenne.
Non isolante, la paroi permet la communication intercellulaire par des **plasmodesmes**.
La membrane plasmique limitant le cytoplasme, non visible, est accolée à la paroi.

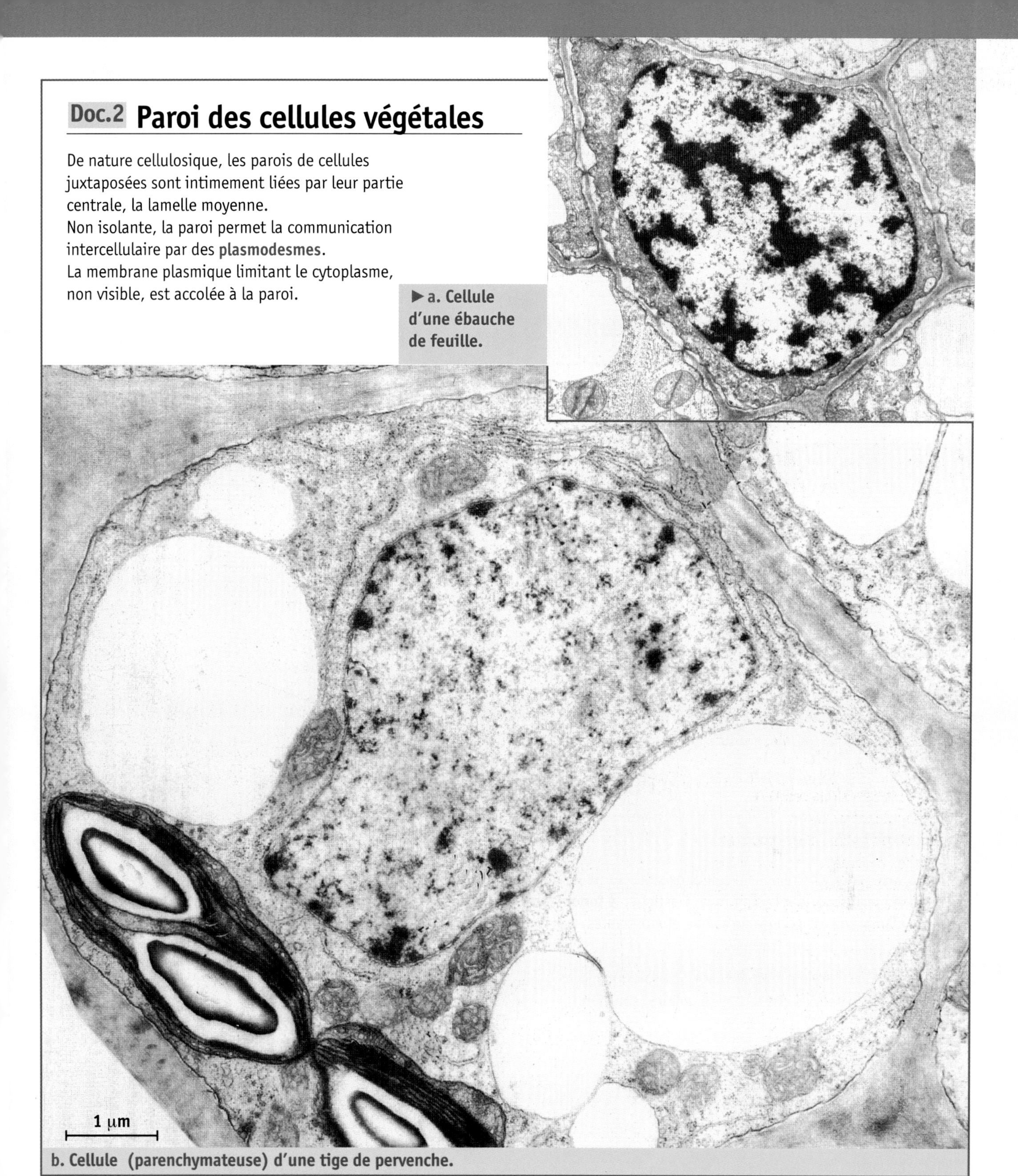

► a. Cellule d'une ébauche de feuille.

b. Cellule (parenchymateuse) d'une tige de pervenche.

EXPLOITATION DES DOCUMENTS

1. a. Rechercher, sur les **Doc. 1a** et **1b**, les caractères qui diffèrent entre la cellule jeune et la cellule en fin de croissance.
b. Représenter schématiquement ces deux types de cellules en faisant ressortir en légende les caractères qui les distinguent.
2. Dégager, des réponses précédentes, les caractères cytologiques essentiels liés à la croissance cellulaire afin de **répondre au problème posé** : « Comment se manifeste la croissance cellulaire chez un végétal ? »

ACTIVITÉ

2 La pression de turgescence cellulaire

L'augmentation de volume des cellules en croissance est liée au développement rapide des vacuoles qui occupent, en fin de croissance, jusqu'à 90 % du volume cellulaire.

▶ **Comment s'accroît une cellule végétale ?**

VOCABULAIRE

Manométrique : qui sert à mesurer des pressions.

Plasmolyse : réaction par laquelle une cellule se rétracte et perd son eau par osmose, lorsqu'elle est plongée dans une solution de concentration moléculaire plus élevée.

Protoplaste : cellule végétale dont on a retiré la paroi.

Suc vacuolaire : solution contenue dans la vacuole.

Turgescence : chez les végétaux, dureté provoquée par afflux d'eau.

Doc.1 Turgescence et plasmolyse des cellules végétales

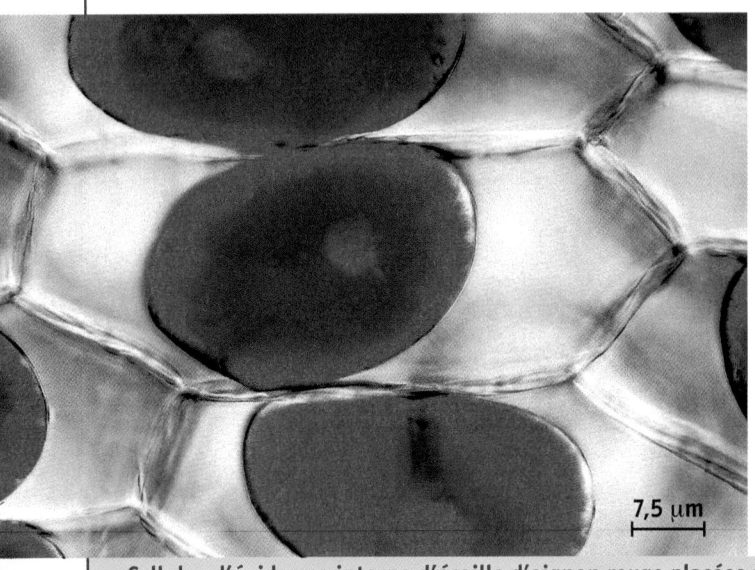

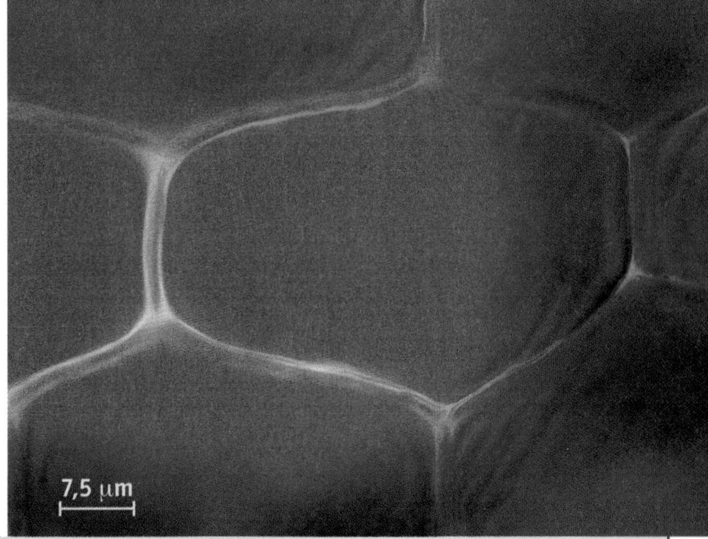

a. Cellules d'épiderme interne d'écaille d'oignon rouge placées dans une solution de chlorure de sodium (microscopie optique).

▶ La vacuole, poche remplie d'eau et de solutés, est limitée par une membrane souple, continue, élastique, le **tonoplaste**. Cette membrane est perméable à l'eau et aux solutés, mais elle est plus facilement traversée par l'eau que par les solutés.

▶ Lorsqu'une cellule est placée dans une solution moins concentrée en solutés que le **suc vacuolaire** (**solution hypotonique**), l'eau pénètre dans les vacuoles qui augmentent de volume. Les parois sont tendues. La cellule est dans un état **turgescent**. En revanche, si le milieu est plus concentré en solutés que le suc vacuolaire (**milieu hypertonique**), l'eau sort de la vacuole qui diminue de volume, le cytoplasme se rétracte la paroi se détend. La cellule est **plasmolysée.**

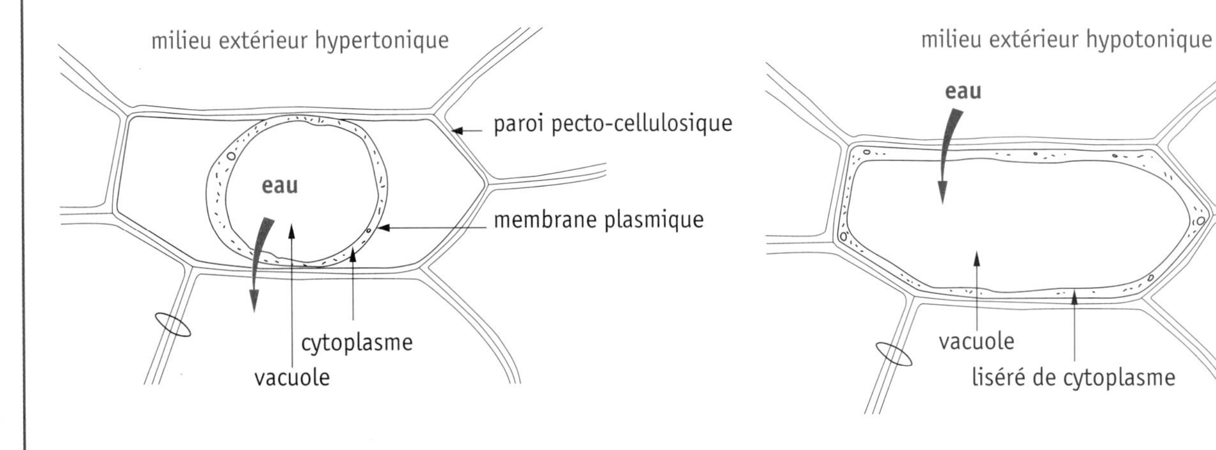

b. Échanges d'eau et de solutés à travers les membranes (à gauche : cellule plasmolysée; à droite : cellule turgescente).

Doc.2 L'état naturel turgescent de la cellule

Mesure de la turgescence d'une cellule dans son environnement naturel

► La pression de turgescence peut être mesurée par une sonde **manométrique**. Dans les conditions naturelles, les cellules sont hypertoniques par rapport au milieu ambiant.
La vacuole exerce donc sur la paroi une pression constante.

► Ces faits sont vérifiés expérimentalement. Les **protoplastes** en cours de préparation explosent dès qu'on commence à dissocier la paroi, s'ils ne sont pas placés dans un milieu hypertonique réduisant l'entrée d'eau.

► Les solutions de la vacuole et du cytoplasme, plus concentrées en solutés que le milieu extérieur, génèrent une entrée d'eau dans la cellule. Il se produit alors une augmentation de volume de la cellule mais ce phénomène est limité par la résistance mécanique de la paroi. C'est la pression de **turgescence**.

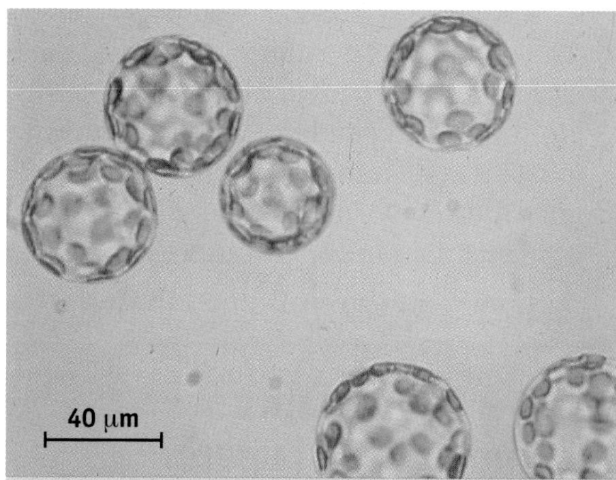

a. Protoplastes dans une solution hypertonique.

L'hypertonicité de la cellule végétale : un phénomène actif

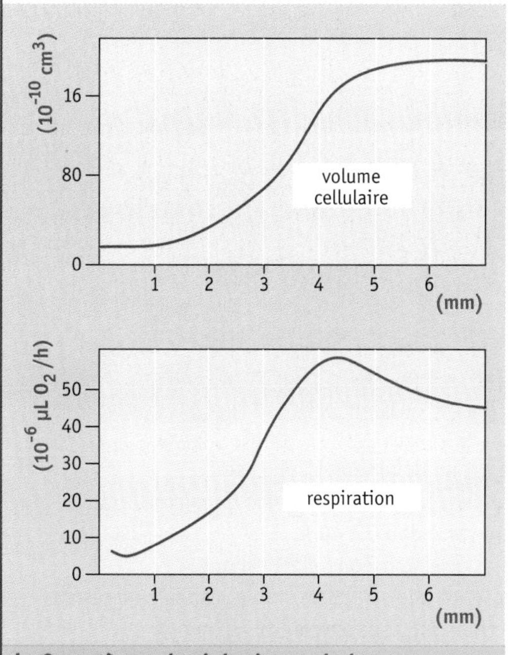

b. Caractères physiologiques de la zone d'élongation cellulaire.

« La turgescence qui résulte de l'excès de concentration de la cellule sur son milieu se manifeste aux yeux par le bombement de la cloison. » Si la concentration du milieu extérieur est augmentée, la cloison devient plane ou concave, mais « en quelques heures, le bombement caractéristique de turgescence réapparaît, les cellules peuvent donc reconstituer rapidement un excès de **pression osmotique*** sur le milieu... On est amenés à reconnaître l'existence d'une fonction vitale dépendant de l'énergie pour surmonter les équilibres physiques. »

Lapicque

***pression osmotique :** pression due au phénomène d'osmose. L'osmose est un phénomène de diffusion qui se produit entre deux solutions de concentrations différentes séparées par une membrane semi-perméable (laissant passer le solvant mais non les solutés).

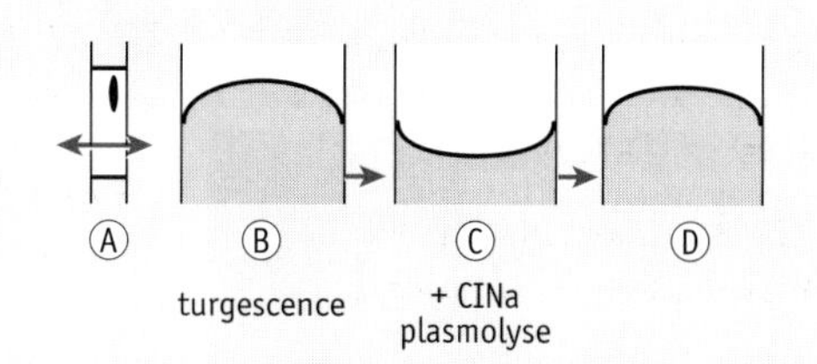

Ⓐ filament et sections isolant une cellule
Ⓑ bombement de la cloison transversale dans le milieu naturel
Ⓒ addition d'un agent plasmolysant
Ⓓ rétablissement spontané de la turgescence

c. Expérience historique de Lapicque sur une algue filamenteuse *Ectocarpus*.

EXPLOITATION DES DOCUMENTS

1. **Décrire**, à partir des **Doc. 1a** et **1b**, les mouvements d'eau et de solutés qui sont à l'origine de l'état turgescent de la cellule végétale. **Rappeler**, pour ce faire, les propriétés de perméabilité du tonoplaste et de la membrane plasmique.
2. Pour expliquer l'état naturel turgescent de la cellule végétale :
a. **Établir** une relation entre les **Doc. 2a** et **2b** afin de préciser quel caractère du suc vacuolaire est à l'origine de l'état naturel turgescent de la cellule végétale.
b. **Résumer** les données des graphes du **Doc. 2c** et les mettre en relation avec les observations de Lapicque.
3. **Répondre au problème posé** : « Comment s'accroît une cellule végétale ? »

ACTIVITÉ

2 (suite) La plasticité de la paroi

La croissance des cellules végétales dépend des capacités d'extension de la paroi. La paroi, entourant complètement la cellule, assure une fonction de soutien, cependant, elle permet également son élongation durant la phase de croissance. Ses propriétés changent au cours de la vie cellulaire : plastique et extensible durant la période de croissance, elle devient rigide seulement en fin de croissance.

▶ **Comment s'accroît une cellule végétale ?**

VOCABULAIRE

Cellulose : polymère du glucose, de consistance ferme, très répandue dans le règne végétal.

Polysaccharide : polymère de saccharose.

Polymère : molécule de fort poids moléculaire, exprimé en Dalton, constituée d'éléments répétés.

Doc.3 Composants chimiques de la paroi

▶ La paroi est composée de microfibrilles de **cellulose** enrobées dans une matrice (gel) composée de glucides (**polysaccharides**) associés à des protéines, des peptides et des ions minéraux dont le calcium.

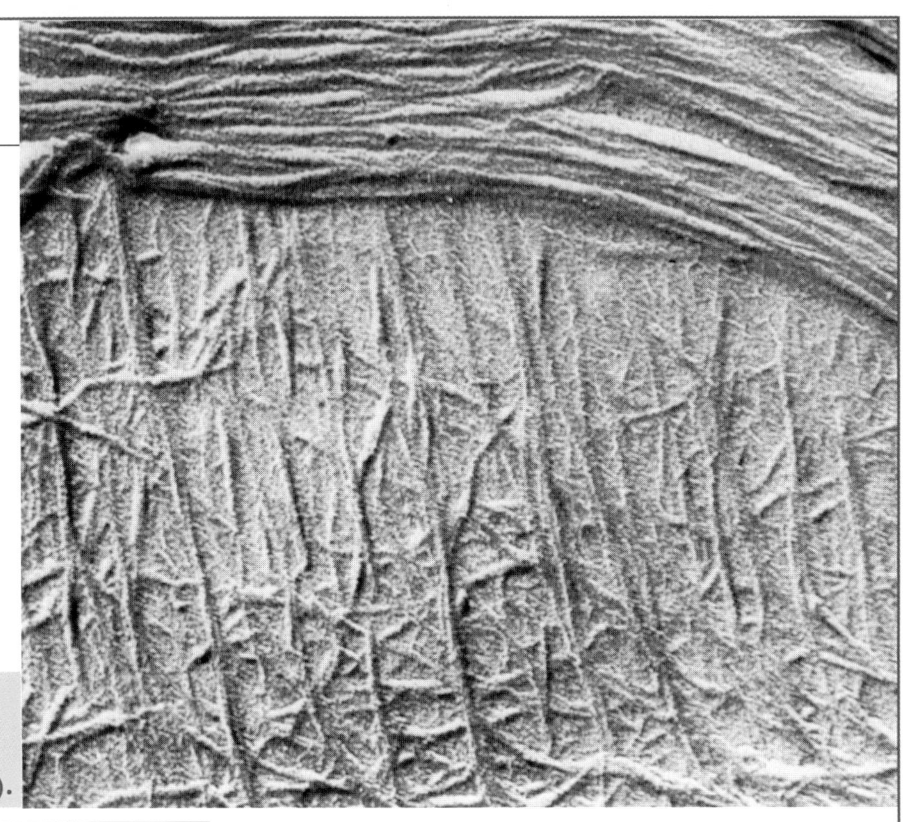

a. Fibres de cellulose d'une paroi en croissance (microscope électronique × 22 000).

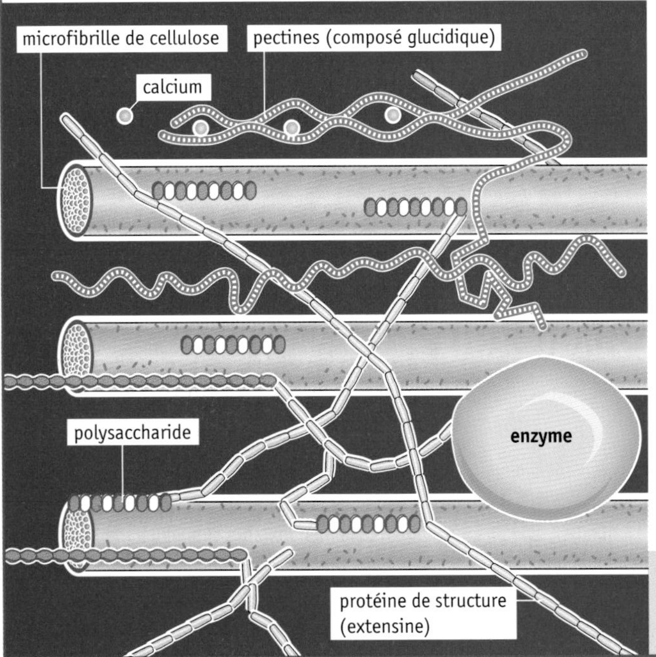

b. Constitution moléculaire de la paroi.

▶ La **cellulose** est un **polymère** du glucose.
Elle se présente dans la paroi sous forme de microfibrilles, dont le diamètre varie de 20 à 40 Å.
Elles sont visibles au microscope électronique.
La cellulose présente une structure stable, capable de résister à de fortes tractions sans se rompre (40 kg/mm^2).
Elle confère à la paroi ses propriétés de résistance aux tensions.

▶ La composition chimique de la paroi varie au cours de la vie cellulaire. Durant la période de croissance, elle présente une forte teneur en eau (jusqu'à 80 % de sa masse).
La proportion de cellulose qui ne représente alors qu'un quart de la matière sèche augmente avec l'âge de la cellule jusqu'à 80 % lorsque la paroi s'épaissit.

Doc.4 Déformations de la paroi sous l'effet de la pression de turgescence

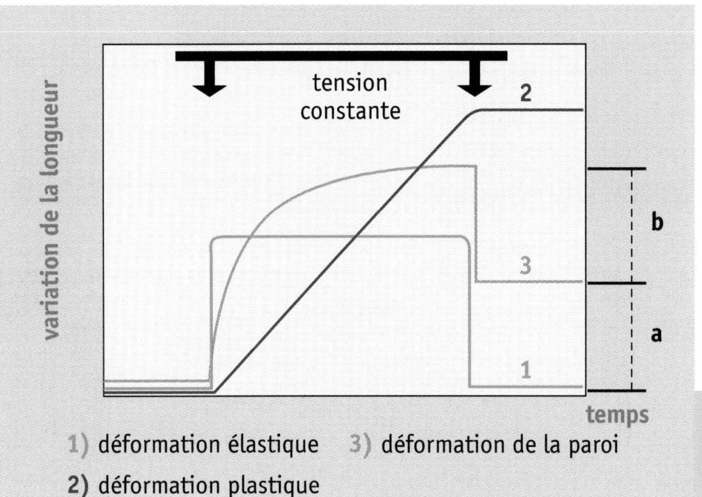

1) déformation élastique 2) déformation plastique 3) déformation de la paroi

▶ Une paroi isolée soumise à des tensions se déforme. La déformation enregistrée a une composante **élastique réversible** et une composante **plastique irréversible**. Des travaux scientifiques ont montré que ces déformations sont liées à des changements de conformation moléculaire résultant de coupures et de reconstructions de liaisons chimiques entre les composants de la paroi, provoquant son relâchement.

L'extension totale de la paroi sous tension est la somme d'une extension élastique et d'une extension plastique qui seule persiste quand la tension disparaît.

a. Résultats expérimentaux montrant les déformations de la paroi soumise à une tension constante.

ÉLONGATION

TENSION

vacuole

▶ La croissance des cellules végétales se produit par une augmentation de synthèse de matière organique dans le cytoplasme, mais l'absorption d'eau représente 90 % de l'expansion cellulaire.
La cellule hypertonique par rapport à son environnement absorbe de l'eau qui se concentre dans la vacuole et augmente la turgescence cellulaire. L'extension se produit quand la paroi cède à la pression de turgescence et se poursuit jusqu'à ce que la paroi redevienne assez résistante pour contrer la pression de turgescence.

b. Cellule en cours d'élongation.

longueur (µm)

100

10

taille maximale

taille minimale

10 20

temps (h)

▶ Le graphe ci-joint indique les phases d'élongation des cellules d'une tige. Le palier correspond à la taille limite de la cellule dont l'activité se poursuit mais sans capacité d'extension.

c. Variation de la longueur d'une cellule en fonction du temps.

EXPLOITATION DES DOCUMENTS

4. Pour identifier les réponses de la paroi à l'application d'une tension :
– **définir** une déformation élastique et une déformation plastique provoquée sous l'effet d'une tension constante (**Doc. 4a**).
– **exploiter** le graphe (**Doc. 4a**) pour expliquer les déformations subies par la paroi sous l'effet de la pression de turgescence. Pour **justifier** votre réponse, **indiquer** ce que signifie a et b sur le graphe : De (déformation élastique) ou Dp (déformation plastique).

5. À partir des **Doc. 4b** et **4c** et des **Doc. 1** et **2**, **répondre au problème posé** : « Comment s'accroît une cellule végétale ? »

ACTIVITÉ

3 L'auxine : facteur de croissance

On appelle hormone végétale, une substance chimique qui est sécrétée par des cellules spécifiques et produit un effet biologique sur des cellules situées à distance. Elle diffuse du lieu de production vers les cellules-cibles. L'**auxine** est une hormone végétale contrôlant la croissance des cellules ; c'est un facteur de croissance.

▶ **Comment l'action d'un facteur de croissance a-t-elle été mise en évidence ?**

VOCABULAIRE

Auxine : hormone de croissance des cellules végétales.

Coléoptile : gaine qui recouvre la tige embryonnaire des graminées.

Hypocotyle : segment de la plantule situé entre la racine et la première feuille.

Doc.1 Historique : mise en évidence d'une communication chimique entre les tissus

▶ **Darwin,** en 1880, travaille sur la croissance orientée de la tige en direction de la lumière. Il montre que le stimulus prend naissance dans la pointe et agit à distance (**a**).

▶ **Boysen Jensen,** en 1910, montre qu'en remettant la pointe de la tige sur une tige décapitée, on restitue sa sensibilité. Il constate que la transmission du stimulus n'est pas interrompue par l'interposition d'une couche de gélose (**b**).

▶ **Pââl,** en 1919, constate que si la pointe de la tige est placée sur un seul côté, la tige se courbe, comme si elle était éclairée d'un seul côté. Il en conclut que la courbure est due à une substance de corrélation qui diffuse depuis l'apex vers le bas (**c**).

▶ **Söding,** en 1923, reprend ces observations. Il les transpose à la croissance linéaire de la tige et met en évidence une hormone de croissance qui est sécrétée par l'apex et gagne la zone d'élongation (**d**).

▶ **Went** extrait, dose et purifie cette substance qui est nommée **auxine** (du grec *auxésis* : croissance). Il détermine sa nature chimique : c'est de l'acide indole-3-acétique (A.I.A) (**e**).

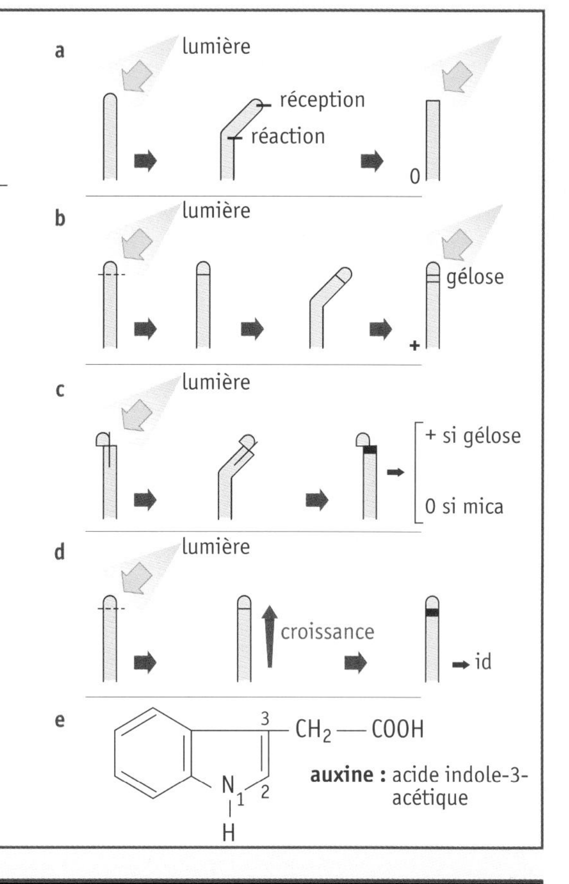

Doc.2 Origine et rôle de l'auxine. Test Avena

Afin de déterminer l'origine et le rôle de l'auxine dans la croissance, on peut réaliser le test Avena, expérience historique ayant contribué à la mise en évidence d'un facteur de croissance.

1 Témoin : **coléoptile** de maïs germé depuis 3 à 5 jours.

2 Apex sectionné.

3 Apex sectionné remplacé par un bloc de gélose contenant de l'auxine.

4 Apex sectionné remplacé par un bloc de gélose sans auxine.

La durée de l'expérience est de deux jours.

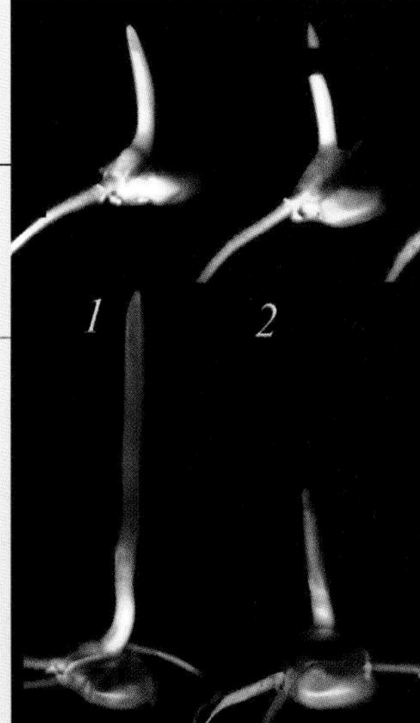

Doc.3 Les tissus cibles de l'auxine : test Pisum

▶ Expérimentalement, l'effet stimulateur de l'auxine peut être évalué en plaçant des segments d'**hypocotyle** de soja dans des solutions de concentrations différentes en auxine.

▶ La croissance différentielle entre les deux faces de la tige provoque une courbure dont l'angle est mesurable. Elle permet de localiser les tissus-cibles de l'auxine.

❶ début d'expérience
❷ fin d'expérience

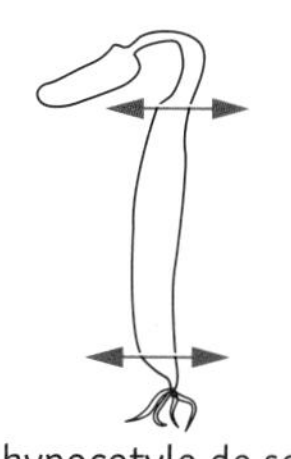

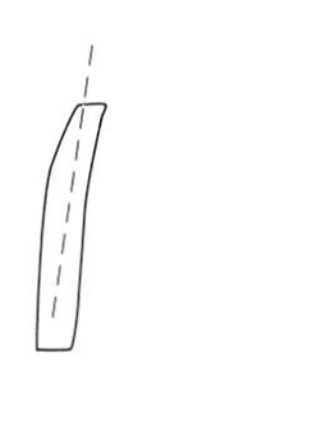

a hypocotyle de soja 2 jours après la germination — section longitudinale

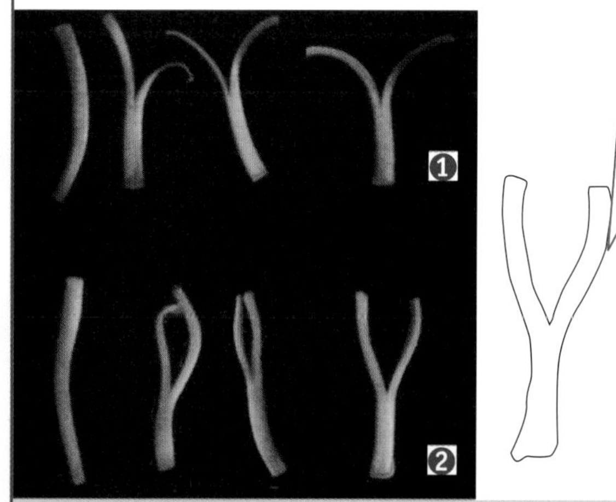

b. Segments d'hypocotyles de soja dans une solution d'auxine à 10^{-3} mol/L.

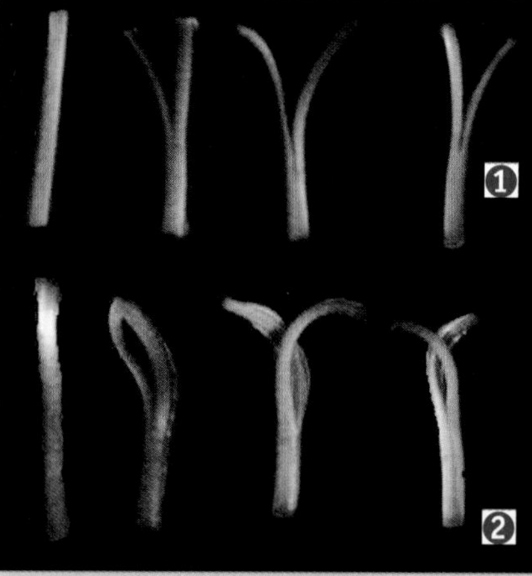

c. Segments d'hypocotyles de soja dans une solution d'auxine à 10^{-4} mol/L.

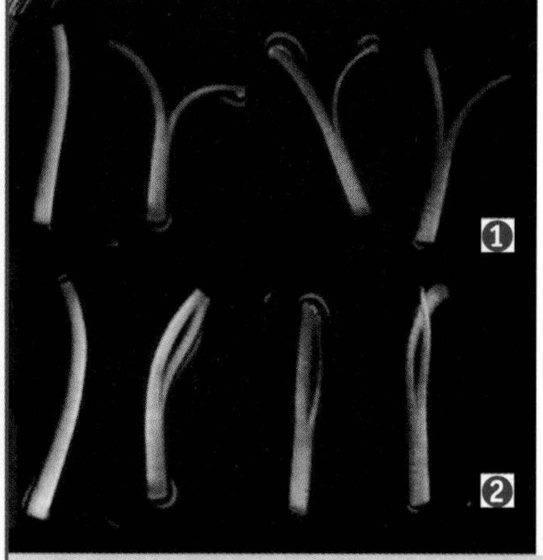

d. Segments d'hypocotyles de soja dans une solution d'auxine à 10^{-5} mol/L.

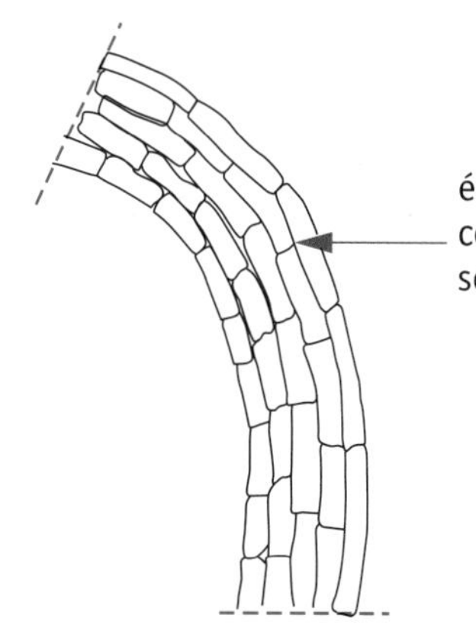

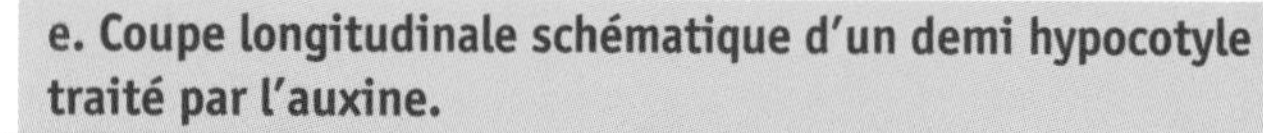

e. Coupe longitudinale schématique d'un demi hypocotyle traité par l'auxine.

EXPLOITATION DES DOCUMENTS

1. Pour établir les étapes des démarches expérimentales des **Doc. 1** et **3** :

a. Décrire précisément les résultats expérimentaux.

b. Rechercher le problème biologique et les hypothèses qui ont justifié la réalisation de ces expériences.

c. Conclure en précisant laquelle des hypothèses émises est validée.

2. Recopier et **compléter** le schéma fonctionnel ci-contre.

3. Répondre au problème posé : « Comment l'action d'un facteur de croissance a-t-elle été mise en évidence ? »

Cellules productives de l'hormone
....
↓
....
↓
Cellules-cibles
....

ACTIVITÉ

4 Contrôle de la croissance cellulaire par l'auxine

La croissance de la tige s'effectue sous le contrôle de l'auxine. Sécrétée au niveau de l'apex, l'auxine diffuse vers le bas dans toute la plante et atteint les cellules-cibles dont elle contrôle la croissance.

▶ **Comment l'auxine contrôle-t-elle la croissance cellulaire ?**

Doc.1 L'auxine : action à court terme sur la plasticité de la paroi

▶ **Effet de l'auxine sur la plasticité des tissus** : une masse est fixée à l'extrémité libre d'un segment de coléoptile décapité et fixé à l'horizontale. Il se courbe et ne reprend pas exactement sa forme initiale lorsque la masse est ôtée. La déformation est très accentuée si l'apex du coléoptile est maintenu ou si l'apex est remplacé par un traitement du coléoptile à l'auxine (a).

▶ **Effet du pH sur l'élongation cellulaire** : des expériences ont montré qu'une acidification du milieu extra-cellulaire stimule l'élongation des cellules. L'action est immédiate et réversible (b). Dans la cellule *in vivo*, la baisse de pH dans la paroi est due à l'activité de la membrane plasmique qui expulse les protons du cytoplasme vers la paroi (c).

▶ **Action de l'auxine sur le pH et la plasticité de la paroi** : des expériences ont montré, qu'un traitement de cellules en croissance par l'auxine produit une chute du pH du milieu extra-cellulaire. La baisse de pH affaiblirait des liaisons chimiques entre les fibres de cellulose et activerait les enzymes de la paroi, dégradant certaines protéines ou polysaccharides. Il en résulte un relâchement de la paroi.

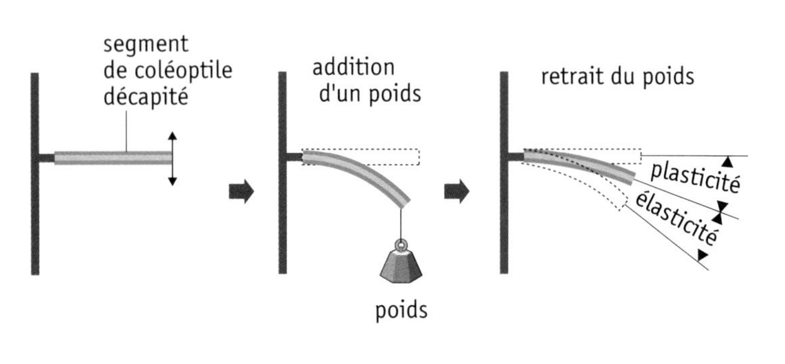

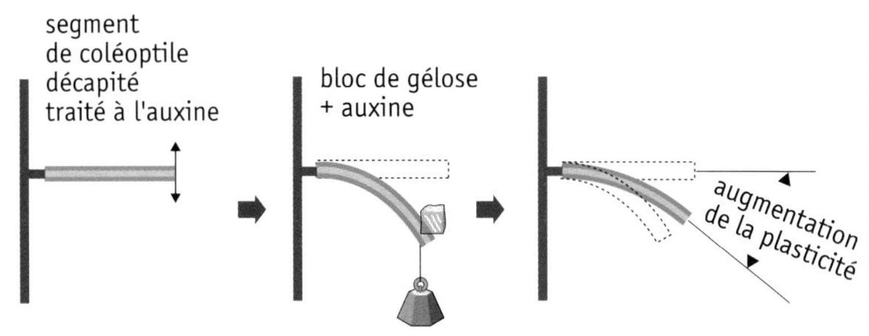

a. L'auxine augmente la plasticité mais pas l'élasticité des parois cellulaires.

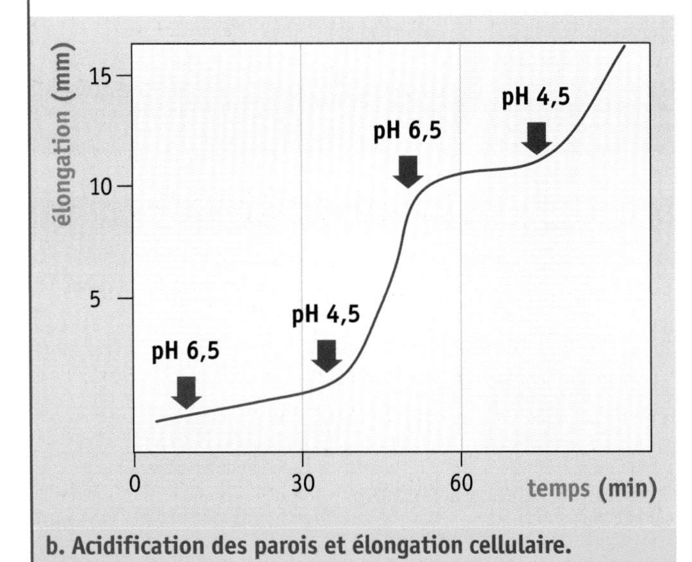

b. Acidification des parois et élongation cellulaire.

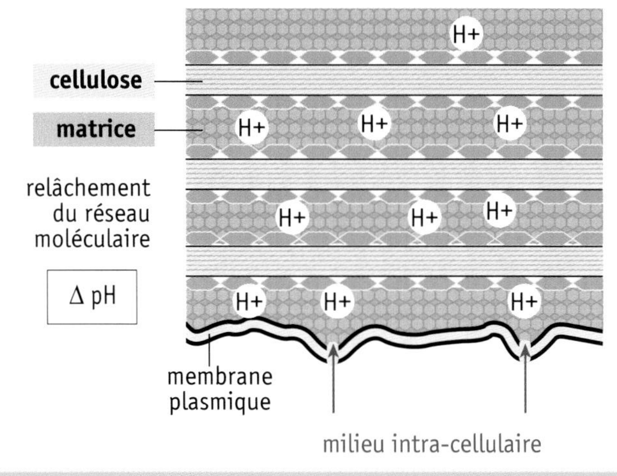

c. Flux de protons et acidification de la paroi sous l'effet de l'auxine.

Doc.2 L'auxine : action à long terme sur l'expression de gènes

► Le graphe ci-dessous montre l'accroissement de l'activité cellulaire sous l'effet de l'application au temps 0 d'une substance analogue à l'auxine.

► Les valeurs sont exprimées en pourcentage par rapport aux niveaux d'ARNm et d'enzyme mesurés dans des tissus témoins, non traités.

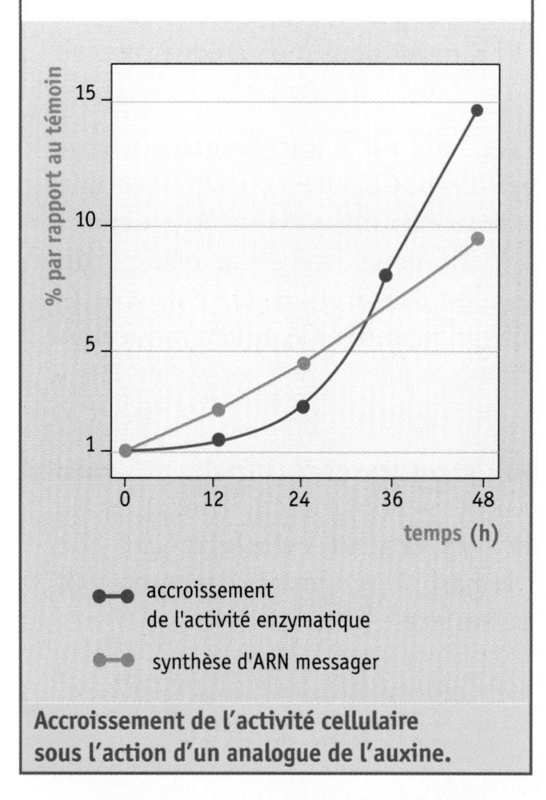

Accroissement de l'activité cellulaire sous l'action d'un analogue de l'auxine.

Doc.3 Mode d'action de l'auxine sur la cellule en croissance

L'auxine agit sur la cible en se fixant sur des **récepteurs spécifiques.** Son effet dans la cellule est indiqué sur le schéma ci-dessous.

► Elle augmente la plasticité de la paroi. Rendu plus acide par un apport d'ions H^+, son réseau moléculaire est relâché. La paroi s'allonge sous l'effet de la pression de turgescence.

► La sortie d'ions H^+ entraîne une entrée d'ions K^+.
Ceci augmente la pression osmotique à l'intérieur de la cellule, crée une entrée d'eau dans la cellule et augmente la turgescence cellulaire.

► L'auxine stimule la transcription, la synthèse des protéines spécifiques de l'élongation cellulaire.

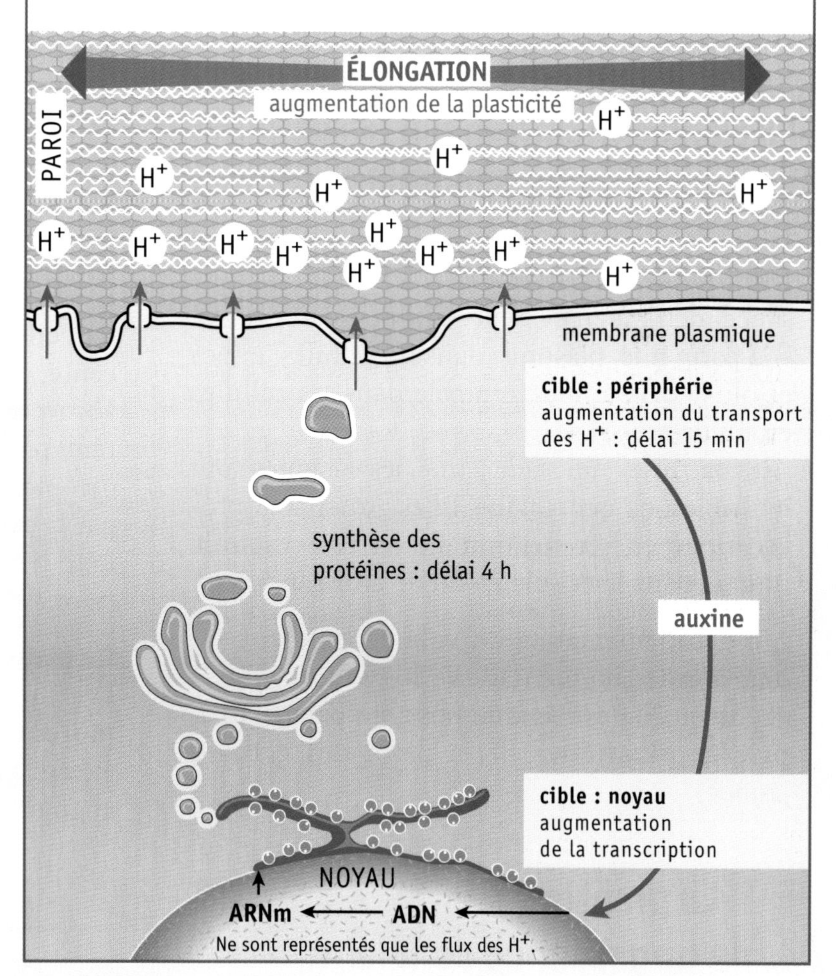

EXPLOITATION DES DOCUMENTS

1. Plusieurs expériences ont été réalisées pour mettre en évidence l'effet de l'auxine sur la plasticité de la paroi (**Doc. 1**). **a. Résumer** les résultats des expériences décrites (**Doc. 1a** et **1b**). **b. Montrer** comment ces expériences ont permis de répondre à l'objectif fixé.

2. Des expériences ont montré que l'auxine agit sur l'expression des gènes. **a. Décrire** l'évolution de l'activité des cellules traitées par l'auxine (**Doc. 2**). **b. En déduire** comment intervient l'auxine sur les cellules traitées.

3. Montrer que l'auxine a deux actions différentes, à court terme et à long terme, sur les cellules en croissance.

4. Répondre au problème posé : « Comment l'auxine contrôle-t-elle la croissance cellulaire? » et compléter le schéma fonctionnel de la page 233.

SYNTHÈSE

La croissance des cellules végétales sous contrôle hormonal

Dans la tige, la croissance des cellules est limitée à une zone située immédiatement en dessous de l'extrémité. L'allongement et la croissance résultent de l'élongation des cellules dans une direction préférentielle.

LES MOTS À CONNAÎTRE

Auxine : hormone de croissance des cellules végétales.

Turgescence : chez les végétaux, dureté provoquée par afflux d'eau.

Plasmolyse : réaction par laquelle une cellule se contracte et perd son eau par osmose, lorsqu'elle est plongée dans une solution de concentration moléculaire plus élevée.

I La croissance cellulaire

Les différences morphologiques observées entre une cellule jeune et une cellule en fin de croissance mettent en évidence :
– la paroi fine, plastique dans les cellules jeunes et plus épaisse, indéformable dans les cellules en fin de croissance ;
– les vacuoles : au stade jeune, les vacuoles sont multiples, de petite taille. Elles grossissent progressivement et fusionnent en une vacuole unique dans la cellule en fin de croissance.

Ainsi, l'augmentation du volume cellulaire est liée à une augmentation du volume de la vacuole. Elle est rendue possible par les **propriétés plastiques** de la paroi des cellules jeunes.

II La pression de turgescence cellulaire

La croissance de la cellule consiste en une augmentation de longueur (élongation) et une augmentation de volume.

L'**augmentation de volume** est essentiellement liée à l'augmentation du volume de la vacuole, poche remplie d'eau et de solutés divers dont des ions inorganiques (Mg^{2+}, K^+, Na^+...), des acide organiques, des glucides, des protides et parfois des pigments. Sa composition varie selon les espèces et les types de cellules. La vacuole est limitée par le **tonoplaste**, membrane souple, perméable à l'eau, aux ions inorganiques et plus faiblement à certains autres solutés.

La cellule végétale est naturellement turgescente, gorgée d'eau. Cet état, provoqué par une absorption d'eau du milieu extérieur, est entretenu par l'hypertonicité du suc vacuolaire et du cytoplasme. C'est l'absorption active de solutés par la cellule qui maintient le milieu intracellulaire hypertonique par rapport au milieu extérieur.

La **pression de turgescence**, développée dans la cellule par la vacuole essentiellement, est le **moteur de l'extension cellulaire** car elle exerce sur la paroi une tension constante qui augmente sa surface.

III La plasticité de la paroi

Les cellules végétales sont entourées individuellement d'une paroi cellulosique qui permet à la fois leur soutien et leur élongation ; une partie commune située entre deux cellules voisines forme la **lamelle moyenne**.

La paroi des cellules en croissance est formée de microfibrilles de cellulose qui lui confèrent une propriété de résistance mécanique aux tensions et d'une matrice constituée de polysaccharides, dont les hémicelluloses associés à des protéines.

La paroi des cellules en fin de croissance est faite de strates plus ou moins épaisses inextensibles et donc déposées après la croissance.

La croissance de la cellule est rendue possible par **la plasticité et l'élasticité** de la paroi aux stades jeunes.

Dans les conditions habituelles, la paroi est en permanence tendue. C'est la **vacuole** qui, en créant l'état turgescent de la cellule, est à l'origine des forces mécaniques nécessaires à l'extension de la paroi.

La déformation de la paroi est réalisée par un **réajustement moléculaire**, ruptures et formations de nouvelles liaisons chimiques, qui provoque son ramollissement et permet son extension. Ces modifications se produisent en **milieu acide** et en présence d'enzymes spécifiques.

IV L'auxine : facteur de croissance

Ce sont les travaux historiques de Darwin (1880) qui ont mis en évidence l'existence d'une communication chimique entre les cellules constituant une plante. Un facteur de croissance, l'auxine, fut identifié plus tard.

L'auxine est synthétisée dans l'apex des tiges et dans les méristèmes à partir de précurseurs comme le tryptophane. Elle migre dans la plante jusqu'aux racines. Sa **conduction est polarisée**, de l'apex vers la base.

V Contrôle de la croissance cellulaire par l'auxine

L'auxine stimule l'élongation cellulaire en abaissant le pH de 7 à 4,5, ceci acidifie la paroi. Cette baisse de pH affaiblirait les liaisons chimiques entre les fibres de cellulose et activerait des enzymes dégradant certaines protéines et polysaccharides. Il s'ensuit un ramollissement et relâchement de la paroi, qui, sous l'effet de la pression de turgescence, se déforme et agrandit sa surface.

L'auxine contribue à l'augmentation de la turgescence cellulaire en augmentant la pression osmotique à l'intérieur des cellules. Ce phénomène est lié à un transport ionique transmembranaire stimulé par l'auxine.

L'auxine intervient également sur l'expression de certains gènes en modifiant la synthèse d'ARN et celle de protéines qui interviendraient dans l'élongation cellulaire.

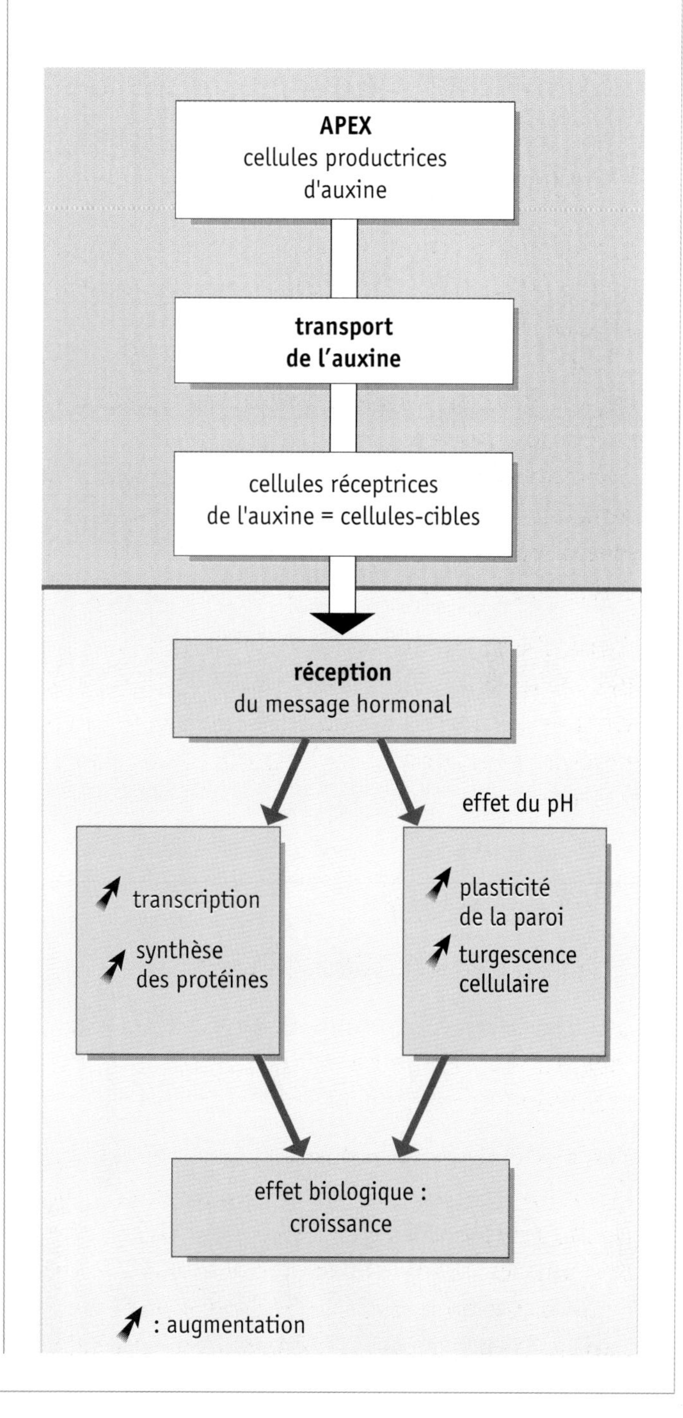

L'essentiel

La croissance des cellules de la tige est la conséquence d'une augmentation de volume du système vacuolaire. Elle est réalisée durant une période déterminée, lorsque la paroi est encore plastique. La paroi des cellules végétales en extension est essentiellement composée de microfibrilles de cellulose enrobées dans une matrice de glucides associés à des protéines.
L'auxine, facteur de croissance ou hormone végétale, contrôle la croissance cellulaire dans la tige. Sécrétée au niveau de l'apex, elle diffuse vers le bas et produit son effet biologique sur les cellules-cibles. Elle augmente à court terme la plasticité de la paroi. À long terme, elle stimule l'expression de gènes impliqués dans la synthèse de protéines intervenant dans l'élongation cellulaire.

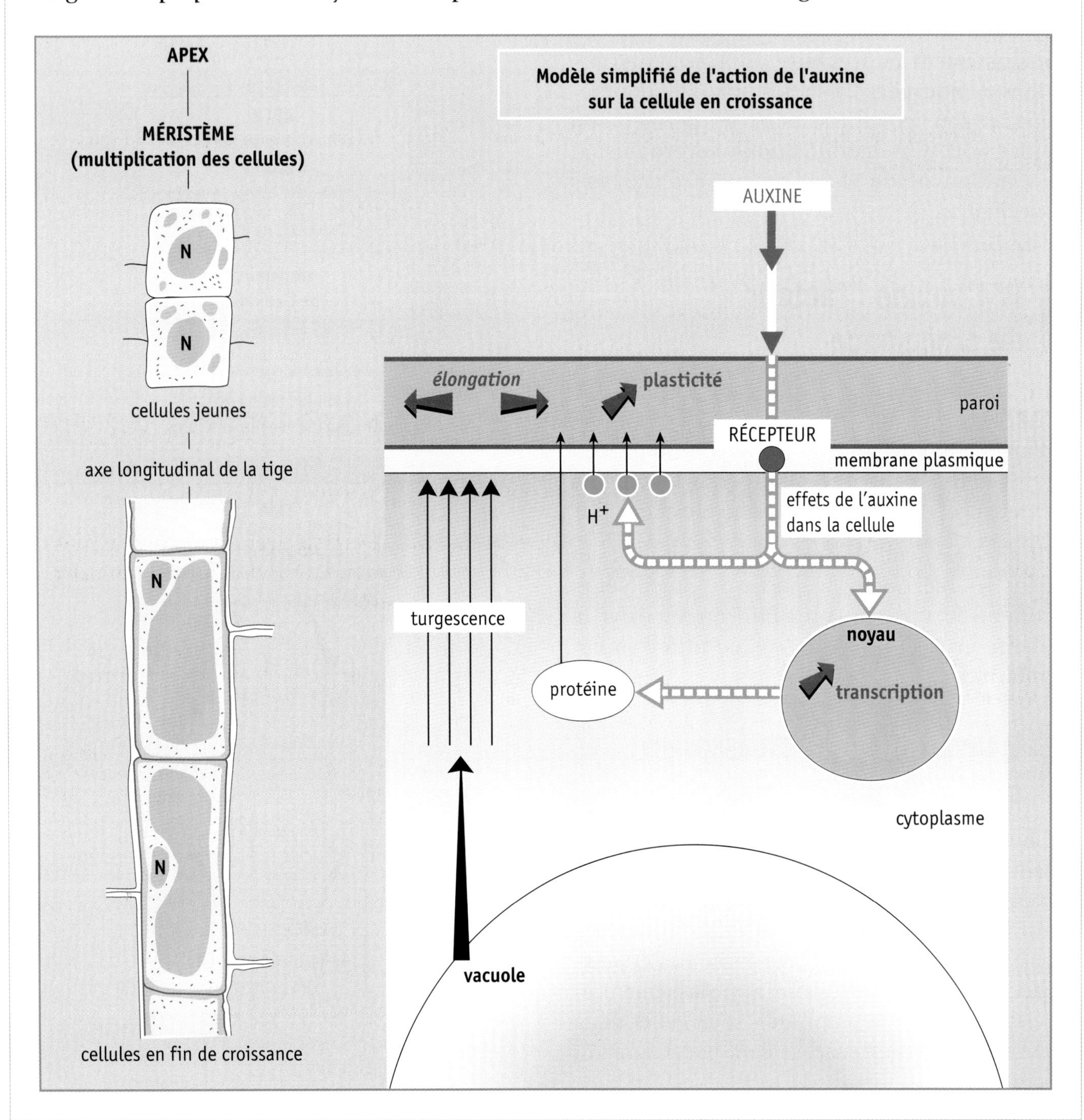

EXERCICES

VÉRIFIER SES CONNAISSANCES

EXERCICE 1 Définir par une phrase courte les mots ou expressions suivants.

- croissance
- vacuole
- paroi
- tonoplaste
- turgescence
- plasmolyse
- facteur de croissance
- conduction polarisée
- cellulose

EXERCICE 2 Reconstituer une ou plusieurs phrases scientifiquement exacte(s) à partir des propositions suivantes.

1. La paroi des cellules végétales...

a. entoure complètement la cellule.
b. est isolante (ne permet pas les communications intercellulaires).
c. est cellulosique.
d. est inextensible.

2. La pression de turgescence cellulaire...

a. est exercée essentiellement par la vacuole.
b. exerce une tension constante sur la paroi.
c. est développée dans des cellules placées dans un milieu hypertonique par rapport au milieu intérieur.

3. L'auxine...

a. est produite par toutes les cellules de la tige.
b. produit un effet biologique sur des cellules-cibles.
c. augmente le pH de la paroi.
d. stimule l'expression de certains gènes.

4. La croissance cellulaire, dans la tige,...

a. se manifeste par une augmentation de volume des organites.
b. est sous le contrôle de l'auxine.
c. n'est possible que pendant une courte période de la vie de la cellule.

EXERCICE 3 Restituer ses connaissances en quelques phrases sur un sujet précis, en utilisant obligatoirement un ensemble de mots-clés.

sujets	mots-clés
a. croissance cellulaire	pression de turgescence, plasticité de la paroi
b. auxine	plasticité de la paroi, acidité
c. auxine	enzyme, expression des gènes
d. facteur de croissance	auxine, apex, cellules-cibles

EXERCICE GUIDÉ

Mode d'action de l'auxine sur la croissance cellulaire

Énoncé Exploiter précisément les deux documents proposés afin d'en dégager un des modes d'action de l'auxine sur la cellule en croissance. Rédiger pour ce faire un résumé faisant ressortir les notions essentielles en utilisant un vocabulaire scientifique précis.

1. **Lire** attentivement les documents afin d'en faire ressortir la notion essentielle mise en évidence.
2. **Rassembler** les données pour construire la réponse, structurée en paragraphes, dont chacun développera un des modes d'action de l'auxine. **Argumenter**, en citant les résultats expérimentaux.

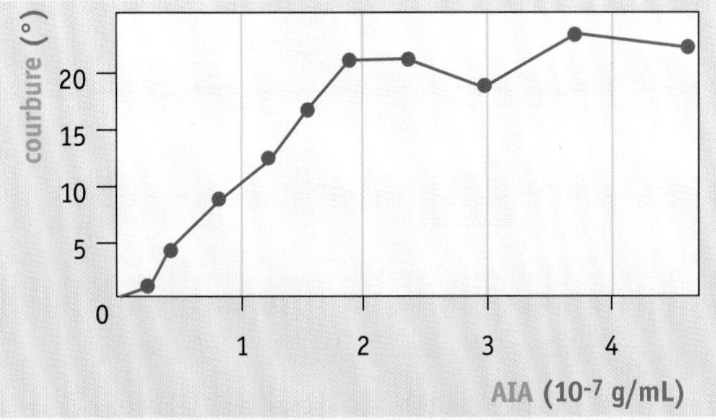

a. Action de l'auxine sur la courbure du coléoptile.

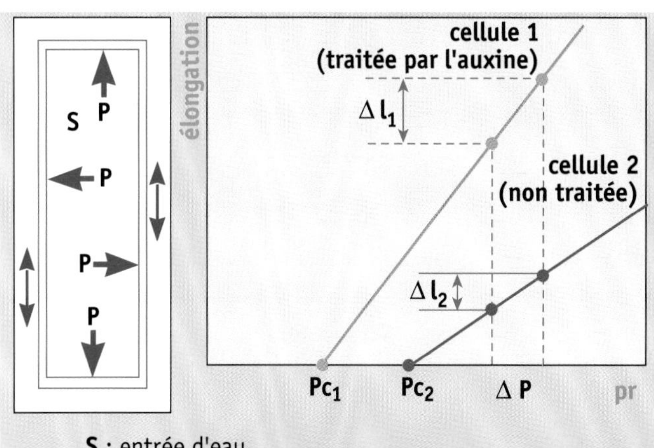

S : entrée d'eau
P : pression de turgescence
Pc1 et Pc2 : pressions de turgescence critique : pression pour lesquelles le flux membranaire est nul

b. Pression de turgescence et tensions exercées sur la paroi.

EXERCICES

APPLIQUER SES CONNAISSANCES

EXERCICE 4 Mode d'action de l'auxine sur ses cellules-cibles

Lecture de résultats expérimentaux. Utilisation de résultats dans un but explicatif

Afin de déterminer le mode d'action de l'auxine sur ses cellules-cibles, un laboratoire réalise l'électrophorèse des produits de traduction des ARNm extraits de plantules de pois. La technique permet de séparer les protéines (marquées au ^{35}S) synthétisées dans les cellules d'extraits traités ou non (témoin) par l'auxine.

1. **Comparer** les résultats obtenus pour les extraits traités par rapport au témoin. En **déduire** un des effets de l'auxine sur ses cellules-cibles.
2. **Établir** une relation entre ces résultats et l'élongation cellulaire stimulée par l'auxine.

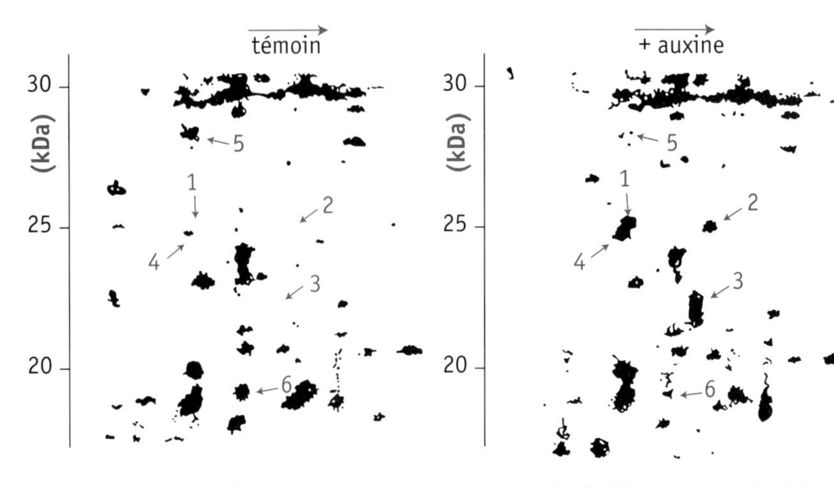

Résultats des électrophorèses.

EXERCICE 5 La paroi assure une fonction de soutien

Établir une relation entre les documents et formuler une hypothèse explicative

Plusieurs mutants portant sur la paroi ont été observés chez *Arabidopsis thaliana*.

1. **Établir** une relation entre le port particulier de certains mutants et les caractères de la paroi de leurs cellules. En **déduire** une fonction essentielle de la paroi.
2. **Proposer** une hypothèse sur la ou les fonctions des gènes concernés par les mutations.

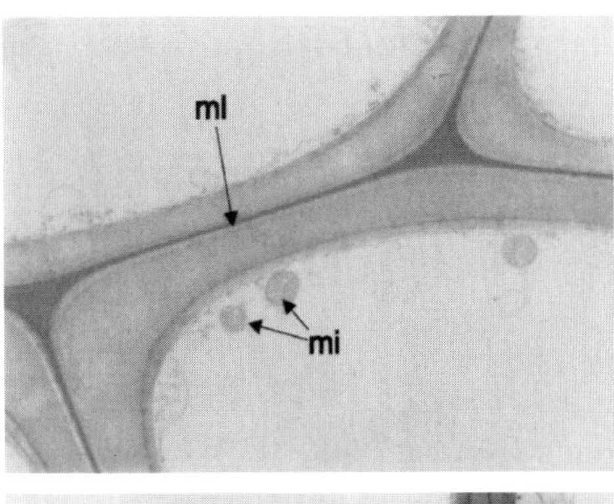

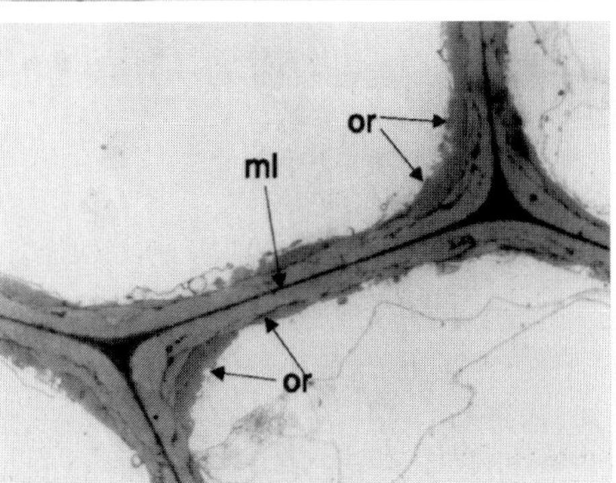

Paroi d'*Arabidopsis thaliana* :

en haut, cellules de la plante sauvage ;

en bas, cellules de la plante mutée (M_3).

ml : lamelle moyenne

mi : mitochondrie

or : formations granulaires

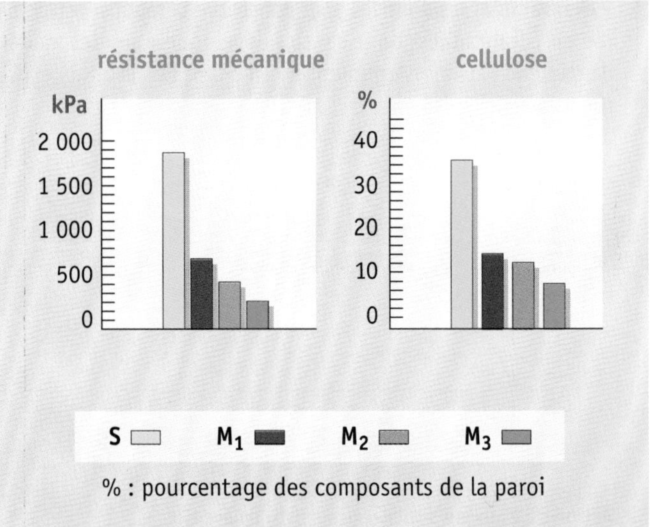

APPLIQUER SES CONNAISSANCES

EXERCICE 6 Croissance des cellules

Saisir des données.
Les utiliser pour répondre à un problème

Le schéma ci-dessous montre les cellules de l'ébauche d'une feuille de rosier. Les vacuoles sont naturellement colorées par des pigments.

1. **Décrire** les cellules jeunes situées à l'extrémité de l'ébauche foliaire et celles qui en sont distantes en bas du schéma.

2. **En déduire** comment se manifeste la croissance cellulaire.

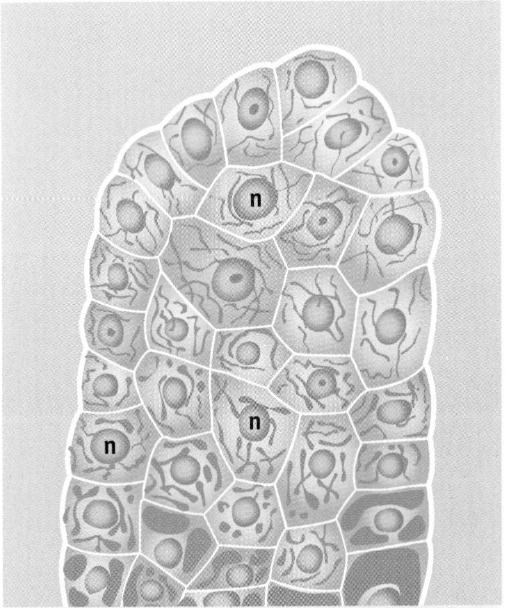

Ébauche de feuille de rosier observée dans la tige.

EXERCICE 7 Effet de l'auxine sur les organes différents de la plante

Saisir des informations sur un graphe.
Établir des relations entre les données dans un but explicatif

Afin de montrer l'effet de l'auxine sur l'élongation des cellules de différents organes de la plante, des expériences ont été réalisées en laboratoire. Les résultats figurent sur le graphe joint.

1. **Rechercher** la concentration optimale de l'auxine, favorable à la croissance des racines, des bourgeons et des tiges.

2. **En déduire** la forme de codage du message hormonal.

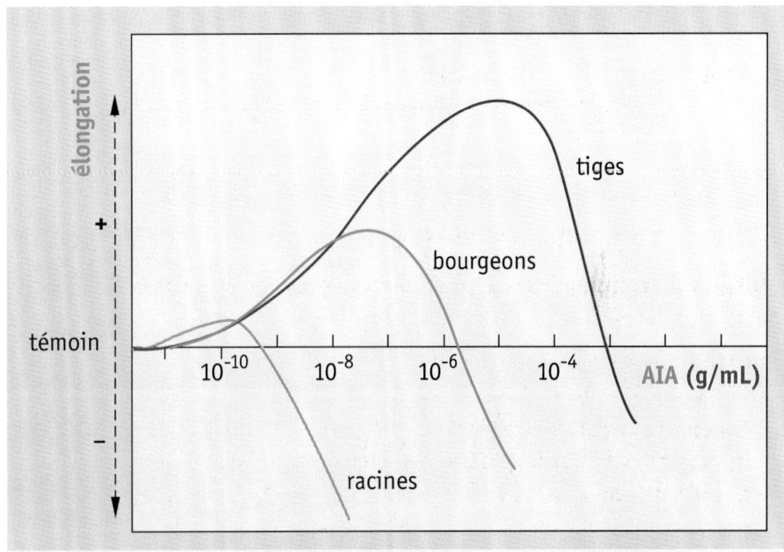

Élongation de cellules de différents organes de la plante en fonction de la concentration en auxine.

EXERCICE 8 Circulation de l'auxine dans la tige

Exploiter des résultats expérimentaux

Le schéma ci-contre résume des résultats expérimentaux. Sur une tige, deux sections sont réalisées en A et en B afin d'en isoler un fragment. Celui-ci est replacé en position normale ou inverse entre deux blocs de gélose.

1. **Récapituler** les résultats.

2. **En déduire** le sens de migration de l'auxine dans la tige.

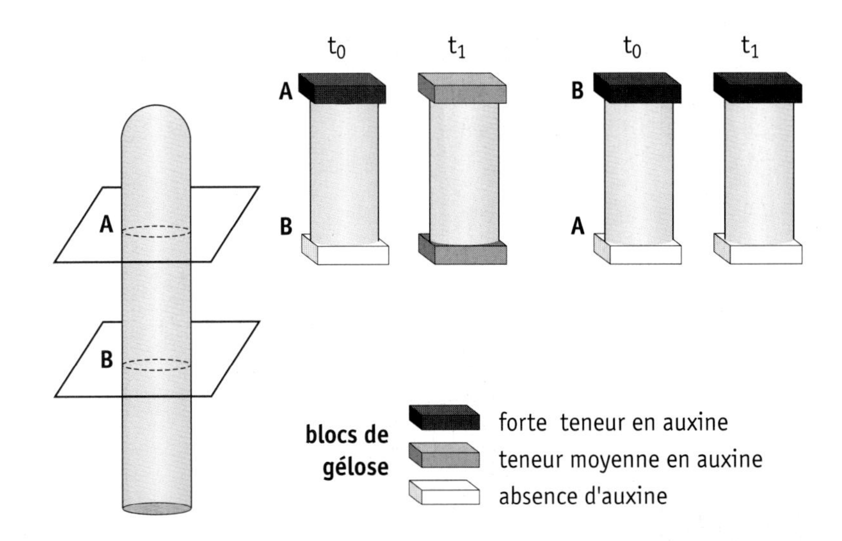

Circulation de l'auxine dans un segment de tige.

Culture *in vitro* d'endives

Chapitre 14

Le développement du végétal sous l'influence des hormones et de l'environnement

Le développement d'un végétal se caractérise par l'augmentation de sa taille, la croissance et la formation d'organes : l'organogénèse. Une plante adulte se développe par étapes sous le contrôle des facteurs de l'environnement et des facteurs internes dont les hormones.

- ► **Comment les facteurs de l'environnement interviennent-ils sur la croissance orientée des végétaux ?**
- ► **Comment la répartition des hormones contrôle-t-elle les changements morphologiques ?**
- ► **Comment la totipotence des cellules végétales permet-elle le clonage des végétaux ?**
- ► **Comment la répartition des hormones permet-elle l'organogénèse ?**

ACTIVITÉ

1 Croissance orientée des végétaux

L'auxine, hormone végétale synthétisée au niveau de l'apex de la tige, agit sur la croissance des cellules provoquant leur élongation. Des plantes, soumises à un éclairement unilatéral, se courbent dans la direction de la source lumineuse : c'est le **phototropisme**, croissance orientée des végétaux.

▶ **Comment l'auxine intervient-elle sur la croissance orientée des végétaux ?**

VOCABULAIRE

Anisotrope : milieu où un facteur donné de l'environnement a des propriétés différentes dans une direction donnée.

Isotrope : milieu où un facteur donné de l'environnement a les mêmes propriétés dans toutes les directions.

Phototropisme : réaction d'orientation due à la lumière.

Doc.1 Croissance des plantes dans des environnements différents

▶ Dans un milieu anisotrope, la croissance des plantes est orientée vers la lumière.

▶ Dans un milieu isotrope, on n'observe pas cette courbure.

Plantules de radis en milieu anisotrope et isotrope.

TP

Doc.2 L'auxine et la croissance orientée des végétaux

Pour montrer la relation entre la croissance orientée des coléoptiles et l'**anisotropie** de l'environnement, des expériences ont été réalisées sur des coléoptiles de maïs germés depuis 5 jours.

La gélose utilisée dans ces expériences est imprégnée d'auxine à une concentration physiologique soit 10^{-4} g/L ; la température est de 20 °C. Les résultats sont observés après 1 heure environ.

▶ Document (a)
a1 : témoin ;
a2 : coléoptile décapité ;
a3 : coléoptile entouré d'un cache ouvert au niveau de l'apex ;
a4 : apex recouvert d'un cache.
(La flèche blanche matérialise la source de lumière.)

▶ Document (b)
i'1 : gélose + auxine ;
i'2 : gélose + auxine sur un côté de la section ;
i' : coléoptile sans apex.

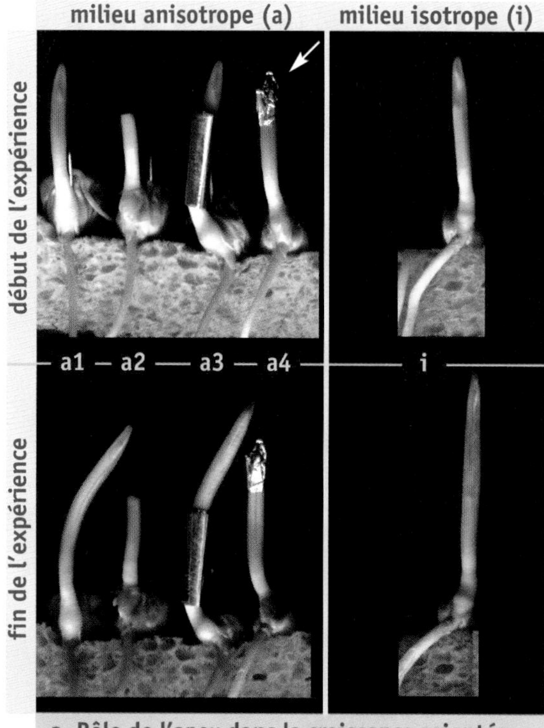

a. Rôle de l'apex dans la croissance orientée.

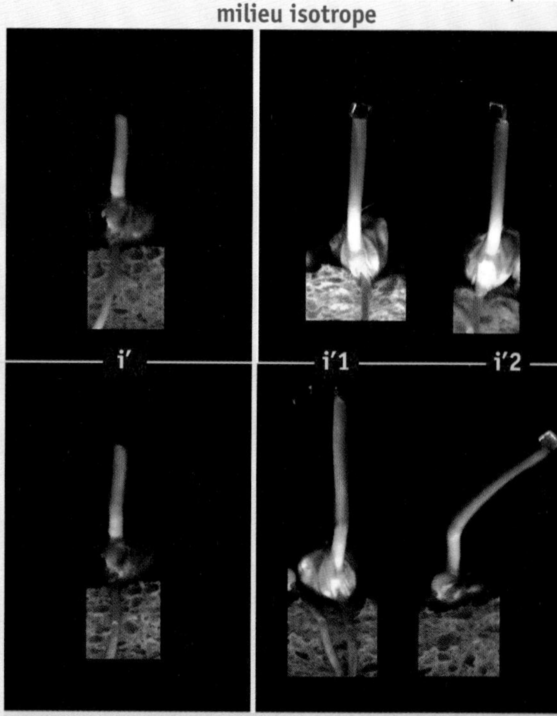

b. La croissance orientée sous l'effet de l'auxine.

Doc.3 Mécanisme d'action de l'auxine

▶ Le dosage de la quantité d'auxine a été réalisé sur un coléoptile placé dans un milieu **isotrope** et anisotrope. Les résultats sont indiqués sur la figure (**a**).

▶ Afin de révéler le mécanisme d'action de l'auxine, la courbure d'un coléoptile sous l'effet de l'auxine a été mesurée (**b**).

▶ Afin de rechercher les causes de cette inégale répartition de l'auxine deux hypothèses ont été formulées :
– l'auxine serait oxydée par la lumière ;
– l'auxine migrerait de la face éclairée vers la face non éclairée.

▶ La migration de l'auxine de la face éclairée vers la face non éclairée est mise en évidence par l'emploi d'auxine marquée par un isotope radioactif (**c**).

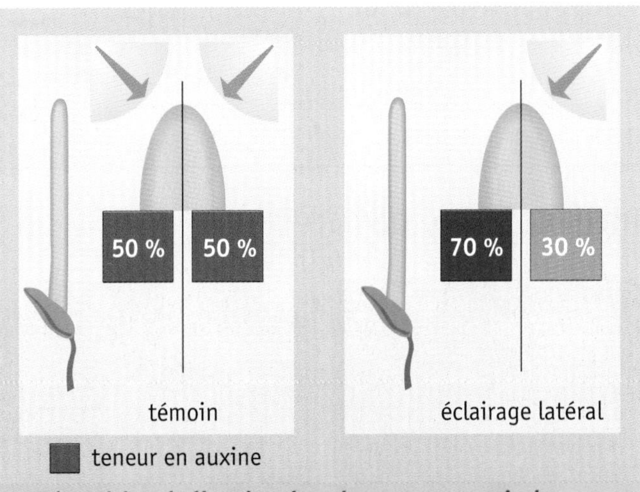

a. Répartition de l'auxine dans la zone sous-apicale.

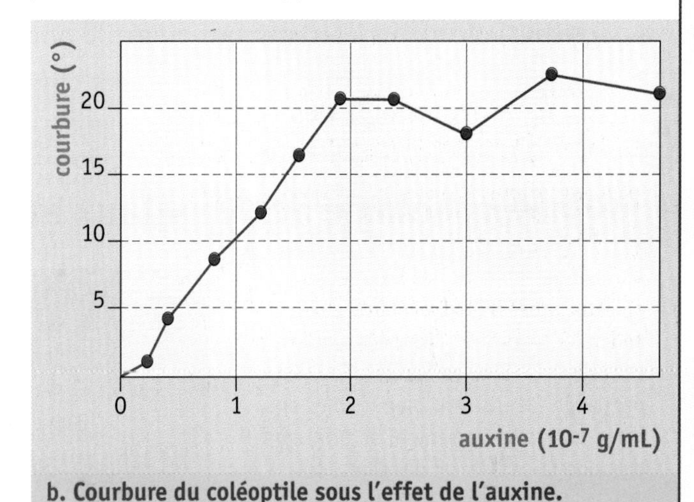

b. Courbure du coléoptile sous l'effet de l'auxine.

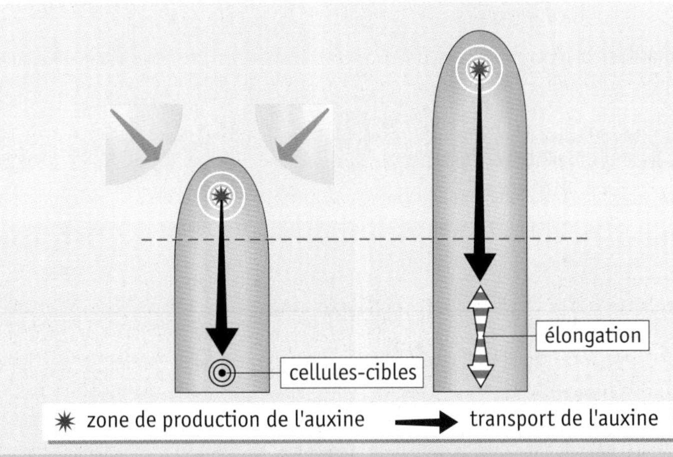

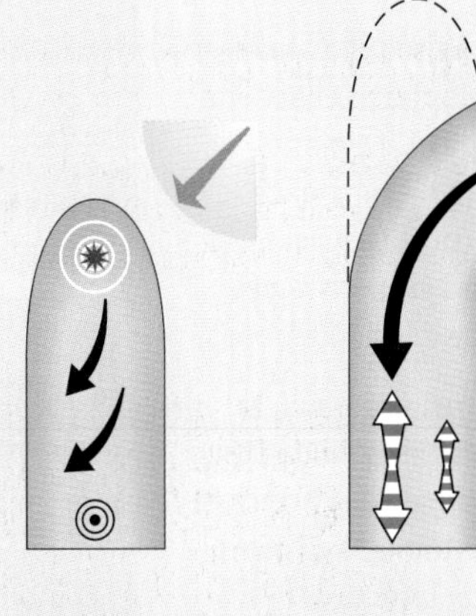

c. Migration de l'auxine dans des conditions d'éclairement isotrope et anisotrope.

EXPLOITATION DES DOCUMENTS

1. Afin de montrer l'intervention de l'auxine dans le phototropisme, **comparer** les résultats des expériences deux à deux (voir tableau) et **donner** la signification des résultats obtenus.

expérience 1	signification des résultats	expérience 2	signification des résultats
i – a1		i' – i'1	
a1 – a2		i'1 – i'2	
a2 – a3			

2. Retrouver les étapes initiales de la démarche expérimentale, c'est-à-dire le problème biologique posé par les faits observés et **formuler des hypothèses** explicatives de l'intervention de l'auxine dans le phototropisme (**Doc. 1** et **2**).

3. Montrer comment les observations réalisées à partir des **Doc. 3a** et **3b** ont conduit à la validation des hypothèses exposées en **Doc. 3c**.

4. Répondre au problème posé : « Comment l'auxine intervient-elle sur la croissance orientée des végétaux ? »

ACTIVITÉ

2 Changement morphologique des végétaux

Le **port** d'un arbre dépend de la forme du tronc, de la disposition angulaire des branches et du nombre des rameaux. Certaines pratiques horticoles, dont la taille, modifient les ramifications naturelles et entraînent un changement morphologique. Les rameaux se développent à partir de bourgeons apicaux et latéraux sous contrôle hormonal.

► **Comment la répartition des hormones contrôle-t-elle les changements de morphologie des végétaux ?**

VOCABULAIRE

Bourgeons à bois : bourgeons dont le développement donnera un rameau feuillé.

Bourgeons apicaux : bourgeons situés à l'extrémité des tiges.

Bourgeons axillaires : bourgeons situés à la base d'une feuille.

Port : forme naturelle d'un végétal.

Sarment : rameau de la vigne.

Doc.1 Morphologie des végétaux et ramifications naturelles

► Les tiges portent des **bourgeons apicaux** situés à l'extrémité de l'axe de la plante et des **bourgeons axillaires** situés à l'aisselle des feuilles. Formés pendant l'été, ils sont bien visibles en hiver. Leur développement au printemps entraîne la croissance des tiges, des feuilles et des fleurs. Cette croissance dépend de l'activité d'un méristème.

► Certains végétaux ne sont pas ramifiés. Leur tige se développe par l'activité du **seul méristème apical**. La plante présente une morphologie simple, celle d'un axe unique et vertical (papayer, centaurée, muflier...). Les méristèmes latéraux présents ne se développent pas.

Chez de nombreux autres végétaux, la tige se ramifie selon diverses modalités. Le méristème apical forme l'axe principal de la plante ; les **méristèmes axillaires** produisent les rameaux latéraux.

a. Érable, épicéa, plante herbacée.

b. Papayer.

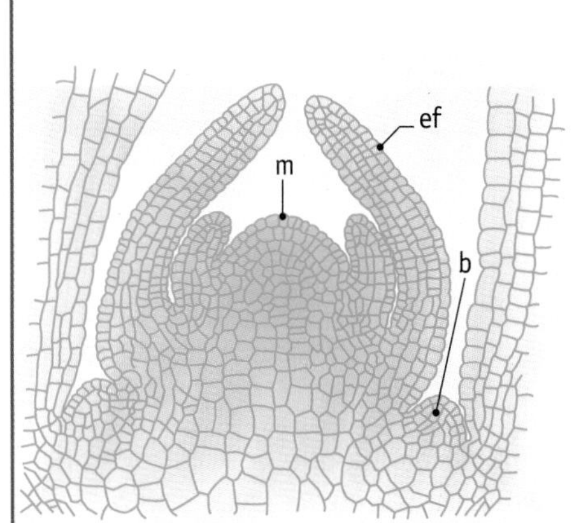

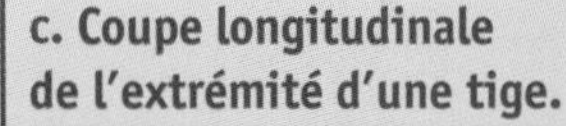

c. Coupe longitudinale de l'extrémité d'une tige.

d. Bourgeons et développement des tiges.

Doc.1 Morphologie des végétaux et ramifications naturelles (suite)

▶ L'aspect morphologique de la plante est lié à la situation sur la tige des méristèmes en activité. Chez l'érable, ce sont les méristèmes situés sur la **face inférieure** du rameau qui sont les plus actifs, les bourgeons sont plus gros. Chez l'épine vinette, dès la seconde année, le bourgeon apical avorte, c'est un bourgeon situé à la base de la tige et sur la **face supérieure** qui se développe. Le même processus se poursuit les années suivantes.

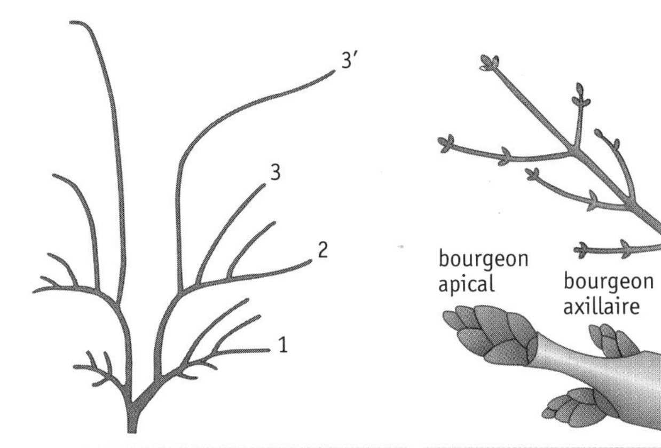

e. Ramification de l'épine vinette.

f. Ramification de l'érable.

Doc.2 Morphologie des végétaux et ramifications provoquées

▶ Dès le début de l'agriculture, l'Homme a cherché à modifier la morphologie et la production de végétaux par la taille. Dans les jardins d'agréments, elle permet la réalisation des haies, des massifs. En agriculture, elle est utilisée pour obtenir des **fruits plus nombreux** par élimination des **bourgeons à bois**, pour obtenir des fruits plus gros, mûrissant plus vite car la lumière pénètre plus facilement dans l'arbre, et pour faciliter la récolte.

▶ Des pincements au niveau des feuilles regroupées à la base des bourgeons pratiqués en cours de végétation permettent une formation abondante et rapide de **bourgeons à fruits** chez le pommier.

▶ La fructification est assurée par les rameaux de vigne âgés d'un an seulement. Tout **sarment** qui a fructifié ne portera plus de fruits, il sera taillé l'année suivante. Un ébourgeonnage est réalisé ultérieurement afin d'éliminer les bourgeons inutiles consommateurs de sève.

a. Taille du pommier.

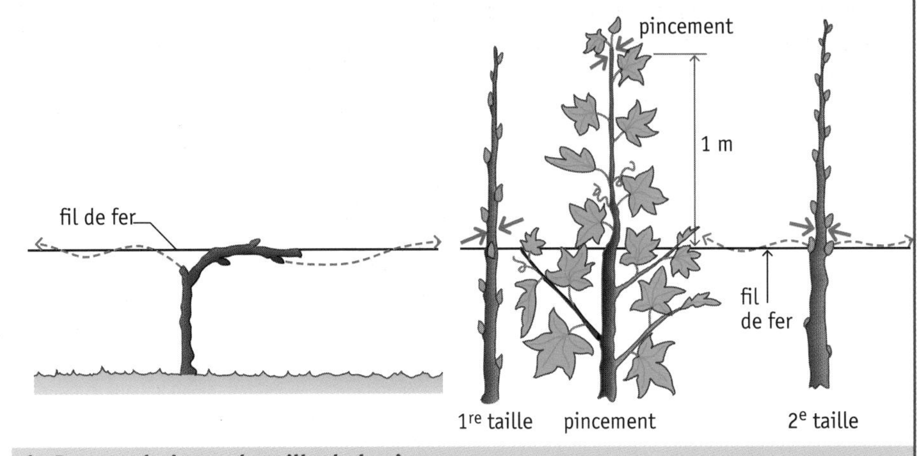

b. Deux techniques de taille de la vigne.

EXPLOITATION DES DOCUMENTS

1. **Expliquer** comment l'Homme peut modifier la morphologie et la production en fruits des végétaux en pratiquant la taille (**Doc. 2**).

ACTIVITÉ
2 (suite) Changement morphologique des végétaux

▶ **Comment la répartition des hormones contrôle-t-elle les changements de morphologie des végétaux ?**

VOCABULAIRE

Débourrage : début de développement d'un bourgeon.

Dominance apicale : inhibition du développement des bourgeons axillaires par le bourgeon apical.

Nœud : partie un peu plus grosse de la tige où est localisé le bourgeon axillaire ; correspond aussi au lieu de fixation d'une feuille sur la tige.

Doc.3 Le rôle de l'auxine

▶ Chez les végétaux supérieurs, la croissance de la tige est réalisée à partir du bourgeon apical. Au début du développement, les bourgeons axillaires situés à l'aisselle des feuilles ne se développent pas (**A**).

Si le bourgeon apical est sectionné (**B**), le bourgeon axillaire le plus proche **débourre** et un rameau se forme. Le bourgeon apical exerce une **inhibition de développement** des bourgeons axillaires. C'est la **dominance apicale**. L'apport d'auxine à la place du bourgeon apical sectionné (**C**) inhibe le développement des bourgeons axillaires.

▶ L'auxine synthétisée au niveau du méristème apical migre dans la plante jusqu'aux racines où s'accumule la partie qui n'a pas été dégradée au cours de la migration.

Dans les pratiques horticoles, pour modifier le port des arbres à usage décoratif ou pour favoriser le développement des bourgeons floraux, l'Homme pratique la taille de rameaux :
– la **suppression du bourgeon apical** diminue le taux d'auxine circulant et permet le développement des bourgeons axillaires par levée d'inhibition ;
– l'**application d'auxine** sur les bourgeons des tiges de certaines plantes, dont le tubercule de pomme de terre, inhibe le développement des bourgeons (yeux).

▶ Les travaux de Snow (**c**), réalisés sur la plantule de fève, ont montré qu'après **section de l'apex** d'une jeune plantule de fève, on observe le débourrage et la croissance de 2 bourgeons situés de part et d'autre, deux pousses se forment.
La croissance de l'un d'eux (**B**) s'arrête peu après.
La suppression du bourgeon terminal (**A**), situé à l'extrémité de la pousse la plus grande, entraîne la reprise de la croissance de l'autre tige.

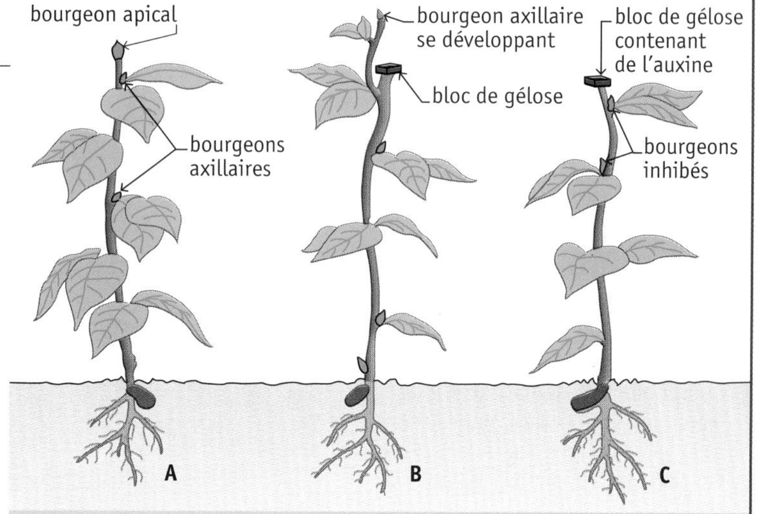

a. Dominance apicale.

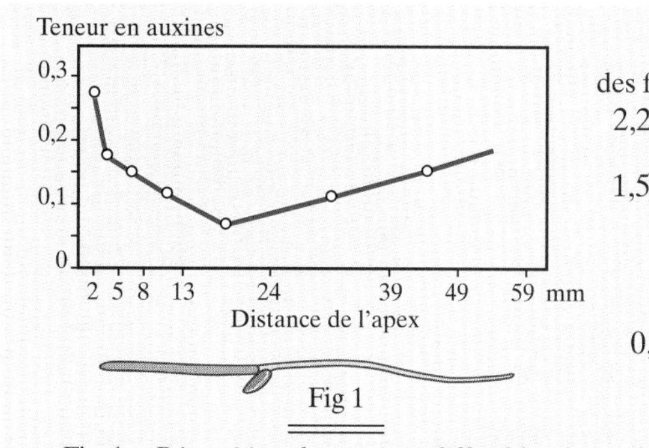

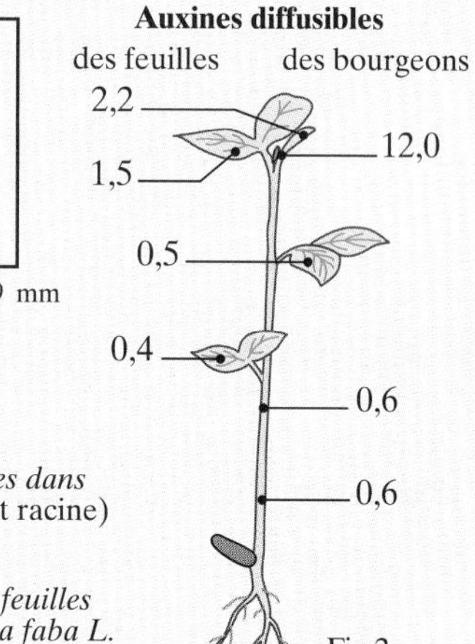

Fig. 1 – *Répartition des auxines diffusibles dans une plantule d'Avoine étiolée* (coléoptile et racine) (d'après THIMANN)

Fig. 2 – *Teneur en auxines diffusibles des feuilles et des bourgeons d'une jeune plante de Vicia faba L.* (d'après THIMANN et SKOOG)

b. Répartition de l'auxine dans la plantule.

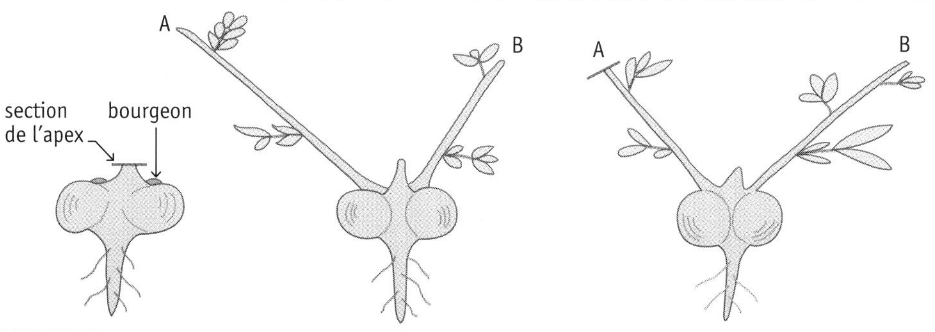

c. Relation chimique entre les organes.

Doc.4 Le rôle des cytokinines

témoin	48h après	radioactivité
40 plantes traitées; injection	1	277
	2	75
	3	61
	4	197
	5	124
	6; injection	111

a. Traçage radioactif d'une cytokinine dans une plante en croissance (en unité de radioactivité par min et par g de matière sèche).

▶ Les **cytokinines** sont des hormones synthétisées par la racine, près de l'apex. Elles sont transportées par la sève brute. Elles agissent au niveau des racines et des bourgeons.

▶ Une cytokinine injectée à la base d'une tige migre vers le bourgeon apical où elle se concentre.
Elle favorise le débourrage des bourgeons axillaires.
L'injection d'une cytokinine radioactive permet de repérer les lieux de fortes concentrations.
48 h après, les bourgeons axillaires inhibés sur le témoin entrent en croissance.

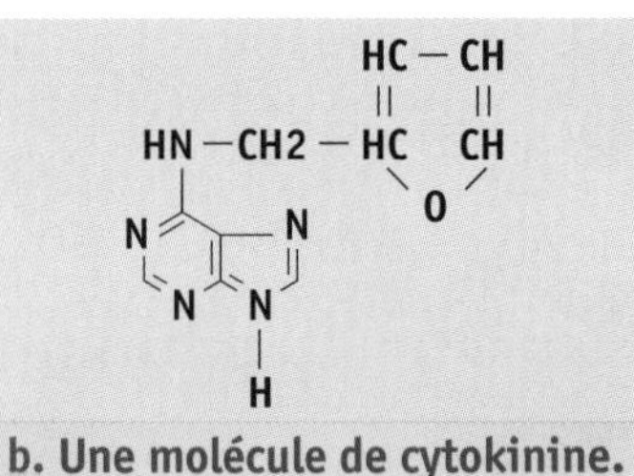

b. Une molécule de cytokinine.

Doc.5 Le rôle des gibbérellines

Les gibbérellines sont produites par l'apex des jeunes tiges et des racines dans les lieux de division active. Elles favorisent la croissance des entre-**nœuds**, celle-ci est due à la prolifération et l'élongation des cellules de la tige.
La vaporisation de gibbérellines sur les plants nains provoque la croissance de la tige par **élongation des entre-nœuds**.
En horticulture, on utilise des anti-gibbérellines pour obtenir des plantes naines.

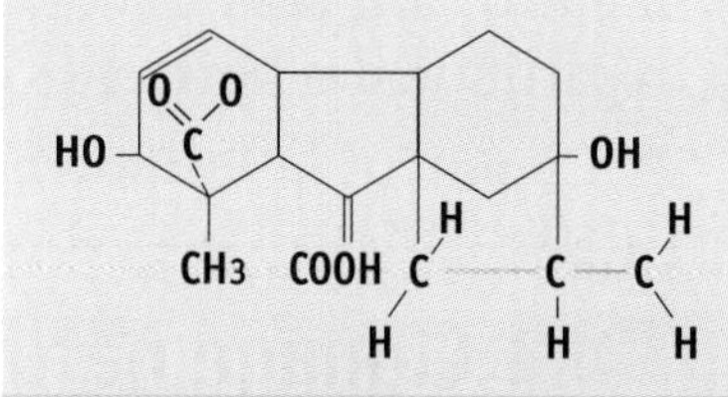

a. Molécule de gibbérelline.

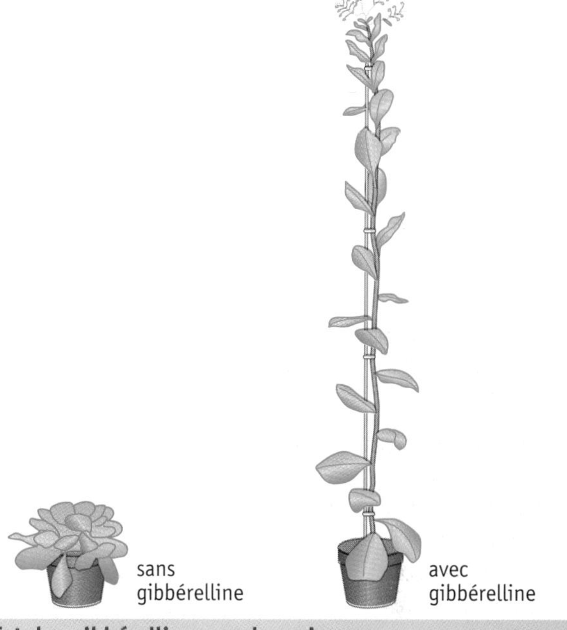

b. Effet des gibbérellines sur la croissance.

EXPLOITATION DES DOCUMENTS

2. Expliquer comment la morphologie des végétaux peut être modifiée par la taille (**Doc. 3a**).

3. a. Montrer comment l'étude expérimentale exposée en **Doc. 3a et 3b** a révélé le rôle de l'auxine sur la ramification naturelle des végétaux. **b.** Sachant que l'auxine a une migration polarisée, **émettre** une hypothèse expliquant la reprise de croissance du rameau B (**Doc. 3c**).

4. Montrer comment les cytokinines agissent sur les changements morphologiques des végétaux (**Doc. 4**).

5. Montrer comment les gibbérellines agissent sur les changements morphologiques des végétaux (**Doc. 5**).

6. À partir de la répartition naturelle de l'auxine dans le végétal (**Doc. 3b**) et des effets connus de cette hormone, **indiquer** quels bourgeons axillaires devraient se développer davantage chez les plantes. **Proposer** alors des hypothèses pour expliquer la morphologie variée des végétaux (**Doc. 3** et **4**).

7. Afin de **répondre au problème posé** : « Comment la répartition des hormones contrôlent-elles les changements de morphologie des végétaux ? », **compléter** le tableau ci-dessous en mettant des + (stimulation) et des − (inhibition).

	croissance des bourgeons apicaux	croissance des bourgeons axillaires	croissance des entre-nœuds
auxine			
cytokinines			
gibbérellines			

ACTIVITÉ

3 Du clonage naturel à la culture *in vitro*

Toute cellule végétale vivante, quelle que soit sa spécialisation, possède l'information nécessaire pour reconstituer toutes les parties d'une plante. C'est la **totipotence**. Ainsi les plantes peuvent se reproduire à partir d'organes, de fragments d'organes ou de cellules isolées ; c'est la **multiplication végétative**. Les plantes ainsi formées sont toutes génétiquement identiques. Elles constituent un clone. D'autre part, la morphologie, la formation des organes (organogénèse) des végétaux dépendent de la répartition des hormones dans les tissus.

► **Comment la totipotence des cellules végétales permet-elle le clonage des végétaux ?**

Doc.1 Clonage naturel des végétaux

► Le fraisier forme des stolons : ce sont de longues tiges à croissance horizontale à l'extrémité desquelles se différencient les tiges et les racines d'un nouveau fraisier.

► Sur la tranche des feuilles du bryophyllum se forment des plantules (bulbilles) qui tombent sur le sol et se développent.

► Le clonage peut se réaliser à partir des différents organes (tige, feuilles, résines) des végétaux.

a. Stolons de fraisier.

b. Plant de bryophyllum.

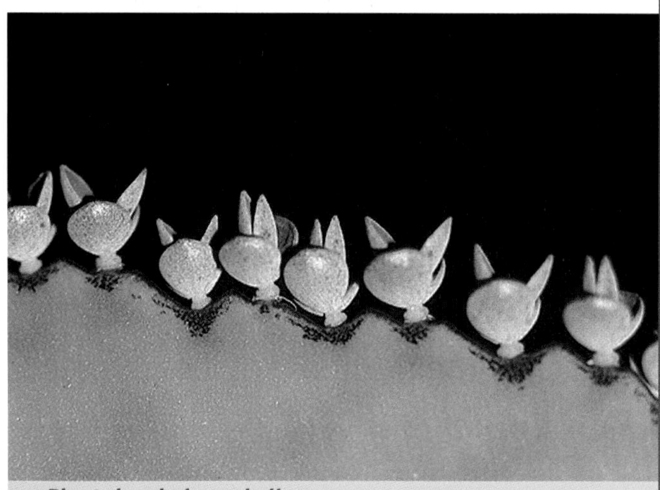

c. Plantules de bryophyllum.

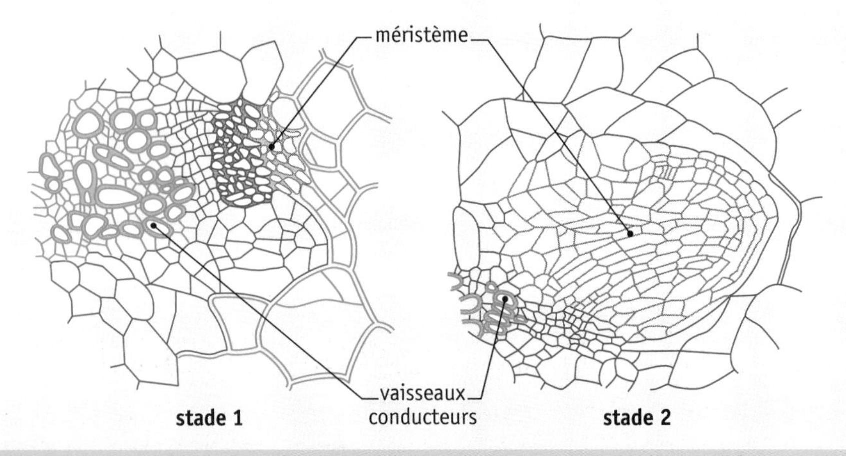

La feuille est formée de cellules différenciées qui forment des tissus : tissu conducteur, tissu chlorophyllien.
Chez certaines plantes, dont le bégonia, un méristème de racine se forme à partir de cellules de la feuille (c).

d. Deux stades de formation d'une racine sur une bouture de feuille de bégonia.

Doc.2 Totipotence des cellules végétales

coupe transversale de la racine

fragments de 2 mg

culture des fragments en milieu nutritif

division des cellules libres en suspension

développement d'un embryon à partir des cellules libres cultivées

culture sur gélose de la plantule puis transplantation en terre

plante adulte

a. Cultures de cellules végétales.

► Quelle que soit leur origine, des cellules isolées peuvent générer un organisme entier. Placées dans un milieu de culture favorable, elles reprennent leur **activité de mitose**, forment des colonies de cellules au sein desquelles apparaissent des zones méristématiques à l'origine de l'organogénèse.

► Des modifications importantes se produisent lors du passage de la cellule d'un état différencié à un état **dédifférencié**. La cellule acquiert alors les caractères des cellules méristématiques.

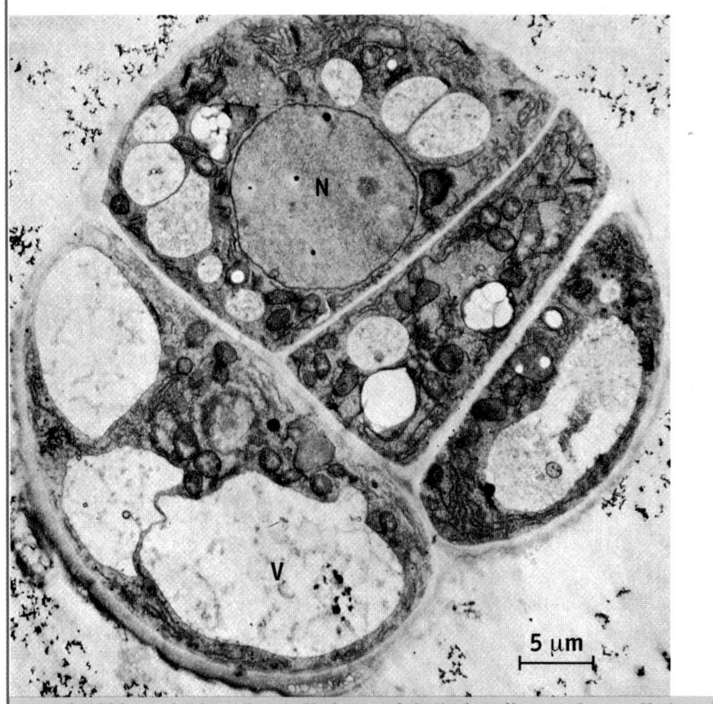

cellules différenciées

vacuole

noyau

V

cellules dédifférenciées

N

V

V

b. Dédifférenciation des cellules spécialisées (à gauche, cellules de pétioles de carottes sauvages).

EXPLOITATION DES DOCUMENTS

1. **Justifier** le terme de multiplication végétative pour les exemples présentés (**Doc. 1**).
2. Les cellules végétales sont totipotentes. **Relever** dans les **Doc. 1** et **2**, les informations qui caractérisent cette capacité.

ACTIVITÉ

3 (suite) Du clonage naturel à la culture *in vitro*

▶ **Comment la répartition des hormones permet-elle l'organogénèse ?**

Doc.3 Hormones et culture *in vitro* : un siècle de recherches

▶ Dès le **début du siècle**, les cultures de cellules sont réalisées en laboratoires sans application directe en agronomie et en horticulture.

▶ **En 1926**, Went montre le rôle de l'auxine dans la croissance des cellules.

▶ **En 1933**, White réalise une culture de racines de tomate qui se développent indéfiniment sur un milieu liquide contenant des sels minéraux, du sucre et des extraits de levure.

▶ **En 1939**, Gautheret cultive avec succès des tissus méristématiques en introduisant de l'auxine dans le milieu de culture.

▶ **En 1950**, Morel utilise du lait de Coco pour obtenir la multiplication des cellules. Steward et Shantz isolent à partir du lait de coco une des premières cytokinines.

▶ **Actuellement**, la culture *in vitro* est pratiquée couramment pour produire rapidement et en grand nombre des plants sains, présentant les mêmes caractéristiques phénotypiques. Tous ces plants forment un clone, c'est un clonage artificiel.

Doc.4 Le clonage *in vitro* sous contrôle hormonal

▶ F. Skoog (1957), travaillant sur des cultures de fragments de feuilles, met en évidence les interactions entre auxine et cytokinines qui interviennent dans la formation d'organes spécialisés.

▶ En faisant varier la proportion des hormones végétales, on peut :
- obtenir des tissus peu différenciés : cal ;
- déclencher la différenciation des bourgeons ;
- déclencher la différenciation des tiges ;
- déclencher la différenciation des racines.

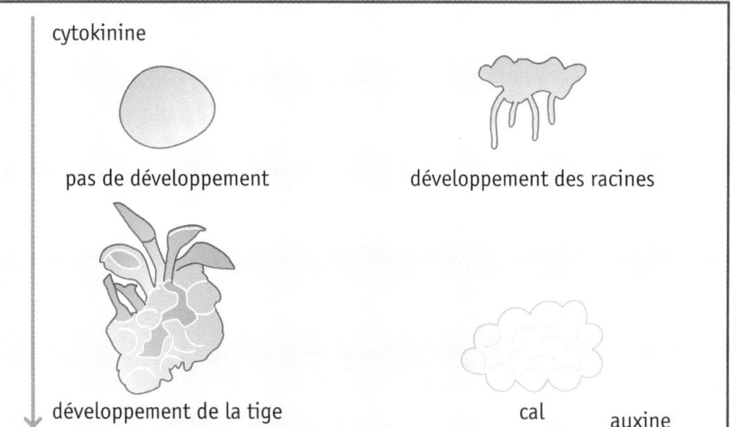

a. Expérience de F. Skoog.

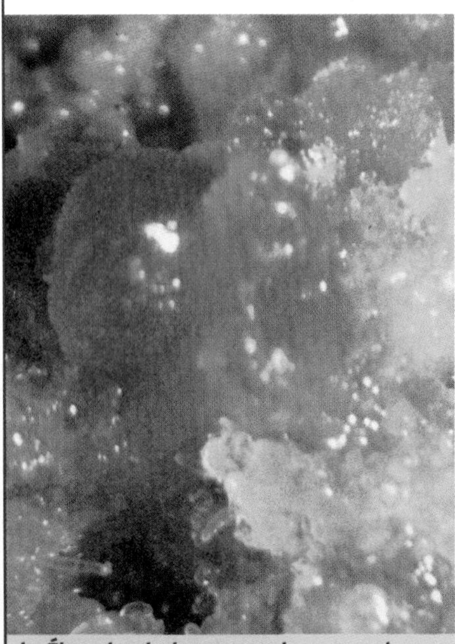

b. Ébauche du bourgeon dans un cal.

c. Développement d'une tige feuillée.

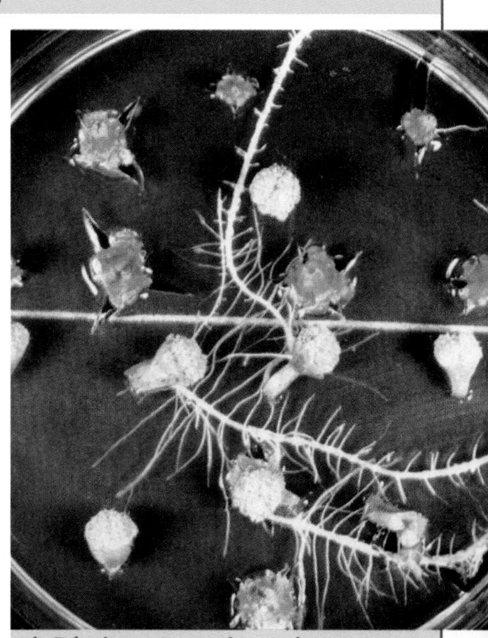

d. Développement des racines.

TP

Doc.5 Multiplication végétative *in vitro* du pétunia

produits	quantité pour 1 L de milieu
macroéléments de Murashige et Skoog × 10	100 mL
microéléments de Murashige et Skoog × 100	1 mL
Fe EDTA × 100	5 mL
vitamine B6 × 100	10 mL
kinétine ou benzyladénine 10^{-3}	5 mL
saccharose	30 g
agar-agar	8 g
myo-inositol	100 mg
L-glutamine	200 mg

a. Préparation du milieu de culture

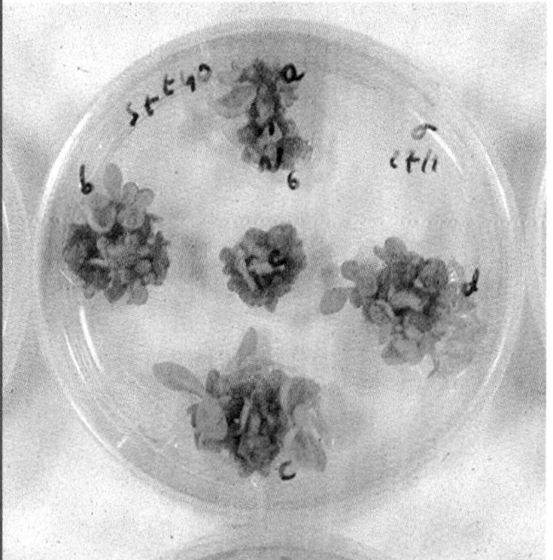

b. Développement après 34 jours.

c. Développement après 48 jours.

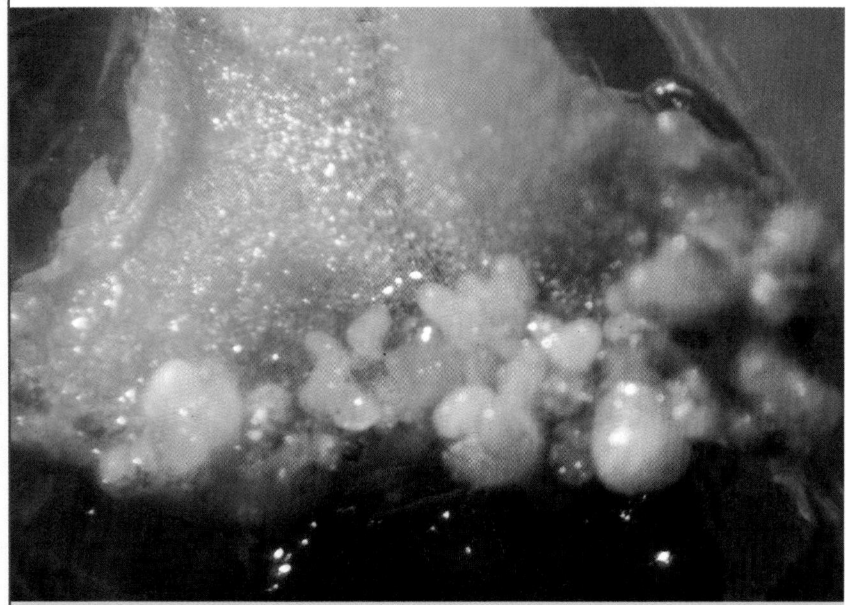

d. Formation de méristèmes sur la feuille.

PROTOCOLE

Mise en culture

1. Travailler dans des conditions aseptiques.

2. Prélever de jeunes feuilles de pétunia et découper du limbe en fragments de 1 × 1 cm de surface en évitant les nervures.

3. Désinfecter dans un bain d'alcool à 70 ° (2 min) puis dans une solution d'hypochlorite de calcium à 70 g/L contenant un agent mouillant.

4. Rincer trois fois dans de l'eau distillée et disposer des fragments sur le milieu de culture dans des boîtes hermétiquement closes.

Milieu de culture

5. Préparer le milieu de culture à l'aide du tableau (**a**). Ajuster à pH 5,6 et stériliser à l'autoclave.

Conditions de culture

6. Les récipients sont placés dans une chambre de culture dont le température est de 20 à 22 °C et dont la photopériode est de 16 h.

e. Étapes du développement d'un bourgeon.

EXPLOITATION DES DOCUMENTS

3. Montrer à partir des résultats de Skoog comment la répartition des hormones dans le milieu de culture intervient dans l'organogénèse (**Doc. 4**).

4. Répondre au problème posé : « Comment la répartition des hormones permet-elle l'organogénèse ? » (**Doc. 4** et **5**).

SYNTHÈSE

Le développement du végétal sous l'influence des hormones et de l'environnement

Le développement d'un végétal conduit à des morphologies caractéristiques de l'espèce. Les premières expériences ont montré que certains facteurs de l'environnement, dont la lumière, interviennent dans le développement des végétaux. Elles ont révélé également l'existence d'une communication chimique entre les organes et l'implication d'une hormone dans ce développement.

LES MOTS À CONNAÎTRE

Débourrage : début de développement d'un bourgeon.

Dominance apicale : effet inhibiteur du bourgeon apical sur le développement des bourgeons axillaires.

Nœud : partie un peu plus grosse de la tige où est localisé le bourgeon axillaire ; correspond aussi au lieu de fixation d'une feuille sur la tige.

Phototropisme : réaction d'orientation due à la lumière.

Totipotence : capacité d'une cellule à se différencier en tout type cellulaire.

I La croissance orientée des végétaux

Dans un environnement lumineux anisotrope, le phénotype des végétaux se modifie. Les coléoptiles, les tiges se courbent vers la lumière, c'est le **phototropisme**. La courbure est la conséquence d'une croissance moins rapide du côté exposé à la lumière.

L'apex est l'organe récepteur de la lumière, la zone de courbure est la partie de l'organe qui réagit.
La courbure, dans un environnement lumineux anisotrope, se produit expérimentalement du côté où se trouve l'auxine. C'est la face qui contient de l'auxine qui grandit le plus.

L'**auxine** est l'hormone qui agit sous l'action d'un facteur de l'environnement.
Elle est produite par les cellules méristématiques de l'apex, se concentre du côté opposé à la lumière. Cette différence de concentration de l'auxine, du côté éclairé par rapport au côté sombre, entraîne une différence de croissance des cellules et la courbure de l'organe.

II Les changements morphologiques des végétaux

A La morphologie des végétaux

Le port des végétaux est propre à une variété donnée, c'est un critère utilisé pour les distinguer les uns des autres. Le port est lié aux ramifications des rameaux qui les constituent. Les ramifications de ces rameaux résultent du développement des bourgeons.

Un bourgeon est formé par des feuilles entourant un méristème apical. À la base de chaque feuille, il y a un méristème axillaire.

On distingue deux types de bourgeons : les bourgeons **apicaux** situés à l'extrémité des rameaux et les bourgeons **axillaires** situés à l'aisselle d'une feuille.

Lorsque le bourgeon terminal est le seul à se développer, la première année, la tige n'est pas ramifiée, le développement des bourgeons axillaires est inhibé par le bourgeon apical.

La levée de l'inhibition plus tardive des bourgeons axillaires, et leur développement plus ou moins important, sont à l'origine des différentes ramifications.

B L'Homme change la morphologie des végétaux

Pour modifier la morphologie des végétaux, pour améliorer les rendements des arbres fruitiers, l'Homme pratique la taille. Elle consiste à supprimer certains bourgeons de façon à favoriser le développement des bourgeons floraux.

C Le développement des bourgeons et la répartition des végétaux

Les ramifications des végétaux sont sous le contrôle de plusieurs hormones :
– l'**auxine** joue le même rôle que le bourgeon apical. Elle inhibe le développement des bourgeons axillaires ;

– les **cytokinines** entraînent la levée de l'inhibition des bourgeons axillaires. Elles sont produites par les extrémités des racines ;

– les **gibbérellines** vaporisées sur certaines plantes entraînent la croissance de ces plantes. Elles sont produites dans les zones de divisions actives des organes jeunes. Elles agissent sur la croissance des entre-noeuds.

III Du clonage naturel à la culture *in vitro*

Chez les végétaux, une cellule, un tissu, un organe peuvent, dans certaines conditions de culture précises, être à l'origine d'un nouveau végétal. Les végétaux obtenus sont identiques entre eux et identiques au végétal initial. Ils ont le même phénotype et le même génotype, ils forment un **clone**. Les cellules prélevées dans différents organes se dédifférencient, c'est-à-dire perdent leurs caractères spécifiques, reprennent leurs caractères méristématiques : petites tailles, noyau volumineux, diminution de la taille des vacuoles et des organes spécialisés. Après une phase de multiplication, elles se différencient pour donner un organisme entier. Cette capacité des cellules végétales de donner, après dédifférenciation, un organisme entier est la **totipotence**.

Naturellement, certains végétaux se multiplient par clonage. Actuellement, l'Homme réalise des clones. Pour ce faire, il utilise les connaissances sur le rôle des hormones dans l'organogénèse.

À partir de la culture de quelques cellules d'un organe, il obtient un très grand nombre de végétaux. Ces cultures *in vitro* permettent d'obtenir très rapidement des plantes saines.

Pommier rouge de Lemoine.

SYNTHÈSE

L'essentiel

La répartition inégale de l'auxine dans les tissus, conséquence d'un éclairement anisotrope, permet la croissance orientée. Les ramifications naturelles ou provoquées sont sous la dépendance d'un changement dans la répartition des hormones dans le végétal qui conduit à un changement morphologique. La totipotence des cellules végétales permet le clonage. Les proportions des différentes hormones contrôlent la morphogénèse.

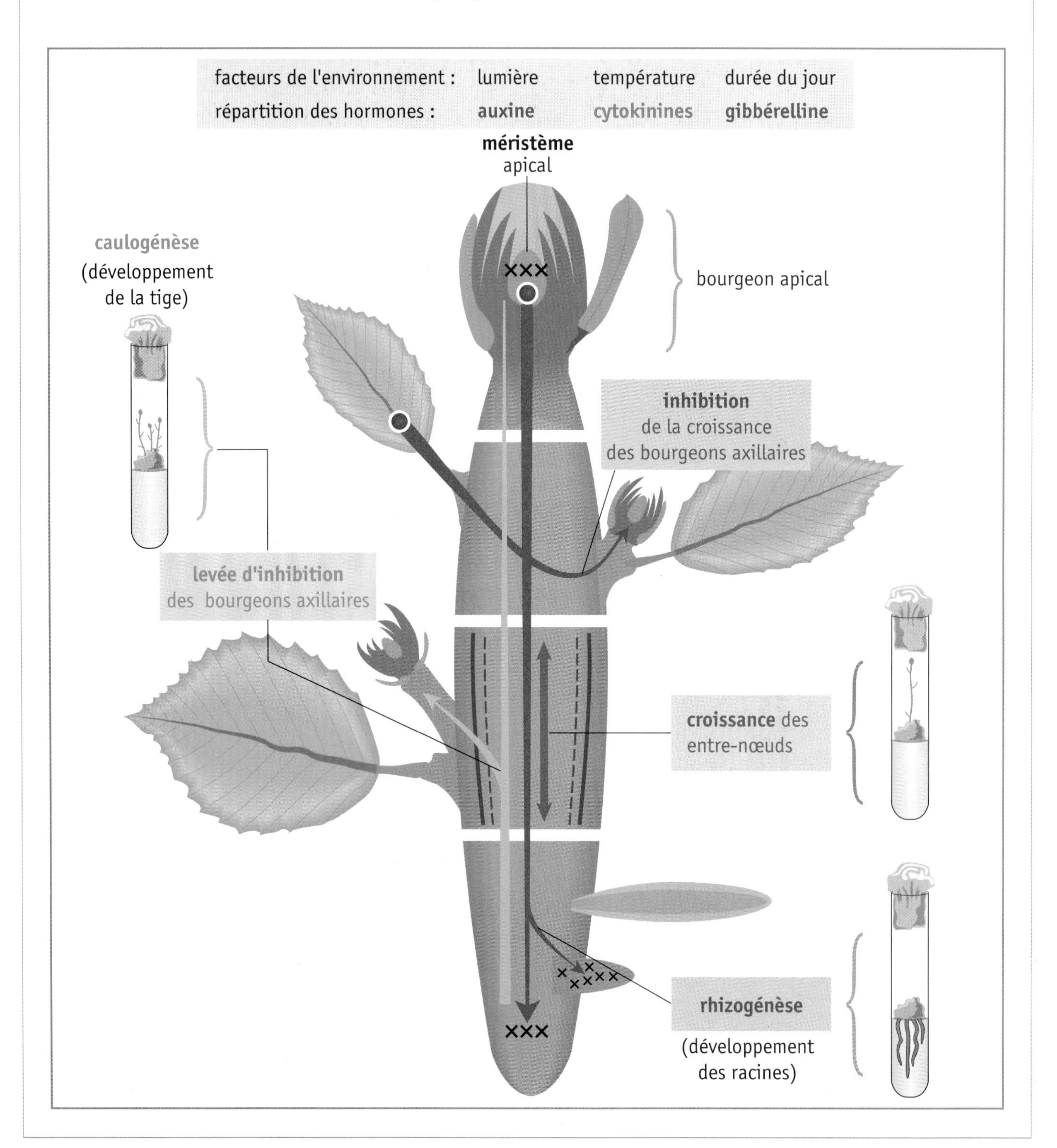

EXERCICES

VÉRIFIER SES CONNAISSANCES

EXERCICE 1 Définir en une phrase claire les mots ou expressions suivants.

- phototropisme
- totipotence
- bourgeon apical
- clone
- bourgeon axillaire
- dédifférenciation

EXERCICE 2 Reconstituer une ou plusieurs phrases scientifiquement exacte(s) à partir des propositions suivantes.

1. La totipotence...
a. est une propriété spécifique des cellules végétales.
b. est une propriété des bourgeons.
c. est une propriété liée aux hormones végétales.

2. Les ramifications des rameaux des végétaux...
a. sont dues aux taux des gibbérellines dans les bourgeons.
b. sont liées au fonctionnement périodique du bourgeon terminal.
c. sont liées au changement de la répartition des hormones au niveau des bourgeons.

3. Le clonage naturel des végétaux...
a. donne des individus identiques.
b. donne une croissance plus rapide des végétaux.
c. donne des végétaux plus rigoureux.

EXERCICE 3 Restituer ses connaissances en quelques phrases sur un sujet précis, en utilisant obligatoirement un ensemble de mots-clés.

sujets	mots-clés
a. croissance orientée	répartition, lumière, auxine
b. ramifications	bourgeon apical, bourgeon axillaire, inhibition
c. dominance apicale	bourgeon axillaire, apex, auxine

EXERCICE GUIDÉ

Dosage biologique

Énoncé Utiliser des informations pour répondre à un problème biologique donné.

1. **Indiquer** comment ces résultats expérimentaux peuvent être utilisés pour mettre au point le dosage biologique des gibbérellines.
2. **Évaluer** la concentration de gibbérellines dans la plante X.

Conseils pour la résolution

À partir des données expérimentales :
– établir une relation entre le taux de gibbérellines et la taille des plantes ;
– ces résultats sont utilisés pour évaluer le taux de gibbérellines dans les plantes : c'est un dosage biologique.

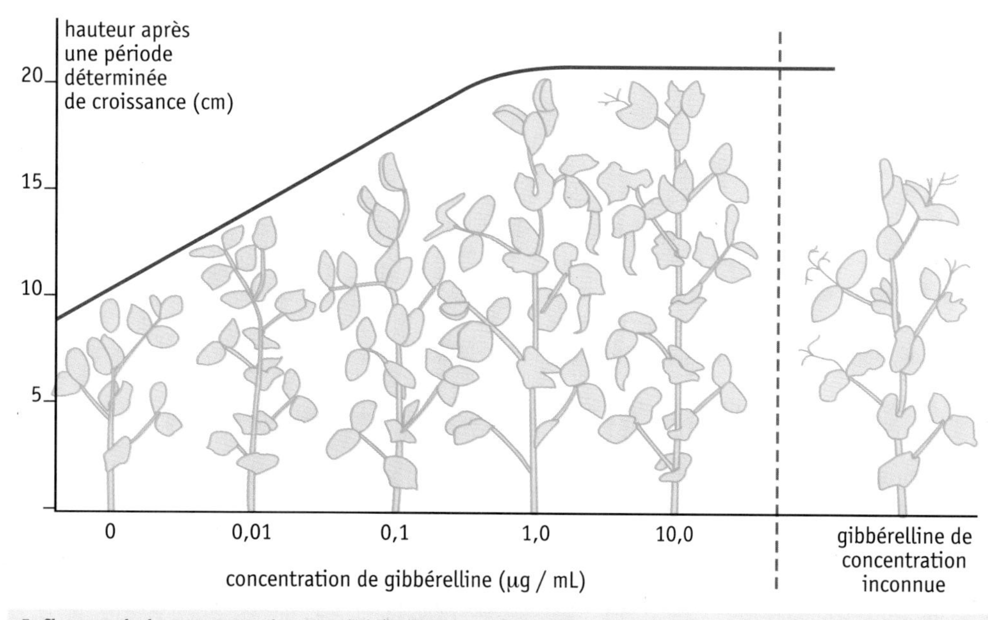

Influence de la concentration en gibbérellines sur la hauteur des plants.

APPLIQUER SES CONNAISSANCES

EXERCICE 4 Rôle de l'auxine dans la morphogénèse chez *Vicia faba*

Exploiter des résultats expérimentaux

Afin de comprendre les mécanismes qui interviennent dans la dominance apicale, des végétaux sont répartis en trois lots :
- lot A : le bourgeon apical est supprimé ;
- lot B : le bourgeon apical est maintenu ;
- lot C : le bourgeon apical est supprimé et de l'auxine, à des concentrations différentes, est appliquée sur le bourgeon terminal.

La flèche matérialise le moment où on arrête le traitement.
L'élongation du bourgeon axillaire est mesurée dans les trois cas.

a. Un pied de vigne (*Vicia faba*).

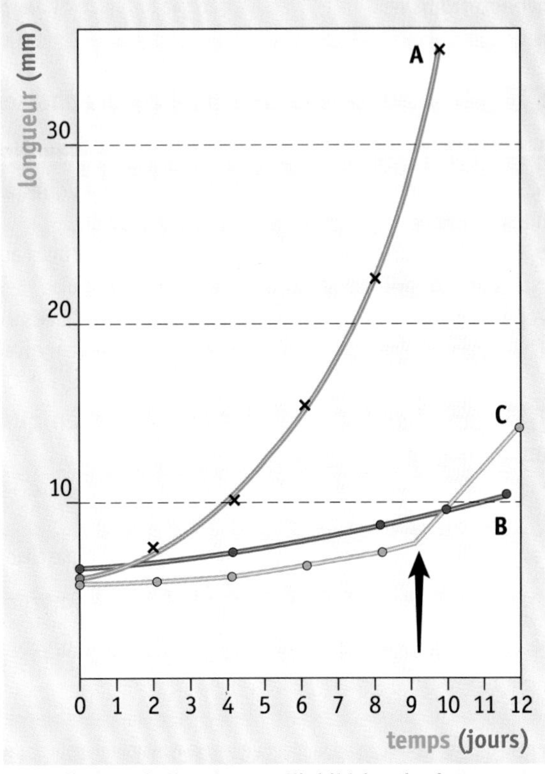

b. Influence de l'auxine sur l'inhibition des bourgeons de *Vicia faba*.

1. **Identifier** le lot témoin.

2. **Noter** l'élongation du bourgeon axillaire des trois lots. Dans quel cas peut-on parler de dormance*? **Justifier** précisément.

3. À partir de ces résultats, **préciser** la nature des mécanismes qui interviennent dans la dominance apicale.

* Dormance : forme de vie ralentie caractérisée par le fait qu'un organe n'évolue pas.

EXERCICE 5 La néoformation d'un bourgeon apical

Utiliser ses connaissances

Chez le cresson, tous les organes existants sont supprimés à l'exception des jeunes racines de moins de 1 mm de longueur. Quelques microgrammes d'une cytokinine sont injectés dans la racine. Plusieurs jours après, un bourgeon apical se développe sur la racine. Sans injection de cytokinine, aucun bourgeon ne se développe.

1. **Décalquer** le bourgeon apical qui apparaît. **Légender** votre représentation ;

2. À partir des données, **noter** le rôle de la cytokinine.

3. **Montrer** que le développement de ce bourgeon illustre une propriété des cellules végétales que vous énoncerez.

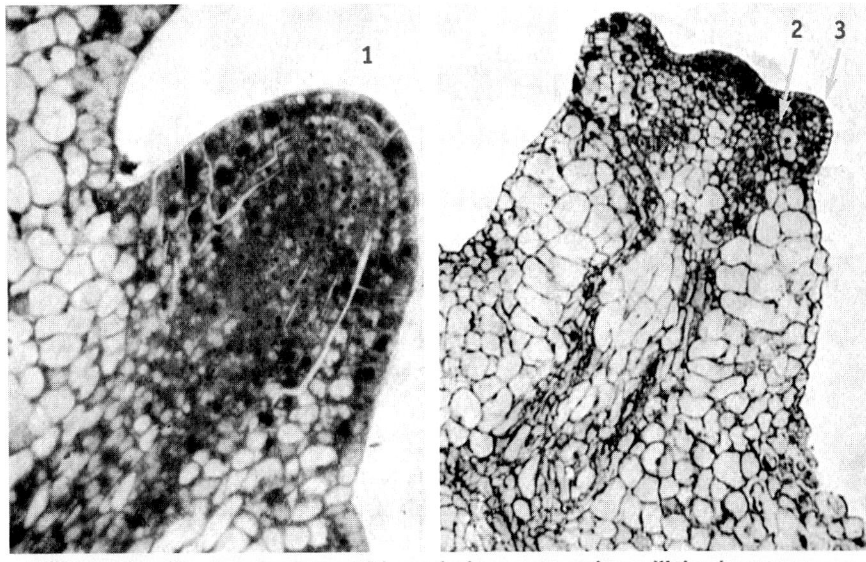

Néoformation d'un bourgeon en position apicale sur une racine axillaire de cresson après traitement par une cytokinine (1 : formation d'un bourgeon apical de tige ; 2 : méristème axillaire ; 3 : ébauche de feuilles sur la tige.)

APPLIQUER SES CONNAISSANCES

EXERCICE 6 État végétatif, floraison et fructification

Saisir des informations et les mettre en relation pour répondre à un problème posé

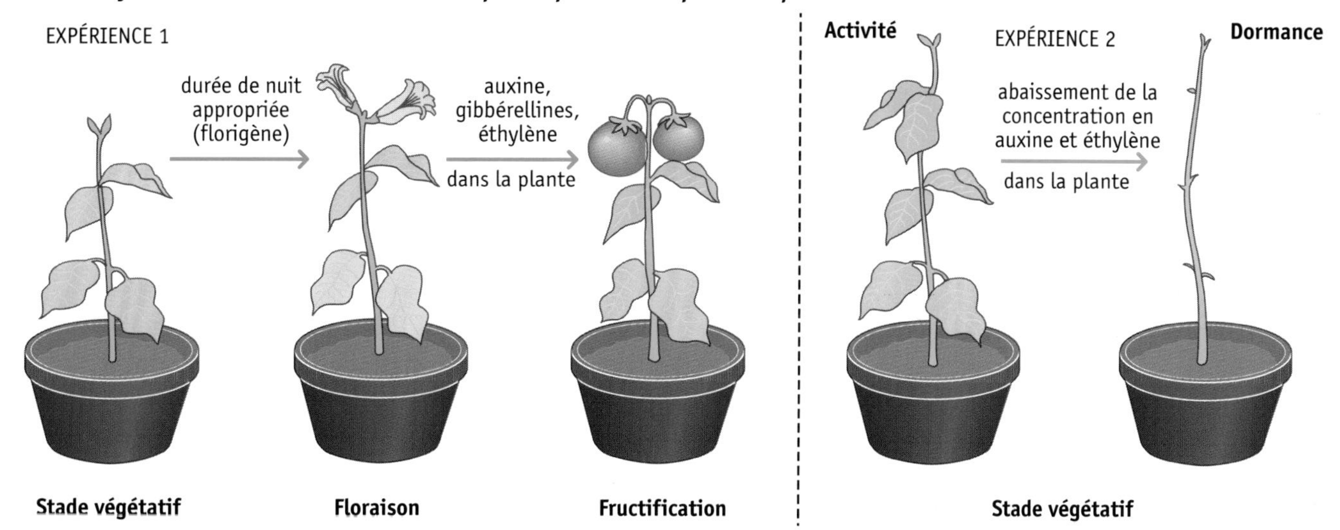

Nous savons que la plante est sensible à la longueur de la nuit.

« L'information perçue par la feuille serait transmise vers les parties de la plante où les fleurs vont se former. Il semble probable qu'une hormone de floraison soit impliquée. »

Le Monde du Vivant, Flammarion

1. **Déduire** de ces observations les facteurs de l'environnement et les facteurs internes qui interviennent dans :
- l'état végétatif (dormance/activité) ;
- la floraison ;
- la fructification.

2. **Indiquer** en quoi ces observations confirme l'existence d'une hormone de floraison.

EXERCICE 7 Contrôle de la floraison

Saisir des informations. Construire une démarche scientifique

« En 1920, W. W. Garner et H. A. Allard ont étudié le comportement d'un mutant de tabac. Le mutant s'appelait Mammouth Maryland en raison de ses feuilles larges et de sa hauteur exceptionnelle. Les autres plantes du champ fleurissaient mais les tabacs Mammouth Maryland continuaient à pousser. Garner et Allard ont mis des morceaux de Mammouth Maryland en serre, où ils ont finalement fleuri en décembre.

Garner et Allard ont supposé que ces observations avaient quelque chose à voir avec les saisons. Ils ont analysé de nombreuses variables saisonnières telles que la température, mais ils ont montré que ce qui comptait c'était la longueur du jour. En faisant varier artificiellement la longueur du jour, en déplaçant les plantes d'une chambre éclairée vers une chambre sombre à différents moments, ils ont établi un lien direct entre la floraison et la longueur du jour. La longueur critique du jour pour les tabacs Mammouth Maryland est de 14 heures. Les plantes ne fleurissent pas si la période d'éclairement est supérieure à 14 heures par jour, la floraison ne commence que quand les jours raccourcissent et deviennent inférieurs à cette valeur seuil. »

Le Monde du vivant, Flammarion.

1. **Rechercher** les étapes de la démarche scientifique pratiquée par les auteurs pour mettre en évidence le rôle de l'environnement sur la floraison de ces plants de tabac.

2. **Citer** le facteur de l'environnement impliqué dans cette étape du développement : la floraison des tabacs Mammouth Maryland.

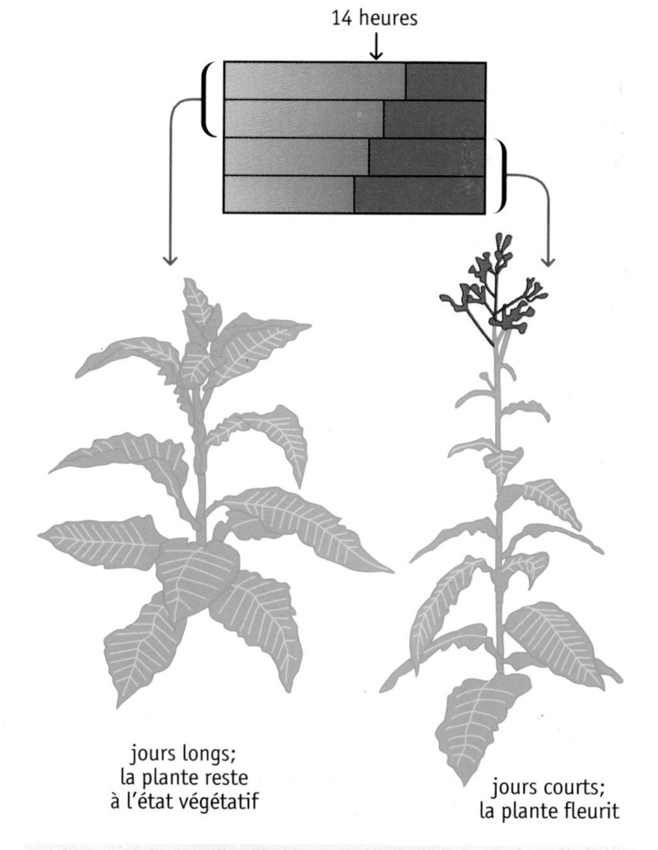

La floraison des tabacs Mammouth Maryland.

MITSUBISHI ELECTRONICS
Reebok

Chapitre 15

L'homéostat glycémique

La glycémie, concentration du glucose dans le plasma sanguin, est maintenue voisine de 1 g/L, malgré les variations de la prise alimentaire et de la consommation énergétique permanente. Cette constance est le résultat d'une régulation dans laquelle interviennent le pancréas et les organes où sont stockées des molécules énergétiques.

- **Quelles sont les relations entre les variations de la glycémie et les réserves en molécules énergétiques ?**
- **Comment le pancréas agit-il sur la glycémie ?**
- **Comment les hormones pancréatiques interviennent-elles dans la régulation de la glycémie ?**
- **Comment les réserves sont-elles constituées et utilisées par l'organisme ?**

ACTIVITÉ

1 La glycémie : une valeur stabilisée

Malgré la prise alimentaire discontinue et les variations de la consommation énergétique par les organes, la glycémie est maintenue autour d'une **valeur de consigne** de 1 g/L. Cette **homéostasie** glycémique implique une gestion des réserves de l'organisme.

▶ **Quelles sont les relations entre les variations de la glycémie et les réserves cellulaires en molécules énergétiques ?**

VOCABULAIRE

Homéostasie : stabilisation des différents paramètres physiologiques.

Valeur de consigne : valeur de référence d'un paramètre physiologique. Si cette valeur subit une modification, elle sera corrigée pour revenir à la valeur initiale.

Doc.1 Variations de la glycémie

Glycémie : concentration de glucose ($C_6H_{12}O_6$) dans le plasma sanguin.

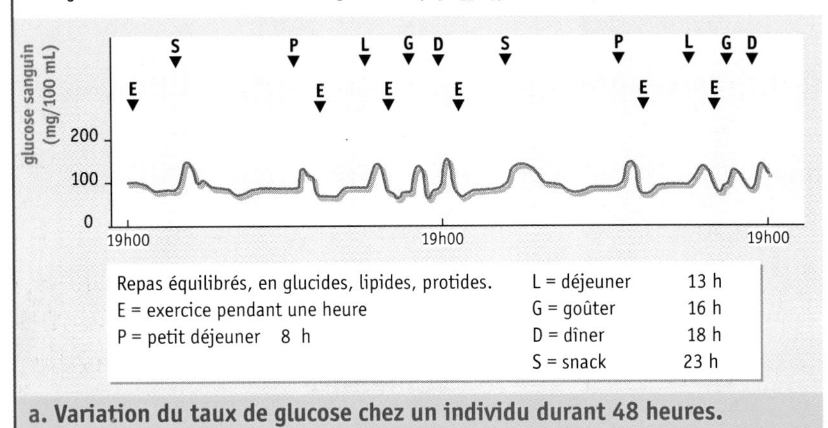

a. Variation du taux de glucose chez un individu durant 48 heures.

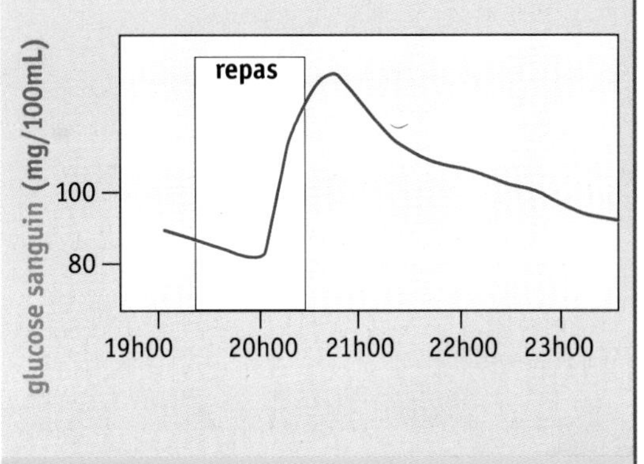

b. Variation du taux de glucose après un repas.

Doc.2 Rôle du foie

Témoignage historique

Au XIXe siècle, le physiologiste français Claude Bernard accomplit, entre autres, d'importantes recherches sur la fonction du foie dans le métabolisme du sucre. Il rendit compte ainsi d'une de ses expériences :

« Je montrai, par exemple, qu'en faisant passer dans un foie encore chaud et aussitôt après la mort de l'animal un courant d'eau froide injecté avec force par les vaisseaux hépatiques, on débarrasse complètement le tissu hépatique du sucre qu'il contient ; mais le lendemain ou quelques heures après, quand on place le foie lavé à une douce température, on trouve son tissu de nouveau chargé d'une grande quantité de sucre qui s'est produit depuis le lavage. »

Claude Bernard

Irrigation du foie

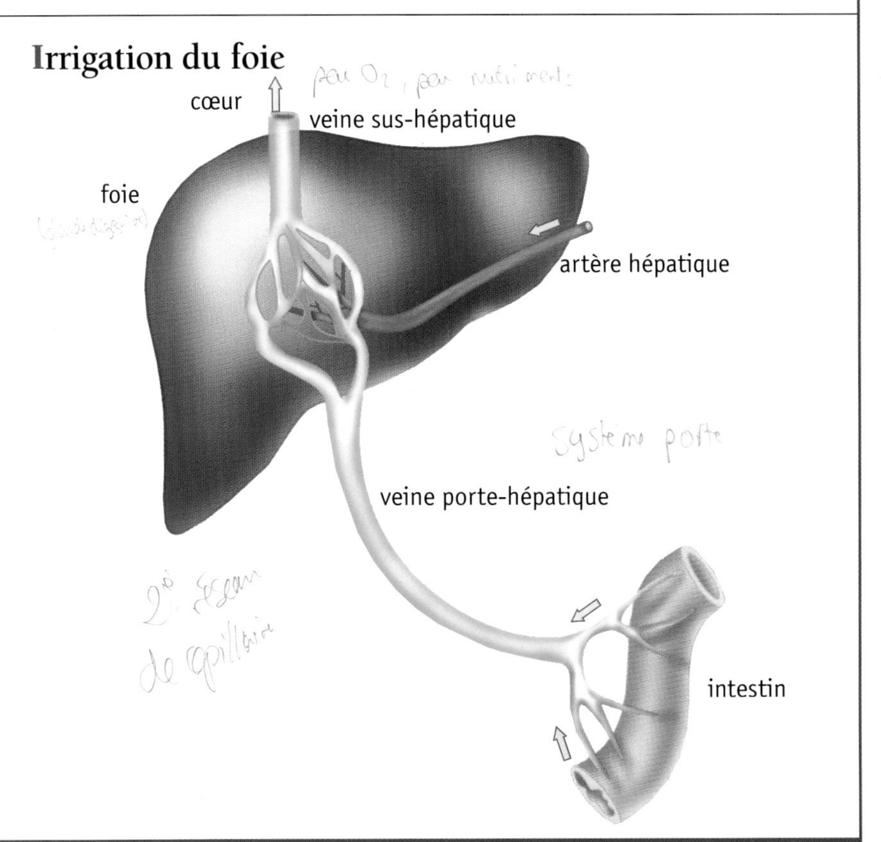

Doc.2 Rôle du foie (suite)

Expérience du foie lavé

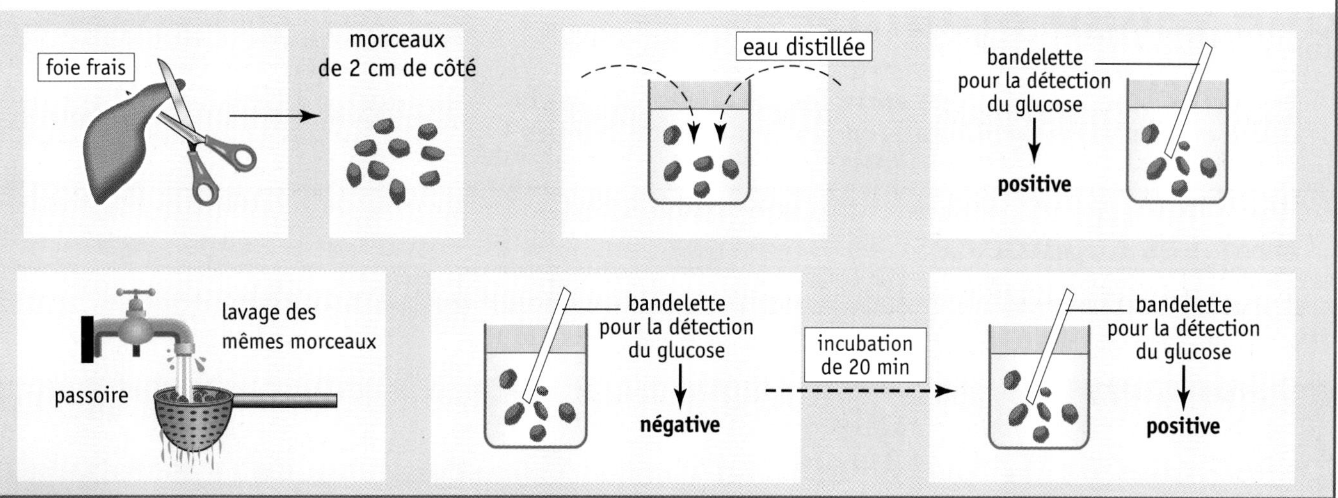

TP

Doc.3 Une forme de stockage du glucose

Extraction du glycogène du foie

PROTOCOLE

1. Couper 10 g de foie en petits cubes.
2. Faire bouillir dans de l'eau distillée. Égoutter.
3. Broyer.
4. Faire bouillir de nouveau dans de l'eau distillée. Filtrer.
5. Ajouter quelques gouttes d'acide chlorhydrique au filtrat. Filtrer.
6. Ajouter de l'alcool au filtrat (4 fois son volume). Filtrer et récupérer le précipité dans le filtre.
7. Dissoudre le précipité dans quelques millilitres d'eau.

Coloration du glycogène

Le glycogène est un polymère du glucose, il est coloré en brun-acajou en présence d'eau iodée.

Il est donc possible de tester la présence de glycogène dans le précipité obtenu lors de l'extraction précédente.

Le test à l'eau iodée, de gauche à droite : glycogène, glycogène coloré par l'eau iodée, eau distillée et eau iodée.

EXPLOITATION DES DOCUMENTS

1. **Indiquer** comment varie la glycémie au cours d'une durée de 24 heures et en fonction des différentes prises alimentaires et des phases d'activité (**Doc. 1a** et **1b**).
2. **Dégager** le résultat de l'expérience réalisée par Claude Bernard (**Doc. 2**).
3. **Réaliser** un tableau permettant de comparer les étapes du protocole expérimental de Claude Bernard (**Doc. 2**) et celles du protocole proposé. **Préciser** l'intérêt du « lavage de foie ». **Indiquer** si les résultats concordent et **préciser** l'origine de la substance mise en évidence à la fin de ces expériences.
4. **Indiquer** sous quelle forme le glucose est stocké dans le foie (**Doc. 3**).

ACTIVITÉ

1 (suite) La glycémie : une valeur stabilisée

► **Quelles sont les relations entre les variations de la glycémie et les réserves cellulaires en molécules énergétiques ?**

VOCABULAIRE

Acides gras : molécules lipidiques à chaînes carbonées plus ou moins longues.

Adipocyte : cellule animale spécialisée dans le stockage des graisses à l'intérieur de son cytoplasme.

Hépatocyte : cellule du foie.

Doc.4 Les hépatocytes

L'observation d'**hépatocytes** au microscope électronique à transmission permet dans certaines conditions d'observer des granules de glycogène (fléchés sur les documents **a** et **b**).

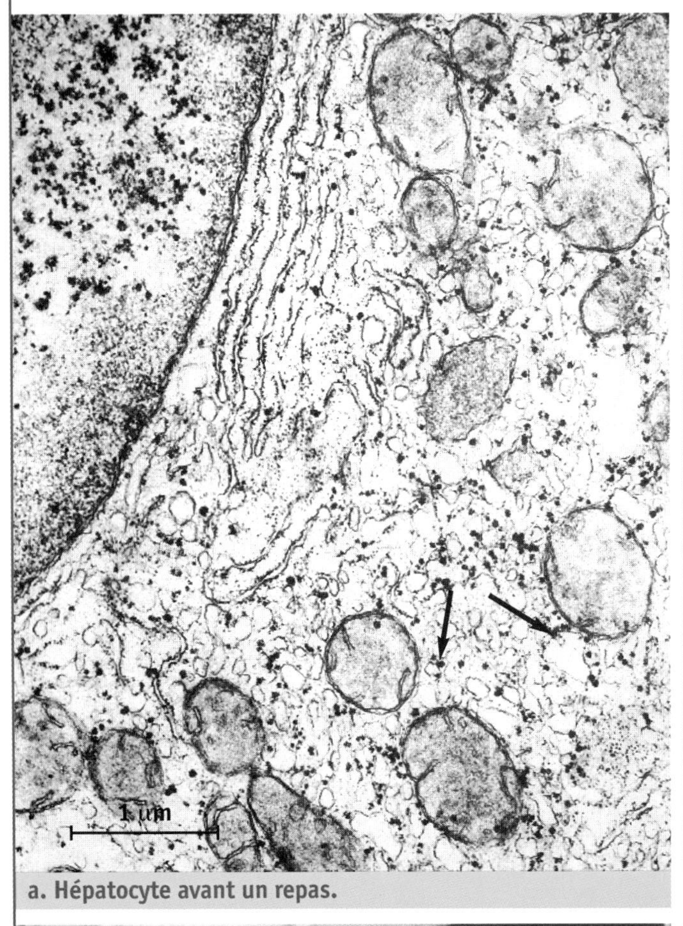

a. Hépatocyte avant un repas.

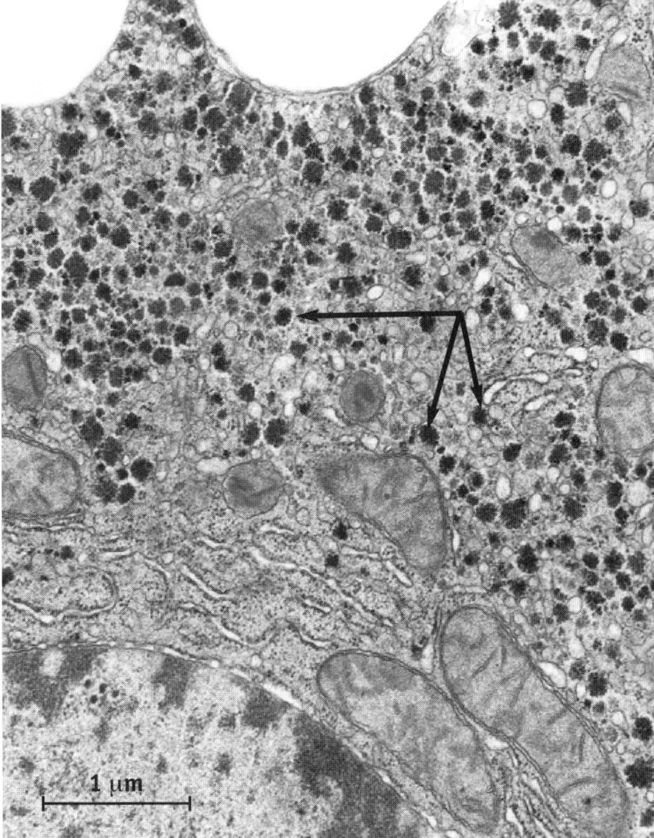

b. Hépatocyte après un repas.

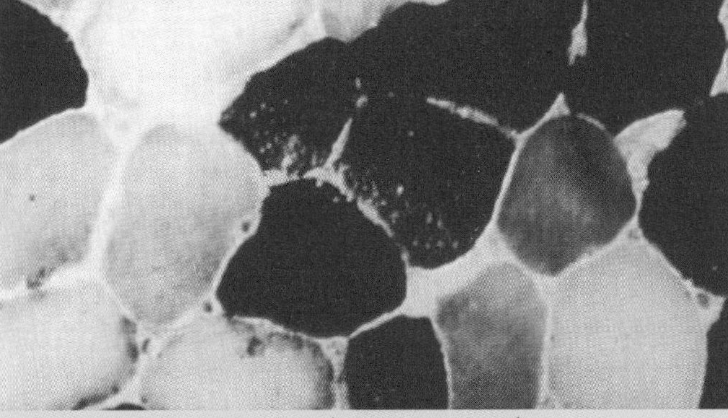

c. Coloration du glycogène (taches sombres) dans une coupe transversale de cellule musculaire (MOx200).

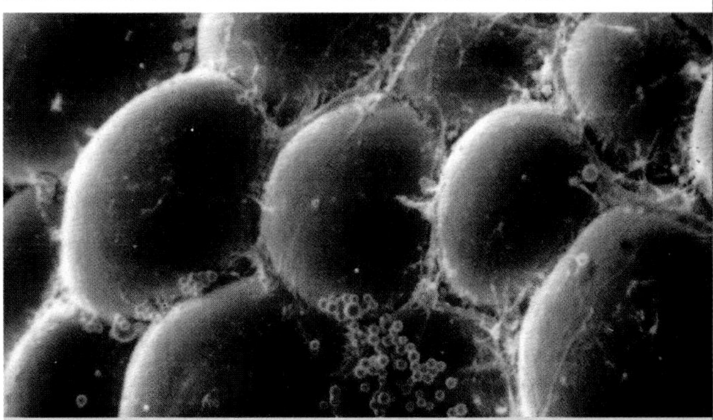

d. Les adipocytes contiennent des réserves sous forme de triglycérides (microscope électronique à balayage x500).

Doc.5 Métabolisme et molécules énergétiques

Chacune de ces réactions est catalysée par une enzyme spécifique. Par exemple, les réactions A et B sont respectivement catalysées par la glycogène synthétase et la glycogène phosphorylase. Notons que les cellules hépatiques réalisent également des réserves de triglycérides.

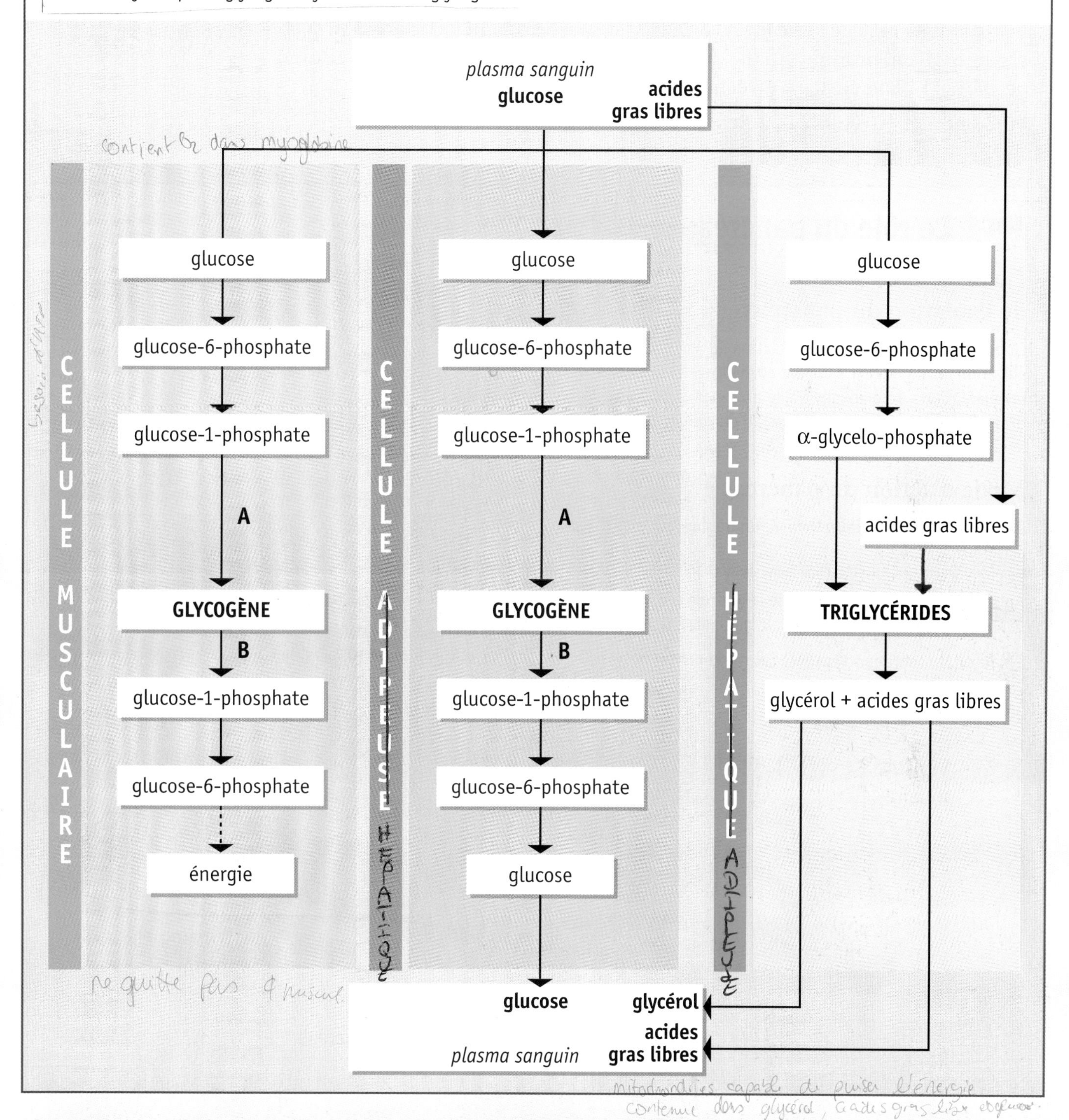

EXPLOITATION DES DOCUMENTS

5. **Préciser** le rôle des hépatocytes lors d'un apport alimentaire en glucose (**Doc. 4**).
6. **Associer** à chaque type cellulaire la molécule énergétique qui le caractérise (**Doc. 5**).
7. **Répondre au problème posé :** « Quelles sont les relations entre les variations de la glycémie et les réserves cellulaires en molécules énergétiques ? »

ACTIVITÉ

2 Le pancréas et la régulation de la glycémie

VOCABULAIRE

Homéostasie : voir p. 262.

Pancréatectomisé : ayant subi une ablation du pancréas.

Le pancréas est sensible à la variation de la glycémie. Il participe à sa régulation en produisant des hormones, insuline et glucagon. Celles-ci permettent l'homéostasie glycémique.

▶ **Comment le pancréas agit-il sur la glycémie ?**

Doc.1 Le rôle du pancréas

Conséquence de l'ablation du pancréas

La principale conséquence de l'ablation du pancréas est une élévation de la glycémie qui peut atteindre 5 à 7 g/L. Cette augmentation s'accompagne d'une présence de sucre dans les urines (10 à 100 grammes par jour), d'un volume urinaire important, d'une soif intense et d'une sensation de faim.

Mode d'action du pancréas

Chez un animal **pancréatectomisé**, un fragment de pancréas est greffé au cou.
La circulation sanguine est rétablie dans le greffon.
Après quelques heures, on élimine le greffon.
Pendant la durée de l'expérience, la glycémie est mesurée.

Les résultats sont reportés sur la courbe ci-contre.

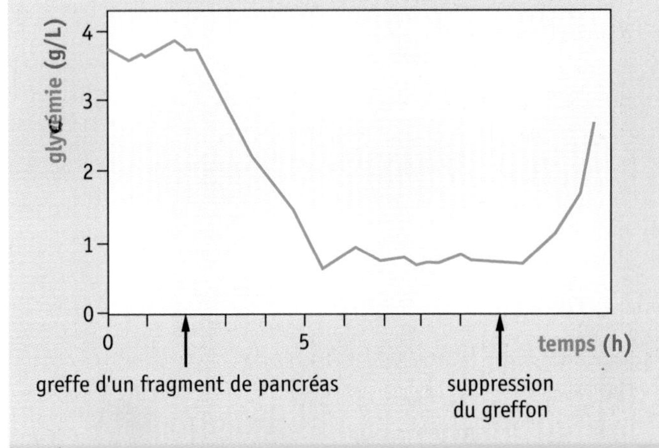

a. Évolution de la glycémie chez un animal pancréatectomisé.

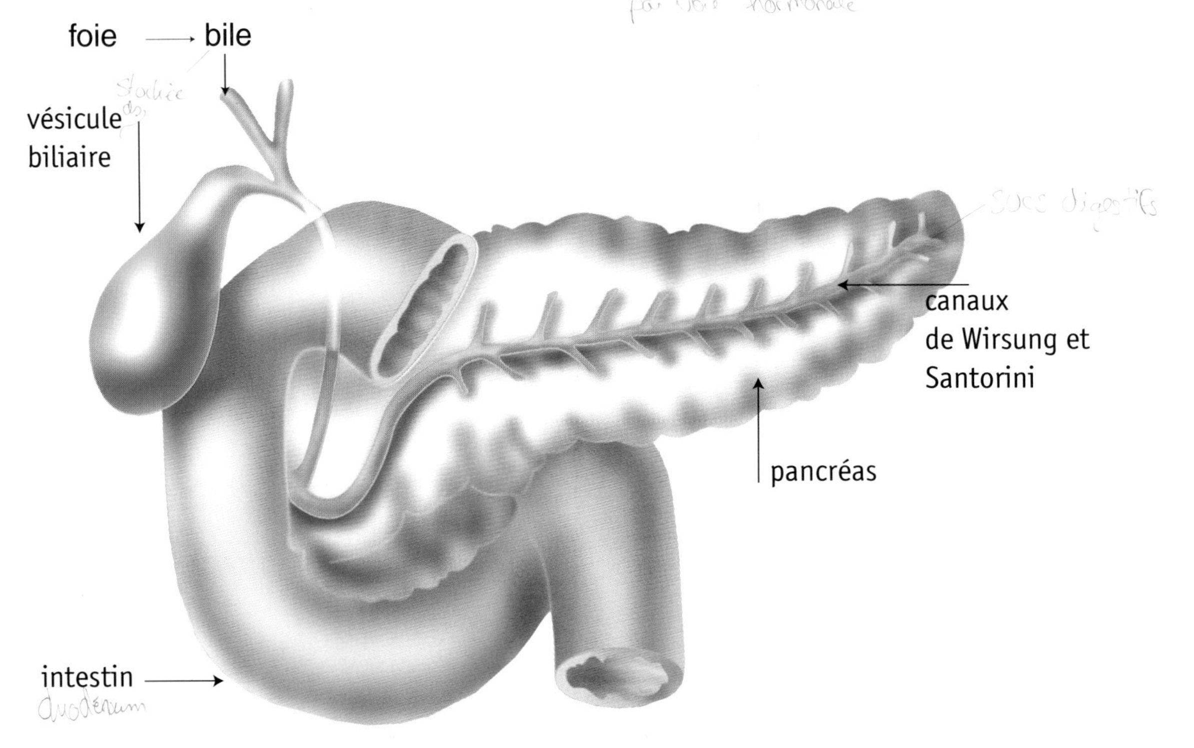

b. Le pancréas, circulation sanguine et relations avec l'appareil digestif.

Doc.2 Des cellules endocrines sensibles à la glycémie

Variations de l'insuline et du glucagon

À la suite d'un repas riche en glucose, il est possible de mesurer les variations des concentrations plasmatiques de deux molécules : l'insuline et le glucagon.

En l'absence de pancréas (lors des expériences précédemment citées), les taux plasmatiques d'insuline et de glucagon sont nuls.

Ligatures des canaux reliant le pancréas à l'intestin

Lorsque les canaux de Wirsung et Santorini, par lesquels le suc pancréatique est déversé dans l'intestin, sont ligaturés, les conséquences suivantes peuvent être constatées :
- il n'y a plus d'enzymes pancréatiques dans le duodénum, des troubles digestifs apparaissent ;
- la partie externe du pancréas s'atrophie, alors que la partie centrale, plus riche en îlots de Langerhans, reste intacte ;
- il n'y a pas de variation de la glycémie.

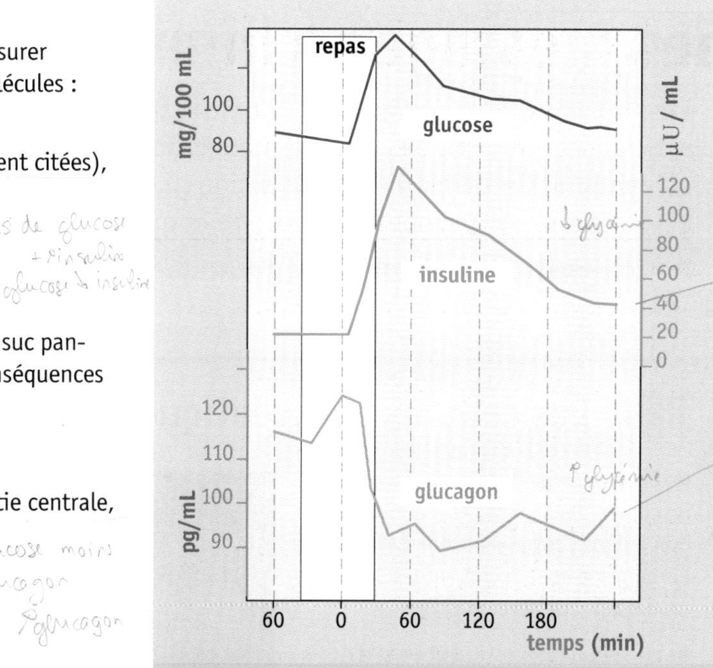

a. Variations des taux d'insuline, de glucagon et de glucose après un repas.

b. Îlots de Langerhans (zone plus claire) (microscope optique x400).

Les îlots de Langerhans

Les îlots de Langerhans représentent 1 % du poids de la glande et sont au nombre de 1 à 2 millions. Chacun présente un diamètre de 0,1 à 0,2 mm.

EXPLOITATION DES DOCUMENTS

1. **Préciser** la fonction du pancréas mise en évidence par son ablation (**Doc. 1**).
2. **Indiquer** quel argument permet d'affirmer que le pancréas exerce une action à distance sur la régulation de la glycémie (**Doc. 1**).
3. **Justifier** l'expression « glande mixte » utilisée pour désigner les fonctions du pancréas (**Doc. 2**).
4. **Indiquer** comment varient les sécrétions pancréatiques d'insuline et de glucagon à la suite d'un repas riche en glucose (**Doc. 2**). **Préciser** quelles sont les cellules responsables de la sécrétion de l'insuline et du glucagon.
5. **Répondre au problème posé** : « Comment le pancréas agit-il sur la glycémie ? »

3 Les hormones, insuline et glucagon : des messagers chimiques

Les hormones pancréatiques, insuline et glucagon, sont sécrétées par deux types de cellules spécialisées au sein des îlots de Langerhans. Le message hormonal, correspondant à la valeur de la glycémie, est codé par la concentration plasmatique de l'insuline et du glucagon. Les cellules-cibles de ces hormones expriment des récepteurs qui leur sont spécifiques.

▶ **Comment les hormones pancréatiques interviennent-elles dans la régulation de la glycémie ?**

Doc.1 Les cellules pancréatiques productrices d'hormones

▶ Des anticorps fluorescents « anti-insuline » dans un cas et « anti-glucagon » dans l'autre, sont injectés dans l'organisme et se fixent sur les cellules produisant ces hormones.

▶ Les cellules α se situent vers la périphérie de l'îlot, dont elles représentent environ 25 % du volume. Elles sécrètent une hormone protéique, le glucagon, constituée par une chaîne de 29 acides aminés.

▶ Les cellules β occupent principalement le centre de l'îlot et elles représentent environ 70 % du volume de celui-ci.
Elles sécrètent une hormone protéique, l'insuline, constituée par deux chaînes d'acides aminés (l'une de 30 et l'autre de 21) reliées par des ponts disulfures.

▶ Chaque îlot contient environ 3 000 cellules productrices d'hormones.

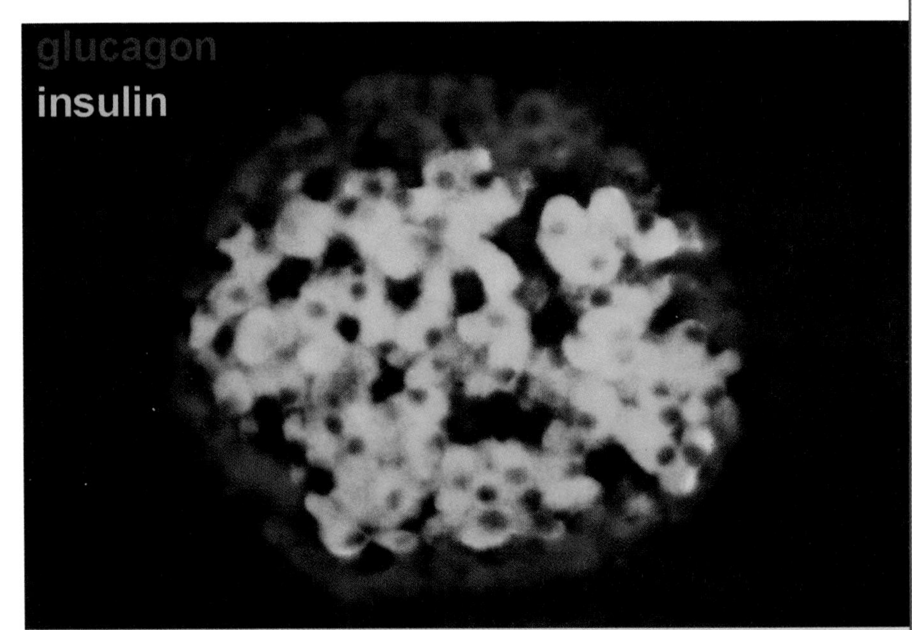

Cellules α et β (x400). (Professeur L. Orci, Genève)

Doc.2 Le codage du message hormonal

Les résultats ci-contre présentent les variations de la glycémie, ainsi que des concentrations d'insuline et de glucagon, chez 10 personnes volontaires au cours d'un jeûne de quatre jours. Les prélèvements de sang sont commencés 24 heures avant le début du jeûne.

Chaque jour entre 8 h et 9 h du matin	24 h avant	début du jeûne	24 h	48 h	72 h	96 h
Glycémie (pg/mL)	89,0	86,0	78,0	72,0	70,0	71,0
Glucagon (mU/mL)	126	126	157	189	178	165
Insuline (mg/100 mL)	9,0	10,0	5,0	4,0	3,0	2,0

Doc.3 Des récepteurs spécifiques aux hormones

Structure des hormones

Les récepteurs de l'insuline et du glucagon, respectivement une glycoprotéine et une protéine, sont présents dans les membranes des cellules-cibles. Une cellule-cible peut fixer entre 1000 et 2000 molécules d'insuline.

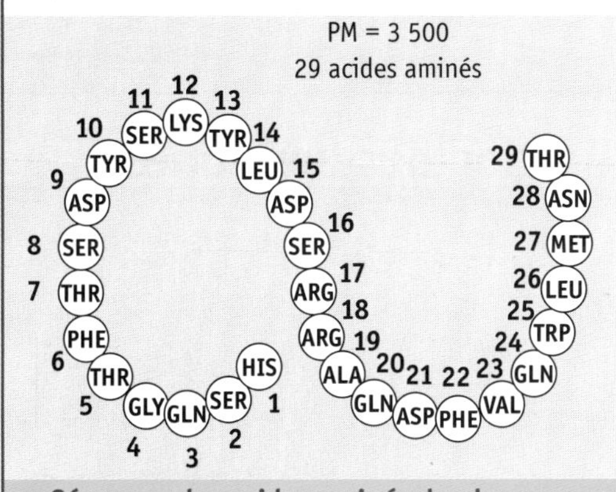

a. Séquence des acides aminés du glucagon.

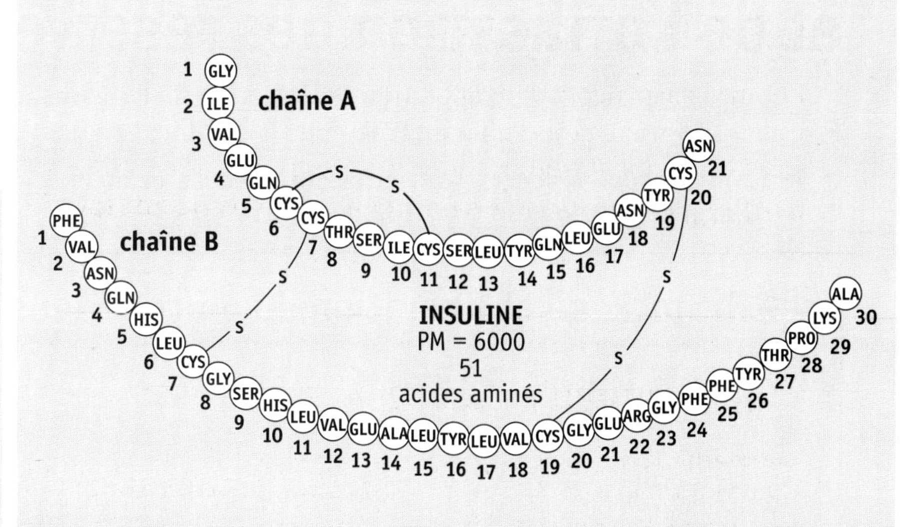

b. Séquence des acides aminés de l'insuline.

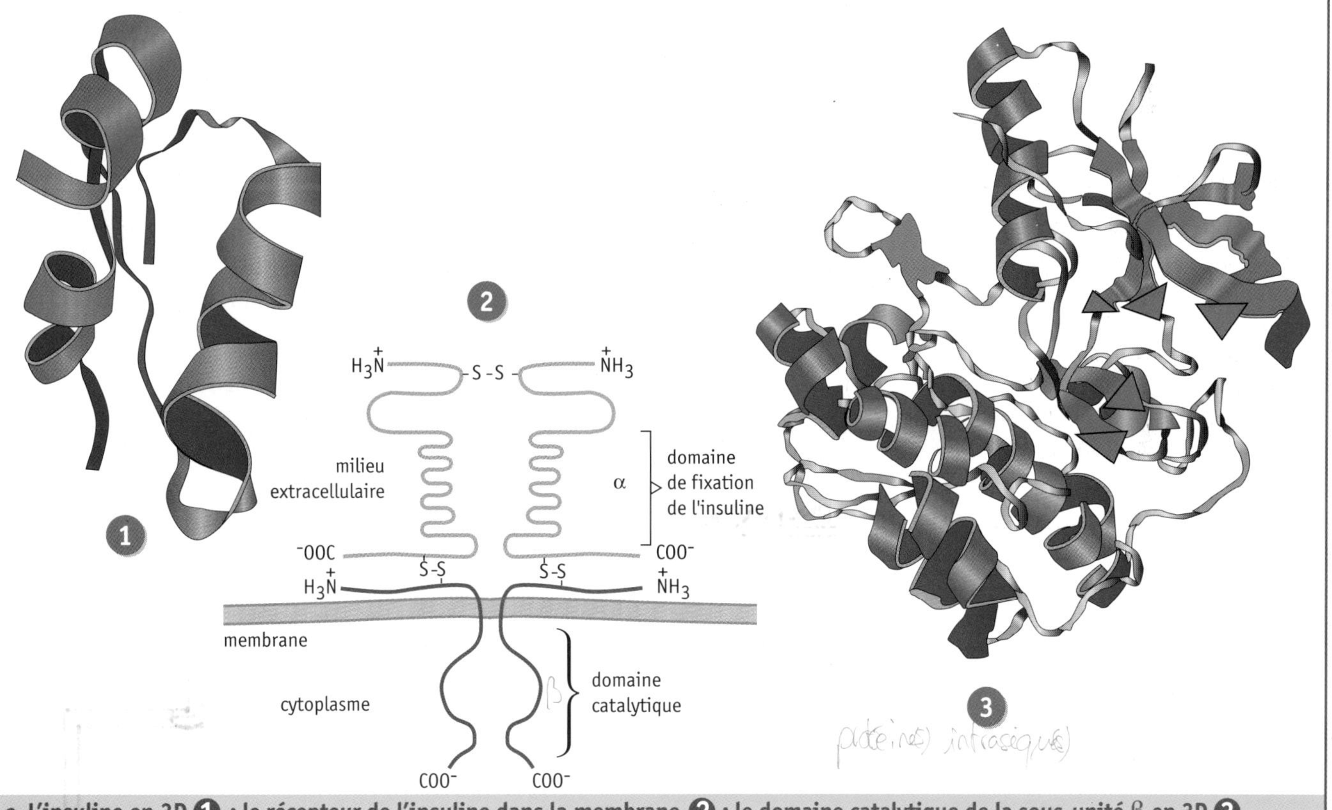

c. L'insuline en 3D ❶ ; le récepteur de l'insuline dans la membrane ❷ ; le domaine catalytique de la sous-unité β en 3D ❸ .

¢ hépatique ont des récepteurs à glucagon pour remettre le glucose ds circulation sang.

EXPLOITATION DES DOCUMENTS

1. **Résumer**, dans un tableau, les caractéristiques des cellules α et β des îlots de Langerhans (**Doc. 1**).
2. **Préciser** la relation entre la glycémie et la concentration des hormones pancréatiques (**Doc. 2**).
3. **Expliquer** comment la fixation de l'hormone peut modifier le métabolisme de la cellule-cible (**Doc. 3**).
4. **Répondre au problème posé** : « Comment les hormones pancréatiques interviennent-elles dans la régulation de la glycémie ? »

¢ musculaires utilisent le glucose stocké et ne revient pas dans circulation sanguine.

ACTIVITÉ

4 Le contrôle hormonal de la constitution et de l'utilisation des réserves

L'homéostasie dépend de la gestion des réserves de l'organisme.
Celles-ci varient sous l'effet de l'insuline et du glucagon.

▶ **Comment les réserves sont-elles constituées et utilisées par l'organisme sous le contrôle des hormones ?**

Doc.1 Stockage et libération du glucose sous l'action des hormones

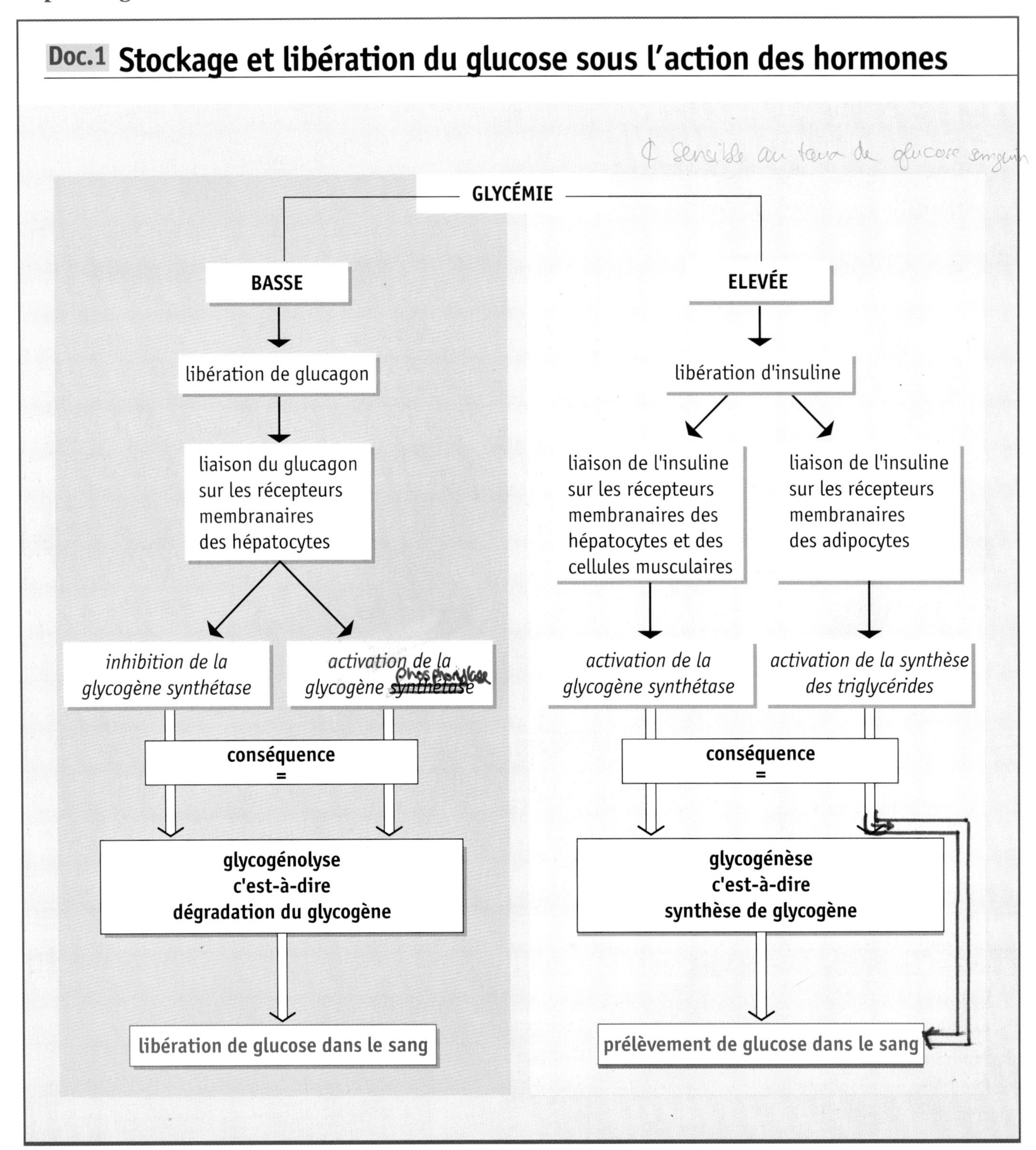

TP Doc.2 Mise en évidence de la consommation de glucose par le tissu musculaire sous l'effet de l'insuline

PROTOCOLE

1. Préparer une solution de glucose à 60g/L.

2. Introduire dans un bioréacteur 6 mL de la solution.
Après 30 secondes à une minute, enregistrer la consommation de dioxygène pendant une minute.

3. Procéder de la même manière avec 6 mL de solution glucosée et un cube de muscle frais.

4. Éliminer le liquide et le remplacer par 6mL de solution glucosée auxquels on ajoute 4 UI d'insuline (le morceau de muscle frais est conservé) et réaliser une nouvelle mesure.

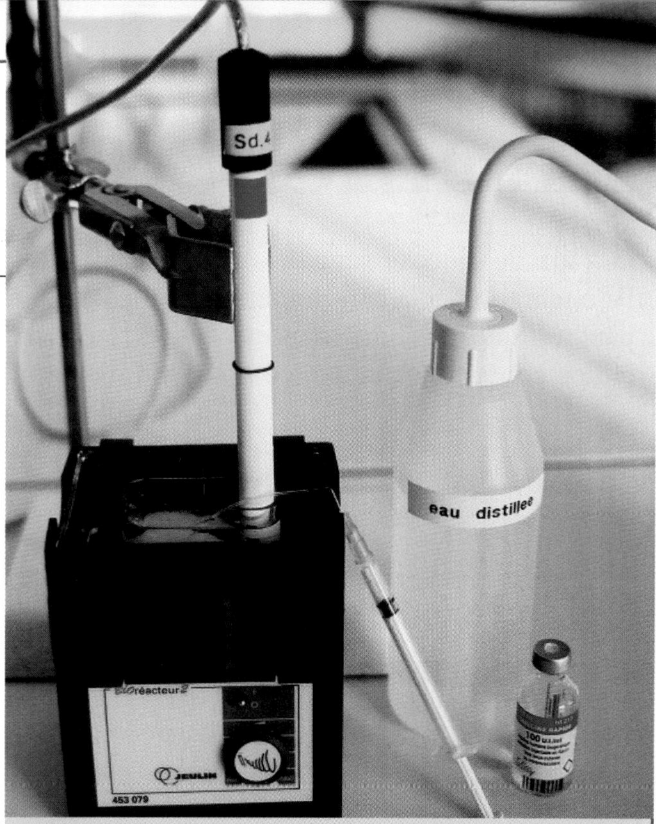

a. Dispositif utilisé.

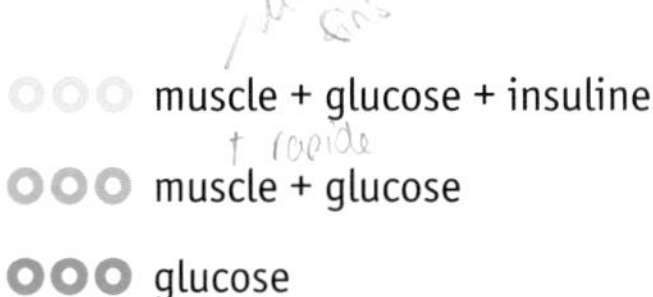

muscle + glucose + insuline

muscle + glucose

glucose

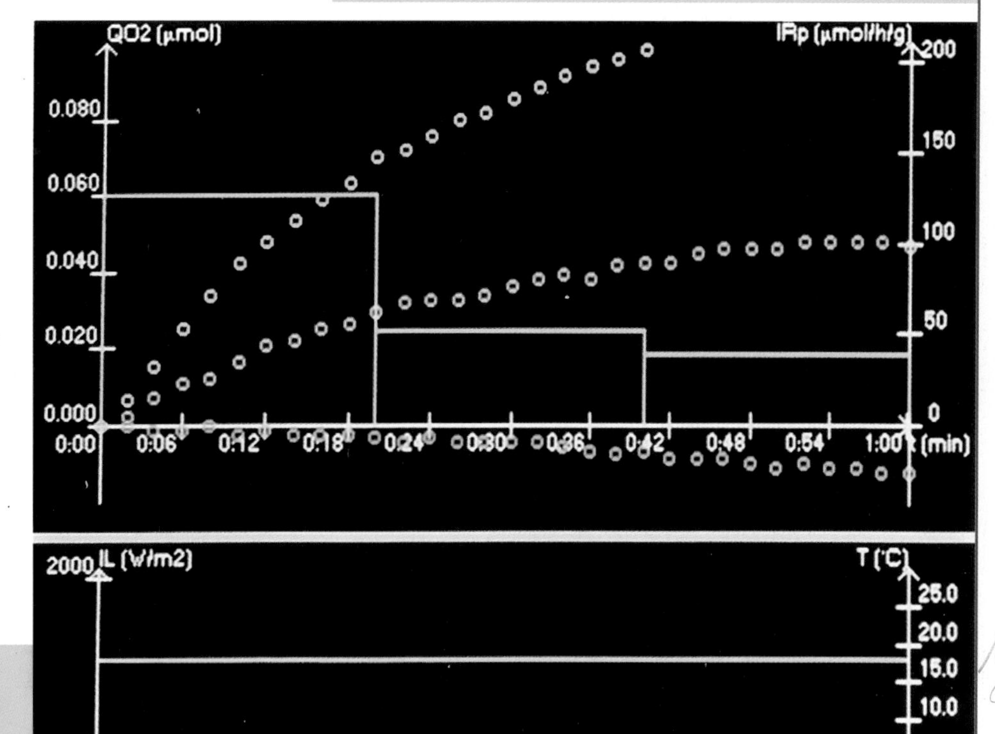

b. Variation de la consommation de dioxygène par un muscle en présence de glucose et d'insuline.

EXPLOITATION DES DOCUMENTS

1. **Préciser** comment les hormones, insuline et glucagon, induisent un effet sur leurs cellules-cibles (**Doc. 1**).
2. **Expliquer** la relation entre l'effet de l'insuline sur la consommation de dioxygène par la cellule musculaire et sa consommation de glucose. **Préciser** comment cet effet de l'insuline participe au maintien de l'homéostat glucidique (**Doc. 2**).
3. **Répondre au problème posé** : « Comment les réserves sont-elles constituées et utilisées par l'organisme sous le contrôle des hormones ? »

SYNTHÈSE

L’homéostat glycémique

Le taux de glucose sanguin reste constant malgré des apports par l’alimentation et la consommation par les organes. Certaines cellules pancréatiques, les hormones qu’elles sécrètent, ainsi que leurs cellules-cibles constituent le système réglant de l’homéostat glycémique.

LES MOTS À CONNAÎTRE

Homéostasie : stabilisation des différents paramètres physiologiques.

Hyperglycémie : concentration plasmatique élevée de glucose.

Hypoglycémie : concentration plasmatique basse de glucose.

I La glycémie : une valeur stabilisée

La glycémie est le taux de glucose sanguin. Chez un sujet en bonne santé elle est d’environ 1 g/l. Cette valeur est maintenue par l’organisme, malgré les repas qui fournissent des apports irréguliers de glucose et les organes qui utilisent cette molécule en permanence et de manière variable.

Toute augmentation de la glycémie due à un apport par la nourriture est compensée par une mise en réserve dans certains tissus de l’organisme : le foie, les muscles squelettiques et le tissu adipeux.

Le foie et les muscles stockent le glucose sous la forme de **glycogène**. Le foie contient 70 à 80 g de cette molécule.

En outre, les **hépatocytes** et principalement les **adipocytes** constituent d’autres réserves sous la forme de **triglycérides**. Le tissu adipeux est le principal réservoir de substances énergétiques de l’organisme, il représente en moyenne 15 kg de tissu chez l’homme.
Inversement, toute diminution de la glycémie est compensée par la libération de glucose par les cellules contenant des réserves.

II Le pancréas et la régulation de la glycémie

Le pancréas est une glande de l’appareil digestif située dans l’abdomen. Il est responsable notamment de la sécrétion d’enzymes digestives dans la lumière de l’intestin. Il s’agit d’une fonction exocrine.

Par ailleurs, 1 % du volume du pancréas est constitué d’environ un million de petits amas de cellules, les **îlots de Langerhans**.
Chaque îlot présente un diamètre de 0,1 à 0,2 mm et est formé d’environ 3 000 cellules productrices d’hormones protéiques. Les **cellules** α produisent du **glucagon** et les **cellules** β produisent de l’**insuline**.

III Insuline et glucagon : des messagers chimiques

Le glucagon et l’insuline sont sécrétées dans le plasma sanguin. Elles sont transportées par le flux sanguin dans l’ensemble de l’organisme.
Le message hormonal est codé par la concentration plasmatique de l’hormone sécrétée. Ainsi, la concentration de l’insuline croît en fonction de l’augmentation de la glycémie et la concentration de glucagon augmente en fonction de l’hypoglycémie.

Hyperglycémie → sécrétion d’insuline
Hypoglycémie → sécrétion de glucagon

Les hormones se fixent sur des cellules-cibles qui sont porteuses de récepteurs spécifiques à chacune d’elles.
Les **récepteurs de l’insuline et du glucagon** sont respectivement une glycoprotéine et une protéine et sont présents **sur la membrane des cellules-cibles**.

IV Le contrôle hormonal de la constitution et de l'utilisation des réserves

Les cellules-cibles, sensibles au glucagon et à l'insuline, modifient leur métabolisme lorsque leurs récepteurs spécifiques captent l'une de ces hormones.
Sous l'action de l'insuline, les cellules hépatiques et les cellules musculaires squelettiques stockent le glucose et synthétisent du glycogène, c'est la **glycogénèse**. Du glucose ayant quitté le plasma, la glycémie diminue.
De plus, sous l'action de cette hormone, les hépatocytes et les adipocytes réalisent des réserves sous la forme de triglycérides.

Le glucagon, pour sa part, provoque la glycogénolyse et la libération du glucose par les hépatocytes. L'arrivée du glucose dans le plasma provoque une augmentation de la glycémie.

L'essentiel

La glycémie reste constante malgré les variations des apports alimentaires et celles de la consommation du glucose par les cellules. Cette homéostasie glycémique est due à l'action d'un système réglant, constitué par les cellules α et β des îlots de Langerhans, qui sécrètent respectivement les hormones glucagon et insuline. L'insuline a un effet hypoglycémiant : elle provoque l'entrée du glucose dans les cellules hépatiques et les cellules musculaires, où du glycogène est synthétisé, et dans les adipocytes, où des triglycérides sont formés. Le glucagon a un effet hyperglycémiant : il provoque la dégradation du glycogène contenu dans les hépatocytes qui libèrent du glucose.

glycémie		pancréas îlot de Langerhans		
élevée	→	cellule β	→	INSULINE
basse	→	cellule α	→	GLUCAGON

	EFFETS DES HORMONES			
	cellule **hépatique**	cellule **adipeuse**	cellule **musculaire**	
INSULINE	- entrée de glucose - glycogénèse	- entrée de glucose - synthèse de triglycérides	- entrée de glucose - glycogénèse	**= HORMONE HYPOGLYCÉMIANTE**
GLUCAGON	- glycogénolyse - sortie de glucose			**= HORMONE HYPERGLYCÉMIANTE**

EXERCICES

VÉRIFIER SES CONNAISSANCES

EXERCICE 1 Définir en une phrase claire les mots ou expressions suivants.

- glycémie
- plasma sanguin
- hépatique
- hormone
- hyperglycémie
- cellule adipeuse
- homéostat
- hypoglycémie

EXERCICE 2 Reconstituer une ou plusieurs phrases scientifiquement exacte(s) à partir des propositions suivantes.

1. La cellule hépatique...

a. dégrade le plasma sanguin pour stocker le glucose.
b. capte le glucose présent dans le plasma sanguin.
c. est responsable de la destruction du glucose.
d. stocke le glucose dans des vésicules.

2. Le pancréas...

a. est une glande digestive et intervient dans la digestion du glucose.
b. capte de l'insuline et libère du glucagon.
c. est sensible à la glycémie.
d. est une glande exclusivement endocrine.

3. L'insuline et le glucagon sont...

a. respectivement hypoglycémiante et hyperglycémiante.
b. respectivement hyperglycémiante et hypoglycémiante.
c. des hormones stéroïdes.
d. respectivement sécrétées par les cellules α et β des îlots de Langerhans.

4. L'insuline...

a. stimule la libération de glucose par les cellules hépatiques.
b. stimule la libération de glucose par les cellules musculaires.
c. entraîne la synthèse de glycogène dans les cellules hépatiques.
d. stimule la sécrétion du glucagon.

EXERCICE 3 Restituer ses connaissances en quelques phrases sur un sujet précis, en utilisant obligatoirement un ensemble de mots-clés.

sujets	mots-clés
a. la glycémie	foie, glucose, glycogène, homéostasie
b. le pancréas	glande mixte, îlots de Langerhans, endocrine
c. les hormones	sécrétion, concentration plasmatique, cellule-cible, récepteur, spécificité

EXERCICE GUIDÉ

Réaliser un schéma de synthèse

Énoncé Réaliser un schéma de synthèse présentant les effets respectifs de l'insuline et du glucagon sur l'hépatocyte.

Conseils pour la résolution

1. **Préparer** une liste des termes devant absolument apparaître sur le schéma.
2. **Évaluer** la disposition des différents éléments à placer sur le schéma et l'ordre dans lequel il conviendra de procéder à leur mise en place, afin que l'ensemble soit équilibré.
3. **Prévoir** de découper virtuellement la cellule hépatique en deux, pour distinguer les actions des deux hormones.
4. **Prévoir** une cellule hépatique suffisamment grande pour pouvoir placer à l'intérieur de nombreux termes.

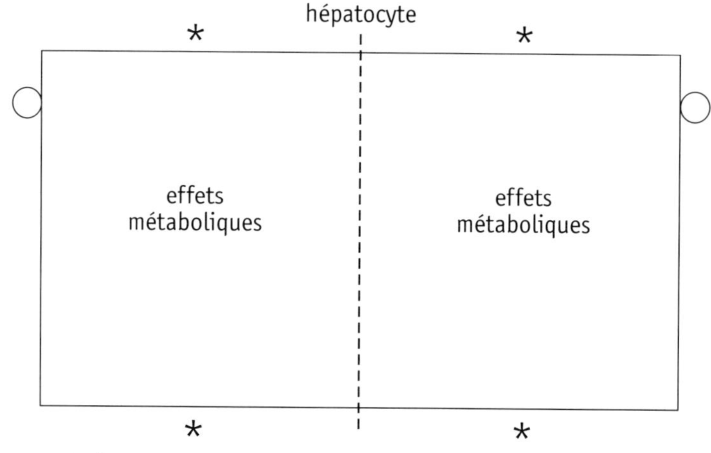

Schéma à reproduire et à compléter.

APPLIQUER SES CONNAISSANCES

EXERCICE 4 La voie d'entrée du glucose

Utiliser ses connaissances pour comprendre des nouveaux faits

Des sujets volontaires, à jeun, se voient administrer une solution de glucose :

– par voie intraveineuse ;
– par le jéjunum (partie de l'intestin grêle) grâce à une intubation.

1. **Expliquer** la différence entre les deux maximum des courbes de la glycémie.

2. **Proposer** une hypothèse expliquant la différence entre les variations des deux taux d'insuline.

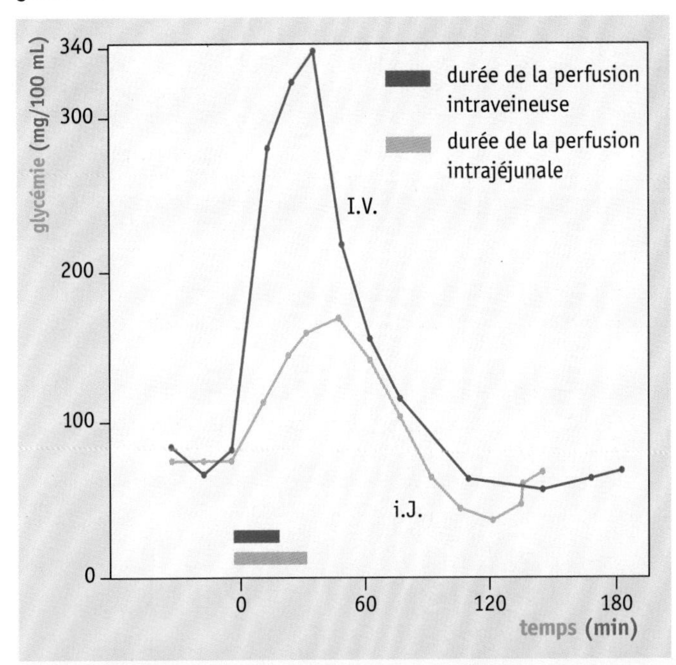

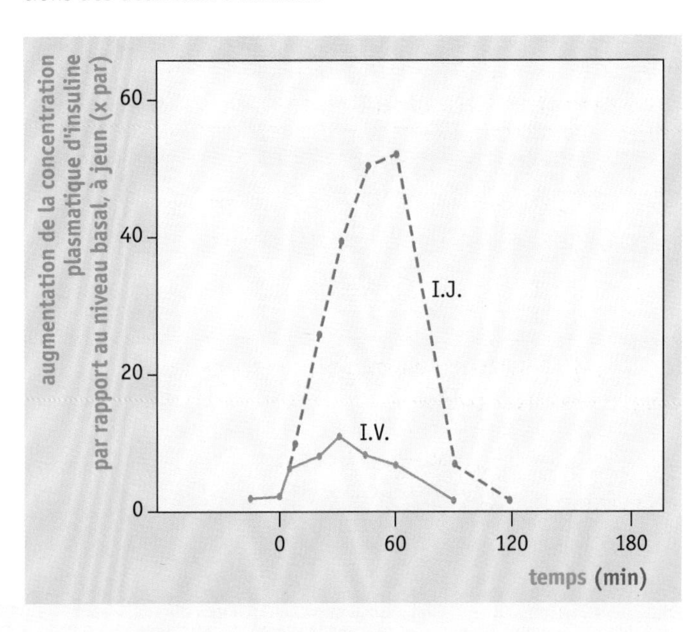

Concentration plasmatique de glucose et d'insuline

EXERCICE 5 Utilisation du glucose

Expliquer une relation entre les variations de deux facteurs

1. **Indiquer** quelle est la relation entre les variations de la glycémie et celles du glucose utilisé.

2. **Préciser** le rôle du pancréas.

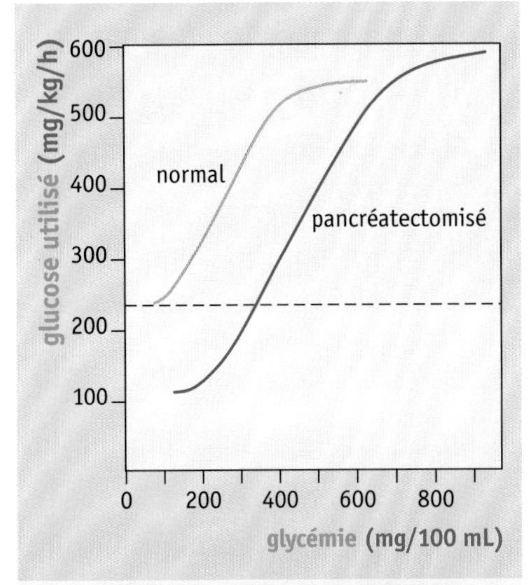

Influence de la valeur de la glycémie sur l'utilisation du glucose chez un chien normal et chez un chien pancréatectomisé.

EXERCICE 6 Une hormone et son récepteur

Utiliser ses connaissances pour interpréter un document

En utilisant du glucagon marqué, il est possible, grâce une investigation au microscope électronique à transmission, de localiser cette hormone lorsqu'elle agit sur sa cellule cible.

1. **Expliquer** la localisation de l'hormone.

Le glucagon qui circule librement dans le plasma est rapidement dégradé par le foie.

2. **Indiquer** en quoi cette dégradation est indispensable au bon déroulement de la transmission du message hormonal.

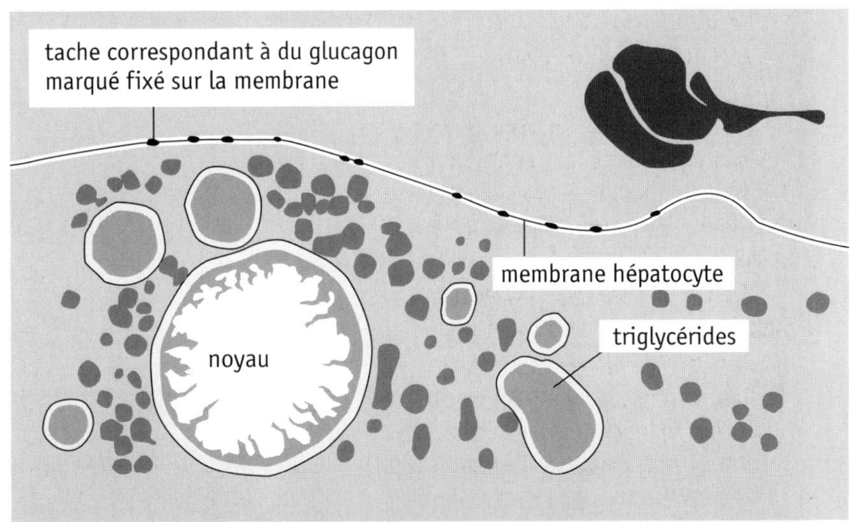

Schéma d'une partie d'une cellule hépatique après perfusion de cette dernière par une solution contenant du glucagon marqué (× 7 000).

AIDEZ LA RECHERCHE CONTRE LE DIABÈTE

Renseignements 01 40 09 24 25

Envoyez vos dons à l'**AFD**
58, rue Alexandre Dumas - 75544 Paris Cedex 11

Chapitre 16

Les phénotypes diabétiques

Le phénotype diabétique est défini par une hyperglycémie chronique.
Deux types de diabètes doivent être distingués : ils correspondent à deux maladies différentes.
Le développement d'un diabète correspond à une interaction entre de nombreux gènes et plusieurs facteurs de l'environnement.

▶ **Quels sont les dysfonctionnements caractéristiques des deux types de diabètes ?**

▶ **Comment différents facteurs, génétiques, immunitaires, physiologiques et environnementaux interviennent-ils simultanément dans le développement d'un diabète ?**

▶ **Quels sont les problèmes éthiques liés au dépistage et au traitement des diabètes ?**

ACTIVITÉ

1 Deux types de diabètes

Le phénotype diabétique est défini par une élévation de la glycémie. Deux types de diabètes doivent être distingués : le diabète de type I se caractérise par une carence en insuline et le diabète de type II par une absence d'effet de cette hormone.

▶ **Quels sont les dysfonctionnements caractéristiques des deux types de diabètes ?**

VOCABULAIRE

Maladie auto-immune : dysfonctionnement du système immunitaire qui agit contre l'organisme lui-même.

Doc.1 Caractérisation des deux diabètes

Hyperglycémie caractéristique du diabète

▶ Le diabète correspond à une hyperglycémie chronique. Il est défini arbitrairement par une glycémie veineuse à jeun, mesurée à deux reprises, supérieure à 1,4 g/L.
Cette définition est valable pour les deux types de diabète.

▶ Dans les pays occidentaux, 2 à 6 % de la population sont atteints par le diabète.

▶ L'hyperglycémie chronique est très rare chez le nourrisson et chez l'enfant (1 pour 1 000 avant quinze ans) et croît avec l'âge (7 % après 65 ans).
Le diabète peut cependant être découvert à tout âge avec un maximum de fréquence vers 50 ans.

▶ Les hommes et les femmes sont atteints avec la même fréquence.

Éléments de comparaison des deux diabètes

Il est nécessaire de distinguer deux types de diabètes, mais les complications chroniques de ces deux maladies sont identiques.

type de diabète	DID ou type I	DNID ou type II
% de la population concernée en France	0,25 %	entre 2 et 2,5 %
fréquences relatives mondiales	15 %	85 %
âge de début de la maladie	inférieur à 20 ans	supérieur à 40 ans
obésité	non	fréquente
sécrétion d'insuline	nulle	carence relative

Deux types de diabète :
DID : diabète insulino-dépendant ou diabète de type I (dit maigre).
DNID : diabète non insulino-dépendant ou diabète de type II (dit gras).
% établis à la fin des années 90.
Les pourcentages varient en fonction de la population concernée.

Différents types de dosage de la glycémie

Dans le dépistage ou le traitement du diabète, une mesure précise de la glycémie est une étape fondamentale.
Plusieurs protocoles de mesure peuvent être utilisés.

mode de mesure	liquide analysé	seuils
glycosurie (mesure du glucose dans les urines)	urine	chez le non-diabétique, le glucose est absent des urines
glycémie capillaire	sang	2 g/L à n'importe quel moment de la journée
glycémie veineuse à jeun	sang	1,4 g/L faible sensibilité, des diabétiques de type II peuvent être ignorés
hyperglycémie provoquée par voie orale (HGPO)	sang	la mesure est réalisée sur un sujet initialement à jeun (depuis 8 heures ou plus) et 2 heures après l'ingestion d'une solution de 75 g de glucose. L'Association Américaine du Diabète a proposé en 1997 d'abaisser le seuil à 1,26 g/L.

Doc.2 Diabète de type I et destruction des îlots de Langerhans

▶ Le diabète insulino-dépendant est caractérisé par une destruction **auto-immune** des cellules des îlots de Langerhans.

▶ Lorsque 80 % d'entre elles ont été détruites, la sécrétion d'insuline est insuffisante pour que la régulation de la glycémie s'opère normalement.

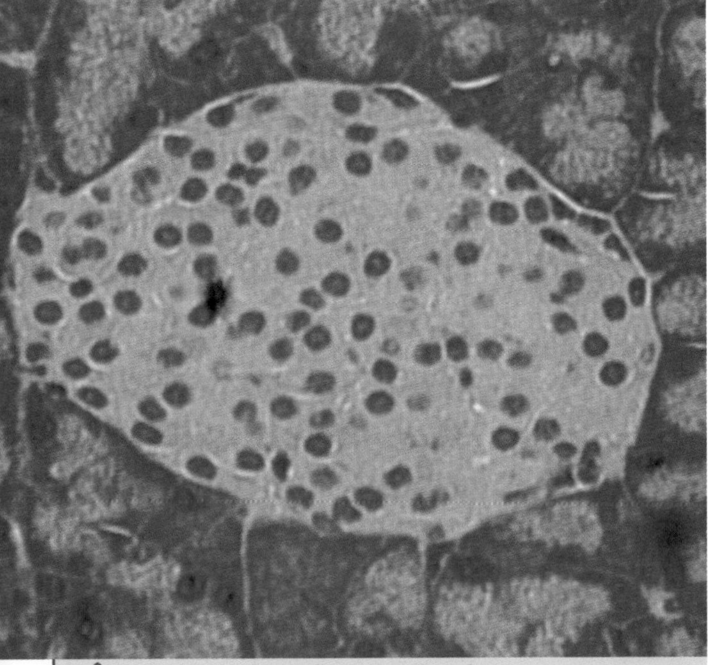

a. Îlots de Langerhans d'une souris saine.

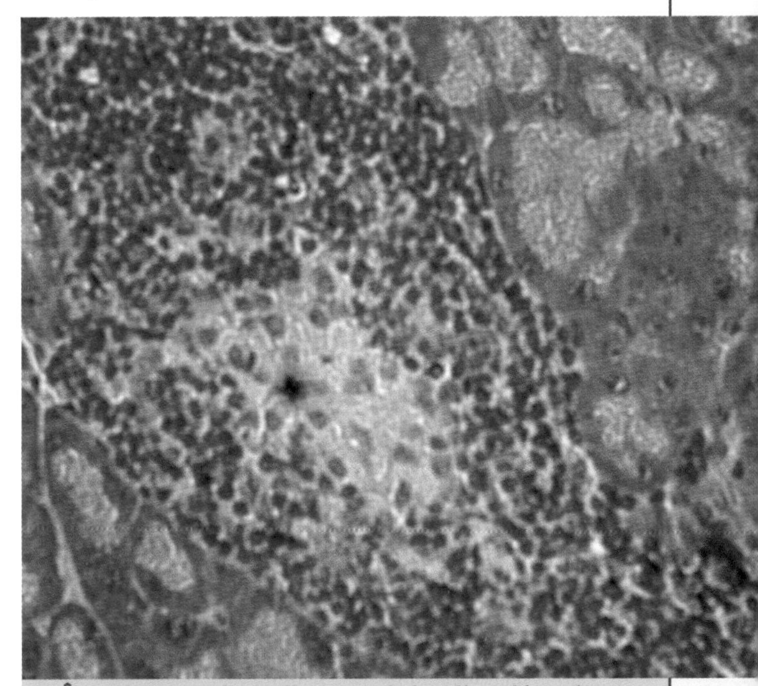

b. Îlots de Langerhans d'une souris insulino-dépendante.

Doc.3 Diabète de type II et insulino-résistance

▶ Chez les personnes souffrant du diabète de type II, le pancréas ne présente pas d'anomalie particulière. L'insuline est sécrétée par les cellules des îlots de Langerhans.

▶ Il s'avère cependant que l'hormone n'entraîne aucun effet sur ses cellules-cibles, elle n'induit donc pas chez elles l'entrée du glucose.

Évaluation de la sensibilité à l'insuline

1. Perfusion d'une quantité donnée d'insuline.
2. Mesure de la quantité de glucose à apporter pour maintenir une glycémie constante.
3. Les mesures sont faites pour des doses croissantes d'insuline.

Lorsque le patient souffre d'un diabète de type II, sont mises ainsi en évidence :
- une baisse de la capacité à diminuer la glycémie ;
- une diminution de la sensibilité à l'insuline.

EXPLOITATION DES DOCUMENTS

1. **Indiquer** ce qui caractérise les valeurs de la glycémie dans le cas des individus diabétiques (**Doc. 1**).
2. **Préciser** quelle valeur de son métabolisme une personne diabétique devra surveiller (**Doc. 1**).
3. **Expliquer** pourquoi les valeurs des seuils sont différentes pour les quatre types d'analyses (**Doc. 1**).
4. **Proposer** une justification pour la suggestion de l'Association Américaine du Diabète (**Doc. 1**).
5. **Comparer** les sujets atteints par les deux types de diabète et **préciser** comment l'insuline est impliquée dans chacun de ces dysfonctionnements, **justifier** les expressions diabète insulino-dépendant et diabète non insulino-dépendant (**Doc. 2**).
6. **Indiquer** la cause de l'absence d'insuline chez une personne présentant un diabète de type I (**Doc. 2**).
7. **Proposer** une hypothèse expliquant l'absence d'effet de l'insuline chez les sujets souffrant d'un diabète de type II. **Indiquer** quels renseignements peut apporter la méthode d'évaluation de la sensibilité à l'insuline (**Doc. 3**).
8. **Répondre au problème posé** : « Quels sont les dysfonctionnements caractéristiques des deux types de diabètes ? »

ACTIVITÉ

2 Le développement des diabètes

De nombreux gènes interviennent dans le développement du diabète. Cependant, les deux types de diabète se développent à la suite d'une interaction entre ces gènes et de multiples facteurs.

▶ **Comment différents facteurs, génétiques, immunitaires, physiologiques ou environnementaux interviennent-ils simultanément dans le développement d'un diabète ?**

VOCABULAIRE

Antigène : substance capable de provoquer une réponse immunitaire.

HLA : *Human Leucocytes Antigens*. Protéines présentes à la surface des cellules et caractéristiques de chaque individu.

Doc.1 Hérédité et diabète de type I

Diabète de type I et antécédents familiaux

Les risques de développer un diabète insulino-dépendant en cas d'antécédents familiaux correspondent aux pourcentages suivants :
- 30 à 40 % pour le jumeau d'un diabétique ;
- 5 à 10 % pour un frère ou une sœur ;
- 10 % pour l'enfant de deux parents diabétiques ;
- 6,1 % pour l'enfant d'un père diabétique ;
- 1,3 % pour l'enfant d'une mère diabétique.

▶ Le diabète de type **I** survient dans 90 % des cas chez des sujets porteurs d'**antigènes HLA** particuliers.

▶ Il existe deux classes d'antigènes HLA et les molécules fréquentes chez les sujets insulino-dépendants sont :
- les antigènes B8, B15 et B18, pour la classe I ;
- DR3 et DR4, pour la classe II.

allèles des sujets	risque relatif de DID
B8, B15, B18	entre 2 et 4
DR3 et DR4	entre 3 et 6
hétérozygotes DR3 et DR4	environ 20

▶ C'est précisément la présence de ces antigènes DR3 et DR4 à la surface des cellules qui entraînerait l'action contre elles des **cellules du système immunitaire** et leur destruction.

Doc.2 Causes multiples du diabète de type I

De multiples facteurs peuvent intervenir dans le déclenchement du diabète de type **I** :
- certains **virus**, dont certains sont courants : grippe, oreillons, rubéole, varicelle, hépatite virale...
- des **habitudes alimentaires** sont parfois mises en cause ;
- certains **médicaments**, comme les corticoïdes ;
- des **agressions physiques** (accident, intervention chirurgicale, maladie) ou psychiques.

Doc.3 Hérédité et diabète de type II

▶ Chez les vrais jumeaux, c'est-à-dire des personnes issues de la même cellule-œuf et donc porteurs de la même information génétique, une concordance du diabète non insulino-dépendant est mise en évidence dans **100 % des cas.**

▶ Le phénotype moléculaire des diabétiques de type **II** peut correspondre aux situations suivantes :
- dans certaines familles, il s'agit d'un **déficit en une enzyme** du métabolisme du glucose dans les cellules-cibles de l'insuline ;
- dans d'autres familles, il s'agit d'un **déficit en transporteurs membranaires de glucose** dans les cellules-cibles.

Il apparaît donc qu'il existe **plusieurs gènes** pouvant être responsables de cette maladie : il s'agit d'une maladie polygénique.

Doc.4 Causes multiples du diabète de type II

Il est possible de déterminer plusieurs facteurs qui peuvent favoriser le développement du diabète non insulino-dépendant.

▶ L'**obésité** est un facteur important dans le développement du diabète de type II. Précisément, c'est l'obésité androïde, c'est-à-dire abdominale (le rapport tour de taille sur tour de hanche doit être supérieur à 1), qui semble associée au risque le plus important de devenir diabétique.
Cependant, il convient de noter qu'il existe des obésités majeures sans développement de diabète de type II et inversement.

▶ Une **alimentation hypercalorique** peut participer au déclenchement du diabète, elle doit cependant être associée à une surcharge pondérale.

▶ Le **manque d'exercice physique** peut favoriser le développement de ce type de diabète.

▶ Lorsqu'une femme a souffert d'un **diabète gestationnel**, c'est-à-dire s'étant développé temporairement pendant la grossesse, elle présente un risque plus élevé de présenter par la suite un diabète de type II.

▶ Le risque d'être atteint par ce type de diabète augmente avec l'âge du patient. La fréquence est multipliée par 8 à 9 chez les personnes âgées de 70 à 79 ans par rapport à celles âgées de 30 à 39 ans.

▶ Un seul de ces facteurs ne peut être responsable du déclenchement d'un diabète, plusieurs facteurs doivent être associés et agir sur un sujet présentant une **prédisposition génétique**.

Les indiens Pimas vivent en Arizona dans le sud des États-Unis. Ils sont installés dans cette région depuis 2000 ans.
Cette population présente le plus fort taux de diabète de type II au monde. Au début des années 40, la fréquence du diabète de type II chez les indiens Pimas était identique à celle du reste de la population américaine. Durant la période 1981-1988, 70 % des hommes et des femmes entre 55 et 64 ans étaient atteints par cette maladie.

Par ailleurs :
– une augmentation de l'obésité a été constatée dans cette population au cours de la deuxième partie du vingtième siècle ;
– une anomalie génétique entraînant une résistance à l'insuline semble devoir être prise en compte.

Fréquence d'apparition du diabète chez les indiens Pimas.

EXPLOITATION DES DOCUMENTS

1. Indiquer quelle est l'importance des facteurs génétiques dans le déclenchement d'un diabète de type I (**Doc. 1**).
2. Préciser quels sont les facteurs de l'environnement pouvant être à l'origine du développement d'un diabète de type I (**Doc. 2**).
3. Indiquer quelle est l'importance des facteurs génétiques dans le déclenchement d'un diabète de type II et **comparer** cette situation avec le cas du diabète de type I (**Doc. 1** et **3**).
4. Analyser la relation entre les facteurs génétiques et les facteurs de l'environnement ou physiologiques dans le cas du diabète de type II (**Doc. 3** et **4**).
5. Répondre au problème posé : « Comment différents facteurs, génétiques, immunitaires, physiologiques ou environnementaux interviennent-ils simultanément dans le développement d'un diabète ? »

ACTIVITÉ

3 Dépistage, traitement des diabètes et problèmes éthiques

L'évolution de la connaissance de ces maladies, ainsi que celle des facteurs génétiques et environnementaux les déterminant, permet d'améliorer leur dépistage et d'envisager des traitements plus précoces et plus efficaces. Des problèmes éthiques sont soulevés par les modalités de ce dépistage au sein de la population et par le choix des solutions thérapeutiques.

▶ **Quels sont les problèmes éthiques liés au dépistage et au traitement des diabètes ?**

Doc.1 Le traitement du diabète insulino-dépendant

« Plus de soixante-dix ans après la découverte de l'insuline, le bilan reste terrifiant. Le patient atteint de diabète de type I est *stricto sensu* insulino-dépendant. Deux heures après l'interruption d'une perfusion cutanée continue d'insuline, la dégradation métabolique est évidente ; six heures après, l'hyperglycémie et [...] sont majeures ; le coma intervient en 24 à 48 heures et la mort est inéluctable si l'on ne reprend pas l'administration d'insuline. Miracle de l'insulinothérapie, précarité du patient privé quelques heures seulement de l'hormone à laquelle il doit la vie.»

Pierre Lefebvre, *Médecine Sciences* 1991 ; 7 : 208.

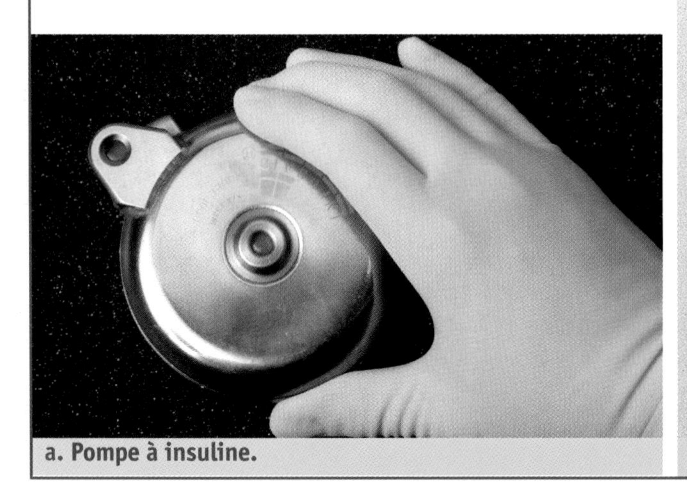

a. Pompe à insuline.

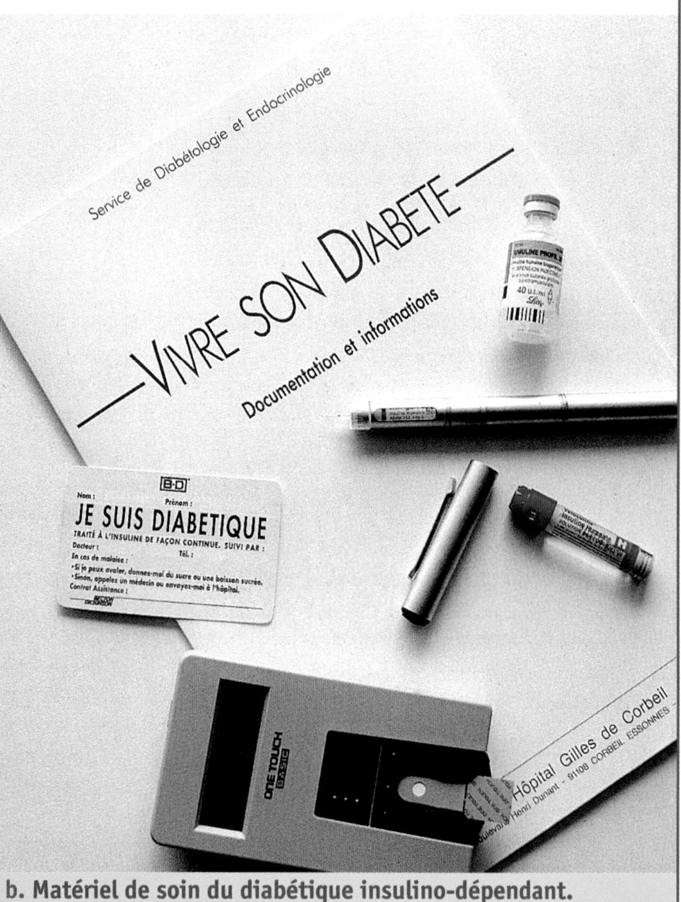

b. Matériel de soin du diabétique insulino-dépendant.

Doc.2 Détection de la prédisposition au diabète insulino-dépendant

Les marqueurs génétiques du diabète de type I

Le diabète insulino-dépendant intervient dans 90 % des cas chez des sujets porteurs d'antigènes HLA particuliers. L'étude des **antigènes HLA** de classe II d'un sujet à risque semble permettre de déceler une prédisposition au diabète de type I.

Mise en évidence d'anticorps anti-cellules d'îlots

Les **anticorps anti-cellules d'îlots** sont les cellules responsables de la destruction des cellules des îlots de Langerhans. Il est souvent possible de les détecter chez des personnes souffrant d'un diabète de type I récent.

Leur présence, chez un sujet jeune à risque, permet de supposer que la maladie auto-immune a débuté et permet donc de prévoir un éventuel développement d'un diabète.

Doc.3 « Greffes » : des organes aux gènes

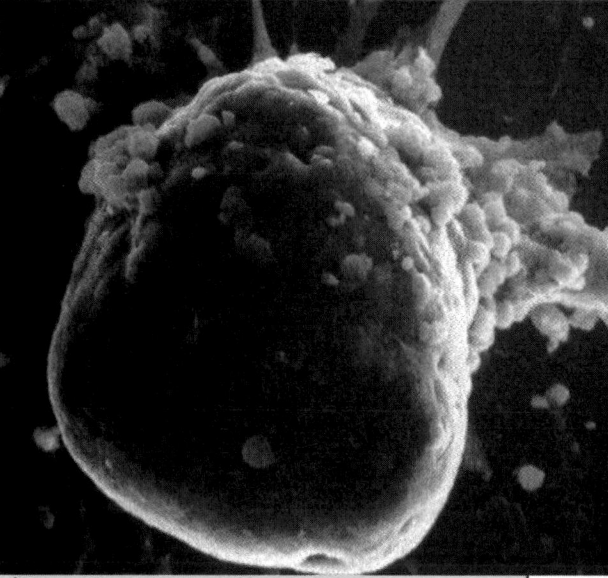
Îlot de Langerhans (MEB x 400).

Greffe du pancréas

▶ La première greffe de pancréas a été réalisée en 1966.
La greffe du tissu pancréatique permet de rétablir la sécrétion d'insuline puisque le greffon possède des **îlots de Langerhans sains**. Lorsque l'opération réussit le patient peut cesser l'insulinothérapie. Il s'agit d'une technique éprouvée qui s'est largement développée à partir des années 80 : plusieurs milliers de personnes ont été transplantées dans le monde.

▶ Il s'agit néanmoins d'une intervention chirurgicale « lourde » :
– la greffe du pancréas est en général associée, pour une meilleure réussite, lorsque le diabète a provoqué des complications rénales, à une greffe simultanée d'un rein (80 % des pancréas et 90 % des reins sont encore fonctionnels un an après la greffe) ;
– le patient doit suivre ensuite un **traitement anti-rejet**.

Greffe d'îlots

▶ Depuis une dizaine d'années, il est possible d'isoler des îlots de Langerhans à partir de pancréas issus de donneurs.

▶ La greffe se déroule de manière relativement simple, puisque les îlots sont **injectés** dans la veine porte, ils migrent dans le foie où ils s'implantent spontanément et peuvent redevenir fonctionnels et sécréter de l'insuline.

▶ Depuis une dizaine d'années, environ 300 greffes de ce type ont été réalisées dans le monde. Le taux de réussite reste cependant limité puisque la reprise de la sécrétion d'insuline n'a été mise en évidence que dans la moitié des cas. En outre, le **problème du rejet** reste, ici aussi, un obstacle majeur.

▶ Enfin, pour chaque greffe, deux ou trois donneurs sont nécessaires pour rassembler l'ensemble des îlots qui doivent être greffés.

La thérapie génique

« Plus futuriste est l'espoir de transformer, par thérapie génique, certaines cellules hépatiques en cellules "pancréatiques" fabriquant de l'insuline et la libérant en fonction des besoins. Cela a été réalisé cette année sur des souris, en fournissant à des cellules du foie le gène qui, au cours du développement du fœtus, gouverne la formation du pancréas. »

Le Monde – 31 décembre 2000/1er janvier 2001.

Doc.4 Dépistage du diabète non insulino-dépendant

▶ Si le diabète de type II est traité de manière précoce, il est possible d'en réduire les complications.

▶ En France, 85 % des diabétiques souffrent de ce type de diabète.
Dans notre pays, on estime que 300 000 à 500 000 personnes diabétiques de type II ignorent leur maladie.

▶ Différents types d'**examens** peuvent être utilisés pour dépister le diabète : il s'agit d'analyses d'urine ou de sang. Ils permettent de déterminer de manière précise si une personne est diabétique ou non. La question de la détermination de la population à tester est un **problème de santé publique** important, car ces investigations représentent pour toute société un engagement financier. Il doit être tenu compte notamment de l'âge des patients et des « facteurs de risques » : obésité androïde, antécédents familiaux au premier degré (parents, fratrie), diabète gestationnel, hypertension artérielle, intolérance au glucose.

EXPLOITATION DES DOCUMENTS

1. **Expliquer** les modalités du traitement d'un diabète de type I (**Doc. 1**).
2. **Préciser** quels sont les moyens de détecter un diabète de type I (**Doc. 2**).
3. **Comparer** dans un tableau les trois thérapies permettant de traiter le diabète de type I. **Dégager** les avantages et les inconvénients de chacune d'elles (**Doc. 1** et **3**).
4. **Expliquer** en quoi le dépistage du diabète de type II correspond à une nécessité sur le plan de la santé publique et **indiquer** quelles sont les contraintes tendant à le limiter (**Doc. 4**).
5. **Répondre au problème posé** : « Quels sont les problèmes éthiques liés au dépistage et au traitement des diabètes ? »

Les phénotypes diabétiques

LES MOTS À CONNAÎTRE

Diabète : dysfonctionnement de l'homéostat glycémique engendrant une hyperglycémie chronique.

Le phénotype diabétique est défini par une glycémie veineuse à jeun supérieure à 1,4 g/L. Ce symptôme correspond en fait à deux maladies distinctes : le diabète de type I et le diabète de type II. Les causes de l'existence d'un diabète sont multiples, il s'agit d'une interaction entre certains gènes et divers facteurs.

I Deux types de diabète

Dans les deux cas, le symptôme principal est une hyperglycémie, mais les causes de cette élévation sont distinctes :

- **Diabète de type I ou diabète insulino-dépendant (DID)**

Dans ce cas, en raison d'une destruction de ses îlots de Langerhans, généralement due à une réaction auto-immune, la personne ne sécrète pas d'insuline. Ceci engendre une augmentation inévitable de la glycémie. Le sujet doit être traité par un apport d'insuline.

- **Diabète de type II ou diabète non insulino-dépendant (DNID)**

Les personnes atteintes par ce type de diabète sécrètent de l'insuline, mais les cellules-cibles de cette hormone n'assurent pas leur fonction de stockage du glucose qui reste dans le plasma. Ce dysfonctionnement des cellules-cibles peut être dû à un déficit en transporteurs de glucose ou à celui d'une enzyme du métabolisme du glucose.

II Le développement des diabètes

A Diabète de type I et gènes du système HLA

Les personnes souffrant d'un diabète de type I sont à 90 % porteuses de certains allèles de gènes du système des antigènes HLA. Mais, il ne s'agit que d'une susceptibilité à la maladie.

B Le diabète de type II est souvent familial

Le diabète de type II est une maladie multigénique, plusieurs gènes, responsables de différents dysfonctionnements de la cellule-cible, pouvant être responsables de son développement.

C Les gènes interagissent avec d'autres facteurs

Dans le diabète de type I ce sont des facteurs externes qui semblent responsables du déclenchement de la maladie. Il s'agit de certains virus, aliments, médicaments, ainsi que du stress physique ou psychique.

Dans le cas d'un diabète de type II, l'obésité est un facteur de risque important. Une alimentation hypercalorique et un manque d'activité physique peuvent aussi favoriser le développement d'un diabète non insulino-dépendant.

III Dépistage et traitement des diabètes

Le traitement du diabète insulino-dépendant correspond à l'administration régulière de doses d'insuline permettant le maintien de la glycémie. Le patient doit donc surveiller lui-même son taux de glucose plasmatique et s'injecter de l'insuline ou porter une pompe permettant une perfusion sous-cutanée continue. Il doit en outre surveiller son équilibre alimentaire, afin d'éviter les variations brutales de sa glycémie.
Les contraintes quotidiennes engendrées par ce type de traitement peuvent être évitées par les greffes de pancréas, ainsi que les greffes des seuls îlots de Langerhans. Ces interventions, dont les taux de réussite sont respectivement bons et moyens, ne peuvent être développées que dans la limite du nombre des organes donnés.

La thérapie génique ouvre des perspectives d'avenir : il s'agit d'implanter dans le noyau de cellules du patient un gène permettant la synthèse de l'insuline.
Le traitement du diabète de type II fait appel à différents médicaments, notamment hypoglycémiants, le sujet devant par ailleurs maîtriser son régime alimentaire.
Le dépistage précoce de ces maladies peut permettre d'éviter certaines complications. Une des difficultés consiste à déterminer la population à risque chez qui ce dépistage doit être effectué.

L'essentiel

Les deux diabètes sont caractérisés par une hyperglycémie chronique. Le diabète insulino-dépendant (type I) est dû à une carence en insuline à la suite d'une destruction auto-immmune des cellules α des îlots de Langerhans : son traitement nécessite l'administration pluriquotidienne et régulière d'insuline. Le diabète non insulino-dépendant (type II) est dû à une incapacité des cellules-cibles de l'insuline à absorber ou à métaboliser le glucose. Le déclenchement de ces deux maladies dépend de facteurs du milieu et de facteurs génétiques. La prévention contre le diabète doit tenir compte des facteurs de risques environnementaux, physiologiques ou génétiques.

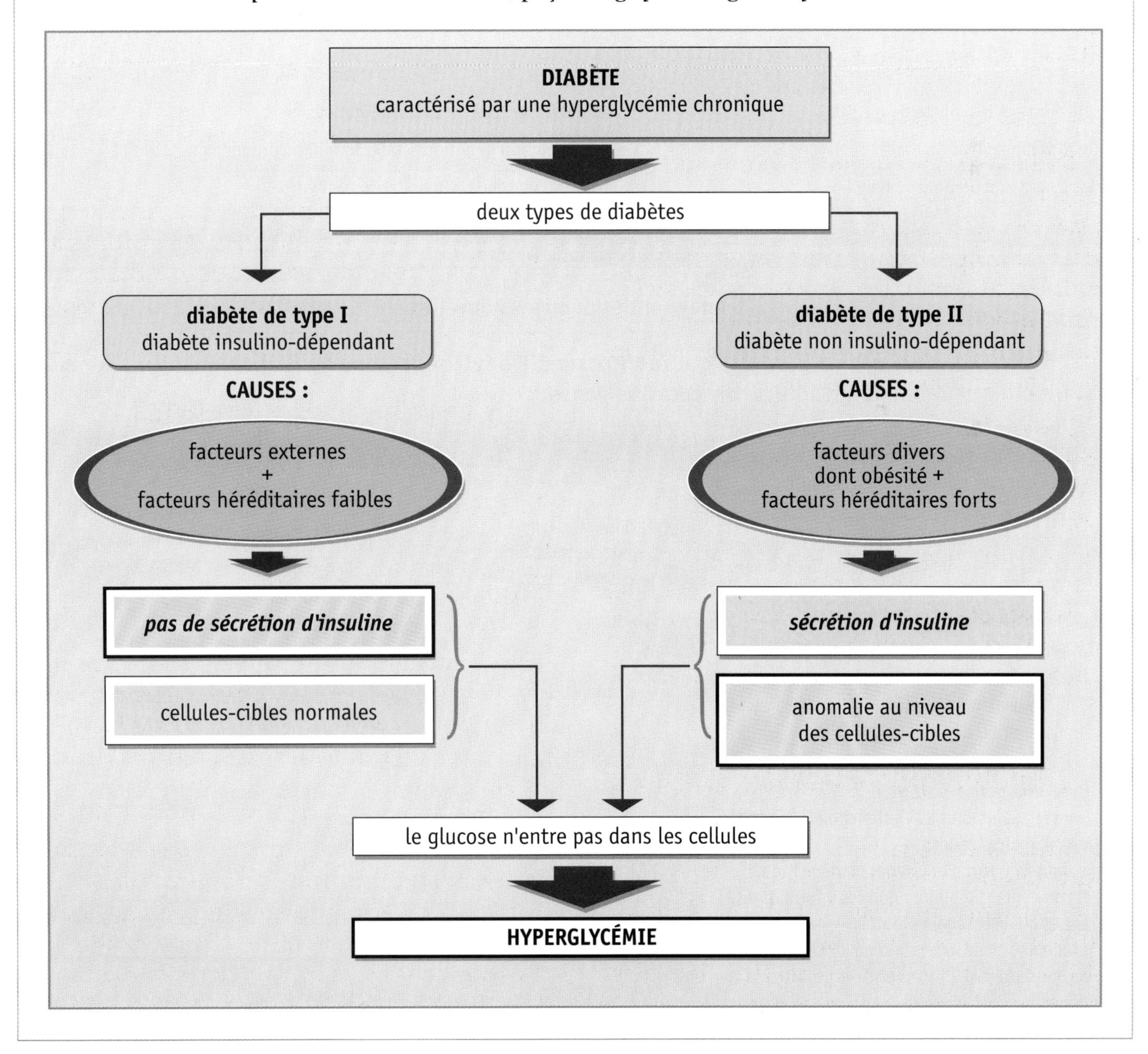

EXERCICES

VÉRIFIER SES CONNAISSANCES

EXERCICE 1 Définir en une phrase claire les mots ou expressions suivants.

- diabète I
- dépistage
- diabète II
- facteur de risque
- insulino-dépendant
- polygénique
- auto-immune
- pompe à insuline

EXERCICE 2 Reconstituer une ou plusieurs phrases scientifiquement exacte(s) à partir des propositions suivantes.

1. Les deux types de diabètes se distinguent par...
a. des valeurs de la glycémie différentes.
b. l'absence ou la présence d'insuline dans l'organisme.
c. la taille du foie.
d. le caractère héréditaire de l'une des deux maladies.

2. Le diabète de type II...
a. est dû à l'évolution d'un diabète de type I.
b. se développe toujours à la suite d'un contact avec un virus.
c. est souvent associé à une obésité.
d. doit être traité par l'insuline dès qu'il est découvert.

3. Le dépistage du diabète de type II...
a. engage des décisions importantes dans le domaine de la santé publique.
b. nécessite de réaliser des mesures de la glycémie sur la population à risque.
c. n'a aucune utilité.
d. peut permettre d'éviter que le sujet souffre des complications de cette maladie.

EXERCICE 3 Restituer ses connaissances en quelques phrases sur un sujet précis, en utilisant obligatoirement un ensemble de mots-clés.

sujets	mots-clés
a. l'insuline et le diabète de type II	cellule β, récepteurs de l'insuline, enzymes
b. le développement du diabète de type II	prédisposition génétique, interaction, environnement, obésité
c. traitement du diabète de type I	insuline, glycémie, surveillance, rigueur

EXERCICE GUIDÉ

Analyser des données nouvelles

Énoncé Des études chez la souris ont montré que le développement du diabète insulino-dépendant chez cet animal fait intervenir certains gènes.

1. **Indiquer** les étapes du développement du diabète de type I sur lesquelles des gènes peuvent avoir une influence chez la souris.

2. **Préciser** quelles conséquences ces résultats pourraient entraîner sur le traitement du diabète s'ils s'avéraient transposables à l'homme.

Conseils pour la résolution

1. Réaliser une liste des gènes signalés, avec les étapes concernées. Présenter ces données dans l'ordre chronologique des étapes du développement du diabète.

2. Chez l'Homme, la détermination des gènes impliqués permettrait :
– de mieux repérer les dysfonctionnements et de mieux les traiter ;
– dans le futur, d'envisager un dépistage.
Il convient de souligner que ces informations, issues du dépistage, doivent être utilisées avec prudence, en raison de la complexité des interactions dues à l'intervention de plusieurs gènes.

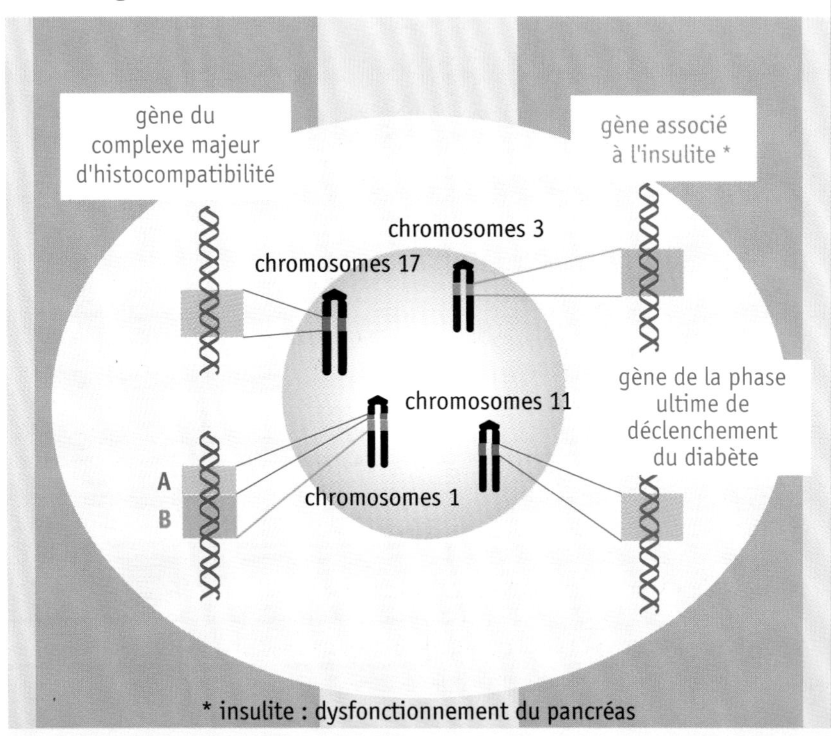

Gènes associés au diabète chez la souris.

APPLIQUER SES CONNAISSANCES

EXERCICE 4 Sécrétion d'insuline

Exploiter ses connaissances pour interpréter des données

Plusieurs sujets, correspondant à quatre catégories différentes, subissent des mesures de la concentration de leur insuline plasmatique durant les trois heures qui suivent une injection de 100 g de glucose.

1. **Proposer** une hypothèse expliquant la différence entre les sujets non diabétiques et non obèses et les sujets non diabétiques et obèses.

2. **Indiquer** quelles courbes peuvent correspondre respectivement aux sujets diabétiques de type I et aux sujets diabétiques de type II.

3. **Proposer** une hypothèse expliquant la différence entre les deux catégories de sujets obèses.

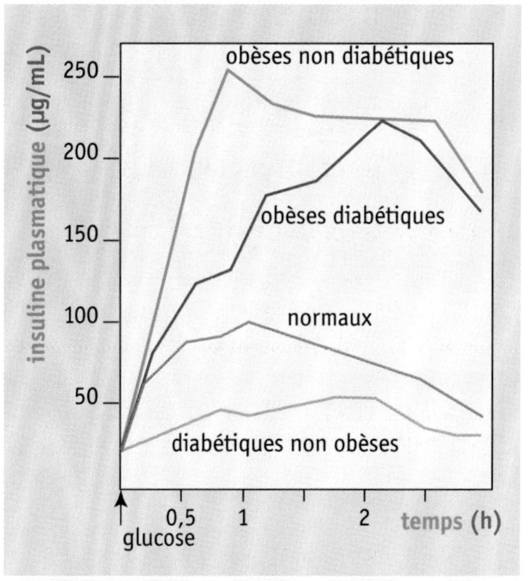

Concentrations plasmatiques d'insuline.

EXERCICE 5 Une cause du diabète

Comprendre un fait nouveau grâce à ses connaissances

Une pancréatite est une inflammation du pancréas non liée à une maladie auto-immune. Cette inflammation peut entraîner la destruction de certaines cellules et un diabète de type I peut apparaître. Dans les premiers temps de la maladie, des hypoglycémiants oraux peuvent suffire pour traiter les patients.

1. **Préciser** comment cette maladie peut être à l'origine du diabète de type I.

2. **Expliquer** pourquoi les hypoglycémiants sont un traitement suffisant dans les premiers temps de la maladie.

EXERCICE 6 Appellations du diabète

Utiliser ses connaissances

Les diabètes I et II sont respectivement appelés diabète maigre et diabète gras.

1. **Justifier** ces appellations.

2. **Préciser** dans quelles limites elles sont justes.

EXERCICE 7 Les conséquences des diabètes

Organiser sa réflexion personnelle grâce à ses connaissances

Les deux types de diabètes présentent des complications communes.
- Hypertension artérielle
- Macroangiopathies (atteintes des gros vaisseaux) :
  - artères des membres inférieurs ;
  - insuffisance coronarienne (c'est-à-dire des vaisseaux qui irriguent le muscle cardiaque).
- Microangiopathies (atteintes des petits vaisseaux)
  - rétinopathie ;
  - néphropathie (atteinte des reins entraînant souvent une insuffisance rénale nécessitant des dialyses régulières) ;
  - complications nerveuses.

a. Les complications dégénératives des deux diabètes.

Les lignes suivantes ont été écrites par une femme ayant subi en 1999 une double transplantation du pancréas et du rein.

« Quand on vous donne à choisir entre une vie suspendue à une machine tous les deux jours, rythmée par plusieurs injections quotidiennes d'insuline et une double transplantation rein/pancréas qui permettra d'échapper à ces contraintes durant plusieurs années, le choix a été, en ce qui me concerne rapidement fait.
Souffrant d'un diabète insulino-dépendant depuis l'âge de 14 ans – soit pendant 26 ans – traitée à l'insuline au rythme de 4 injections par jour, ces dernières années, j'ai été confrontée, à l'âge de 40 ans à une vive accélération de l'insuffisance rénale qui perdurait depuis plusieurs années. »

Équilibre, n° 198, juin 1996.

b. Un témoignage.

1. **Rédiger** une dizaine de lignes sur le sujet suivant « Le dépistage du diabète de type II », en vous appuyant sur vos connaissances et en utilisant le document (a) ci-dessus.

2. **Préciser** les raisons justifiant les doubles greffes rein/pancréas. **Utiliser** vos connaissances et les deux documents ci-dessus.

Chapitre 17
Les circuits neuroniques mobilisés au cours du réflexe myotatique

La pesanteur régnant sur terre est source de déséquilibre de la position verticale chez l'Homme.
Le maintien de la posture, position d'équilibre dynamique, nécessite la mise en jeu coordonnée de divers muscles.
C'est le système nerveux qui, de façon réflexe, ajuste en permanence l'état de contraction des muscles permettant le maintien de la posture.
Le réflexe myotatique constitue le mécanisme principal de ce maintien.
Cette réaction comportementale est en place chez le nourrisson (comportement inné), elle constitue un exemple de déterminisme génétique du système nerveux.

- **Comment l'activité musculaire participe-t-elle au maintien de la posture ?**
- **Comment interviennent les structures impliquées dans le réflexe myotatique ?**
- **Quelle organisation du système nerveux permet la réalisation du réflexe myotatique ?**
- **Comment s'effectue la coordination de l'activité des muscles antagonistes lors du réflexe myotatique ?**

ACTIVITÉ

1 Réflexe myotatique, phénotype et maintien de la posture

Le maintien de la posture nécessite un ajustement, permanent et réflexe, de l'état de contraction des muscles extenseurs et fléchisseurs appelé **tonus musculaire**. Le **réflexe myotatique**, élément principal de ce maintien, se définit comme la contraction réflexe d'un muscle en réponse à son propre étirement. Cette réponse peut être considérée comme un aspect du phénotype de l'organisme.

▶ **Comment l'activité musculaire participe-t-elle au maintien de la posture ?**

VOCABULAIRE

Électromyogramme : enregistrement de l'activité électrique d'un muscle.

Encéphale : ensemble constitué par le cerveau, le cervelet et le bulbe rachidien.

Potentiel d'action musculaire : potentiel membranaire des cellules musculaires.

Réflexe myotatique : contraction réflexe d'un muscle en réponse à son propre étirement.

Tonus musculaire : état de contraction d'un muscle présent même au repos.

Doc.1 Muscles et maintien de la position debout

- La pesanteur tend à faire basculer la tête et le tronc vers l'avant, et à faire fléchir les cuisses.
- Un enregistrement de l'état de contraction de 4 muscles de la jambe qui contrôlent l'articulation de la cheville est réalisé, lorsqu'un sujet se penche vers l'avant ou vers l'arrière.
- Les mesures sont effectuées sur la jambe droite de 5 sujets pendant un maintien de 10 s de la position.
- Les valeurs sont exprimées en % de la valeur maximale de contraction atteinte par le muscle lors d'épreuves d'effort. Remarque : les variations mesurées dépendent des différents sujets.

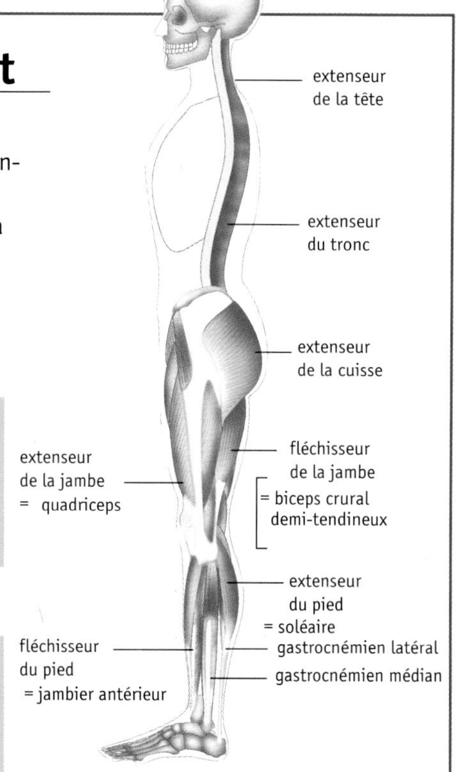

▶ **a. Principaux muscles impliqués dans le maintien de la position debout.**

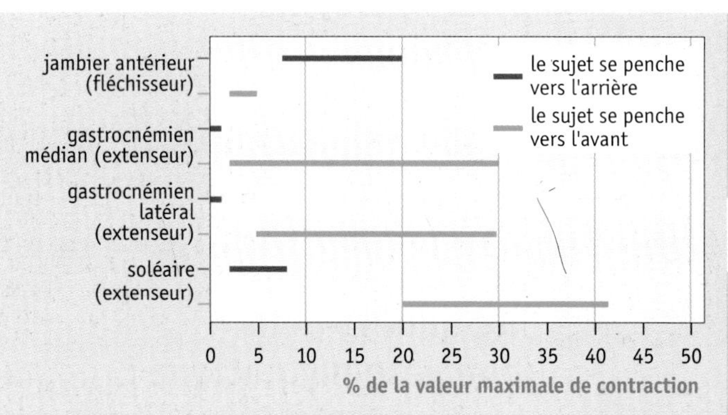

◀ **b. Tonus musculaire en fonction de la position du sujet.**

Doc.2 Mise en évidence du réflexe myotatique

Dans une **expérience historique** (1925), Liddell et Sherrington ont supprimé chez un animal, tout contrôle encéphalique du mouvement par section de la moelle épinière en arrière de l'**encéphale**. Ils dégagent le muscle quadriceps (extenseur de la jambe) par section d'un de ses tendons. Une extrémité du muscle reste reliée à son insertion osseuse et le muscle conserve son innervation.

Le tendon sectionné est relié à un dispositif permettant :
- d'étirer le quadriceps d'une longueur connue, au maximum de 8 mm (tracé T) ;
- d'enregistrer la réponse du muscle en mesurant la tension, proportionnelle à sa contraction (tracé M).

Le tracé P correspond à la réponse élastique du muscle.

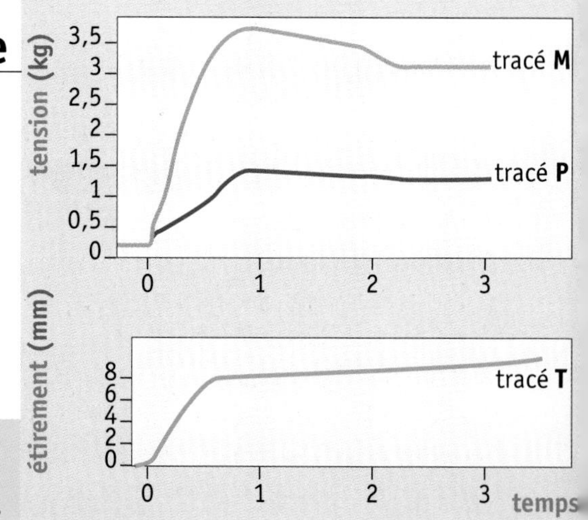

Réponse du quadriceps à son étirement.

TP

Doc.3 Réalisation d'électromyogrammes au cours du réflexe myotatique

Une expérience assistée par ordinateur (ExAO) permet de visualiser l'activité musculaire. Lorsqu'un muscle se contracte, il est le siège d'une activité électrique (**potentiel d'action musculaire**), proportionnelle à son degré de contraction. Cette activité peut-être enregistrée à la surface de la peau par des électrodes réceptrices, et transformée, par un dispositif ExAO, en tracé appelé : **électromyogramme**. L'amplitude de ce tracé traduit l'importance de l'activité musculaire.

Mesure du tonus musculaire

PROTOCOLE

1. Placer un sujet sur une planche qui peut-être inclinée vers l'avant ou vers l'arrière.
2. Placer les électrodes réceptrices sur le jambier antérieur et sur le soléaire.
3. Enregistrer les électromyogrammes grâce au dispositif ExAO :
   - planche inclinée vers l'avant ;
   - planche inclinée vers l'arrière.

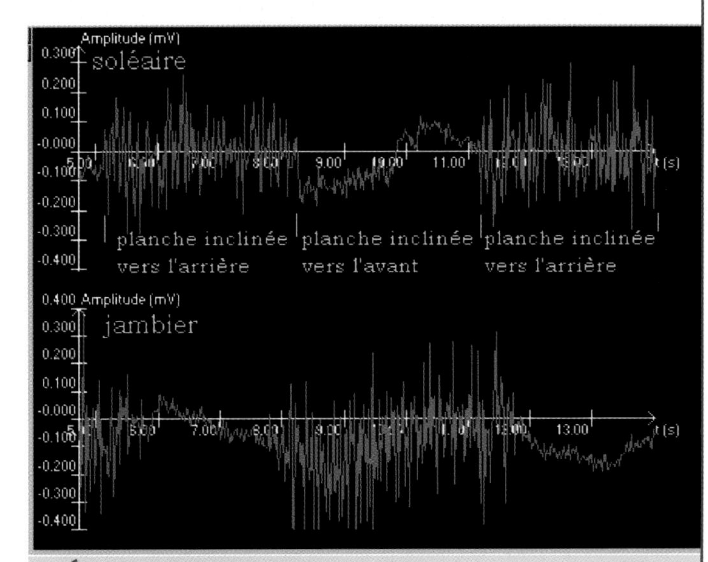

a. Électromyogrammes mettant en évidence le tonus musculaire.

Mesure du réflexe achilléen : exemple de réflexe myotatique

PROTOCOLE

1. Placer un sujet sur une planche qui peut-être inclinée vers l'avant ou vers l'arrière.
2. Placer les électrodes réceptrices sur le soléaire.
3. Enregistrer les électromyogrammes grâce au dispositif ExAO :
   - lorsqu'on bascule brutalement la planche vers l'arrière ;
   - lorsqu'on applique un choc sur le tendon d'Achille (reliant le soléaire au talon) par un « marteau-réflexe ». Ce choc reproduit l'effet de la pesanteur en étirant le muscle extenseur et déclenche l'enregistrement.
4. Il est intéressant de superposer des enregistrements de plusieurs élèves afin de les comparer.

Amplitude (mV)

taille : 1,82 m

taille : 1,71 m

EXPLOITATION DES DOCUMENTS

1. a. **Indiquer** le mouvement provoqué par une contraction du jambier antérieur, puis par celle du muscle soléaire (**Doc. 1a**). b. **Montrer** que la perte d'équilibre fait intervenir une activité compensatrice de certains muscles. c. **Citer** les muscles impliqués de façon plus importante lors du maintien de la position debout (**Doc. 1b**).
2. **Indiquer** la conséquence de l'étirement du quadriceps dans l'expérience de Liddell et Sherrington (**Doc. 2**).
3. a. **Montrer** que l'état de contraction des muscles antagonistes de la jambe est coordonné (**Doc. 3a**). b. **Montrer** que les expériences réalisées illustrent la définition du réflexe myotatique (**Doc. 3b**).
4. **Relever** des informations montrant que le contrôle du tonus musculaire est un aspect du phénotype (**Doc. 1** à **3**).
5. **Répondre au problème posé** : « Comment l'activité musculaire participe-t-elle au maintien de la posture ? »

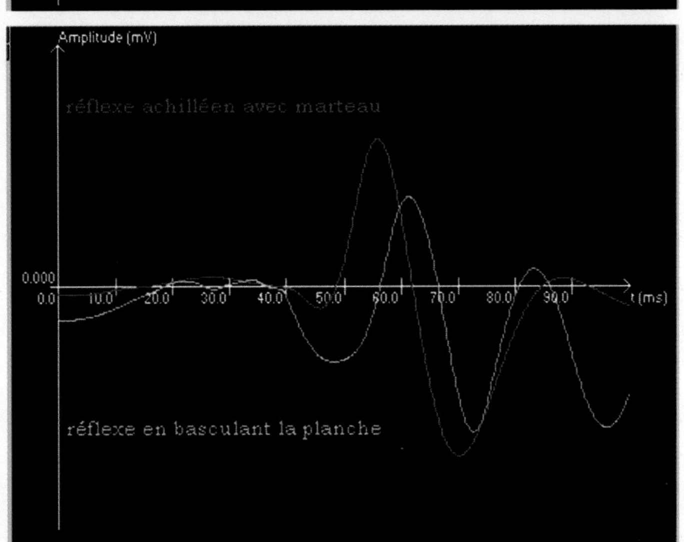

b. Électromyogrammes mettant en évidence le réflexe achilléen.

ACTIVITÉ

2 L'organisation fonctionnelle du réflexe myotatique

Un réflexe nécessite le fonctionnement de structures spécialisées, qui interviennent de façon coordonnée : récepteurs sensoriels, centre nerveux, organes effecteurs, voies nerveuses.

▶ **Comment interviennent les structures impliquées dans le réflexe myotatique ?**

VOCABULAIRE

Afférente : qui amène vers un organe.

Efférente : qui conduit hors d'un organe.

Fibre nerveuse sensitive : fibre qui conduit un message sensitif d'un organe sensoriel vers un centre nerveux.

Fuseau neuromusculaire : cellules musculaires dont la partie centrale est différenciée en récepteur sensible à l'étirement.

Motoneurone : neurone moteur.

Doc.1 Structures spécialisées intervenant au cours du réflexe myotatique

▶ **Observation 1 :** une section accidentelle de la moelle épinière **au-dessus de la région lombaire** (qui sépare l'encéphale de la partie inférieure de la moelle épinière) entraîne une disparition momentanée du réflexe myotatique, mais celui-ci se réinstalle rapidement.

▶ **Observation 2 :** une destruction accidentelle de la **région lombo-sacrée** de la moelle épinière fait disparaître définitivement ce réflexe.

▶ **Observation 3 :** certains patients présentent une absence de réflexe myotatique lorsque le médecin applique un choc sur le tendon d'Achille, alors qu'ils peuvent encore contrôler les mouvements volontaires de flexion et d'extension de leur pied.
Une exploration fonctionnelle met en évidence chez ces patients une dégénérescence de structures sensorielles musculaires : les **fuseaux neuromusculaires.**

▶ **Observation 4 :** une section accidentelle du **nerf sciatique** (nerf issu de la région lombo-sacrée et qui innerve les muscles du mollet) entraîne la disparition du réflexe myotatique.

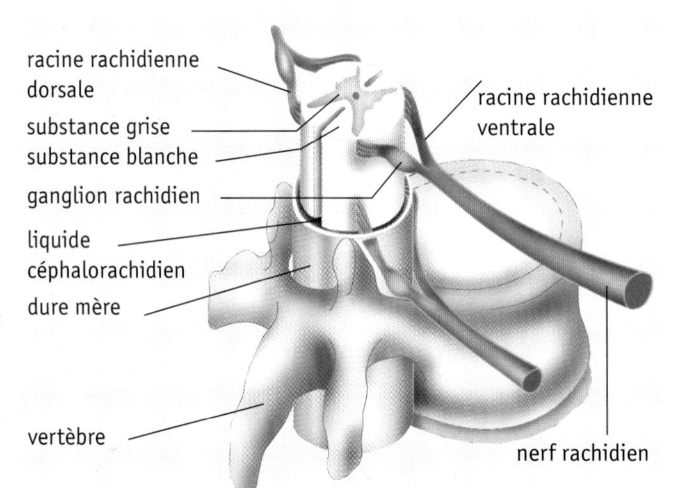

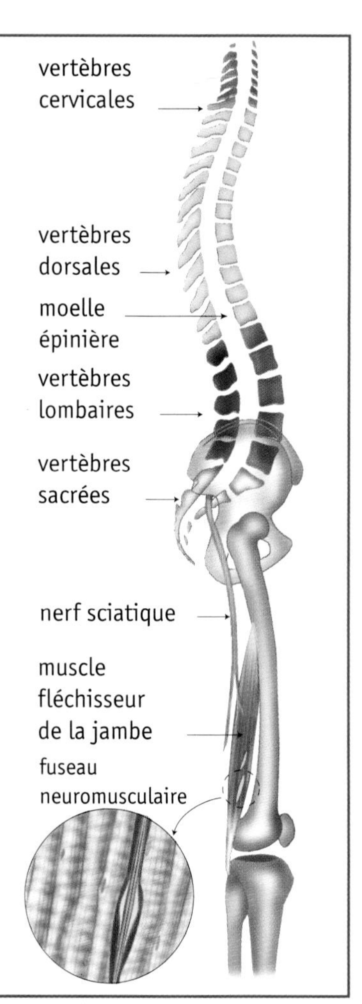

Doc.2 La relation fonctionnelle nerf-muscle

▶ L'électromyogramme suivant a été obtenu en stimulant le nerf sciatique à travers la peau, au niveau du creux poplité (face interne du genou). L'enregistrement de l'activité du muscle soléaire montre deux réponses décalées dans le temps, R1 et R2.

▶ Le nerf sciatique est composé de deux ensembles de fibres nerveuses.

Électromyogramme du muscle soléaire en réponse à la stimulation du nerf sciatique.

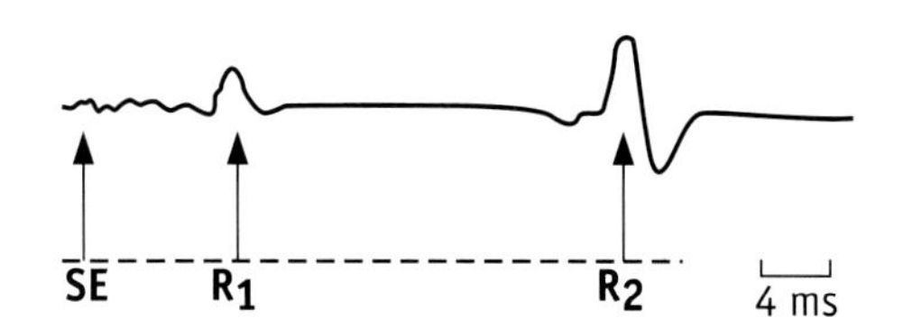

SE : stimulation électrique dans le creux poplité
R_1 , R_2 : réponses (contractions du muscle)

Doc.3 Organisation et fonctionnement du récepteur sensoriel

▶ Un fuseau neuromusculaire a un diamètre de 100 μm et une longueur de 10 μm, il est constitué de 3 à 12 cellules musculaires modifiées. Autour de la partie centrale de ces cellules, s'enroulent les ramifications d'un neurone sensitif. Plusieurs dizaines de fuseaux sont répartis à l'intérieur des muscles et sont solidaires des fibres musculaires contractiles.

▶ Chez un animal, un muscle est isolé tout en conservant l'innervation d'un fuseau neuromusculaire avec la moelle épinière. L'activité de la **fibre nerveuse sensitive** issue du fuseau est enregistrée dans différentes conditions.
Remarque : chaque trait vertical correspond à un signal élémentaire du message nerveux ou potentiel d'action.

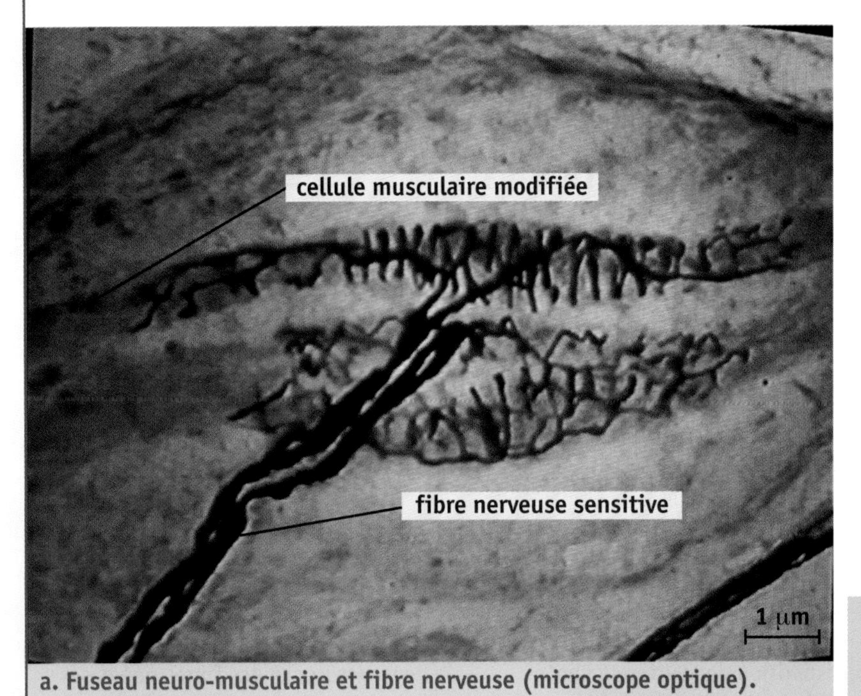

a. Fuseau neuro-musculaire et fibre nerveuse (microscope optique).

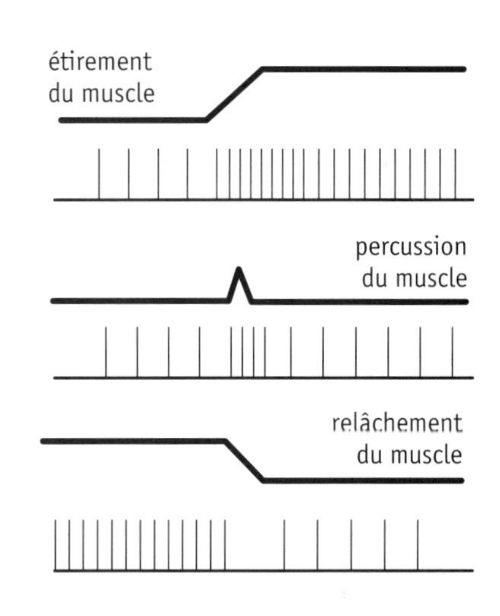

b. Enregistrement de l'activité de la fibre nerveuse sensitive issue du fuseau dans différentes conditions.

Doc.4 Liaison nerf-muscle

Dans un muscle, le **motoneurone** se ramifie et établit des contacts, appelés **plaques motrices**, avec plusieurs cellules musculaires. L'ensemble constitue une unité motrice.

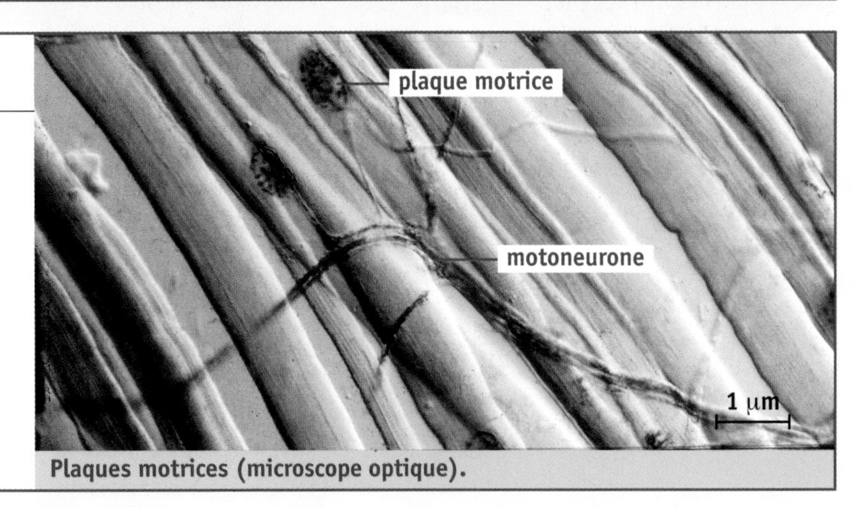

Plaques motrices (microscope optique).

EXPLOITATION DES DOCUMENTS

1. **Citer** les structures qui interviennent au cours du réflexe myotatique, à partir des informations déduites du **Doc. 1**.
2. **Montrer** que le nerf sciatique est constitué de fibres nerveuses **afférentes** et **efférentes** et **préciser** le sens de circulation du message nerveux dans ces deux catégories de fibres nerveuses (**Doc. 1** et **2**).
3. **Préciser** le mode de fonctionnement d'un fuseau neuromusculaire et **trouver** des arguments montrant qu'il s'agit d'un récepteur sensoriel (**Doc. 3**).
4. **Répondre au problème posé** : « Comment interviennent les structures impliquées dans le réflexe myotatique ? » en construisant un schéma fonctionnel du réflexe myotatique.

ACTIVITÉ

2 (suite) L'organisation fonctionnelle du réflexe myotatique

La moelle épinière est un centre nerveux qui reçoit en permanence des messages nerveux provenant des différents récepteurs sensoriels de l'organisme, ainsi que de l'encéphale. C'est un centre nerveux indispensable à la réalisation de réflexes dont les réflexes myotatiques.

VOCABULAIRE

Rachidien : qui appartient ou se rapporte à la colonne vertébrale.

▶ **Quelle organisation du système nerveux permet la réalisation du réflexe myotatique ?**

Doc.5 L'organisation fonctionnelle de la moelle

▶ **Expérience 1 :** un neurone est sectionné et les résultats sont observés après quelques jours.

▶ **Expérience 2** : dans le but de comprendre la relation fonctionnelle de la moelle épinière avec les nerfs **rachidiens**, Waller a réalisé des sections à différents niveaux de ces nerfs.

Remarque : pour comprendre ces résultats, il faut se rappeler que dans le neurone, le noyau est localisé dans le corps cellulaire.

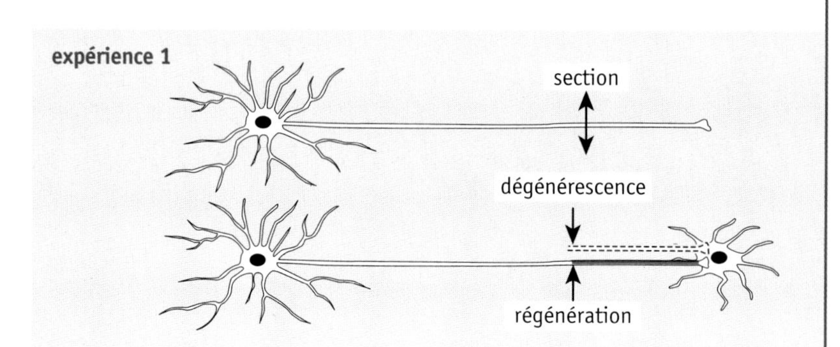

expérience réalisée (expérience 2)	conséquences sur les régions du corps innervées par le nerf rachidien	conséquences sur les fibres nerveuses
racine postérieure de la moelle, ganglion spinal, section, nerf rachidien, racine antérieure de la moelle	disparition de toute sensibilité et de toute motricité	dégénérescence des fibres nerveuses dans la partie du nerf séparée de la moelle épinière
section, section	disparition de la sensibilité, mais la motricité est conservée	dégénérescence des fibres nerveuses de chaque côté du ganglion spinal et dans la partie dorsale du nerf rachidien
section	disparition de la motricité, mais la sensibilité est conservée	dégénérescence des fibres nerveuses dans la racine antérieure et dans la partie ventrale du nerf rachidien

fibres nerveuses intactes — fibres nerveuses en dégénérescence

▶ **Expérience 3 :** une stimulation est portée sur le nerf sciatique innervant le muscle extenseur de la jambe. Des électrodes réceptrices permettent d'enregistrer le passage du message nerveux au niveau d'une fibre nerveuse de la racine rachidienne dorsale du nerf et au niveau d'une autre fibre nerveuse de la racine rachidienne ventrale.

R1 et R2 : électrodes réceptrices

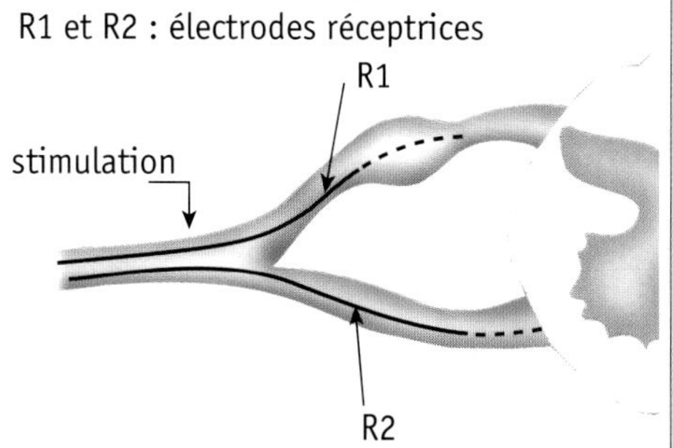

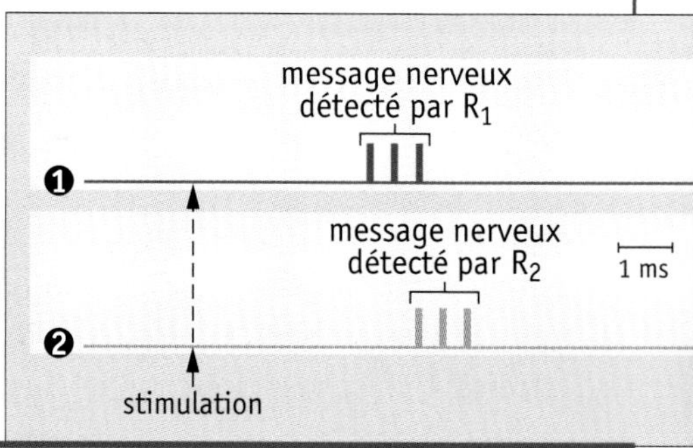

Doc.6 L'organisation histologique du système nerveux

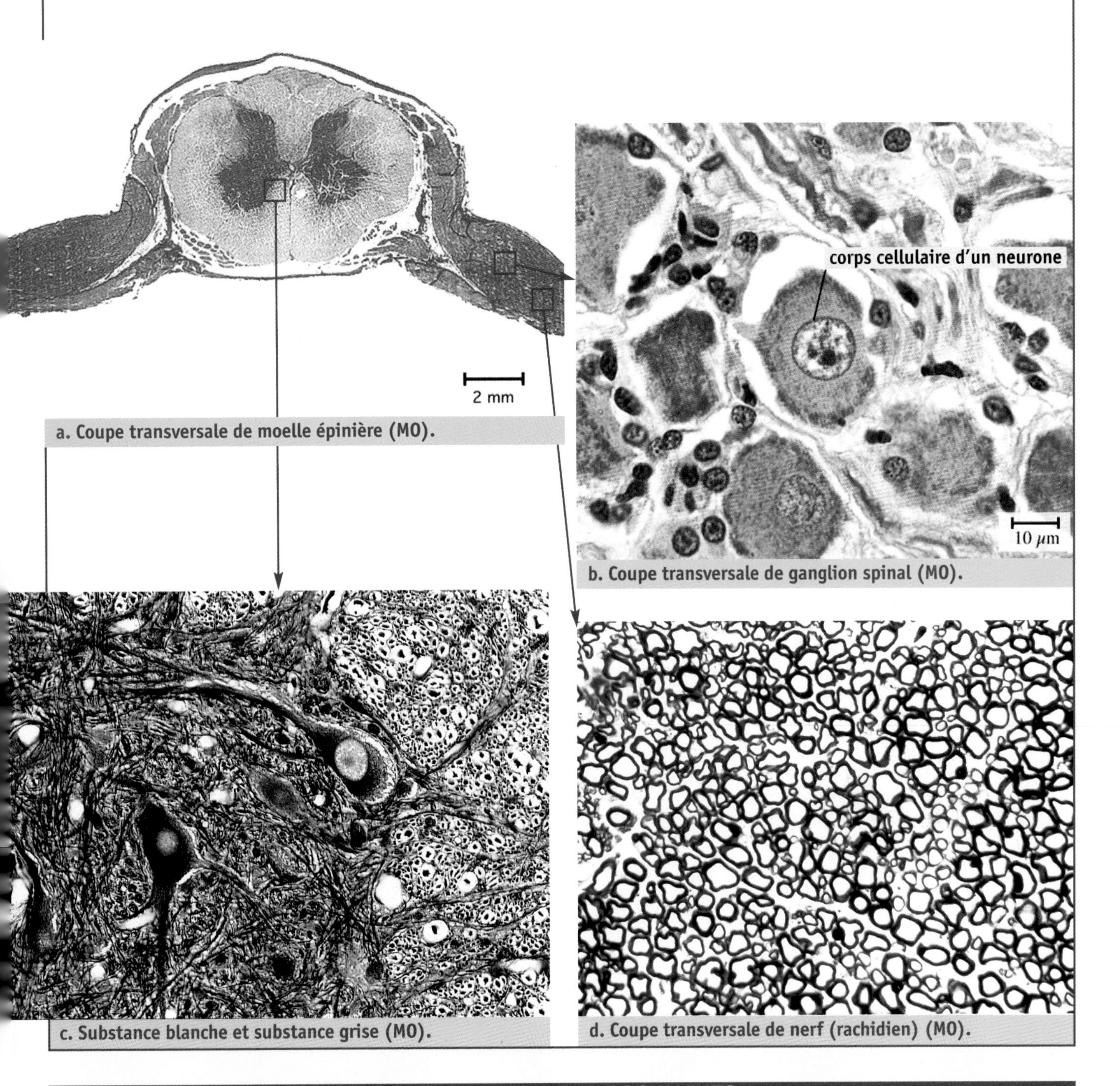

a. Coupe transversale de moelle épinière (MO).

b. Coupe transversale de ganglion spinal (MO).

c. Substance blanche et substance grise (MO).

d. Coupe transversale de nerf (rachidien) (MO).

EXPLOITATION DES DOCUMENTS

5. **Localiser** les corps cellulaires des neurones sensitifs et moteurs et leurs fibres par rapport à la moelle épinière, puis **préciser** le sens de circulation du message nerveux dans la moelle épinière (**Doc. 5**).

6. Sachant que le délai moyen de franchissement d'une synapse est de l'ordre de 0,5 ms, **émettre** une hypothèse pour expliquer le temps de conduction du message nerveux entre R1 et R2 (**Doc. 5**).

7. **Montrer** que les observations microscopiques permettent de confirmer votre hypothèse (**Doc. 6**).

8. **Répondre au problème posé** : « Quelle organisation du système nerveux permet la réalisation du réflexe myotatique ? » en construisant un schéma représentant l'organisation des neurones impliqués dans la réalisation du réflexe myotatique et leurs relations dans le centre nerveux.

ACTIVITÉ

3 Le contrôle de la coordination de l'activité des muscles antagonistes

Lors du réflexe myotatique ou lors de la réalisation d'un mouvement volontaire, le tonus et l'activité des muscles antagonistes sont étroitement contrôlés par un centre nerveux.

▶ **Comment s'effectue la coordination de l'activité des muscles antagonistes lors du réflexe myotatique ?**

VOCABULAIRE

Muscles antagonistes : muscles qui ont des effets opposés (exemple : muscles extenseurs et fléchisseurs).

Synapse : zone de transmission du message nerveux entre 2 neurones ou entre neurone et cellule musculaire.

Doc.1 Une expérience historique

(Adaptée d'après les travaux de Sherrington)

Pour étudier la **coordination des muscles antagonistes**, Sherrington utilise un montage identique à celui présenté dans l'activité 1 (Doc. 2), mais ici il étire successivement :
- en S, l'un des muscles fléchisseurs, le semi-tendineux ;
- en B, l'autre muscle fléchisseur, le biceps crural.

Le muscle extenseur, le quadriceps, est étiré pendant toute l'expérience (tracé T), et sa tension est mesurée (tracé M).

Information complémentaire
L'enregistrement de l'activité des voies nerveuses impliquées montre :
- une forte activité des motoneurones qui contrôlent les muscles semi-tendineux et biceps crural ;
- une diminution puis une faible activité des motoneurones qui contrôlent le muscle quadriceps.

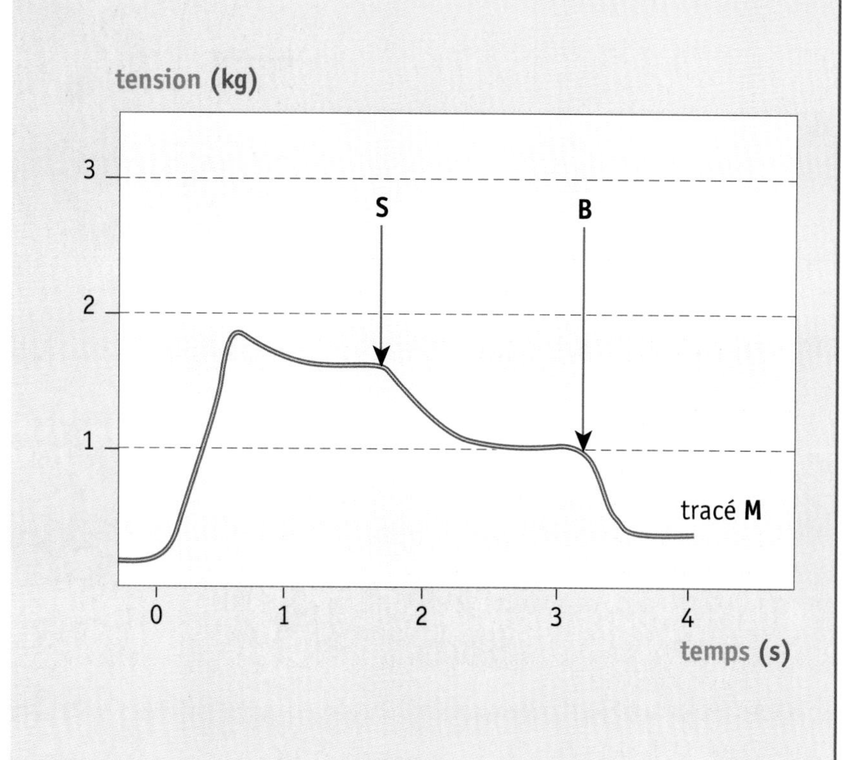

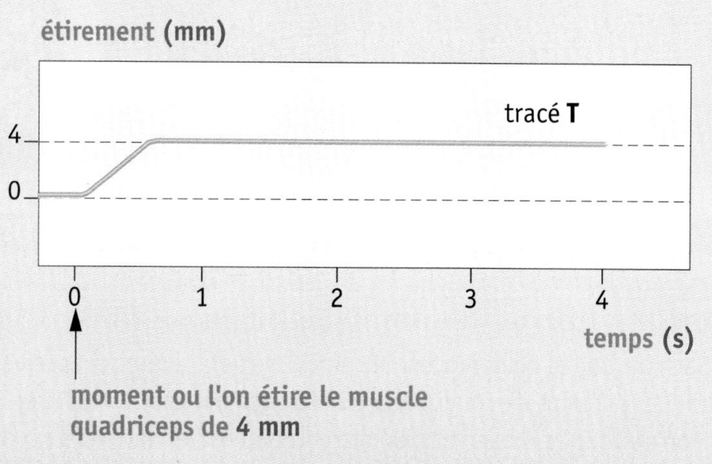

Tension des muscles antagonistes fléchisseurs et extenseur en fonction de l'étirement.

TP

Doc.2 Le contrôle du réflexe myotatique chez l'Homme

PROTOCOLE

1. Reprendre le dispositif présenté dans l'activité 1.
2. Déclencher un réflexe achilléen par un choc appliqué sur le tendon (tracé jaune).
3. Réaliser deux autres enregistrements (tracés rouge et bleu) de ce réflexe en demandant au sujet de fléchir le pied en contractant plus ou moins intensément le jambier antérieur (fléchisseur) avant le choc sur le tendon.

Les trois enregistrements sont superposés sur le document.

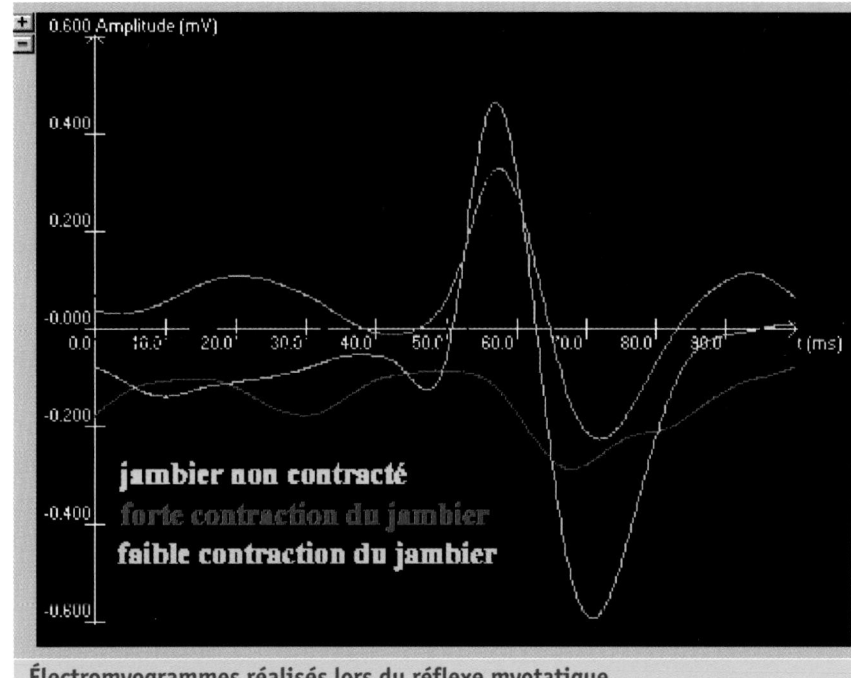

Électromyogrammes réalisés lors du réflexe myotatique.

Doc.3 Contrôle des muscles antagonistes lors du réflexe d'étirement

Sur ce schéma, une seule fibre nerveuse sensitive issue d'un fuseau neuromusculaire est représentée avec le réseau neuronal qui y est rattaché.

Il existe un circuit neuronique identique pour le muscle fléchisseur. (Il n'est pas représenté sur ce schéma.)

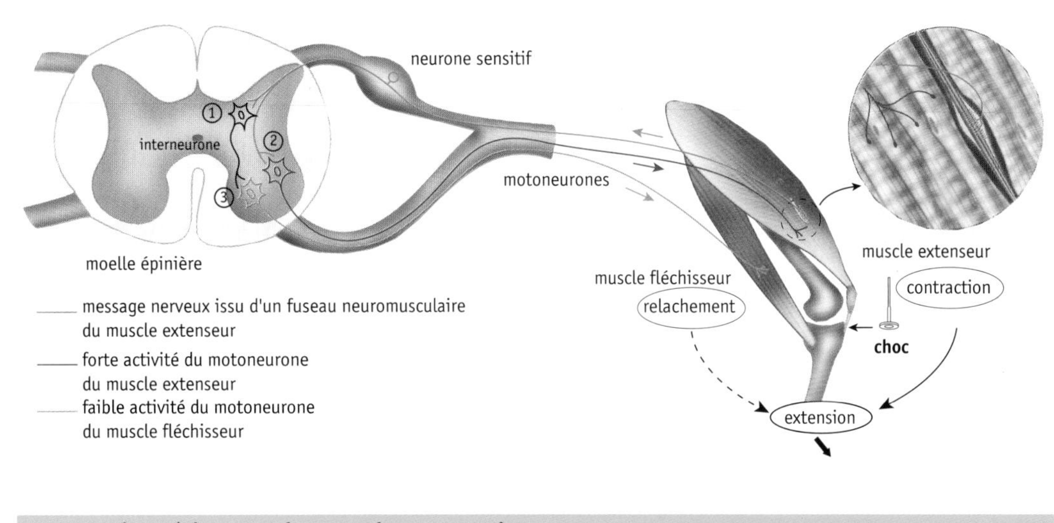

Innervation réciproque des muscles antagonistes.

EXPLOITATION DES DOCUMENTS

1. **Indiquer**, dans l'expérience de Sherrington, la conséquence de l'étirement des deux muscles fléchisseurs, sur le tonus du muscle extenseur (**Doc. 1**).
2. **Formuler** une hypothèse pour expliquer la réponse du muscle extenseur dans l'expérience de Sherrington (**Doc. 1**).
3. **Montrer** que les résultats de l'expérience permettent de confirmer les résultats obtenus par Sherrington (**Doc. 2**).
4. **Dénombrer** les synapses qui interviennent dans le contrôle des muscles extenseurs et fléchisseurs (**Doc. 3**).
5. **Répondre au problème posé** en reproduisant le schéma du **document 3** et en le complétant avec des signes + (quand il y a stimulation) et – (quand il y a inhibition) au niveau de chaque synapse.

Les circuits neuroniques mobilisés au cours du réflexe myotatique

Le réflexe myotatique, mécanisme principal du maintien de la posture, assure un contrôle actif et permanent du tonus musculaire. Cette réponse comportementale innée repose sur la mise en place au cours du développement de circuits neuroniques, sous le contrôle du programme génétique.

LES MOTS À CONNAÎTRE

Innervation réciproque : liens nerveux réciproques entre deux muscles antagonistes par l'intermédiaire de réseaux de neurones.

Muscles antagonistes : muscles qui ont des effets opposés (exemple : muscles extenseurs et fléchisseurs).

Réflexe myotatique : contraction réflexe d'un muscle en réponse à son propre étirement.

Tonus musculaire : état de contraction d'un muscle.

Réflexe myotatique, phénotype et maintien de la posture

Toute perte d'équilibre est aussitôt rétablie par une contraction réflexe de muscles s'opposant à ce mouvement.

Un muscle au repos n'est jamais entièrement relâché : il présente un léger état de contraction appelé **tonus musculaire**.
Le muscle soléaire (muscle extenseur du pied) et le jambier antérieur (muscle fléchisseur du pied) sont deux **muscles antagonistes** car leur action est opposée.

L'activité de ces muscles peut être enregistrée par **électromyographie**. L'enregistrement de leur activité, lors d'une perte d'équilibre, montre que ces deux muscles ont une **activité coordonnée.**
À l'augmentation de l'état de contraction d'un muscle (augmentation du tonus musculaire) correspond le relâchement du muscle antagoniste (diminution de son tonus musculaire).

Le réflexe myotatique permet de comprendre cette observation. Il a été mis en évidence au début du XXe siècle par Sherrington. Il peut être reproduit expérimentalement par un choc appliqué sur le tendon d'Achille, c'est le réflexe achilléen, ou sur le tendon de la rotule, c'est le réflexe rotulien.
Les chocs portés sur un tendon étirent le muscle qui aussitôt se contracte en provoquant un mouvement d'extension.

Cette réponse est rapide, automatique, involontaire et stéréotypée, elle est qualifiée de **réflexe**. On peut donc **définir le réflexe myotatique** comme la contraction réflexe d'un muscle en réponse à son propre étirement.
Ainsi lors d'une perte d'équilibre, l'intervention du réflexe myotatique permet un ajustement de l'état de contraction des muscles extenseurs et fléchisseurs de l'organisme, ce qui permet un rééquilibrage automatique de la position.

Les réflexes, bien que parfois modifiés par l'apprentissage, sont des comportements innés. Ils résultent de la mise en place de circuits neuroniques lors du développement embryonnaire, sous le **contrôle de gènes**.
Le tonus musculaire, la rapidité et l'amplitude de la réponse, sont variables d'une personne à une autre. Ils constituent un aspect de notre phénotype, traduisant vraisemblablement des différences individuelles du génotype.

II L'organisation fonctionnelle du réflexe myotatique

A Fonctionnement coordonné de différentes structures

La réponse rapide du muscle lors du réflexe est l'expression d'un fonctionnement coordonné de différentes structures :

– les **fuseaux neuromusculaires** sont les **récepteurs sensoriels**. Localisés au cœur des muscles, ils sont sensibles à l'étirement provoqué par un **stimulus** mécanique : pesanteur ou choc sur le tendon ;

– les **neurones sensitifs**, issus des fuseaux neuromusculaires, conduisent des messages nerveux **afférents** jusqu'au **centre nerveux** du réflexe : la **moelle épinière** ;

– les **neurones moteurs** conduisent des messages nerveux **efférents** élaborés dans le centre nerveux, jusqu'à l'organe effecteur : le muscle ;

– la **réponse** est la contraction du muscle initialement étiré provoquant l'extension du pied. Le trajet suivi par le message nerveux du récepteur sensoriel jusqu'à l'organe effecteur constitue un **arc réflexe**.

B Des populations neuronales organisées en réseau

Un neurone sensitif est une cellule de grande taille (plusieurs dm). Sa **fibre nerveuse**, issue du récepteur sensoriel, parcourt le nerf rachidien et se prolonge jusqu'au corps **cellulaire** localisé dans la **racine dorsale** de la moelle épinière.

Le neurone moteur ou **moto neurone** est également une cellule géante, dont le corps cellulaire est situé dans la substance grise de la moelle épinière et dont la fibre nerveuse circule de la racine ventrale jusqu'à l'organe effecteur par l'intermédiaire du nerf rachidien.

Remarque : les fibres de ces deux types de neurones constituent le nerf rachidien (le nerf sciatique dans le cas des muscles de la jambe).

La transmission du message nerveux, du neurone sensitif au motoneurone, s'effectue au niveau d'une zone de contact entre ces deux neurones : la **synapse**, localisée dans la moelle épinière.

La conduction du message nerveux s'effectue en sens unique dans l'arc réflexe.

III Le contrôle de la coordination de l'activité des muscles antagonistes

Au cours du réflexe myotatique, la contraction du muscle extenseur s'accompagne d'un relâchement du muscle fléchisseur, comme le montre l'expérience de Sherrington. Un même message afférent entraîne deux réponses opposées de ces muscles. Ceci suppose qu'il existe des liaisons entre neurones sensitifs et motoneurones des deux muscles antagonistes.

On parle d'**innervation réciproque**.

Le message nerveux afférent entraîne donc :
– une **stimulation** du motoneurone du muscle extenseur, et donc un renforcement de l'état de contraction de ce muscle ;
– une **inhibition** du motoneurone du muscle fléchisseur, par l'intermédiaire d'un **interneurone**, provoquant une chute du tonus de ce muscle.

Une réponse réflexe du même type s'observe également pour le muscle fléchisseur lorsqu'il est étiré.

Des neurones, organisés en réseau, assurent donc la coordination des muscles antagonistes.

La moelle épinière traite en permanence, selon ce processus, les messages nerveux en provenance des muscles, et élabore une réponse adaptée aux situations physiologiques.

L'essentiel

Le réflexe myotatique assure un ajustement automatique et permanent du tonus des muscles extenseurs et fléchisseurs ; il a donc un rôle prépondérant dans le maintien de la posture.
Il repose sur la mise en jeu de populations de neurones organisés en circuits : neurones sensitifs, neurones moteurs, interneurones. La moelle épinière, renseignée en permanence sur la position du corps, élabore une réponse adaptée, en contrôlant le tonus des muscles antagonistes.
Cette réponse comportementale innée est commune à tous les êtres humains et implique donc un déterminisme génétique. Elle présente cependant une variabilité entre individus (temps de réaction, amplitude de la réponse...), et constitue un aspect du phénotype de l'organisme.

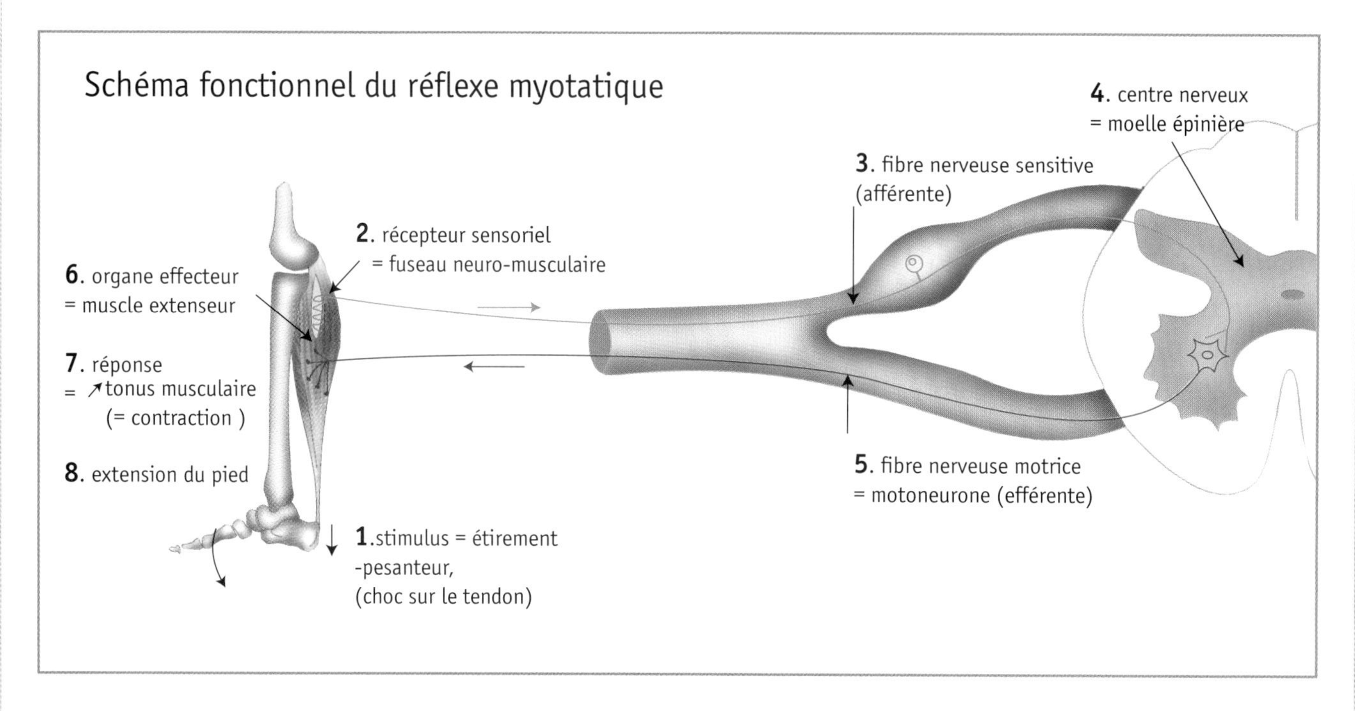

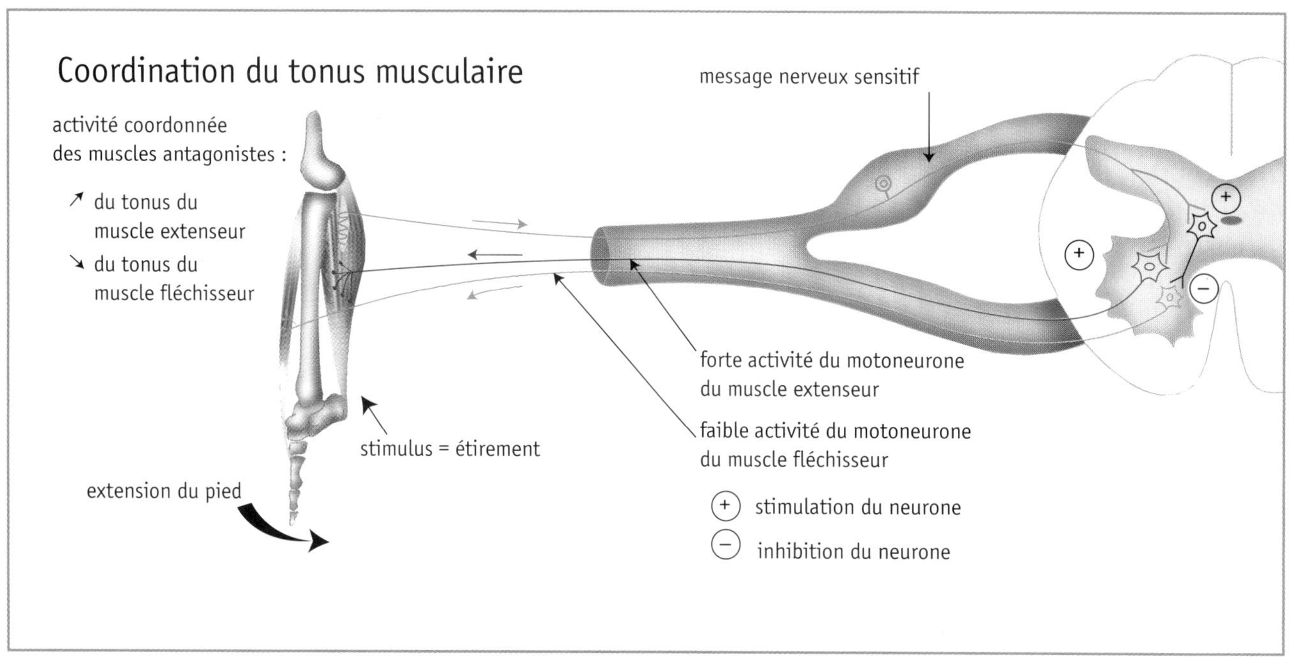

VÉRIFIER SES CONNAISSANCES

EXERCICE 1 Définir en une phrase claire les mots ou expressions suivantes.

- réflexe achilléen
- tonus musculaire
- muscles antagonistes
- motoneurone
- arc réflexe monosynaptique

EXERCICE 2 Reconstituer une ou plusieurs phrases scientifiquement exacte(s) à partir des propositions suivantes.

1. La réalisation d'un réflexe d'extension nécessite...

a. une augmentation du tonus du muscle extenseur.
b. une activité coordonnée des muscles antagonistes.
c. un contrôle de l'encéphale.
d. l'intervention d'un centre nerveux.

2. Les motoneurones...

a. conduisent des messages nerveux stimulateurs et inhibiteurs.
b. ont leur corps cellulaire localisé dans la substance grise de la moelle épinière.
c. sont souvent des cellules de grande taille.
d. sont directement stimulés par les neurones sensitifs.

EXERCICE 3 Restituer ses connaissances en quelques phrases sur un sujet précis, en utilisant obligatoirement un ensemble de mots-clés.

sujets	mots-clés
a. réflexe myotatique	réponse, muscle, contraction, étirement
b. maintien de la posture	muscles antagonistes, tonus, contrôle
c. message nerveux sensitif	étirement, fuseau neuromusculaire, récepteur sensoriel, message nerveux
d. contrôle musculaire	mouvement, muscles antagonistes, coordination

EXERCICE GUIDÉ

Une expérience historique (Sherrington 1913)
Saisir des informations pour formuler une hypothèse

Énoncé Sherrington a remarqué qu'un pincement de la plante du pied d'un chat décérébré (le fonctionnement de la moelle épinière est indépendant de celui de l'encéphale), déclenche un réflexe de retrait de la patte qui implique une contraction du muscle fléchisseur (semi-tendineux).

Chez un chat décérébré (ce qui entraîne également une augmentation du tonus musculaire appelée rigidité de décérébration), Sherrington dégage le muscle quadriceps (extenseur de la jambe) et le muscle semi-tendineux (fléchisseur de la jambe) en sectionnant un de leurs tendons, et fixe leurs extrémités à un dispositif d'enregistrement, tout en conservant l'innervation de ces deux muscles (neurones moteurs). L'autre extrémité des muscles reste reliée à leur insertion osseuse.
Il stimule par un pincement la patte du chat et enregistre le tonus des deux muscles antagonistes.

F : tonus du muscle fléchisseur.
E : tonus du muscle extenseur.
IP : durée de la stimulation de la patte.

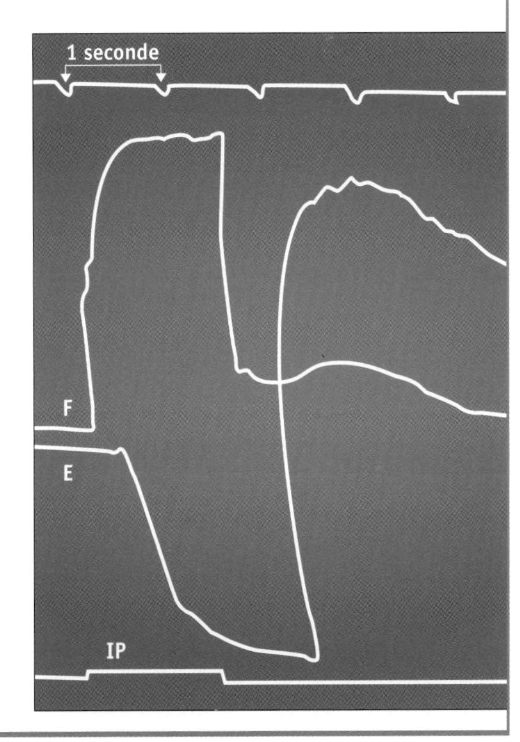

Analyser l'enregistrement obtenu et formuler l'hypothèse que voulait tester Sherrington dans son expérience.

Conseils pour la résolution

Pour analyser le graphe, il faut se souvenir que même au repos un muscle présente un léger état de contraction : le tonus musculaire. Il faut donc faire un lien entre l'enregistrement et l'état de contraction des deux muscles.
Ne tenir compte que de la période IP correspondant à la durée de stimulation.
L'hypothèse à formuler doit être en relation avec le mouvement réalisé par le chat suite au pincement de sa patte.

APPLIQUER SES CONNAISSANCES

EXERCICE 4 Schéma fonctionnel d'un réflexe de flexion

Mise en relation de données pour construire un schéma fonctionnel

Chez un homme ayant subi un accident entraînant une section haute de la moelle épinière, le contact d'un objet chaud sur la peau de la plante des pieds entraîne systématiquement la flexion du membre inférieur correspondant. On cherche à préciser les structures impliquées dans ce réflexe de flexion.
Le schéma ci-après précise certains des organes mis en jeu.

Construire, à l'aide de l'exploitation des documents proposés, un schéma fonctionnel de ce réflexe en précisant le rôle des différentes structures impliquées.

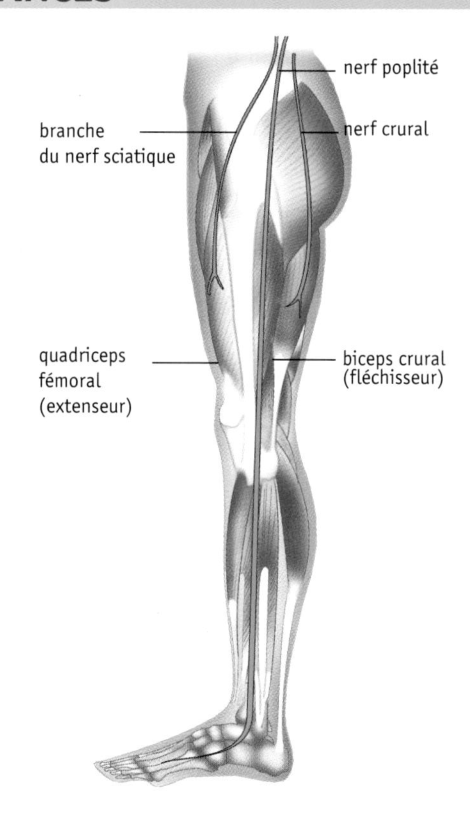

Document 1 : étude expérimentale réalisée sur un chat spinal (ayant comme seul centre nerveux la moelle épinière).

Rôle des différentes voies nerveuses			
	poplité	**crural**	**sciatique**
section du nerf	disparition de la flexion	disparition de la contraction du biceps crural	disparition de la contraction du quadriceps
excitation du bout central	flexion du membre inférieur	pas de contraction	pas de contraction
excitation du bout périphérique	pas de contraction	contraction du biceps crural	contraction du quadriceps

Document 2 : électromyogrammes des muscles biceps crural et quadriceps fémoral au cours de la réaction de flexion.

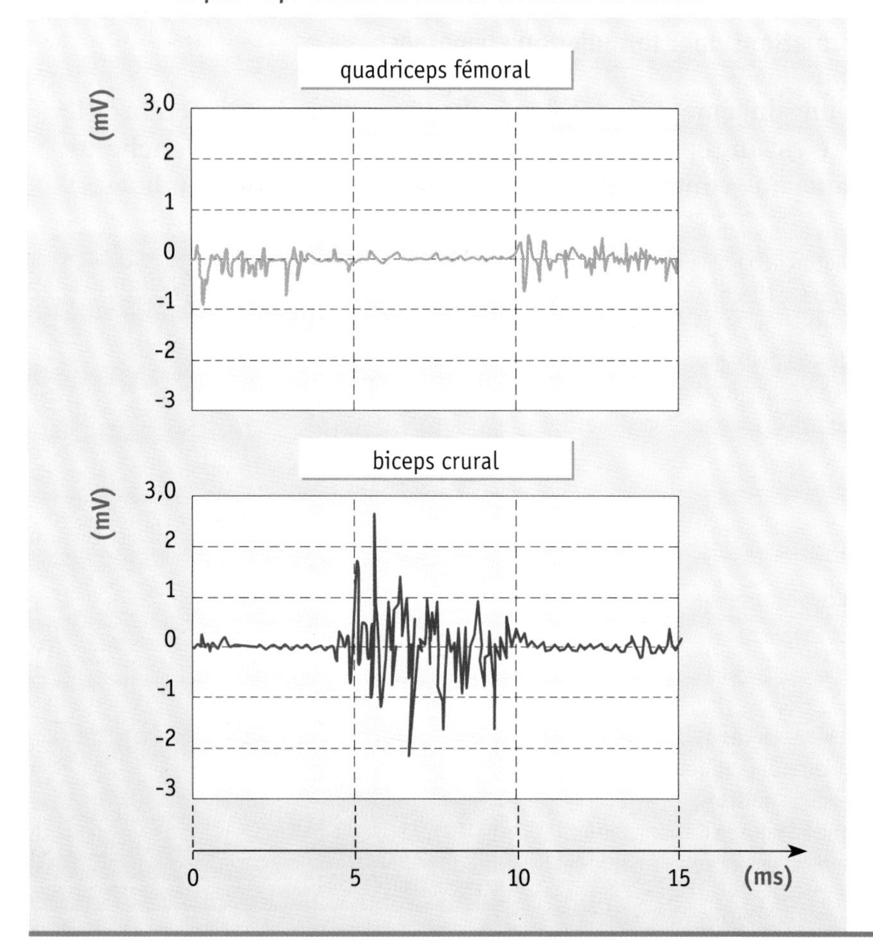

Document 3 : activité du nerf lors du réflexe.

nerf poplité	forte
nerf crural	forte
nerf sciatique	faible

APPLIQUER SES CONNAISSANCES

EXERCICE 5 Activité réflexe et activité volontaire

Saisir des informations et les mettre en relation dans un but explicatif

Les électromyogrammes suivants, qui correspondent à l'activité du soléaire, ont été obtenus dans trois situations :

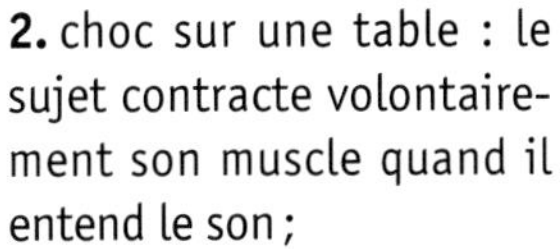

1. choc avec un marteau-réflexe sur le tendon d'Achille : le sujet contracte son muscle volontairement au moment où il détecte le choc ;

2. choc sur une table : le sujet contracte volontairement son muscle quand il entend le son ;

3. choc sur une table : le sujet contracte volontairement son muscle quand il voit le marteau frapper la table ;

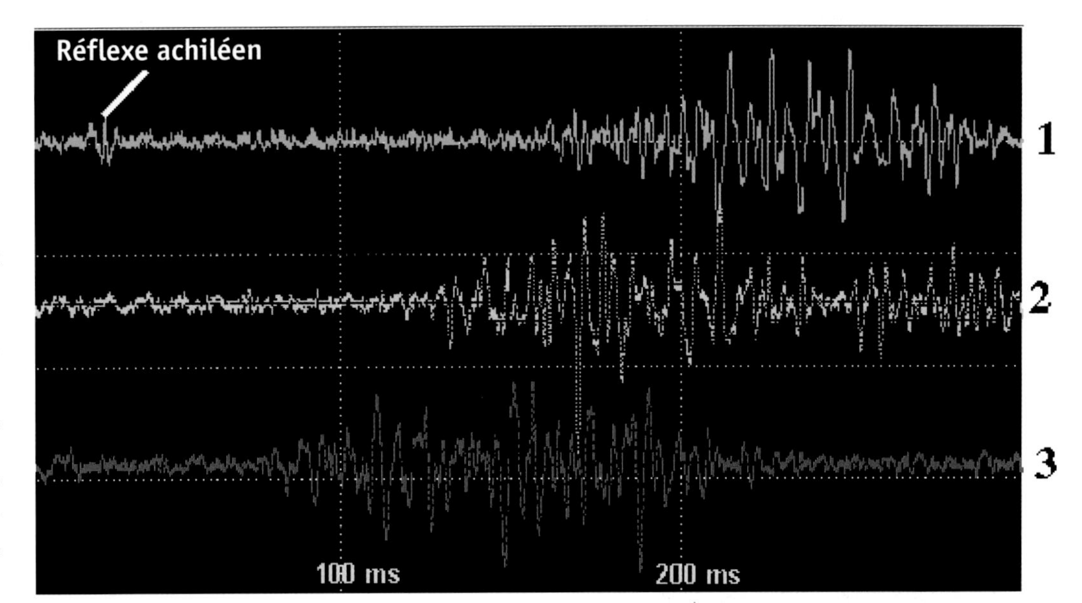

Remarque : le choc avec le marteau-réflexe déclenche les enregistrements.

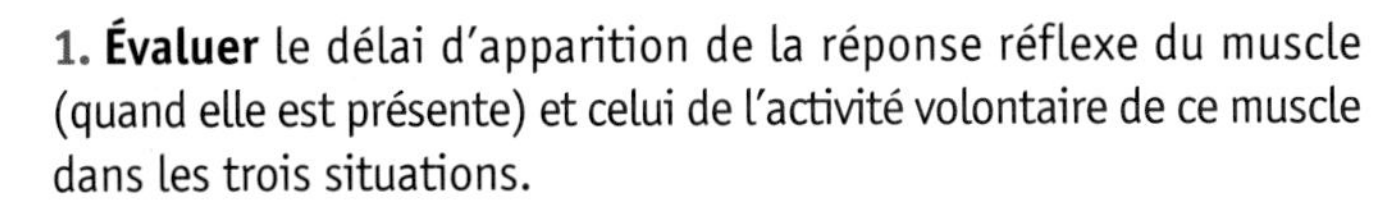

1. Évaluer le délai d'apparition de la réponse réflexe du muscle (quand elle est présente) et celui de l'activité volontaire de ce muscle dans les trois situations.

2. En déduire les caractéristiques d'une réponse réflexe par rapport à une activité volontaire.

3. Proposer une hypothèse pour expliquer le décalage de temps entre la réponse réflexe et la réponse volontaire d'une part, et celui entre les différentes activités volontaires d'autre part.

EXERCICE 6 Circuit neuronique du réflexe myotatique

Utiliser des méthodes de calcul pour valider une hypothèse

Des expériences sont réalisées sur un sujet pour vérifier que le réflexe myotatique fait intervenir un circuit neuronique impliquant la moelle épinière et non l'encéphale.

1. Montrer (sans calcul), que la réponse de ces muscles lors du réflexe, ne peut être due à une transmission directe du message nerveux du tendon au muscle.

2. Calculer la vitesse de conduction du message nerveux correspondant au trajet aller-retour muscle-centre nerveux, en appliquant la formule ci-dessous :

$$V = \frac{d \times 2}{t} =$$

d = distance entre l'électrode du quadriceps et l'électrodes du soléaire
t = écart de temps entre ces deux réponses

3. En utilisant cette valeur (supposée constante au cours du réflexe), **montrer** que le circuit neuronique ne peut faire intervenir l'encéphale comme centre nerveux, mais uniquement la partie inférieure de la moelle épinière (la distance encéphale/soléaire est de 1,30 m chez le sujet).

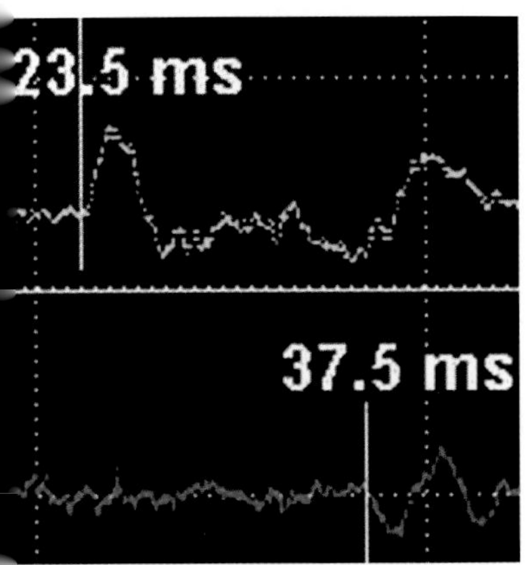

▲ Document 1 : électromyogrammes du quadriceps suite à un choc sur le tendon rotulien (tracé du haut) et du muscle soléaire suite à un choc sur le tendon d'Achille (tracé du bas).

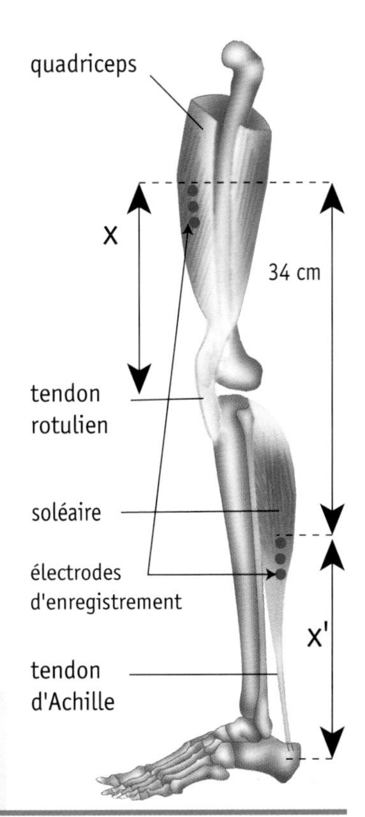

▶ Document 2 : les électrodes réceptrices sont placées de telle manière que la distance quadriceps/tendon rotulien (x) soit la même que la distance soléaire/tendon d'Achille (x').

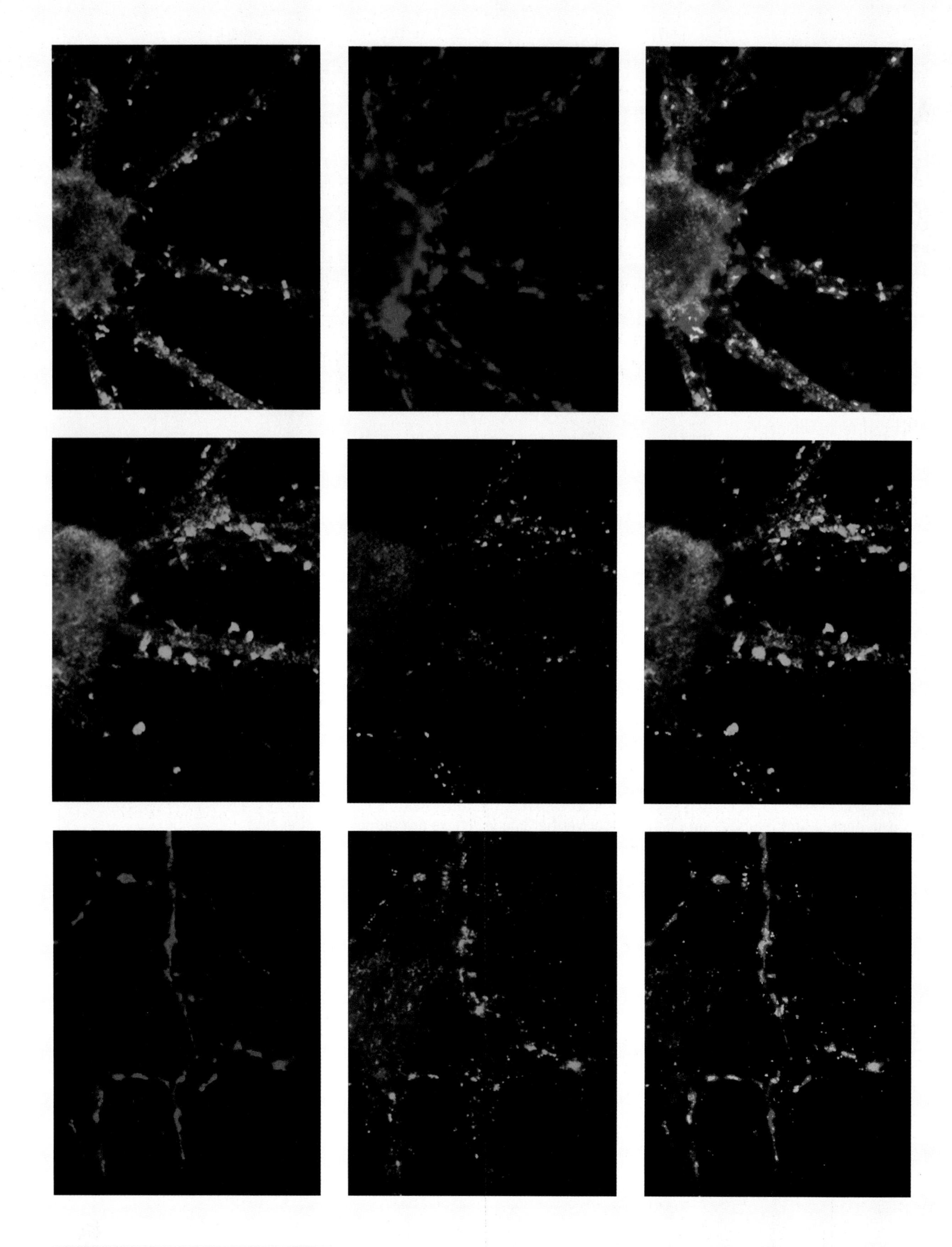

Marquage de récepteurs post-synaptiques par la technique de l'immuno-fluorescence.

Chapitre 18

Les messages nerveux

Dans le système nerveux, les neurones organisés en circuits permettent la communication entre organes souvent éloignés. Les neurones conduisent des messages nerveux, constitués de signaux élémentaires, les potentiels d'action. Les caractéristiques de ces messages qui traduisent l'importance d'un stimulus ou d'un ordre moteur sont conservées lors de leur propagation et lors de leur transmission à une autre cellule.

- **Quelles propriétés des neurones permettent la genèse des potentiels d'action ?**
- **Comment le message nerveux traduit-il les caractéristiques de la stimulation ?**
- **Comment les caractéristiques du message nerveux sont-elles transmises par la synapse ?**
- **Comment des messages nerveux d'origines diverses sont-ils traités par les motoneurones lors du réflexe myotatique ?**

ACTIVITÉ

1 Neurone et message nerveux

Les messages nerveux émis et conduits par les neurones sont constitués de signaux élémentaires identiques : les potentiels d'action.

► **Quelles propriétés des neurones permettent la génèse des potentiels d'action ?**

VOCABULAIRE

Électroneurogramme : enregistrement de l'activité d'un ou plusieurs neurones.

Potentiel de repos : différence de potentiel qui existe entre les deux faces de la membrane plasmique de toute cellule vivante.

Potentiel global : réponse d'un nerf suite à une stimulation électrique.

TP

Doc.1 Le potentiel global du nerf

PROTOCOLE

1. L'enregistrement de l'activité du nerf d'une patte de crabe est réalisé à l'aide d'un dispositif constitué : d'une cuve à nerf munie de deux électrodes de stimulation et de deux électrodes réceptrices sur lesquelles le nerf est déposé.
2. L'ensemble du dispositif est connecté à un dispositif ExAO.

► La réponse obtenue à la suite d'une stimulation, appelée **potentiel global**, est un phénomène complexe qui correspond à la somme des réponses individuelles de chaque fibre constituant ce nerf.

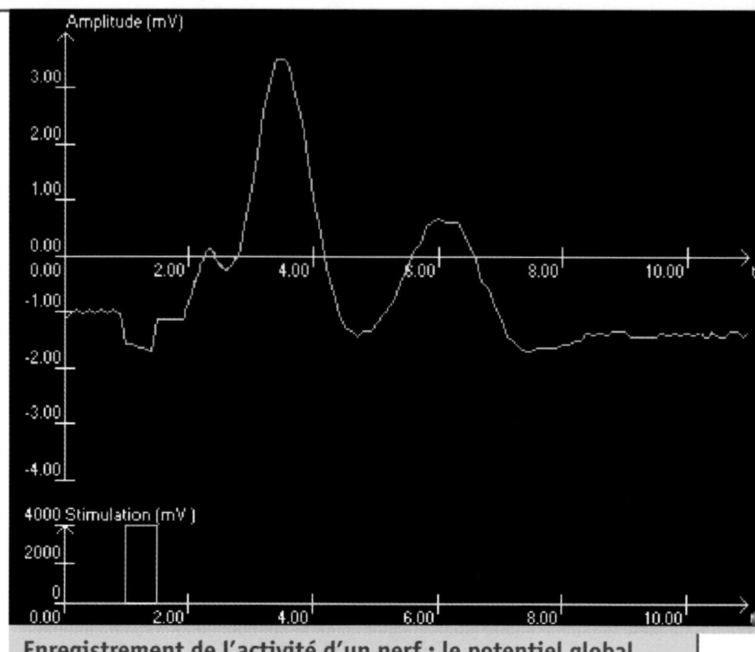

Enregistrement de l'activité d'un nerf : le potentiel global.

Doc.2 Le potentiel transmembranaire des cellules

► Il est possible de mesurer une différence de potentiel entre les deux faces de la membrane plasmique de toute cellule vivante, appelée **potentiel de repos** ou **potentiel transmembranaire**.

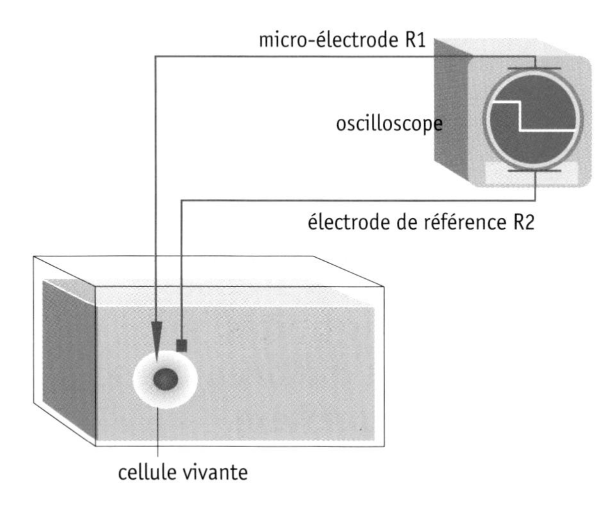

a. Dispositif expérimental.

Cellule	Valeur du potentiel transmembranaire
Cellule de la rétine	**– 20 mV**
Cellule musculaire	**– 90 mV**
Cellule B du pancréas	**– 70 mV**
Cellule d'une algue *Chara australis*	**– 150 mV**

b. Valeurs du potentiel transmembranaire dans différents types de cellules.

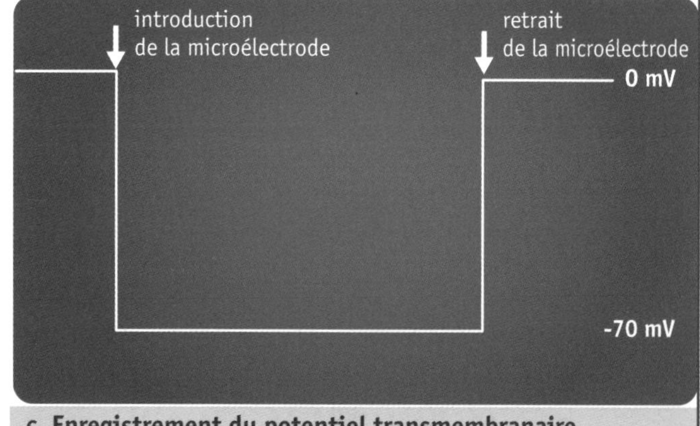

c. Enregistrement du potentiel transmembranaire.

Doc.3 Le neurone, cellule excitable

▶ L'activité d'un neurone est caractérisée par la propagation de potentiels d'action le long de son axone. Des enregistrements de cette activité ont été réalisés sur des axones géants de calmar dont le diamètre est compris entre 0,5 et 1 mm (**a**).

▶ Les enregistrements (1) et (2), appelés **électroneurogrammes** ont été obtenus dans les mêmes conditions, après une stimulation électrique de l'axone, l'échelle de temps est différente. Une série de stimulations d'intensité croissante est ensuite appliquée au neurone de calmar. Les réponses obtenues sont présentées sur l'enregistrement (3) à (6) (**b**).

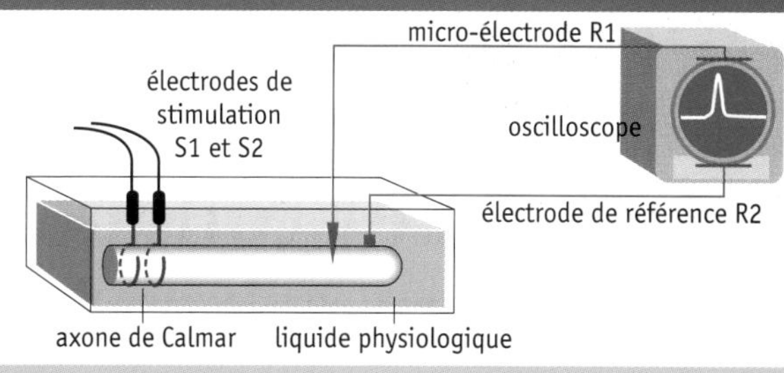

a. Dispositif d'enregistrement de l'activité du neurone géant de calmar.

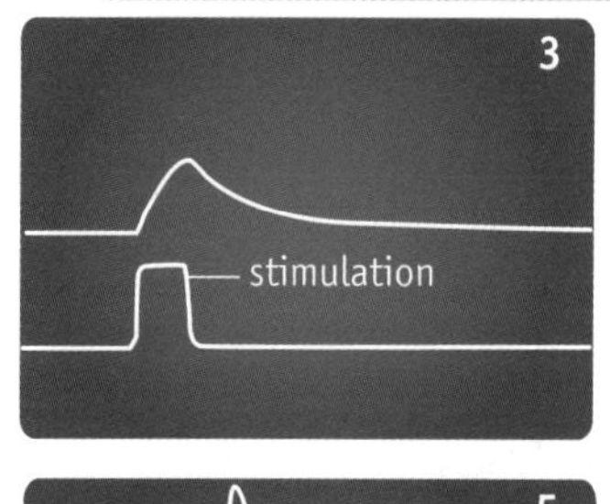

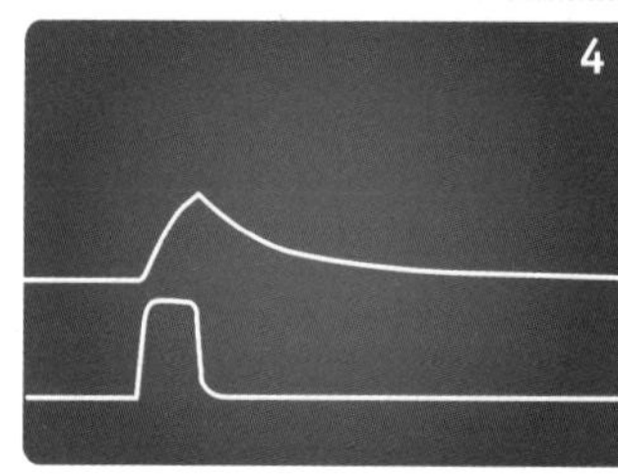

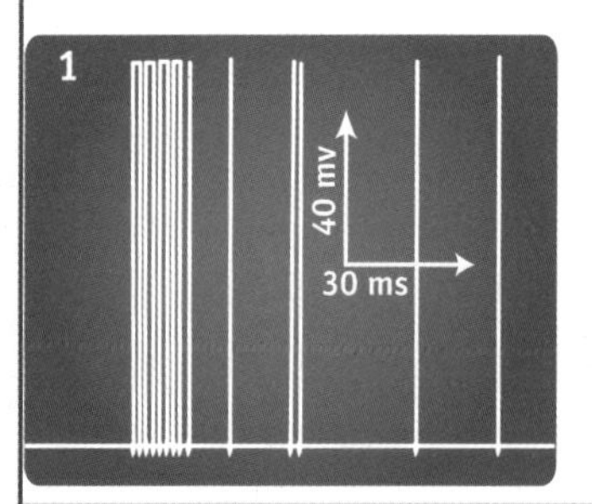

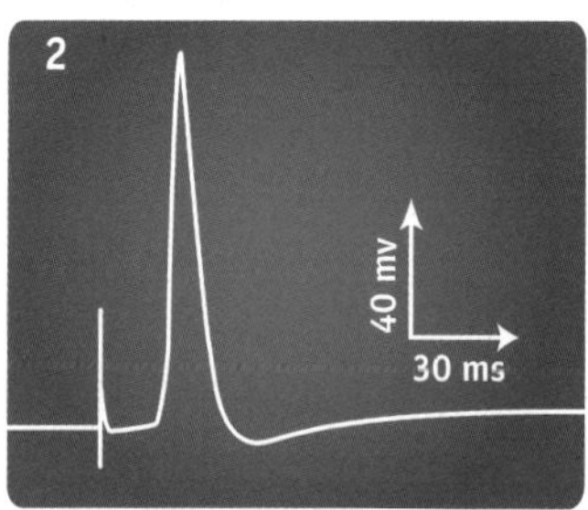

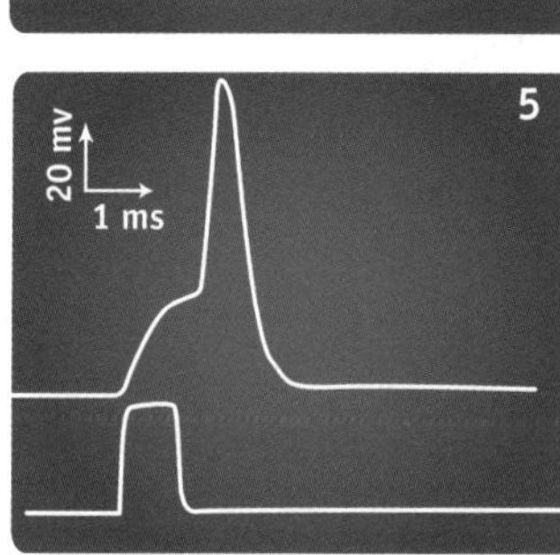

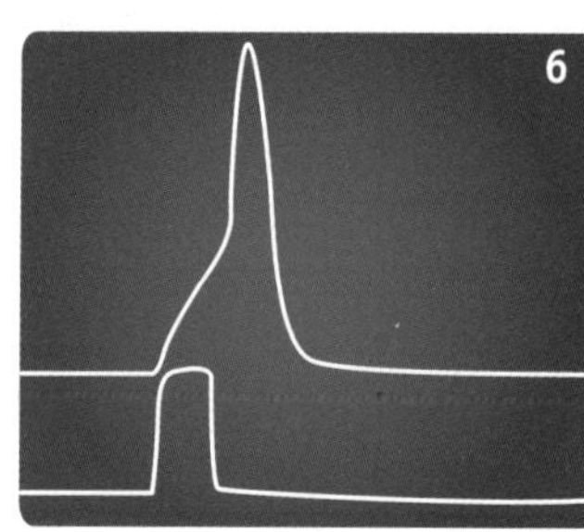

b. Réponses du neurone de calmar à des stimulations électriques variées.

Doc.4 Interprétation du potentiel transmembranaire et du potentiel d'action

▶ La membrane des cellules est **polarisée.** Sa face interne est électronégative par rapport à sa face externe qui sert de référence (l'électrode externe de référence a un potentiel fixé à 0 mV). Cette polarité de la membrane peut être schématisée sous la forme de charges + et –.

▶ Le neurone répond à une stimulation efficace par une **inversion** rapide et transitoire de la polarité membranaire : le potentiel d'action. La face interne de la membrane devient transitoirement électropositive par rapport à la face externe.

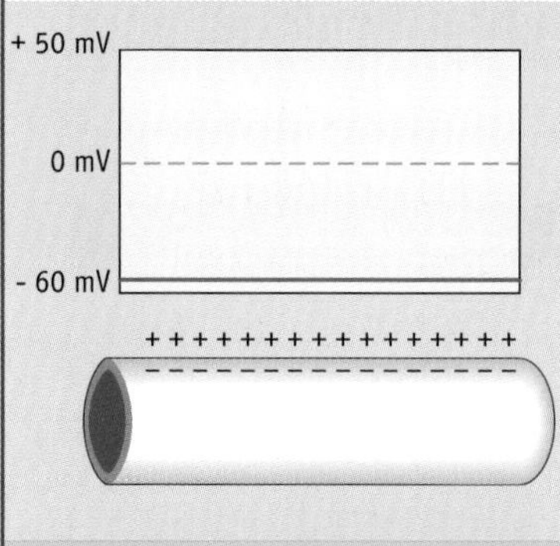

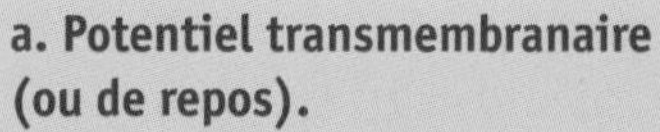

a. Potentiel transmembranaire (ou de repos).

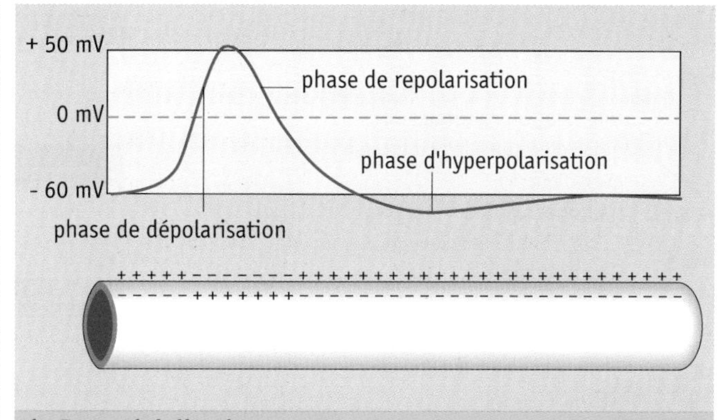

b. Potentiel d'action.

▶ Le potentiel d'action d'un neurone présente **trois phases** caractéristiques : dépolarisation, repolarisation et hyperpolarisation. Elles traduisent le passage d'une « onde de négativité » au niveau de la microélectrode.

EXPLOITATION DES DOCUMENTS

1. **Décrire** le potentiel global du nerf et donner ses caractéristiques (**Doc. 1**).
2. **Justifier** l'expression : « La membrane de toute cellule vivante est polarisée » (**Doc. 2**).
3. a. **Établir** une relation entre les enregistrements (**1** et **2**), **en déduire** ce qu'est un message nerveux. **b. Déduire** des enregistrements (**3** à **6**) deux caractéristiques de la réponse du neurone aux stimulations d'intensité croissante (**Doc. 3**).
4. **Répondre au problème posé** : « Quelles propriétés des neurones permettent la génèse des potentiels d'action ? »

ACTIVITÉ

2 Codage et conduction des messages nerveux

Les messages nerveux afférents ou efférents conduits par les fibres nerveuses sont tous constitués de potentiels d'action de même amplitude. Les caractéristiques du potentiel d'action ne constituent donc pas une information sur l'importance d'un stimulus ou sur l'importance de l'activité d'un motoneurone qui contrôle le tonus d'un muscle.

► **Comment le message nerveux traduit-il les caractéristiques de la stimulation ?**

VOCABULAIRE

Ommatidie : unité fonctionnelle visuelle des yeux composés de limule (de l'ordre de 600 par œil).

Seuil de stimulation : valeur minimale de la stimulation qui déclenche l'apparition d'un message nerveux.

Doc.1 Codage du message nerveux au niveau du neurone

► La limule est un animal marin fréquent sur la côte Est des États-Unis. Elle possède deux yeux composés chacun d'unités fonctionnelles : les ommatidies.

► Chaque ommatidie comprend : une lentille, deux cellules photosensibles reliées à un neurone sensitif dont l'axone constitue, avec les axones des autres ommatidies, le nerf optique relié aux centres nerveux.

a. Limule.

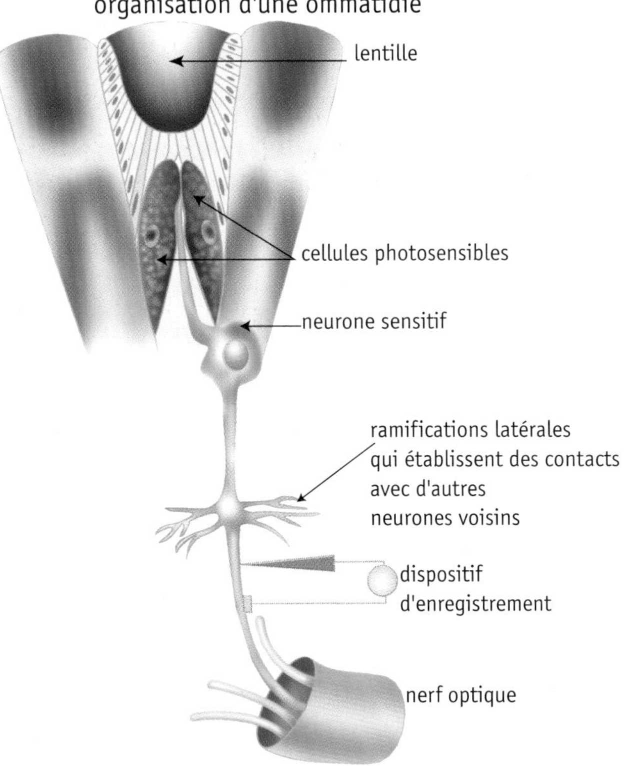

b. Organisation d'une ommatidie de limule.

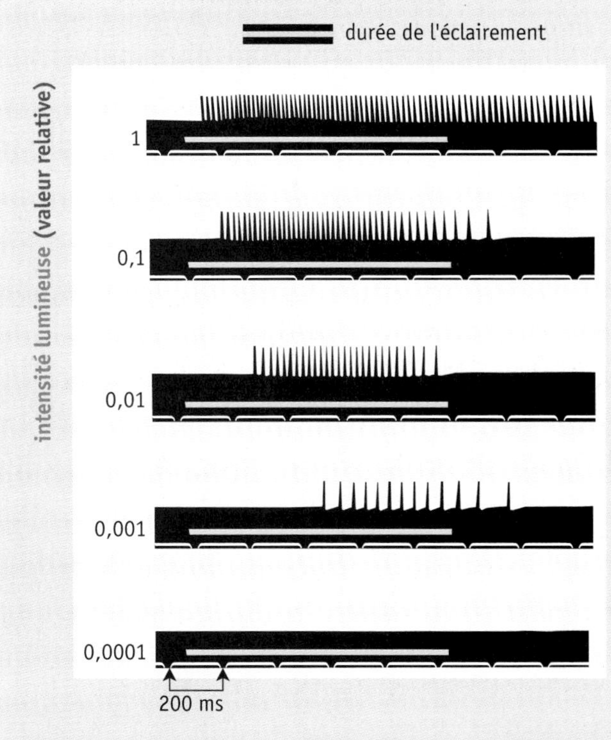

c. Activité de l'axone d'un neurone sensitif en réponse à des éclairements d'intensité croissante appliqués sur une ommatidie.

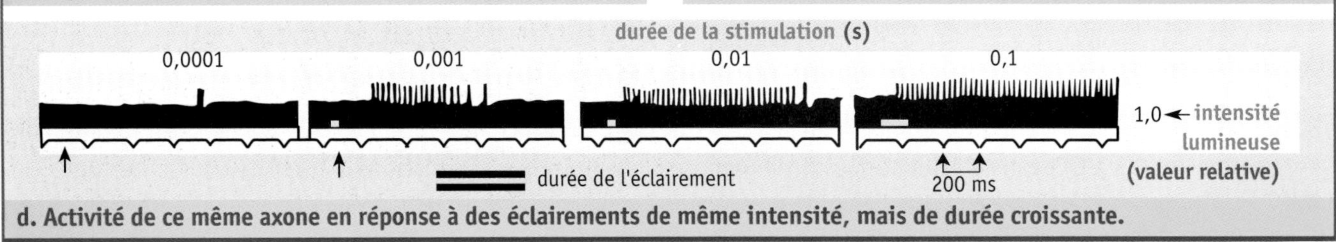

d. Activité de ce même axone en réponse à des éclairements de même intensité, mais de durée croissante.

Doc.2 Propagation du message nerveux dans un axone

Pour préciser les caractéristiques de la conduction des potentiels d'action, trois microélectrodes réceptrices sont introduites dans un axone de calmar à des distances connues de la zone de stimulation.

L'intensité de la stimulation est suffisante pour déclencher l'apparition de potentiels d'action.

Les électroneurogrammes obtenus sont les suivants :

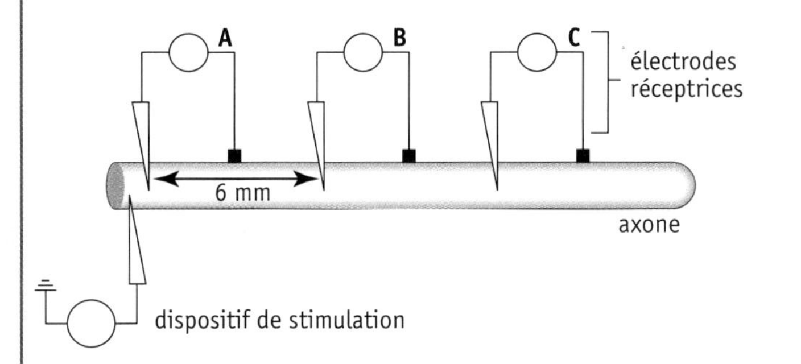

a. Dispositif de stimulation.

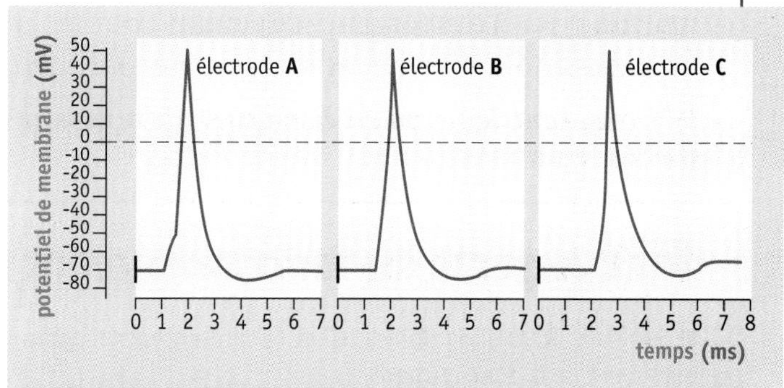

b. Potentiels de membrane en 3 points de l'axone de calmar.

TP

Doc.3 Codage du message nerveux au niveau du nerf

PROTOCOLE

1. Le nerf d'une patte d'un crabe est dégagé en séparant les deuxième et troisième segments au niveau de l'articulation. Il est placé dans une cuve munie d'électrodes externes réceptrices. Une stimulation électrique d'amplitude croissante est appliquée sur le nerf. Les potentiels globaux obtenus sont superposés sur l'écran.

2. L'expérience est répétée, avec une stimulation de forte amplitude, mais les électrodes réceptrices sont éloignées des électrodes stimulatrices, pour mettre en évidence les différentes catégories de fibres qui composent le nerf.

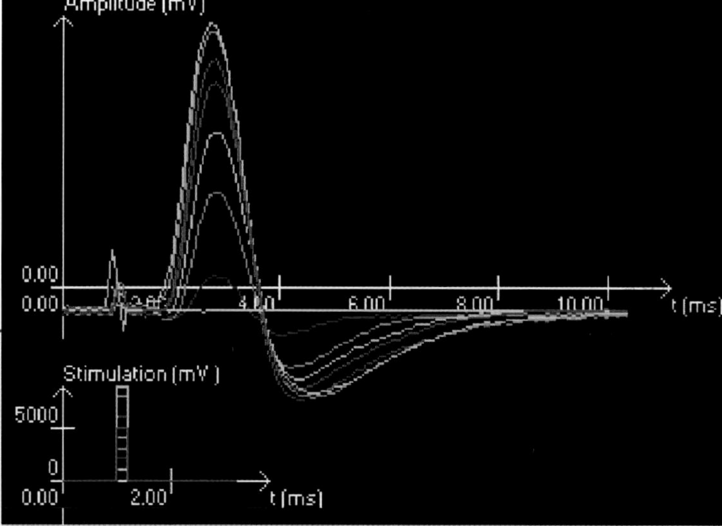

a. Potentiels globaux résultant de la stimulation électrique du nerf d'une patte de crabe.

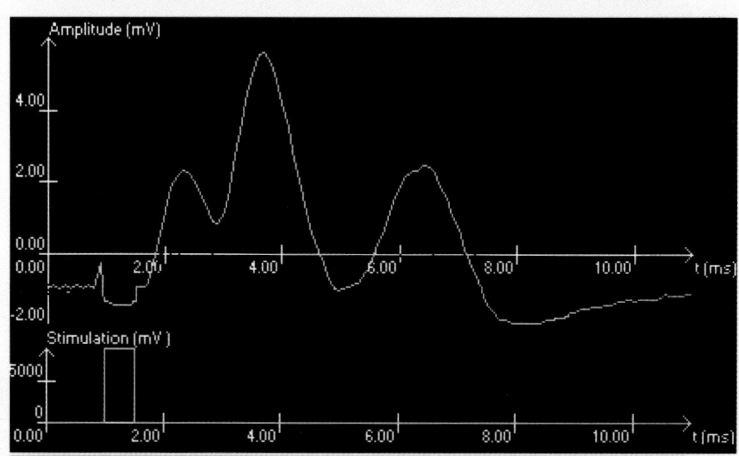

b. Potentiel global obtenu en augmentant l'écartement des électrodes.

EXPLOITATION DES DOCUMENTS

1. Montrer qu'un récepteur sensoriel présente une sensibilité aux stimuli ; **donner un encadrement** de la valeur seuil de stimulation (valeur minimale de la stimulation qui déclenche l'apparition d'un message nerveux) (**Doc. 1**).

2. Déduire des enregistrements comment est codé le message nerveux sur la fibre afférente (**Doc. 1**).

3. Calculer la vitesse de conduction du message nerveux (**Doc. 2**), et **déduire** de l'enregistrement quelles sont les caractéristiques de la conduction du message nerveux.

4. Expliquer l'amplitude croissante du potentiel global obtenu (**Doc. 3a**), préciser combien de catégories de fibres constituent le nerf (**Doc. 3b**) et **formuler une hypothèse** sur les propriétés de ces fibres qui explique l'aspect du potentiel global.

5. Répondre au problème posé : « Comment le message nerveux traduit-il les caractéristiques de la stimulation ? » en montrant qu'il existe deux types de codage du message nerveux.

ACTIVITÉ

3 La synapse, zone de transmission du message nerveux

Au cours de sa conduction, le message nerveux peut être transmis à un autre neurone ou à un organe effecteur comme un muscle, par exemple. Cette transmission s'effectue au niveau d'une structure spécialisée : la synapse.

▶ **Comment les caractéristiques du message nerveux sont-elles transmises par la synapse ?**

VOCABULAIRE

Acétylcholine : substance chimique contenue dans les vésicules synaptiques de certaines synapses.

Bouton synaptique : une des extrémités renflées de l'arborisation terminale d'un neurone qui forme une synapse avec une autre cellule.

Doc.1 Aspects du fonctionnement synaptique

▶ Les deux électronographies (d) et (e) présentent un agrandissement de la zone encadrée (c).

▶ Elles montrent deux aspects de cette zone : en absence de message nerveux présynaptique (d) et quelques millisecondes après l'arrivée du message nerveux dans le neurone présynaptique (e). Elles permettent de distinguer une modification de son ultrastructure.

▶ L'analyse du contenu des vésicules montre la présence de substances chimiques comme l'acétylcholine.

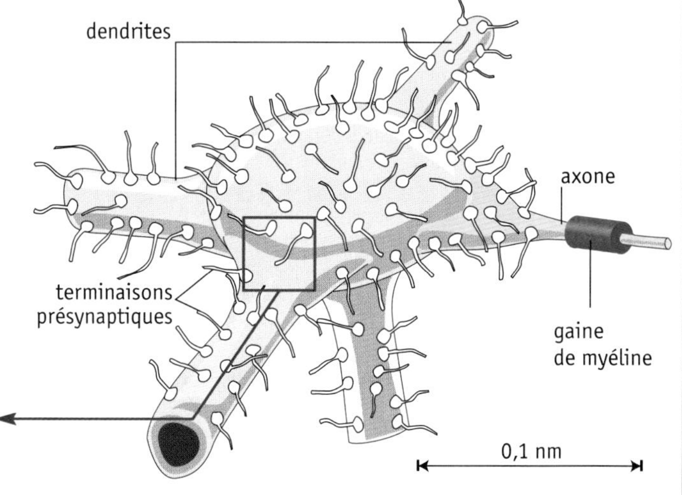

a. Corps cellulaire d'un neurone moteur de la moelle épinière.

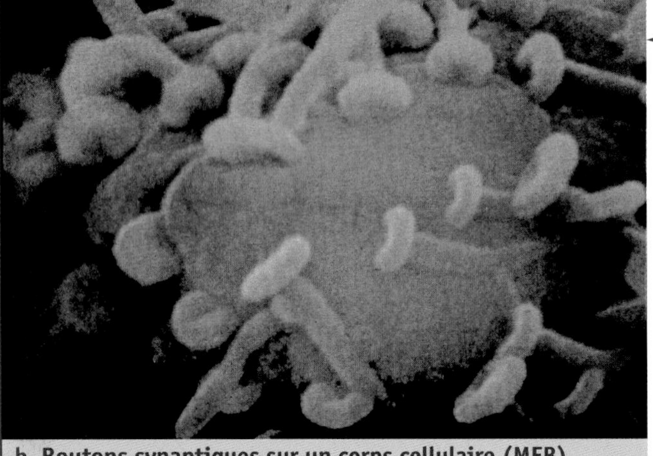

b. Boutons synaptiques sur un corps cellulaire (MEB).

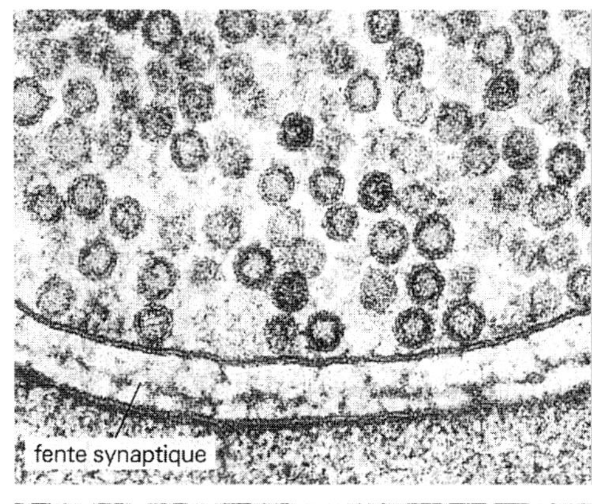

d. Électronographie de la membrane présynaptique en l'absence de message nerveux.

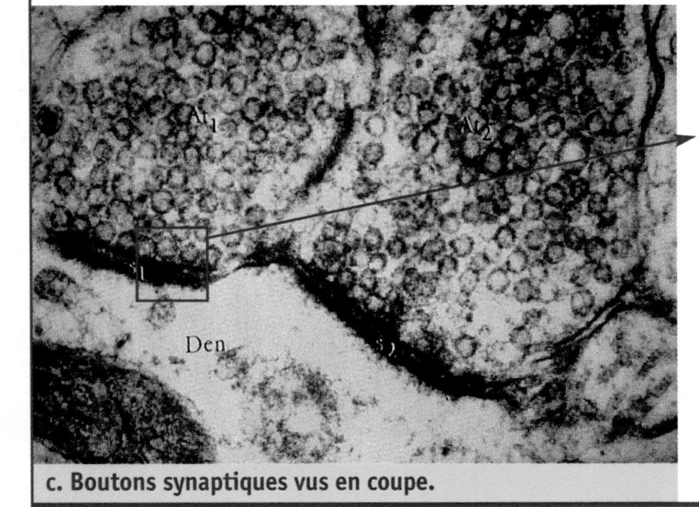

c. Boutons synaptiques vus en coupe.

e. Électronographie de la membrane présynaptique après l'arrivée du message nerveux.

fusion de vésicules

Doc.2 La transmission synaptique

► Pour préciser les mécanismes de la transmission du message nerveux, des expériences sont réalisées chez le calmar à l'aide du montage suivant.

► L'acétylcholine utilisée est une substance chimique contenue dans les vésicules du neurone présynaptique.

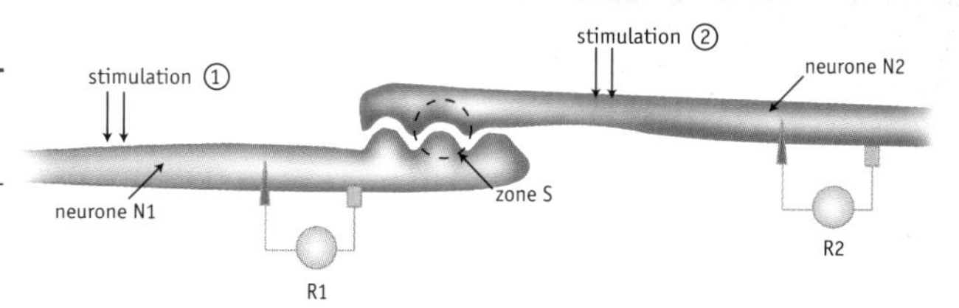

Dispositif expérimental.

Remarque : le marquage de l'acétylcholine avec un isotope radioactif, permet de suivre cette molécule par autoradiographie, sans modifier son fonctionnement.

les étapes de l'expérience et les résultats

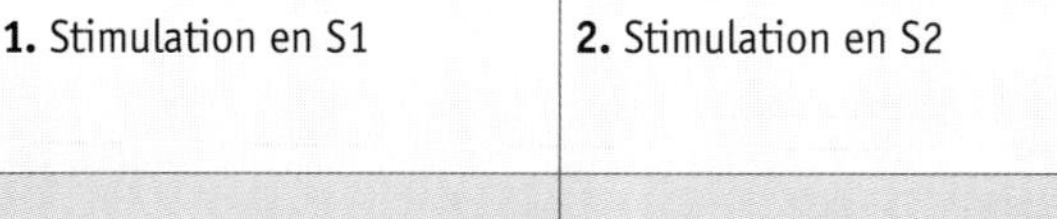

1. Stimulation en S1	**2.** Stimulation en S2	**3.** Dépôt d'une microgoutte d'acétylcholine dans la zone S entre N1 et N2	**4.** Injection d'une microgoutte d'acétylcholine dans N2	**5.** Injection d'acétylcholine « marquée » dans N1, puis stimulation en N1
				Présence d'acétylcholine « marquée » dans la zone S

TP Doc.3 La synapse neuromusculaire du Lombric

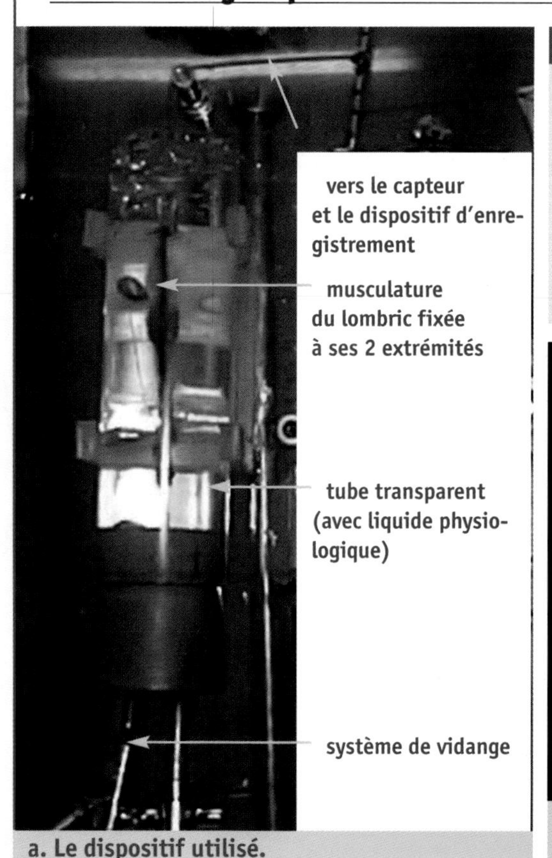

a. Le dispositif utilisé.

PROTOCOLE

Une étude de l'action de différentes substances peut-être réalisée sur la musculature qui tapisse la face interne de la peau d'un lombric. Après préparation, le ver est placé dans un tube transparent contenant du liquide physiologique et aéré à l'aide d'un bulleur. Il est fixé à la base du tube par sa partie inférieure et à un capteur dynamométrique (ou à un stylet) par sa partie supérieure.

La contraction des muscles peut être enregistrée à l'aide d'un dispositif ExAO (ou à l'aide d'un myographe classique). Des doses croissantes d'acétylcholine sont injectées dans le liquide physiologique (la cuve est vidangée et rincée entre chaque mesure).

Remarque : l'action d'autres substances peut également être testée avec ce dispositif.

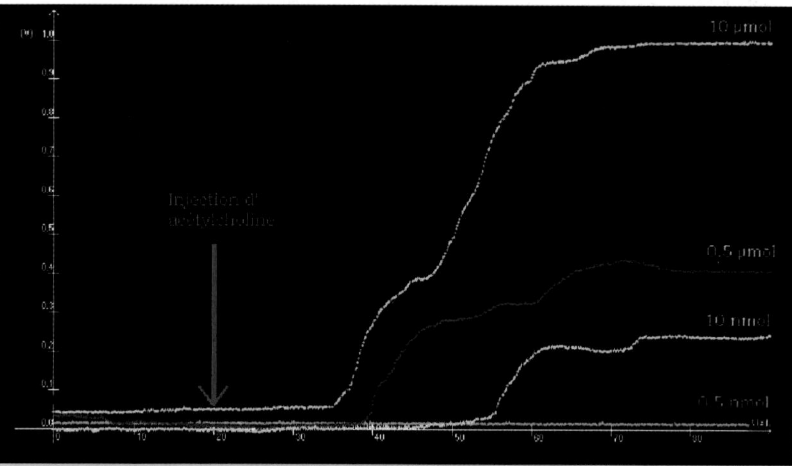

b. Amplitudes de la contraction en fonction du temps avec des doses croissantes d'acétylcholine.

EXPLOITATION DES DOCUMENTS

1. **Décrire** les modifications constatées au niveau de la synapse consécutives à l'arrivée d'un message nerveux expliquant le fonctionnement orienté de la synapse (**Doc. 1**).
2. **Proposer** une hypothèse sur le rôle et le mode d'action de l'acétylcholine (**Doc. 2**).
3. **Montrer** que les résultats obtenus chez le lombric confirment le rôle de l'acétylcholine (**Doc. 3**).

ACTIVITÉ

3 (suite) La synapse : zone de transmission du message nerveux

Des progrès récents apportés aux conditions d'enregistrement de l'activité nerveuse ont permis de mieux connaître le fonctionnement des récepteurs postsynaptiques et d'expliquer les modifications de fonctionnement des cellules postsynaptiques.

VOCABULAIRE

Neurotransmetteur : substance chimique contenue dans les vésicules synaptiques et assurant la transmission du message nerveux entre cellules (exemple : l'acétylcholine).

Patch-clamp : technique qui permet d'enregistrer à l'aide d'une micro-pipette des courants traversant la membrane plasmique de cellules.

► **Comment les caractéristiques du message nerveux sont-elles transmises par la synapse ?**

Doc.4 Le récepteur de l'acétylcholine

► Le récepteur de l'acétylcholine a été isolé à partir de l'organe électrique du poisson-torpille, qui présente une très forte densité de récepteurs. Ces poissons peuvent émettre des décharges électriques de près de 500 volts.

► La structure de ce récepteur a été déterminée et modélisée : il présente 2 sites de fixation de l'acétylcholine.

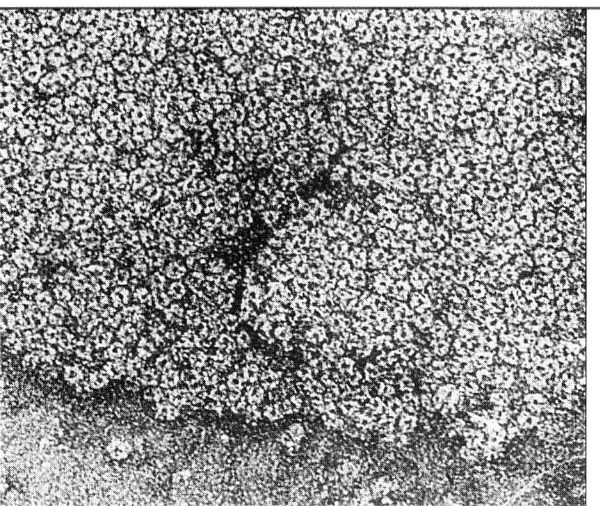

a. Récepteurs de l'acétylcholine.

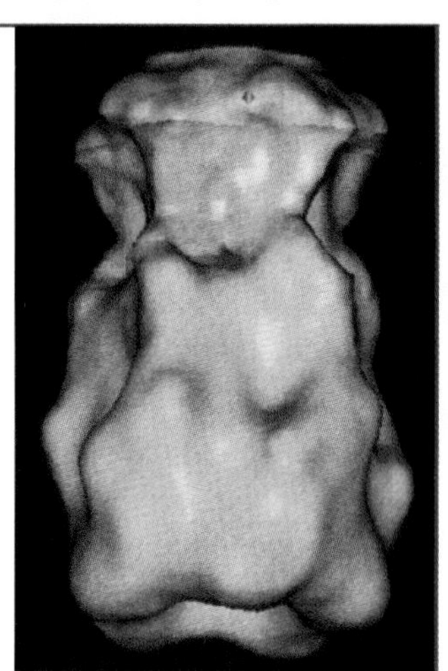

b. Modélisation du récepteur de l'acétylcholine.

Doc.5 Le codage synaptique

► La technique du **patch-clamp** (littéralement : enregistrement sur fragment de membrane) permet d'enregistrer l'activité des neurones tout en conservant leurs connexions synaptiques (**b**).

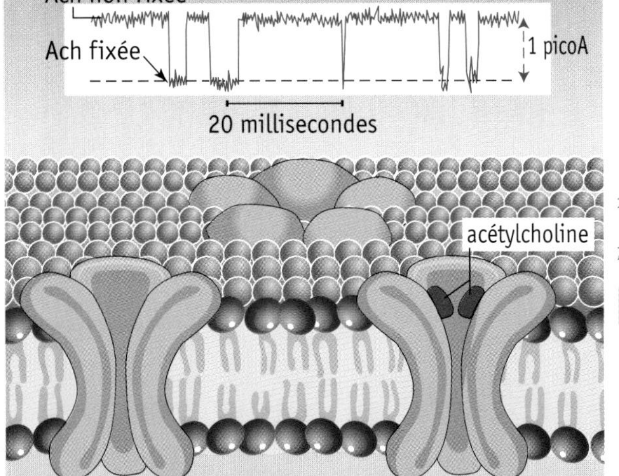

a. Organisation fonctionnelle de la membrane post-synaptique.

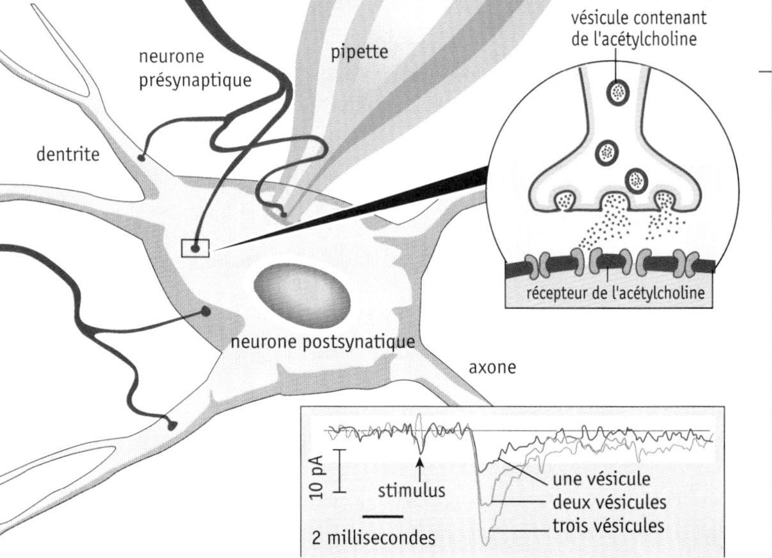

b. Enregistrement du fonctionnement des récepteurs de l'acétylcholine.

► Les effets de la fixation d'acétylcholine sur les récepteurs postsynaptiques sont enregistrés au niveau d'une synapse par cette technique. L'apparition d'un courant est à l'origine d'une variation du potentiel transmembranaire (**a**).

► L'activité d'un grand nombre de ces récepteurs, isolés dans la pipette de patch, est ensuite enregistrée suite à la libération du contenu d'une, deux ou trois vésicules synaptiques (**b**).

TP

Doc.6 Le message postsynaptique

PROTOCOLE

1. La chaîne nerveuse de l'écrevisse est formée de fibres nerveuses, dont les corps cellulaires sont localisés dans des ganglions. Ce sont des centres nerveux dans lesquels il est possible de mettre en évidence de nombreuses synapses.

2. Une stimulation électrique efficace est portée sur la chaîne nerveuse. Un enregistrement de l'activité de la chaîne nerveuse est réalisé de part et d'autre du deuxième ganglion.

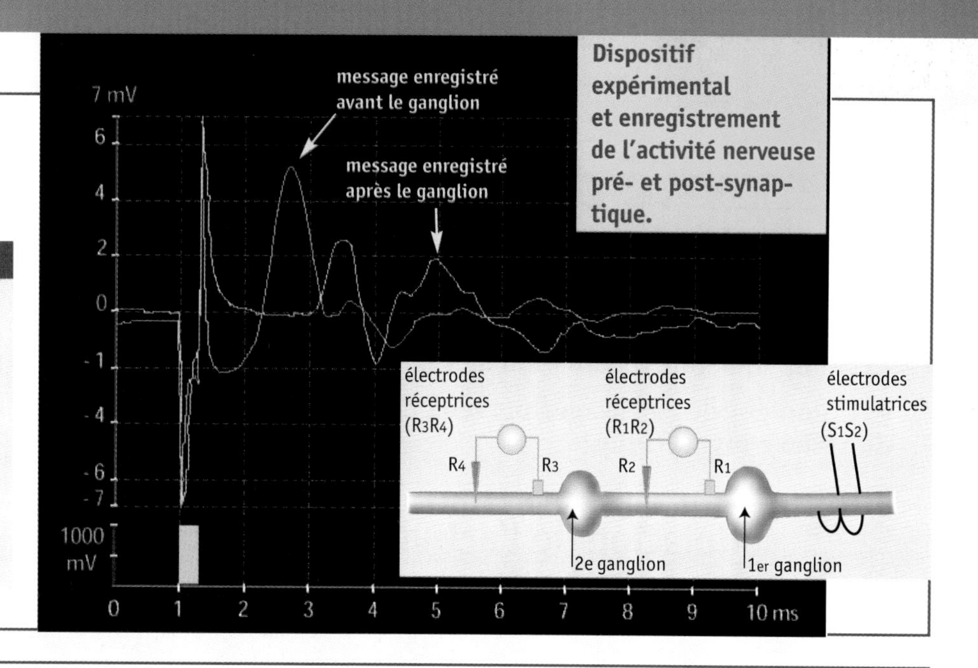

Dispositif expérimental et enregistrement de l'activité nerveuse pré- et post-synaptique.

Doc.7 Des synapses aux effets variés

▶ Le tracé (1) correspond à l'enregistrement de l'activité du neurone issu d'une ommatidie de limule sous l'effet d'une stimulation lumineuse.
Les tracés (2) et (3) correspondent à l'activité de ce même neurone, mais en combinant cet éclairement avec celui, variable, des ommatidies voisines. Le tracé (3) est obtenu avec un éclairement des ommatidies adjacentes 10 fois supérieur à celui correspondant au tracé (2).

▶ Des observations microscopiques montrent que chaque neurone sensitif établit des contacts synaptiques avec les neurones adjacents comme le montre le schéma simplifié (**b**). Le message transmis aux centres nerveux est modulé par les neurones voisins et permet ainsi la détection des contrastes.

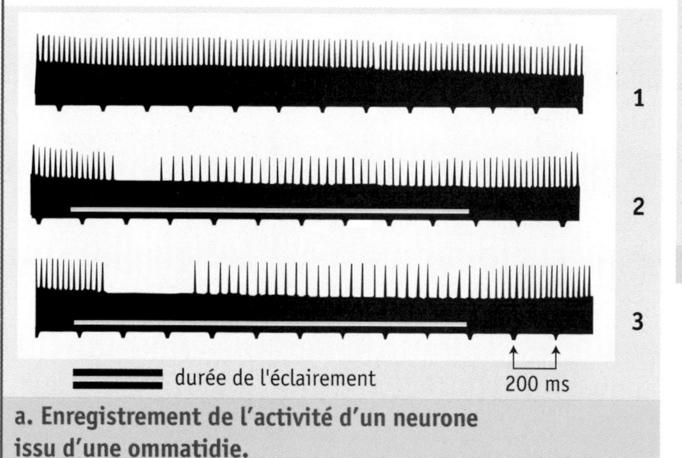

a. Enregistrement de l'activité d'un neurone issu d'une ommatidie.

fort éclairement — faible éclairement

1 2 3 4 5 6 7 8 9 10 — a — b

fréquence des potentiels d'action (valeur relative)

forte action latérale — faible action latérale — a ommatidie — b ramification latérale d'un neurone sensitif — zone d'enregistrement

b. Mécanisme de détection des contrastes.

▶ Cette détection des contrastes peut être mise en évidence en éclairant fortement un groupe d'ommatidies (1 à 5) et plus faiblement un autre groupe (6 à 10) voisin. La fréquence des potentiels d'action conduits par leurs neurones respectifs est mesurée.

EXPLOITATION DES DOCUMENTS

4. **Expliquer** comment le codage du message nerveux est conservé lors de la transmission synaptique (**Doc. 5**).
5. **Montrer** que la transmission synaptique est à l'origine d'un nouveau message (**Doc. 6**).
6. En utilisant les informations concernant la détection des contrastes chez la limule, **montrer** que l'activité des synapses entraîne des modulations dans la transmission des messages afférents (**Doc. 7**).
7. **Répondre au problème posé** : « Comment les caractéristiques du message nerveux sont-elles transmises par la synapse ? »

ACTIVITÉ

4 Activité du centre nerveux

L'étude du réflexe myotatique a montré qu'il existait une innervation réciproque des muscles antagonistes et que ce réflexe pouvait être diminué voire annulé par une contraction volontaire du jambier antérieur (muscle fléchisseur du pied). Ceci implique une modulation de l'activité des motoneurones.

VOCABULAIRE

Organes tendineux de Golgi : récepteurs sensoriels localisés dans les tendons des muscles et sensibles à l'étirement.

► **Comment des messages nerveux d'origines diverses sont-ils traités par les motoneurones lors du réflexe myotatique ?**

Doc.1 Modulation de l'activité des motoneurones

Des enregistrements permettent de comprendre comment l'activité des motoneurones est **modulée** lors du réflexe myotatique et lors de la réalisation d'un mouvement volontaire.

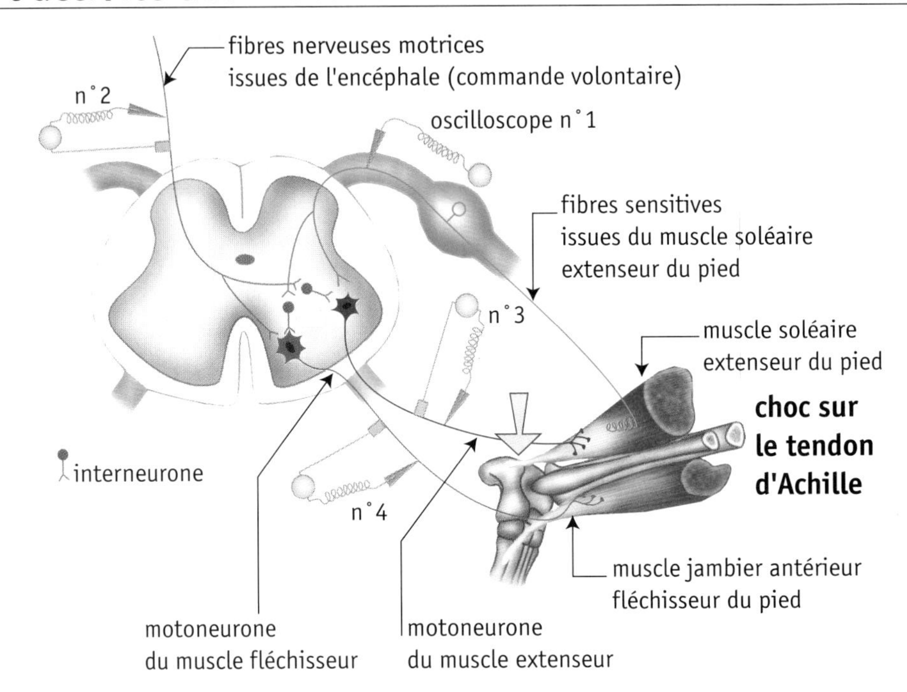

Conditions expérimentales

Expérience A : enregistrement de l'activité des neurones, lors du déclenchement d'un réflexe myotatique (choc sur le tendon d'Achille).

Expérience B : enregistrement de l'activité des neurones, lors du déclenchement d'un réflexe achilléen avec une légère flexion volontaire du pied (c'est-à-dire une contraction du muscle fléchisseur).

Expérience C : enregistrement de l'activité des neurones lors de la réalisation volontaire d'une flexion du pied.

Expérience D : enregistrement de l'activité des neurones lors du déclenchement d'un réflexe achilléen avec une forte flexion volontaire du pied.

oscilloscope / conditions expérimentales	n° 1	n° 2	n° 3	n° 4
A				
B				
C				
D				

Activité des motoneurones lors du réflexe myotatique et de la réalisation d'un mouvement volontaire.

TP

Doc.2 Une modulation du réflexe myotatique

Une commande volontaire peut inhiber le réflexe myotatique (flexion volontaire du pied par exemple), elle peut aussi l'amplifier.

PROTOCOLE

Un électromyogramme du soléaire est réalisé au cours du réflexe achilléen chez un sujet qui exerce des pressions plus ou moins importantes de ses mains placées derrière sa nuque.

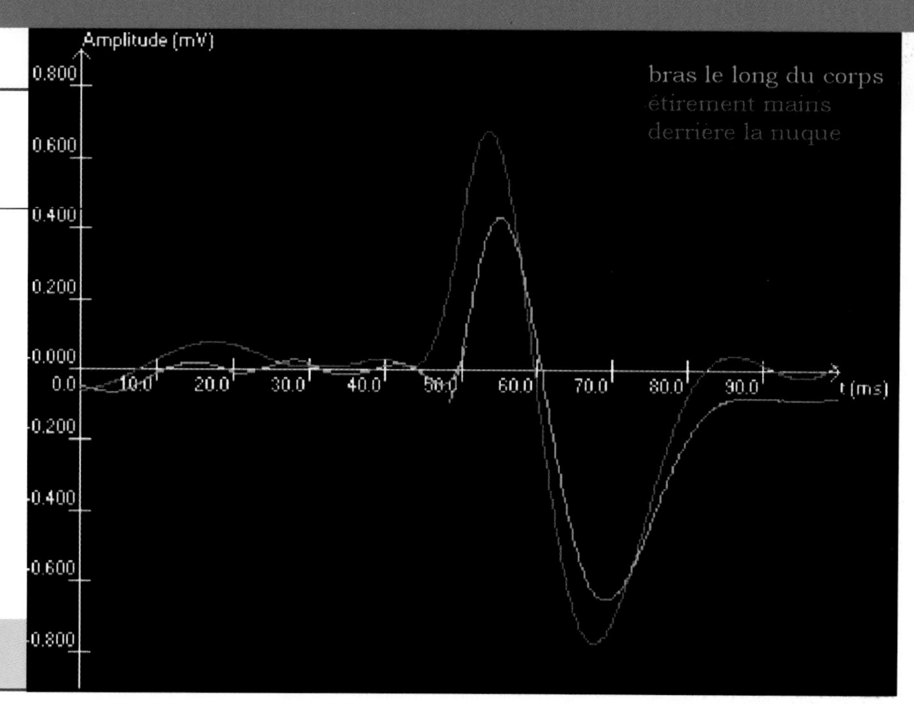

Électromyogrammes du soléaire au cours du réflexe achilléen.

Doc.3 Mise en jeu d'autres récepteurs sensoriels

Les organes tendineux de Golgi, localisés dans les tendons des muscles, sont des récepteurs sensibles à l'étirement. Ce sont des indicateurs de la tension que subit le tendon lors d'un allongement passif ou lors d'une contraction du muscle. Dans une certaine mesure, ils ont un **rôle protecteur** contre les surtensions que peuvent subir muscle et tendon.

fibres nerveuses motrices issues de l'encéphale

interneurone

fibre sensitive

moto-neurone

muscle extenseur

muscle fléchisseur

organe tendineux de Golgi

Rôle des organes tendineux de Golgi au cours du réflexe myotatique.

EXPLOITATION DES DOCUMENTS

1. **Montrer** que l'activité coordonnée des muscles antagonistes lors du réflexe résulte d'une modulation de l'activité de leur motoneurone (**Doc. 1**).
2. **Préciser** quel est le trajet suivi par le message nerveux, lors de la réalisation du mouvement volontaire (**Doc. 1**).
3. **Montrer** que les motoneurones traitent les différents messages afférents au niveau de synapses excitatrices et inhibitrices (**Doc. 1**).
4. **Préciser** les conséquences du mouvement volontaire sur la réalisation du réflexe myotatique, puis en s'inspirant du schéma du **Doc. 1**, proposer un tracé des voies nerveuses intervenant dans cette modulation du réflexe myotatique (**Doc. 2**).
5. **Indiquer** quelle est la conséquence sur le réflexe myotatique, d'un étirement excessif des tendons (**Doc. 3**).
6. **Répondre au problème posé** : « Comment des messages nerveux d'origines diverses sont-ils traités par les motoneurones lors du réflexe myotatique ? »

SYNTHÈSE

Les messages nerveux

LES MOTS À CONNAÎTRE

Bouton synaptique : une des extrémités renflées de l'arborisation terminale d'un neurone qui forme une synapse avec une autre cellule.

Neurotransmetteur : substance chimique contenue dans les vésicules synaptiques et assurant la transmission du message nerveux entre cellules (exemple : l'acétylcholine).

Potentiel de repos : différence de potentiel qui existe entre les deux faces de la membrane plasmique de toute cellule vivante.

Potentiel global : réponse d'un nerf suite à une stimulation électrique.

Potentiel d'action : inversion rapide et transitoire de la polarisation membranaire.

I Neurones et message nerveux

- Toute cellule est électriquement neutre (électroneutralité), elle contient autant de charges positives que de charges négatives. Cependant sa membrane est **polarisée**. On peut le mettre en évidence à l'aide d'une microélectrode implantée dans la cellule et d'une autre électrode, dite de référence, dont la valeur est fixée à 0 mV, placée à la surface de la membrane. On enregistre alors une différence de potentiel variable selon les cellules, appelée **potentiel de repos ou potentiel de membrane** (– 70 mV dans le cas d'une cellule nerveuse). Elle traduit le fait que la face interne de la membrane plasmique est électronégative par rapport à la face externe qui est électropositive.

- Lorsque l'on stimule une cellule nerveuse, celle-ci répond par une inversion brève et rapide de la polarisation de la membrane. La face interne de la membrane devient localement électropositive par rapport à la face externe (phase de **dépolarisation**) puis la membrane se repolarise rapidement (phase de **repolarisation**). Le retour au potentiel de repos peut être précédé d'une **hyperpolarisation** de la membrane.
Cette inversion transitoire de polarité de la membrane est appelée **potentiel d'action** et constitue le **signal nerveux élémentaire** de toute cellule excitable.

- Ce signal n'est pas un courant électrique car il disparaît en cas d'application préalable d'un anesthésique sur le neurone : c'est un signal bioélectrique.

- Il peut être enregistré sur une fibre nerveuse comme l'axone de calmar ou sur un nerf. Son allure n'a pas alors la même signification, mais on peut considérer qu'il représente dans ce cas la somme des potentiels d'action élémentaires des fibres nerveuses : il est appelé **potentiel global**.

II Codage et conduction des messages nerveux

- Les potentiels d'action se propagent le long des fibres nerveuses sous forme de salves ou de trains, ils constituent **le message nerveux**. Leurs caractéristiques, forme et amplitude, sont conservées quelle que soit la longueur de la fibre nerveuse, car ils sont créés de place en place à la surface du neurone.

- La vitesse de conduction du message nerveux est élevée et varie de 1 à 100 m/s selon le type de fibres. Cette vitesse explique la rapidité d'exécution des réflexes et des mouvements volontaires.

- La fréquence des potentiels d'action constituant le message nerveux est variable. Elle reflète l'intensité de la stimulation d'un récepteur sensoriel ou d'un motoneurone. Les messages nerveux sont codés par la fréquence des potentiels d'action conduits par une fibre nerveuse.

- Des stimulations d'intensité croissante portées sur un nerf, entraînent une augmentation de l'amplitude du potentiel global (contrairement à l'amplitude de la réponse d'une fibre qui est constante). Cette réponse graduelle traduit un recrutement progressif des fibres nerveuses ayant un seuil de sensibilité différent. Le nombre de fibres nerveuses mis en jeu constitue également une forme de codage du message nerveux.

III La synapse, zone de transmission du message nerveux

• Les neurones communiquent entre eux ou avec des cellules effectrices (comme la cellule musculaire) par des **synapses**. À leur niveau, l'existence d'un espace intersynaptique interrompt la propagation des potentiels d'action. Ce sont alors des messagers chimiques, les **neurotransmetteurs**, qui assurent la transmission du message de la cellule présynaptique à la cellule postsynaptique. L'acétylcholine, premier neurotransmetteur mis en évidence, intervient dans le fonctionnement de la synapse neuromusculaire et dans de nombreuses synapses du système nerveux.

• Le message nerveux présynaptique déclenche la migration de vésicules synaptiques contenant les neurotransmetteurs (de l'ordre de 5 000 molécules par vésicule). Celles-ci fusionnent avec la membrane présynaptique et libèrent par exocytose les neurotransmetteurs dans la fente synaptique.

• La quantité de neurotransmetteurs libérés dépend de l'amplitude du message nerveux. Ainsi le codage en fréquence de potentiel d'action est traduit en message chimique **codé en concentration de neurotransmetteur** au niveau de la synaspe.

• Les molécules de neurotransmetteurs se fixent alors sur des **récepteurs** de la membrane postsynaptique. Cette fixation induit une augmentation ou une diminution de l'activité du neurone postsynaptique, elle est donc à l'origine d'un nouveau message. On parle de **synapse excitatrice** si l'activité de la cellule postsynaptique augmente, de synapse **inhibitrice** si elle diminue.

• L'action des neurotransmetteurs est de courte durée, car ils sont rapidement inactivés (par diffusion, hydrolyse enzymatique et recaptage).

IV Activité du centre nerveux

• Les messages nerveux afférents provenant des fuseaux neuromusculaires entraînent une modification de l'activité des motoneurones impliqués dans la réalisation du réflexe myotatique et donc une modification du tonus musculaire des muscles extenseurs et fléchisseurs. L'étude du fonctionnement des synapses excitatrices et inhibitrices permet de préciser le fonctionnement du réflexe myotatique.

• Les motoneurones impliqués dans le maintien de la posture présentent une activité de base responsable du **tonus musculaire**. Les messages nerveux afférents, en réponse à l'étirement des fuseaux neuromusculaires, entraînent une augmentation de la fréquence des potentiels d'action des motoneurones du muscle étiré et une diminution, voire une annulation de la fréquence des potentiels d'action des motoneurones du muscle antagoniste. Le **traitement** des messages dans le centre nerveux permet la réalisation du réflexe.

• Ce traitement est en fait plus complexe, car les motoneurones et les interneurones du réflexe myotatique sont également en connexion avec d'autres neurones provenant d'autres récepteurs sensoriels (**organes tendineux de Golgi** par exemple) ou de l'encéphale (commande volontaire). Ils sont donc en permanence soumis à des **influences stimulatrices** ou **inhibitrices** de la part de ces neurones, le traitement qu'ils effectuent entraîne une **amplification ou une inhibition du tonus musculaire et donc du réflexe myotatique**.

L'essentiel

Les messages nerveux sont constitués de potentiels d'action, qui conservent toutes leurs caractéristiques au cours de leur propagation le long d'une fibre nerveuse. Un potentiel d'action est une inversion transitoire de la polarisation de la membrane des neurones.
Les caractéristiques du message sont également conservées lors de la transmission synaptique : le codage en fréquence des potentiels d'action est traduit en message chimique codé en concentration de neurotransmetteur.
Dans les centres nerveux, les motoneurones traitent en permanence de multiples messages, les uns excitateurs les autres inhibiteurs et modulent ainsi leur activité, permettant un contrôle précis du tonus musculaire.

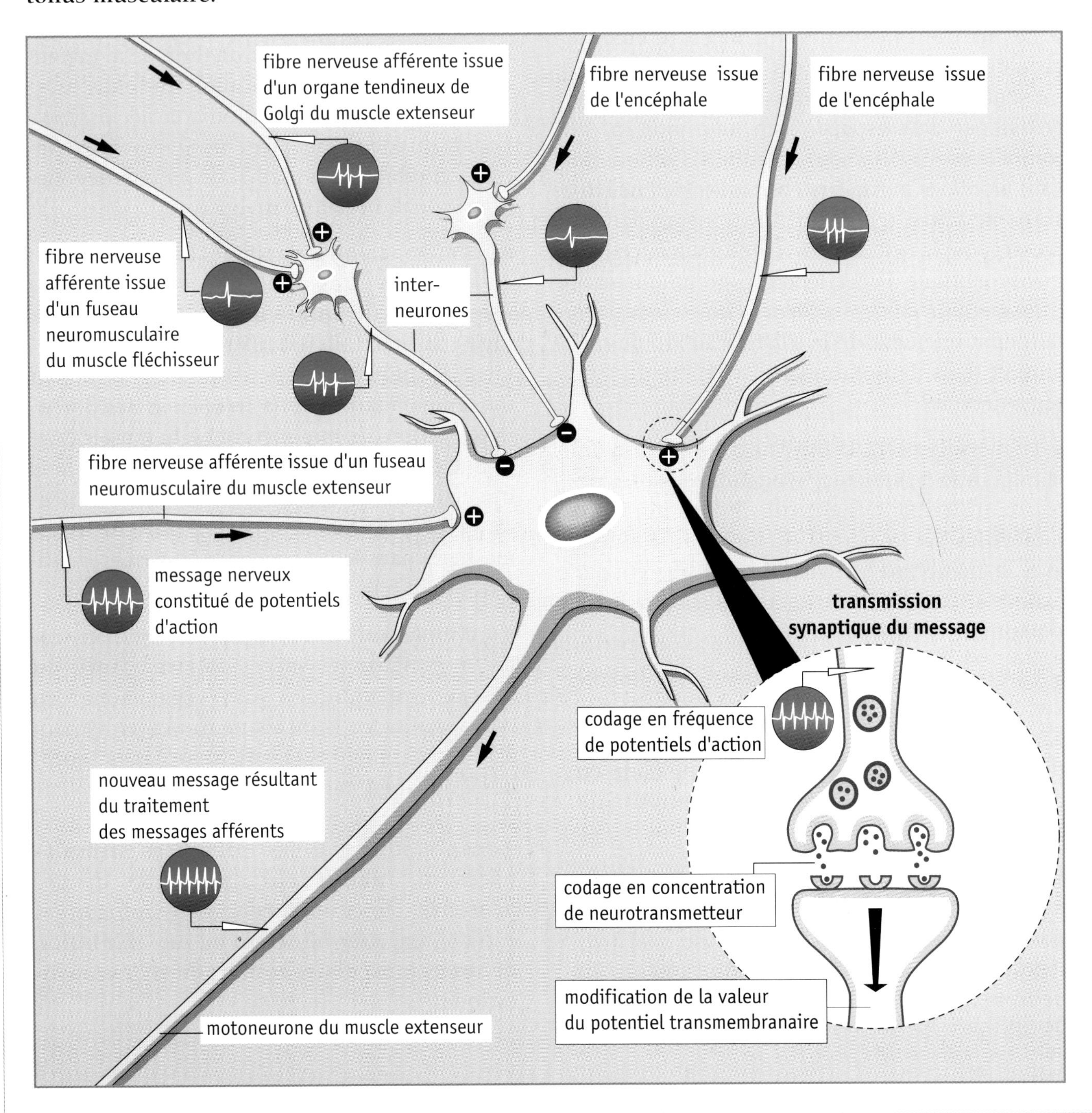

VÉRIFIER SES CONNAISSANCES

EXERCICE 1 **Définir en une phrase claire les mots ou expressions suivants.**

- potentiel de membrane
- électroneurogramme
- potentiel d'action
- dépolarisation
- synapse
- message nerveux
- motoneurone
- codage du message nerveux
- neurotransmetteur
- traitement des messages

EXERCICE 2 **Reconstituer une ou plusieurs phrases scientifiquement exacte(s) à partir des propositions suivantes.**

1. Le message nerveux...
a. est codé en nombre de potentiels d'action.
b. est codé en fréquence de potentiels d'action.
c. est constitué de potentiels d'action de même amplitude.
d. est un courant électrique.

2. Une synapse chimique...
a. est une zone de communication entre un neurone et une autre cellule.
b. n'existe qu'entre deux neurones.
c. peut être soit excitatrice soit inhibitrice.
d. montre une soudure entre la membrane présynaptique et la membrane postsynaptique.

3. Dans un centre nerveux les motoneurones...
a. reçoivent des messages provenant exclusivement des récepteurs sensoriels.
b. traitent les différents messages qu'ils reçoivent.
c. conduisent des messages stimulateurs ou inhibiteurs.
d. sont en relation avec l'encéphale.

EXERCICE 3 **Restituer ses connaissances en quelques phrases sur un sujet précis, en utilisant obligatoirement un ensemble de mots-clés.**

sujets	mots-clés
a. message nerveux	potentiels d'action, cellule excitable, stimulation
b. traitement	motoneurone, synapses inhibitrices et stimulatrices, messages nerveux
c. transmission synaptique	récepteurs, neurotransmetteurs, vésicules synaptiques, membrane postsynaptique

EXERCICE GUIDÉ

Traitement des messages dans un centre nerveux

Énoncé On étudie quelques aspects de la propagation des messages nerveux lors du réflexe myotatique. Deux groupes de fibres G1 et G2 issues des récepteurs à l'étirement d'un muscle sont isolés (on suppose que les deux groupes de fibres ont la même excitabilité).
Une stimulation est portée sur ces fibres en S1 ou S2 et on enregistre leur réponse en O1, O2 ou en O3 au niveau de la racine ventrale (a).

Les expériences suivantes sont réalisées :
– expérience 1 : stimulation en S1 avec une intensité I1, enregistrement en 01 et 03.
– expérience 2 : stimulation en S2 avec une intensité I2 inférieure à I1, enregistrement en 02 et 03.
– expérience 3 : stimulation en S1 avec une intensité I1 et simultanément en S2 avec une intensité I2, enregistrement en 03.

1. **Comparer** les résultats des expériences 1 et 2, puis **expliquer** les différences observées.
2. **Montrer**, à l'aide des trois expériences, qu'un traitement des messages afférents (sensitifs) est effectué dans la moelle épinière.

Conseils pour la résolution

1. Les réponses enregistrées correspondent à des potentiels globaux. Il faut donc comparer leur amplitude qui dépend du nombre de fibres nerveuses stimulées.
2. Il faut se souvenir que la moelle épinière est un centre nerveux au niveau duquel les fibres afférentes établissent des contacts synaptiques avec des motoneurones.

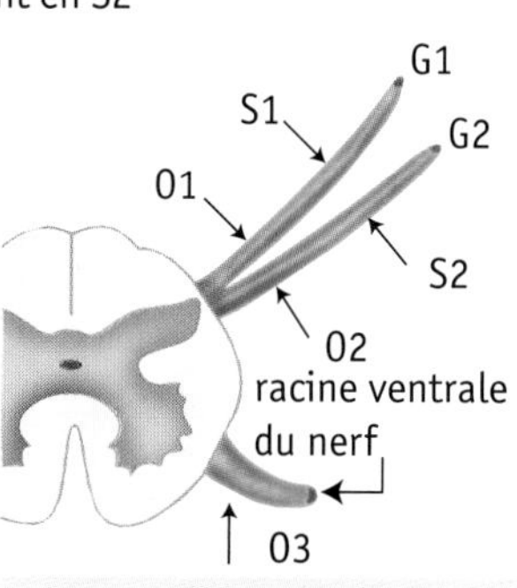

a. Dispositif expérimental

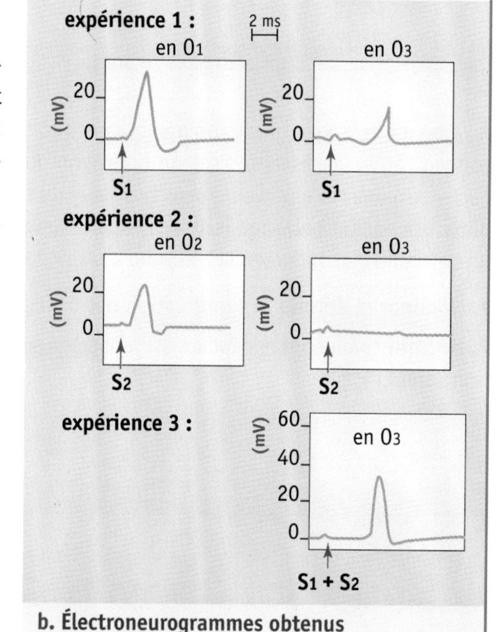

b. Électroneurogrammes obtenus

APPLIQUER SES CONNAISSANCES

EXERCICE 4 Quelques aspects du message nerveux

Appliquer ses connaissances

On procède à des stimulations d'intensité croissante sur un nerf, puis sur une fibre isolée. Les réponses R_1 correspondent au nerf, R_2 à la fibre isolée.

Nommer les réponses R_1 et R_2 et déduire, des résultats, leurs caractéristiques.

intensité de stimulation (unité arbitraire)	i_1	i_2	i_3	i_4	i_5	i_6	i_7	i_8	i_9	i_{10}	i_{11}	i_{12}
réponse R_1 amplitude en mV	0	0	110	180	310	410	460	600	680	780	820	820
réponse R_2 amplitude en mV	0	0	110	110	110	110	110	110	110	110	110	110

EXERCICE 5 Le codage des sensations gustatives

Exploiter des documents pour formuler une hypothèse

Les différentes saveurs gustatives des aliments (salé, sucré, amer et acide) sont perçues au niveau des bourgeons du goût, présents dans les papilles gustatives de la surface de la langue.
Chaque bourgeon est un assemblage de cellules en relation avec des fibres nerveuses qui appartiennent à un nerf afférent (**a**).

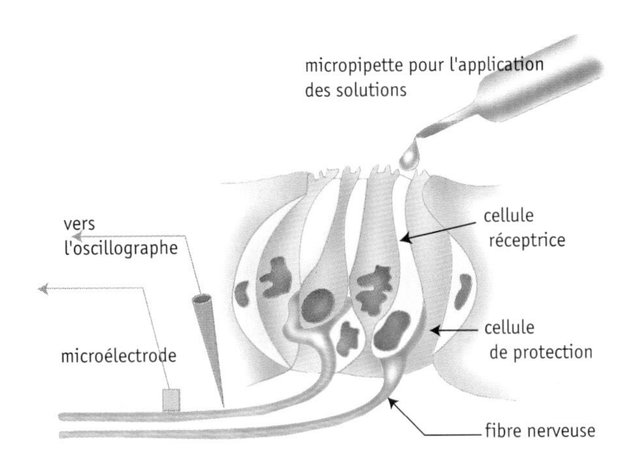

a. Schématisation d'un bourgeon du goût.

b. Enregistrements pour des solutions de concentrations croissantes.

À l'aide d'une micropipette, on applique des solutions salées de chlorure de sodium de concentrations croissantes sur un bourgeon du goût. Une microélectrode enregistre l'activité d'une fibre nerveuse sensitive issue du bourgeon. Les enregistrements (**b**) sont obtenus avec un balayage lent de l'oscilloscope, l'enregistrement (**c**) est réalisé avec un balayage plus rapide et correspond à un signal élémentaire des enregistrements (**b**).

1. Nommer et **donner** la signification des différentes phases de l'enregistrement (**c**).

2. Montrer comment l'encéphale est renseigné sur la valeur de la concentration de solution salée.

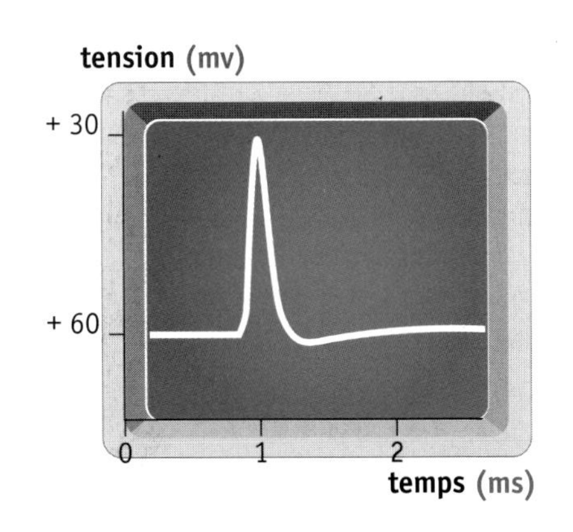

c. Enregistrement d'un signal élémentaire.

APPLIQUER SES CONNAISSANCES

EXERCICE 6 Traitement synaptique des messages nerveux

Formuler une hypothèse

A. Le système nerveux des insectes est composé de ganglions et de filets nerveux formant la chaîne nerveuse (le centre nerveux) ; ces ganglions sont en relations avec des nerfs sensitifs et moteurs.
La blatte est un insecte qui possède des cellules géantes. À son extrémité abdominale, existent 2 cerques (appendices riches en récepteurs sensoriels) reliés au 6e ganglion par les nerfs sensitifs cercaux et paracercaux (**a**).

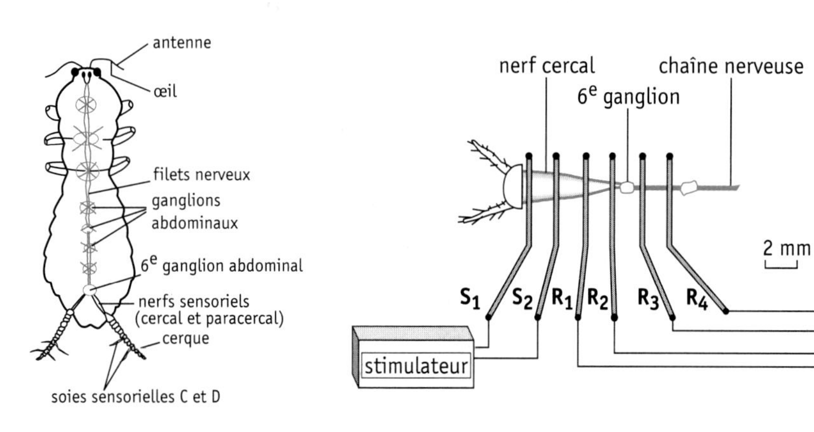

a. Blatte.

b. Montage expérimental.

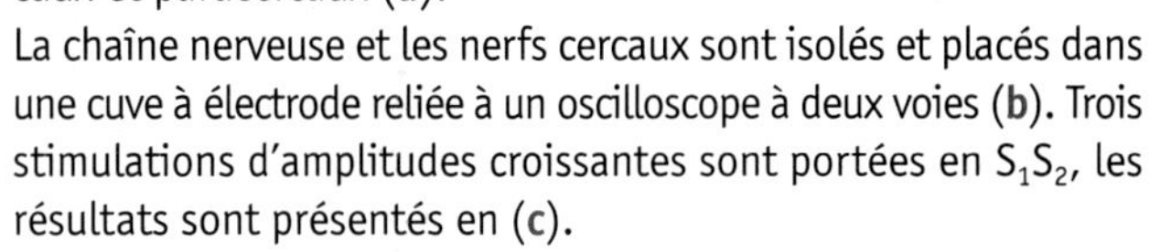

La chaîne nerveuse et les nerfs cercaux sont isolés et placés dans une cuve à électrode reliée à un oscilloscope à deux voies (**b**). Trois stimulations d'amplitudes croissantes sont portées en S_1S_2, les résultats sont présentés en (**c**).

1. Expliquer les résultats obtenus en R1R2 pour les trois stimulations portées en S1S2.

2. Évaluer la vitesse de conduction de la réponse enregistrée sur le nerf avant la traversée du ganglion.

3. Préciser quelles sont les conséquences de la traversée du ganglion sur la réponse de la chaîne nerveuse. **En déduire** une propriété des ganglions.

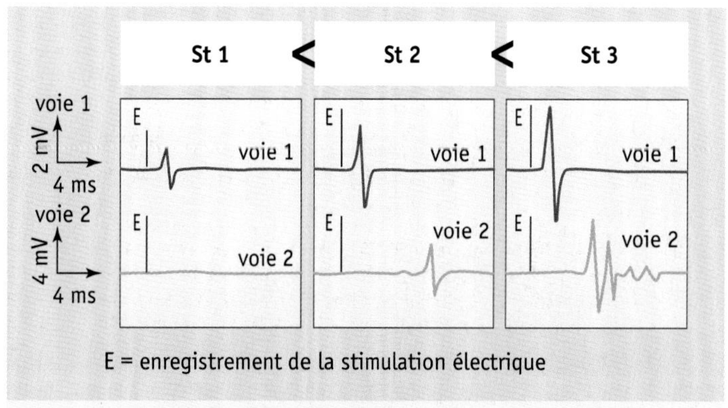

E = enregistrement de la stimulation électrique

c. Résultats des stimulations portées en S1S2.

B. Un souffle d'air stimule les soies sensorielles portées par les cerques de l'extrémité abdominale de la blatte et déclenche chez celle-ci une réaction de fuite. Cependant des mouvements spontanés des cerques ne déclenchent pas cette réaction bien qu'il y ait stimulation de ces mêmes soies.

- L'observation attentive d'un cerque montre l'existence de deux types de soies sensorielles C et D :
– les soies sensorielles C sont stimulées par un souffle d'air, les fibres nerveuses sensitives qui en sont issues constituent le nerf cercal ;
– les soies sensorielles D sont stimulées par les mouvements du cerque, les fibres qui en sont issues constituent le nerf paracercal.
- Dans le 6e ganglion les fibres cercales et paracercales sont en contact (directement ou indirectement par l'intermédiaire d'un interneurone) avec des neurones géants. Ces derniers sont donc des neurones postsynaptiques recevant des informations véhiculées par les deux types de fibres (**d**).
- Pour comprendre les différents comportements de la blatte des stimulations sont portées :
– sur les fibres du nerf cercal – enregistrement **A** (**e**);
– puis sur les fibres du nerf paracercal – enregistrement **B** (**e**).
L'activité d'un neurone géant est enregistrée à l'aide d'une microélectrode implantée dans son axone.

4. En vous aidant de l'analyse des documents, **émettre** une hypothèse pour expliquer les deux réponses comportementales de la blatte (fuite ou absence de fuite).

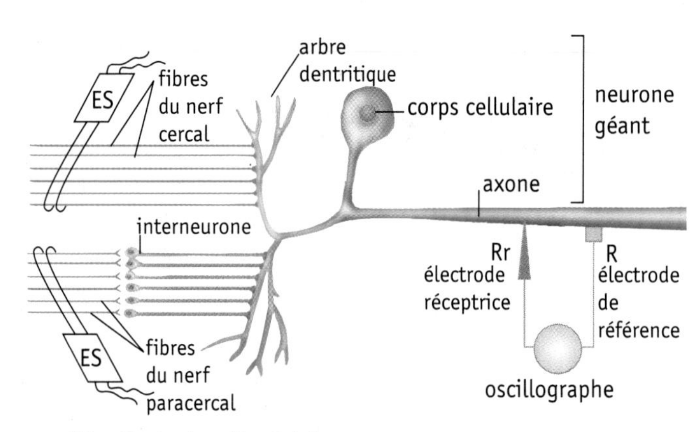

ES = électrodes stimulatrices

d. Dispositif expérimental.

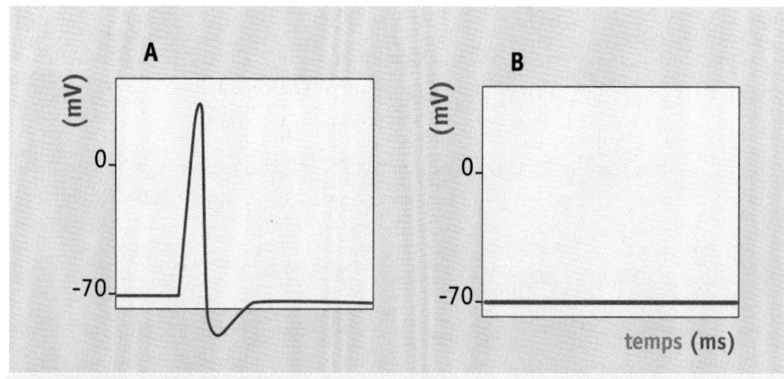

e. Résultats des stimulations des fibres du nerf cercal.

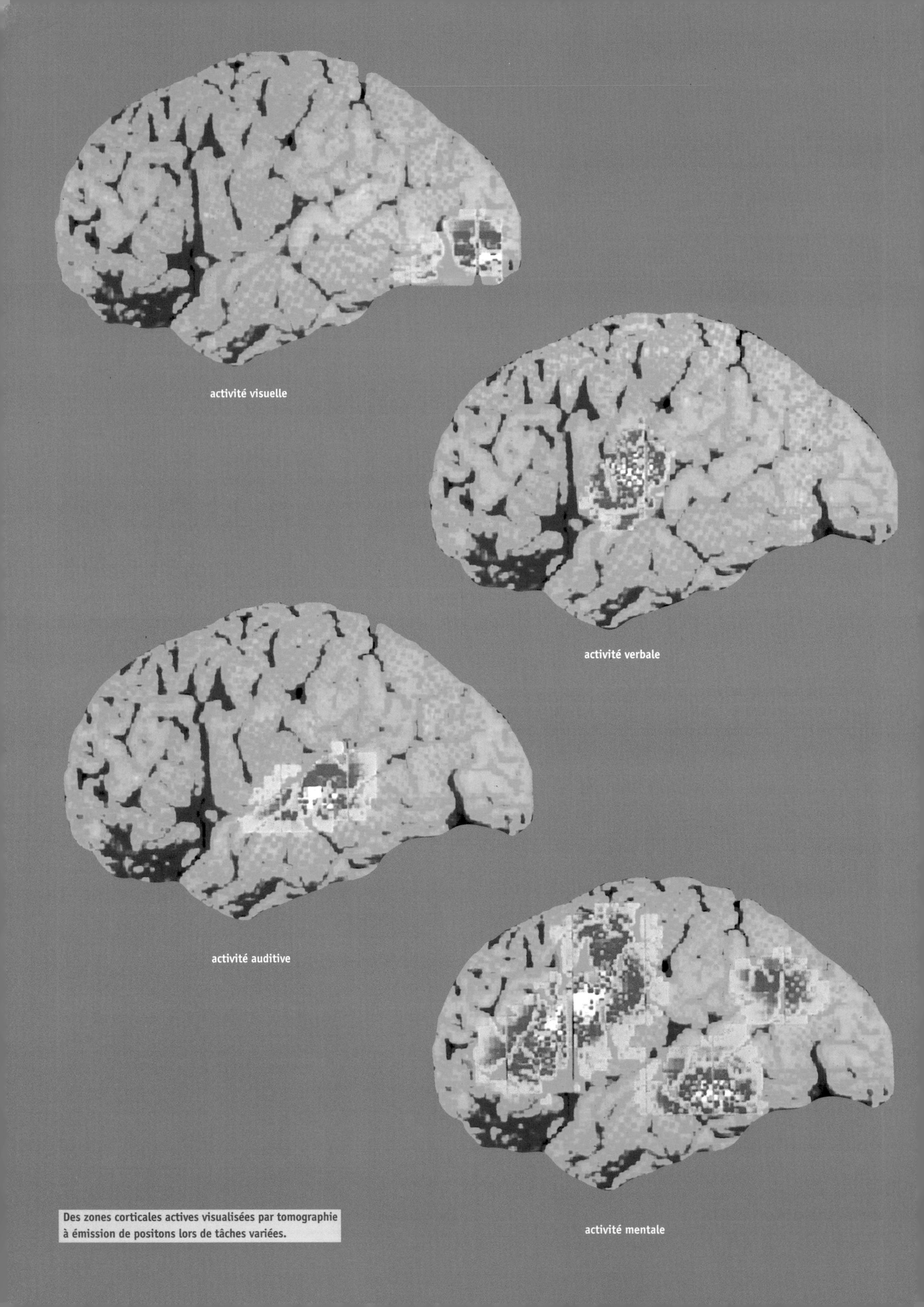

Des zones corticales actives visualisées par tomographie à émission de positons lors de tâches variées.

Chapitre 19

Mise en place des réseaux neuroniques et plasticité cérébrale

Le système nerveux se met en place au cours du développement de l'individu et, jusqu'à une période récente, sa structure était considérée comme relativement stable chez l'adulte.
Des études ont montré que le cerveau manifeste une remarquable capacité à s'adapter et à se transformer en fonction de l'environnement ou en réponse à des lésions. Cette plasticité cérébrale se manifeste notamment au niveau de son cortex sensoriel.

- **Comment l'information génétique intervient-elle dans la réalisation du phénotype des réactions comportementales réflexes ?**
- **Comment est organisé le cortex sensoriel ?**
- **Quels sont les facteurs qui influent sur l'organisation du cortex au cours du développement ?**
- **Comment se manifeste la plasticité cérébrale chez l'adulte ?**

ACTIVITÉ

1 Mise en place des réseaux neuroniques au cours du développement

Les réactions comportementales, tels que les réflexes, constituent un aspect du phénotype de l'organisme, au même titre que ses caractéristiques physiques. La mise en place des réseaux neuroniques, supports des réflexes, dépend de l'information génétique.

► **Comment l'information génétique intervient-elle dans la réalisation du phénotype des réactions comportementales réflexes ?**

VOCABULAIRE

Gaine de myéline : gaine isolante et protectrice de certains axones.

Nocicepteur : récepteur sensoriel sensible à la douleur.

Doc.1 Les conséquences d'une mutation chez la souris

► Des souris mutantes présentent un **phénotype moteur anormal**, se traduisant par des troubles de la locomotion et du réflexe de maintien de la posture. Cette anomalie résulte d'une mutation du gène « trkC » codant pour une protéine impliquée dans la croissance et la survie des neurones. Seules les souris homozygotes pour cet allèle muté présentent ces troubles. La plupart d'entre-elles décèdent avant l'âge adulte (30 jours).
Pour expliquer l'apparition des troubles moteurs, des observations de la moelle épinière sont réalisées.

Flèches du haut : **Fibres issues des thermorécepteurs et des nocicepteurs de la peau.**

Flèches du milieu : **Fibres issues des mécanorécepteurs.**

Flèches du bas (les 4 petites flèches) : **Fibres issues des fuseaux neuro-musculaires.**

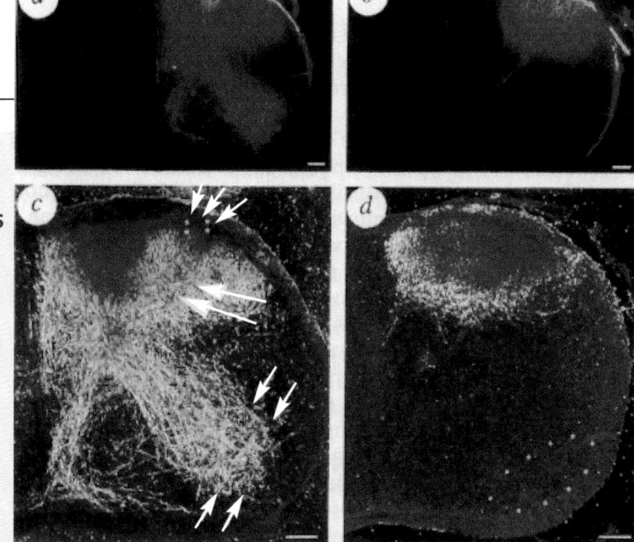

a. Localisation des terminaisons des neurones afférents dans la moelle épinière. 100 µm

► La figure (a) présente la localisation des **terminaisons des neurones afférents** issus des fuseaux neuromusculaires, des mécanorécepteurs, des thermorécepteurs et des nocicepteurs de la peau, dans des coupes transversales de moelle épinière de jeunes souris, après coloration par un traceur fluorescent.

a et **c** : souris sauvage de génotype ($trkC^+/trkC^+$)
b et **d** : souris mutante de génotype ($trkC^-/trkC^-$)

► Les neurones afférents (**b**) se projettent sur les motoneurones dans la moelle épinière et présentent de larges axones recouverts d'épaisses couches de **myéline.** Des coupes de racines dorsale et ventrale d'un nerf rachidien sont réalisées chez des souris adultes, afin d'évaluer le nombre d'axones. Une coloration de la myéline permet de distinguer les différents neurones.

a : souris sauvage de génotype ($trkC^+/trkC^+$)
c : souris mutante de génotype ($trkC^-/trkC^-$)
dr : racine dorsale et **vr** : racine ventrale

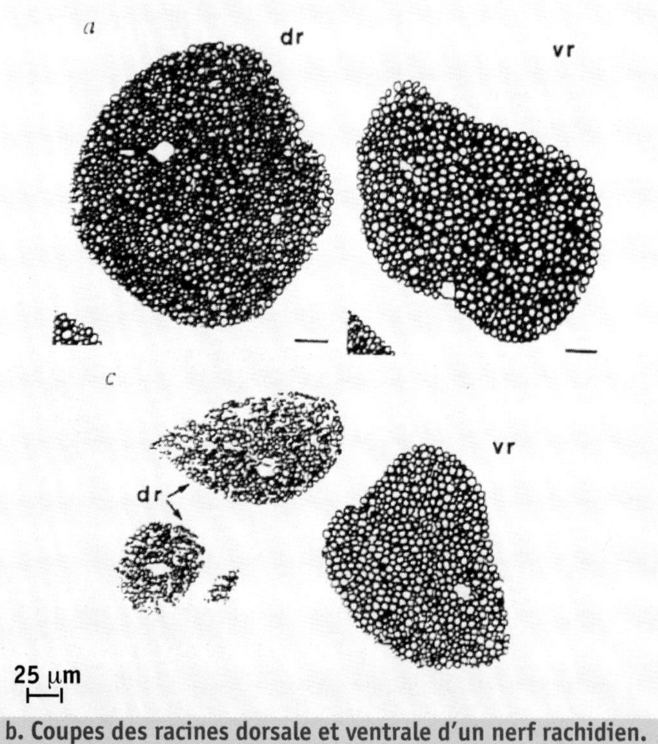

b. Coupes des racines dorsale et ventrale d'un nerf rachidien.

Doc.2 L'organisation des voies visuelles chez la grenouille

▶ L'image qui se forme sur la rétine a été inversée lors de la traversée du cristallin ; transmise sous forme de messages nerveux par les neurones du nerf optique, elle est « redressée » à son arrivée à la zone de la perception visuelle de l'encéphale de la grenouille.

▶ Les circuits neuroniques entre rétine et encéphale permettent une localisation précise des proies.

▶ Pour préciser l'origine de cette organisation neuronique, l'orientation de l'œil d'une grenouille est inversée (section du nerf optique et rotation de l'œil). Les neurones régénèrent et leurs connexions avec l'encéphale se rétablissent. La grenouille présente cependant un phénotype anormal, elle n'est plus capable de localiser une proie.

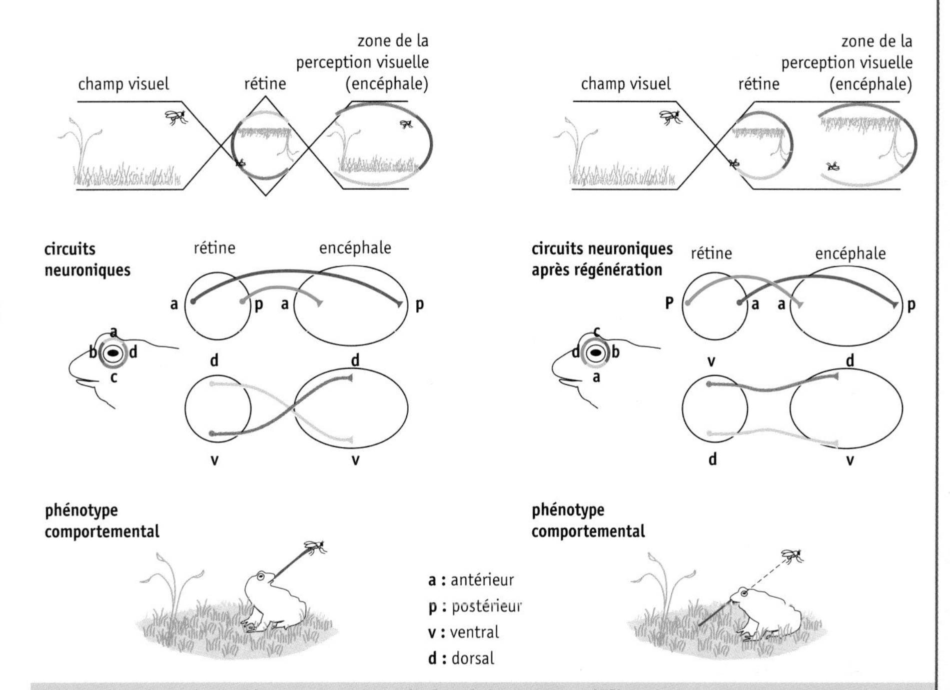

Organisation des voies nerveuses de la vision et modification du phénotype comportemental.

Doc.3 Le guidage des neurones lors de leur mise en place

▶ Une synthèse des connaissances actuelles, concernant le guidage de la croissance d'un neurone vers une cellule-cible au cours du développement, met en évidence l'action attractive ou répulsive de substances diffusibles ou fixes.

▶ Trois étapes de ce guidage sont représentées ici.

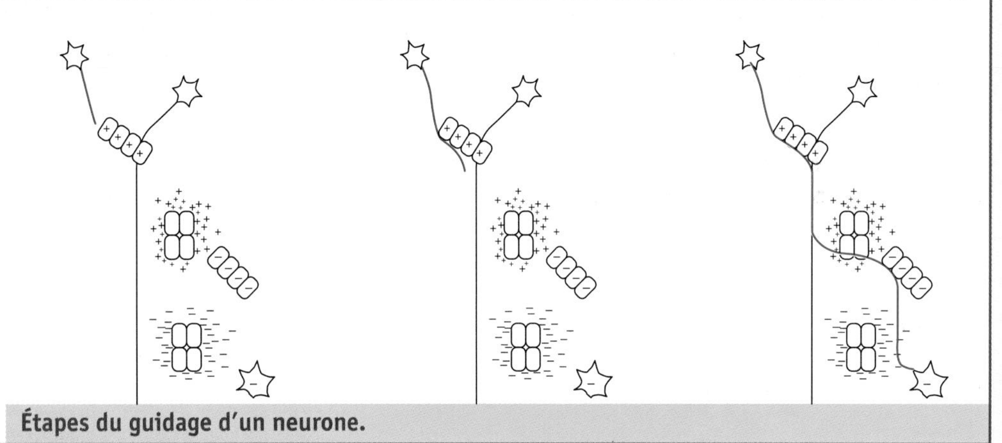

Étapes du guidage d'un neurone.

EXPLOITATION DES DOCUMENTS

1. **Préciser** les conséquences de la mutation du gène trkC sur l'organisation de la moelle épinière et des racines rachidiennes et proposer une hypothèse sur les causes possibles, à l'échelle cellulaire, des troubles locomoteurs des souris mutantes (**Doc. 1**).
2. **Formuler** une hypothèse expliquant la mise en place des réseaux neuroniques impliqués dans la transmission des messages nerveux visuels(**Doc. 2**).
3. **Reproduire** un des schémas de la figure et le **compléter** en précisant quels sont les mécanismes de guidage du neurone au cours de sa croissance jusqu'à sa cellule-cible (**Doc. 3**).
4. **Répondre au problème posé** : « Comment l'information génétique intervient-elle dans la réalisation du phénotype des réactions comportementales réflexes ? »

ACTIVITÉ

2 Cortex cérébral et représentation sensorielle

Chez les Vertébrés supérieurs, mammifères et oiseaux, la couche la plus superficielle du cerveau ou cortex cérébral est particulièrement développée. Elle est organisée en cortex moteur, centre de commande des mouvements volontaires, et en **cortex sensoriel** qui reçoit les messages nerveux en provenance des récepteurs sensoriels.

► **Comment est organisé le cortex sensoriel ?**

VOCABULAIRE

Corps cellulaires : partie du neurone qui contient le noyau.

Cortex cérébral : partie superficielle du cerveau formée par la substance grise.

Cortex sensoriel : régions du cortex cérébral où aboutissent des informations en provenance de récepteurs sensoriels.

Doc.1 Représentation de l'organisme dans le cortex sensoriel

► Les principales voies afférentes sensitives se projettent sur le **cortex cérébral**. Le schéma (**a**) montre la liaison entre des fibres issues des récepteurs cutanés des doigts et la zone du cortex correspondante.

► En stimulant différentes parties du corps et en enregistrant l'activité des neurones du cortex à la suite de ces stimulations, il est possible de déterminer les zones corticales qui répondent à la stimulation de telle ou telle partie du corps. La cartographie sensorielle du cortex ainsi obtenue montre une représentation très déformée du corps appelée homoncule (**b**).

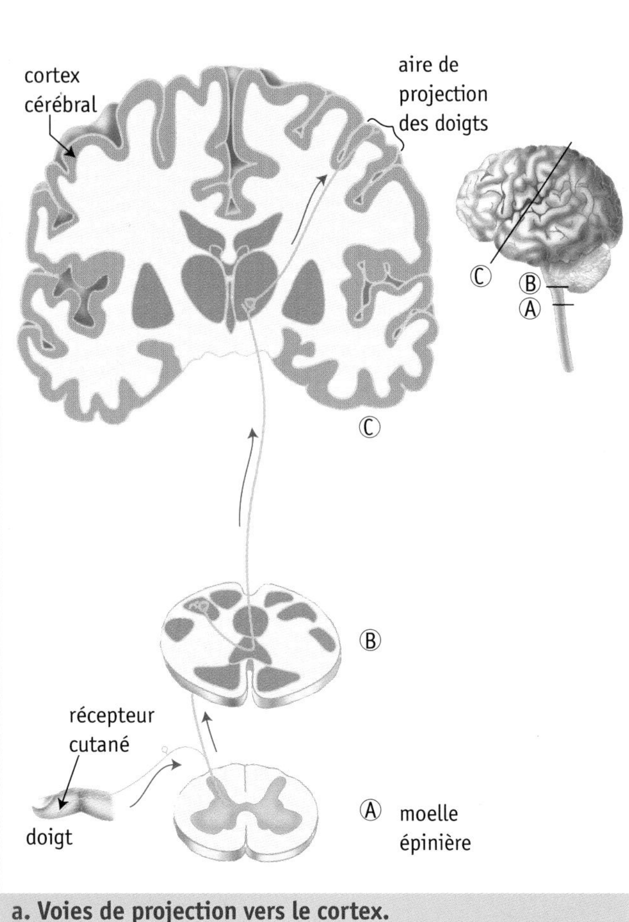

a. Voies de projection vers le cortex.

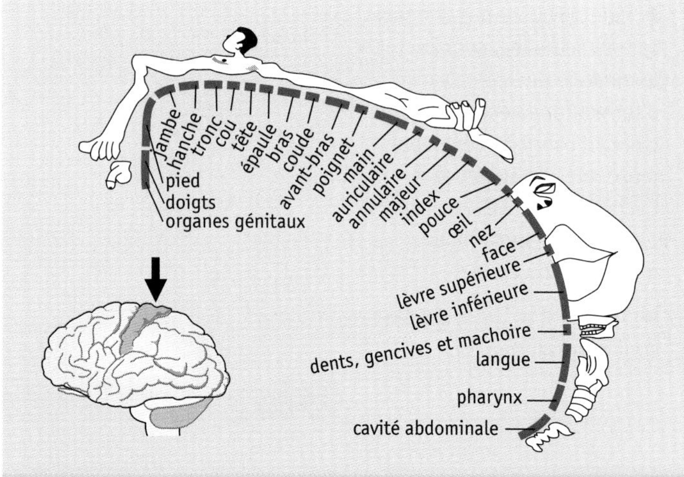

b. L'homoncule sensoriel.

► Le même type de recherche a été réalisé sur des espèces différentes de mammifères.
Le schéma (c) montre les représentations obtenues.

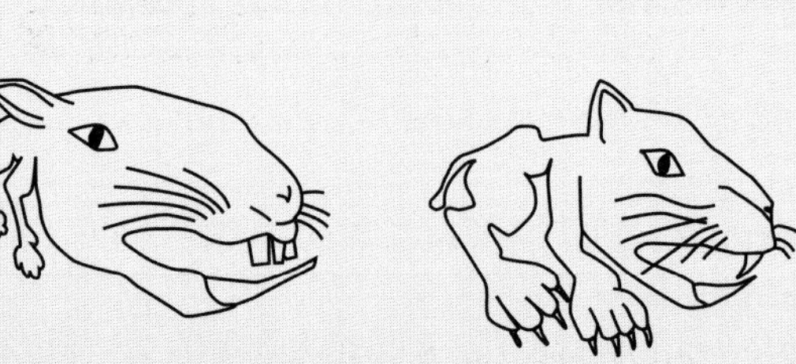

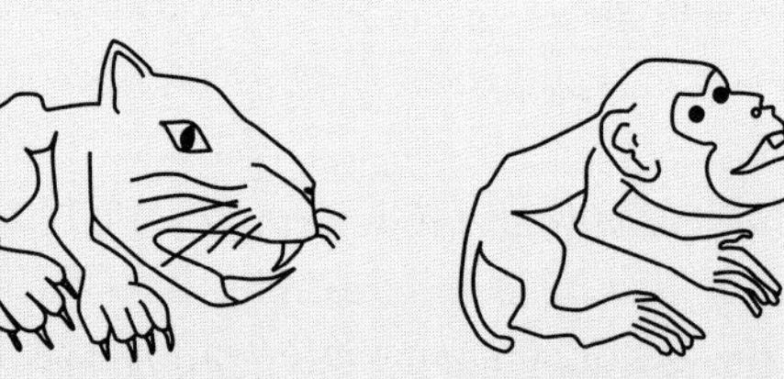

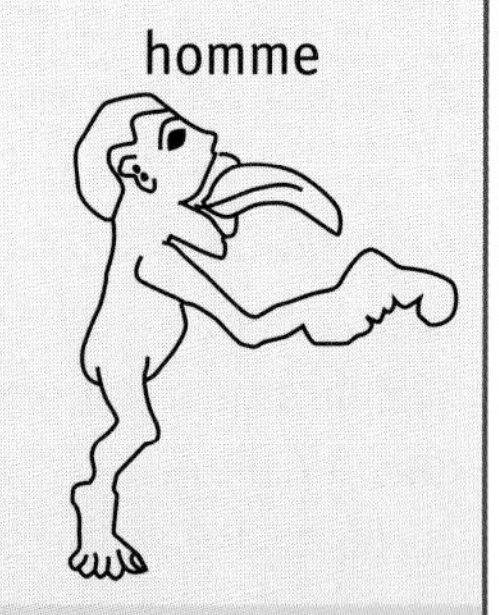

c. Représentations corticales sensorielles de l'organisme de quatre mammifères.

Doc.2 Une organisation du cortex sensoriel en colonne

Le cortex auditif du chat se situe sur la face latérale de l'encéphale. Il se subdivise en plusieurs aires. L'organisation de l'une d'entre elles apparaît sur le schéma de l'arrière vers l'avant de cette aire, les cellules sont sensibles à des fréquences de plus en plus élevées.
Les bandes perpendiculaires aux lignes de même fréquence correspondent à des **colonnes de cellules** qui sont, soit excitées par une seule oreille, soit excitées par les deux oreilles.

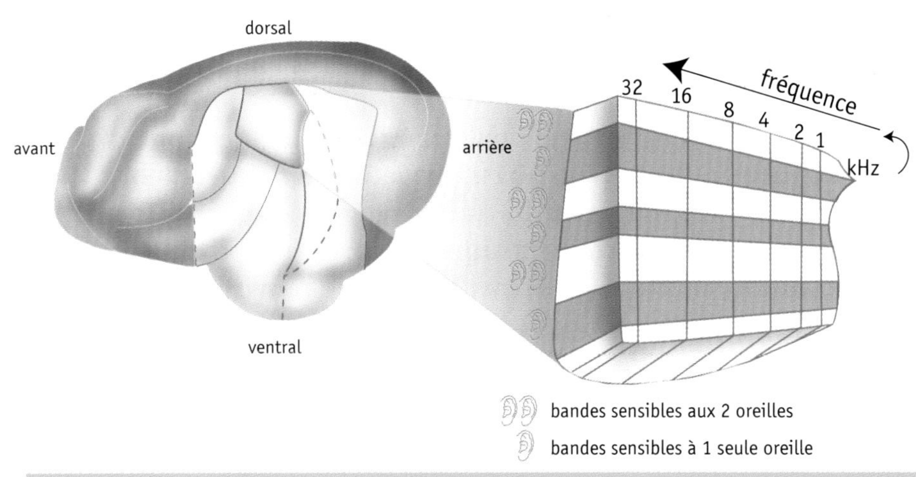

Organisation du cortex auditif chez le chat.

Doc.3 Une organisation du cortex en réseau

▶ La technique d'imprégnation métallique permet de visualiser les **corps cellulaires** et les prolongements des différents neurones (**a**).

▶ La structure du cortex apparaît alors en six **couches.**
Les différents neurones du cortex établissent des liaisons entre les couches (connexions verticales et horizontales).
Le schéma (**b**) montre cette organisation fonctionnelle et met en relation les fibres sensorielles et motrices : les flèches indiquent le sens de transmission du message nerveux.

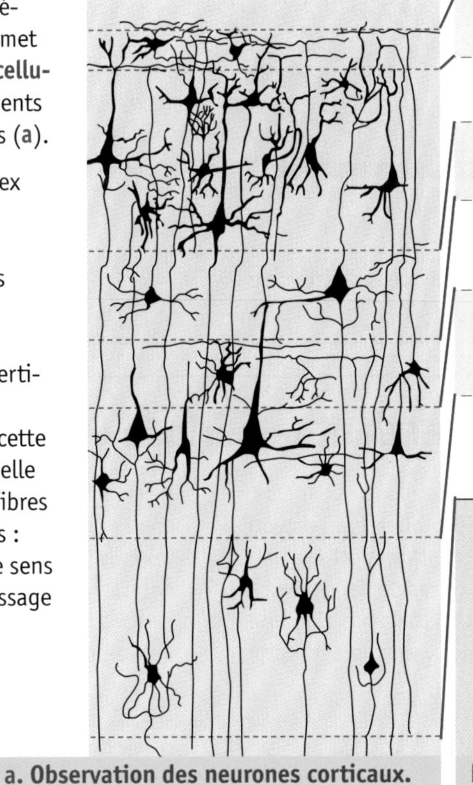

a. Observation des neurones corticaux.

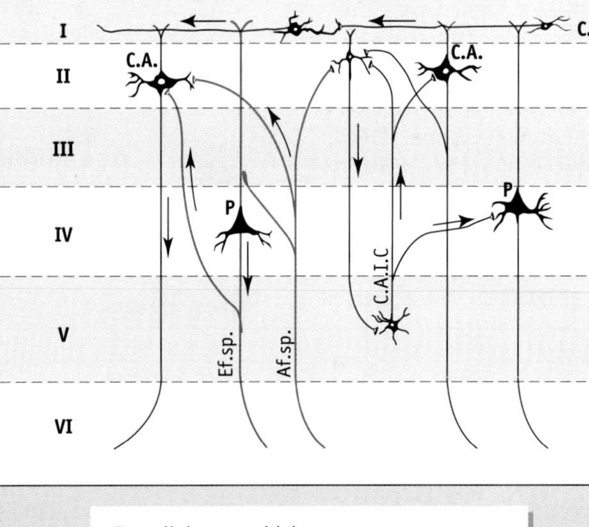

P : cellule pyramidale
C.A.I.C. : cellule d'association intracorticale
C.A. : cellule d'association intracérébrale
C.H. : cellule horizontale
Af.sp : afférence sensitive
Ef.sp : efférence motrice

b. Relations entre les neurones des différentes couches.

EXPLOITATION DES DOCUMENTS

1. **Montrer** quelles sont les particularités de la représentation sensorielle de l'organisme, et montrer qu'elles sont spécifiques (**Doc. 1**).
2. **Expliquer** comment l'organisation du cortex sensoriel auditif permet une représentation des informations qu'il reçoit (**Doc. 2**).
3. **Montrer** que le cortex est organisé en réseau fonctionnel de neurones (**Doc. 3**).
4. **Répondre au problème posé** : « Comment est organisé le cortex sensoriel? »

ACTIVITÉ

3 Plasticité cérébrale au cours du développement de l'organisme

C'est au cours de la vie embryonnaire que le cortex s'organise. Son développement va se poursuivre pendant les premiers mois de la vie chez la plupart des Mammifères et les premières années chez l'Homme. Au cours de cette période, dite **période critique**, le cortex est particulièrement modelable et sensible à l'action de différents facteurs de l'environnement.

► **Quels sont les facteurs qui influent sur l'organisation du cortex au cours du développement ?**

VOCABULAIRE

Anomalie congénitale : maladie déjà présente à la naissance.

Période critique : période précoce de la vie au cours de laquelle les connexions nerveuses au sein du cortex se réorganisent sous l'action de différents facteurs.

Doc.1 Conséquences d'une anomalie congénitale : l'anophtalmie

L'absence de rétine chez l'embryon, cas d'anophtalmie **congénitale**, entraîne une **dégénérescence** d'une zone de relais synaptique des fibres afférentes : le thalamus, qui innerve le cortex visuel situé à l'arrière de l'encéphale. Les conséquences de l'absence d'innervation sensorielle sont évaluées en mesurant la surface de l'aire visuelle primaire, qui est proportionnelle au nombre de neurones mis en place au cours du développement.

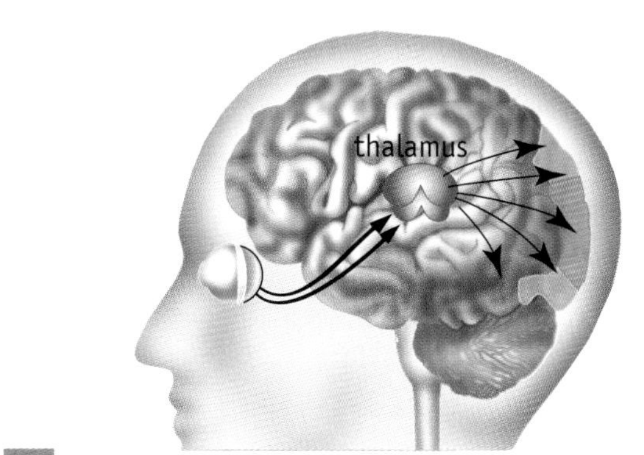

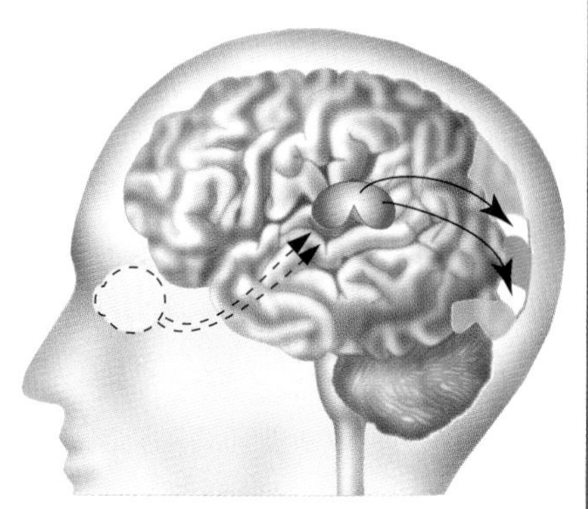

aire visuelle primaire
autre zone du cortex visuel
petite région du cortex peu différenciée

Développement du cortex visuel.

Doc.2 Plasticité du cortex visuel pendant la période critique

L'enregistrement de l'activité du cortex visuel d'un hémisphère donné (gauche dans le cas étudié) montre que des groupes de neurones, organisés en colonnes, sont activés par les messages provenant :

- d'**un seul œil** (colonne 1 : couleur rouge pour l'œil droit, colonne 7 : couleur bleue pour le gauche) ;
- des **deux yeux** (colonnes 2 à 6 : couleur mauve proportionnelle à l'influence réciproque des deux yeux et permettant la vision binoculaire) (**A**).

Cependant, la plupart des neurones d'un chaton d'une semaine sont activés par les messages émis par les deux yeux : la vision est binoculaire.
Une privation partielle de la vision est réalisée par occlusion de l'œil droit chez un chaton d'une semaine. À l'âge de 2,5 mois, l'œil est rouvert et l'activité des groupes de neurones est évaluée : il n'y a pas dans ce cas de dégénérescence de la rétine, ni du thalamus (**B**). Une occlusion des deux yeux lors de cette même période montre chez le chat adulte une activité des neurones du cortex très semblable à celle d'un adulte normal (**A**).
Le schéma (**C**) montre les effets d'une occlusion prolongée, chez le chat adulte.

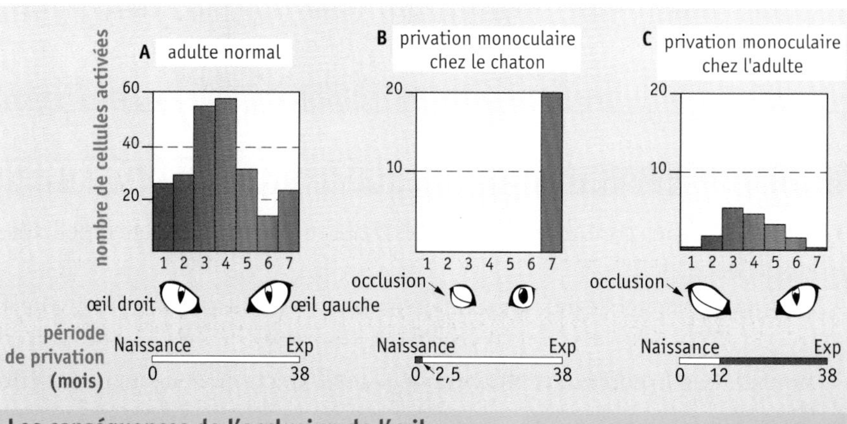

Les conséquences de l'occlusion de l'œil.

Doc.3 Plasticité du cortex sensoriel des rongeurs

▶ Le cortex somatosensoriel traite les messages à l'origine de la **sensation du toucher**. Chez le rat adulte, cette région du cortex contient des amas de neurones dont la distribution forme une représentation des parties du corps.

▶ Ces amas sont repérables au niveau du cortex somatosensoriel par révélation de l'activité d'une enzyme présente dans les neurones (**a**).

▶ Localisation et schématisation du cortex (**b**).

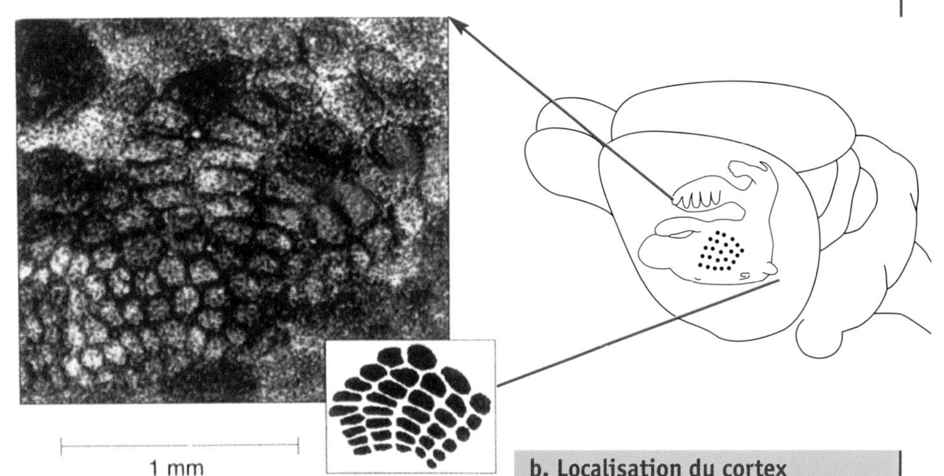

a. Le cortex somatosensoriel du rat.

b. Localisation du cortex somatosensoriel.

c. Les vibrisses du rat.

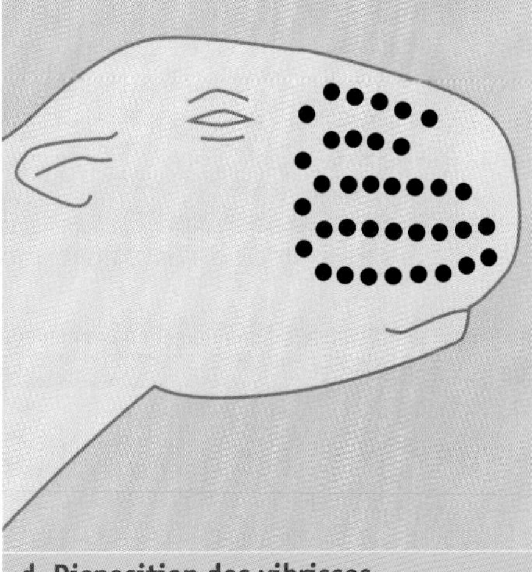

d. Disposition des vibrisses sur le museau du rat.

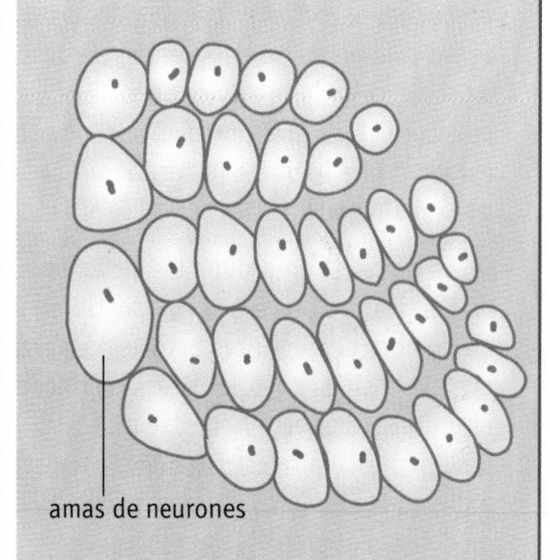

e. Représentation corticale des vibrisses.

▶ Les vibrisses sont les « moustaches » du rat dont il existe une représentation au niveau du cortex sensoriel : chaque amas correspond à une vibrisse (**c**, **d**, **e**).

▶ Une rangée de vibrisses est sectionnée chez un jeune rat à la naissance (**f**).

▶ L'organisation des amas de neurones du cortex est observée chez l'adulte (**g**).

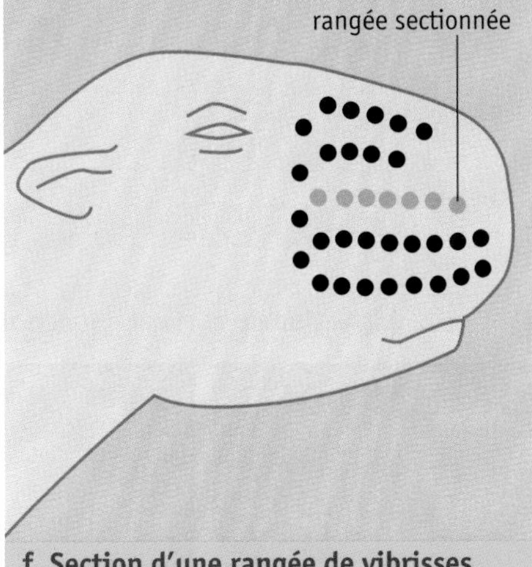

f. Section d'une rangée de vibrisses.

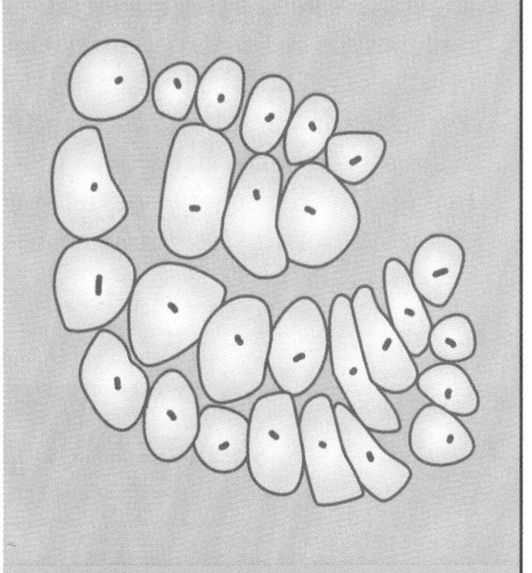

g. Représentation corticale des vibrisses.

EXPLOITATION DES DOCUMENTS

1. **Décrire** les conséquences de l'absence d'innervation sensorielle sur le développement du cortex visuel (**Doc. 1**).
2. **Montrer** qu'il existe une plasticité des cortex visuel et somatosensoriel au cours de la période critique (**Doc. 2** et **3**).

ACTIVITÉ

3 (suite) Plasticité cérébrale au cours du développement de l'organisme

▶ **Quels sont les facteurs qui déterminent l'organisation du cortex au cours du développement ?**

VOCABULAIRE

Autoradiographie : technique de repérage par impression d'un film photographique des rayonnements d'une molécule radioactive intégrée dans une cellule.

Résonance magnétique : voir page 348.

Doc.4 Les effets de l'apprentissage précoce

▶ La figure (a) représente les zones du cortex de l'hémisphère droit de deux personnes, activées par la stimulation tactile de l'extrémité des doigts de la main gauche. À gauche, le cortex d'une violoncelliste ayant commencé son apprentissage à 11 ans, à droite, celui d'un adulte de même âge non musicien et n'ayant pratiqué aucune activité exigeant une habileté particulière de la main gauche.

▶ La figure (b) regroupe les mesures de l'activation du cortex (proportionnelle au nombre de dendrites activées) effectuées chez 9 musiciens (violonistes, violoncellistes et guitaristes) lorsque l'extrémité de leur auriculaire est stimulée, comparée à des sujets témoins non musiciens. L'âge de début d'apprentissage est pris en compte.

▶ Une étude a été menée chez des enfants atteints de surdité à la naissance (due à une malformation de l'oreille interne d'origine génétique) et initiés au langage des signes avant l'âge de 4 ans. Des images fonctionnelles par **résonance magnétique** (IRMf) sont réalisées, les zones rouges représentent les parties activées, et correspondent au cortex auditif (c).

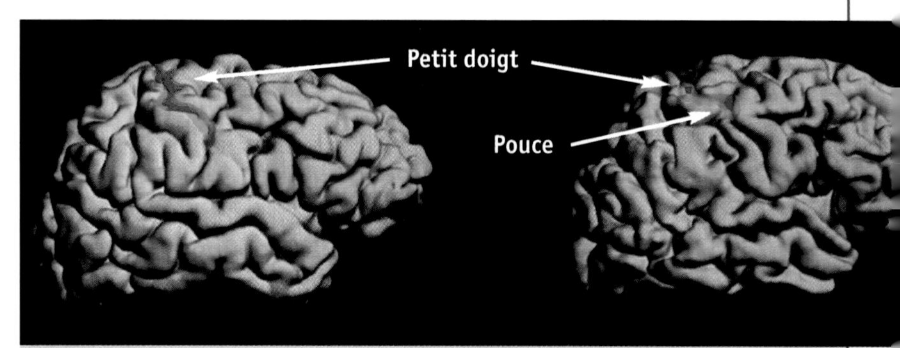

a. Activation du cortex somatosensoriel (IRMf).

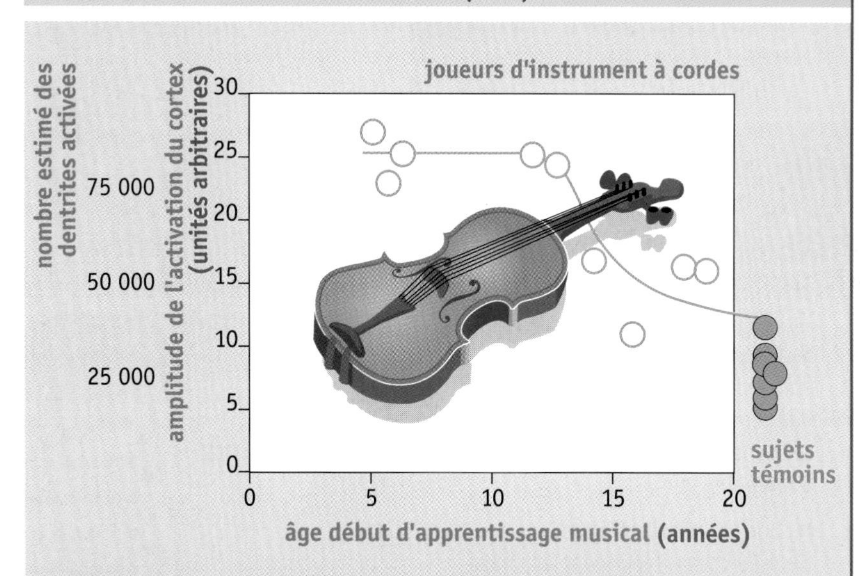

b. Activation du cortex en fonction de l'âge du début d'apprentissage.

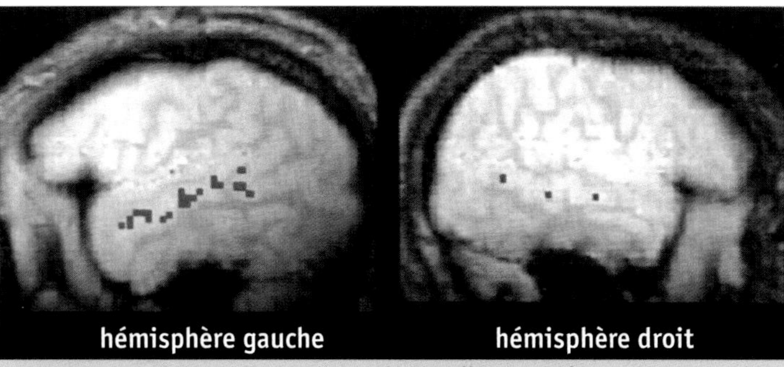

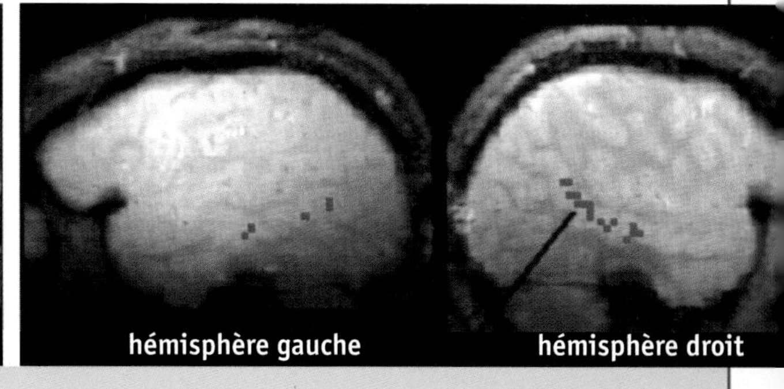

c. Sujet entendant, lisant une phrase (à gauche),
sujet atteint de déficience auditive congénitale regardant des phrases exécutées par le langage des signes (à droite).

Doc.5 Plasticité des circuits neuroniques

▶ La mise en place des circuits neuroniques dans le cortex visuel du chat (voir Doc. 2) peut être suivie et visualisée par l'utilisation d'acides aminés radioactifs (ici la proline). Injecté dans un œil à différentes périodes postnatales, l'acide aminé incorporé dans des protéines est transporté par les neurones jusqu'à la couche IV du cortex visuel (**a**).

▶ Une **autoradiographie** de coupes de cortex (**b**) est ensuite réalisée. Les zones claires (radioactives) correspondent à des groupes de neurones recevant des signaux émis par l'œil dans lequel les acides aminés radioactifs ont été injectés, les zones sombres (non radioactives) correspondent à l'autre œil.

▶ Les schémas illustrent les modifications de l'organisation des arborisations terminales des neurones au cours des différentes étapes de développement du cortex visuel (**b**).

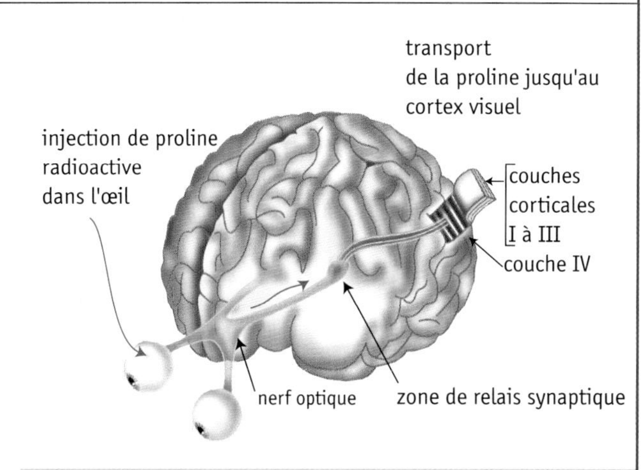

a. Marquage des neurones du cortex visuel.

Conséquences de l'occlusion de l'œil

Nous avons vu dans le Doc. 2 quelles étaient les conséquences de l'occlusion de l'œil pendant la période critique. Une autoradiographie d'une coupe de la couche IV du cortex visuel est réalisée chez un animal adulte privé de l'usage de l'œil droit à la naissance, après l'injection d'acides aminés radioactifs dans l'œil gauche (**c**).

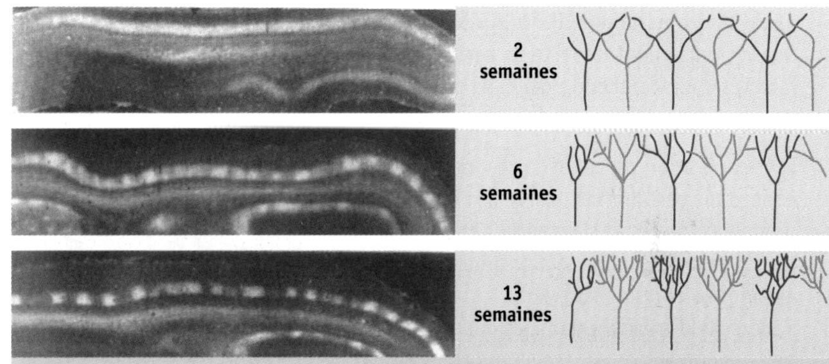

b. Coupe transversale de la couche IV à différents stades de développement, et schéma d'interprétation (en orange, les neurones radioactifs).

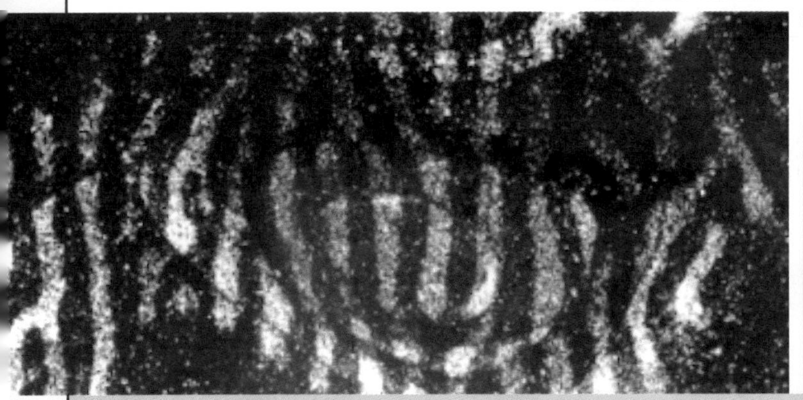

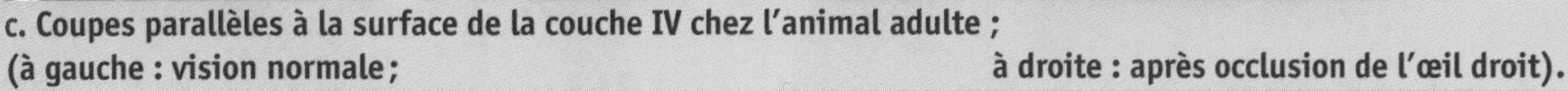

c. Coupes parallèles à la surface de la couche IV chez l'animal adulte ; (à gauche : vision normale ; à droite : après occlusion de l'œil droit).

EXPLOITATION DES DOCUMENTS

3. **Déduire**, des figures **a** et **b**, les conséquences au niveau cortical d'un apprentissage précoce d'un instrument de musique à cordes (**Doc. 4**).
4. **Montrer** que le cortex auditif d'un malentendant peut se réorganiser et changer en partie de fonction (**Doc. 4c**).
5. **Décrire** les étapes de l'organisation progressive des connexions neuronales du cortex visuel (**Doc. 5**).
6. **Proposer** un schéma, inspiré de ceux du **Doc. 5b**, illustrant les conséquences, sur l'organisation corticale, de l'occlusion d'un œil (**Doc. 5c**).
7. **Répondre au problème posé** : « Quels sont les facteurs qui déterminent l'organisation du cortex au cours du développement ? »

ACTIVITÉ

4 Plasticité du cortex chez l'adulte

Au cours du développement, le cerveau se forme : le programme génétique et l'apprentissage permettent de modeler l'organisation des neurones. À l'état adulte, sous l'effet de l'environnement, des modifications de l'organisation de tout le cortex, aussi bien sensoriel que moteur, sont encore possibles.

► **Comment se manifeste la plasticité cérébrale chez l'adulte ?**

VOCABULAIRE

Dendrites : ramifications neuronales, à l'origine des nombreuses synapses.

Hémiplégie : paralysie latérale d'une moitié du corps, liée en général à une lésion dans l'hémisphère cérébral opposé.

Nécrose : mort de cellules à l'intérieur d'un corps vivant.

Doc.1 La récupération cérébrale après lésion

À la suite d'un accident vasculaire cérébral, certaines zones du cerveau vont se **nécroser** (zone noire à droite sur le Doc. c), entraînant la perte de certaines facultés chez l'individu : troubles du langage ou de la mémoire, **hémiplégie**...

La récupération partielle de ces fonctions peut, dans certains cas, survenir dès les premières heures et s'accentuer après quelques mois comme le montrent ces autoportraits du peintre Anton Räderscheidt réalisés dans les mois qui ont suivi un accident vasculaire (**a**).

a. Autoportraits successifs après lésion cérébrale.

Cette **récupération** fait intervenir au moins deux phénomènes illustrés en (**b**) et (**c**) :

– un individu ayant subit une lésion dans l'hémisphère gauche entraînant l'incapacité provisoire d'utiliser sa main droite (chaque main étant commandée par l'hémisphère opposé), effectue avec cette même main, après rééducation, des mouvements séquentiels d'opposition des doigts au pouce. [Les zones d'activation anormales ou excessives sur le cortex droit de cet individu sont mises en évidence, le cortex gauche étant lésé (**b**)] ;

– la capacité de certaines cellules proches de la zone nécrosée; et très altérées par le manque de dioxygène, à rétablir leur métabolisme si elles sont reperfusées dans un délai de six heures (zones rouges) (**c**).

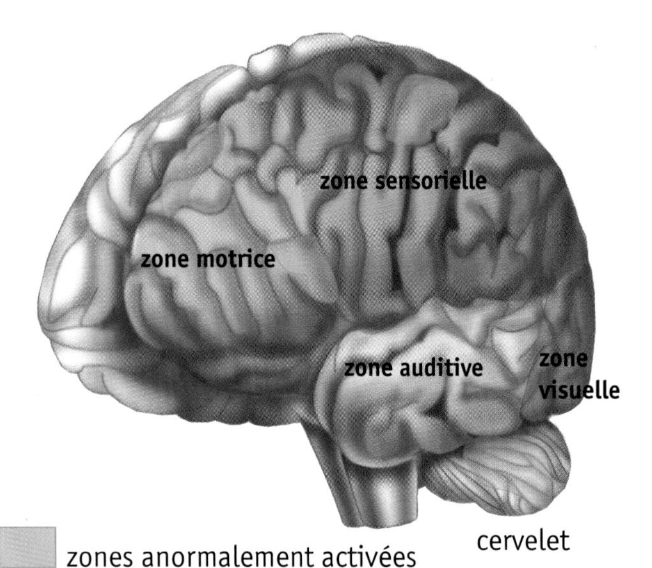

b. Zones activées dans le cortex droit à la suite d'une lésion (dans l'hémisphère gauche).

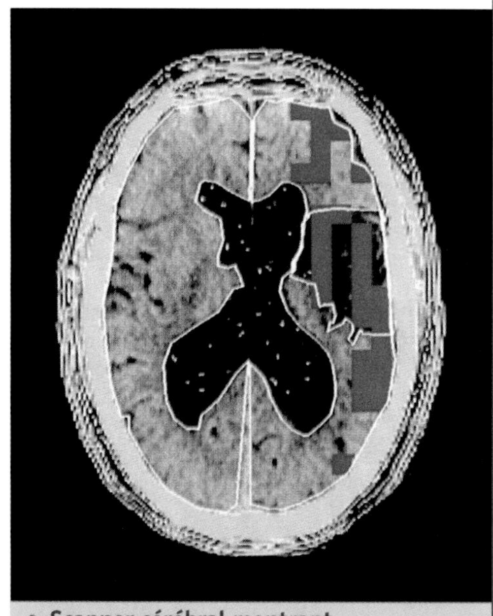

c. Scanner cérébral montrant une région nécrosée.

Doc.2 Modifications topographiques des aires corticales

▶ La topographie de l'aire de représentation de la main chez un individu amputé du doigt 3 est schématisée en (b).

▶ Des expériences d'apprentissage réalisées sur le singe Hibou montrent la plasticité du cortex à l'état adulte : l'étude consiste à faire réaliser par l'animal une tâche au cours de laquelle seuls les doigts 2, 3 et 4 sont utilisés.

▶ Des modifications de l'aire corticale sensorielle de la main apparaissent à la suite de cet apprentissage (c).

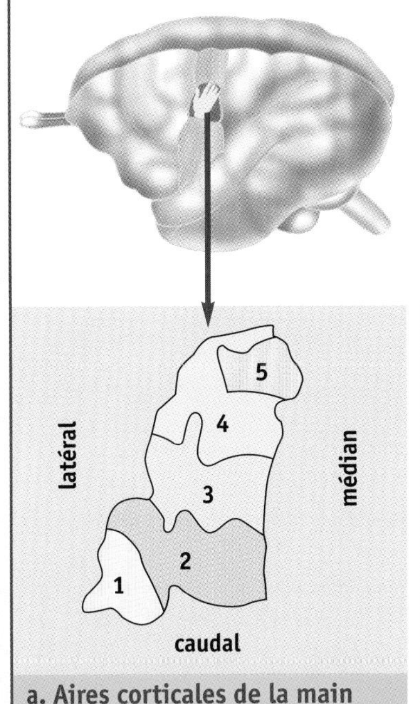

a. Aires corticales de la main avec la représentation des cinq doigts.

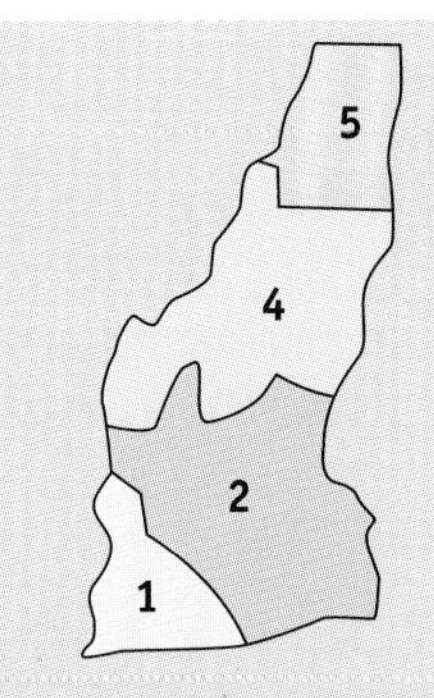

b. Représentation de la main, 2 mois après l'amputation du troisième doigt.

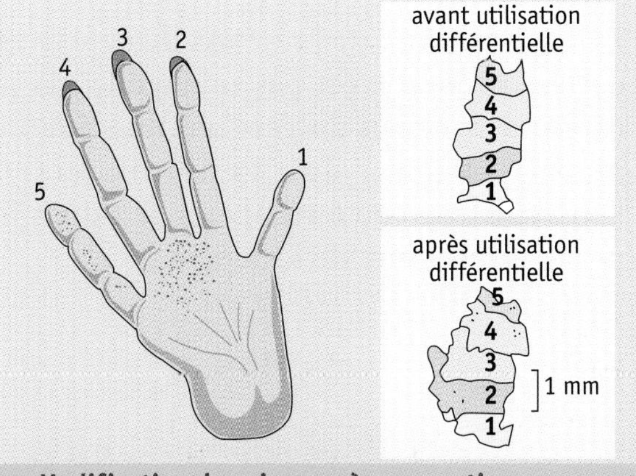

c. Modification des aires après apprentissage

Doc.3 Modifications permanentes de la morphologie des neurones

Il est possible de suivre *in vivo* l'évolution de la morphologie des neurones chez l'adulte : les cellules nerveuses sont marquées par une substance fluorescente non toxique et observées à différents intervalles de temps. Le schéma (a) montre cette évolution observée sur deux neurones de souris.

Au cours du temps, le nombre des **dendrites** d'un neurone peut évoluer. Cette évolution, observée *in vivo*, dans un groupe de 56 neurones ganglionnaires, est présentée en (b).

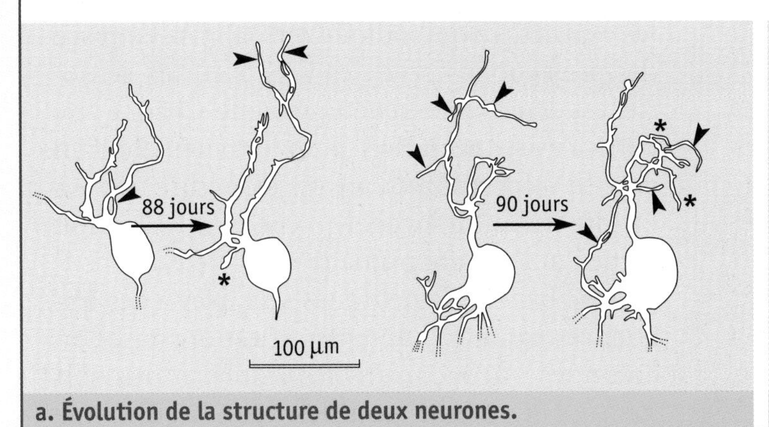

a. Évolution de la structure de deux neurones.

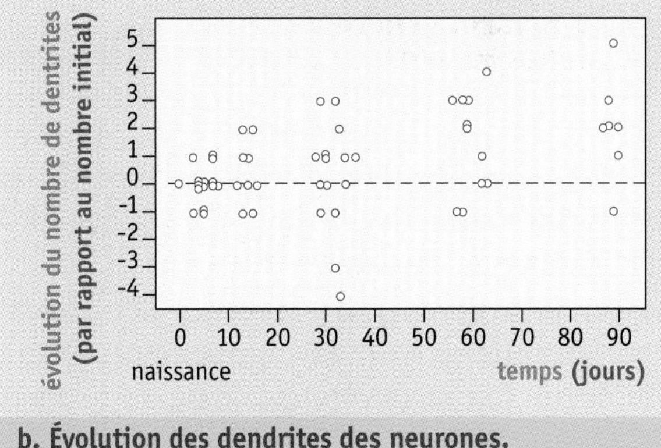

b. Évolution des dendrites des neurones.

EXPLOITATION DES DOCUMENTS

1. **Montrer** que certaines aires corticales peuvent prendre le relais d'autres aires devenues non fonctionnelles (**Doc. 1**).
2. **Expliquer** comment le cortex cérébral peut se modifier à la suite d'un apprentissage ou d'un accident corporel (**Doc. 2**).
3. **Montrer** que, chez l'adulte, la morphologie des neurones manifeste en permanence une plasticité (**Doc. 3**).
4. **Expliquer** comment la modification de la morphologie des neurones permet un remodelage des aires corticales (**Doc. 2** et **3**).
5. **Répondre au problème posé** : « Comment se manifeste la plasticité cérébrale chez l'adulte ? »

Mise en place des réseaux neuroniques et plasticité cérébrale

La mise en place des réseaux de neurones dans le cortex cérébral n'est pas immuable : la plasticité cérébrale permet au cerveau de s'adapter à des modifications de l'environnement par l'apprentissage ou à récupérer certaines fonctions perdues à la suite de lésions.

LES MOTS À CONNAÎTRE

Cortex cérébral : partie superficielle du cerveau formée par la substance grise.

Cortex sensoriel : régions du cortex cérébral où aboutissent des informations en provenance de récepteurs sensoriels.

Dendrites : ramifications neuronales, à l'origine des nombreuses synapses.

Période critique : période précoce de la vie au cours de laquelle les connexions nerveuses au sein du cortex se réorganisent sous l'action de différents facteurs.

I Mise en place des réseaux neuroniques au cours du développement

La mise en place des réseaux de neurones au cours du développement est sous le contrôle de l'**information génétique**.

Celle-ci dirige la croissance et la migration des neurones par l'intermédiaire de molécules variées (molécules d'adhérence cellulaire, molécules attractives ou répulsives, facteurs de croissance et de survie des neurones…) qui assurent le **guidage des cellules nerveuses** ou qui stimulent leur développement. D'autres molécules sont impliquées dans la formation des synapses.

Des mutations des gènes qui contrôlent la synthèse de ces molécules se traduisent par la disparition de certains neurones et se manifestent par exemple, par des troubles de la locomotion ou du maintien de la posture. Le génotype d'un organisme a donc une part importante dans la réalisation du phénotype comportemental, comme celui du réflexe myotatique.

II Cortex cérébral et représentation sensorielle

Le **cortex sensoriel** reçoit les informations en provenance des différents organes des sens. Cette représentation du corps est variable selon les espèces, ce qui indique que la mise en place des projections nerveuses vers le cortex sensoriel est déterminée génétiquement. Chaque aire corticale est **spécialisée** pour le traitement d'un type d'informations, et sa structure est en étroite relation avec le type d'information reçue : ainsi, l'aire primaire auditive est constituée de bandes de neurones sensibles à des fréquences sonores différentes et est organisée en colonnes qui reçoivent les informations soit d'une seule oreille, soit des deux oreilles à la fois.

Dans l'épaisseur des couches corticales, les neurones sont **interconnectés**, formant un réseau permettant l'échange et le traitement des informations reçues. L'exploration expérimentale du cortex révèle une représentation sensorielle des différentes parties de l'organisme, différentes et déformées selon leur sensibilité.

III Plasticité cérébrale au cours du développement de l'organisme

Le développement du cortex, au cours de la vie embryonnaire, est sous le contrôle du génome qui régule les mécanismes de multiplication, migration et connexion des neurones.

Le cortex immature est une structure relativement uniforme, qui se caractérise par un nombre très élevé de connexions entre neurones. Ces connexions transitoires vont être largement remodelées au cours des premières années de la vie chez l'Homme, sous l'influence de facteurs externes : stimuli visuels, auditifs, tactiles...

Cette période précoce de la vie, appelée **période critique**, est donc marquée par une très grande plasticité cérébrale et se caractérise par la conservation des connexions stimulées et l'élimination de celles ne recevant pas d'influx.

Les expériences personnelles (apprentissage d'un instrument de musique, d'une langue, stimulations du bébé...) influencent le développement cérébral et structurent peu à peu le cortex.

IV Plasticité du cortex chez l'adulte

Chez un individu adulte, le **cortex cérébral** est le siège d'adaptations sensorielles et donc de modifications permanentes. L'utilisation préférentielle d'un organe sensitif va développer l'aire corticale correspondante, souvent aux dépens des aires qui l'entourent.

L'apprentissage a un rôle essentiel dans l'évolution permanente du cortex de l'individu. La modification de la topographie des aires corticales est en relation avec la modification de la morphologie des neurones.

En modifiant leurs **réseaux dendritiques**, les neurones favorisent l'apparition ou la disparition de liaisons synaptiques. Ainsi, lorsqu'à la suite de certaines lésions, des zones corticales sont nécrosées et ne peuvent plus assurer leurs fonctions, d'autres aires peuvent être activées et rétablir en partie ces fonctions.

Le remodelage des connexions synaptiques, conséquences de la plasticité du développement des neurones, est une propriété générale du système nerveux central.

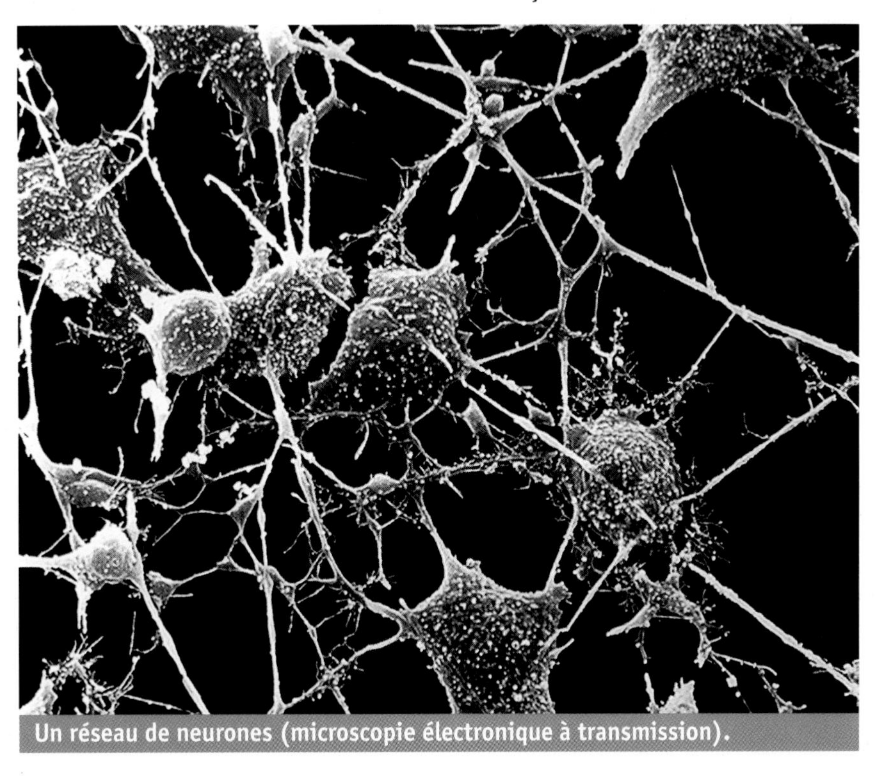

Un réseau de neurones (microscopie électronique à transmission).

SYNTHÈSE

L'essentiel

La mise en place des réseaux de neurones au cours du développement est sous la dépendance de l'information génétique. Les informations nerveuses générées à la périphérie sont transmises au cortex sensoriel qui donne une représentation très déformée de la surface corporelle.
Les neurones du cortex sont interconnectés et organisés en colonnes. Les modifications permanentes de ces réseaux, notamment sous l'influence des facteurs extérieurs, entraînent un remodelage des connections synaptiques à l'origine de la plasticité cérébrale.

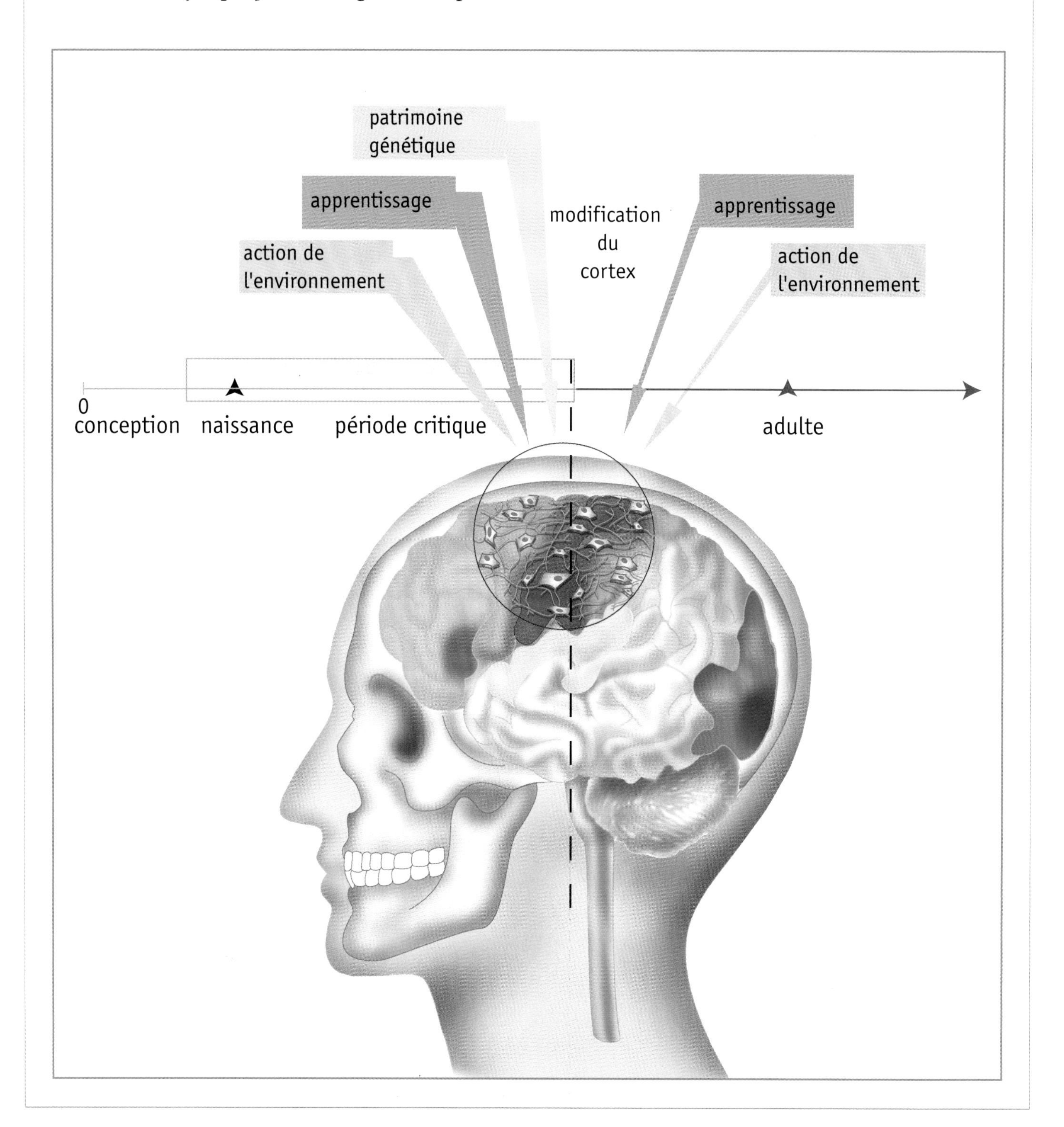

EXERCICES

VÉRIFIER SES CONNAISSANCES

EXERCICE 1 **Définir en une phrase claire les mots ou expressions suivants.**

- période critique
- plasticité cérébrale
- dendrite
- cortex sensoriel
- réseau neuronique

EXERCICE 2 **Reconstituer une ou plusieurs phrases scientifiquement exacte(s) à partir des propositions suivantes.**

1. **Le cortex cérébral est organisé...**
a. à la surface de l'encéphale de tous les vertébrés.
b. en colonnes fonctionnelles.
c. en cortex sensoriel et en cortex moteur.
d. en deux aires spécialisées.

2. **La plasticité du cortex correspond à...**
a. la capacité du cortex à se modifier.
b. une modification de la forme de l'encéphale.
c. une adaptation du cortex en fonction de l'apprentissage.
d. la disparition d'aires corticales à la suite de lésions.

3. **La période critique correspond à...**
a. la fin de la formation du cortex.
b. la naissance de l'individu.
c. la période où le cortex devient moins plastique.
d. la période où l'individu devient adulte.

4. **L'adaptation cérébrale d'un individu est permise par...**
a. le remodelage des connexions synaptiques.
b. le détournement fonctionnel de certaines aires corticales.
c. la destruction de certaines aires corticales.
d. l'apparition de nouvelles aires corticales.

EXERCICE 3 **Restituer ses connaissances en quelques phrases sur un sujet précis, en utilisant obligatoirement un ensemble de mots-clés.**

sujets	mots-clés
a. structure du cortex	encéphale, colonnes, neurones, aires, connexions
b. plasticité	période critique, apprentissage, lésions, aires corticales
c. modification des structures corticales	synapses, dendrites, réorganisation, neurones

EXERCICE GUIDÉ

Plasticité neuronale chez le macaque

Énoncé Chez les primates, certaines zones du cortex sont essentielles pour les tâches d'apprentissage. Le marquage de certains de ces neurones, impliqués dans ces tâches, par un traceur (BrdU = bromodésoxyuridine) permet de les localiser sur des coupes d'encéphale. De telles coupes ont été réalisées chez trois macaques en apprentissage, à respectivement deux heures, une semaine et deux semaines après la perfusion.

Faire ressortir, à partir de cet exemple, la notion de plasticité cérébrale.

Conseils pour la résolution

- Ces documents illustrent une plasticité dans la localisation des neurones et non dans leur fonctionnement : il faut donc commencer par constater les modifications de répartition apparues dans les différentes coupes.
- Le deuxième aspect est l'évolution dynamique, dans le temps, de ces modifications : il faut alors mettre en relation les modifications observées dans les différentes zones du cerveau.

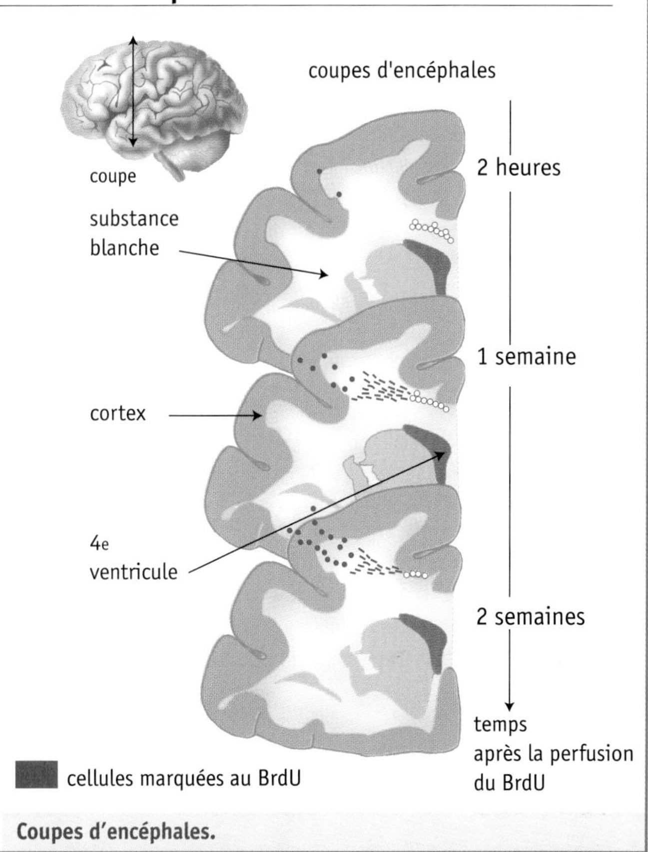

Coupes d'encéphales.

APPLIQUER SES CONNAISSANCES

EXERCICE 4 Troubles de l'audition et plasticité du cortex auditif

Exploiter des données et les mettre en relation pour expliquer un fait

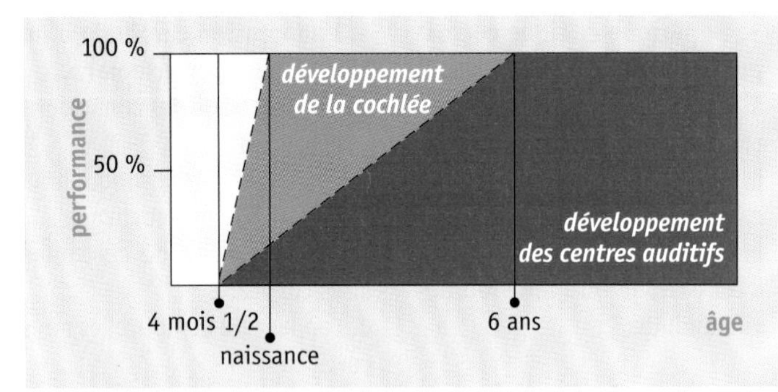

a. Développement de la cochlée et du cortex auditif.

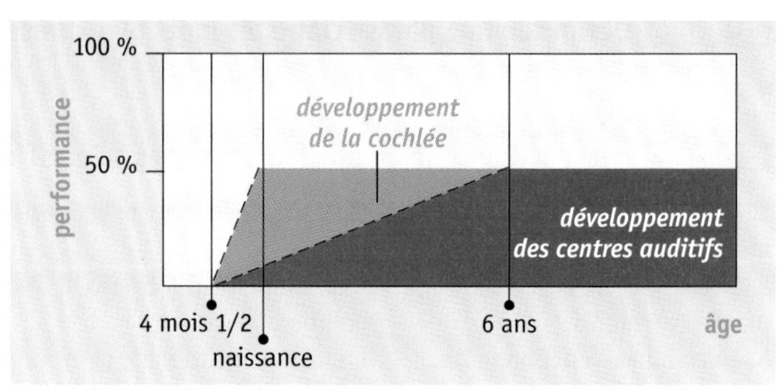

b. Les conséquences d'un développement anormal de la cochlée.

Le schéma (a) illustre les relations existant entre le développement de la cochlée (partie de l'oreille interne contenant les récepteurs sensoriels des sons) et le développement du cortex auditif chez un individu ayant une audition normale.

Le schéma (b) illustre les mêmes relations, mais chez une personne présentant une surdité congénitale, due à un développement anormal de la cochlée.

1. **Déduire** du schéma (a) les périodes de la vie à partir desquelles les développements de la cochlée et du cortex auditif sont maximals.
2. **Déduire** du schéma (b) les conséquences d'un développement anormal de la cochlée. Que peut-on en déduire sur la mise en place du cortex auditif pendant la période critique?

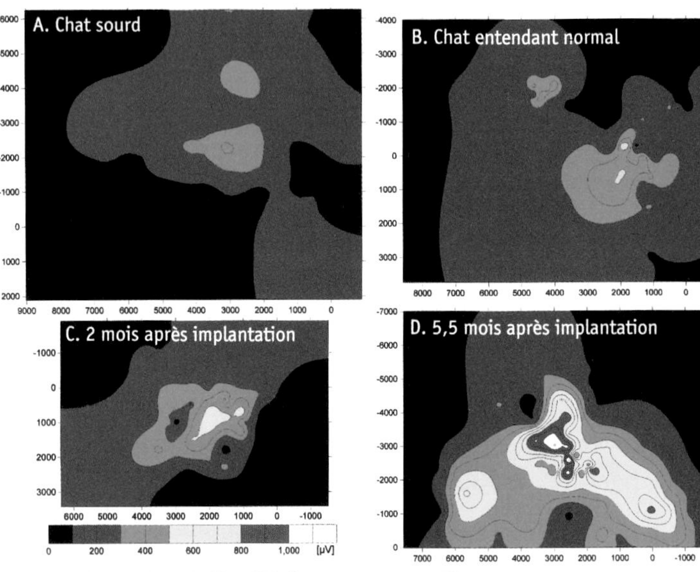

c. Enregistrement de l'activité du cortex auditif.

La photographie (c) représente des cartes de l'amplitude des réponses électriques du cortex auditif de quatre chatons. Les chatons B et D atteints de surdité congénitale ont été équipés d'un implant cochléaire (appareil qui permet une stimulation artificielle du nerf auditif) peu de temps après leur naissance. Quelques temps après l'implantation, les chatons répondent à un son qui leur annonce leur aliment favori, mais les scientifiques ne sont pas sûrs qu'ils perçoivent les sons de la même façon que les chatons entendant normalement.

3. **Montrer** que le cortex présente une plasticité pendant les premiers mois de la vie du chat et que ces travaux permettent d'envisager un traitement médical de la surdité chez l'Homme.

EXERCICE 5 L'apprentissage des langues

Analyser des documents et formuler une hypothèse

L'apprentissage des langues fait intervenir une région du cortex : l'aire de Broca. Sur les images (a) et (b), cette aire est représentée au niveau des 2 croix, les 2 zones autour de chaque croix représentant des sous-régions utilisées pour 2 langues différentes. L'image (a) est obtenue pour un individu ayant immigré très tôt après sa naissance dans un pays étranger (enfant turc ayant émigré aux USA) et donc parfaitement bilingue. L'image (b) correspond à un individu ayant acquis plus tardivement une seconde langue.

1. **Comparer** la répartition de ces 2 aires dans les 2 cas.
2. **Proposer** une hypothèse explicative du caractère bilingue d'un individu et en relation avec la structure de son aire de Broca.

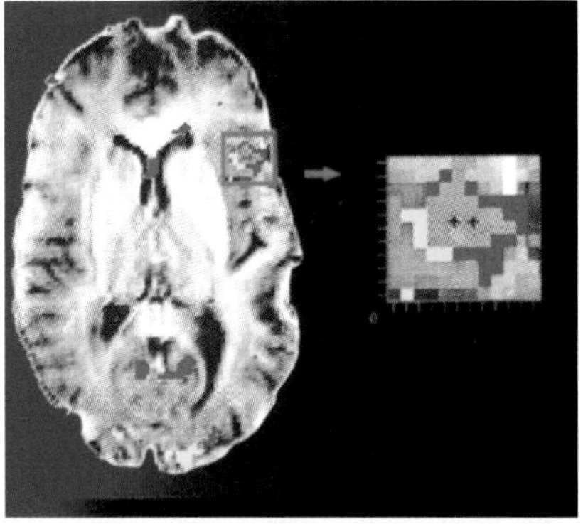

a. Aire de Broca après apprentissage précoce.

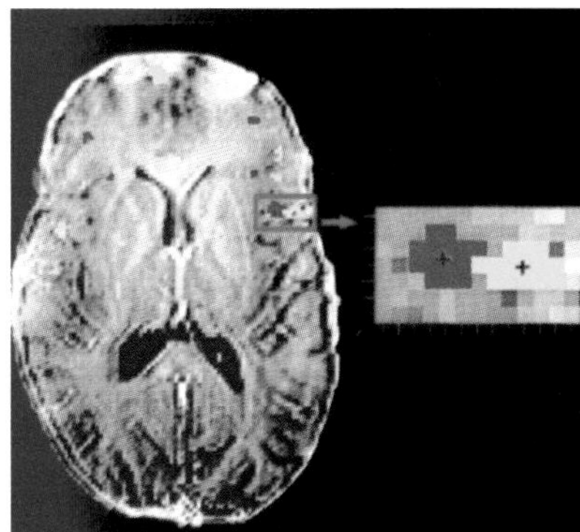

b. Aire de Broca après apprentissage tardif.

3. **Montrer** en quoi cet exemple illustre la notion de période critique pour la plasticité cérébrale.

APPLIQUER SES CONNAISSANCES

EXERCICE 6 Conséquences cérébrales de la section de neurones

Analyser un résultat d'expérience et en tirer une interprétation.

Les schémas ci-contre montrent les projections de neurones issus de la main et du visage sur le cortex sensoriel chez un singe, pour un individu normal (**a**) et pour un individu ayant subit une section de neurone issu de la main (**b**).

1. **Décrire** les modifications observées dans les connexions nerveuses de l'individu (**b**).
2. En **déduire** quelle propriété des neurones est ainsi mise en évidence.
3. **Montrer** comment, dans cet exemple, l'évolution des neurones permet la plasticité cérébrale.

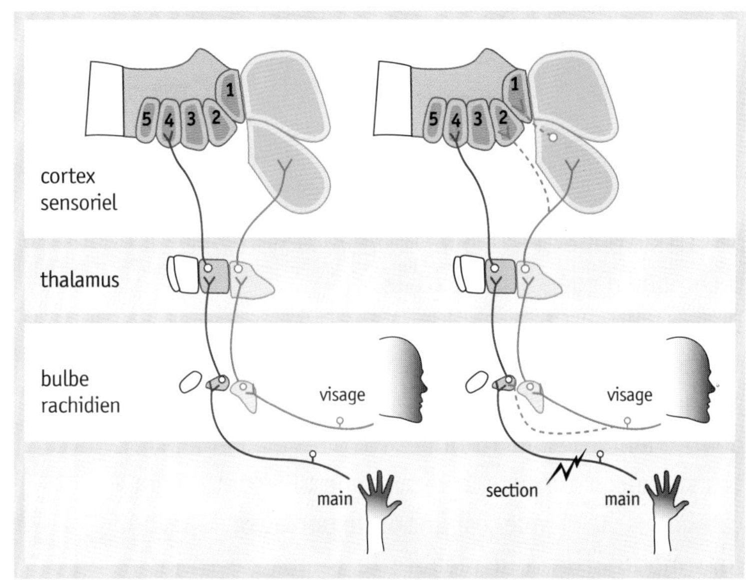

Projections corticales chez le singe
a. normal **b. après section de neurone**

EXERCICE 7 Strabisme et plasticité du cortex visuel

Mettre en relation des données pour formuler une hypothèse

Les enfants atteints de strabisme (déviation de l'axe optique des yeux) doivent subir un traitement dès leur plus jeune âge pour ne pas conserver de troubles de la vision à l'âge adulte (il s'agit de couvrir le bon œil, ou de rectifier chirurgicalement les muscles oculaires).

Des histogrammes schématisent l'activité de groupes de neurones du cortex visuel (le code utilisé est le même que celui utilisé dans le Doc. 2 de l'activité 3) chez des chats adultes normaux (**a**) ou chez des chats adultes chez lesquels on a induit un strabisme durant la période critique (**b**).

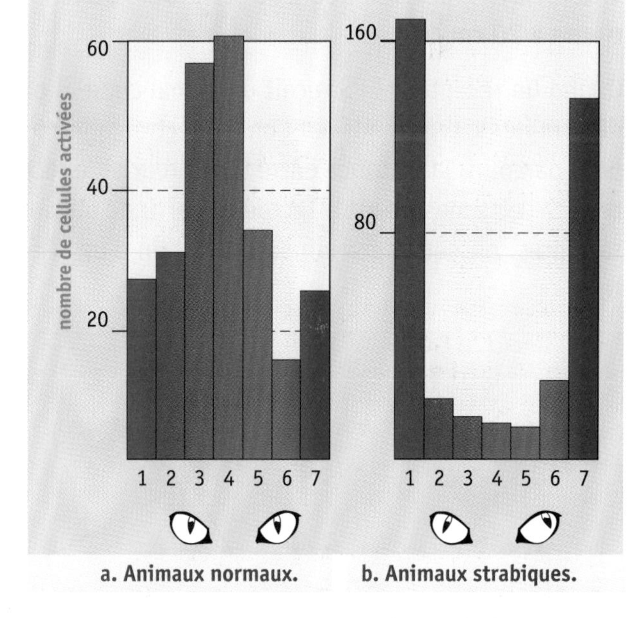

a. Animaux normaux. **b. Animaux strabiques.**

1. **Comparer** l'activité des différents groupes de neurones et en déduire une conséquence sur la vision des chats atteints de strabisme.

Pour comprendre l'origine de ces différences d'activité, des stimulations électriques des nerfs optiques des deux yeux sont réalisées, en bloquant au préalable, toute activité naturelle des yeux par un traitement approprié. Les stimulations des deux nerfs optiques sont soient synchrones, soient asynchrones, ce qui entraîne un décalage dans l'arrivée des messages nerveux au niveau du cortex visuel.

Les résultats obtenus figurent sur des histogrammes (**c**).

2. **Émettre** une hypothèse sur l'origine possible des modifications corticales observées chez les enfants atteints de strabisme en comparant ces résultats avec ceux des schémas (**a**) et (**b**).
3. **Expliquer** en quoi ces documents confirment l'existence d'une plasticité du cortex visuel au cours de son développement.

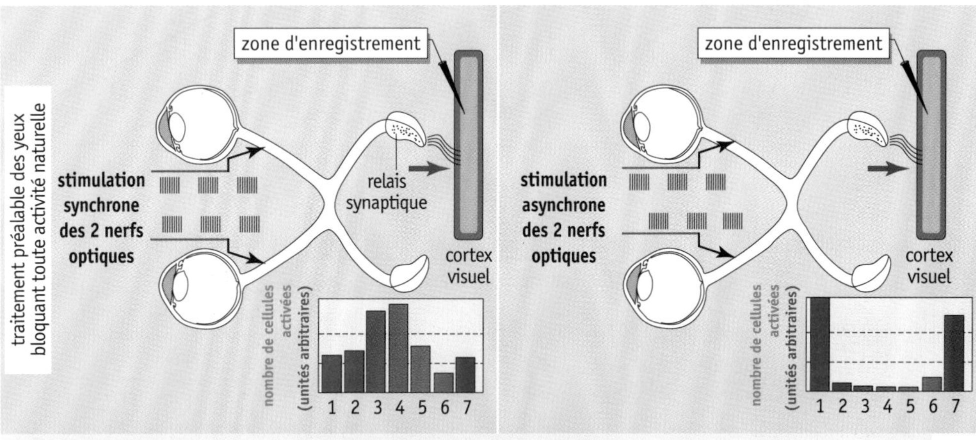

c. Conséquences corticales de la stimulation des nerfs optiques.

Géologie

GPS ET VLBI

Des techniques permettant les mesures directes des déplacements des plaques.

► **Le système GPS** (*Global Positioning System*) est une technique de géodésie spatiale.
Des satellites (24 satellites NAVSTAR) émettent des signaux qui sont réceptionnés par des récepteurs. Les signaux émis sont des ondes radioélectriques du domaine de fréquence des micro-ondes (bandes L 20 et 25 cm).
Les signaux transmis par le système GPS sont de deux catégories : le premier est une **onde porteuse**, le second **une modulation qui mesure le temps de trajet** et donc la distance entre le satellite et le récepteur. Les signaux émis par les satellites étant forts, les **antennes** des récepteurs sont de petits **diamètres inférieurs à 20 cm.**

Quand un récepteur GPS reçoit un signal code, il peut déterminer le temps mis par l'onde électromagnétique pour parcourir la distance entre l'émetteur et le récepteur. Si cette mesure est effectuée à partir de plusieurs satellites, on peut déterminer la position d'un récepteur.

Tenant compte de la position orbitale des satellites qui envoient le signal, les récepteurs donnent, après calcul, les coordonnées géographiques du point où ils se trouvent en temps réel.
Le système GPS permet donc un positionnement en temps réel des objets avec une précision qui varie de **0,5 m à une dizaine de mètres.**

► **Le système VLBI** (*Very Long Baseline Interferometry*) ; il s'agit d'une technique de positionnement proche du GPS. La principale différence réside dans la nature des signaux utilisés, le signal VLBI est nettement moins fort. On utilise des récepteurs aux antennes plus grandes : 10 m de diamètre.

► **Le système Doris** (Détermination d'Orbite et Radio positionnement Intégrés par Satellite) est un système développé en France. Les satellites possèdent à leur bord des altimètres qui, après correction, évaluent à quelques centimètres près, l'altitude du satellite et des appareils qui calculent la position absolue des balises émettrices au sol.

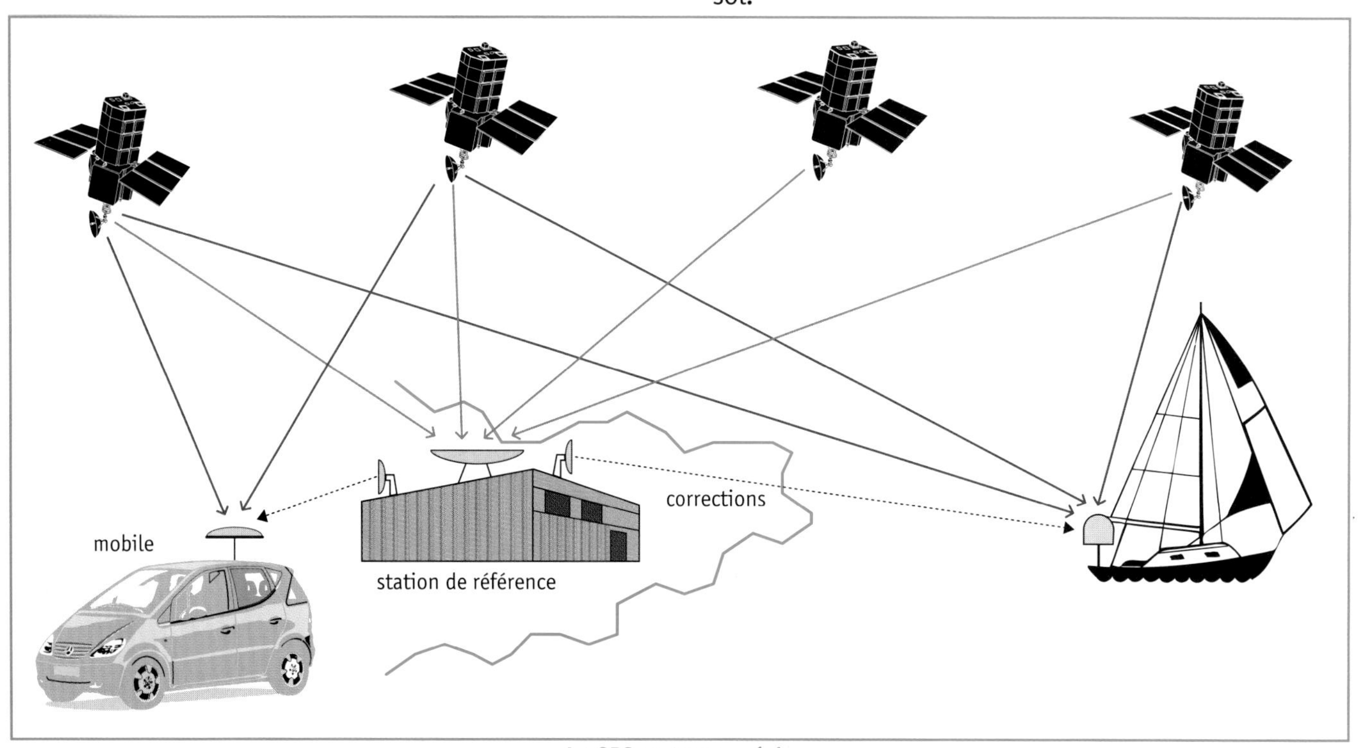

Le GPS en temps réel.

SISMIQUE EXPÉRIMENTALE

Les techniques géophysiques, dont la sismique expérimentale, apportent de façon indirecte des informations sur les structures géologiques sous le plancher océanique.

▶ Des canons à air ou à eau sont utilisés comme sources d'énergie. Le signal acoustique émis déclenche des fronts d'ondes dont les trajets dans l'eau de mer puis dans les roches sédimentaires ou les roches de la croûte océanique sont réfléchis ou réfractés par les discontinuités géologiques du sous-sol. Ils sont renvoyés vers la surface, où ils sont captés par un ou plusieurs récepteurs (hydrophones) traînés à l'arrière du bateau.

▶ **En sismique-réflexion**, on mesure sur les sismogrammes le temps d'aller-retour mis par une onde réfléchie et son angle d'incidence. Connaissant les vitesses de référence des ondes dans différents milieux connus et les vitesses mesurées (temps aller et retour) on peut en déduire la profondeur des différents miroirs de réflexion. Les mesures sont réalisées en des points voisins de l'ordre d'une cinquantaine de mètres.

▶ **En sismique-réfraction**, les ondes se propagent le long des couches à des vitesses déterminées par la nature des sédiments ou des roches.

▶ L'enregistrement montre les temps de retour des fronts d'ondes acoustiques reportés en fonction du temps. Il peut être interprété, en première approximation, comme une coupe géologique.

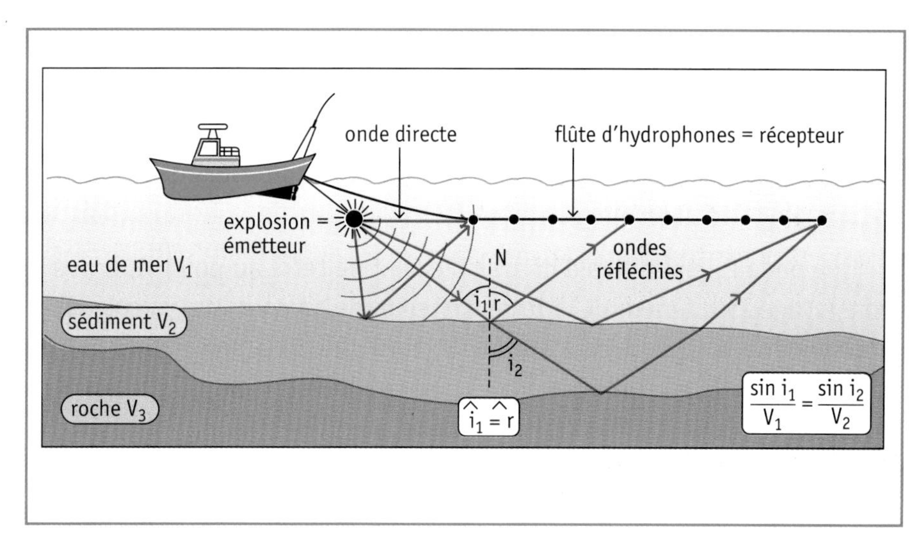

1. Principe de la sismique-réflexion.

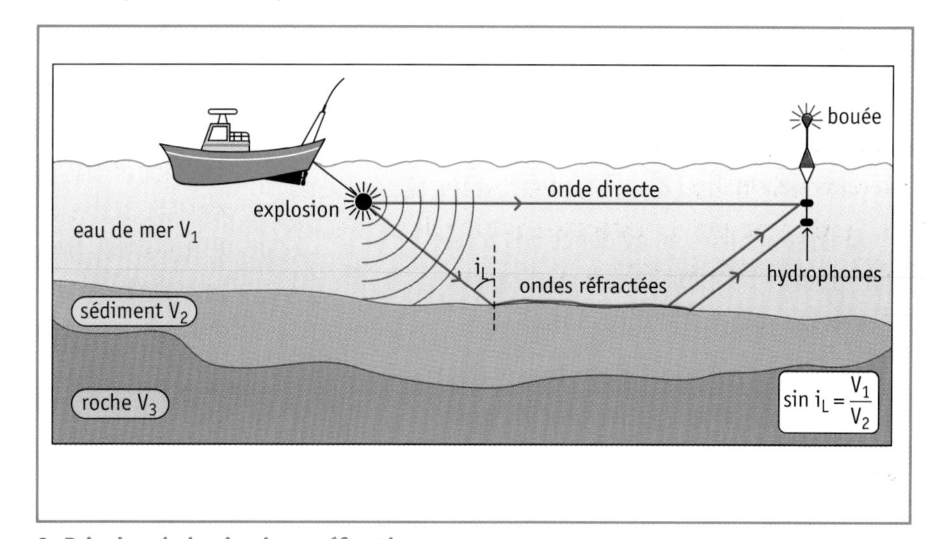

2. Principe de la sismique-réfraction.

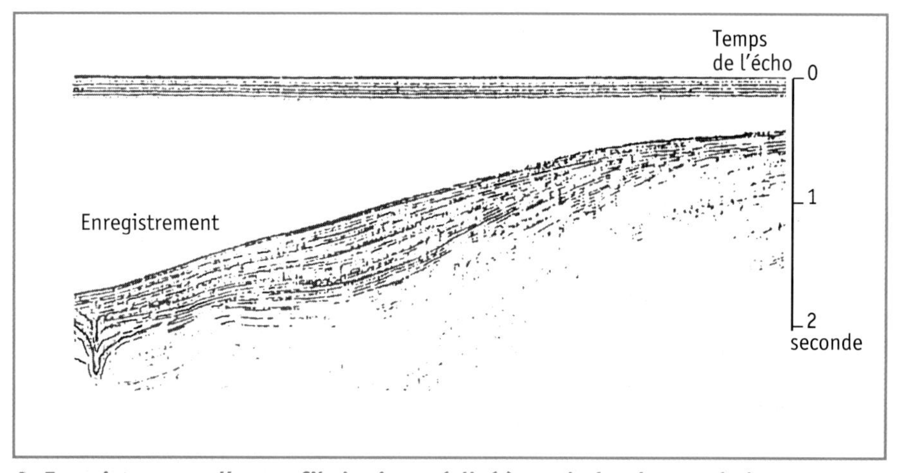

3. Enregistrement d'un profil sismique réalisé à partir des deux techniques.

LA TOMOGRAPHIE

La tomographie sismique, véritable scanner de la Terre, donne une image tridimensionnelle des différentes enveloppes de la Terre. Elle est basée sur la description des écarts de vitesse de propagation des ondes et permet d'établir des cartes de répartition des vitesses des ondes à différentes profondeurs.

▶ Le développement des techniques et des outils informatiques permet de manipuler d'énormes données et de cartographier les anomalies de propriétés physiques de la Terre, depuis sa surface jusqu'à son centre.

▶ Une onde **P**, émise lors d'un tremblement de terre au point **A**, arrive à une station sismique au point **B**, après avoir voyagé à l'intérieur de la Terre. Le temps de parcours est calculé (**Tp**). Ce temps **Tp** dépend de la distance épicentrale entre le foyer **A** et la station **B**, ainsi que de la profondeur du séisme (**1**). À partir de millions d'observations de temps de parcours accumulés au cours des années, un modèle moyen de la Terre est établi, où la vitesse de propagation des ondes **P** est fonction du rayon.

▶ À partir du modèle moyen, des **temps de parcours théoriques** (**Tp^{th}**) sont calculés et il est possible de relever des anomalies de temps de parcours. Elles dépendent de la position des points **A** et **B**, et révèlent des variations latérales de vitesses entre les deux points.

▶ Le calcul est effectué sur des milliers de trajets différents qui se recoupent ; il permet de reconstruire l'image des variations latérales de vitesse (**2**).

▶ Ainsi sont mises en évidence des zones plus rapides ou plus lentes par rapport aux vitesses moyennes prévues.

● **Pour une variation de vitesse (δv) de + 1 %** par exemple, dans une région **R**, l'onde **P** va voyager plus vite dans cette région et l'on a une anomalie négative. Cette anomalie est corrélée à des régions plus froides.

● Inversement, pour **une variation de vitesse de – 1 %**, l'onde va voyager plus lentement dans cette région et l'on a une anomalie positive par rapport à la vitesse moyenne prévue. Cette anomalie est corrélée à des régions plus chaudes.

▶ On a mis ainsi en évidence l'hétérogénéité des enveloppes de la Terre et l'on espère mettre en évidence les mouvements de convection dans le manteau profond et démontrer l'origine des points chauds.

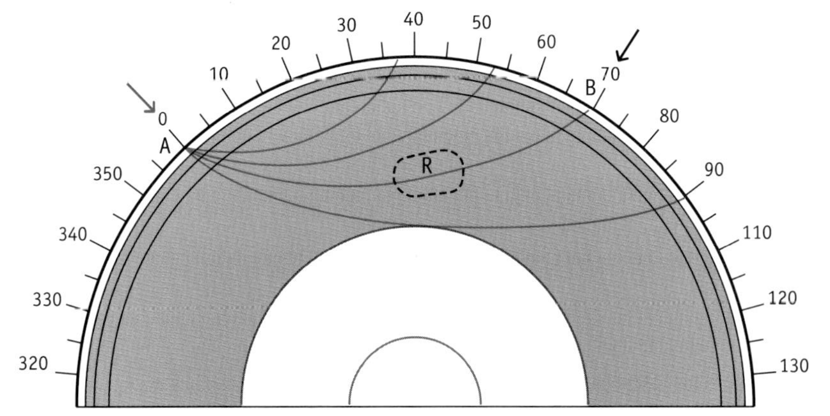

1. Les rais sismiques issus d'un séisme en A, se propagent dans le manteau. Le rai qui arrive à la station B a traversé une région anormalement plus rapide. Son temps de parcours (Tp) est légèrement réduit.

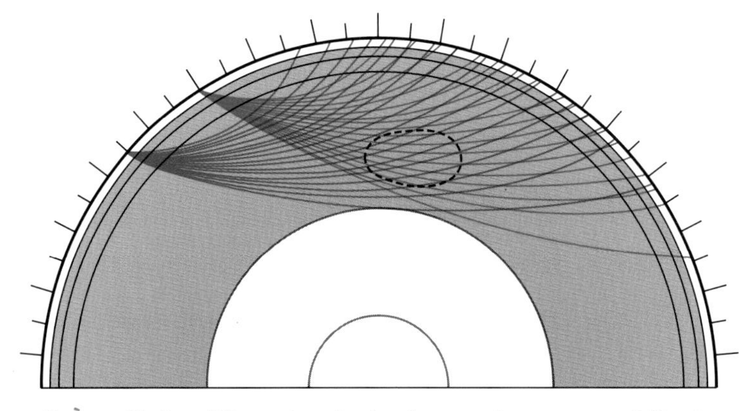

2. À partir de millions de rais sismiques qui se recoupent il est possible de reconstituer un modèle à trois dimensions de la région (R) à l'origine des variations de vitesse par rapport à un modèle moyen.

CELLULE À ENCLUME DE DIAMANT

Pour établir un modèle minéralogique on part en général d'une hypothèse sur la composition chimique globale de la Terre.

▶ La cellule à enclume de diamant est un appareil capable de reproduire les pressions et les températures des profondeurs de la Terre.

▶ L'échantillon à transformer est bourré dans un trou d'une feuille de métal de 0,2 à 0,5 mm de diamètre environ, que l'on comprime entre deux enclumes de diamant. L'ensemble est placé au fond d'un cylindre métallique et à l'extrémité d'un piston. Le serrage du piston, à l'aide d'une simple vis, rapproche les pointes des diamants et compresse l'échantillon. L'extrême dureté du diamant lui permet de résister à des contraintes énormes. Il est possible d'obtenir des pressions supérieures à celles qui règnent au centre de la Terre ($5{,}5 \cdot 10^6$ atmosphères, maximum obtenu, soit 5 600 kilobars).

▶ Les températures ont posé plus de problèmes car le diamant, formé de carbone pur, ne supporte pas le chauffage. Il faut chauffer l'échantillon sans détruire les diamants qui l'entourent. L'utilisation d'un laser dont le rayonnement traverse les diamants sans être absorbé, a permis d'atteindre des températures dépassant 6 000 °C, température présumée régnant au centre de la Terre.

▶ Les roches sont représentées par des mélanges de poudres de silicates dans des proportions connues.

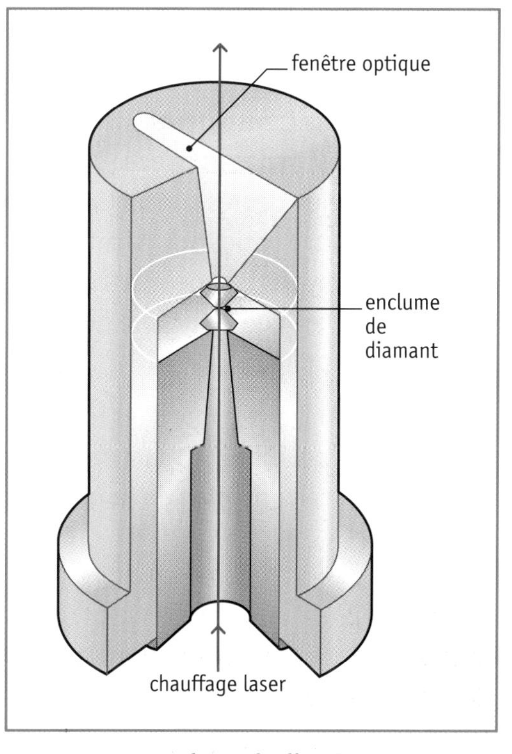

1. Enclume de diamant.

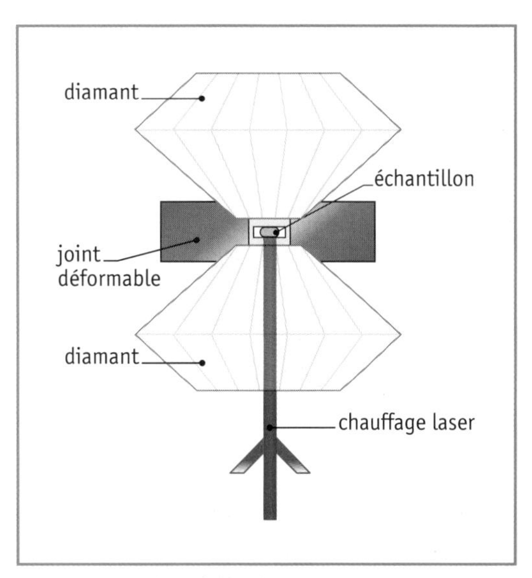

2. Cellule à enclume de diamant.

MICROSCOPE POLARISANT

Il permet la détermination des constituants des roches, les minéraux et leurs inclusions.

▶ L'étude des minéraux d'une roche au microscope polarisant se fait au travers d'une section de la roche suffisamment mince (de l'ordre de 30 mm) pour que des minéraux soient transparents et laissent traverser la lumière. La lame mince est placée sur une platine tournante graduée en degrés sur son bord. Elle peut pivoter autour de l'axe optique du microscope, donc autour du trajet des rayons lumineux. La structure cristalline des minéraux fait que la lumière qui les traverse vibre dans toutes les directions.

▶ La lumière blanche vibre dans toutes les directions. À la sortie du polariseur, la lumière ne vibre plus que dans un plan, celui du **plan de polarisation** du polariseur (**P**).

▶ La plupart des minéraux d'une lame mince transforment la lumière **polarisée en deux vibrations** qui se propagent dans deux plans perpendiculaires. Ils sont dits **biréfringents**.

▶ L'analyseur est un système optique, qui, comme le polariseur, ne laisse passer les vibrations que dans un plan, celui de polarisation de l'analyseur (**A**) de direction perpendiculaire à **P**. Il redresse ainsi les deux vibrations issues de la lame mince dans le plan **A**. Il est escamotable. Lorsqu'il est en place, on obtient **la teinte de polarisation du minéral.**
Lors d'une rotation de 360 ° de la platine, on observe quatre maximum d'intensité et quatre positions d'extinction placés à 45 ° des précédents.

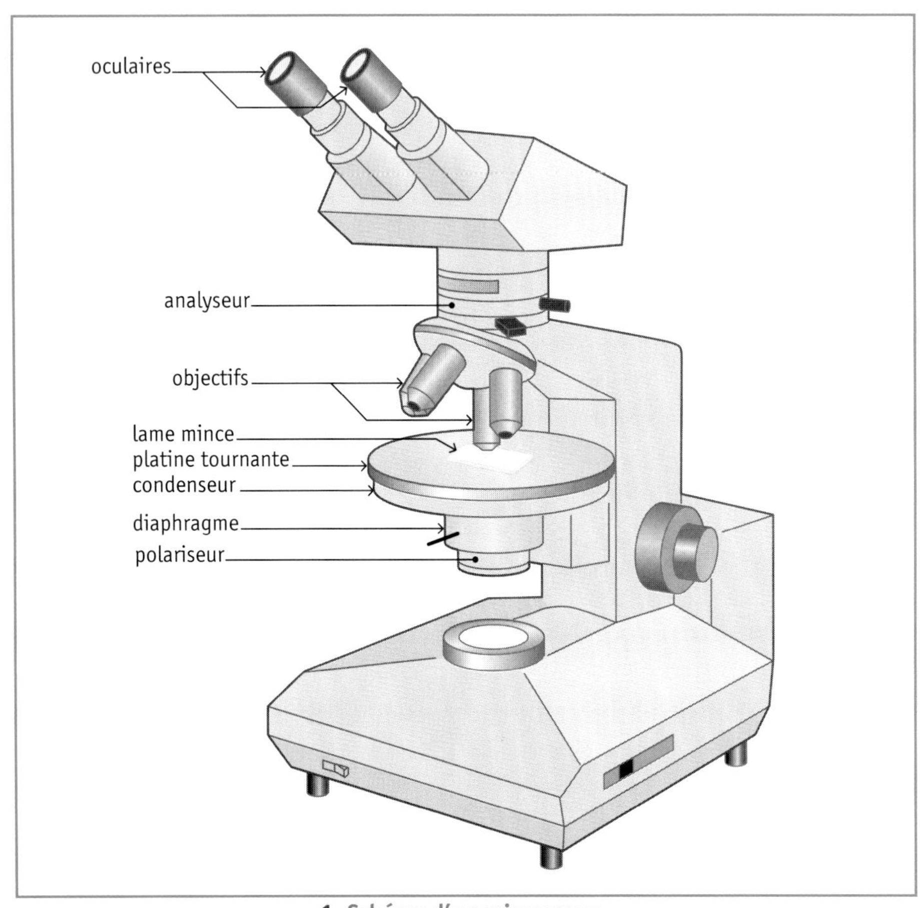

1. Schéma d'un microscope.

Les observations possibles

▶ En lumière polarisée non analysée (LPNA) appelée couramment **lumière naturelle** : le polariseur est enclenché, l'analyseur, escamotable, n'est pas enclenché. On observe :

- la **forme** et le **clivage** des minéraux ;
- leur **couleur**, minéraux incolores ou colorés (l'absorption de certaines longueurs d'onde par le minéral fait que l'on observe la couleur complémentaire) ; minéraux colorés ou pléochroïques, dont la teinte change lors d'une rotation de 90 ° car ils absorbent la lumière polarisée de manière différente selon leur orientation. Ils peuvent ainsi être identifiés.

▶ En lumière polarisée et analysée (LPA) appelée couramment **lumière polarisée**, le polariseur et l'analyseur sont enclenchés. On observe **la teinte de polarisation** et la biréfringence.
Il est possible :

- d'alterner les observations en LPNA et en LPA :
- de passer à des grossissements différents ;
- d'orienter différemment les minéraux à l'aide de la platine tournante et de les identifier à partir de leurs teintes de polarisation et des positions d'extinction.

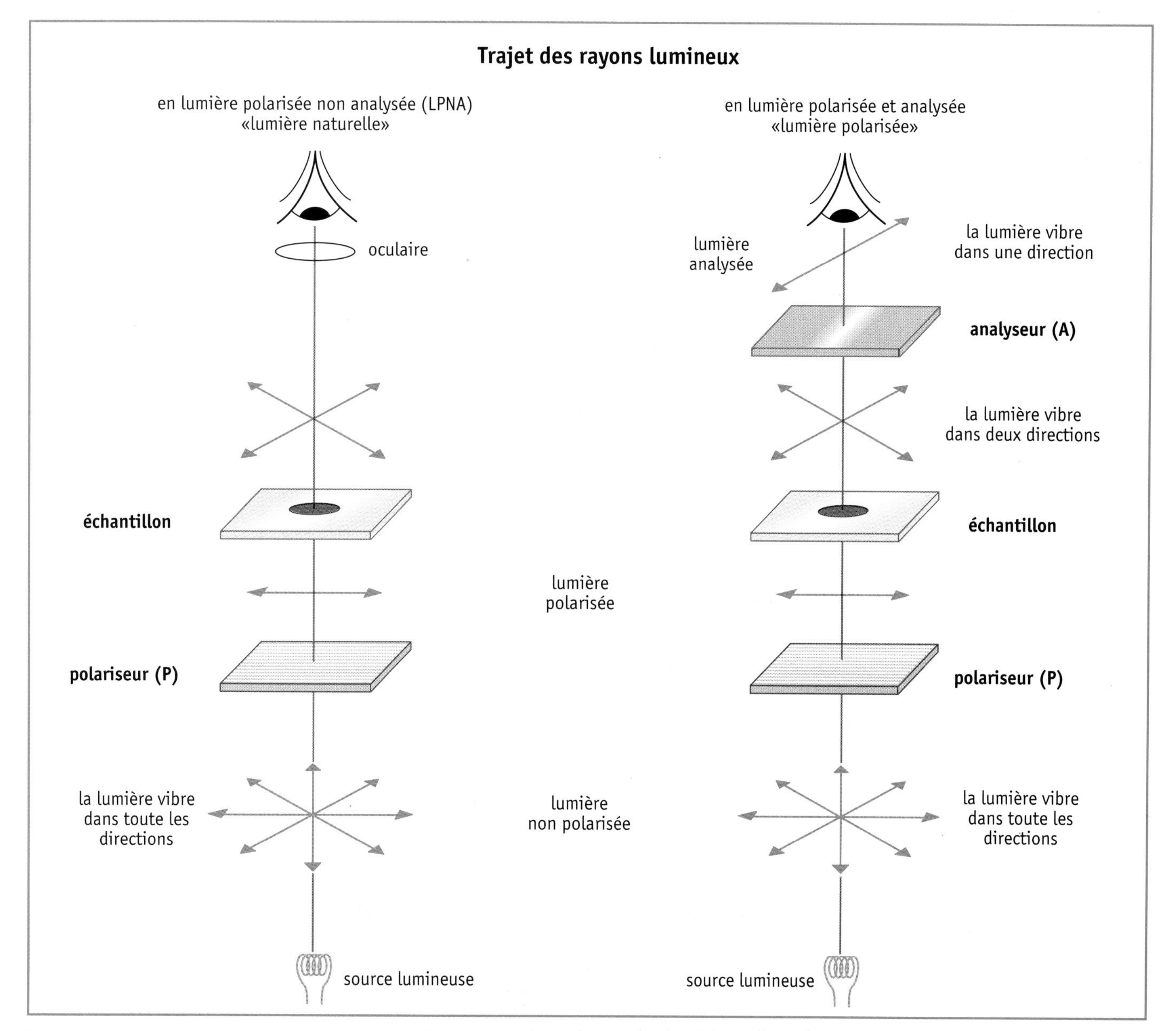

2. Trajet des rayons lumineux en LPNA et en LPA.

L'imagerie médicale

Comment explorer la structure du cerveau et cartographier son activité : l'imagerie médicale

ÉLECTROENCÉPHALOGRAPHIE OU EEG

Principe

▶ Il consiste à mesurer les potentiels électriques émis par les neurones en activité et à suivre leurs variations au cours du temps.

Technique

▶ Des électrodes d'enregistrement sont fixées sur le cuir chevelu et reliées à un potentiomètre. Le signal recueilli par chaque électrode correspond à l'activité d'un grand nombre de neurones, il faut donc disposer d'un grand nombre d'électrodes pour obtenir une résolution élevée (plusieurs dizaines, jusqu'à cent).

L'électroencéphalogramme se présente sous forme d'ondes correspondant à l'activité spontanée du cerveau sur lesquelles se superposent les signaux spécifiques liés à une tâche particulière qu'effectue le sujet pendant l'enregistrement (sensorielle, motrice, cognitive). Le tracé peut également être transformé en cartes d'activité du cortex.

Avantages/inconvénients

▶ Il renseigne de façon peu coûteuse et non traumatisante pour le patient, sur le fonctionnement du cortex uniquement.

TOMOGRAPHIE PAR ÉMISSION DE POSITONS (T.E.P)

Principe

▶ Il consiste à visualiser les zones du cerveau présentant une augmentation locale du débit sanguin consécutive à une augmentation de l'activité nerveuse, en utilisant des éléments radioactifs qui émettent un rayonnement lorsqu'ils se désintègrent.

Technique

▶ Le patient reçoit juste avant la TEP, une injection intraveineuse d'eau « marquée » (eau contenant de l'oxygène radioactif ^{15}O), qui diffuse dans le sang et parvient jusqu'au cerveau. On localise les désintégrations des atomes d'^{15}O, car ils émettent un positon (équivalent positif de l'électron) qui en s'associant à un électron donne naissance à deux photons (particules gamma). Une caméra à positons (ou détecteur gamma) enregistre l'arrivée de ces particules et, par recoupement de nombreuses mesures, un traitement informatique permet de localiser les régions émettant des positons. Cette émission étant plus importante dans les zones cérébrales fortement activées et présentant donc un débit sanguin plus élevé.

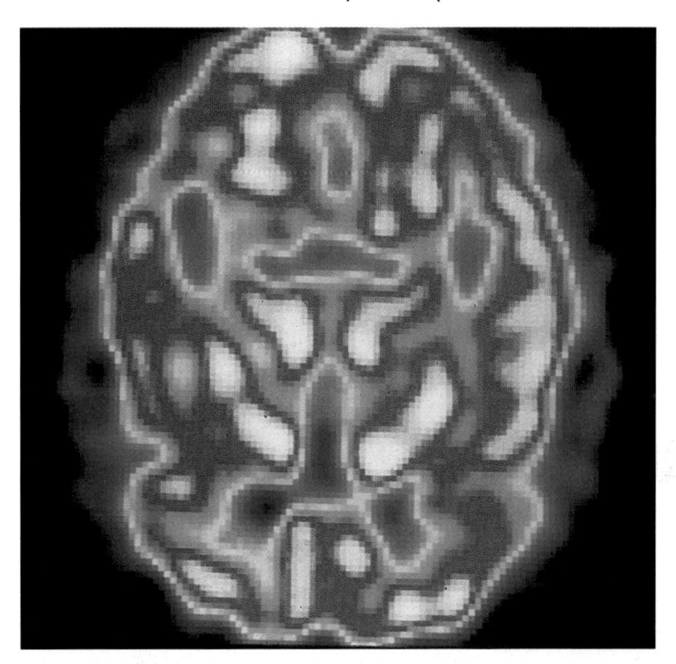

Avantages/inconvénients

▶ Cette technique permet avec une résolution de l'ordre de 4 mm d'obtenir des images tridimensionnelles des zones cérébrales en activité lors d'une tache demandée au sujet (lecture, calcul...). Cependant, la lourdeur et le prix des infrastructures, la nécessité de fabriquer les molécules radioactives font que cette technique n'est pas généralisée. Au cours d'une séance qui représente 6 à 12 injections, le rayonnement subi par le patient équivaut à celui reçu en un an par la radioactivité naturelle. De plus le délai temporel d'acquisition des données impose que la tache assignée au patient soit maintenue pendant plusieurs minutes.

SCANNER X (OU TOMOGRAPHIE X OU TOMODENSITOMÉTRIE)

Principe

▶ Il utilise les rayons X pour visualiser un organe sous forme de tranches de quelques millimètres d'épaisseur. L'absorption des rayons X est plus ou moins importante selon le milieu traversé (les os, par exemple, sont plus absorbants que les tissus mous).

Technique

▶ Un faisceau étroit de rayons X balaye la section de l'organe étudié, un détecteur enregistre pour chaque position du faisceau, l'intensité transmise. Les données sont ensuite traitées par ordinateur pour reconstituer l'image tridimensionnelle de la coupe explorée.

Avantages/inconvénients

▶ Sa résolution spatiale est élevée (de l'ordre du mm), son coût raisonnable et sa rapidité d'acquisition des données (quelques secondes) explique son usage fréquent en médecine pour diagnostiquer les fractures ou les tumeurs.

Il est également utilisé par les neurochirurgiens pour repérer des lésions ou des tumeurs cérébrales.

Cette technique purement anatomique ne donne cependant pas de renseignements sur les fonctions cérébrales. La dose de rayons X reçue par le patient est élevée, mais les cellules nerveuses sont peu sensibles aux radiations.

L'IMAGERIE PAR RÉSONANCE MAGNÉTIQUE NUCLÉAIRE (IRM)

Principe

▶ Elle fournit des images tridimensionnelles du cerveau en exploitant les propriétés magnétiques de certains atomes.

▶ On distingue l'**IRM anatomique** (IRMa) permettant de visualiser les structures (comme le scanner X) et l'**IRM fonctionnelle** (IRMf) qui met en évidence, comme le TEP, les zones cérébrales activées présentant un débit sanguin local plus important.

Technique

▶ Elle utilise les propriétés magnétiques du noyau des atomes d'hydrogène. Placés dans un champ magnétique et soumis à une onde électromagnétique (onde radio), ces atomes émettent des signaux détectés par des bobines conductrices et traités par un ordinateur qui fait la synthèse des signaux recueillis. Cette technique est appliquée à l'hémoglobine dont les propriétés diffèrent légèrement, selon que cette molécule est liée ou non à l'oxygène. Les images traduisent le contraste entre les régions présentant un flux sanguin accru (riches en oxyhémoglobine) du fait d'une activité élevée par rapport à celles présentant un flux sanguin normal.

Avantages/inconvénients

▶ La résolution spatiale (1 mm en IRMf et de l'ordre du micromètre en IRMa) et temporelle (de l'ordre de la seconde) en font un outil très performant mais au coût très élevé. L'inconfort du patient (bruit, position) est compensé par l'absence d'injection.

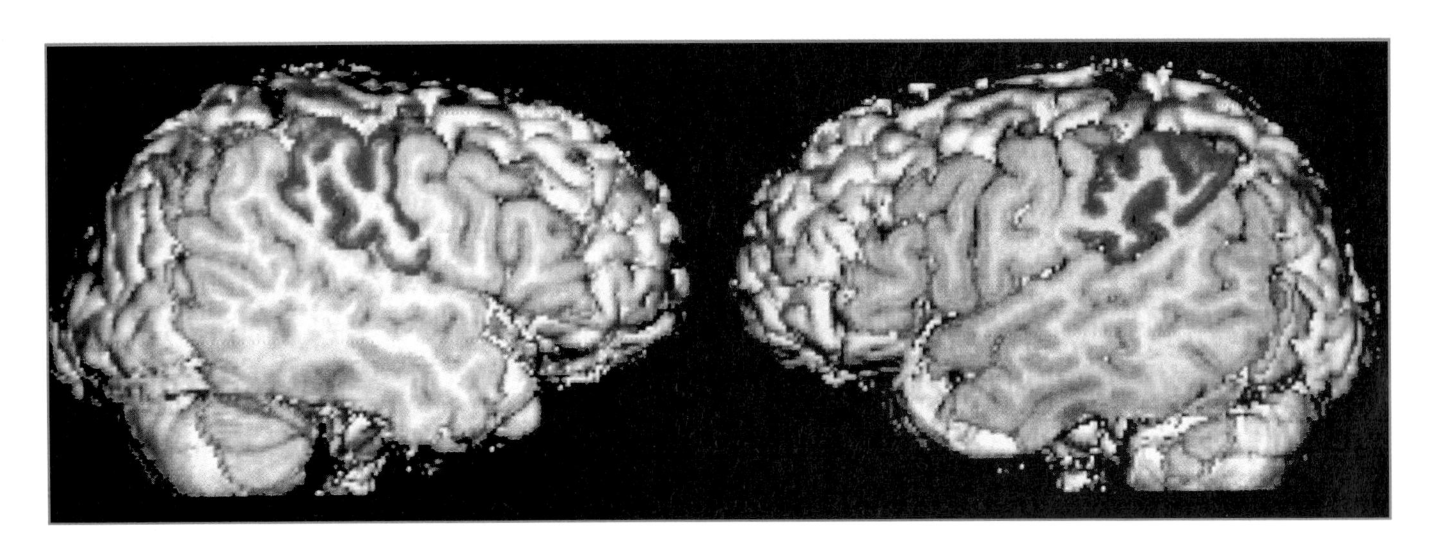

INDEX

Les nombres en gras renvoient à des définitions.

F

G

H

IJ

KL

M

NO

P

R

S

T

VW

XZ

Crédit photographique

Couverture : *violiniste* : Mel di Giacomo/Image Bank ; *molécule* : L. Lessin/Peter Arnold Inc./CNRI ; *terre* : Hans-Peter Bunge, Princenton University/Éd. Belin.

Intérieur : 6 : Météo France - **11** : © Géoscope, Alessandro Forte, I.P.G., Paris - **14** : © Géoscope, Jean-Paul Montagner, I.P.G., Paris - **16** : Museum National d'Histoire Naturelle (a, b, c, d, e, f) - **26** : Gilles Perrin (hd) ; Alain Compost/Bios - **28** : Jean-Michel Labat/PHO.N.E. (a) ; Pascal Bourguignon/Bios (b) - **29** : Gilles Perrin - **30** : Danielle Velde, Laboratoire pétrographie, Université Paris VI - **32** : Deeble-Stone/OSF/Bios (b) ; Emmanuel Ball, Université Montpellier II (c) - **33** : Emmanuel Ball, Université Montpellier II - **34** : Françoise Boudier, Université Montpellier II, Laboratoire Tectonophysique - **36** : Danielle Velde, Laboratoire pétrographie, Université Paris VI (a) - **37** : Danielle Velde, Laboratoire pétrographie, Université Paris VI (b, c) - **38** : Museum National d'Histoire Naturelle - **41** : Danielle Velde, Laboratoire pétrographie, Université Paris VI - **42** : Palais de la Découverte - **43** : Danielle Velde, Laboratoire pétrographie, Université Paris VI (a, c) ; Françoise Boudier, Université Montpellier II, Laboratoire Tectonophysique (b) - **45** : Museum National d'Histoire Naturelle (a) ; Françoise Boudier (b) - **48** : T. Bean/Corbis - **50** : Courtoisie de Walter Smith & Sandwell (Scripps, La Jolla, USA), couleurs et réalisation Daniel Aslanian et Jean-Louis Olivet/IFREMER-Brest (b) - **51** : DEOS - **54** : DEOS - **56** : Spot Image/Explorer (c) - **58-59** : Reproduit avec la permission de l'UNESCO. © UNESCO/CCGM 1984 (a, b) - **68** : Legos-CRGS/CNES/Toulousse/IRD (Nouma, feb. 2000) - **70** : Lamont-Doherty Earth Observatory Université de Columbia (a, b) ; Roger Hekinian/IFREMER (c) - **71** : USGS National Earthquake Information Center - **73** : Olivier Monier (c) - **74** : Brigitte Marcon/Bios (d) ; S. Fraser/S.P.L./Cosmos (c) - **75** : Legos-CRGS/CNES/Toulousse/IRD (Nouma, feb. 2000) (a) - **76** : IFREMER (c) - **78** : Jean-Marc Lardeaux (a) - **79** : "Géologie de la lithosphère océanique", Juteau, © DUNOD, Paris - **81** : Jean-Marc Lardeaux (a, b) - **83** : IFREMER (a) - **84** : Michel Toupet (a, b, c, f) ; Jean-Marc Lardeaux (d) ; Gilles Perrin (e) - **91** : Jean-Marc Lardeaux (hd) - **92** : Jean-Bernard De Chabalier, I.P.G., Paris/"Reprinted with permission from Science Magazine, n° 265, 16/09/1994, American Association for the Advancement of Science" - **94** : NOAA/NGDC (hg) - **95** : CNRS-BRGM/ISERST, Djibouti - **96** : J.C. Ruegg, I.P.G., Paris (a, b) - **97** : J.C. Ruegg, I.P.G., Paris (a) - **99** : "La déchirure continentale et l'ouverture océanique. Géologie des marges passives", Gilbert Boillot et Christian Coulon, 1998, Gordon and Breach Science Publishers/Editions des Archives Contemporaines - **100** : Marcel Lemoine (b) - **101** : Marcel Lemoine (b) - **107** : Jean-Bernard De Chabalier, I.P.G., Paris/"Reprinted with permission from Science Magazine, n° 265, 16/09/1994, American Association for the Advancement of Science" (a, b, c, d) - **108** : Michel Loye/Cosmos - **110** : Henry N. Pollack, University of Michigan/Ed. Belin - **111** : Danielle Velde, Laboratoire pétrographie, Université Paris VI - **112** : Jean-Paul Montagner, I.P.G., Paris - **114** : Rob van der Hilst, Massachussetts Institute of Technology/Reprinted by permission from Nature 353, pp. 37-43, 1991, Macmillan Magazines Ltd. - **116** : Heri-Claude Nataf/Éd. Belin (a) ; Vincent Courtillot, I.P.G., Paris/Éd. Belin (b) - **121** : Rob van der Hilst, Massachussetts Institute of Technology - **122** : Nils Laudenbach, Universitaet Goettingen - **124** : Aurel/Jerrican - **126** : Gopal Murti/S.P.L./Cosmos (a) ; Phototake/CNRI (b) - **128** : P. Alix/Phanie (hd) - **130** : Gérald Ruthaud/Cosmos (hd) ; Dr. Sylvie Fraitag (coll. personnelle), Hôpital Necker (a, b) - **138** : J.C. Révy/ISM - **149** : J.C. Révy/ISM (ha, hb) ; Andrew Syred/S.P.L./Cosmos (ma) ; John Burbidge/S.P.L./Cosmos (bb) - **158** : J. Elion, Biochie-Génétique, Hôpital R. Debré, Paris, DR - **160** : Bégénat/Caen (a) ; Pr. S. Cinti, Université d'Ancône/CNRI (b) ; Karrie Polowetzky, Foundation Rockefeller/Dr. James D. Jamieson, Yale University School of Medicine, USA (bd) - **161** : O.L. Miller/S.P.L./Cosmos (a) - **163** : Kerman/Liaison/Gamma (hd) - **164** : Photograph courtesy of S.F. McKnight and O.L. Miller, Jr., University of Virginia, USA/"Biochimie" by D. and J.-G. Voet printed by De Boek University, 1998, trasleted by permission of John Wiley & Sons, Inc. All rights reserved (a) ; Motta & Naguro/S.P.L./Cosmos (b) - **167** : D.S. Friend, 1965/extrait de Berkaloff et al., "Biologie et physiologie cellulaires" © Editions Hermann (b) - **172** : "Atlas de biologie cellulaire" 4e éd., J.-C. Roland, A. et D. Szöllösi, J.-C. Callen, © DUNOD, Paris 1999 (Cliché O. Miller et B. Beatty) - **174** : P. Dannic/Diaf - **176** : Matt Springer, Stanford University/FGSC - **178** : J.C. Revy/ISM (a, b, c, d) - **180** : Denis Bringard/Bios (hd) ; B. Laurier/Bios (bg) ; Joel Douillet/Bios (bd) - **185** : Volgestein et al. Science, 244, 207-211, 1989, DR (a) ; A. Pol/CNRI (md) ; GJLP/CNRI (bc) - **187** : P. Garo/Phanie - **189** : J. Glover/G.P.L./Bios - **190** : Phototake/CNRI - **192** : Pascal Goetgheluck/PHO.N.E. - **194** : Jean-Michel Labat/PHO.N.E. (a) ; Hubert Klein/Bios (b) ; Philippe Henry/Bios (c) - **195** : Museum National d'Histoire Naturelle (a, b) - **196** : Pierre Pilloud/Jacana (a) ; François Ramade/Jacana (b) - **197** : Bernard/Jacana (mg) - **198** : A. Guerrier/Colibri (a) ; Sylvain Marchand/PHO.N.E. (b) - **204** : Photograph by Dr. Conly L. Rieder, Wadsworth Center, Albany, New York 12201-0509 - **207** : Roger D. Meicenheimer, Department of Botany, Miami University, Oxford, OH 45056 USA (a) ; "Biologie végétale. Plantes supérieures : appareil végétatif", 6e éd., Robert Gorenflot, © DUNOD, Paris (Cliché d'après Hébant, 1973) (b) - **209** : Eric Grave/S.P.L./Cosmos (h: a, b, c, d, e) ; Peter Hepler/Garland Publishing Inc. (ba) ; Yoshio Fukui, Northwestern University Medical School, Chicago (bb) **210** : "Atlas de biologie cellulaire" 4e éd., J.-C. Roland, A. et D. Szöllösi, J.-C. Callen, © DUNOD Paris 1999 (Cliché A. Novikoff et coll.) (ha) ; N. Poux et coll., 1976/extrait de Berkaloff et al., "Biologie et physiologie cellulaires" © Editions Hermann (hb) ; Hiro Mausada, Kansai Advanced Research Laboratory, Japan/Reproduced from The Journal of Cell Biology, vol. 107, August 1988, pp. 623-633 by copyright permission of The Rockefeller University Press (ba) - **211** : Photograph by Dr. Conly L. Rieder, Wadsworth Center, Albany, New York 12201-0509 - **212** : D.E. Olins et A.L. Olins, 1978/ extrait de Berkaloff et al., "Biologie et physiologie cellulaires" © Editions Hermann (c) - **214** : Dr. David S. Hogness, Stanford University, USA (a) - **216** : Nublat (c) ; J.C. Revy/ISM (d) - **217** : J.C. Revy/CNRI (hd) ; "Atlas biologie végétale. 2 Organisation des plantes à fleurs", 7e éd., Jean-Claude Roland, Françoise Roland © DUNOD, Paris, 1999 (Cliché : Laboratoire de Cytologie Expérimentale et Morphogenèse Végétale, Université P. et M. Curie, Paris) (a, c, d) - **222** : T.R. Mellem et M.M. Laane, 1979/ extrait de Berkaloff et al., "Biologie et physiologie cellulaires" © Editions Hermann (a) ; Manfred Kage/S.P.L./Cosmos (bd) - **224** : Ray F. Evert, University of Wisconsin - **226** : Randy Moore/Visuals Unlimited (c) - **227** : J.-P. Gourret/ENESAD-CNERTA (a, b) - **228** : J.C. Révy/ISM (a) - **229** : Pelletier/INRA - **230** : "Atlas biologie végétale. 2 Organisation des plantes à fleurs", 7e éd., Jean-Claude Roland, Françoise Roland © DUNOD, Paris, 1999 (Cliché : Laboratoire de Cytologie Expérimentale et Morphogenèse Végétale, Université P. et M. Curie, Paris) (a) - **240** : Daniel Robert, Université Pierre et Marie Curie, Paris (md) ; Simon Turner, University of Manchester/The American Society of Plant Physiologists (bg) - **242** : Claire Doré/INRA - **246** : J. Shaw/NHPA/Cosmos (a) ; Michel Bureau/Bios (b) ; Jean-Paul Chatagnon/Bios (dh) ; Régis Cavignaux/Bios (db) ; Cyril Ruoso/Bios (dd) - **247** : J.B. Leroux/Hoa-qui - **250** : Frederic Hanoteau/PHO.N.E. (a) ; Gerhard Schulz/Bios (b) ; François Lieutier/Jacana (c) - **251** : "Biologie végétale III. Croissance, Morphogenèse, Reproduction", R. Champagnat, P. Ozenda, L. Baillaud/© DUNOD, Paris (Cliché de Halperin) (b) - **252** : V. Moreno, L. Roig, Universidad Politécnica de Valencia (b, c, d) - **253** : H. Dulieu et J. Delbut/INRA, Dijon-Epoisses (a, b, d, e) - **255** : Pascal Goetgheluck/PHO.N.E. - **258** : J.M. Bossennec/INRA (a) ; "Biologie végétale III. Croissance, Morphogenèse, Reproduction", R. Champagnat, P. Ozenda, L. Baillaud/ © DUNOD, Paris (Cliché de P. Ballade) (bd) - **260** : Jean-Marc Loubat/Vandystadt - **264** : B. Picheral, J. Richard/ENESAP-CNERTA (a) ; P.C. Cross, K.L. Mercer, Stanford University School of Medicine (b) ; D.L. Costill, J.H. Wilmore/Human Kinetics (c) ; CMSP Hossler/BSIP (d) - **267** : Carolina Biological supply Cie/Phototake/CNRI - **268** : Professeur Lelio Orci, Université de Genève, Suisse - **276** : AFD, Campagne de recherche 2000 - **279** : Noel Maclaren (a, b) - **281** : Ame Hodalic/Corbis Sygma - **282** : Raguet/Phanie (a) ; P. Garo/Phanie (b) - **283** : Dr. François Pattou, CHRU de Lille, DR - **288** : Raith/Studio X - **293** : CNED de Rennes, juin 1989 (a) ; Sciences Pictures/LTD/S.P.L./Cosmos (bd) - **295** : Cédérom "Communication et Système neveux", CNDP-CRDP de Versailles (a, b) ; J.C. Révy/ISM (c) ; Biophoto Associates/S.P.L./Cosmos (d) - **303** : Jean-Marc Coulais/www.ac-poitiers.fr/svt (a, b) - **304** : Anne Marie Craig, Washington University School of Medicine, USA/The Mc Graw-Hill Companies - **308** : Brian R. Speer, University of California, DR (a) - **309** : Cédérom "Communication et Système nerveux", CNDP-CRDP de Versailles (a) - **310** : Manfred Kage/S.P.L./Cosmos (a) ; INSERM (c) ; John Heuser/Garland Publishing Inc (d, e) - **312** : Institut Pasteur (a) ; Nigel Unwin, Medical Research Council, Cambridge - **313** : Cédérom "Communication et Système nerveux", CNDP-CRDP de Versailles, J.-.F. Cornuet 1999 (hd) - **323** : Wellcome/S.P.L./Cosmos - **324** : William Snider, UNC School of Medicine, Chapel Hill/Reprinted by permission from Nature 368, pp. 248-249, 1994, Macmillan Magazines Ltd. (a, b) - **329** : Patricia Gaspar/Thomas Woolsey, Van der Loos/Elsevier Science/Mark F. Bear, Barry W ; Connors, Michael A. Paradiso, "Neuroscience. Exploring the brain", Lippincott Williams & Wilkins, 1996 (a) ; Denis-Huot M & C/Bios (c) - **330** : Thomas Elbert, University of Contanz (a) ; Daphne Bavelier, Helen Neville, Linda Heidenreich, University of Oregon (c) - **331** : Sinauer Associates/Le Vay, Stryker, Shatz : "Ocular dominance columns and their development in layer IV of the cat's visual cortex", Journal of comparative neurology, may 1978, translated by permission of John Wiley & Sons, Inc. All rights reserved. (b) ; Wiesel/Hubel/Le Vay (c) - **332** : Gisèle Räderscheidt Art GmbH/Anton Räderscheidt, "Autoportraits"/© Adagp, Paris 2001 (a) ; Jean-Claude Baron, INSERM (c) - **333** : D'après D. Purves et al., 1986, The Journal of Neuroscience (ba) - **335** : Ouest-Science/S.P.L./Cosmos - **338** : J.M.E./La Recherche, n° 326, décembre 1999, p. 21 (c) ; Karl Kim, New York Hospital of Queens/Reprinted by permission from Nature 388, pp. 171-174, 1997, Macmillan Magazines Ltd - **346** : Voisin/Phanie - **347** : Tim Beddow/Cosmos - **348-349** : Dr. Michel Habib, Neurologiste, CHU Timone.

Marc Cantaloube : 206 ; **Danièle Chalard** : 73 ; **Louis-Marie Couteleau** : 142 (a), 146 (a) ; **Armand Le Viol** : 9, 72 (a, b , c), 80 (a, b, c, d), 140 (a, b), 141, 144 (a, b), 208, 226 (a, b), 232 (bd), 233 (b, c, d, e), 244 (h, a, b), 291 (a, b), 297 (hd), 306 (hd), 309 (b), 311 (a, b), 315 (hd) ; **Stéphane Tirard** : 263, 271 (a, b).

Aubin Imprimeur, 86240 Ligugé,—D.L.août 2001/n°13965-02—Impr. L 62153